대한민국
국가미래전략
2016

일러두기

- 글의 제목은 「 」로, 단행본, 잡지, 신문, 보고서의 제목은 『 』로 묶어 표시했습니다.
- 가독성을 고려해, 가급적 명사나 동사의 단위별 붙여쓰기를 허용했습니다.
- 외래어 표기는 국립국어원의 표기를 따르는 것을 원칙으로 했으나 예외를 둔 것도 있습니다.

대한민국 국가미래전략

National Future Strategy

2016

카이스트가 말하는 30년 후의 한국,
그리고 그 미래를 위한 전략

|

KAIST 미래전략대학원 지음

이콘

2016년 판을 내며

『대한민국 국가미래전략 2015』가 출판되자 많은 분들이 격려와 칭찬을 건넸다. 그중 가장 흐뭇했던 것은 '특정 이념이나 정파에 치우치지 않았다'는 평이었다. 우리는 다시 한번 선비정신을 되살리겠다고 다짐했다. '오로지 국가와 국민만을 생각한다. 정부나 정치권, 대기업의 입장을 생각하지 않는다.'

2015년 판을 출판하자마자 2016년 판을 준비했다. 2015년 1월부터 10월까지 매주 금요일 서울 광화문의 창조경제혁신센터에서 '국가미래전략 정기토론회'를 개최했다. 국가미래전략은 내용도 중요하지만 이에 대한 국민의 의견수렴과 공감이 더욱 중요하기 때문이다. 주제별로 이루어진 총 36회의 토론회에 약 1,800명이 참여해 다양한 의견을 제시했다. 수렴된 의견들은 전체 국가전략을 작성하는 데 반영되었다. 100여 명의 관련 분야 전문가들이 발표·토론내용들을 담아서 원고를 작성한 뒤 검토, 수정했다. 각 주제별로 대표필자가 초안을 쓰면

3~4명이 검토하고 수정하는 방식으로 작업했다.

이 연구보고서는 토론 참여자 1,800명과 관련 분야 전문가 100여 명의 공동작품임을 밝힌다. 과정에 함께해주신 많은 분들의 헌신적인 참여와 노력에 깊이 감사를 드린다.

더 나은 미래를 위한 대한민국 6대 절대과제

2015년은 대한민국 광복 70주년을 맞는 해다. 광복은 잃어버린 나라의 국권을 회복한 것은 물론, 역사와 전통을 되찾았다는 점에서 참으로 감격적인 일이다. 우리 선조들은 빼앗긴 나라를 되찾기 위해 온갖 멸시와 고통을 참고 견디며 싸웠고, 마침내 자유민주주의국가를 건설했다. 비록 남북으로 분단된 반쪽짜리 국가이긴 하지만 세계 어디에 내놓아도 손색없는 국가를 만들기까지, 무수한 선조들의 숨은 노력이 있었다.

오늘날 대한민국은 어느 분야를 보더라도 세계 10위권에 속하는 번영을 누리고 있다. 유구한 5천 년의 역사를 이어온 것도 놀라운 일이지만 그보다는 식민지의 유산을 안은 신생독립국으로서, 또 동족상잔의 비극을 품은 분단국으로서 단기간에 이런 성과를 올렸다는 사실이 더욱 놀랍다. 그런데 우리는 과연 현재의 번영을 후손들에게 물려줄 수 있을까. 미래의 후손들이 지금과 같은 번영을 누리기 위해서는 다음의 '6대 절대과제'를 해결해야 한다.

• **저출산, 고령화**: 저출산으로 인해 100년 후에는 대한민국 인구가 4천만 명 이하로 줄어들 것으로 전망된다. 더불어 평균수명의 연장으로 초고령사회에 진입할 것이다. 사회의 모든 분야가 초고령사회

에 적응할 수 있도록 구조적 체질개선이 필요하다. 모든 구성원이 구조개선의 고통에 동참할 수 있도록 적극적인 독려도 요구된다.

• **사회통합, 갈등해결:** 우리나라는 사회갈등과 양극화가 특히 심하다. 정신문화가 날로 황폐해지면서 관용과 포용, 나눔과 배려가 점차 사라지고, 이기주의와 집단적 터부, 배타가 기승을 부리고 있다. 사회적 관계의 단절로 인해 자살률은 OECD국가 중 가장 높은 수준이고 반대로 국민행복지수GNH는 가장 낮은 수준이다. 부가 세습되어 신분이동의 길이 차단되면서 젊은이들이 희망을 잃었고 전반적으로 사회가 불안한 상태다. 이런 상황에서는 국민의 능력을 한곳으로 모으기 어렵다.

• **평화(통일)와 국제정치:** 남북의 평화와 통일은 지상과제다. 해방 100주년을 내다보면서 분단 100년을 상정한다면 그것은 이미 우리에게 온전한 미래가 아니다. 부끄럽지 않은 민족사를 후대에 물려주기 위해 가장 기본적인 선결과제가 있다면 남북의 평화가 구조적으로 안착, 제도화된 상태, 즉 평화와 통일이다. 철저히 평화적인 방식으로 분단과 전쟁의 위험을 한반도에서 씻어내야 한다. 평화통일의 과업은 국민의 단결과 지혜로운 대외정책에 의해서 가능하다.

• **지속적인 성장과 번영:** 지난 40년간 이루었던 성장과 번영을 지속, 발전시켜야 국민소득 3만 달러를 돌파하고 선진국 반열에 오를 수 있다. 성장이 없으면 인구감소에 따른 사회 전반의 체질개선은 더욱 험난할 것이다. 여기서 주저앉으면 다시 후진국으로 낙오하기 십상

이다. 첨단기술을 개발해 성장을 견인할 신성장동력을 발굴하고 신산업을 개척해야 한다.

•**지속가능한 민주복지국가**: 우리나라는 민주주의와 복지국가를 동시에 추구하고 있다. 복지가 민주주의를 만나면 간혹 포퓰리즘의 유혹에 빠질 수 있다. 정치인들은 정권을 잡기 위해 과대공약을 내놓고는 적자재정을 편성하기 쉽다. 그리고 그 부담을 미래세대에 떠넘기는 것이다. 지속가능한 해법을 찾아야 한다. 복지와 민주주의가 선순환할 수 있는 구조가 중요하다.

•**에너지와 환경문제**: 우리나라는 자원빈국이다. 석유는 물론이고 광물자원도 빈약하다. 현대문명은 엄청난 에너지를 소모하고 있고, 그 결과 환경은 급속도로 악화되고 있다. 미래에도 안정적인 성장과 번영을 이루고자 한다면 지속가능한 에너지원을 확보해야 한다. 기후변화와 환경오염에 대비하는 것도 미룰 수 없는 기본적인 책무다.

미래로 가는 길에 드리운 어두운 그림자

우리나라의 현재 상황은 어둡다. 어느 것 하나 녹록하지 않다. 성장잠재력은 둔화되고 있고 GDP성장률은 내리막길에 있다. 1인당 국민소득은 2만 달러대에서 10년 가까이 정체중이다. 경제성장의 주요동력이었던 6대 주력산업은 국제경쟁에서 밀리며 어려움을 겪고 있다. 조선, 제철, 휴대폰, 석유화학산업이 중국의 추격에 발목을 잡힌 상태다. 반도체와 자동차도 극심한 경쟁으로 인해 이익률이 하락하고 있다. 하지만 이를 대체할 새로운 산업은 나타나지 않고 있다. 10여 년 전부터 신성장동력을 발굴, 육성해야 한다고 외쳤지만 그때마다 정치권은 단기성과에 집착하며 장기투자를 소홀히 했다. 우리의 산업은 선진국과 중국 사이에 포위돼 길을 잃은 처지가 되고 말았다.

인구감소는 또하나의 고통스러운 미래를 예고하고 있다. 출산율은 세계 최저 수준이고, 100년 후 노령인구는 40%를 육박할 전망이다. 생산인구 1.5명이 노인 1명을 부양해야 하는 초고령사회가 바로 눈앞에 와 있다. 사회의 모든 부분이 체질을 개선해야 하는 '다이어트시대'로 접어드는 것이다. 학생도 줄고 학교도 줄고 식당도 줄고 가게도 줄고 버스도 줄고, 모든 것이 약 20% 이상 줄어들 것이다. 소비자인 고객이 감소하기 때문이다. 갈등이 심화되고 성장이 정체된 사회에서 또다시 국가적 체질개선을 해야 하는 고통을 감당할 수 있을지 미지수다.

국제정치질서 또한 만만치 않다. 중국의 부상과 함께 국제질서가 재편되는 가운데, 동북아시아에는 소용돌이가 일고 있다. 한국은 그 소용돌이의 중앙에 위치하고 있다. 일본의 극우 행보에 따라서 한일관계가 악화되고 있다. 중국의 패권주의를 염려하는 시선도 적지 않다. 중국과 일본 간의 대립이 심화되고, 미국과 중국 간의 긴장도 높아지고 있다. 평화통일이라는 지상과제를 앞에 두고 있는 우리에게는 남북관계도, 주변 국제질서도 어렵기는 마찬가지다.

중대한 기로에 서 있는 대한민국의 6대 변화

광복 70년의 도전과 성공의 영광을 이룩한 대한민국은 지금 중대한 기로에 서 있다. 그동안 경험하지 못한 새로운 변화의 조짐이 나타나고 있고, 당분간 이러한 추세가 계속될 것으로 예상된다.

- **저성장시대**: 저성장 경제가 펼쳐질 것으로 예상되면서 기존의 성장주의 전략은 저성장에 맞는 전략 정책으로 변화하고 있다.
- **삶의 질 중심의 라이프스타일**: 국민의 사고방식이 GDP성장만능주의에서 행복도 함께 생각하는 방식으로 변하고 있다.
- **국가 거버넌스의 다원화**: 기존의 행정부 중심의 의사결정구조에서 입법부, 사법부와 시민단체가 참여하는 구조로 변하고 있다.
- **고령화**: 인구감소와 경제인구감소가 현실로 다가오고 있으며, 이에 적응하는 전략·정책으로 변화하고 있다.
- **불평등**: 사회 곳곳에 불평등과 양극화가 심화·고착되고 있으며, 이로 인해 사회의 역동성이 줄어들고 있다.
- **직업의 변화**: 자동화로 기계가 인간을 대체하고 있고, 일자리 감소 추세 속에 실업이 증가하고 있으며, 고용불안이 심화되고 있다.

그럼에도 갈지之자 행보를 계속하고 있는 국가

문제는 국가의 중심에서 난국을 헤쳐나가고 최상위 의사결정을 해야 할 정치권이 후진성을 면치 못하고 있다는 사실이다. 사회 각계각층이 열심히 앞으로 나아가고 있는데 정치권이 앞길을 가로막는 형국이다. 5년 단임제의 정권은 단기적 현안에만 급급하다. 여야를 막론하고 국가나 국민보다 당리당략에만 골몰하는 모습이다. 정치인들이 국가의 중심에서 앞길을 개척해주기를 바라는 것은 연목구어緣木求魚 가 된 상황이라는 평가가 적지 않다.

더욱이 정권이 바뀔 때마다 국정운영의 기조가 바뀌면서, 이전 정권의 업적과 정책은 무시됐다. 국가정책은 그야말로 갈지之자 행보를 하고 있다. 노무현 대통령의 '혁신경제'는 이명박 대통령에 의해 부정됐고, 이명박 대통령의 '녹색경제'는 박근혜 대통령에 의해 소외됐다. 현재 박근혜 대통령의 '창조경제'가 처한 운명도 그다지 다르지 않을 것이다. '100년 대계大計'까지는 아니더라도 진실로 국가의 미래를 걱정하고, 진정 어린 마음으로 국가미래비전과 전략을 고민하는 단위는 어디에도 보이지 않는다.

정권을 잡은 사람들은 나라를 송두리째 바꾸어 단기간에 성과를 내고 그 공로를 독차지하고자 했다. 장기적인 청사진은 없어 보였다. 하지만 최고결정권자들이 하는 일이다보니 어느 누구도 제동을 걸기 어려웠다. 각 정권마다 장기적인 전략을 추진하지 않은 것은 아니다. 노태우 대통령은 '21세기위원회', 김영삼 대통령은 '세계화추진위원회', 김대중 대통령은 '새천년위원회'를 각각 설립했고 노무현 대통령은 '국가비전 2030', 이명박 대통령은 '대한민국 중장기 정책과제'를 작성했다. 여러 정부출연 연구기관에서도 분야별로 장기전략 연구보고서를 발행했다. 그러나 그것들은 정권이 바뀌면서 도서관의 서고로 들어가 잠자는 신세가 되고 말았다.

2014년 1월, 정문술 전 KAIST 이사장은 215억원의 사재를 KAIST 미래전략대학원 발전기금으로 기부하면서 당부했다. 국가의 미래전략을 연구하고 인재를 양성해 나라가 일관되게 발전할 수 있는 기틀을 마련해달라는 부탁이었다. 그리고 국가의 싱크탱크Think Tank가 되어 우리가 나아갈 길을 미리 제시해달라고 요청했다. 미래전략대학원의 교수진은 이 당부의 무게감을 크게 느꼈고, 그의 주문을 어떻게 실현할 것인가 고민했다.

지금 대한민국에는 '선비정신'이 필요하다

한반도 지도를 보고 있으면 우리 선조들의 지혜와 용기에 다시 한 번 감탄이 절로 나온다. 거대한 중국대륙 옆에서 온갖 침략과 시달림을 당하면서도 자주성을 유지하며 문화와 언어를 지켜냈다는 것은 참으로 놀라운 일이다. 만약 북아메리카에 있는 플로리다 반도가 미국에 흡수되지 않고 독립된 국가로 발전하려고 했다면, 과연 가능했을까. 하지만 우리 선조들은 그것을 가능케 했다. 동북아 국제질서 재편의 소용돌이 속에서 새삼 선조들의 업적이 대단하게 느껴진다.

그렇다면 역사적 패권국가였던 중국 옆에서 국가를 유지, 발전시킬 수 있었던 비결은 무엇이었을까. '선비정신'이 한몫을 한 것은 아닌가 생각한다. 정파나 개인의 이해관계를 떠나서 오로지 대의와 국가, 백성을 위해서 시시비비를 가린 선비정신 말이다. 이러한 선비정신이 있었기에 설사 나라가 그릇된 길을 가더라도 곧 바로잡을 수 있었다. 선비정신이 사라진 조선말 100년은 망국의 길을 걸었던 과거를 잊지 말아야 한다.

21세기, 우리는 다시 선비정신을 떠올린다. 정치와 정권에 무관하게 오로지 나라와 국민을 위하여 발언하는 것이다. 선조로부터 물려받은 금수강산을 영광스러운 나라로 만들어 후손들에게 물려주기 위한 전략을 수립하는 것이다. 우리는 국가와 사회로부터 많은 혜택을 받고 공부한 지식인들이다. 국가에 진 빚이 많은 사람들이다. 이 시대를 사는 지식인으로서 국가와 사회에 보답하는 길이 있다면 선비정신을 바탕으로 국가와 국민행복을 위해 미래전략을 내놓는 것이다.

비록 우리에게 정책결정권은 없지만, 대한민국의 건강한 선비로서 국가의 미래대계를 치우침 없이 제안하고자 한다. 우리의 제안 중에는 옳은 것도 있고 그릇된 것도 있고 부족한 것도 있을 것이다. 그릇된 것, 부족한 것은 계속 보완하고 발전시켜나갈 예정이다. 다만 우리의 미래전략 보고서에 옳은 것이 있다면 정권에 상관없이 활용될 수 있을 것이고, 이를 통해 국가의 미래는 발전할 수 있으리라 믿는다. 국가가 일관성 있게 옳은 방향으로 나아가게 만드는 것이 바로 우리가 목표하는 바다. 우리는 그동안 배운 지식과 선비정신에 기반한 양심에 따라 국가의 미래를 바라보고 전략을 제시하고자 한다. 이것이야말로 이 시대를 살아가는 선비정신, 즉 지식인의 소명이라 생각한다.

미래의 눈으로 현재를 바라보다

우리는 국가미래전략의 시간적 개념을 30년으로 설정했다. 일반적으로 한 세대를 30년으로 본다. 우리는 다음 세대에 물려줄 국가를 생각하며 오늘 해야 할 일을 논하기로 했다. 즉 다음 세대의 입장에서 오늘의 상황을 바라보는 것이다. 미래전략은 미래의 눈으로 현재의 결정을 내리는 것이다. 이것이 바로 현재의 당리당략적·정파적 이해관계에서 자유로운 민간지식인들이 해야 할 일이라고 생각한다.

지금으로부터 30년 후인 2045년은 대한민국이 광복을 맞이한 지 100년이 되는 해다. 광복 100주년이 되는 시점에 우리는 어떤 나라를 만들어야 할 것인가. 다음 세대에게 어떤 나라를 물려줄 것인가. 지정학적 관계와 우리 자신의 능력을 고려할 때, 어떤 국가비전을 제시할 것인가. 매우 많은 논의를 거친 결과, 우리는 다음과 같은 국가비전에 이르렀다.

'아시아 평화중심 창조국가'

우리는 우리나라의 활동공간을 '아시아'로 확대, 설정했다. 지금도 그렇지만 30년 후에는 국가 간의 경계가 더욱 희미해져 있을 것이다. 아시아는 세계의 중심지역으로 역할하고 있을 것이고, 그중에서도 한국, 중국, 일본, 인도 등이 주역이 되어 있을 것이다. 한국인의 의사결정은 국내외 다양한 요소를 고려해야 하는 상황이 될 것이고, 또한 한국인이 내린 결정의 영향은 한반도를 넘어 아시아로 퍼져나갈 것이다.

우리는 국가의 지향점을 '평화중심국가'로 설정했다. 우리나라는 전통적으로 평화국가다. 5천여 년의 장구한 역사 속에서도 자주독립을 유지할 수 있었던 배경 중 하나도 '평화'를 지향했기 때문일 것이다. 주변국과 평화롭게 공존, 번영을 꿈꾸는 것이 우리의 전통이고 오늘의 희망이며 내일의 비전이다. 더욱이 우리는 민족사적 대사大事를 앞두고 있다. 한반도 통일이라는 민족사적, 국가적 지상과제를 안고 있다. 이 과제를 이루기 위해서는 평화 이외에는 다른 방법이 없다. 남북이 머리를 맞대고 평화통일을 연구해야 한다. 북한 주민들에게도 통일이 되면 지금보다 더욱 평화롭고 윤택한 삶이 기다리고 있다는 희망을 심어주어야 한다. 주변국들에게도 한국의 통일이 그들에게 도움이 되는 공존과 번영의 길이라는 인식을 심어줄 필요가 있다.

또한 우리는 '창조국가'를 내세웠다. 본디 우리 민족은 창조적인 민족이다. 역사를 돌이켜보면 선조들의 빛나는 창조정신이 돋보인다. 컴퓨터시대에 더욱 빛나는 한글과 세계 최초의 금속활자가 대표적인 창조의 산물이다. 빈약한 자원여건 속에서도 반도체, 휴대폰, 자동차, 조선, 석유화학, 제철산업을 세계 최고 수준으로 일구었다. 이것이 가능했던 배경으로 온 국민이 가지고 있는 창조정신 외에는 설명할 길이 없다. 처음에는 선진국의 제품을 사서 썼지만, 그 제품을 연구해서 오히려 더 좋은 제품을 만들어냈고 다시 우리의 것으로 재창조했다. 앞으로도 우리의 창조능력은 계속 발전될 것이다. 새로운 기술을 개발하고 새로운 산업을 일으키고 새로운 경제번영시대를 열어갈 것이다. 2045년 대한민국은 아시아의 으뜸 창조국가로 우뚝 서 있을 것이다.

이러한 '아시아 평화중심 창조국가'의 비전을 달성하기 위해 우리는 4개 대전략을 수립했다. '행복국가' '평화국가' '과학국가' '창업국가'가 그것이다. 그리고 30여개 분야별 세부전략을 수립했다. 4개 대전략은 국가의 전반적인 방향을 제시한 것이고, 30여개 세부전략은 대전략을 위한 주요분야별 전략을 정리한 것이다.

21세기 선비들이 작성하는 국가미래전략

민간에서 수립하는 국가미래전략은 최초의 일이다. 그동안 국가 주도로 몇 차례 작성된 바 있지만 정치권의 취향이 과도하게 반영돼 영속성을 갖지 못했다. 이에 우리는 순수 민간인으로 연구진과 집필진을 구성했다. 약 100여 명의 연구자와 초안 집필자, 검토자가 작업에 참여했다. 연구진과 필진에는 KAIST 교수 외에 국내외 전문가들이 대거 포진했다. 100여 명의 '21세기 선비'들이 나선 것이다.

미래예측은 정확할 수 없고 미래전략도 마찬가지다. 다만 꾸준히 데이터를 축적해가면 미래전망의 정확도는 올라가고 전략은 더욱 탄탄해질 수 있다. 지금 우리가 펴내는 국가미래전략 보고서도 완벽할 수는 없다. 우리는 매년 이 보고서를 수정, 보완할 것이다. 매년 30년 후를 대비하는 전략보고서를 발행하는 것이다.

이 보고서에 담긴 미비점은 오로지 연구책임자의 탓이다. 국내외

뜻있는 많은 분들의 더 많은 지적과 가르침, 지혜를 기다린다. 우리의 이러한 뜻에 동참하고 격려해준 전국의 많은 분들께 머리 숙여 감사드린다. 처음 국가미래전략 수립의 필요성과 추진에 대해 말했을 때, 반대의견을 주신 분은 한 분도 없었다. 모두가 늦었지만 꼭 필요한 일이라며 격려를 보내주었다. 이러한 모든 분들의 격려가 연구과정에서 부딪친 어려움을 헤쳐나가는 원동력이 되었다. 바쁜 가운데도 시간을 내어 토론을 해주고, 원고를 써주고, 원고를 검토해준, 여러 참여자분들께 다시 한번 깊은 감사의 인사를 드린다.

연구책임자 이광형
(KAIST 미래전략대학원장/미래전략연구센터장)

국가미래전략 연구보고서
작성에 함께 한 사람들

• 기획위원

이광형 교수(연구책임자), 임춘택 교수, 이상지 연구교수, 정재승 교수, 김원준 교수, 김진향 연구교수

• 편집위원

이광형 KAIST 교수(연구책임자), 곽재원 경기과기원장, 김원준 KAIST 교수, 박병원 STEPI 연구위원, 박상일 파크시스템스 대표, 박성원 STEPI 연구위원, 서용석 행정연구원 연구위원, 심재율 뉴데일리 논설위원, 이상지 KAIST 연구교수, 임춘택 KAIST 교수, 정재승 KAIST 교수, 한상욱 김&장 변호사, 김진향 KAIST 연구교수

• 초고 작성 참여자

강희정 한국보건사회연구원 센터장, 고영회 대한변리사회 회장, 김동환 중앙대 교수, 김명자 전 환경부장관, 김소영 KAIST 교수, 김수현 서울연구원 원장, 김원준 KAIST 교수, 김영욱 KAIST 연구교수, 김유정 지질자원연구원 실장, 김종덕 한국해양수산개발원 본부장, 김진향 KAIST 연구교수, 김연철 인제대 교수, 남원석 서울연구원 연구위원, 박남기 전 광주교대 총장, 박두용 한성대 교수, 박상일 파크시스템스 대표, 박성원 STEPI 연구위원, 배규식 한국노동연구원 본부장, 서용석 한국행정연구원 연구위원, 시정곤 KAIST 교수, 신보성 자본시장연구원 연구위원, 심재율 뉴데일리 논설위원, 오태광 생명공학연구원 원장, 원동연 국제교육문화교류기구 이사장, 유희열 부산대 석좌교수, 이근 서울대 교수, 이선영 서울대 교수, 이수석 국가안보전략연구원 실장, 임만성 KAIST 교수, 임정빈 서울대 교수, 임춘택 KAIST 교수, 정재승 KAIST 교수, 정홍익 서울대 명예교수, 조동호 KAIST 교수, 주대준 선린대 총장, 차미숙 국토연구원 연구위원, 한상욱 김&장 변호사

• 자문 검토 참여자

교수, 전문가: 강윤영 에너지경제연구원 연구위원, 고영하 고벤처포럼 대표, 김경동 서울대 명예교수, 김광수 상생발전소 소장, 김대호 사회디자인연구소 소장, 김두수 사회디자인연구소 이사, 김상협 KAIST 초빙교수, 김세은 강원대 교수, 김승권 보건사회연구원 연구위원, 김연철 인제대 교수, 김태연 단국대 교수, 문해남 전 해수부 정책실장, 박병원 경총 회장, 박성필 KAIST 교수, 박진하 건국산업 대표, 배기찬 통일코리아협동조합 이사장, 서복경 서강대 현대정치연구소 연구위원, 서용석 한국행정연구원 연구위원, 서훈 이화여대 교수, 선종률 한성대 교수, 설동훈 전북대 교수, 손종현 대구카톨릭대 교수, 송향근 세종학당재단 이사장, 심재율 뉴데일리 논설위원, 안병민 한국교통연구원 수석연구위원, 안병옥 기후변화행동연구소 소장, 안현실 한국경제신문 논설위원, 우천식 KDI 국제정책대학원 교수, 유희인 전 NSC 위기관리센터장, 윤호식 과총 본부장, 이민화 KAIST 교수, 이봉현 한겨레신문 부국장, 이수석 국가안보전략연구원 실장, 이원복 이화여대 교수, 이장재 과총 정책연구소장, 이정현 명지대 교수, 이종권 LH토지주택연구원 연구위원, 이진석 서울대 교수, 이창훈 한국환경정책평가연구원 본부장, 이철규 해외자원개발협회 상무, 이춘우 서울시립대 교수, 이헌규 과총 사무총장, 장용석 서울대 연구위원, 정경원 KAIST 교수, 정용덕 서울대 명예교수, 정진호 MCP투자 대표, 정홍익 서울대 명예교수, 조봉현 IBK경제연구소 연구위원, 조충호 고려대 교수, 지영건 차의과대학 교수, 최민 민주정책연구원 단장, 최호진 한국행정연구원 연구위원, 한상욱 김&장 변호사, 허재철 원광대 한중정치외교연구소 연구교수, 홍규덕 숙명여대 교수

KAIST 미래전략대학원: 김대희, 김동국, 김홍주, 노광태, 문희철, 박승재, 박주웅, 송병찬, 안정곤, 양수영, 유민기, 윤호재, 이대중, 이어진, 정지훈, 최성아, 최성원, 최우석, 최혜승, 백대우

KAIST 미래전략연구센터: 배일한 연구교수, 서종환 연구교수, 강한시내, 김민혜, 박가영, 박지현, 윤이정, 이가희, 임화진, 정진만, 탁현우

〈2015 국가미래전략 정기토론회〉

- 주최 : KAIST 미래전략대학원/미래전략연구센터
- 일시/장소 : 매주(금) 16:30~18:30 / 서울창조경제혁신센터(광화문 KT빌딩)

일시	주제	발표자	토론자
1. 9	미래사회 전망	박성원 박사(STEPI)	서용석 박사(한국행정연)
1. 16	국가 미래비전	박병원 박사(STEPI)	우천식 교수(KDI대학원)
1. 23	과학국정대전략	임춘택 교수(KAIST)	
1. 30	인구전략	서용석 박사(한국행정연)	김승권 박사(한국보사연) 설동훈 교수(전북대)
2. 5	아시아평화대전략	이수석 실장 (국가안보전략연구원) 김연철 교수(인제대)	장용석 박사(서울대) 조봉현 박사(IBK경제연구소)
2. 13	문화전략	정홍익 교수(서울대)	정재승 교수(KAIST)
2. 27	복지전략	김수현 교수(서울연구원)	이진석 교수(서울대)
3. 6	국민행복대전략	정재승 교수(KAIST)	정홍익 교수(서울대)
3. 13	교육전략	이선영 교수(서울대)	손종현 교수(대구카톨릭대)
3. 20	미디어전략	김영욱 박사(KAIST)	김세은 교수(강원대) 이봉현 부국장(한겨레신문)
3. 27	보건의료전략	강희정 박사(한국보사연)	지영건 교수(차의과대학)
4. 3	노동전략	배규식 박사(한국노동연)	이정현 교수(명지대)
4. 10	행정전략	김동환 교수(중앙대)	최호진 박사(한국행정연)
	정치제도전략	김소영 교수(KAIST)	서복경 박사(서강대)
4. 17	외교전략	이근 교수(서울대)	허재철 박사(원광대)
4. 24	창업국가대전략	이민화 교수(KAIST)	고영하 회장(고벤처포럼)
5. 8	국방전략	임춘택 교수(KAIST)	선종률 교수(한성대)
5. 15	사회안전전략	박두용 교수(한성대)	류희인 장군(전 청와대 NSC)
5. 22	정보전략	주대준 총장(선린대)	서 훈 교수(이화여대)

일시	주제	발표자	토론자
5. 29	금융전략	신보성 박사(자본시장연구원)	정진호 대표(MCP투자)
6. 5	국토교통전략	차미숙 박사(국토연구원)	안병민 박사(한국교통연구원)
	주택전략	남원석 박사 (서울연구원)	이종권 박사 (LH토지주택연구원)
6. 12	창업전략	박상일 대표(파크시스템스)	이춘우 교수(서울시립대)
6. 19	농업전략	임정빈 교수(서울대)	김태연 교수(단국대)
6. 26	자원전략	김유정 실장 (지질자원연구원)	이철규 상무 (해외자원개발협회)
7. 3	기후전략	김명자 전 장관(환경부)	안병옥 소장 (기후변화행동연구소)
7. 10	해양수산전략	김종덕 본부장 (한국해양수산개발원)	문해남 전 실장 (해수부)
7. 17	정보통신전략	조동호 교수(KAIST)	조충호 교수(고려대)
7. 24	연구개발전략	유희열 전 차관(과기부)	안현실 위원(한국경제신문)
7. 31	에너지전략	임만성 교수(KAIST)	강윤영 박사(에너지경제연)
8. 21	지식재산전략	고영회 회장(대한변리사회)	이원복 교수(이화여대)
8. 28	경제전략	김원준 교수(KAIST)	김광수 소장(상생발전소)
9. 4	환경생태전략	오태광 원장 (생명공학연구원)	이창훈 본부장 (환경정책평가연)
9. 11	웰빙과 웰다잉	김명자 전 장관(환경부)	서이종 교수(서울대)
9. 18	신산업전략 1 (의료바이오/안전산업)	정재승 교수(KAIST)	–
9. 25	신산업전략 2 (지적서비스산업)	김원준 교수(KAIST)	–
10. 2	한국어(한글)전략	시정곤 교수(KAIST)	송향근 이사장(세종학당재단) 정경원 교수(KAIST)

미래사회 전망 및 국가미래비전

1 한국의 미래사회 전망

30년 후를 내다보고 한국의 미래사회를 전망하는 일은 하나의 정답이 아닌 다양한 풍경을 보여주는 과정이 될 것이다. 다양한 전망 속에서 미래변화의 경향성들을 추론해가는 것이 미래전망의 목적이라고 할 수 있다.

한국사회의 미래를 생각하면서 우리가 풀어야 할 6대 과제가 있다. 저출산과 초고령화, 사회통합을 통한 갈등해소, 남북평화(통일), 지속성장과 번영, 민주복지국가의 건설, 에너지와 환경문제의 해결이다. 광복 100년을 맞이하는 2045년의 미래세대가 현재의 우리에게 이 과제들의 해결을 요청하고 있다.

이 과제들에 대해 어떠한 결정과 행동을 하느냐에 따라 미래가 달라질 것이기에, 지난해 우리는 두 가지의 미래 시나리오, 암흑시대와 황금시대를 제시했다. 암흑시대는 사회양극화 심화, 경제발전동력의 쇠진, 국가재정의 파탄, 대의제 민주주의 불신, 다문화 갈등의 증폭, 기후변화와 자원고갈의 위험 등이 위기요인으로 예측되었다. 이를 지혜롭게 극복하는 시나리오로 우리는 새로운 황금시대를 제시했다. 소득불평등의 완화, 참여민주주의 확대, 동북아 평화체제 구축, 환경과 자원을 고려한 성장전략 등이 황금시대를 이끌어내는 주요동력이었다.

하지만 지난 1년 동안 토론과 학습을 거치며, 이 논리는 미래를 유토피아와 디스토피아로 이분했다는 점에서 일정 부분 한계가 있다고 평가했다. 유토피아는 모든 사회구성원들을 만족시키는 미래인데, 이런 미래는 현실적이지 못하다. 디스토피아도 마찬가지다. 어떤 어려운 상황에서도 발전의 기회는 있게 마련이다.

이에 우리는 한국사회의 미래를 담아낼 생각의 틀을 개발하기 위해 노력을 기울였다. 얼마나 다양한 미래일 것인지, 우리가 바라는 미래사회를 목적의식적으로 추구하다가 놓치거나 간과한 미래의 모습은 없는지, 각각의 다양한 미래들이 배타적이어서 전체적으로 봤을 때 균형적 시각을 이루는지, 이러한 생각의 틀이 갖고 있는 한계는 무엇인지 등을 따져보면서 미래사회를 전망하고자 노력했다.

그 결과, 이번 한국사회의 미래전망에 대해서는 3가지 미래를 제시하기로 한다. '희망 미래'는 우리가 노력하여 얻고자 하는, 선호하는 미래다. 이에 반하여 '또다른 미래'는 선호하는 미래를 추구하다가 놓칠 수 있는 미래다. 사실 '희망 미래'와 '또다른 미래'는 일란성 쌍둥이다. 함께 태어났지만 서로 다르게 발전한 모습이다. '희망 미래'는 현재 한국사회의 많은 구성원들이 바라는 미래이고, '또다른 미래'는 희망 미래를 추구하다가 놓쳐버린 미래이거나 희망 미래와 또다른 가치를 추구하는 미래라고 할 수 있다. 한편 '희망 미래'와 '또다른 미래' 외에 남북 분단의 구조적 한계를 극복하는 통일한국의 미래를 그려보기 위하여 '통일대한민국의 미래'를 별도로 제시했다.

각각의 미래에 대한 세부적인 전망은 KAIST(미래전략대학원)가 미래변화의 주요동인으로 제시하고 있는 STEPPER(사회, 기술, 환경, 인구, 정치, 경제, 자원)[1]를 기준으로 살펴보았다.

희망 미래 : 모두가 바라는 미래

'희망 미래'는 현재 한국사회의 많은 구성원들이 바라는 미래이고, 우리에게 주어진 과제를 잘 극복하여 얻고자 애쓰는 미래이기도 하다. 각 분야의 희망 미래상이 어떤 것인지 알아보도록 하자.

사회 : 공통체와 개개인이 상호공존하는 사회

급속한 고도경제성장은 불균형과 사회문화적 병리들을 함께 낳았다. 결국 심화된 양극화문제가 국민 전체의 구조적인 삶의 질에 문제를 야기하며 국민의 복지욕구를 분출시켰다. 정부는 소득불균형과 사회양극화를 국가 체제를 흔드는 최대의 불안요인으로 인식하고, 이를 해소하기 위한 방안을 적극 강구했다. 높은 성장률만으로는 소득불균형을 해소할 수 없다는 판단하에, 증세와 동반된 적극적 복지정책으로 소외계층을 포용했다. 오랜 논란 끝에 증세를 통한 복지확대의 범사회적 합의가 이루어졌다.

정부는 복지향상을 통해 사회양극화와 고령화문제를 해소하는 통합적 발전전략을 추진했다. 조세부담률을 국내총생산의 50%가 되도록 꾸준히 높였으며 의료, 교육 등 사회안전망에 대한 투자도 지속적으로 늘여갔다. 저소득계층에 수혜가 집중되는 방식으로 지출이 늘어나면서 소득불균형은 점차 감소되었으며, 사회양극화도 줄어들기 시작했다.

　양극화로 인한 사회갈등을 해소하기 위한 노력은 정부 차원에 그치지 않았다. 시민들 스스로도 '사회자본의 확충'이라는 형태로 적극 동참하였다. 이는 사회구성원들 간의 신뢰 형성, 나눔 확대, 자발적인 협력과 연대를 통한 공동체적 가치의 회복으로 시작되었다. 기업들도 이윤 추구보다는 사회적 책임을 최상의 가치로 설정하고 양극화와 갈등을 해소하기 위해 노력했다. 이러한 노력의 결과로 2045년의 한국사회는 공동체적 가치와 공공의 이익 안에서 개인의 다양성과 개성이 보장되고 있다. 윤리, 도덕적 가치가 사회에 자리잡음과 동시에 개인, 기업, 정부는 얼마나 공정하고 배려 있고 책임감 있게 행동하느냐에 따라 평가받고 있다. 또한 개인의 사회적 지위는 권력이나 부가 아니라 사회적 공헌과 정치적 참여빈도에 따라 결정되고 있다.

　2010년대 후반 이후 변화된 경제환경에 맞게 신경제전략을 새롭게 했고 미래산업 중심의 신성장동력 발굴 등이 가시적 성과를 냈다. 오랫동안 추진해온 '성장과 번영의 경제강국' 국가비전이 현실화되자 한국은 '문화선진국'이라는 새로운 비전을 만들었다. 남북의 평화체제 수립 이후 안보문제가 획기적으로 해결되자 경제성장을 넘어 문화예술의 부흥으로 국가적 에너지를 모았다.

　국내외 다양한 문화가 교류하고 상호발전의 상승작용을 일으키면서 문화산업 매출액은 2045년 국내총생산의 20%에 육박한다. 단기간에 발전 가능한 예술분야를 소수 선발해 예술계 발전의 촉매제가 되도록 하는 소수정예 전략이 효과를 발휘했다. 문화 전문 교육기관이 지속적으로 설립되었으며, 문화여가산업 개발에 장애가 되는 대부분의 규제들은 개선되었다. 국제적 대외협력의 핵심은 경제협력을 넘어

문화협력으로 확대되었으며, 이를 통해 외국의 많은 학생들이 한국에서 문화를 공부하고 있다.

교육에도 많은 변화가 일어났다. 가정과 학교는 학생들에게 창의적인 활동을 강조하고 있으며, 정부는 평생교육 시스템을 구현하고 있다. 평생교육 시스템은 내국인뿐 아니라 한국사회에 영주권, 시민권을 얻은 이민자들에게도 공히 제공되고 있다.

기술 : 세계를 선도하는 과학기술국가

2045년 대한민국이 경제적으로 최고의 성장을 일궈낸 데에는 과학기술의 발전이 큰 역할을 했다. 정부는 오랫동안 '과학국정'을 국가운영의 철학적 기치로 내걸고 범국가적 차원에서 합리적이고 과학적인 국가경영 마인드를 확산시켰다. 그 결과 국가운영에 효율성이 제고되고, 세계를 선도하는 '과학기술국가'로 자리잡았으며, 과학기술 기반의 새로운 성장동력이 개발되어 산업이 활성화되었다. 그리고 대한민국은 노벨과학상을 수상하여 국제적인 명성을 얻게 되었다.

2015년 이후 정부는 새로운 산업으로 의료/바이오, 에너지/환경, 안전, 지식서비스, 항공우주분야 등에 집중투자했다. 특히 항공우주분야의 발전은 속도가 빨랐다. 한국은 이 분야에 대한 지속적인 투자와 남북의 과학기술협력 등으로 2035년 인공위성의 달 착륙에 성공하는 쾌거를 이룩했다. 의료/바이오기술의 발전도 눈부시다. 특히 나노기술로 정확하게 암을 진단하고 조기에 치료할 수 있게 되었다. 고통스러운 치료과정도 사라졌다. 사물인터넷 기반의 다양한 스마트 의료기술과 모바일 원격진료를 통해 언제 어디서나 의료서비스를 받는다. 개인은 부담하는 의료비에 따라 차등 의료서비스를 받고 있다. 민간 보험

서비스가 강화되고 있으며 그에 반해 공적 보험은 약화되고 있다.

2045년 과학기술의 발전은 지금으로선 상상하기 힘들 정도다. 인공지능 로봇이 일상생활의 동반자가 되어 있으며 수많은 자율주행자동차가 도로를 달리고 있다. 특수 상황에서는 뇌파를 이용해 로봇이나 사물을 제어한다. 거의 모든 사물과 인간에게 지능형 센서와 컴퓨팅시스템이 내장되어 있다.

미디어환경에도 상당한 변화가 있었다. 거대 뉴스미디어 그룹은 사라졌고, 방대한 정보와 개인의 일상을 연결한 개인 맞춤형 서비스가 일상화되었다. 개인의 특성과 생체 데이터, 교통과 지리정보 등이 결합된 복합정보가 각 개인에게 제공된다. 정보의 대부분은 로봇이 수집하고 요약, 편집해서 시민들에게 전달한다. 로봇기자 때문에 특정분야를 빼고는 기자라는 직업은 거의 사라졌다. 인공지능과 빅데이터 기술의 발달로 다양한 언어가 실시간 번역되면서 언어의 장벽도 거의 허물어졌다.

환경 : 생물다양성의 위기를 극복하려는 노력들

2045년 시점에서 과거를 돌아볼 때 한국사회가 당면했던 커다란 문제는 환경의 파괴였다. 기후변화와 자연재해, 중국의 황사 등 주변국의 산업화 증대에 따른 환경이슈, 신규 원전의 건설 및 노후화로 인한 원자력 안전문제의 부각, 인간의 개입과 기후변화에 따른 생물다양성 위기, 유전자변형식품의 증가와 환경물질의 오염으로 벌어지는 식품 안전성 문제였다. 이 때문에 정부와 시민사회는 환경이슈에 적극적으로 대응해야 한다고 뜻을 모았다.

그간 파괴된 환경을 회복시키고 보존하는 노력에도 많은 성과가 있었다. 이산화탄소 배출 규제, 생물다양성 보존, 수자원 보존 등이 그 예다. 기후변화와 자연재해에 따른 식량안보의 문제도 중요하게 논의됐다. 기후변화로 강수량과 일조량이 변화해 농작물의 생산량이 감소했으며, 국제시장에서 농산품과 축산품의 가격이 상승하자 한국은 식량의 수급이 매우 불안정했다. 이에 정부와 연구소, 대학 등은 유전공학과 분자생물학기술의 개발로 위기를 극복하려고 노력했다. 일례로 생장이 어려운 조건에서도 콩이나 옥수수 등의 생존을 가능케 하고 생산량도 많게 하는 유전자재조합기술이 활용되고 있다. 하지만 환경과 생물다양성 위기를 걱정하는 다양한 시민단체들은 유전자재조합기술이 생태계를 위협한다고 지적하고 있으며, 정부와 연구소들은 이를 해결하기 위해 또다른 노력을 기울이고 있다.

인구 : 저출산, 고령화의 문제를 해결하려는 시도들

2010년을 전후로 한 시기, 한국은 저출산과 초고령화가 세계에서 가장 빠른 속도로 진행되면서 전체 인구구조 변동이 심각한 사회경제적 문제를 가중시키고 있었다. 저출산은 생산가능인구의 축소로 이어져 경제성장의 발목을 잡는 요인이었다. 고령화는 젊은 세대의 복지부담 증가로 심각한 문제가 됐다. 이 때문에 미래세대는 경제적으로 불안정할 뿐 아니라 그들의 사회정치적 대표성도 극히 감소했다. 젊은 세대와 노인 세대의 갈등이 증가했고 청년세대의 좌절감이 커져갔다. 이런 세대 간 갈등을 해결하고 형평성을 갖추기 위해 미래세대를 대표할 수 있는 '미래세대위원회'를 상임위원회 형태로 구성해 미래세대의 정치적 대표성을 강화하였다. 또한 UN이 1950년대에 정한 '65세 이상자'라는 기존의 고령자 기준은 더 이상 존재하지 않는다. 나이가 아닌 실질적인 생산활동능력 중심의 사회경제구조가 제도화되고 있다.

저출산, 고령화 문제를 해결하기 위한 방편으로 한국은 2025년 이후 적극적으로 해외 이민자를 받아들였다. 다른 문화와 인종에 개방적인 태도를 유지하면서, 전문직/기술직 출신의 외국인에게 영주권이나 국적을 부여해 외국인도 자유롭게 국가적 차원의 연구개발활동에 참여할 수 있도록 했다. 한국사회의 과학기술 발전은 이러한 외국인들의 활약 덕분이기도 하다. 대한민국의 적극적 이민정책은 다양성과 창조적 문화결합 등 사회적 시너지효과로 발현되어 결과적으로 사회가 한 단계 더 성숙하고, 문화적 품격을 높이는 창조적 기제가 되고 있다. 한반도에 거주하는 사람들의 인종도 다양하지만 이들의 직업도 셀 수 없을 만큼 다종다양하다. 이미 세계는 전통적 의미의 국가 간 경계와 민족적, 국가적 정체성은 많이 희석되었다.

정치 : 국제정치와 평화외교의 허브HUB

2045년 한반도가 이전 시기와 비교해 가장 큰 변화가 있다면 남북의 분단상태를 해소하고 실질적인 통일상황으로 나아가고 있다는 것이다. 남북이 대립적인 분단체제를 극복하고 자유로운 사회문화 교류와 전면적인 경제협력, 정전협정의 평화협정 대체 등 평화체제를 구현한 것이다. 인도적 사회문화 교류를 기본으로 지하자원협력과 경제협력의 확대, 과학기술협력까지 심화되었다. 이러한 과학기술·경제협력이 상당한 성과를 냄으로써 남북이 실질적 경제공동체로 발전하는 원동력이 되었다. 그러한 경제적 실리를 바탕으로 평화와 통일에 대한 국민적 공감대가 더욱 커지면서 평화체제까지 이루게 된 것이다.

무엇보다 남북의 평화체제 구축을 계기로 동아시아와 아시아 전체의 평화질서가 공고해졌다. 한반도의 분단을 중심으로 형성되었던 미국, 중국, 일본, 러시아의 갈등이 전반적으로 해소되고, 오히려 한반도가 지역 내 국제정치와 평화외교의 중심으로 발돋움했다. 남북은 평화체제를 더욱 확대시켜 남북연합단계로 발전시키기 위해 노력중이다. 한반도의 평화와 통일과정이 지역 내 국가들 전체를 아우르는 평화공동체, 경제공동체로 발돋움할 수 있는 기본조건임을 미, 중, 일, 러 등 주변국들에 설득하는 적극적 평화외교가 상당한 효과를 발휘했다. 결국 남북의 평화가 가져다준 실질적인 국력상승의 본보기가 외교에서 나타난 것이다.

정치문화적 관점에서 전통적인 국가와 시민사회의 상호역관계가 상당히 변화했다. 무엇보다 공동체를 기본으로 하는 시민사회와 개인의 영향력이 커졌다. 시민사회의 개인적 민주시민의식이 이전 시기에 비해 크게 고양되고 시민적 의무와 권한, 책임의식, 자율성이 강화되면서 성숙한 정치문화를 형성하고 있다. 이전 시기에 비해 법치와 제도 등 규범적 가치문화가 강화됨에 따라 정치사회 전반적으로 부정과 부패, 부조리가 거의 해소되고 정치적 신뢰의 사회문화가 정착되고 있다.

디지털 민주주의의 발달로 민주주의제도에도 큰 변화가 있었다. 대부분의 안건은 국민이 직접 참여해 의사결정하는 구조다. 고령화사회로 인해 실버세대의 민주주의 독점이 지적됐지만 노인참정권 제한 등을 통해 세대 간 의견이 균형을 맞춰가고 있다. 미래세대를 대변하는 정당의 활약도 눈에 띈다. 이 정당의 활약으로 지속가능 민주복지국가를 지향하는 국가적 슬로건이 국민들에게 인기를 끌고 있다. 정부와 국회 그리고 시민사회가 힘의 균형을 이루는 다원화된 국가 거버넌스가 정착되고 있다. 그리고 다문화 출신 2세들의 정계 진출도 늘어나고 있다.

경제 : 남북 평화경제의 물적 토대에 힘입은 성장

남북의 평화체제 수립을 바탕으로 획기적으로 성장한 남북평화경제의 물적 토대에 힘입어 한반도는 세계적인 경제강국으로 발돋움하고 있다. 무엇보다 광범위하게 확대된 남북경제협력이 물적 토대가 되고 상생의 시너지가 발생하면서 괄목할 만한 경제성장이 진행되고 있다.

서울에서 출발하는 열차는 평양을 거쳐 중국으로 이어지고 러시아의 시베리아와 유럽으로 연결된 지 오래다. 철도는 한반도와 아시아를 긴밀하게 연결시키고 있다. 이로써 유럽연합처럼 경제적으로 하나의 공동체가 형성되어 국가 간 경제장벽 자체가 사라졌다. 중국과 한반도 그리고 일본의 경제규모가 세계에서 가장 큰 경제협력단위로 발전하였다.

과학기술의 지속적인 발전과 기업 하기 좋은 사회환경, 이를 뒷받침하는 제도의 발달 등에 힘입어 기업과 기업인에 대한 인식도 예전에 비해 매우 좋아졌다. 많은 청소년들이 장래희망을 '기업가'와 '과학자'로 꼽는 것이 그 방증이다. 다문화 출신의 기업가들이 상당히 늘어나고 있는 것도 주목할 만하다. 대기업 중심의 전통적인 경제구조는 중견기업, 중소기업, 벤처/창업기업 중심의 경제구조로 크게 변화했다.

경제활동인구가 2020년부터 감소하기 시작하였으나 복지체계의 향상, 여성과 고령인구의 경제활동 증가로 어느 정도 상쇄할 수 있었다. 특히 2010년 이후 사회적 경제 영역(협동조합, 사회적 기업, 공유기업 등)의 상당한 확장과 진전에 따라 고령자, 여성, 장애인 등 사회적 약자들의 사회적 경제로의 편입이 높아져, 노동력문제, 복지문제를 풀어가는 대안적 경제로 각광받고 있다. 더불어 고령친화적 기술의 발전으로 고령자들의 노동현장 투입이 훨씬 많아졌다. 고령친화적 기술은 고령자들로 하여금 육체노동뿐만 아니라 기억력 퇴화 방지, 치매 방지 등 정신노동까지도 보조할 수 있는 수준으로 발전했다. 정년과 은퇴라는 개념도 희석되었다. 특히 '경제활동 수명'이라는 신개념이 정착되면서 정신적, 육체적으로 가능하다면 누구든지 경제활동에 참여할 수 있다.

최신 기술로 경쟁력을 확보한 벤처기업들의 활약도 두드러졌다. 벤처기업들의 제품과 서비스는 저렴하면서도 최상의 품질을 자랑했다. 최첨단 기술과 혁신이 접목된 결과이다. 주목할 만한 것은 이들 기업의 창업을 이끈 주역들 중 상당수가 이민자들과 그 2세들이라는 사실이다. 이들 해외 이민자들은 국내 젊은 창업자들과 협력하면서 대한민국의 창업국가화를 선도하고 있다.

복지국가를 지향하는 정부 정책으로 조세부담률은 지속 상승했지만, 정부와 시민사회는 개인의 경제적 부담과 사회적 혜택의 균형을 찾기 위해 노력하고 있다.

지식정보사회로 발전하면서 무엇이 무형자산인지 판단하는 전문가들의 역할이 중요해졌다. 해외 투자도 증가하고 있으며 투자자들은 혁신산업과 모험산업에 과감히 돈을 대고 있다. 실패한 기업은 과거와 달리 빠르고 과감하게 퇴출되고 있는 것도 특징이다. 안전/단기 자산에 편향투자하는 은행은 거의 사라졌다. 경제의 패러다임 자체가 상당한 변화를 맞았다. 30~40년 전의 수출주도형 성장과 추격형 경제 전략의 패러다임이 거의 바뀌었다.

자원 : 자원빈국에서 자원보유국으로

20세기와 21세기 초반까지 한국경제를 지탱했던 큰 축은 값싼 석유자원의 안정적인 공급이었다. 그러나 21세기 들어 에너지 고갈과 원자력 안전문제, 온실가스 규제 등이 국가적 이슈로 부각되면서 경제성장에도 빨간불이 켜졌다. 게다가 기후변화와 자연재해, 재난위험과 자원이슈가 맞물리면서 문제는 점차 복잡해졌다. 이에 한국은 지구온난화를 일으키는 온실가스의 배출량을 줄이거나 대기 중의 온실가스를 포획해 감축시키는 온실가스 저감기술을 발전시켰다. 전기자동차의 공급을 확대하고 탄소순환형 바이오화학공장의 설립을 유도했다. 에너지자원을 사용한 뒤 폐기하지 않고 다시 사용하는 재활용기술을 개발하면서 플라스틱이나 폐수 등도 다시 쓸 수 있도록 노력했다.

활용하는 자원의 종류에도 큰 변화가 있었다. 석유나 셰일가스, 원자력, 풍력, 태양광은 기존처럼 지속해서 사용하고 있고, 메탄하이드레이트나 등 새로운 에너지도 상용화하고 있다. 광물자원외교의 측면에서도 한국은 운신의 폭이 넓어져 외국 의존도를 줄였다. 무엇보다 남북 평화체제가 가시화되면서 경제공동체적 관점에서 추진한 남북 자원협력이 상당한 결과를 내고 있다. 남측의 기술과 자본이 북측의 지하자원을 만나 북측 지역에 산재한 각종 지하자원들을 새로운 탐사기법으로 대량 확보하면서 자원빈국이 아닌 자원보유국으로 확실히 변모했다. 자원이 한반도 경제발전에 시너지효과를 내고 있다.

또다른 미래 : 생각보다 어두울 수 있는 미래

'또다른 미래'는 희망 미래를 추구하다가 놓쳐버린 미래이거나 혹은 희망 미래와 또다른 가치를 추구하는 미래의 모습일 수 있다. 생각보다 어둡거나 어색할 수 있다. 희망 미래와 어떤 점에서 다른 모습을 보이는지 하나씩 알아보도록 하자.

사회 : 물리적 외형의 성장 VS 정신적 내면의 풍요

한국사회는 경제성장 일변도의 정책을 추구하면서 수많은 격차의 심화와 계층 간, 세대 간 갈등을 겪었다. 화려한 외양과 경제적 성장 뒤에는 계층적, 지역적 양극화가 존재했으며, 반생태적 소비는 그치지 않았다. 도시 중심으로 경제발전을 추구했지만, 개인은 도시의 슬럼에 거주하는 경우가 많았다. 구조적 양극화의 심화는 순수한 개인들의 노력이나 실력 위주의 계층 형성이 아닌 불평등구조의 심화로 이어졌다. 결국 불평등 심화의 사회구조는 윤리적, 도덕적 공동체정신을 훼손하고 사회의 기본가치인 법규, 제도에 대한 비수용적 태도들이 증대되어 공동체 붕괴현상이 심각한 사회문제로 만연하게 되었다. 외국인들의 한국 유입은 증가했으며 그 증가율과 비례해 외국인 범죄도 늘어났다.

균형적 성장이 아닌 불균형 성장전략이 문제가 심화되자 적지 않은 국민들이 이전과 다른 사회적 가치를 들고 나오기도 했다. 정신과 물질 간의 조화와 균형, 가치 있는 삶과 행복, 느림의 미학 등에 대한 관심 등이 그것이었다. 물리적 외형의 성장보다는 정신적 내면의 풍요와 인간 본성의 행복을 찾아가고자 하는 삶의 양식들이 상대적으로 확장되는 현상들이 일부 나타난 것이다.

서울과 수도권 중심의 사회, 문화, 경제질서를 탈피하고 지역과 농촌, 시골 등으로 삶의 터전을 옮기는 이들도 늘어나고 있다. 그 속에서 지역사회의 전통을 찾고 문화행사를 보존하며 그 가치를 높이는 활동들도 크게 확산되는 등 모든 지역들이 저마다의 가치 있는 특징들을 정체성으로 확립하고자 하는 노력들이 진행되고 있다.

기술 : 인공지능의 급속한 발전으로 인한 명암

물리적 변화, 발전이 가장 크고 또 발전의 속도가 가장 빠른 영역이 바로 과학기술영역이다. 2020년대 이후 과학기술계에서 가장 도드라진 성장은 인공지능분야에서 나타났다. 인공지능연구는 연구가 시작된 역사 이래 최대의 전환점을 맞이했다. 이러한 전환점을 촉발한 요인은 빅데이터의 출현과 기계 스스로가 학습할 수 있는 '딥러닝deep learning'이라는 알고리즘의 개발 덕분이었다. 사회 곳곳에 파고든 인터넷, CCTV 등 고도로 첨예화된 정보수집장치들은 텍스트를 포함하여 이미지, 음성, 영상 등 광범위하고 엄청난 양의 데이터를 만들어냈다. 딥러닝이 가능한 스마트기계들은 세상에 널려 있는 광범위한 양의 데이터를 흡수하면서 스스로 자가발전하기 시작했다. 2030년경에 이르러서는 스마트기계들이 더욱 진화하면서 기계와 사람이 서로 소통하기 시작했다.

인공지능의 급속한 발전으로, 인공지능에게 인간의 일을 빼앗기는 것은 아닌지, 인공지능에 의해 인류가 지배당하는 것은 아닌지에 대한 우려도 있다. 한편 인간의 정신과 신체의 기계화 정도에 따라 인간이 다양한 종種으로 분화하는 것 아니냐는 우려도 있다. 인간은 '생물학적인 자연적 인간' '자연적 인간과 기계가 융합된 복합적 존재' '기계와 인공지능이 결합된 사이보그' 등으로 더욱 구분될 것이라는 전망이 2045년 현재 크게 대두되고 있다. 로봇과 인간이 공존하고, 인공지능과 동식물이 하나의 유기체로 대접받고 있는 것이다.

이외에 나노, 바이오, 로봇기술로 인간의 능력을 향상시키는 것이 일반화되면서 치료와 인간의 능력 향상을 구분하기가 모호해졌다. 이 기술들이 의료적 치료를 넘어서 인간의 정신적, 신체적, 감각적 기능을 확장하거나 향상시키는 데 활용돼 사회적 계층 간의 불평등이 급격하게 심화되고 있기 때문이다. 우생학에 기반을 둔 디스토피아적 미래가 펼쳐질 수 있다는 의견이 대두된 것이다. 부富의 격차가 또다른 불평등을 만들 수 있다는 걱정이 현실화되고 있는 것이다.

한편 과학기술의 발전이 사회발전을 주도해온 것은 사실이지만, 시민들은 과학기술의 발전이 전적으로 사회발전에 긍정적 기여만 하는 것은 아니라는 문제의식을 가지기 시작했다. 사건사고의 대형화와 더불어 인간 정신의 퇴보와 인간 고유의 사회적 역할 축소 등 여러 사회병리적 문제들도 발생했기 때문이다.

환경 : 경고를 무시한 대가

21세기 초반, 인류의 생태계를 걱정한 학자들은 대기 중 이산화탄소량을 350ppm으로 낮추는 노력을 하지 않는다면 머지않아 인류문명은 완전한 종말을 맞을 수 있다고 강력하게 경고했다. 그러나 자국의 이해관계에 치우친 국가들은 국제적 차원의 기후변화에 적극적이고 전면적인 대응을 하지 않았다.

전 세계는 석유에너지 고갈, 기후변화, 환경오염, 식량부족사태를 겪으면서 새로운 삶의 터전을 찾으려고 이동하는 이주민들로 큰 문제에 봉착했다. 이런 사태가 일어나기 전 이미 많은 경고가 있었지만, 국가 간의 이해관계 충돌로 실질적 대안은 도출되지 못했다. 이후 더 많은 석유를 사용하면서 더 많은 이산화탄소가 배출됐고, 그 결과 지구의 기온은 급격히 상승했다. 그럼에도 선진국들과 신흥공업국가들은 서로 타협점을 찾지 못했고, 각국의 정부 역할은 점점 축소됐다. 반면 민간기업의 자유는 대폭 확장됐다. 문제는 기업의 자유가 현재의 이익을 위해서만 사용될 뿐 미래의 책임에 대해서는 무관심하다는 데 있다. 이 때문에 화석연료 고갈에 대처할 새로운 에너지자원의 개발은 지지부진했다. 환경오염에 대처할 재원도 부족했고 기후변화에 대응할 주체도 없었다.

극심한 기후변화로 유럽과 중국의 주요도시들이 홍수와 가뭄에 직면했다. 빙하가 녹아 해수면이 상승하면서 태평양과 대서양의 여러 나라들이 해안지역 침수를 겪으며 국토의 상당 부분을 잃어버렸다. 히말라야 빙설이 녹아내리면서 네팔의 많은 지역이 물에 휩쓸렸다. 한국도 예외는 아니어서 서해와 남해지역이 바닷물 침범으로 문제가 되고 있다.

인구 : 저출산, 고령화가 낳은 저소비

인구는 지속적으로 줄고 있다. 2010년대 이후의 저출산, 고령화에 대한 국가 차원의 여러 노력들이 실효성 있는 결과를 내지 못했다. 어떤 측면에서 자연스러운 인구구조 변동에 사회 자체적인 적응전략이 진행되고 있는 것이다. 인구구조의 질적인 개선을 이루지 못함으로써, 가장 큰 문제는 국가적 차원의 경제적 생산력 저하와 저성장의 구조화다. 인구감소로 인한 생산성 저하와 소비의 감소가 구조적으로 문제가 된 지 오래이다. 노령인구들의 사회적 일자리 참여가 상대적으로 확장되어 다소 확대된 생산인구로 편입되었지만, 이들의 소비참여도는 매우 낮다. 생산과 소비가 균형을 이루지 못하고 여전히 저소비가 지속되면서 내수시장이 상당히 어려운 상황이다. 저소비는 비단 한국사회의 문제만은 아니다. 모든 나라의 소비가 위축되면서 국가적인 다이어트가 진행되고 있다. 과거에 비하여 대부분 업종의 고객이 줄었다. 택시 손님도 줄고, 식당 손님도 줄고, 극장 손님도 줄었다. 경기침체의 긴 시간을 보내왔지만 이미 저성장, 저생산, 저소비는 구조화된 경제적 특징으로 자리잡았다.

2020년대 이후 적극 추진한 고학력, 기술자 중심의 이민정책도 내부적으로 실효성 있는 유인책을 마련하지 못해 큰 성과를 내지 못했다. 오히려 국내 고급인재와 전문가들이 초고도의 경쟁과 열악한 사회환경으로 인해 주변 선진국들로 빠져나가는 문제가 대두되고 있다. 한편 전체적인 인구감소에 따라 국가 전 부분이 슬림화되면서 병역자원도 감소하게 되었다. 국방력 유지를 위해 첨단기계화 장비들 중심의 군구조 개편이 진행되었다. 예전에 비해 군대의 인적규모가 감소하면서 전체 군사력에서 사람이 차지하는 비중은 매우 낮아지고 대신 장비와 보급, 정보 중심의 첨단군으로 변하고 있다.

정치 : 국민을 대표하지 못하는 '정치의 실종'

2045년 현재 한국사회가 겪는 여러 위기의 핵심으로 정치의 실종이 여전히 문제가 되고 있다. 현실정치의 후진성이 한국사회의 위기돌파를 불가능하게 하고 있는 것이다. 2010년대 이후 정치제도 개혁과 정치문화 혁신을 위한 노력들이 없지는 않았으나 실효성 있는 성과를 내지는 못하였다. 한마디로 국민을 대표하지 못하는 '정치의 실종', 대의제 민주주의에 대한 국민불신이 여전히 심각한 문제가 되고 있다.

정치제도 측면에서 2025년 이후 본격화했던 대통령제 개헌 논의가 정치세력 간의 이해관계 충돌로 결론을 내리지 못하고 있다. 국민 대다수가 기존 대통령제의 개혁을 요구하고 있으나, 여야와 시민사회 모두 이렇다 할 합의점을 찾지 못하는 상태다. 때문에 정치 포퓰리즘의 폐해가 커지고 정치에 대한 불신이 확대됐다.

　남북관계는 주변국들의 이해관계를 극복하지 못하고 여전히 분단체제를 지속하고 있다. 무엇보다 심각한 문제는 북한, 통일(평화)문제에 대한 국민적 관심이 현격히 줄어들었다는 것이다. 그동안 통일의 정당성을 지탱해온 민족동질성에 대한 의식도 희미해졌고, 북에 가족을 두고 온 2, 3세대 이산가족도 거의 사라졌다. 대다수 국민들은 북한을 같은 민족으로 바라보는 것이 아니라 언젠가 우리가 짊어져야 할 부담으로 생각할 뿐이다. 동북아시아 국제질서도 한반도 분단을 중심으로 큰 틀의 변화는 없으나, 미국의 상대적 퇴조와 중국의 실질적 영향력 확대가 구조화됐다. 중국은 급속히 신장된 국력을 바탕으로 신중화新中華 질서를 주변국들에게 일반화하고 있다. 일본 또한 평화헌법을 개정해 군사대국화로 나아가고 있다. 중국의 패권주의와 일본의 군사대국화는 한반도의 평화는 물론 동북아시아의 안보를 크게 위협하고 있다.

　동북아의 전통적인 갈등요인과 더불어 특히 경제적 측면에서 에너지자원 확보를 둘러싼 각국의 각축이 심각한 갈등을 유발하고 있다. 중국, 일본은 에너지자원 확보를 위해 주변국과 영유권 다툼을 벌여왔다. 특히 북한이 천연자원의 보고로 알려지면서 한반도의 북부는 다시 주변 열강들의 각축장이 되고 있다. 러시아도 가세하면서 동북아시아의 안보상황은 더욱 불안정해지고 있다. 이렇듯 자원과 에너지를 둘러싼 각축은 2045년 동북아시아 평화에 심각한 위협으로 작용하고 있다.

경제 : 경제성장의 지체와 퇴보

정부는 국정운영의 지표로 물질적 풍요보다 정신적 행복을 중시하는 국민행복지수Gross National Happiness를 개발하고 활용하고 있다. 일부 지식인들은 임금 인상 대신에 근무시간 20% 단축을 주장하고 있다. 근무시간을 단축해 일자리를 더욱 많이 창출하고, 이를 통해 복지와 사회통합을 이루기 위해서다. 지역의 소규모 상점이나 영세상인을 보호하는 협약 및 정책을 시행하고 있으며, 재택근무가 일반화돼 있다. 경제성장의 지체와 퇴보를 자연스럽게 받아들이고 있다. 국가경제 전체적인 저성장 기조의 구조화로 여러 많은 경제문제를 야기하고 있다. 한마디로 성장전략의 한계와 국가재정의 파탄위기로 요약할 수 있다.

21세기 초반부터 시작된 한국경제의 저성장은 일시적 불황이 아니라 어느덧 구조화되었다. 인구감소와 노령화는 이러한 우려를 증폭시켰다. 저성장 기조는 정부로 하여금 성장을 최우선 국가과제로 설정하고 국가의 모든 역량을 집중하게 만들었다. 경제성장전략은 글로벌경쟁력 강화를 통한 수출 확대, 선택과 집중을 통한 효율성 제고가 큰 축을 이루었다. 좁은 국내시장과 부족한 자원의 한계를 극복하기 위해서는 어쩔 수 없는 선택이기는 했으나 기존의 성장전략이 가졌던 한계를 고스란히 안고 있다는 점에서 문제였다.

국내외적으로 불리한 환경들이 크게 작용했다. 먼저 과학국정을 소홀히 하여 발생한 국정운영의 비효율과 기술개발의 부실을 들 수 있다. 그리고 자원고갈 심화로 인한 에너지자원 등 국제 원자재가격의 상승과 기후변화로 인한 온실가스 감축 확대, 환경보호 무역주의의 강화가 치명적이었다. 더불어 중국과 인도 등 신흥경제대국들의 부상으로 한국경제의 버팀목이 되어왔던 자동차, 조선, 전자, 반도체 등의 주력산업들이 줄줄이 경쟁력을 잃었다. 신성장산업은 수십 년째 답보상태에 있다. 수출에 의존하던 한국경제는 해외 경쟁력이 떨어지면서 지난 30년간 수출증가율이 한 자릿수를 맴돌았다.

국내적으로는 저출산, 고령화로 인한 인구구조 변화와 소득 및 사회양극화가 성장의 발목을 잡았다. 저출산, 고령화는 점차적으로 생산가능인구의 감소로 이어졌고, 경제활동인구의 비중은 2015년 55%에서 2045년 30% 미만까지 줄어들었다. 또한 저출산, 고령화는 천문학적인 사회보장비 지출을 유발해 국가부채를 급증시켰다. 경제활력은 떨어지고 세수는 감소하는데 복지수요가 증가하면서 국가재정부담이 지속적으로 늘어났기 때문이다. 결과적으로 2045년 대한민국의 국가부채는 GDP 대비 150%까지 악화됐으며, 세계적으로 재정위기 고위험국가군의 하나가 되었다.

동반성장과 사회적 통합을 등한시하고 대기업 중심 성장에 올인한 대가는 실로 엄청났다. 수출기업과 내수기업, 대기업과 중소기업, 고급인력과 단순노동인력 간의 임금격차는 더욱 확대됐다. 일부 대기업은 기술과 경영혁신, 첨단설비 확충 등을 통해 글로벌경쟁력을 확보했으나, 중소기업이 대기업으로 성장하여 새로운 산업을 일구는 현상은 보이지 않고 있다. 여전히 일부 대기업에 의존하는 국가산업의 위험성을 내포하고 있는 것이다.

자원 : 대체에너지 개발의 절대적 필요

한국정부는 2010년을 전후로 기후변화 및 자원고갈, 경제성장 둔화를 극복하기 위해 '저탄소 녹색성장'이라는 국가발전 패러다임을 새로이 제시한 바 있다. 그러나 이러한 전략은 곧 자본, 기술, 시간과의 싸움 등 여러 난관에 부딪혔다.

자원문제에 대한 국가적 차원의 문제의식에도 불구하고 잇따른 자원외교 실패로 지속적이고 안정적인 자원공급이 여전히 난제로 남아있다. 자체적인 대체에너지 개발 등 노력이 일부 효과를 내고 있으나, 전체 에너지문제를 해소하기에는 여전히 역부족이다. 그나마 다행인 것은 에너지소비량이 2030년을 정점으로 감소하기 시작했다는 점이다. 에너지자원의 가격이 급등하면서 수요가 줄어든 것이다.

자원문제는 석유, 석탄 등 화석연료를 근본적으로 대체할 수 있는 자연에너지 등의 대체에너지를 개발하지 않는 한 근본적인 해법이 불가능한 영역으로 이미 전 인류적 문제가 되어 있다. 하지만 근본적으로 화석연료를 대체할 에너지원은 보이지 않는다. 이러한 상황에서 국제사회가 자원문제를 기후환경 변화문제와 연계하여 함께 문제를 풀려고 노력중이다. 전 지구적인 위기에 대한 공감대 형성으로 2025년 한국을 포함한 세계 15개국 과학기술 강대국 모임인 G-15이 조직됐다. 이들은 에너지저감, 환경개선, 대체에너지 등의 기술분야 협력을 통해 공동으로 에너지위기에 대처하고 있다. 세계의 각 기업들은 물건을 생산하면서 대기를 오염시킨 만큼을 빚으로 처리하는 새로운 재무제표 지침을 따라야 했다. 국가들은 국민들의 생활양식과 기업들의 행태를 변화시키기 위해 강력한 정책을 시행했다. 국가별 석유자원 사용에 대한 한도가 설정되었는데, 석유자원 보존에 대해 국제사회가 새로운 규제를 도입했기 때문이다.

통일한국의 미래상 : '남북연합'의 실현

해방 100주년을 맞이한 2045년의 한반도를 특징짓는 가장 큰 정치 사회적 변화는 남북이 분단상태를 극복하고 '민족공동체 통일방안'의 2단계인 '남북연합'을 실현하고 있다는 것이다. 남북은 2000년의 통일 방안 합의와 2025년의 평화협정 체결을 주요기점으로 평화의 제도화를 위해 꾸준히 노력했다. 결국 해방 90주년인 2035년에 2단계인 남북연합을 선언하고, 이후 10년간 더욱 공고한 평화의 제도화를 지속적으로 구조화하고 있는 것이다.

대한민국의 공식 통일방안은 1989년 노태우 정부가 발표한 '한민족공동체 통일방안'이다. 여기에는 화해협력－남북연합－완전통일의 3단계가 있다.[2] 1단계인 '화해협력' 단계가 지나면 2단계로 '남북연합'을 상정한다. 남북연합은 국방권과 외교권까지 지역정부가 가진다. 다만 양 지역정부의 상위에 '남북정상회의' '남북각료회의' '남북평의회(남북 국회회담)' 등의 통일기구를 둔다. 이러한 남북연합 단계가 더욱 성숙되면 완전 통일국가로 발전하는 것이다.

이러한 남북연합의 분수령은 2025년이었다. 남북은 2025년에 적극적인 주변국 평화외교를 통해 기존 정전협정을 평화협정으로 대체하는 2+2(남-북이 주도, 미-중이 보증)회담을 성공시켰다. 2+2 평화협정 체결 이후 한반도평화의 제도화가 더욱 속력을 냈던 것이다.

사회 : 공동체의식과 사회규범이 자리잡은 사회

제도적으로 평화체제가 구조화된 이후 평화문화가 온 사회를 확실히 지배하고 있다. 상호방문이 자유롭게 이루어지면서 양측 거주자들 사이에 신뢰가 쌓이고 이질감이 줄어들었다. 평화의 정치문화, 사회문화는 다양한 정신문화의 고양을 가져다주었다. 즉 획일화 문화가 퇴조하고 그 자리에 다양성과 평화의 문화가 온 사회에 퍼지고 있다. 생활양식과 사고방식, 가치판단에서 선과 악의 이분법적 흑백논리와 획일주의, 배타주의가 눈에 띄게 사라졌다.

사회적으로 권위주의적 상명하복의 관계, 갑을관계와 같은 왜곡된 관계들이 퇴조하고, 누구나 고유한 개인으로서의 자율과 창의, 독자적 고유성이 보장받고 권장받는 사회문화가 확산되면서, 실질적 자유주의와 다양성의 사회문화가 자리잡고 있다. 이러한 사회문화의 전반적인 선진화로 인해 잃어버렸던 공동체의식, 즉 윤리와 도덕, 법과 질서, 가치와 사회규범이 온전히 자리잡은 품격 높은 사회로 나아가고 있다. 그리고 남북이 각각 유지, 발전시켜오던 전통문화의 통합으로 한국문화의 꽃이 피고, 한글과 역사 연구가 한층 활발해지고 있다.

기술 : 남북협력이 가져온 상당한 성과

남북의 협력은 과학기술 분야에 예상치도 못했던 상당한 성과와 괄목할 만한 진전을 가져다주었다. 남북평화경제를 과학기술이 선도한다고 할 만큼 과학기술분야의 남북 간 협력이 도드라지고 있다. 북측의 군수분야뿐 아니라 민수분야의 과학기술도 주목할 만했다. 평화체제가 구축되면서 군수산업이 민수산업으로 발전한 것이다. 남과 북의 과학기술이 분야와 수준에 있어 상호보완적인 분야가 많아, 시너지효과를 내는 데 크게 도움이 되었다. 북측의 과학기술들이 민수분야로 넘어오는 과정에서 남측의 선도적 경험과 노하우가 많은 역할을 했다.

환경 : 기존의 국토자연환경에 대한 보존

남북의 환경협력은 북측이 역점적으로 추진하는 분야다. 북측은 산악지대가 많아 국토보전과 환경에 대한 각별한 관심을 갖고 있다. 그래서 남북경제공동체 추진의 과정에서도 최대한 기존의 국토자연환경을 보존하는 기준에서 접근하고 있다. 특히 휴전선 근처의 환경회복과 보존에 대하여 적극적인 협력을 이루고 있다.

남북은 공통으로 세계적 수준의 국토자연환경을 유지한다는 목표 하에 대기질, 토양질, 수질, 산림분포, CO_2 배출 등에 엄격한 기준을 적용하고 있다. 특히 북측은 북측의 경제특구에 진출하는 남측과 해외 기업들에게 환경기준을 엄격히 적용할 것을 요구하고 있다. 또한 북측은 에너지 사정으로 일부 지역에서 황폐화되었던 산림지역에 대한 녹화사업을 꾸준히 전개하여 전국적 단위에서 산악지역의 녹화율이 크게 진전되었다.

인구 : 8천만의 실질적 경제공동체

남북연합은 인구 8천만의 실질적인 경제공동체로 작동한다. 남북의 실질적인 경제공동체 구현으로 고질적인 남측의 저출산, 고령화, 경제인구감소라는 문제들이 일정 부분 해소되었다. 북측의 출산율이 2010년대의 2.1명대에서 다소 증가했다. 이것은 경제공동체 속에서 남측의 생산인구감소를 구조적으로 상쇄해주고 있다. 이미 남과 북은 경제, 산업, 지역 사이의 분업과 협업체제가 구조화되어 있다. 그래서 남과 북의 출산율을 따로 계산하지 않고 전체를 하나의 경제단위로 두고 생산인구, 실업률이 조사될 만큼 상호보완적 인구구성을 갖고 있다. 이산가족의 상호 가족방문과 공동투자와 생산은 일상적인 일이 되었다.

정치 : 실질적 민주주의의 확립

남북연합 상황에서 한반도는 더이상 국민생존과 안전이 군사적으로 위협받지 않고 있다. 남북평화의 제도화가 한반도를 넘어 동북아, 동아시아 전체의 평화질서를 구축하고 있다. 더이상 이념적 대립의 전통적 갈등은 자리하고 있지 않다. 자연스럽게 남북연합의 주체인 남과 북은 이 지역 국제정치의 가장 영향력 있는 행위주체로 대접받고 있다.

남북관계가 남북연합의 성숙된 심화단계로 접어들고 있는 상황에서 가장 큰 역할을 하고 있는 것이 정치와 시민사회의 영역이다. 한국정치는 남북관계의 평화적 제도화가 정착된 이후부터 절차적 민주주의를 넘어 실질적 민주주의를 구현하고 있다. 더이상 권위주의적 정치문화로부터 국민기본권이 제약받지 않는다. 남북평화의 바탕 위에서 정치적 민주주 고양이 경제민주화로 상징되는 경제적 선진화도 함께 고양하고 있다.

정치제도와 문화는 다원주의적 자유주의와 민주주의에 바탕을 둔 다양성이 존중받고 있다. 사회 각계각층의 다양한 목소리가 존재하며 경쟁과 협력, 견제와 타협을 통한 의견교환이 이루어지는 체제를 구현하고 있다.

경제 : 남북 동반성장의 괄목할 만한 발전

30여 년 이상 지속되어온 평화적 남북관계의 제도화 과정에서 가장 괄목할 만한 외형적 변화는 남북평화경제의 대폭발과 실질적인 남북경제공동체의 구현이다. 2010년대 이후 저성장경제가 구조화되는 위기 속에서 평화를 기반으로 한 남북경제협력은 최대의 기회였다. 2020년 '남북평화경제위원회'를 출범시킨 이후 '평화를 위한 경제, 경제를 위한 평화'라는 슬로건으로 남과 북은 실사구시의 원칙을 가지고 경제협력을 전면화했다. 양측의 경제제도를 존중하되 남북이 시너지효과를 낼 수 있는 경제협력과 지하자원 공동개발, 남측 기업들의 북측 경제특구 진출 등으로 남북의 경제가 괄목할 만한 동반성장을 달성했다.

특히 북측 경제의 구조적 신장을 위해 도로, 철도, 항만 등 산업인프라에 대한 우선적 개발을 남측이 주도했다. 남측은 그 대가로 북측의 지하자원과 노동력, 산업인프라 공동운영 등의 경제적 실익을 확보했다. 그래서 남북의 평화경제 확산의 과정 자체가 일방적인 퍼주기가 아닌 상호 시너지효과를 내는 공동번영의 과정임을 확인했다.

자원 : 자원부국으로의 위상 변화

남북의 자원협력은 명실상부한 남북 간 유무상통有無相通의 상징이다. 남북평화협정 체결 이후 북측의 미개발 지하자원들을 남측의 기술과 자본을 도입하여 공동개발했다. 지하자원협력은 단순한 공동개발과 교역의 수준을 넘어 공동채굴, 공동이용, 공동가공 등의 과정을 통해 부가가치가 매우 높은 자원사업으로 발전시켰다. 남북지하자원협력을 통해 얻어진 재정은 북측의 더 광범위한 경제발전을 위한 종자돈으로 재투자되고 있다.

남북연합은 더이상 자원빈국이 아니다. 남북공동개발로 얻은 북측의 지하자원이 남북연합의 산업발전을 촉진하고 있다. 과거 전 세계로부터 수입하던 각종 광물자원을 거의 자체적으로 해결하고 있다. 남북의 지하자원협력만으로도 남측은 그 이전시기에 비해 연간 1천억 달러가 넘는 효과를 누리고 있다.

2

아시아 평화중심 창조국가

미중관계를 중심으로 한 국제질서 변화와 범세계적 차원의 글로벌화, 새로운 경제위기와 지역 내 안보질서 재편, 자원과 환경, 인구문제의 대두 등 변화가 심상치 않다. 무엇보다 과학기술의 발전이라는 물적 변화가 선도하는 시대변화가 더욱 가속화되고 있다. 이러한 시대변화를 정신문화가 제대로 담아내지 못하는 문화지체가 심화되고 있다. 대한민국 국가적 차원에서 이러한 시대변화에 능동적으로 대처하고자 하는 과학적이고 체계적인 국가미래전략 수립이 절실한 상황이다.

국가전략National Strategy은 국가와 국민의 생존, 번영, 존엄, 가치 등 국가의 핵심가치를 구현하기 위한 비전과 방향이다. 국가의 임무는 국민의 생명과 재산보호, 기본권 보장, 경제적 풍요 등 총체적 국민행복을 구현하는 것이다. 결국 국가전략이란 국토보전, 국민존엄과 인권보장, 자유와 평등, 민권보장, 경제적/과학기술적/사회문화적 번영과 국가안보의 공고한 평화 등 국가 핵심가치와 임무를 실현함으로써 국익을 증대하기 위한 전략이다.[3]

미래전략Future Strategy이란 중장기적 관점에서 국익을 극대화하기 위한 전략이다. 이 책에서는 '미래'의 시간적 범위를 보편적인 한 세대의 기준, 즉 30년으로 하고 있다. 나아가 이 책에서는 대한민국의 '미래비전'과 그것을 실현하기 위한 핵심적인 '4개 대전략', 그리고 세부분야별 전략들을 제시하고 있다. 세부분야별 전략들은 KAIST 미래전략대학원이 제시하는 사회변화의 주요동인인 STEPPER(사회, 기술, 환경, 인구, 정치, 경제, 자원)를 구성하는 주요분야들로 하였다.

미래의 변화와 전략

먼저 미래에 어떤 변화가 찾아올지, 그에 따라서 우리는 어떤 전략을 수립해야 할지에 대해 살펴보자.

과학기술 중심의 미래변화

국가, 사회 전반의 위기라는 현재적 상황에서 대한민국의 미래는 어떻게 오고 있는가. 지난 30여 년의 시간과 2015년의 현재를 돌아보면 다가오는 30여 년의 미래를 전망할 수 있다. 무엇보다 미래변화의 핵심동인으로 정보통신기술 고도화 등 과학기술의 발달이 자리한다. 첨단과학기술과 정보통신의 발달에 따라 전 세계인이 엄청난 양의 정보들을 실시간으로 공유하는 정보폭발의 시대가 왔다. 무인자동차 등 본격적인 로봇시대의 보편화, 3D프린트 생산기술, 인공지능, 인식정보 확산, 사물인터넷으로 상징되는 '초연결사회'의 도래, 의료기술의 발달에 따른 인간수명 100세의 '호모 헌드레드Homo Hundred' 시대 등이 과학기술이 바꾸는 상징적 시대변화들이다.

전통적 위기로 제기되는 기후변화와 환경문제, 자원과 에너지문제, 인구문제 등은 전 지구적 차원에서 제기되고 있는 위기요인들이다. 여기에 국가의 경계를 초월하는 각종 정보의 글로벌화에 따라 정치, 경제, 사회, 문화적으로 전통적 의미의 국가경계가 약화되고 개인과 시민사회의 영향력이 상대적으로 강화되면서 국가와 정부의 영향력이 퇴조하는 경향성이 나타난다. 인터넷미디어와 SNS 고도화, 글로벌화의 자연스러운 결과들이다. 사회문화적으로는 급변하는 과학기술시대의 변화에 부응하지 못하는 정신문화의 지체, 인간윤리와 도덕, 철학과 가치의 도태 등이 인문학의 위기, 인간의 위기로 상징되고 있다.

능동적 미래전략 : 미래는 창조된다

국가와 사회의 온전한 발전은 환경과 시대변화에 얼마나 능동적으로 부응하느냐에 달려 있다. 변화에 대한 적극적 조응과 대응 자체가 발전이다. 만약 그 변화를 태만히 하거나 무시하는 경우 그것은 정체가 아닌 도태가 되고 적폐가 되며, 가혹한 경우 혁신과 쇄신의 대상이 된다. 제도와 법, 체제의 적폐는 때에 따라 혁명의 대상이 되기도 한다. 시대변화를 제대로 읽고 변화의 위기상황을 시대발전의 기회로 삼는 능동적인 미래전략들이 국가적 차원에서 선도적으로 준비돼야 한다. 미래변화의 대상이 될 것인가, 미래창조의 주역이 될 것인가, 답은 명확하다.

국가적 차원의 선도적 미래준비라는 관점에서 보면 미래는 의지적 관점에서 창조되는 것이다. 즉 미래는 객관적 조건과 환경에 의해 그냥 막연히 오는 것이 아니라 주체적 의지로 전망하고 준비하고 주도하고자 하는 사람들에 의해 만들어지고 창조되는 것이다.[4] 그렇다. 우리가 함께 꾸는 꿈과 비전은 현실이 된다. 다가올 미래는 지금 현재의 우리가 꾸는 꿈들이 펼쳐지는 세상이다. 다가올 미래사회와 관련하여 앨런 케이Alan Kay는 '미래를 예측하는 가장 좋은 방법은 그것을 창조하는 것'이라고 했다. 더 나은 미래를 꿈꾸는 능동적인 개척자들에게 가장 바람직한 미래상이다.

미래의 모습은 우리가 그리는 비전이고 꿈이다. 즉 우리가 꾸는 꿈, 우리가 그리는 비전이 미래의 현실이 된다. 결국 우리가 꾸는 꿈은 우리가 창조할 미래가 된다. 미래는 우리 속에, 우리의 가슴속에 있는 것이다. 우리는 어떤 미래를 가슴에 담을 것인가. 우리가 지향해야 할 세상, 지향해야 할 가치는 어떤 것들인가. 우리가 지향하고 추구하는 '정신의 미래' '과학기술의 미래'가 결국 미래를 규정한다.

자연환경과 시대변화에 능동적으로 응전하는 과정이 바로 미래변화의 새로운 패러다임을 창조하는 것이다. 결국 그런 주체적인 응전의 과정이 미래창조의 역사가 된다. 이렇듯 미래는 준비하지 않은 사람들에게는 그냥 막연히 오는 것이지만, 누군가에게 그 미래는 의지적 관점에서 스스로 만들어가는 것이다. 미래에 대한 주체적 상상력을 키워가면서, 그 사회가 추구하는 가치들을 투영하는 미래의 그림들을 그리다보면, 그런 미래가 시나브로 와 있는 것이다. 국가미래전략을 수립하는 과정이 그런 창조의 과정이다. 자긍심 높은 대한민국을 위해, 그 속을 살아가는 대한민국 국민들의 행복을 위해 미래전략을 준비해야 하는 것이다.

미래사회와 대한민국의 위기

이제 미래사회를 맞는 대한민국이 어떤 상황에 놓여 있는지를 살펴볼 차례다.

미래사회 변화의 주요내용들

2015년 7월 미래창조과학부(미래준비위원회)가 발표한 '미래이슈 분석보고서'[5]는 미래사회의 주요이슈로 28개 분석대상을 선정하고 미래사회에 영향을 미칠 미래핵심기술 15개를 선정하였다.

〈표 1-1〉 미래사회의 주요이슈

분야	이슈명칭
경제(6개)	초연결사회, 저성장과 성장전략 전환, 디지털경제, 고용불안, 제조업의 혁명, 산업구조의 양극화
사회(10개)	저출산, 초고령화 사회, 불평등문제, 미래세대 삶의 불안정성, 삶의 질을 중시하는 라이프스타일, 다문화 확산, 전통적 가족개념 변화, 학력중심 경쟁적 교육, 젠더이슈 심화, 난치병 극복(100세 시대), 사이버범죄
정치(5개)	식량안보, 주변국과 지정학적 갈등, 북한과 안보/통일 문제, 전자민주주의, 글로벌 거버넌스
환경(7개)	재난위험, 에너지 및 자원고갈, 기후변화 및 자연재해, 국가 간 환경영향 증대, 원자력 안전문제, 생물다양성의 위기, 식품안전성
핵심기술(15개)	사물인터넷, 빅데이터, 인공지능, 가상현실, 웨어러블 디바이스, 줄기세포 유전공학분자생물학, 분자영상, 나노소재, 3D프린터, 신재생에너지, 온실가스 저감기술, 에너지/자원재활용 기술, 우주개발, 원자력기술

자료: 미래이슈 분석보고서, 미래창조부(2015)

한편 미래사회변화 전망과 관련하여 2012년 한국과학기술기획평가원KISTEP이 발표한 미래사회변화 8대 메가트렌드와 25개 하부트렌드가 있다. 이 발표에서는 미래사회 8대 메가트렌드로 '글로벌화의 심화'

'갈등의 심화' '인구구조의 변화' '문화적 다양성 증가' '에너지, 자원의 고갈' '기후변화 및 환경문제 심화' '과학기술의 발달과 융복합화' '중국의 부상'을 전망하고, 하위 25개 트렌드를 제시했다.

두드러진 미래변화의 경향성은 첫째 '글로벌화의 심화'다. 이미 글로벌화는 정치, 경제, 사회, 문화, 과학기술 등 전 분야에 걸쳐서 상당히 진전되었고 향후 그 속도와 폭, 범위는 심화, 확대될 것이다. 그것은 WTO체제와 FTA 전면화, 국제금융시장 확산과 인터넷쇼핑 등 경제적 차원의 세계화를 넘어 진행된다. 인구, 환경, 자원문제의 세계화, 전쟁과 테러 등 국제정치 이슈들의 전 지구적 실시간 공유 등이 인터넷 기반의 SNS와 접목되면서 심화되고 있다.

이외에도 일국 중심의 국제질서가 아닌 다극화가 진행된다. 국가와 국제기구, 조직 등 다양한 주체들에 의한 거버넌스의 확대, 국가 간 인력(노동력) 이동의 증대 등 다방면에 걸쳐서 글로벌화를 심화시키는 기제들이 작동한다. 이는 전통적 의미의 국가개념이 변함을 의미한다.

'갈등의 심화'로는 민족, 종교, 국가간 갈등 심화, 사이버테러와 비전통적 테러위험 증가, 양극화 등이 대두된다. 전통적 미래변화요인인 '인구구조 변화'는 저출산, 고령화의 지속, 도시인구의 증가, 가족개념의 변화 등을 포함하고 있다. 특히 우리나라의 저출산, 고령화문제가 심각히 대두되고 있는 것과 관련하여 가족개념의 변화에 대한 통찰이 필요하다.

'문화적 다양성 증가'는 문화교류의 증대와 다문화 사회화, 여성의 지위 향상 등이 제기되고, '에너지, 자원의 고갈' 문제와 관련해서는 에너지와 자원의 수요 증가, 물과 식량 부족 심화, 에너지와 자원의 무기화 등이 두드러진 경향성으로 전망된다. '기후변화 및 환경문제 심화'

는 지구온난화와 이상기후, 환경오염의 증가, 생태계의 변화로 상징되고 '중국의 부상'과 관련해서는 중국의 경제적, 정치적, 문화적 영향력 확대 등이 제기된다. 마지막으로 '과학기술의 발달과 융복합화' 측면에서는 정보통신기술의 발달, 생명과학기술의 발달, 나노기술의 발달 등이 도드라진 미래변화의 경향성으로 제기된다.

〈표 1-2〉 8대 메가트렌드와 25개 트렌드

메가트렌드	트렌드	메가트렌드	트렌드
글로벌화 심화	세계시장의 통합	문화적 다양성 증가	문화교류 증대와 다문화 사회화
	국제질서의 다극화		여성의 지위 향상
	인력이동의 글로벌화	에너지, 자원 고갈	에너지, 자원 수요의 증가
	거버넌스 개념의 확대		물, 식량 부족 심화
	전염병의 급속한 확산		에너지, 자원 무기화
갈등 심화	민족, 종교, 국가 간 갈등 심화	기후변화 및 환경문제 심화	온난화 심화, 이상기후 증가
	사이버테러의 증가		환경오염의 증가
	테러위험의 증가		생태계의 변화
	양극화 심화	중국의 부상	중국 경제적 영향력 증대
인구구조 변화	저출산, 고령화의 지속		중국 외교문화적 영향력 증대
	세계 도시인구의 증가	과학기술 발달과 융복합화	정보통신기술의 발달
			생명과학기술의 발달
	가족 개념의 변화		나노기술의 발달

자료: 제4회 과학기술예측조사 2012~2035 총괄본, 한국과학기술평가원(2012)

위기의 대한민국

우리나라를 둘러싼 두드러진 미래환경 변화는 어떤가? 앞에서 소개한 미래창조과학부(미래준비위원회)의 미래이슈 분석보고서(2015.7)

에서는 한국사회의 10년 후를 규정하는 주요 10대 이슈로 저출산, 고령화, 불평등문제, 미래세대 삶의 불안정성, 고용불안, 국가 간 환경영향 증대, 사이버범죄, 에너지 및 자원고갈, 북한과 안보/통일문제, 기후변화 및 자연재해, 저성장과 성장전략 전환 등을 순서대로 꼽았다.

〈표 1-3〉 한국사회의 10년 후를 규정하는 10대 이슈

순위	이슈명	순위	이슈명
1	저출산, 초고령화 사회	6	사이버범죄
2	불평등문제	7	에너지 및 자원고갈
3	미래세대 삶의 불안정성	8	북한과 안보, 통일문제
4	고용불안	9	기후변화 및 자연재해
5	국가 간 환경영향 증대	10	저성장과 성장전략 전환

저성장과 성장전략 전환

우선 남북 간의 대립과 긴장고조, 중국의 부상과 일본의 군국주의 노골화로 상징되는 동북아 국제정치질서의 위기가 정치군사적 측면에서 먼저 대두된다. 더불어 세계적 경기침체와 한국경제의 저성장 구조화, 경기불황 장기화가 경제적 위기로 자리한다. 그리고 세월호참사로 상징되는 범사회적 부정과 부패, 불신의 만연과 국가권력에 대한 극단적 신뢰 하락, 국가사회 전반의 물신풍조와 배금주의 만연 등이 사회문화적 위기로 대두되고 있다. 대한민국을 둘러싼 국내외적, 주체적, 객관적 조건 어느 하나 위기가 아닌 것이 없다. 한마디로 총체적 국가위기다.

적지 않은 사람들이 오늘의 대한민국이 건국 이래 최대의 위기라

고 주장한다. 근대화와 민주화의 성과들을 뒤로하고, 역발전counter-development, 반발전dedevelopment 현상인 '악성도착근대화malign perverted modernization' 현상이 심각한 상황이라는 주장도 있다.[6]

2014년 세월호 침몰은 대한민국 침몰의 상징[7]으로 부각되었다. 그런데 그 참혹한 사건이 발생한 지 1년이 훨씬 지났음에도 여전히 대한민국은 세월호 침몰의 원인규명도, 사태해결을 위한 사회적 합의도 이루어내지 못하고 있다. 과학기술 대국을 꿈꾸는 경제대국 대한민국은 사건의 진상규명도, 사태해결도, 더 큰 사회적 가치 합의도, 아무것도 못하고 있다. 사건으로 보면 너무 단순할 것 같은 이 문제조차도 깔끔하게 풀지 못하는 2015년의 대한민국은 과연 온전한가? 세월호사건을 사태로 악화시키는 대한민국의 법제도적, 사회적 장치들(정부, 언론, 시민사회, 공동체, 가치규범, 윤리 등) 어느 것 하나 온전히 작동되지 못하고 있음을 반증하는 것이다. 결국 이런 식으로는 대한민국에 미래가 없다는 공감이 확산되고 있다. 대통령은 대한민국을 세월호 '이전'과 '이후'로 다르게 만들겠다고 했다.[8] 세월호사태를 계기로 대한민국은 '근대화'가 잉태한 사회병리현상을 상징적으로 매우 적나라하게 경험하게 되었다. 그것은 국가적, 사회적 시스템(정치, 국회, 행정, 사법)과 거버넌스에 이르기까지 심각한 실상으로 드러났다.[9]

최소한의 윤리와 도덕, 법질서조차도 사적 이익을 위해서는 언제든 가볍게 부정될 수 있는 사회타락의 분위기가 만연하고 있다.[10] 균형발전이 아닌 기형적 도시화가 심화되고 전통적 가치관의 급격한 퇴조와 가족개념의 해체, 1인 가구, 청년실업의 구조화와 소득격차 확대, 양극화 등의 경제적 병리현상들까지 심화되고 있다.

세계 10대 경제강국을 무색케 하는 상대적으로 매우 낮은 국민행복지수, OECD국가 중 최고 수준의 부패지수,[11] 세계 최고의 자살률, 이혼율, 저출산율 등 2015년 대한민국의 삶의 질과 사회문화적 생활 여건은 그야말로 최악의 상황이다. 국가와 사회의 근본과 기본이 무너지고 그 자리에 가치와 목적을 잃은 자본과 물질, 탐욕과 사익만 난무한다.

'2만 달러의 덫'으로 상징되는 우리경제의 저성장구조가 10여 년 이상 장기화, 구조화되고 있다. 실제로 전통적인 주력산업들은 중국과의 경쟁에서 거의 추월당했거나 추월당하기 직전에 있다. 우리 국가의 근간이 되었던 고도경제성장은 그야말로 옛말이 되었다. 새로운 성장을 위한 특별한 돌파구가 필요한 시점이다. 신성장동력 발굴과 함께 경제민주화로 상징되는 경제구조의 혁신이 필요하다. 그러한 경제혁신의 바탕이 되는 정치, 사회문화적인 국가혁신, 창조의 패러다임들이 전면적으로 준비돼야 한다. 심화되고 있는 현재의 위기를 성숙과 발전의 기회로 만들어가려는 국가적, 범국민적 지혜들이 필요하다. 급변하는 시대변화를 위기가 아닌 기회로 만들기 위해, 국가미래전략을 수립해가는 과정 속에서 새로운 대한민국의 미래희망을 키워야 한다.

오늘의 역경을 딛고 대한민국이 한반도에서 계속 번영을 영위하고 후손에 영광된 나라를 물려주기 위해서 선결해야 할 과제를 다음과 같이 6개로 정리할 수 있다.

- **저출산, 고령화:** 저출산으로 100년 후 인구 4천만 명 이하 축소, 평균수명 연장으로 초고령사회 도래, 국가와 사회구조적 체질개선 위한 고통 분담.
- **사회통합, 갈등해결:** 행복지수 최하, 세계 최고 수준의 자살률, 범죄

비율 등 사회공동체, 사회해체현상.

- **평화(통일)와 국제정치:** 평화와 통일은 지상과제, 평화와 통일의 과업은 국민의 단결과 지혜로운 대외정책에 의해서 가능.

- **지속적인 성장과 번영:** 중국에 잡힌 주력산업의 위기와 새로운 성장동력의 필요성, 신성장동력 미확보시 경제적 저성장구조 심화 및 경제후퇴 가능성.

- **지속가능한 민주복지국가:** 국가제도와 리더십에 대한 극단적 불신과 과잉정치, 과잉 포퓰리즘, 정치적 정당성과 공정성에 대한 회의와 불신 심화로 나타나는 국가공동화 현상.

- **에너지와 환경문제:** 세계 최고의 에너지 밀도와 유례를 찾아볼 수 없는 에너지, 식량 수입의존율, 지속가능한 에너지원 확보, 기후변화와 환경오염 대비 등.

대한민국 미래전략

2015년 현재의 대한민국을 반성적으로 돌아보면서 국가미래전략을 상정할 때, 미래전략은 거창한 것이 아닌 '국가의 근본을 세우고 기본에 충실한 전략'에서 비롯된다. '국가가 존재하는가? 국가가 이래도 되는가?'와 같은 극단적 국가불신이 만연하고 사회적 신뢰는 좀처럼 찾아보기 힘든 상황이다. 이런 상황에서 국가정체성의 주체적 근본을 다시 세우고 공동체와 인간윤리, 도덕과 법, 제도 등 가치추구형 정신문화 성숙, 기본에 충실한 사회를 만드는 것이 급선무다.[12]

주체적 국가정체성의 핵심은 대한민국의 중심을 제대로 세우는 것이다. 5천 년 숭고한 민족사의 가치를 되새기고, 널리 인간을 이롭게 한다는 홍익인간의 기본가치를 숭상하며, 민족사의 과제인 분단극복 평화실현의 평화적 가치를 표방하며, 자유, 민주, 인권, 호혜의 가치에 입각한 국제정치외교에 나서는 것이다.

국내적으로는 윤리와 도덕의 근본이 서고 진리와 정의, 자유와 인권, 공정과 투명, 법치와 공익이 온전히 추구되고 권장되는 사회가 될 때 사라진 신뢰가 살아나고 국가적 품격과 자긍심이 고양될 것이다. 바로 원칙과 기본, 상식과 윤리가 바로 선 나라, 사회적 신뢰와 국가적 자긍심이 묻어나는 나라가 근본과 기본의 영역이다.

이렇듯 국가미래전략 수립의 기본은 국민행복과 건전한 시민사회 건설을 위한 범사회적 차원의 정신문화(윤리와 도덕, 진리와 정의, 공정과 투명, 원칙과 법치, 관용과 포용, 나눔과 배려 등) 재정립에서 비롯된다. 사회적 규범과 가치의 토대인 건강한 정신문화가 범사회적, 국가적 교육을 통해 온전히 자리잡지 못하면 위기는 언제든 대두된다. 국민행복이 궁극의 목적이라고 했을 때, 행복의 최대 형태는 평등과 자유 속에 개개인의 자존감이 강화, 확대되는 상태다. 젊은이들이 희망을 가지고 미래를 설계할 수 있도록 사회가 공정한 경쟁을 보장해주어야 한다.

정신문화 정립을 위해서는 정치적 선진화, 민주정치의 실질적 제도화 등을 이룩해야 한다. 즉 정치적 선진화와 자유, 평화, 민주, 평등, 인권의 기본가치들이 정치문화적으로, 보편적으로 널리 향유될 수 있는 제도화가 필요하다. 국가기관과 정치권력은 국민 앞에 진리와 정의, 민주와 평화, 공정과 투명, 원칙과 법치에 충실해야 한다. 이러한 문화가 자리잡을 때, 사적 이익보다 공동체의 이익을 앞세우는 신뢰와 품격의 아름다운 사회로 나아갈 수 있고, 국민행복을 위한 지속가능한 복지 민주국가를 이룩할 수 있다.

대한민국 미래비전 : '아시아 평화중심 창조국가'

2045년을 향한 대한민국의 미래비전으로 '아시아 평화중심 창조국가'[13]를 제안한다. 향후 아시아의 지역적 가치가 미래세계의 중심이 된다. 남북 대치상태의 해소를 통한 평화정착 없이는 한반도의 온전한 미래발전, 선진일류국가는 불가능하다. 역으로 한반도평화가 세계일류국가로 나아갈 수 있는 물적 토대와 정신문화적 토대, 국제정치적 토대를 동시에 제공한다. 한반도평화는 동북아를 넘어 아시아와 세계평화의 단초가 될 수 있다. 더불어 기존의 '추격형 경제구조'를 활용하면서도 '선도형 경제구조'로 혁신하기 위한 포괄적 창조경제, 창조국가의 모델이 필요하다.

'아시아 평화중심 창조국가'는 아시아(세계)의 중심에서 평화를 토대로 번영, 발전하는 대한민국을 만들어가고자 하는 대한민국의 주체적 의지가 담긴 과학적 비전이다.

세계경제의 중심이 아시아로 전이되고 있다

세계경제의 중심이 아시아로 전이되고 있다. 2045년경이면 아시아가 세계경제의 50%를 점유하게 된다. 특히 중국, 인도의 경제력이 급격히 신장하고 이들과 일본, 한국의 경제규모만으로도 북미와 유럽지역 두 곳을 합친 것만큼 커지게 된다. 71억 세계 인구 중 약 61%인 37억 명이 아시아지역에 분포하고 있다. 글로벌화에 따라 이들 인구의 세계적 확산이 가져올 문화적 확산 또한 상당할 것이다. 이렇듯 아시아의 경제지도, 인구지도가 확장되는 만큼 정치, 사회, 문화적 영향력도 함께 확장될 것이다. 아시아가 세계 네크워크의 중심에 서게 되는 것이다.[14]

그러한 아시아의 중심에 평화로 하나된 남과 북의 한반도가 있다. 국제정치의 지정학적 위기요인을 기회요인으로 삼아, 남과 북 한반도의 탄탄한 평화(평화체제: 실질적 통일)를 바탕으로 대한민국이 아시아의 평화중심국가로, 과학기술 창조국가로, 품격 높은 정신문화의 행복국가로 나아가는 것이다.

평화는 미래전략의 기본전제와 상수

평화는 대한민국의 근본국익이다. 남북의 적대와 대립, 군사적 긴장과 전쟁위험이 상존하는 분단체제에서 대한민국의 온전한 미래는 현실적으로 불가능하다. 평화의 제도화는 국민기본권과 품격 있는 생활, 국민행복을 구현하기 위한 최대의 기회요인이다. 즉 정치선진화, 경제민주화, 과학기술의 발전, 교육, 문화, 복지의 온전한 발전, 인구, 환경, 자원문제의 극복 등은 남북의 평화를 토대로 구현할 수 있다. 이렇듯 평화(통일)는 대한민국 미래전략의 상당한 기회요인으로 작용하기에 대한민국 미래전략의 잠재된 폭발적 에너지, 숨겨진 가능성이라고 할 수 있다.

한반도의 평화는 동북아평화와 아시아평화로 연결된다. 냉전의 마지막 유산으로 남아 있는 한반도를 평화의 땅으로 만들어가는 과정은 한반도를 세계평화의 상징으로 발전시켜갈 수 있는 최대의 기회요인이 된다. 한반도평화를 정착시켜가는 과정에서 국가적, 국제적 시너지효과를 최대화하여 이후 '아시아 평화중심국가'로서의 이니셔티브 initiative를 확실히 담보해야 한다. 그것은 한반도평화의 역사성과 한반도평화의 정통성, 미래성 측면에서 한반도(해양과 대륙의 만남, 대립적 체제와 제도의 융합, 전쟁과 평화의 변곡점)가 가지는 최대의 강점이 될 것

이다.[15]

'아시아 평화중심 창조국가'는 첫째, 남과 북이 평화정착을 기반으로 화해협력과 사회문화교류, 전면적 경제협력을 통해 실질적 경제공동체를 이룩하고, 그 과정에서 상호 원윈Win-Win의 경제적 번영으로 세계일류국가로 발전해가자는 적극적 의미를 내포한다.

둘째, 한반도는 지정학적 위치가 대륙과 해양을 잇는 반도국이다. 그러므로 국제정치, 경제, 사회문화교류가 수월한 지리적 장점을 최대한 활용하자는 측면이 있다. 즉 동북아시아 국제정치의 분수령, 충돌 지점이라는 전통적 역사성을 오히려 기회로 활용하여 능동적 가능성과 번영의 모티브motive, 이니셔티브로 활용하자는 의미다.[16] 국제정치 이해관계에 피동적으로 끌려갈 것이 아니라 남과 북이 평화정착을 통해 지역의 국제질서에서 주도적 역할을 담보하자는 의미다. 결국 남북의 평화라는 우리 스스로의 문제에 대해, 우리가 주도적으로 지역 내 국제정치질서에서 능동적 역할을 만들어가자는 것이다.[17]

셋째, 분단을 넘어 국제평화의 상징으로 우뚝 섬으로써 아시아 평화중심국가의 이니셔티브를 확보하자는 의미다. 세계 냉전체제의 마지막 유산인 분단국가, 그 분단을 넘어 평화로 가는 기회의 상승작용으로 대한민국이 주도적 역할을 함으로써 '아시아평화' '세계평화'의 상징적 국가가 될 수 있다.

넷째, 경제, 금융, 과학기술, 교통, 물류, 스포츠, 언론, 관광의 중심, 네트워크의 중심이 되자는 것이다. 대륙과 해양, 해양과 대륙을 잇는 지리적 장점은 다방면에 걸쳐 상당한 기회를 보장한다. 중국과 러시아에는 태평양 진출의 교두보로, 미국과 일본에는 대륙의 관문으로 역할을 할 수 있다. 여기에 창조국가의 패러다임이 접목되는 것이다.

창조국가 : 추격자에서 선도자로

'창조국가' '창조경제'는 대한민국 경제번영의 핵심 키워드다. 창조는 국가의 경제적, 사회문화적 미래번영을 위한 핵심가치이자 전략적 용어다. '창조경제'는 우리의 먹거리 토대, 즉 경제를 근본적으로 혁신, 창조하자는 문제의식에서 출발한다.

창조경제는 대기업 중심의 산업화 경제방식으로는 더이상 국가경제 전반의 안정적 번영을 담보하지 못하는 한계를 극복하기 위해 나온 경제전략이다. 창조경제는 혁신경제의 구조화, 제도화를 넘어서는 개념이다. 새로운 성장동력을 발굴, 육성하기 위하여 온 국민의 창의력과 상상력에 불을 지펴서 창업의 꽃을 피워야 한다. 창조경제는 선진국 모방의 추격자Fast Follower 경제에서 선도자First Mover 경제로 구조적 경제혁신을 강조한다. 창조경제는 산업의 융합, 과학기술과 문화기술의 융합을 넘어 혁신경제를 단순 재포장하지 않고, 한 차원 진화시켜 만든 개념이다.[18] 현재 주력산업이 머뭇거리고 있는 현실에서 새로운 먹거리 창출을 위한 절박한 국가전략이라 할 수 있다.

창조경제를 위해서는 기본적으로 경제민주화가 필요하다. 경제민주화를 통해 중소기업들이 대기업과 함께 동반성장하여 새로운 산업을 일으킬 수 있는 터전이 마련될 수 있다. 중소벤처의 혁신과 대기업의 효율이 결합하는 과정에서 정부와 공공영역의 공정성 확보 등 실질적 경제민주화 조치들이 필요하다. 창조경제와 경제민주화는 손바닥의 앞뒤와 같이 연결된다. 또한 창조경제로 갈 때[19] 꼭 짚고 넘어가야 하는 것이 '정부 3.0'의 문제다. '창조경제' '경제민주화' '혁신시장' '정부 3.0'의 네 가지 키워드는 대한민국 경제의 질적 성장이라는, 같은 미래목표를 지향하는 동일한 개념의 다른 표현들이다. 대한민국 경제의 본질적 변화와 혁신, 새로운 지속가능성장의 소프트웨어적 혁신사고와 인식의 전환, 그 중심에 메타이론으로써 '창조경제' '창업국가' '창의사고' 등의 '창조' 담론이 있는 것이다.

'아시아 평화중심 창조국가'와 '4개 대전략'

아시아 평화중심 창조국가의 비전을 실현하기 위한 4개 대전략이 있다. 바로 '국민행복 대전략' '아시아평화 대전략' '과학국정 대전략' '창업국가 대전략'이다. 이 4개 대전략은 '아시아 평화중심 창조국가' 실현을 위한 원칙과 방법론, 부문과 목표, 물적 토대로써 전 방위적으로 가장 중요하다고 판단되는 전략들이다. 4개 대전략은 그 자체가 미래전략의 목표로 놓이는 것들이다.

첫째, '국민행복 대전략'은 미래전략 수립의 근본가치와 목적을 명확히 하기 위해 제시하는 것이다. 국가의 존재이유는 국민의 행복이다. 국가의 독립과 안전, 경제적 안정과 번영을 바탕으로 국가는 국민행복을 궁극의 가치와 목표로 둔다. 대한민국 미래비전 또한 마찬가지다. 국민행복 구현을 국가비전으로 상정하는 것이다. 국가의 총체적 목표가 국민행복에 있음을 전제하고, 전체 국가미래전략의 방향과 세부전략들이 궁극적으로 국민행복 구현에 모여져야 함을 강조하기 위한 전략이다.

둘째, '아시아평화 대전략'은 남북분단이 미래에도 지속되는 한, 대한민국의 온전한 미래는 성립 불가능하다는 문제의식에서 출발한다. 근본적으로 전쟁과 생존의 위험을 일상적으로 안고 있는 분단체제를 전제로 한 미래는 온전할 수가 없다. 그래서 남북의 평화[20]를 기본과

제로 설정하고 활동공간이 확대된 아시아평화 대전략을 설정하였다. 한반도의 평화가 아시아의 평화와 다르지 않다. 아시아의 평화가 한반도의 평화에서 시작하고, 한반도의 평화가 아시아의 평화로 나아간다. 한반도를 중심으로 중국과 일본, 한반도와 아세안 등 아시아지역 전반을 포괄하는 평화전략으로 확대될 필요에 의해 제기되었다.

셋째, '과학국정 대전략'은 좁게는 국가혁신과 창조를 위한 방법론과 원칙으로써의 국정전략이다. 그러나 광의적으로는 국가 전 부문에 걸친 과학사상의 일반화, 과학적 사고와 체계의 사회문화화를 염두에 둔 포괄적인 개념이다. 국가운영과 사회 전반에 비합리성을 배제하고 합리성을 도입하여, 사회를 투명하게 만들고 효율을 높이기 위한 국가적 차원의 과제로 제기하는 것이다.

넷째, '창업국가 대전략'은 성장과 분배의 선순환을 위해, 무엇보다 구조적 경제불황에 허덕이는 대한민국경제의 새로운 지속성장을 위해 제시하는 대전략이다. 추격형 경제구조에서 선도형 경제구조로 바꾸어가는 창조경제의 핵심영역과 범주로 국가적 차원의 창업경제 대활성화 전략을 제안하는 것이다. 이것은 국가적 차원에서 신성장동력을 발굴, 육성하기 위한 경제구조의 대혁신을 위해 제기하는 전략이다.

4대전략

4대전략

국민행복 대전략

국민행복전략은 대한민국 미래전략 수립의 근본가치이자 목적이다. 국민은 저마다 개인과 가정의 행복을 추구할 권리가 있으며 국가는 국민 개인이 추구하는 행복을 지원하고 증진할 의무가 있다. 국가의 본질적인 존재이유는 국민행복 구현에 있으며, 전체적인 국가미래전략의 방향과 세부전략은 총체적으로 국민행복 구현에 부합하느냐로 평가되고 판단돼야 한다. 국가를 법과 제도에 따라 운영하고 경제를 성장시키며 예술과 문화를 발전시키는 모든 운영원칙은, 국민이 국가라는 틀 안에서 더불어 살면서 좀더 행복해지도록 만드는 것을 목표로 한다. 따라서 국민행복을 명확히 정의하고 국민행복에 기여하는 요소들을 추출한 후, 그것들이 국민행복에 기여할 수 있는 미래전략을 수립하는 것이 국가 본연의 의무이자 가장 중요한 운영원칙이어야 한다.

왜 국민행복인가

행복은 사전적인 의미로 '생활에서 충분한 만족과 기쁨을 느끼는 흐뭇한 상태' '심신의 욕구가 충족되어 만족감을 느끼는 정신상태'로 정의된다. 신경과학적으로도 행복은 현재 상태에 매우 만족해 이 상태를 계속 유지하려는 노력 외에 다른 욕구가 없는 편안하고 안전한 상태를 의미한다.

이와 같이 행복은 개인의 가치관, 물질적 풍요수준, 가족과 직장, 사회에서의 인간관계 등에 의해서 결정되는 지극히 개인적인 삶에 대한 만족도를 나타내지만, 그것이 타인과의 상대적인 비교, 사회구조와 시스템, 법과 제도의 공정하고 투명한 적용, 일을 하는 문화와 방식 등 사회적 토대와 밀접하게 연관돼 있다는 측면에서, 국민의 행복증진을 위해서는 국가적인 노력이 무엇보다 중요하다.

행복은 주관적인 동시에 객관적인 지표다

행복은 개인의 전체 삶에 대한 주관적인 감정과 평가로 정의되지만, 객관적인 환경요인이 강조되는 '삶의 질'과도 유사한 개념으로 사용된다. 따라서 만족감, 자립감, 안정감, 성취감, 문화적인 풍요로움, 스트레스 등 주관적인 판단요소가 깊이 관여한다. 동시에 객관적인 차원에서는 삶에 대한 다양한 물리적 구성요소, 즉 의식주, 건강, 소득, 교육, 보건, 여가생활 같은 지표를 통해 파악되는 삶의 물리적 조건도 크게 기여한다.

행복이 주관적인 마음상태이면서도 동시에 객관적인 방식으로 기술될 수 있다는 가능성은 다양한 기관으로 하여금 행복을 측정하는 지수개발을 가능케 했다. 가장 잘 알려진 해외사례는 부탄의 국민총행복Gross National Happiness, GNH으로, 부탄은 국민의 생활수준, 건강, 교육, 생태계의 다양성과 회복력, 문화적 다양성과 지속력, 시간 사용과 균형, 거버넌스, 활력 있는 지역사회, 심리적 행복 등을 측정해 국민행복지수로 사용해왔다. UN개발계획UNDP은 인간개발지수Human Development Index, HDI라는 것을 통해 국가의 행복지수를 평가해왔다. OECD회원국 역시 유럽연합회 집행위원 산하 공동연개구발센터JRC와 함께 개최한 '웰빙과 사회진보 측정Measuring well-being and progress 워크숍'에서 제안된 지표인 국가행복지수National Index of Happiness, NIH를 통해 국가 간 행복 정도를 비교해왔다. 국가행복지수는 인간의 삶의 질 수준에 기여하는 주관적인 요인과 객관적인 요인을 모두 고려하고, 이를 다시 화폐적인 지표(경제적인 자원과 연관된 요인)와 비화폐적 요인(사회적 연관 요인)을 종합적으로 고려해 측정했다. 이를 통해 국가 간 국민행복 정도를 정량적으로 측정하고 비교하는 데 크게 기여해왔으며, 한 국가가 정책기조를 결정할 때 활용할 수 있도록 노력해왔다. 일본의 신국민생활지표People's Life Indicator, PLI는 국민의 생활에 기여하는 환경변화와 국민의식변화에 대응해 국민의 생활을 보다 적절히 나타낼 수 있는 지표로 일본경제청 국민생활국에서 1992년부터 제안, 사용되어온 지표다. 이 지수는 국민의 행복과 삶의 질을 정량적으로 평가하기 위해 의식주는 물론, 주거, 소비, 근로, 양육, 보건, 여가, 교육, 교제/관계 등 8개 활동영역에 대해 안전, 공정, 자유, 쾌적 등 4개 평가축을 중심으로 평가하고, 10년간 매년 변화율의 절대치 평균이 1이 되도록 변화율을 표준화한 후 종합지수를 산출해왔다.

대한민국은 지금 행복하지 않다

1998년 UN이 국민들의 주관적인 행복 정도를 측정한 결과, 대한민국은 23위로 나타났다. 또 UNDP가 측정하는 인간개발지수를 비교한 통계에 따르면, 대한민국은 2006년 177개국 중 26위를 차지했다. OECD회원국의 행복지수 비교에서는 34개국 중 32위를 차지했다. 덴마크, 스웨덴, 노르웨이, 오스트리아, 아이슬란드 같은 북유럽 국가나 호주, 캐나다 등이 매년 상위권에 포함돼왔다. 위의 사례를 포함해 대한민국은 다양한 행복지수 평가에서 중위권으로 평가돼왔으며, OECD 등 선진국들을 중심으로 한 평가에서는 하위권에 머물고 있다.

다시 말하면 대한민국은 6.25전쟁 이후, 지난 60년간 경제적으로는 괄목할 만한 성장을 했지만, 국민행복 측면에서는 경제적인 성장에 비해 그다지 나아지지 않았으며 유사한 경제대국에 비해 행복지수는 매우 떨어져 있다. 특히 건강만족도, 근무비중, 대기오염수준, 취업률, 가구당 금융자산 등에서 다른 나라들에 비해 낮은 수치를 나타냈다.

국내총생산GDP은 더이상 국가미래전략의 지표가 아니다

지난 20세기 동안 한 국가의 생활수준은 국민총생산Gross national product, GNP과 국내총생산Gross domestic product, GDP에 의해 평가되고 정량화돼왔다. 삶의 수준을 결정하는 데 있어 경제성장을 가장 중요한 요소로 평가했다. 특히 제2차 세계대전 이후 고도경제성장이 생활수준의 향상이라는 현실적인 변화와 맞물리면서, GDP지표는 국민의 삶의 질을 반영하고 국가발전의 지표로써 많은 국가들에서 매우 유용하게 활용돼왔다. 대한민국 정부도 GDP 향상을 위해 총력을 기울이고 있다. 지난 60년간 대한민국의 정책방향은 경제성장이 가장 중요한

〈표 2-1〉 국민총행복(GNH) 지수 9개 영역의 33개 지표

(단위: %)

영역	지표	비율
심리적 웰빙	삶의 만족도	33
	영성	33
	긍정적 감정	17
	부정적 감정	17
건강	건강한 일수	30
	장애	30
	정신건강	30
	스스로 평가한 건강상태	10
교육	문자해독	30
	학교교육	30
	지식	20
	가치	20
문화다양성과 복원력	전통 문화예술 이해	30
	문화적 참여	30
	고유언어 사용	20
	부탄식 행동규범	20
시간 이용	일	50
	수면	50
굿거버넌스	정치참여	40
	기초 생활서비스	40
	정부 효율성	10
	기본권	10
공동체 활력	기부	30
	안전	30
	소속감과 신뢰	20
	가족	20
생태다양성과 복원력	야생동식물 피해	40
	도시화 이슈	40
	환경책임감	10
	생태적 이슈	10
삶의 수준	1인당 소득	33
	자산	33
	주거	33

* 숫자는 해당 영역에서 각 지표가 차지하는 비율

자료: 부탄 국민총행복위원회(GNHC)

가치로 자리매김해왔으며, GDP는 그 방향으로 목표를 잘 달성하고 있는지를 평가하는 가장 중요한 잣대로 기능해왔다.

'경제성장이 국민행복을 가져올 것이기 때문에 경제성장에 집중해야만 한다'는 성장주의 논리는 타당성이 빈약하다. 최근 학자들은 GDP, 즉 경제성장지표가 국민행복을 의미하지 않는다는 다양한 근거자료를 제시하고 있다. 특히 이스털린Easterlin에 의하면, 일반적으로 개인이 느끼는 행복수준은 빈곤선에 근접할 때에는 소득과 강한 상관관계를 보이지만, 소득이 일정 수준 이상이 되면 소득과 행복은 그다지 큰 상관관계를 보이지 않는다고 한다. 일례로 미국은 제2차 세계대전 이후 1인당 국민소득이 지속적으로 증가하는 기간 동안 국민행복지수는 오히려 감소했다. 다시 말해 어느 정도 기본욕구가 충족된 국가들에 대해서는 개인의 행복체감도가 소득에 비례하지 않는다는 것이다.

따라서 많은 국가들이 일정 수준 이상의 경제성장을 이룬 후부터는 더이상 경제성장 자체에 연연하지 않고 국가정책기조를 국민의 삶의 질이나 행복으로 돌리고 있다. 예를 들어 영국의 이코노미스트 인텔리전스 유니트EIU에 따르면, 1인당 국민소득이 1만~1만 5천 달러 사이에 도달하면, 국가의 정책기조를 경제 중심에서 삶의 질로 옮겨가는 것을 적극 검토해야 한다고 주장하고 있다.

본질적으로 국가가 추구해야 할 가장 중요한 가치는 국민행복이어야 하며, 경제성장은 국민행복을 증진하는 하나의 중요한 요소인 '물질적 풍요'를 위해 국가가 추구해야 하는 가치로 기능해야 한다. 이를 명확히 해야 하는 이유는 국민행복과 경제성장이 충돌하는 이해관계의 상황에서 국가의 국민의 행복을 최우선으로 하는 정책 결정을 내려야 한다는 것을 상기하기 위해서다.

안타깝게도, 그동안 대한민국의 국가운영 철학은 국민행복보다 경제성장이 우선이었다. 짧은 기간 내에 세계가 놀랄 만한 괄목할 경제성장을 이루어냈고, 가난을 탈출하고 물질적 풍요로움을 얻는 데에 성공했지만, 그러는 과정에서 국민행복에 기여하는 많은 부분들을 희생해야만 했다. 노동시간이 지나치게 길어졌고, 다양성을 강조하는 창의적인 일터문화보다는 수월성을 강조하는 경쟁주의적인 문화가 팽배해졌고, 양극화와 불평등을 유발하는 법과 제도가 오랫동안 대한민국 사회를 지배해왔다.

이를 단적으로 보여주는 것이 우측의 각 국가별 GDP와 삶의 만족도 분포다. 대한민국은 짧은 기간 내에 1인당 국민소득 2만 달러 시대로 진입했지만, 삶의 만족도는 크게 늘어나지 않았다. 비슷한 국민소득의 나라들에 비해 대한민국 국민의 삶의 만족도는 현저히 낮은 편이다. 이는 경제성장과 물질적 풍요를 이루었음에도 불구하고 정작 도달해야 할 가치인 국민행복은 이루지 못했다는 점에서, 국정운영의 원칙과 철학을 근본적으로 재고해야 하는 시점이 되었음을 의미한다.

대한민국은 이미 1인당 국민소득 2만 달러 시대에 접어들었으며 경제성장에 비해 삶의 질은 크게 늘지 않았다는 사실에 초점을 맞춰, 미래전략은 경제성장과 국민행복이라는 두 마리 토끼를 어떻게 잡을 것인가, 더 나아가 전지구적 흐름인 저성장시대에 맞게 국민행복을 어떻게 추구해야 할 것인가에 집중해야 한다. 경제성장도 궁극적으로는 국민행복을 위해 노력했던 것인 만큼 경제성장 그 자체가 목적이 되어서는 안 되며, 이를 위해 국민행복이 희생되어서는 더더욱 안 된다.

〈그림 2-1〉 각 국가별 GDP와 삶의 만족도 분포

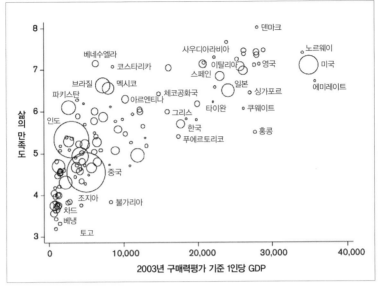

* 각 원의 크기는 각 나라의 인구에 비례
자료 : Penn World Tables 6. 2.

국민행복, 무엇이 영향을 미치는가

국가미래전략을 수립하는 데 있어 국민행복을 가장 중요한 목표로 삼는다면, 국민행복에 영향을 미치는 요인들을 추출해 그것에 긍정적인 영향을 미치는 미래전략 수립을 통해 국민행복을 증진하는 것이 가장 적절한 해법이다. 국민행복에 영향을 미치는 요인들은 과연 무엇일까?

소득에 대한 공정한 분배가 중요하다

다양한 국가행복지수 연구에 따르면, 경제적인 요인에 있어서 국민행복에 기여하는 것은 국민순생산도 중요하지만, 가처분소득과 균등

소득분배 등이 가장 중요한 요소로 나타났다. 특히 공정한 소득분배와 경제정의가 실현되는 것이 국민행복에 매우 중요하다. 그것은 비화폐적 요인 중 상대적 빈곤율과도 깊은 상관관계가 있다. 국민행복에 영향을 미치는 중요한 요인 중에는 상대적 빈곤율, 노인빈곤율, 아동빈곤율, 성별 임금격차 등이 포함돼 있다. 따라서 소득의 공정분배는 국민행복의 지름길이다.

국민행복을 저해하는 가장 심각한 요소는 불공정함과 불평등이다. 특권층에 대한 특별한 혜택이 존재하고, 사회적 약자가 차별받고, 사회적 계급과 계층을 뛰어넘기 힘들며 부가 대물림된다면, 국민행복은 증진될 수 없다. 양극화가 회복되기 힘든 사회에서 국민행복은 성장할 수 없다.

일할 수 있는 기회가 중요하다

국가행복지수에 기여하는 또다른 중요한 요소로 고용률과 미취업가구원 비율을 꼽아야 한다. 국민이 일할 수 있는 기회를 갖고 노동을 통해 소득을 얻는 행위는 자신의 존재감을 인식하고 자존감을 회복하며 행복과 만족감을 얻는 데 매우 중요하다. 이는 '자립'과도 깊은 연관이 있는데 교육정도, 즉 평균교육연수나 평균학업성취도가 국민행복에 기여하는 것과 같은 이치다. 국민은 스스로 자립하길 원하며 그럴 수 있는 역량강화를 위해 교육을 충분히 받을 수 있는 기회를 중요하게 생각한다.

일과 삶의 균형이 중요하다

일터가 행복해야 삶이 행복하다. 그러나 대한민국 사회는 개인의 다양성을 인정하거나 서로 다른 생각들을 존중하는 창의적인 문화라기보다는 수월성을 강조한 경쟁주의 문화와 제도가 만연해 있다. 이러한 환경에서는 개인의 사회적 가치와 존재감을 증명하기 어려우며, 노동의 즐거움도 느끼기 힘들다. 무엇보다도 경제성장과 국민행복을 모두 추구하기 위해서는 효율적이고 창의적인 업무방식이 사회적 문화로 자리잡아야 한다. 양적 평가에 매몰되고 협력보다는 경쟁을 강조한 사회적 분위기를 줄이는 것이 무엇보다 중요하다. 이를 통해 여가시간이 제대로 확보되는 것이 국민행복의 중요한 요소로 기능한다. 개인의 가정 내에서의 활동과 사회적 활동이 일터에서도 존중받는 문화가 절실히 필요하다.

건강과 안전은 행복의 토대다

건강과 안전은 개인의 행복을 논하는 데 있어 빼놓을 수 없는 가장 중요한 토대다. 안전한 환경에서 건강하게 생활하고, 질병에 대한 치료 혜택을 적절히 받을 수 있는 권리는 국민행복에서 무엇보다 중요하다. 따라서 출생시 기대수명, 건강수명, 영아사망률, 잠재적 수명손실 등 건강하게 오래 살 수 있는 기회를 제공하는 것이 무엇보다 중요하다.

또 안전과 재난에 대비한 시설과 위급한 상황에서 국가의 대처수준은 국민행복에 있어 매우 중요한 안전장치다. 정부는 국민의 건강과 안전을 위해 최대한의 노력을 아끼지 않아야 하며, 이를 위한 미래전략은 필수요소다. 재난에 대비하고, 자연과 조화로운 친환경 조건을 만들고, 아이에서부터 노인에 이르기까지 모두가 높은 삶의 질을 유지할 수 있는 건강상태를 보장해주는 것이 필수적이다. 대기, 수질, 토양, 생활환경 등이 모두 행복을 담보할 수 있는 수준으로 청정해야 한다.

더불어 범죄피해율, 살인율, 수감자비율 등 범죄로부터 국민을 안전하게 보호하는 것도 간과해서는 안 된다. 범죄를 줄이고 안전한 사회를 만드는 것이 국민행복을 위해 무엇보다 중요하다.

사회적 연대가 행복의 지표다

인간의 행복에 가장 큰 영향을 미치는 것은 '관계'다. 인간은 관계로부터 행복을 얻는다. 그런 의미에서 사회적 연대는 미래국가전략에 있어 핵심지표가 돼야 한다. 지역사회 활동이 증진돼야 하며, 은퇴 후 사회적 기여가 줄어들지 않도록 다양한 제도와 인생이모작 제도가 등장해야 한다. 자살률은 관계가 주는 행복감을 측정하는 직접적인 지표다. 주관적인 생활만족도는 바로 여기에서 출발한다.

이를 위해 문화적인 다양성이 보장돼야 한다. 국가 간, 계층 간, 계급 간 문화교류는 증대돼야 하며, 다문화에 대한 사회적 인식수준이 높아져야 한다. 여성의 지위는 향상돼야 하며, 사회적 약자에 대한 배려와 연대가 무엇보다 국민행복에 크게 기여한다. 나와 다른 사람에 대한 관용적인 태도, 사람을 물질이나 돈보다 우선시하는 태도, 타인을 경쟁의 대상만이 아닌 협업의 대상으로 인식하는 태도가 무엇보다 중요하다.

국민행복, 어떻게 이룰 것인가

그렇다면 국민행복 증진을 위해 대한민국은 어떤 노력을 기울여야 하는가. 장기적인 관점에서 어떤 부분에 초점을 맞춰 미래전략을 세워야 하는가. 그것이 국민행복을 위한 미래전략의 핵심질문이다.

대한민국 국민행복 증진을 위해 우리가 각별히 고려해야 할 사항은 다음과 같다. 첫째, 심화되고 있는 사회적 불평등을 완화해야 한다. 양극화지수를 만들고 공정사회로 갈 수 있는 토대를 제시해야 한다. 둘째, 사회안전망을 각별히 고려해야 하며 비정규직에 대한 대책, 정책적 불이익을 해소하는 방안이 필요하다. 셋째, 미래에 대한 불안을 정량화해서 지수 안에 포함시켜야 한다. 불안정, 우울증, 자살 등이 세계 최고인 오명을 씻기 위해서는 이러한 노력이 필수다. 행복을 논의하는 데 있어 지속가능성, 즉 현재 수준의 행복이 미래세대까지 이어질 수 있는지, 언제까지 지속할 수 있는지도 함께 고려돼야 한다. 넷째, 국가와 민족, 사회, 이웃에 대한 자긍심이 지수 안에 포함돼야 한다. 이를 구체적으로 논의하면 다음과 같다.

이제는 국내총생산과 국가행복지수의 병행이다

국민행복에 기여하지 않는 경제성장은 무의미하다. 경제성장은 그 자체로 목적이 아니라 국민행복으로 가는 과정이자 토대로써 기여해야 한다. 경제성장이 국민행복을 훼손한다면 대한민국이 진행하고 있는 경제성장 방식을 재고해야 한다. 그렇다고 경제성장에는 태만하고 주관적인 삶의 태도와 삶을 바라보는 관점을 바꾸라고 국민에게 강요할 수 없다. 경제성장으로 얻는 물질적 풍요를 사회 전체의 행복으로 사용하는 현명한 국가로 거듭나야 한다. 따라서 이제 국가전략과 정책이 GDP를 늘리는 방식과 더불어 국가행복지수를 함께 높이는 방식으로 재편돼야 한다.

이를 위해서는 먼저 대한민국의 건국이념과 현실적인 상황, 꿈꾸는 미래 등을 고려해 적절한 국가행복지수를 개발해야 한다. 현재까지 다양한 행복지수가 제안돼왔으나 충분히 적절한 행복지수가 개발되지는 못했으며, 행복지수에 대한 국민적 합의도 이끌어낸 바 없다. 국민 대다수가 동의할 만한 국가행복지수를 정의하고 이를 증진하는 것을 국가전략의 기조로 삼아야 한다.

국가의 미래전략 차원에서 국가행복지수를 정의할 때 다음과 같은 사항에 유의해야 한다. 첫째, 물질적 행복을 평가할 때 생산보다는 소득과 소비에 주목해야 한다. 둘째, 국민들의 물질적 생활수준은 국민순소득, 실질가계소득, 실질가계소비 등과 좀더 밀접하게 연관돼 있음에 주목해야 하며, 국가의 경제성장보다 가계의 입장에 초점을 맞추어야 한다. 가계의 부유한 정도는 소득, 소비, 재산 등 물질적 생활수준에 관한 여러 측면들이 통합된 정보이며, 그 분배가 무엇보다 중요하다. 셋째, 물질적 행복의 핵심은 지속가능성과 안정성임을 명심해야 한다. 넷째, 행복은 다차원적인 것이어서 물질적 생활수준, 건강, 교육, 일을 포함한 개인활동들도 중요하지만, 정치적 의견과 행정, 사회적 연계와 관계, 환경(현재와 미래의 조건들) 등 객관적 측면과 주관적 측면 모두 고려해야 한다. 일과 삶의 균형이 무엇보다 중요하게 고려되어야 한다는 의미이다.

국민행복에 있어 양극화는 독이다

경제성장과 더불어 국민행복을 위해 고려해야 할 것은 공정한 소득의 분배와 경제정의 실천이다. 대한민국은 상위 10%가 전체 부의 70% 이상을 소유하는 극단적인 양극화에 시달리고 있으며, 교육의 기회가 부를 통해 세습되고 있어 사회적 불평등을 해소할 수 있는 기회가 점점 줄어들고 있다. 경제성장과 더불어 소득의 공정한 배분, 경제적 기회의 확대 및 공평한 제공, 양극화 해소를 중요한 전략으로 삼고 구체적인 정책을 마련해야 한다. 젊은이들이 열심히 노력하면 보상을 받을 수 있다는 희망을 갖게 하는 것이 무엇보다 중요하다.

실패가 용인되어 패자부활의 희망을 꿈꾼다

실패가 용납되지 않는 사회, 패자가 부활할 수 없는 사회, 젊은이들에게 도전의 기회가 너그럽게 용납되지 않는 사회는 행복한 사회로 나아갈 수 없다. 국민은 다양한 시도를 할 수 있어야 하며, 설령 실패하더라도 다시 기회가 주어지고 도전할 수 있는 여건을 제공해야 한다. 최소한의 삶을 위한 사회안전망이 갖춰지지 않는다면 자살률, 범죄율은 줄어들지 않을 것이며, 사회적 연대도 불가능하다. 재기할 수 있는 바탕을 제공하는 사회안전망 구축은 국민행복의 필수요소다.

문화다양성의 인정과 관용이 국민행복의 촉매다

고령화사회가 되면서 계층 간 갈등이 심각해지고 다문화사회로 진화하면, 문화적 다양성을 용납하지 않는 문화는 국민행복에 막대한 저해요소로 자리할 것이다. 국민행복을 위한 국가미래전략은 문화다양성을 인정하고 어떻게 사회적 관용을 확대할 것인가에 초점을 맞추어야 한다. 계층갈등, 성별갈등, 사회적 고정관념의 심화, 다문화에 대한 편견, 정치적 이견에 대한 불관용 등을 없애기 위한 구체적인 정책이 필요하다.

창의와 협업의 정신을 문화 속으로

경쟁이 심화되고 한 줄 세우기가 고질화된 사회풍토는 국민행복을 훼손하고 저해한다. 경쟁도 중요하지만 함께 협력하는 것이 더 큰 성과를 만들어낼 수 있음을 배울 수 있는 사회여야 국민행복이 담보된다. 인간을 숫자로 평가하고 '한 줄 세우기'를 통해 비교하는 문화는 결코 행복을 만들어낼 수 없다. 양적 평가 중심주의에서 양적 평가와 질적 평가의 균형을 강조하는 시대로 옮겨가야 한다. 수월성 강조시대에서 수월성과 다양성의 균형을 강조하는 시대로 이동해야 한다. 다양한 의견을 존중하고 창의적인 생각이 존중받는 문화가 전체의 행복으로 가는 지름길이다. 창의적인 일터문화는 일과 삶의 균형에도 기여할 것이다. 경쟁과 협력이 균형을 이루는 사회, 효율성과 창의성이 균형을 이루는 사회, 정성적인 평가와 정량적인 평가가 균형을 이루는 사회로 나아가야 한다.

4대전략
아시아평화 대전략

한반도는 해양과 대륙의 힘의 전이지대다. 역사적으로 대륙세력과 해양세력의 충돌이 발생할 경우, 한반도는 대립과 갈등의 무대로 변했다. 고려시대 원나라의 침략이나 조선시대 임진왜란 등이 대표적인 사례이며, 20세기 초에도 청일, 러일 전쟁의 전쟁터이기도 했다. 20세기 들어와서도 한반도는 아시아 냉전의 격전장이기도 했다. 6.25전쟁을 거치면서 한반도는 민족분단과 더불어 아시아 냉전 대결의 최전선이었다.

한반도평화전략은 지역질서와의 관계를 고려하지 않으면 안 된다. 한반도의 냉전질서 자체가 아시아 지역질서를 반영하고 있기 때문이다. 따라서 한반도의 중장기적 평화전략을 아시아라는 지역적 범위 내에서 고민할 필요가 있다. 나아가 한반도평화를 넘어서 아시아평화의 큰 틀에서 우리 문제를 바라볼 필요가 있다. 중국, 일본, 한국, 인도 등을 중심으로 한 아시아 경제축은 미국, 캐나다, 멕시코 등을 중심으로 한 북미 경제축, 독일, 프랑스, 영국 등을 중심으로 한 유럽 경제축과 더불어 가장 급속히 성장하는 세계 정치, 경제의 중심이 되었다. 2045년 경에는 아시아 경제축이 세계 GDP의 절반 가까이를 차지할 것이라는 전망도 있다. 아시아가 세계의 경제 중심으로 부상하게 됨에 따라 세계의 정치, 경제, 사회, 종교적 갈등과 대립의 중심도 아시아로 옮겨질 것이다. 한국은 물류, 관광, 기술, 무역, 지식재산 등에 있어서 동북아의 허브, 나아가 아시아의 허브국가가 될 수 있다. 평화창조자로서 한국의 역할이 주목되는 이유다. 아시아 평화대전략은 한반도평화를 주요 하부전략으로 두지만, 여기에 국한하지 않고 아시아 국가들의 공동번영과 아시아적 가치의 세계적인 확산, 이에 기반한 세계평화의 도모까지 추구한다.

평화의 원칙

평화 만들기Peace Making는 하나의 과정이다. 한반도뿐만 아니라 아시아에서의 평화정착을 위해서는 '결과로서의 평화'도 중요하지만 '과정으로서의 평화'가 더 중요하다. 현재의 상황에서 장기간의 과정을 염두에 둔다면, 잠정적 중간 목표를 설정하는 것도 필요할 것이다.

또한 '법적인 평화'와 '사실상의 평화' 사이의 보완적 관계를 설정할 필요가 있다. 한반도 차원에서 평화협정은 평화체제를 이루어나가기 위한 과정의 특정 국면에서 이루어진다. 다만 평화협정의 시기와 관련해서는 다양한 전략이 있을 수 있다. '사실상의 평화'의 법적 표현으로 장기적으로 검토할 수도 있고, 아니면 초기에 법적 제도적 차원에서의 규범을 합의한 이후 '사실상의 평화'를 진전시키는 방안도 있을 것이다.

'법적인 평화'는 '사실상의 평화'가 뒷받침될 때 이루어질 수 있고,

그렇게 해야 지속가능하다. 중요한 것은 '사실상의 평화'를 이루는 것이며, '법적인 평화'와 '사실상의 평화' 사이의 균형관계를 고려할 필요가 있다. 국제적인 평화협정의 사례를 보더라도, 평화협정은 반드시 평화를 보장하지 않는다. 오히려 평화협정이 포괄적이 아니라 부분적이라 하더라도, 사실상의 평화정착 노력을 통해 협정의 모호함을 구체화하는 것이 중요하다. 그래서 우발적 충돌의 가능성을 약화시키고 신뢰를 구축하며 상호인식을 협력적으로 전환해서, '법적인 평화'의 불완전성을 보완하는 노력이 반드시 필요하다.

아시아평화에 대한 접근

한반도의 해방과 분단 그리고 냉전은 동북아지역 질서에 영향을 받았다. 따라서 지역 차원의 평화전략은 대체로 한반도와 동북아지역 질서의 연관성을 중심으로 논의해왔다. 동북아시아는 미, 중, 일, 러 4대 강대국이 밀집해 있고 한반도는 대륙과 해양의 완충공간이라는 지정학적 특징을 가진다. 대륙세력과 해양세력의 힘의 경쟁이 발생할 때 한반도가 충돌의 공간이 되었다는 점에서 대립이 아니라 협력의 질서를 만들어야 한반도의 지정학과 지경학적 이익을 가장 효율적으로 실현할 수 있다.

동북아 안보협력의 질적 발전은 한반도 평화체제의 유리한 환경이 되며, 동시에 한반도 평화체제는 동북아 평화정착의 동력이 아닐 수 없다. 여기서 한국외교의 시대적 과제를 발견할 수 있다. 한국이 한반도 평화체제에 대한 강력한 의지가 있으면, 그 과정에서 동북아 협력안보를 주도하는 근거와 명분을 가질 수 있다. 동북아평화에서 한반도 문제가 갖는 중요성이 있기에, 지역 평화질서를 적극적으로 주도할 수 있는 힘이 생기는 것이다.

유럽의 다자간 안보협력의 출발이었던 '헬싱키 프로세스'의 추진과정에서도 핀란드가 중요한 역할을 했다. 마찬가지로 한국도 동북아의 다자간 안보협력 체제의 형성에서 중요한 역할을 할 수 있다. 동북아 협력안보는 북핵문제의 해결, 한반도 평화체제 논의의 진전, 역내 국가들 간의 협력의지 등이 매우 중요하다.

쉬운 협력과 어려운 협력을 동시에 진행할 필요도 있다. 황사문제와 같은 환경협력, 조류독감, 사스, 메르스 예방 등의 보건협력, 해상사고 공동대처 등 재난방지를 비롯한 비전통적 안보협력부터 시작하는 것이 중요하다. 쉬운 협력을 통해 역내 국가 간의 협력경험을 쌓고, 점차적으로 협력의 수준과 범위를 높여가야 한다. 역내 국가 간의 분쟁에 대한 인식과 접근법의 차이가 여전히 존재하긴 하지만, 핵심쟁점들을 해결하기 위한 논의는 병행되어야 한다.

또한 정치경제적인 이유로 지역의 범위가 넓어지고 있으므로, 동북아시아와 동남아시아를 묶는 동아시아 차원의 협력전략을 모색해야 한다. 이미 아세안+3 정상회의가 정례화되면서 한국의 외교와 경제 분야에서의 역할도 커졌다. 나아가 서남아시아와의 전략적 협력도 강화되어야 할 것이다. 우선적으로 ASEAN 국가들과의 협력을 확대할 필요가 있다. ASEAN은 남남협력의 핵심대상으로 부각되고 있으며, 아시아경제통합에서 ASEAN과의 협력 중요성이 부상하고 있다. 마찬가지로 중앙아시아와 서남아시아 등 지역별 외교역량을 강화하고, 경제외교, 문화외교 등을 확대할 필요가 있다. 평화를 지향하는 중견국가로서의 국제적 위상을 재정립하고 역할을 확대하며, 그 과정에서 민주화, 인권 증진 경험을 국제사회와 공유해야 한다.

대체로 아시아의 지역적 접근과 관련해서는 동북아시아 전략을 중심으로 동남아시아와 서남아시아와의 지역협력을 중첩적으로 추진할 필요가 있다. 미얀마에서 인도차이나 반도까지 미중 경쟁구도가 확장되어 있는 상황이고, 인도와 파키스탄 역시 미국과 중국을 대상으로 삼각외교를 활발하게 전개하고 있기 때문이다. 중국은 일대일로一帶—路 정책을 통해 아시아 전체를 대상으로 국가전략을 추진하고 있고, 이에 대해 미국은 재균형정책으로 대응하고 있다. 또한 일본도 미국, 호주와 함께 동남아뿐만 아니라 인도(양)까지 안보협력을 강화하고 있다. 따라서 우리도 아시아 전체를 대상으로 하는 경제협력 및 안보전략이 필요하다. 구체적으로 동북아시아 평화경제전략, 동남아시아 지역협력전략, 그리고 서남아시아와의 협력을 묶는 전체적인 전략적 방향을 중심으로 각 소지역 협력방안들의 연계전략을 구상할 필요가 있다.

〈그림 2-2〉 아세안을 중심으로 한 지역협력체

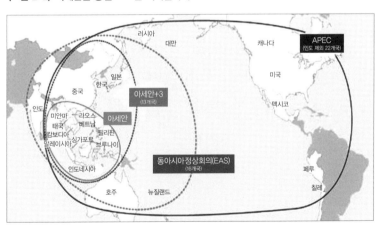

북핵문제와 한반도 평화체제의 조응성

한반도 평화정착 과정에서는 북핵문제의 해결이 중요하다. 북핵문제는 한반도 냉전질서의 변화에 영향을 받는다. 재래식 군비경쟁이 지속되면, 북한은 핵을 폐기하지 않을 것이다. 북핵문제를 해결하기 위한 6자회담이 장기표류하고, 북한의 핵능력이 강화되면서 과연 2005년의 9.19 공동성명이 여전히 유효한지에 관해 의문을 제기할 수 있다. 강화된 북한의 핵 능력만큼 상응조치의 내용도 달라져야 할 것이다. 9.19 공동성명은 최종적인 목표를 제시했다는 점에서 여전히 의미가 있지만, 달라진 환경을 고려하여 '이행 메커니즘'을 어떻게 재구성할 것인지는 새로운 과제가 아닐 수 없다.

북한이 핵을 포기할 수 있는 상응조치에서 가장 중요한 것은 평화적 환경의 조성이다. 외교관계 정상화를 비롯하여 군사적 신뢰구축 과정이 점진적이고 단계적으로 추진되어야 할 것이다. 한반도에서의 평화구축 노력은 동북아 지역차원의 다자간 안보협력과 병행하여 추진할 필요가 있을 것이다.

한반도 평화정착 노력에서 가장 중요한 것은 평화관리의 제도적 메커니즘을 만들어내는 것이다. 이미 1992년 남북기본합의서의 불가침 부속합의서에서 합의한 바 있는 남북군사공동위원회의 역할을 적극적으로 평가할 필요가 있다. 남북 당사자 간의 군사적 신뢰구축 노력을 중심으로 미국과 중국의 보장조치와 결합하는 방식이 가장 바람직할 것이다. 상당한 수준으로 '사실상의 평화'가 정착된다고 하더라도, 평화협정의 일부 조항은 '창의적 모호성'이라는 협상의 지혜를 활용할 필요가 있다.

과정으로서의 통일과 평화전략

통일과 평화는 서로 연관성이 높다. 다만 과정으로서의 통일과 과정으로서의 평화를 연결하는 새로운 인식이 필요하다. 여기서 중요한 개념은 바로 '사실상의 통일'과 '사실상의 평화'라는 개념이다. '법적, 제도적 통일'은 통일과정의 절차적 중요성을 강조하지만, '사실상의 통일'은 통일과정의 역동성에 주목한다. 그동안 '사실상의 통일'은 '자연스러운 확산효과'를 강조한다는 점에서 기능주의적 접근으로 비판받아왔다. 그럼에도 공존정책의 변화효과라는 역동성은 분명 주목할 필요가 있다.

'사실상의 통일'이 '법적, 제도적 통일'의 최종 형태를 제시할 필요는 없지만, 통일과정의 잠정적 중간과정을 모색할 필요는 있다. 그것이 바로 '남북연합'이다. 남북연합은 노태우 정부부터 대체로 대한민국 정부의 공식 통일방안의 핵심적 개념이다. 다만 남북연합을 '제도적 구속력'이 있는 개념으로 상정하는 대신, '통일과정의 역동성'을 표현하는 개념으로 재해석할 필요가 있다. 통일부는 1992년 한민족 공동체 통일방안을 설명하는 과정에서 '남북연합'을 '통일을 지향하는 과도체제로서 국제법적으로 부분적으로 국가연합의 성격'이며 그러나 '주권국가 간의 관계를 상정하는 국가연합과는 다른 특수성'을 지녔다고 평가했다. 다시 말해 '남북연합'을 '공존공영의 통일과정을 상징적으로 나타내는 정치적 표현'으로 해석하고 있다.

분야별 협력과 평화정착의 성과들을 반영하여 '남북연합'의 제도적 수준을 점진적이고 단계적으로 발전시켜나가는 것이 필요하다. 각 분야별 발전수준이 상호호혜적이고, 남북관계의 기본성격을 냉전체제에서 탈냉전체제로 전환할 경우, '사실상의 통일' 상태는 실현될 것이며,

그것은 자연스럽게 '법적 제도적 통일'의 기회를 부여할 것이다.

평화체제의 제도적인 형식은 평화협정이다. 법제도적인 측면에서 불안정한 휴전협정을 항구적인 평화협정으로 전환해야 한다. 한국은 군사적 신뢰구축의 당사자이며, 동시에 평화협정의 핵심주체다. 평화협정의 당사자 문제는 남북한이 주도하고 미중 양국이 보장하는 2+2 방식이 바람직하다. 결국 남북한이 중심이 되어 평화협정의 근간이 되는 군사적 신뢰구축과 평화정착 과정을 관리해야 하기 때문이다.

잠정적 조치로서 '한반도 종전선언'이 필요하다. 정전은 전쟁이 일시적으로 중단된 상태를 의미하지만, 종전은 전쟁이 종식된 상태를 의미한다. 물론 최근 들어 국제법적으로 일반적 정전general armistice이 내재적으로 장래를 향한 교전의사의 연속적인 포기로 해석 가능하며, 그런 점에서 종전선언이 '이미 종료된 전쟁 상태를 확인, 선언하는 데 불과'할 수 있다는 견해도 있다. 그러나 1953년 휴전협정과 종전선언의 차이는 단순한 해석의 문제는 아니다. 전쟁 종식을 선언하는 순간, 그것이 미칠 효과는 적지 않기 때문이다. 우선적으로 정전관리체제에서 종전관리체제로 전환해야 한다. 종전관리체제는 남북한이 중심이 되어 구성되어야 하며, 이미 불가침 부속합의서에서 합의한 남북군사공동위의 활동을 중심으로 운영될 필요가 있다.

남북군사공동위원회의 역할은 크게 두 가지, 즉 첫째로 남북 간 군사문제 논의 및 신뢰구축조치의 구체적 이행방안을 마련하는 것이고, 둘째로 군사적 신뢰구축조치의 이행 여부를 감독하고 관련 기구 지침의 제공 및 조정하는 것이다. 구체적인 내용들은 대부분 남북기본합의서 불가침 부속합의서에 포함된 군사적 신뢰구축조치를 우선적으로 시행하는 것이다.

동북아시아 평화협력의 과제와 전략

동북아에서의 안보협력은 정치적 의지가 매우 중요하기 때문에 고위급 대화를 정례화, 혹은 상설화할 수 있는 제도를 디자인할 필요가 있다. 동시에 협력안보 대화의 경험이 부족하다는 점에서 실무 차원의 지속적인 대화노력도 상호이해의 중요한 계기가 될 수 있다. 물론 동북아지역 차원에서 극복해야 할 현실적 과제는 결코 만만치 않다.

첫째, 동북아의 안보구조는 여전히 대립적이다. 냉전시대의 대립축인 한미, 미일 군사동맹과 중국, 러시아의 군사적 긴장이 상존하고 있다. 미일 군사동맹은 중국 역지를 지향하고 있으며, 중국, 러시아 등은 상하이협력기구를 통해 미일 양국의 패권에 대항적인 안보협력을 발전시키고 있다. 미중 협력체제가 등장하고 있지만, 동북아에서 대립적인 패권의 추구 경향은 잔존하고 있다.

둘째, 동북아 역내 국가들 간의 '역사'문제도 지속되고 있다. 일본은 유럽의 독일과 다르다. 1970년 12월 7일 빌리 브란트 당시 서독 총리는 폴란드를 방문하여 유대인의 위령비 앞에서 갑자기 무릎을 꿇었다. 폴란드 국민들의 독일에 대한 증오의 기억들을 완화시킨 감동의 순간이었다. 독일의 역사에 대한 성찰적 태도가 결국 유럽이 과거를 딛고 미래로 나아갈 수 있는 계기를 마련했다. 그러나 동북아에서 과거사 문제는 미래지향적 협력을 가로막고 있다. 과거를 반성하지 않는 일본의 태도는 아시아 각국과의 관계를 악화시키고 있으며, 독도문제에서도 드러나고 있지만 역사문제를 발생시킨 영토문제도 계속되고 있다. 기억을 패권의 관점에서 접근한다면 미래로 나아가기 힘들다. 역사를 둘러싼 기억의 투쟁들이 존재하는 한, 동북아 각국은 과거의 민족주의 틀에서 벗어나기 어렵다.

셋째, 북핵문제의 해결에 영향을 받고 있다. 북핵문제는 동북아가 미래로 나아가기 위한 입구이면서 동시에 출구다. 동북아에서 군비경쟁의 악순환 역시 북한문제를 명분으로 진행되고 있다. 이런 점에서 북핵문제의 해결은 한반도에서 평화체제의 형성뿐만 아니라 동북아 평화안보협력의 계기를 제공한다. 남, 북, 미, 중, 러, 일의 6자가 2005년 9월 19일에 합의한 9.19 공동성명은 한반도의 비핵화와 북미관계정상화, 경제협력뿐만 아니라 동북아의 항구적 평화와 안정을 위한 노력을 공약했다. 이를 실행하기 위한 2007년의 2.13 합의는 '동북아평화안보체제'를 위한 실무그룹을 구성하기로 하고, 이후 두 차례에 걸쳐 회의를 개최하기도 했다. 이는 동북아평화안보 체제의 성공은 결국 6자회담에 달려 있지만, 동시에 북핵문제의 해결과정을 역내 평화질서를 만들어가는 계기로 전환할 수 있다는 매우 중요한 사례이다.

동북아의 평화협력을 위해서는 경제적 상호의존성을 심화시키는 노력이 필요하다. 그런 점에서 유럽석탄철강공동체ECSC의 사례에서 시사점을 찾을 수 있다. 유럽석탄철강공동체의 형성은 제2차 세계대전의 당사자인 독일과 프랑스가 군수물자인 석탄과 철강을 공동관리함으로써 평화의 물질적 기초를 마련하고자 한 의지의 산물이었다. 유럽에서 평화경제의 시작인 유럽석탄철강공동체는 40여 년 후 유럽통합의 기원이 되었다.

이런 점에서 유럽석탄철강공동체의 경험은 경제협력을 통해 평화를 조성하고, 평화를 통해 경제적 이익을 극대화하고자하는 '평화와 경제의 선순환'의 한 사례라고 볼 수 있다. 동북아에서도 교통망 연결과 에너지분야의 협력은 상호호혜적이기 때문에 서로의 이익을 추구할 수 있는 분야의 협력부터 발전시켜나갈 필요가 있다.

한반도 종단철도와 대륙철도 연결

남북 철도 연결은 이미 열차시험운행을 했기 때문에 남북관계가 개선되면 가능하다. 남북 열차는 우선적으로 개성공단 근로자의 출퇴근, 금강산 열차여행, 개성공단 관련 물류 운송수단으로 활용할 수 있다.

남북 철도 연결에 이어 북한 철도 현대화 구상이 필요하다. 우선적으로 경평선(서울~평양)을 개통시켜 철도를 통한 남북교류시대를 열고, 평양, 남포권과의 남북 물류를 통해 경제성을 확보하며, 중국 횡단철도와 연결할 수 있다. 시베리아 횡단철도와의 연계를 위해 평산~세포 구간의 현대화를 우선적으로 추진하고, 남북철도 연결의 새로운 대상인 경원선(신탄리에서 평강까지 31km 미연결구간) 연결을 단계적으로 추진할 필요가 있다.

대륙철도와 관련해서는 TCR Trans China Railway과 TSR Trans Siberian Railway과의 연계운영을 위해 통과절차를 비롯한 제도적 협력과 연계운영을 위한 제도화를 추진해야 한다. 철도의 연결은 단기적으로 남북경협에서 가장 중요한 걸림돌이었던 물류비를 인하할 수 있으며 북한을 중계거점으로 하는 동북아 경제협력의 가장 중요한 과제라고 할 수 있다.

북한지역에서의 원활한 철도수송을 보장하기 위해서는 북측 지역 철도 전 구간에 걸친 보수, 정비가 요구되며, 현재의 단선상태에서나마 신호체계의 자동화 및 열차대피선의 확장, 교량과 철교의 보강작업이 필요하다.

북한 철도 현대화를 위한 적정 공사비의 산정과 이에 대한 재원 조달방안이 적극적으로 검토돼야 한다. 동북아 물류체계 개선 차원에서 해당국들의 컨소시엄 구성을 통해 북한 철도 현대화 계획을 다자간 방식으로 준비하는 것이 중요하다. 또한 북핵문제의 진전이라는 변수가 있지만, 대북 투자환경이 개선될 경우, 철도 개량사업의 수익성 있는 일부구간을 중심으로 민간투자(BOT 방식)가 가능할 수 있다는 점도 염두에 둘 필요가 있다. 특히 북핵문제 진전 이후에는 세계은행IBRD, 아시아개발은행ADB, 선진국의 공적개발원조ODA 자금, 상업차관, 프로젝트 파이낸싱Project Financing, 민간자금의 직접 투자 등 다양한 방안이 강구될 수 있을 것이다.

동북아 에너지 협력망 구축

러시아 극동지역의 천연가스를 블라디보스톡에서 출발하여 북한을 통과하는 배관을 통해 남한으로 도입하기 위한 남북러 가스관 연결사업은 오랜 역사를 가지고 있다. 1990년 한소 수교 직후부터 철도와 가스관 연결사업은 양국의 핵심현안이었다. 현재 논의되는 남북러 가스관 연결사업은 러시아 극동지역에서 생산한 천연가스를 30년 동안 연간 약 750만 톤씩 도입한다는 계획이다. 2008년 MOU 체결시에는 2015년부터 도입을 예정하였으나, 2011년 한러 정상회담 결과 2017년부터 공급하기로 잠정적인 합의를 하였다. 전체 파이프라인의 길이는 약 1,100km이고 이중에서 북한 구간은 약 700km다. 총투자비는 약 30~40억 달러, 운영비는 25년간 약 15억 달러를 예상하고 있다.

PNGPipeline Natural Gas사업은 한반도 평화정착에 기여할 수 있다. 북한은 통과국가로 통과료에 해당되는 현물을 공급받을 경우, 에너지난을 극복하는 데 중요한 전기를 마련할 수 있다. 냉전시대 파이프라인은 갈등이 아니라, 평화와 협력의 동력이었다. 러시아, 즉 구소련과 유럽의 PNG사업은 1968년 오스트리아를 시작으로 1973년에 서독으로 연결되는 등 이미 냉전시대에 시작되었다. 물론 PNG사업에서 해결해야 할 가장 중요한 과제는 바로 통과의 안정성이다. 국경 간 파이프라인사업은 분쟁 발생시 이를 해결할 수 있는 명확한 메커니즘이 없기 때문에, 해상운송방식인 LNGLiquefied Natural Gas에 비해 상대적으로 불안정하다. 제3국을 경유하는 통과수송관이 건설되려면, 파이프라인 소유자/운영자와 해당 정부 간의 협정이 필요하다. 국제사회에는 일반적으로 수송안정성 확보를 위한 다양한 방식이 있다. 통과국가를 세계경제에 편입시키고, 대체노선을 확보하거나, 국제적 규범을 마련하는 방안 등이 추진되고 있다.

PNG사업은 남북러 3국의 에너지 상호연계를 강화하고, 중국의 동북, 러시아의 극동, 그리고 한반도를 중심으로 하는 동북아 에너지 망 구상의 핵심사업이다. 동북아 에너지망 구축사업에서 적극적 역할을 하기 위해서는 북한측 통과구간 공사에 한국이 참여하는 방식이 바람직하다. 북한측 가스관의 관리와 운영도 마찬가지다.

기후변화와 북방 농업협력의 중요성

남북 농업협력을 포함한 북방농업이 필요한 이유는 기후변화 때문이다. 우리나라의 기후변화속도는 지구 평균보다 빠르게 진행되고 있으며, 이미 기후변화의 영향에 의한 생태계변화가 진행되고 있다. 기온이 1˚C 상승하면 작물은 81km 북상한다. 사과와 포도 등 저온성 작물의 북진이 빠르다. 2040년이 되면 강원도 산간지역 일부를 제외하고 남한에서 사과 재배지역은 사라질 것이라는 예측도 있다. 버섯이나 인삼, 홍삼 등 한랭기후에 적합한 특용작물 재배 가능지역도 점차적으로 북상하고 있다. 수산분야에서도 해수면 온도상승으로 어종변화가 가속화되고 있다.

따라서 향후 기후변화에 대비할 수 있는 북방 농업협력을 추진해야 한다. 또한 식량안보도 필요하다. 한국의 식량자급률은 OECD 회원국 가운데 최하위다. 쌀 자급률의 급격한 하락도 주목할 만하다. 기후변화로 생산이 줄고 곡물에 대한 수출통제가 이루어지면서 곡물의 투기적 수요가 증가하고 있다. 국제곡물가격이 상승하면, 국내 축산농가는 심각한 타격을 받는다. 국내 사료 수입의존율은 85% 이상으로, 사료의 주원료인 옥수수는 거의 100% 수입이다.

따라서 적극적으로 해외 농업투자를 시작할 시기가 왔다. 일본은 이미 30년 전부터 해외농업기지를 확보하여 가공용과 사료를 조달하고 있음을 유의할 필요가 있다. 러시아 극동에서의 남북러 삼각 농업협력방안에 대해 적극적인 의지를 갖고 체계적인 지원을 통해 현실화할 필요가 있다.

아시아 허브국가 전략

우리나라는 남북문제와는 직접적인 관계없이 동북아를 중심으로 동아시아, 나아가 아시아 전역에 걸쳐 허브국가로서 성장해나가야 한다. 허브국가란 싱가포르, 홍콩처럼 인원과 물자의 교류가 활발히 이뤄지는 중심지역으로서, 인구와 자본의 밀집으로 인해 도시국가적인 성격을 갖는다. 물론 한반도평화와 남북통일과 같은 극적인 변화가 있으면 이러한 허브국가로 성장하는 데 큰 도움이 될 것이다.

우선 물류, 관광, 무역 면에서 동북아의 허브가 되는 것이 중요하다. 이를 위해서는 중국과 일본에 비해 경쟁력이 있는 허브공항과 허브항구를 육성하는 것이 필요하다. 특히 지구온난화로 인해 북극항로가 열리는 상황을 잘 이용하여, 동, 남해에 국제적인 북극허브항구를 조성해야 할 것이다. 또한 미래에는 유형의 자산보다는 기술, 지식재산 등이 보다 중요해지므로, 이 분야에 있어서 동북아의 허브국가와 나아가 동아시아의 허브국가가 되는 것이 중요하다. 이를 위해서는 싱가포르 등 우리와 경쟁적으로 글로벌 특허법원 유치를 추진하는 국가들에 비해 손색없는 준비를 해야 한다.

이러한 허브국가 추진은 국가적으로 정치행정, 과학기술, 경제, 외교, 문화, 교육 등 다양한 분야와 부처에 걸쳐서 이뤄져야 한다. 허브국가에 걸맞게 다양한 언어능력 보유와 글로벌 기준에 부합한 사회제도의 마련도 필수적이다. 다문화가정을 아시아 허브국가의 주요자산이자 주체로 인식하는 것도 필요하다. 아시아적 가치의 확산이 허브국가 전략의 요체이기 때문이다.

아시아평화전략의 추진을 위해서 필요한 것들

2015년 6월 29일, 중국이 제안하고 주도하여 공식적으로 출범시킨 '아시아인프라투자은행AIIB'은 제2차 세계대전 이후 미국, 일본이 주도한 세계경제질서 또는 아시아경제체제에 큰 충격을 주었다. 그동안 미국과 일본은 국제통화기금IMF, 세계은행, 아시아개발은행을 통해 세계 및 아시아의 경제질서를 주도했는데, 이제는 이를 보완하고 대체할 경제기구가 새로이 만들어졌기 때문이다. 지금 아시아태평양 지역에서는 AIIB와 ADB의 경쟁뿐만 아니라, 미국이 주도하여 추진 중인 '환태평양경제동반자협정TPP'과 중국 중심의 자유무역협정FTA이 무역질서의 주도권을 확보하기 위해 경합하고 있는 형국이기도 하다. 중국의 강대국화에 따라 아시아에서 중국과 미, 일의 경쟁이 경제, 외교, 군사 등 모든 면에 걸쳐 나타나고 있다. 이러한 상황에서 아시아평화 전략의 추진을 위해서는 국내적으로 다음과 같은 과제들이 필요하다.

외교전략에 대한 초당적 협력

지역질서가 급변하고 있는 상황에서 국내적으로 미래전략에 대한 공감을 확대할 수 있는 제도적 방안이 필요하다. 현재 대북정책에 대한 초당적 협력을 확대하기 위해 국회에 '남북관계 발전특별위원회' 등이 설치되어 있으나, 실질적인 합의 형성에는 부족하다.

초당적 협력을 위해서는 합의를 조정하고 촉진할 수 있는 관련 분야 전문가들의 참여가 반드시 필요하다. 외교전략과 관련해서는 외교 군사분야의 전문가뿐만 아니라 경제, 사회, 문화분야의 전문가들이 함께 참여하여 보다 다원적이고 다층적인 전략을 마련하는 것이 필요하다.

국제 민간 협력의 활성화

아시아의 협력을 위해 극복해야 할 과제들이 적지 않고, 쟁점 현안에 대한 국가 차원의 의견차이가 적지 않기 때문에, 차이를 줄이고 대안을 제시할 수 있는 민간 차원의 협력이 필요하다. 현재 1.5트랙으로 운영되고 있는 '동북아 다자간 안보협력 회의'를 내실화하는 것이 필요하며, 지역적 범위를 달리하거나 혹은 주제별 특성화된 1.5트랙 차원의 포럼을 활성화할 필요가 있다.

평화의 다원화 혹은 다층적 접근

정치군사적 평화구축 노력이 쉽지 않다는 점에서 평화개념을 확장하여 사회문화적인 영역에서 상호이해와 신뢰형성을 위한 다양한 프로그램을 진행할 필요가 있다. 국내적인 통일논의에서도 마찬가지로 이념적 갈등을 우회하기 위한 문화적 접근이 중시될 필요가 있다. 또한 거시적 접근이 가질 수 있는 한계를 보완하기 위해 탈북자 정착을 위한 제도, 지역 차원의 통일교육을 비롯한 미시적이고 구체적인 영역에서의 가시적인 성과를 추구하는 것도 필요하다.

과학국정 대전략

3

과학국정科學國政은 '과학적인 국가행정, 정치'라는 의미로, KAIST 미래전략대학원에서 처음 사용하면서 국내에 퍼지기 시작한 용어다. 이는 기존의 국가행정, 입법, 사법, 언론, 경제 등이 과학기술의 급속한 발전에 적절하게 대응하는 데 어려움을 겪고 있는 부분을 해소해야 한다는 필요성에서 나온 개념이다.

과학기술은 과학과 기술을 합쳐서 부르는 용어인데, 과학은 좁은 의미로 자연의 진리를 발견하는 것으로, 기술은 좁은 의미로 인류에게 필요한 것을 발명하는 것으로 각각 정의할 수 있다. 넓은 의미로는 과학은 과학기술을 대표해 종종 사용되며 정치, 경제, 안보와 같은 최고의 개념과 동등하게 쓰인다. 넓은 의미로는 기술도 과학기술을 대표해 종종 사용되는데, 형이하학적인 실체와 과학문명을 움직이는 힘의 구체적 개념으로 주로 사용된다.

이 장에서는 과학국정, 과학문명, 과학국방처럼 과학기술의 인문적 특징을 강조할 때는 '과학'을, 기술패권, 기술경제, 기술혁신처럼 과학기술의 실천적 특징과 영향력을 강조할 때는 '기술'을 주로 사용했다.

왜 과학국정인가

1960년대부터 지난 반세기 동안 농경시대에서 산업시대를 거쳐 정보지식화시대로 초고속으로 발전한 한국을 해외 일부에서는 '기술한국'으로 보고 있지만, 우리 사회 내면은 다소 복합적이다. 시대변화에 적극 대응해서 글로벌마인드를 가진 사람들도 나타났지만, 아직도 '사농공상'의 구시대적 인식으로부터 자유롭지 못한 사람들도 있다. 지난 70년간 우리 사회에는 일제시대에는 거의 없었던 하나의 단어가 나타났는데 바로 '이공계'라는 표현이다. 지금은 이공계 출신 대기업 CEO의 비중이 절반이 넘을 정도로 국가경제에서 중추적 역할을 하고 있지만, 정부 주요부처와 국회, 언론, 법조계 등 우리사회의 여론과 정책 지도층에는 아직도 이공계가 적다. 현재 의약계열을 포함할 경우 대학 졸업자의 절반 정도가 이공계이고 나머지가 인문사회계다. 정책을 수립하고 이를 여론으로 확대하는 과정에서 아직도 과학기술에 바탕을 둔 합리적인 결정을 내릴 구조가 취약하다고 할 수 있다.

우리 사회가 이과와 문과로 대별되는 인재양성체제를 갖고 있는 것도 이제는 근본적으로 다시 생각해봐야 한다. 갈수록 과학기술이 모든 분야에 영향을 미치고 있으므로 합리적인 국가경영을 위하여 바람직하지 못한 현상이다.

과거에는 문/무 양반의 균형이 중요했다면, 근현대 사회에서는 이과/문과의 균형이 중요해지고 있다. 과학기술 중심의 현대문명의 본질을 이해하지 못하고서는 국가발전의 핵심동력을 정확히 파악하기 어려워졌다. 특히 공무원들이 아직도 과학기술에 대한 이해도가 낮은 데서 발생하는 정책의 불균형과 비효율은 시급히 시정되어야 한다. 중국은 국가지도자가 전자, 기계, 화학분야의 배경을 가진 전문가로서 과학기술 관련 국정 지도를 하고 있다. 그에 반하여 우리는 고급 이공계 인재들이 사무관부터 장관, 국회의원, 판검사들을 힘들게 설득해가며 일하고 있다. 국정의 중요한 사안에 대한 결정을 비효율적으로 더디게 내릴 수밖에 없는 것이다.

우리사회의 과학기술에 대한 이해부족 현상을 원천적으로 치유하지 않고는, 1인당 국민소득 3만 달러 시대를 뛰어넘고 2050년대까지 우리나라가 경쟁력 있는 세계적 국가로 성장하는 것은 어려울 것이다. 스티브 잡스가 보여줬듯이 과학기술적 마인드와 인문학적 상상력, 예술성이 융합되어야 창조적 역동성을 발현할 수 있다. 이과/문과의 구분과 차별보다는 상호이해하고 융합하는 것이 국가경쟁력의 핵심요소가 되었다. 과학국정은 과거 오랫동안 기술을 억압했던 잘못된 관습을 지혜롭게 극복하려는 데 그 목적과 의의가 있다. 과학기술분야 육성전략이 아니라, 비과학적인 국가운영을 과학화하여 전체 국가운영의 생산성과 효율성을 높여 선진국에 진입하고자 하는 국가전략이다.

근대사와 과학기술 패권

다른 동물에 비해 힘도 약하고 날카로운 이빨과 손톱, 발톱도 없는 인류가 진화의 정점에 서게 된 것은 변화하는 환경에서 살아남을 수 있는 지능과 도구를 발전시켰기 때문이다. 인간이 문명사회를 구성하게 된 지난 1만 년의 기간에 구석기→신석기→청동기→철기문명을 발전시켜왔다. 이를 농경과 장식, 무기 등에 적용하면서 경제, 사회, 안보를 발전시키고, 그 경쟁력으로 강한 부족이나 국가가 지배력을 행사해 온 것이 인류의 역사다. 도구의 역사, 도구를 만들고 사용하는 기술의 역사가 인류역사의 중요한 부분인 것이다.

인류가 수렵생활에서 농업혁명을 통해 경작법을 터득하면서 고대 국가가 성립했듯이, 지금부터 600여 년 전에 발생한 르네상스를 계기로 근대과학이 시작되고 250년 전에 산업혁명이 일어나면서 근대국가가 성립되었다. 지난 250년간의 인류발전은 그 이전의 모든 역사를 통틀어서 가장 혁명적인 변화를 가져왔다. 그 본질은 과학기술이 역사발전의 가장 강력한 요소이자 수단으로 등장했다는 것이다. 제1차 대전과 제2차 세계대전은 정치적으로 후발강대국과 선발강대국 간 식민지 쟁탈전, 제국주의 전쟁의 성격이 강하지만, 다른 측면에서 보면 국가별로 시차를 두고 진행된 산업혁명의 결과로 축적한 경제력과 무기를 바탕으로 한 기술패권 전쟁이기도 하다.

지난 100년의 세계역사를 혁신이라는 관점에서 보면, 기술적 성취를 풍성하게 이룩한 국가가 패권을 잡았음을 알 수 있다. 미국은 19세기에 상농업국가였지만 세계대전을 거치면서 군사우주기술로 소련을 앞지르면서 세계를 제패하게 된다. 반면 소련은 미국보다 우주개발에 앞섰지만 기술경쟁에서 패배한 것이 연방 해체의 중요한 원인이 됐다. 중국은 우리나라와 마찬가지로 65년 전에는 식민지였고 가난한 나라였으나, 지난 40년간 개혁개방과 과교중흥科敎中興 정책으로 교육과 과학을 중시하면서 G2강대국으로 부상했다. 이스라엘은 당시 500만 명의 인구에 불과했으나 4차례의 중동전쟁에서 3억 명의 아랍을 제압하고 핵무장을 하기에 이른다. 독일과 일본은 세계대전에서 패배했으나, 전쟁중에 고스란히 보존했던 기술력을 통해 경제대국으로 부활한다.

1	전기	어둠으로부터 인류를 구하고 노동으로부터 해방
2	자동차	현대문명의 상징, 기계공학의 꽃
3	항공기	인류에게 날개를 선물
4	상하수도	인간의 수명을 연장
5	전자기기	생활을 편리하게 해준 과학기술의 산물
6	라디오와 텔레비전	공간을 넘어 눈과 귀를 세상과 연결
7	농업기계화	세계 식량난의 해결사
8	컴퓨터	20세기 정보통신기술의 혁명
9	전화	손에 들고 다니는 첨단통신기술
10	냉방, 냉장	인류의 생활온도를 바꾼 신기술
11	고속도로	국력의 기준
12	우주선	기술로 이루어진 우주개척
13	인터넷	무한으로 진보하는 가상체계
14	영상기술	첨단과 정밀의 이름으로 개척하는 미래
15	가전기기	생활노동에서 해방시켜준 필수용품
16	의료기술	메스 없는 수술의 시대로
17	석유 및 석유화학기술	현대 산업문명의 검은 피
18	레이저와 광섬유	제2의 빛의 혁명, 꿈의 섬유
19	원자력기술	재앙의 무기에서 희망의 자원으로
20	고기능성 소재	신소재가 안내하는 새로운 문명생활

자료: A Century of Innovation: Twenty Engineering Achievements That Transformed Our Lives

영국, 프랑스는 세계대전에서 승리했으나 기술주도력의 상실로 패권도 상실하게 된다.

지난 100년간 세계 주요국의 흥망사에서 기술력이 있는 나라들은 흥했고 그렇지 않은 나라는 흥하지 못했다. 현재 200여 국가 중에서 기술력이 있는데 후진국이 된 국가가 하나도 없고, 기술력 없이 선진국이 된 국가는 하나도 없다. 정치, 경제, 문화 등으로는 단순하게 설명되지 않지만, 기술을 중심으로 국가의 흥망을 분석하면 근대사가 비교적 명쾌하게 설명된다. 산업혁명 이후에 국가미래를 결정하는 요소로 기술이 중요한 요소로 대두되었기 때문이다. 역사발전과 세상의 변화를 주도하는 힘이 지금처럼 과학기술에 집중된 시기는 없었다.

21세기 선진한국의 필수요건

우리나라는 제2차 세계대전 이후 후진국에서 선진국에 진입한 유일한 국가가 되었다. 세계에 내놓을 만한 스마트폰, 반도체, 디스플레이, 자동차, 조선, 석유화학제품을 생산하는 나라가 되었다. 하지만 급격한 산업화의 후유증으로 인하여 정치사회적, 경제문화적, 환경문제 등도 심각하게 대두되고 있다.

우리사회는 남들이 250년 걸려 이룩한 산업, 정보사회를 50년 만에 압축성장하면서 생긴 산적한 문제들을 극복해야 한다. 여러 방안이 있겠으나 의사결정을 하는 정책결정 그룹이 비과학적인 사고에서 벗어나 인문사회와 과학기술의 융합적 사고방식을 내재화하는 것이 필요하다.

2014년에 발생한 세월호사고 이전에도 지난 20년간 대형참사들이 우리나라에 집중적으로 발생했다. 이는 누구 한 사람의 잘못으로 볼 수 없다. 보다 체계적이고 근원적인 문제가 있는 것이다. 또다른 사례는 2012년 기준 매년 사고로 2만 1천 명이 사망하고 187만 명이 부상하는 끔찍한 '사고왕국'의 실태다. 2013년 한 해 산업재해로 사망 1,929명, 부상 9만 1,824명이 발생했으며, 지난 48년간은 8만 6천 명

〈표 2-3〉 과거 대형사고

1993	서해 훼리호 침몰	탑승자 292명 전원 사망
1994	성수대교 붕괴	사망 32명, 부상 17명
1995	삼풍백화점 붕괴	사망 501명, 실종 6명, 부상 937명
1995	대구지하철 가스폭발	220명 사상
1997	대한항공기 괌 추락	229명 사망, 25명 부상
2003	대구지하철 화재참사	192명 사망, 148명 부상
2008	서해 유조선 충돌사고	서해안지역 환경재앙

사망, 433만 명 부상이라는 천문학적 숫자의 피해가 발생했다. 2013년 한 해 교통사고로는 사망 5,092명, 부상 178만 명, 자살사고로는 사망 1만 4,427명이 발생해 OECD 1위다. 우리나라 국민들은 평균수명 80년 동안 3번 사고로 다치고, 10가구 중 1가구가 사고로 가족을 잃을 정도로 위험한 사회에 살고 있다.

　이러한 사고의 원인을 하나로 말할 수는 없겠지만, 사고수습과 처리과정을 보면 원인의 일부를 알 수 있다. 우리는 대형사고가 발생하면 거의 예외 없이 '안전불감증'과 '부정부패'를 원인으로 꼽아, 단골대책으로 사고책임자 처벌과 안전교육 등을 내세운다. 즉 사고의 구조적 본질을 파헤쳐 해결하려고 하지 않고 '인재'적 요소만 강조하여 '행정, 법 중심'으로 사고를 처리한다. 이러한 표면적 사고처리가 대형사고 반복의 근본원인 중 하나였다. 영국이 각 분야 전문가들을 중심으로 한 사고조사위원회가 사람과 기계, 시스템 속에서 발생할 수 있는 다양한 원인을 몇 개월씩 조사해 근본처방을 내놓는 것과 대비된다.

　과학기술 중심의 감리, 평가, 조사가 이런 위험한 사회에서 국민들을 안전하게 보호하는 합리적인 처방이다. 현대문명은 인류에게 이기利器이기도 하지만 거대한 흉기凶器이기도 하다. 선진국들은 시행착오 끝에, 이런 사고를 예방하려면 한두 사람의 노력으로 해결할 수 없고, 사회 전체가 과학적 합리성으로 무장되어야 비로소 가능하다는 것을 터득했다. 그러나 우리나라는 현대문명의 중심에 서 있으면서 국가적으로 이를 적절히 관리할 능력이 부족하다. 국가지도층이 대형기술 시스템의 본질을 잘 알고 치밀하게 관리해야 대형사고를 막을 수 있는 것이다.

〈그림 2-3〉 핵심적 지도원리

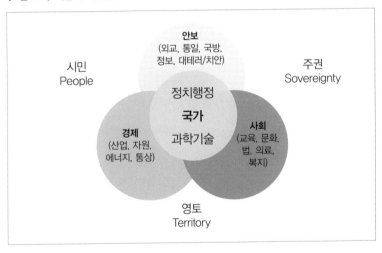

국가운영의 중심control tower에 정치행정을 두고 사회, 경제, 안보 등의 주요구성분야 각각에 과학기술이 그 중심에서 작용할 수 있게 국정을 재설계해야 한다. 무엇보다도 과학기술을 경제나 산업의 하부구조로 생각하지 말고, 경제와 산업을 발전시키는 가장 핵심적인 촉매

요소로 평가하는 것으로부터 시작해야 한다. 과학국정을 '과학자 우대'나 '연구개발비 증액' '이공계 장학혜택'과 같은 이공계 유인책 정도로 국한하지 않는 것이 중요하다. 우리나라 과거 여러 정부의 사례에서 얻을 수 있는 교훈이다.

과학국정, 어떻게 추진할 것인가

과학국정은 정부 차원에서만 추진될 일이 아니고 사회 전반의 문화와 관행, 국민의식의 변화, 언론과 시민사회의 적극적인 역할 등이 필요하다. 하지만 단초는 대통령의 리더십에서 시작하여 정부와 정치권이 변화하면 성공할 수 있기 때문에, 정부의 역할에서 그 해법을 찾고자 한다.

전문성 강화 중심의 정부조직 개편

우선 정부개편을 단행할 것인지 진지하게 검토해야 한다. 창업전략부, 생명의료부의 신설을 고민해야 한다. 현재 가장 중요한 국가적 과제는 창업을 통한 일자리 창출이다. 특히 벤처창업, 대학창업, 사내창업 등을 전담하는 창업전략부를 창설하는 것이 중요하다. 과거에 IT 전담부처인 정보통신부를 두어 IT선진국이 될 수 있었듯이 BT전담부처인 생명의료부를 창설하여 BT선진국이 되는 것이 절실하다. 이를 위해 보건복지부의 보건기능과 여러 부처에 분산된 생명기술 관련 기능을 합쳐서 생명의료부를 창설해야 한다.

또한 정보(신호/영상), 수사(과학), 연구(국방/의료) 등 독립전문기관 Agency을 확대해야 한다. 미국의 항공우주국NASA, 국립보건원NIH, 국가안보국NSA 등의 사례에서 보듯이 정부가 새로운 분야를 육성하려면, 특정 전문가집단이 별도의 조직에서 리더십을 갖고 발전할 수 있게 해주는 것이 필요하다. 예컨대 정보조직의 경우 미국처럼 신호정보기관과 영상정보기관 등으로 전문화하는 것이 필요하다. 과학수사기능도 일반경찰의 하부조직으로 두어서는 발전되기가 어렵다. 독립된 전문기관으로 두고 위상을 강화해야 한다.

안보분야 과학국정

국방이야 말로 최첨단 과학기술이 경쟁하는 분야이므로, 당연히 과학국방을 추진해야 한다. 정보/전자전에 맞는 과학적 전술, 정예 과학기술과 방위산업의 육성이 필요하다. 과학국정이 반드시 구현돼야 할 분야 중 국방은 국가안보에 있어서 정보와 더불어 가장 중요한 영역이다. 육군사관학교에서 우수한 인재들이 이공계열 대신에 인문사회계열을 전공해 보병과 포병으로 가야 4성 장군을 바라볼 수 있다는 인식이 퍼지는 것은 바람직하지 않다. 그 결과 인사와 작전이 중시되고 군수와 정보는 소홀히 된다면, 현대전 수행능력이 뒤떨어지는 결과를 낳을 수도 있다. 이제 장교 양성과정의 필수과목은 사단전술뿐 아니라 전자전과 정보전 과목도 포함돼야 한다. 그리고 이에 기반한 과학적 전술을 개발하고, 한반도 지형에 맞는 무기체계 소요를 기획하며, 운용교리를 개발할 능력을 길러야 전작권 전환과 한미 연합작전도 원활히 수행할 수 있다. 동시에 전문화된 인력에 의해 방위산업이 육성돼야 한다.

과학정보도 중요하다. 국정원의 과학기술 정보조직을 독립시키고 국방부, 외교부의 정보기능을 과학화해야 한다. 미국의 국가정보기관처럼 신호정보, 영상정보 등 주요 과학기술정보기관을 독립적으로 갖추고 이의 수장을 전문가로 임명하는 것이 필요하다.

국방부의 국방정보분야, 외교부 등 기타 정부부처가 실질적으로 갖고 있는 정보기능을 과학화하는 것도 중요하다. 이 부분은 전문성을 갖춘 인재군을 양성하고, 이 인재들이 주요 정책결정자로 성장할 수 있도록 인사시스템을 갖추는 것이 핵심이다.

평화외교, 안보(기후/질병/테러/원자력/미사일 등)외교, 자원/기술외교 강화 등 과학외교 역시 필수적이다. 국제적으로 이산화탄소 규제활동이 강화되고, 에볼라바이러스나 메르스 등 전염병에 관한 국제공조가 활발해지면서 과학외교능력 확충이 중요한 과제다. 그외에도 전통적으로 원자력이나 미사일, 화학무기협정 등을 전문적으로 해내기 위해서는 전문성을 갖춘 외교관의 양성이 시급한 과제다. 이를 위해 이공계박사 외교관 특채와 고위공무원과 대사급 외교관에 대한 이공계 인사들의 진출 등이 필요하다.

경제분야 과학국정

경제에 활력을 불어넣고 시대에 맞는 산업을 육성하려면 창업혁신을 추진해야 한다. 기술창업/중소벤처 육성, 기술경영/금융 강화, 시민발명/지원 등이 필요하다. 과학기술 중심의 경제정책을 통해 실질적인 경제력과 국가경쟁력을 향상시켜야 한다. 이를 위해 벤처창업과 지식기반창업을 활성화하고 육성하는 '제2, 제3의 벤처육성정책'을 적극 시행해야 한다. 이를 뒷받침할 기술금융과 기술경영을 강화하고 국가가 지원해야 한다.

특허기반 연구개발 강화 역시 중요하다. 논문 중심의 연구개발에서 특허와 사업화 중심의 연구개발로 전환될 수 있도록 대학평가와 정부 출연 연구기관 연구개발 평가를 전환해야 한다.

사회분야 과학국정

안전한 사회를 만들고 유지하려면 과학수사가 필요하다. 법의학 및 수사기술(생물/화학, 전자/기계분야 등)을 발전시켜야 한다. 현재는 검찰의 디지털법의학 기능이나 경찰의 과학수사 기능이 일반수사의 보조적인 체계로 운영되고 있다. 이를 선진화하여 과학수사를 주류로 하고, 일반수사가 보조하는 체계로 전환해야 한다. 기술발전에 따른 사회변화와 범죄양상의 변화를 반영하여, 바이오기술과 정보기술(디지털, 사이버, 소프트웨어 등)에 기반한 과학수사 능력을 기르기 위해 인원과 조직, 예산, 기술을 확충해야 한다.

일상생활을 안전하고 편리하게 변화시키려면 식품/의약품행정, 교통체계를 과학화하고 의과학/공학, 노인복지기술을 육성해야 한다. 특히 지상/해상/항공교통도 사고를 예방하고 에너지효율과 편의성이 고도화된 선진형 교통체계로 전환하기 위해 인력과 장비, 기술 측면에서 과학화를 해야 한다.

문화분야 과학국정

과학기술과 가장 관계가 적다고 평가되던 문화의 영역에서도 이제는 과학기술이 기여하는 비중이 매우 높아졌다. 무엇보다 과학언론 육성이 먼저다. 종이신문으로 대표되는 기존의 언론체계가 SNS로 대표되는 새로운 미디어의 출현으로 급속히 재편되고 있다. 이러한 미래 변화를 반영하여 세계적 경쟁력을 갖춘 미디어산업과 새로운 언론기능을 갖춰나가는 것이 중요하다. 또한 과학화된 미래사회에서 언론의 역할도 변화하고 있으므로 이를 뒷받침할 과학저널리즘이 육성되는 것이 중요하다. 중요한 것은 과학기술 기사나 콘텐츠를 잘 다루는 것이 아니라 정치, 경제, 사회 전 분야에서 과학기술 지식이 어떻게 작용하는지를 제대로 알려주는 저널리즘이 되는 것이다.

SF영화, 디자인, 콘텐츠산업, 문화기술을 육성하는 것도 중요하다. SF소설이나 SF영화는 미래사회에 대한 교과서로써 국민들이 비전과 영감을 갖게 되는 중요한 통로다. 이와 관련하여 컴퓨터그래픽스와 디자인, 콘텐츠산업, 문화기술의 체계적 육성이 필요하다.

창업국가 대전략

'창업국가start-up nation'란 2009년경 세노르Dan Senor와 사울 싱어 Saul Singer가 벤처산업의 성공을 이룬 이스라엘경제의 비결에 관하여 쓴 책의 제목으로 처음 사용한 신조어이다. 한편 미국 실리콘밸리에서 1990년대 후반에 이른바 '닷컴 버블'로 창업붐이 일어났을 때 생겨난 '창업기업start-up company' 개념은 신생 벤처기업을 뜻하며 모든 업종에 서 쓰일 수 있지만 보통은 고위험/고성장/고수익 가능성을 지닌 기술 기반 회사를 의미한다.

이 장에서 '창업국가'는 기술기반 벤처기업의 설립과 운영, 마케팅 등 전체 활동이 세계적 수준으로, 창업이 활성화되고 운영이 용이하 며 마케팅 성공률이 높은 창업생태계와 시스템을 갖춘, 즉 창업을 근 간으로 경제활력과 지속성장을 이끌어가는 국가를 의미한다.

왜 창업국가인가

창업국가를 대전략으로 제안한 핵심이유는 일자리 창출과 국가 차원의 새로운 성장동력의 발굴, 두 가지로 요약할 수 있다.

일자리 창출

첫째는 취업난에 따른 고학력실업이 심각한 사회문제로 대두됨에 따라 이 문제를 근본적으로 해결하기 위한 대안이 창업을 통한 일자리 창출이기 때문이다. ILO 세계고용현황 발표자료World Employment Social Outlook 2015에 따르면 2014년 현재 세계적으로 2억 1백만 명의 실업자가 존재하며 2015년에 3백만 명의 실업자가 증가하며 그 이후 4년간 약 8백만 명의 실업자가 더 늘어날 것으로 예측한다. 실업자의 증가로 2019년까지 2억 8천만 개의 일자리 창출이 요구된다고 한다. 통계청 경제활동인구조사에 따르면, 2015년 6월 현재, 우리나라 15~29세 청년실업률은 10.2%로 전체 실업률 3.9%의 약 3배에 육박하고, 청년실업자 수는 44만 9천 명으로 전체 실업자 수 105만 명의 52.8%를 차지하고 있다.

통계청 조사에 따르면 창업기업은 2002~2009년 사이에 연평균 130만 개의 일자리를 창출하였다. 이는 기존 기업에서 감소한 일자리를 상쇄하고도 연간 약 30만 개의 새로운 일자리를 창출한 것이다. 중소기업청의 '2014년 벤처기업 정밀실태조사'에 따르면, 2013년 12월말 기준 벤처기업의 총 고용인력 수는 71만 9,647명, 기업당 평균 근로자 수는 24.7명으로 전년 대비 4.2% 증가하였다. 이중 창업 3년 이하 기업의 평균 근로자 수는 13.2명으로 전년대비 12.8% 증가하여 창업기업의 고용기여율이 상대적으로 높은 것을 알 수 있다. 또한 매출액 1천억원 이상의 소위 '벤처천억기업'을 중심으로 살펴보면, 2012년 벤처천억기업의 총 고용인력은 14만 6,016명으로 2011년 13만 4,410명에 비해 약 8.6% 증가했다. 기업당 평균 고용인력은 2011년 323명에서 351명으로 늘었다. 2010년~2012년 기간 평균 중소제조기업의 고용증가율 3.5% 대기업의 고용증가율 4.7%와 비교하면 각각 2.5배와 1.8배로 양질의 일자리 창출의 주역으로 나타났다.

〈그림 2-4〉 2012년 고용증가율 비교

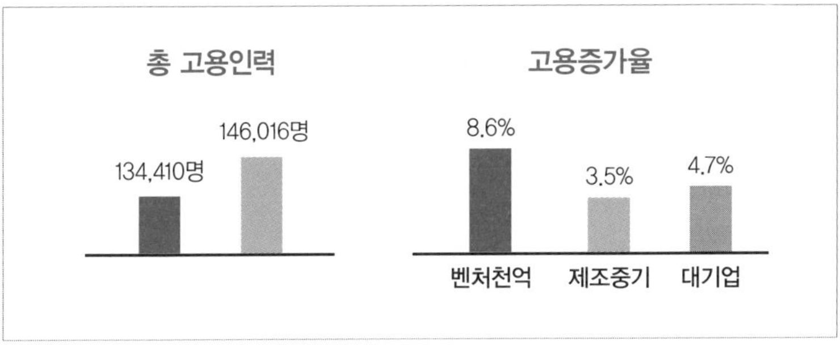

자료: 2013년 벤처천억기업 조사결과, 중소기업청

미국의 경우, 직원을 고용하는 기업의 99.7%가 중소기업이다. 중소기업을 운영하거나 고용된 사람은 7천만 명으로 이는 민간 노동력의 1/2이자, 미국 전체 국민 4명 중 1명에 해당한다. 카우프만 재단의 연구결과에 의하면 2007년 미국에서 새로 창출된 일자리의 2/3가 창업기업에서 나왔을 정도로 창업기업의 고용창출효과가 크다.

미국 매릴랜드 대학 스미스경영대학 일-혼 한Il-Horn Hann 교수가 주도하여 2011년 9월에 발표한 『더 페이스북 앱 이코노미The Facebook App Economy』 보고서는 당시 7억 5천만 명 이상의 사용자를 보유한 페이스북이 최소한 18만 2,744개의 일자리를 창출한다고 분석한 바 있다. 또한 2012년 2월 TechNet에 발표된 『App Economy』 보고서는 스마트폰과 SNS 애플리케이션 등 소위 '앱 경제App Economy'가 지난 5년간 미국에서 46만 6천 개의 일자리를 창출했다고 발표했다.

대기업 중심 산업구조 개선

창업국가를 대전략으로 제시한 두번째 이유는 창업을 통해 소수 대기업에 집중, 의존하는 산업구조를 개편하고 기술기반 벤처기업을 중심으로 상생하는 개방형 혁신Open Innovation을 통해 국가 차원의 새로운 성장동력을 확보하기 위해서다. 신제품을 개발하고 새로운 사업으로 시장을 개척하는 도전형 벤처기업은 자본주의경제를 움직이는 핵심엔진이라고 할 수 있다. 2013년 대기업, 중소기업 및 벤처기업 간 경영성과 비교결과에 따르면, 벤처기업의 매출액증가율은 대기업은 물론 중소기업보다 높았으며, 수익성(매출액영업이익률, 매출액순이익률) 측면에서도 대기업(제조업)의 매출액영업이익률을 제외하고는 모두 벤처기업이 높게 나타났다.

〈표 2-4〉 2013년 대기업, 중소기업, 벤처기업 간 경영성과 비교

(단위: %)

구분	대기업		중소기업		벤처기업	
	구분전체	제조업	전체	제조업	전체	제조업
매출액증가율	0.3	−1.2	5.6	5.2	10.2	10.0
매출액영업이익률	4.7	5.6	3.2	4.4	5.2	5.4
매출액순이익률	2.0	3.7	2.0	2.8	4.0	4.0

자료: 2014년 벤처기업 정밀실태조사, 중소기업청

2007년 미국의 밥슨 대학과 영국의 런던비즈니스스쿨이 공동으로 세계 42개국을 대상으로 각국의 창업 및 기업환경을 조사하여 발표한 글로벌 기업가정신 모니터GEM, Global Entrepreneurship Monitor, 2007에 따르면, 글로벌경제의 활성화와 성장은 건전하고 경쟁력 있는 혁신적 창업기업의 지속적 공급을 통해 이루어진다.

미국의 경우, 국민소득 2만 달러 달성 시점인 1988년 이래로 대학과 민간재단을 중심으로 기업가정신 교육을 확산했다. 밥슨 대학이 1989년에 기업가정신 학부를 신설한 이래 MIT, 스탠퍼드 등 400개 이상의 학교에서 기업가정신 정규 교과목을 편성했고, 1992년에 리더십센터를 설립한 카우프만 재단은 지속적으로 기업가정신을 확산시키는 데 크게 기여했다. 또한 애플, 구글, 페이스북 등 대학 및 대학원생 창업의 성공신화가 미국의 신성장동력이 되었음은 주지의 사실이다. 한편 2010년을 기준으로 중소기업이 미국경제에 기여하는 규모는 약 52조 달러로 농업을 제외한 전체 산업 GDP의 44.6% 비중을 차지한다. 수출기업의 98%가 중소기업으로 규모 면에서 2011년 기준으로 전체 수출품의 33%를 차지했다. 또한 미국의 전국중소기업협회 National Small Business Association, NSBA에 따르면 혁신적인 중소기업이 대기업과 비교하여 1인당 평균 16배 가량 더 많은 특허를 출원했다.

경제성장 유형과 창업국가 모델

경제발전은 경제적 부가가치의 특성과 양이 변화하는 현상이라고 말할 수 있다. 창업가들이 경제에 미치는 영향력의 정도는 경제발전의 국면에 따라 다르지만, 창업활동은 혁신을 주도적으로 실천하고, 경제의 구조적 변화를 촉진하며, 새로운 경쟁구조를 도입함으로써, 결국 생산성 향상에 기여한다.

밥슨 대학과 런던비즈니스스쿨이 공동발표한 '글로벌 기업가정신 모니터GEM 2013'에서는 국가별 경제성장 유형을 요소주도형 경제 factor-driven economies, 효율주도형 경제efficiency-driven economies 및 혁신주도형 경제innovation-driven economies의 3가지로 구분했다.

첫째, 요소주도형 경제는 주로 자연상태에서 경제적 수단을 찾는 경제를 나타낸다. 경제발전 단계가 낮은 국가들이 대게 이 부류에 속하며, 비중이 큰 농업부분은 대다수 인구의 생존수단을 제공하는 역할을 한다. 요소주도형의 경제에서는 관련 기관의 설립, 교통과 통신 등의 인프라, 경제 안정, 건강과 교육 등의 기본요건이 매우 중요한데 요소주도형 경제에서 주로 나타나는 생계형 창업의 가능성을 판단하는 데 유용한 요소들이다.

둘째, 효율주도형 경제는 적정 수준으로 집약된 규모가 경제발전의 동인이 되는 경제를 의미한다. 산업이 발전하면서 산업화를 촉진하는 데 필요한 제도들이 등장하고 높은 생산성을 위해 적정 수준의 규모가 갖추어지기 시작하는 단계이다.

셋째, 혁신주도형 경제는 연구개발, 지식집약, 혁신활동이 경제성장의 동인이 되는 경제를 뜻한다. 한국은 혁신주도형 국가에 속한다. 성숙된 경제여건에서 부유해진 사람들이 보편적으로 기대하는 욕구를 충족할 수 있는 서비스부문으로 산업의 중심이 이동하게 된다. 혁신주도형에서는 혁신기술 기반의 창업활동이 국가성장의 주요요건이다.

〈표 2-5〉 국가별 경제성장 유형 구분

구분	요소주도형 경제 (factor-driven economies)	효율주도형 경제 (efficiency-driven economies)	혁신주도형 경제 (innovation-driven economies)
라틴아메리카 및 카리브해		아르헨티나, 브라질, 바르바도스, 칠레, 콜롬비아 에쿠아도르, 과테말라, 자마이카, 멕시코, 파나마, 페루, 수리남, 우루과이	트리니다드, 토바고
중동 및 북아프리카	알제리, 이란, 리비아		이스라엘
사하라사막 이남 아프리카	앙골라, 보츠와나, 가나, 말라위, 나이제리아, 우간다, 잠비아	나미비아, 남아프리카공화국	
아시아태평양 및 남아시아	인도, 필리핀, 베트남	중국, 인도네시아, 말레이시아, 태국	한국, 일본, 싱가포르, 대만
EU		크로아티아, 에스토니아, 헝가리, 라트비아, 리투아니아, 폴란드, 루마니아, 슬로바키아	벨기에, 체코, 핀란드, 프랑스, 독일, 그리스, 아일란드, 이탈리아, 룩셈부르그, 네덜란드, 포르투갈, 슬로베니아, 스페인, 스웨덴, 영국
유럽(EU 미가입)		보스니아헤르체코비나, 마케도니아, 러시아연방, 터키	노르웨이, 스위스
북아메리카			캐나다, 푸에르토리코, 미국

자료: Global Entrepreneurship Monitor(GEM) 2013 Global Report

창업국가 모델

기술기반의 벤처창업은 혁신을 유도하고 실현하며, 경제의 구조적 변화를 가속화시키고 생산성에 간접적으로 기여한다. 한국이 경제대국이 되기 위해서는 기술 기반의 벤처기업 창업활성화를 통해 지속가능한 경제성장이 이루어질 수 있는 생태계를 갖추어야 한다.

창업국가 모델은 창업이 국가적 제반여건으로부터 영향을 받는다는 개념을 표현하고 있다. 한 국가의 사회적, 정치적, 문화적환경은 구조적 기업여건entrepreneur framework conditions들에 영향을 미친다. 이러한 구조적 기업여건들은 기업가entrepreneurship의 3대 요소인 창업태도, 창업활동 및 창업열정에 영향을 미친다. 창업의 3대 요소들은 상호작용하는 한편, 창업기업과 안정기기업 간에 직간접적으로 영향을 주고받으면서 일자리와 부의 창출, 혁신 및 사회적으로 가치 있는 성과를 내면서 사회/경제적 성장을 도모한다.

창업태도entrepreneurial attitudes란 새로 사업을 시작하기에 좋은 기회가 존재한다고 생각하는 정도, 또는 창업가들의 위상을 높이 평가하는 정도, 개인이 감당할 수 있는 수준의 위험이나 실패에 대한 두려움,

〈그림 2-5〉 창업국가 모델

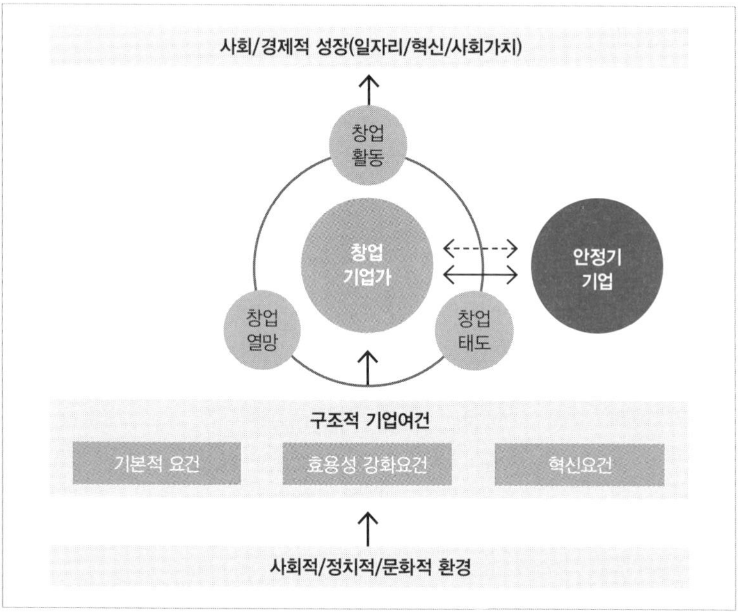

자료: Global Entrepreneurship Monitor(GEM) 2013 Global Report, 재구성

개인이 사업을 시작할 때 필요한 스스로의 숙련, 지식, 경험, 능력 등을 인지하는 정도 등을 포함한다.

창업활동entrepreneurial activity은 창업자가 창업 초기에 어떤 의도를 가진 다음, 창업 준비를 거쳐 신생벤처로 탄생하고, 점차 중견기업으로 성장하거나 사업을 중단하고 폐업하기도 하는 과정을 거친다. 따라서 창업활동은 하나의 사건이라기보다는 일련의 과정으로 보는 것이다.

창업열망entrepreneurial aspirations은 성장 중심, 혁신 중심, 국제화 중심 등 개별 창업자들마다 다르며 주주와 사회, 국가에 경제적으로 큰 영향을 미칠 수 있다. 구조적 기업여건은 국가별로 다르며 창업에 영향을 미치는 내부적 사회경제환경이 반영되어 있다. 이러한 여건은 〈표 2-6〉와 같이 기본적 요건, 효용성 강화요건 및 혁신요건의 3가지로 구분할 수 있다.

〈표 2-6〉 구조적 기업여건

기본적 요건	효용성 강화요건	혁신요건
관련 기관 인프라구조 거시경제 안정성 보건 및 초등교육	고등교육 및 훈련 제품시장 효율성 노동시장 효율성 금융시장 세밀화 기술적 준비성 시장규모	창업금융, 정부정책 창업프로그램, 창업교육 연구개발 이전 상업적/법률적 창업 인프라 물리적 창업 인프라 시장개방성 문화적/사회적 규범

자료: Global Entrepreneurship Monitor(GEM) 2013 Global Report, 재구성

창업국가 대전략 검토

창업국가 대전략을 제대로 추진하기 위해서는 먼저 창업국가에 영향을 미치는 동인을 선정해야 한다. 〈그림 2-5〉의 창업국가 모델을 기

반으로, 한 나라의 창업국가 수준을 평가하기 위한 지표를 선정할 필요가 있다. 우선 구조적 기업여건 중에서 혁신요건에 해당하는 9가지 항목을 선정했고, 창업 및 기업가 3대 구성요소인 창업태도, 창업활동 및 창업열정에도 세부지표를 나타내었다.

또한 시간/공간/분야의 3차원을 이용한 미래예측 방법론을 적용하여 분석할 수 있다. 시간 축에서는 30년 후의 2045년을 미래예측 기준시간으로 설정한다. 공간 축에서는 〈표 2-5〉에 나타낸 국가들 중 한국이 속한 혁신주도형 경제에 해당하는 국가들을 대상으로 하되, 특히 창업분야에서 선진국인 미국, 영국 및 이스라엘을 중심으로 우리나라와 비교, 분석해본다. 또한 분야 축에서는 〈표 2-7〉에 나타낸 바와 같이 각 항목별 세부지표를 포함하여 총 26가지 지표를 포함한다. 각각의 지표에 대해 과거 데이터를 바탕으로 가능한 대안미래를 예측하고 그중에서 바람직한 희망미래를 선택한다. 이어 선택한 희망미래를 실현하기 위해 필요한 추진전략을 수립한다. 혁신주도형 국가를 중심으로 과거 데이터를 비교, 분석함으로써 타 국가에 비해 우리나라가 앞선 지표에 대해서는 더 강화하고, 상대적으로 뒤떨어지는 지표에 대해서는 점진적으로 또는 혁신적으로 개선한다.

〈표 2-7〉의 26가지 항목의 세부지표에 대해 과거의 데이터를 살펴보면, 2012년 기준으로 전년도 대비 창업환경은 다른 나라에 비해 전반적으로 개선되고 있다. 그럼에도 다른 국가와의 차이에서 볼 때, 가장 시급하게 개선될 분야는 '상업적 제도와 전문지식의 하부구조'이다. 이는 국민 1인당 변호사, 회계사, 컨설턴트 등의 서비스 전문가의 비율이 타 국가에 비해 상대적으로 부족하기 때문인 것으로 보인다. 다음으로 '금융지원/재무적 환경분야'로 조사되었다. '금융지원/재무적 환

〈표 2-7〉 창업국가 창조모델에 따른 평가지표

구분		세부지표
구조적 기업여건 (Entrepreneurship Framework Conditions) – 혁신요건		F1 금융지원–재무환경
		F2 정부정책
		F3 정부 프로그램
		F4 교육 및 훈련
		F5 연구개발 기술이전
		F6 상업적 제도와 전문지식의 하부 구조
		F7 내부 시장의 개방성
		F8 물리적 하부구조 인프라에 대한 접근성
		F9 문화적 사회적 규범
창업 기업가 (Entreneurship) 3대 요소	창업태도 (Attitude)	1A1 창업 기회에 대한 인식
		1A2 창업 능력과 지식에 대한 인식
		1A3 실패에 대한 두려움
		1A4 창업의도
		1A5 직업선택시 창업선호도
		1A6 성공한 창업가에 대한 사회적 태도
		1A7 창업에 대한 언론의 관심도
	창업활동 (Activity)	2A1 태동기 창업활동(설립 및 3개월 이내)
		2A2 초창기 소유경영활동(3개월~3.5년)
		2A3 초기 창업활동(설립 및 3.5년 이내)
		2A4 안정기 소유경영활동(3.5년 이후)
		2A5 사업중단 비율
		2A6 생계형 창업활동
		2A7 기회추구형 창업활동
	창업열정 (Aspiration)	3A1 성장지향 열정
		3A2 혁신지향 열정
		3A3 국제지향 열정

자료: Global Entrepreneurship Monitor(GEM) 2013 Global Report, 재구성

〈그림 2-6〉 창업국가 전략 수립을 위한 3차원 미래예측 방법론

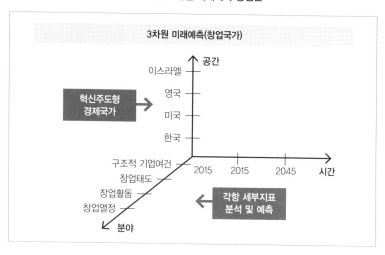

경' 지표는 실패시에 무한책임을 지는 연대보증제도와 밀접하게 관련되어 있다. 이는 창업태도에 속하는 '실패에 대한 두려움'이라는 지표에 직접적으로 부정적인 영향을 미친다. '교육 및 훈련'은 다른 국가와의 차이는 크지 않으나 여전히 미흡한 수준이다. 특히 우리나라 대학은 교육/연구/창업 중 창업분야가 상대적으로 부족한 실정이다. 부족한 창업 분야를 강화함으로써 교육/연구/창업의 삼위일체의 목표를 지향하도록 법과 제도 개선이 요구된다.

신기술의 발명과 사업화를 통해 새로운 기업이 탄생하고 성장하기 위해서는 공정한 환경과 공평한 기회가 필수적이다. 우리나라는 선진국 수준의 경제발전을 이룩했지만, 압축성장을 주도한 대기업 위주의 추격형 전략은 이미 한계에 다다랐다. 기업 간 불평등심화 등의 사회적 문제와 공정경쟁을 저해하고 있다. 따라서 마케팅역량이 우수한 대기업과 혁신역량이 우수한 중소기업이 협력하는 개방형 혁신으로 동

반성장할 수 있는 경제민주화의 토대 마련이 중요하다.

우리나라가 장기적으로 성장하려면 미국 실리콘밸리와 같이 세계적인 벤처기업이 탄생할 수 있는 창업생태계가 구축돼야 한다. 이를 위해서는 국민의식의 변화, 기업가정신, 글로벌 경영역량과 마케팅역량, 경제민주화 등이 요구된다. 또한 고급인력 유치, 국가과학기술정책 및 교육정책의 개혁, 자금시장여건 개선, 법률서비스 인프라 확충 등이 필요하다.

창업국가, 어떻게 이룰 것인가

그렇다면 창업국가를 이루기 위해서는 구체적으로 어떤 전략이 필요할까. 이를 정리해보면 다음과 같다.

교육정책 개혁 : 교육/연구/창업의 삼위일체

대학의 역할이 바뀌어야 한다. 대학은 학문의 전당으로서 전통적으로 교육이 가장 큰 역할이었다. 사회가 필요로 하는 미래인재를 교육하는 곳이었다. 여기에 사회가 산업화, 정보화되면서 연구임무가 새롭게 부가되었다.

지식창의시대가 도래하면서 대학은 다시 변화를 요구받고 있다. 지식을 생산하는 곳이 대학이기 때문이다. 자연스럽게 대학은 지식산업을 육성해야 하는 과제를 떠안게 되었다. 이러한 사회환경의 변화에 따라 이제 대학은 새로운 지식의 발굴과 함께 이를 기업화하는 과정인 '창업' 역할을 새롭게 담당해야 한다.

시대를 앞서가는 대학은 교육과 연구를 창업과 분리해서 생각할 수 없게 되었다. 이러한 대학에서는 창업을 위한 교육, 창업을 위한 연구, 또는 역으로 교육과 연구에 도움이 되는 창업이 대학의 이념이 돼야 한다. 즉 교육, 연구, 창업이 삼위일체가 돼야 하는 것이다.

미국의 실리콘밸리는 스탠퍼드 대학과 버클리 대학이 주도하여 만들어진 곳이다. 특히 스탠퍼드 대학의 창업활동은 놀랍다. 스탠퍼드 대학의 졸업생, 학생, 교수가 창업한 회사가 4만 개에 이르고, 이들이 올리는 연매출액은 2조 7천억 달러(약 3천조원)로 세계 경제규모 5위인 프랑스의 GDP와 맞먹는다고 한다. 우리나라의 GDP 1조 2천억 달러의 두 배가 넘는 규모다.

국가경제와 창조경제를 위해서 대학의 역할이 얼마나 중요한지 알 수 있다. 대학이 교육, 연구, 창업이라는 삼위일체적 이념으로 창업국가전략의 시발점이 돼야 한다. 우리나라에 창업의 불을 지피는 일은 대학이 아니면 적극적으로 할 수 있는 곳이 없기 때문이다. 지금 대학 창업이 시급하고도 중요한 국가미래전략인 이유다.

창업 활성화를 위한 제도 개선

먼저 청년창업을 활성화해야 한다. 18~24세 연령대 청년들의 초기단계 창업활동이 매우 낮게 나타난다. 혁신주도형 경제국가의 평균이 10%인데 비해 우리나라는 2.3%에 불과하다. 대학졸업 후 20대 후반과 30대 초반의 청년들은 비록 창업에 실패하더라도 재창업을 할 수 있는 나이다. 또한 평균 2.8번의 실패 후에 성공확률이 높다는 통계를 감안하면 청년창업 활성화를 위한 정책대안이 요구된다.

도전적인 기업가정신, 기업경영, 마케팅, 글로벌전략 등 전반적인 창업교육은 창업 활성화를 위해 필수적이다. 또한 실패를 두려워하지 않고, 실패의 경험을 기회로 살려 재도전할 수 있도록 돕는 제도적 개선도 필요하다. 정부는 정부3.0 플랫폼을 통해 창업기업의 성공률을 최대한 높일 수 있도록 융합적으로 지원해야 한다. 이를 위하여 정부는 공공서비스 자료를 기업가들이 쉽게 공유하고 필요시 사업화할 수 있도록 개방하는 것도 중요하다.

종업원창업, 사내창업을 통한 중년창업 활성화도 필요하다. 경험을 보유한 종업원이 사내창업을 하는 경우, 성공률이 청년창업에 비해 높고 새로운 고용창출에 대한 기대가 초기 창업활동보다 높다. 사내창업을 통해서 해당 기업이나 기관은 미래의 수익가능성을 높이고, 당사자는 자신이 원하는 사업을 추진하여 보다 만족하는 일자리를 만들어 낼 수 있다. 또한 창업기업은 소속된 모기업으로 초기자금과 기술 및 판로지원을 받을 수 있으므로 큰 위험요인과 애로사항 없이 발전할 수 있다. 그리고 창업기업이 실패할 경우, 재도전할 수 있는 제도적 장치와 기업문화 확산이 필요하다.

여성창업 활성화도 중요하다. 여성창업 비율을 제고하기 위해 우선 창업교육 대상자, 정부지원 사업자 그리고 공공구매 사업자 선정시, 여성지원 할당율을 제도화하는 것을 고려할 수 있다. 공공기관의 여성 임원 비율을 일정 수준으로 공시하여 여성의 경제적 기여도를 높이는 정책도 고려할 수 있다. 정부가 주도하여 우선 공적분야 내 여성의 활용도를 제고함으로써 경제 전반에 여성의 경제활동을 확산해야 한다. 또한 어린이 보육시설을 확산하고 이들의 운영을 질적으로 개선할 필요가 있다.

지식재산법 개정

기술 기반의 중소벤처기업은 대기업에 비해 혁신성이 우수하고 특허 등 지식재산권이 핵심적인 무형자산인 경우가 많다. 지식재산권이 타 기업에 의해 무단으로 침해를 당하는 경우, 소송을 통해 법정에서 다투게 된다. 소송과정에서 지식재산 침해에 따른 손해액을 산정하기 위해 담당 판사가 침해자에게 침해 제품과 관련된 영업자료를 증거로 제출하라고 명령할 수 있다. 그러나 침해자가 영업비밀이라는 이유로 해당 자료를 제출하지 않는 경우, 강제적으로 제출받을 방법이 없는 것이 현행법의 한계다. 이러한 문제점은 기술 기반 벤처창업 활성화에 걸림돌이 되고 있고 특허 무용론이 나오는 것도 이 때문이다. 이러한 제반문제들을 해결하기 위해 현행 특허법의 한계로 지적되는 여러 사안들을 개정해야 한다.

실패를 용인하는 분위기 조성

미국에서 수년간 창업 1위 대학으로 평가받고 있는 밥슨 대학, 수많은 벤처기업들의 창업으로 성공한 실리콘밸리, 창업국가로 알려진 이스라엘이 세계적으로 앞설 수 있는 이유 중의 하나는 실패를 용인하고 재도전을 지원하는 제도가 잘 마련되어 있기 때문이다.

반면에 우리나라는 창업 후 실패하면 무한책임을 져야 하는 연대보증으로 신용불량자가 되어 경제활동이 원천적으로 차단된다. 주식회사가 금융권에서 융자를 받을 때, 대표이사가 보증을 서게 하는 제도가 연대보증이다. 회사가 실패하여 빚을 갚지 못하면, 대표이사가 책임을 떠안게 된다. 회사 빚의 규모가 수억~수십억원 수준이 되면 개인이 감당할 수 없는 상태가 된다. 회사를 성실하게 운영하다가 실패했더라도 신용불량자가 되어 모든 경제활동이 불가능해진다. 또한 최근에는 우수 창업자인 경우에 연대보증 없이 대출을 받을 수 있도록 제도를 개선한다고 발표한 바 있지만, 이 또한 혜택을 받을 수 있는 창업자 수는 극히 제한적이다.

보다 장기적으로 우리나라가 세계적으로 앞서는 창업국가가 되기 위해서는 주식회사가 융자할 때에는 개인과 회사를 구분해 책임을 묻고, 또한 회사는 융자보다 투자를 받아서 위험부담을 최소화하는 노력이 필요할 것이다.

기초연구 강화 및 산업분야 육성

기초과학분야의 세계적 연구기관인 와이즈만 연구소www.weizmann.ac.il의 다니엘 자이프만Daniel Zaifman 소장은 "기초과학은 돈을 지식으로 만드는 것이고, 산업화는 지식을 돈으로 만드는 것"이라고 정의한다. 수십 년 뒤에는 접근하기 어려웠던 기초과학일수록 다양한 분야에서 활용이 되며 훨씬 더 큰 결실을 맺게 된다는 설명이다. 쓸모를 미리 상정하고 하는 응용학문이 아니라 어디에 쓰일지는 모르지만 호기심이 생겨 지속하다보면 결국 새로운 창조가 이뤄지고, 거기에서 새로운 학문과 경쟁력이 나온다는 것이다. 로버트 아우만Robert Aumann 노벨경제학상 수상자도 사람들이 호기심을 갖고 연구하는 기초과학이 결국 장기적으로 나라의 내실을 다지고 지속가능하도록 할 것이라고 한다.

대부분의 우리나라 연구과제의 성공률이 80%가 넘는 이유는 쉬운 과제만 하기 때문이라는 지적이 공공연하게 나돈다. 이러한 문제의 근본적인 이유는 만일 연구결과를 제대로 얻지 못하고 실패하면 다음에 과제를 수주할 수 없는 평가제도에 있다. 성공률이 낮은 기초연구를 활성화하기 위해서는 연구개발에 있어서도 실패를 용인하는 제도적인 뒷받침이 우선 마련돼야 한다.

기초연구가 장기적인 기술확보전략이라면, 단기 및 중기적으로는 먹거리 창출을 위한 창업 분야를 발굴하는 또다른 전략이 필요하다. 의료/바이오Medical-Bio, 에너지/환경Energy-Environment, 안전Safety, 지식서비스Intellectual Service, 항공우주Aerospace 등의 5대 신산업MESIA에 대한 노력도 있어야 할 것이다.

우수인력 확보 : 스톡옵션제도 개선

스톡옵션(주식매수선택권)은 벤처기업이 임직원에게 주식을 구입할 수 있는 특혜를 제공하는 제도이다. 현재는 충분히 보상을 해주지 못하지만, 나중에 회사가 잘되어 주가가 오르면, 보상을 받도록 해주는 것이다. 돈이 없어 직원들에게 충분한 처우를 해줄 수 없는 벤처기업이 우수인력을 확보할 수 있는 거의 유일한 수단이다. 그런데 우리나라에서는 이것이 거의 유명무실하게 되어버렸다. 즉 벤처기업이 우수인력을 확보하는 수단으로 활용되지 못하고 있다.

2014년에 약간의 개선이 이루어졌지만 여전히 부족하다. 벤처기업의 우수인력 확보를 돕기 위해 창안된 스톡옵션제도가 미국처럼 그 목적에 충실하게 인센티브를 제공할 수 있도록 개선돼야 한다.

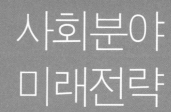

사회분야 미래전략
미디어전략

미래 미디어에 많은 것이 달려있다. 미디어산업의 미래만이 아니다. 미디어는 정치, 경제나 교육, 복지 등 우리 삶의 조건을 결정하는 주요 영역의 하나다. 어떤 측면에서 그 이상의 의미를 갖기도 한다. 각각의 영역에서 제시되는 미래방안들은 궁극적으로 사회적 합의를 통해 결정되어야 한다. 따지고 보면 과학이 아니라 '정치'이기 때문이다. 어떤 방식의 혹은 얼마나 양질의 사회적 합의가 진행될 것인가를 결정하는 것이 미디어구조이다. 미디어가 사회적 커뮤니케이션을 담당하기 때문이다.

많은 국가에서 '미디어의 미래' '뉴스의 미래'와 같은 프로젝트를 진행한 것이 미디어의 중요성에 대한 예라고 볼 수 있다. 미디어의 미래에 대한 높은 관심의 또다른 이유는 불확실성이다. 너무 빨리 변하고 있기 때문이다.

미디어가 수행해야 할 사회적 기능이 미래에도 보장될 것인가에 대한 의문이 이 장의 배경이다. 이 장의 목적은 그 기능이 보장되는 미래를 만들기 위해 우리가 지금부터 무엇을 해야 하는가이다. 이 장에서는 먼저 현재 미디어가 겪고 있는 변화의 본질과 사회적 의미를 찾았다. 다음으로는 미래 미디어를 변화시킬 기술적 요소들을 살펴보았다. 이를 바탕으로 미래에 일어날 수 있는 미디어 상황을 '장밋빛 시나리오'와 '잿빛 시나리오'로 구분해서 서술했다. 마지막으로 '장밋빛 시나리오'에 가까운 미래 미디어를 실현하기 위한 전략을 제시했다.

미디어환경 변화

'미디어 빅뱅'이라는 표현이 등장하고 있다. '빅뱅'은 물론 과장된 표현이다. 디지털 기술의 확산이 가져온 미디어의 변화를 우주의 기원과 비교하기는 어렵다. 그러나 미디어 변화가 그만큼 근본적이고 혁명적이기 때문에 거부감 없이 사용되고 있다.

그 변화는 인터넷에서 출발했다. 인터넷이 혁명적인 것은 모든 것을 통합하기 때문이다. 뉴미디어의 출현에 올드미디어 종사자들이 당황하는 것은 당연하다. 문자 중심의 신문을 만들던 사람들은 라디오 출현에 당혹스러워 했다. 그러나 인쇄 미디어는 그 이후에도 오랫동안 생존하며 때로는 호황을 누리기도 했다. 텔레비전이 미디어의 일상을 지배하기 시작했지만 라디오는 자신의 적소niche를 찾았다. 그런데 인터넷은 문자, 음성, 사진, 동영상, 그래픽 등 기존 미디어가 가진 모든 것을 실현할 수 있고, 그들 사이의 경계를 허물었다. 인터넷은 언론의 주도권을 생산에서 유통으로 바꾸었고, 모바일은 장소의 한계를 무너뜨리며 방송 생태계에 충격을 주고 있다.

흐려진 경계

미디어 사이의 경계만 흐려진 것이 아니다. 개인 커뮤니케이션과 매스 커뮤니케이션 간의 경계도 무너졌다. 전화나 편지와 같은 사적 커뮤니케이션은 쌍방향성이다. 신문과 방송 등 불특정 다수 대상의 매스 커뮤니케이션은 일방향성으로, 송신자와 수신자의 구분이 뚜렷하다는 특징이 있다. 인터넷은 이들 간의 경계를 허물어 쌍방향 매스 커뮤니케이션과 불특정 다수에게 전파되는 개인 커뮤니케이션을 가능하게 만들었다.

인터넷은 시간과 공간의 벽도 허물었다. 미디어의 역사는 시간과 공간의 장벽을 넘어 소통하고자 하는 인간 노력의 역사다. 책이나 신문이 시간을 극복하지만, 남길 수 있는 정보는 한정되어 그 내용을 엄선해야 했다. 필요한 정보를 찾는 일도 쉽지 않았다. 도서관이나 서고를 뒤져야 하기 때문이다. 그러나 인터넷에서는 검색이라는 마법을 통해 오래전 자료를 마치 어제 발간된 것인 양 쉽게 찾을 수 있다. 인터넷은 세계 곳곳의 신문과 방송을 실시간으로 접할 수 있게 한다.

'곧 인터넷이 사라진다.' 2015년 1월 다보스포럼에 참석한 에릭 스미스Eric Smith 구글 회장의 말이다. 없어지는 것이 아니라 눈에 보이지 않게 된다는 것이 발언 요지였다. 사물인터넷의 확산 때문이다. 전화기에 이어 안경, 자동차, 시계, 냉장고, 등 일상에서 사용하는 물건들이 인터넷에 연결된 단말기 기능을 하게 되면, 우리는 정작 인터넷을 의식하지 못하게 된다. 지금까지의 미디어는 신문, 텔레비전 수상기 등 인식할 수 있는 형태를 가지고 있었다. 미래에는 미디어와 비미디어의 경계도 사라지게 된다.

비즈니스모델의 위기

도처에 깔려 있는, 보이거나 보이지 않는 미디어 덕분에 우리는 풍요로운 정보의 만찬을 즐길 수 있게 될까? 냉장고가 구입해야 할 식품을 알려주고 남은 재료로 만들 수 있는 요리를 제안하게 된다니 '그렇다'는 대답이 나온다. 언론 자유도가 한껏 높아지고, 민주주의도 이제 더 발전할 일만 남았을까? "언론 자유는 언론사를 소유한 사람에게만 보장된다"는 비판[1]을 생각하면 그럴 만도 하다. 스마트폰이 언론사와 방송사 기능을 할 수 있는 상황이 되었으니 말이다.

그러나 미디어의 현실은 염려스럽고 미래는 불투명하다. 조직적이고 체계적으로 뉴스를 제공해 주던 전통적 언론사들의 비즈니스 모델이 위기를 겪고 있고, 위기를 극복할 수 있는 좋은 길이 보이지 않기 때문이다. 미디어시장은 콘텐츠시장과 광고시장의 이중성을 가진다. 미디어기업은 콘텐츠를 생산해서 판매하면서 동시에 이를 통해 '생산한' 주목attention을 광고주에게 판다. 그런데 이 두 시장이 다 위기이다. 주요원인은 크게 세 가지다.

첫째, 공급과잉이다. 인터넷환경에서는 공급자가 늘지 않아도 공급이 늘어난다. 한 마을에 가게 두 개 정도가 경쟁하고 있었는데, 인터넷이 다른 마을과의 거리를 없앤 덕분에, 전국의 모든 가게가 그 마을에 몰려온 꼴이 되었다. 물론 공급자도 늘었다. 가게 만들기가 쉬워졌기 때문이다. 종이신문은 윤전기와 배달시스템을 갖추어야 했지만 인터넷에서는 컴퓨터만 있으면 된다. 컴퓨터에 카메라를 달면 방송국이 차려진다. 한국에 등록된 인터넷신문 수가 5,000개나 되는 이유다. 복제나 복사도 쉬워졌다. 뉴스가 넘쳐나지만 동일한 뉴스의 반복이 많다. 이에 비해 사람들이 미디어를 이용할 수 있는 시간은 한계가 있다.

둘째, 콘텐츠를 생산하는 미디어기업이 유통의 지배력을 잃어버렸다. 과거에는 신문사가 기사를 생산하고 종이에 인쇄해서 독자에게 배달하는 전 과정을 지배했다. 방송사도 마찬가지다. 그러나 이제는 콘텐츠가 전달되는 경로인 '플랫폼'에 대한 지배력이 다른 사업자에게 넘어가고 있다. 2014년 조사에서 한 주에 한 번이라도 신문기사를 읽은 한국 사람의 비율이 78%였다. 그러나 종이신문으로 읽는 사람은 30.7%에 불과했다. 나머지는 대부분 인터넷(PC나 모바일)으로 기사를 접했다. 한국에서는 네이버와 같은 포털이, 세계적으로는 검색 서비스를 제공하는 구글이 주요 플랫폼의 기능을 하고 있다. 여기에다 콘텐츠를 모아서 전달하는 서비스가 호황을 누린다. 세계 최고의 신문이라고 자타가 인정하는 뉴욕타임즈조차도 2014년 내부보고서에서 생산자가 아닌 전달자 기능을 하는 허핑턴 포스트Huffington Post와 버즈피드BuzzFeed를 주요 경쟁자로 지목했다. 페이스북이나 카카오톡 같은 SNS들도 미디어콘텐츠 전달에 나서고 있다.

셋째, 개별 콘텐츠가 분리되어 이용되는 경우가 늘고 있다. 과거에는 특정 신문사나 방송사가 편집하거나 편성한 틀 안에서 콘텐츠가 이용되었다. 그러나 포털과 같은 유통업자 주도시장이 되면서 이러한 통합이 해체되고 있다. 전문 방송영역에서 스트리밍 서비스를 제공하는 넷플릭스Netflix가 미국뿐만 아니라 유럽에서도 방송시장의 새로운 변수로 주목과 경계를 받고 있다. 품은 많이 들지만 사람들이 별로 이용하지 않는 콘텐츠와 쉽게 만들지만 사람들의 흥미를 자극하는 콘텐츠를 적절하게 배치해서 권위를 지키면서 주목을 끄는 전략이 이제는 잘 통하지 않게 되었다. 콘텐츠 중간 중간에 광고를 배치해 수익을 얻는 모델도 무너지고 있다. 악화가 양화를 구축하듯, 흥미 위주의 자극적인 기사가 더 유리한 상황이 되어가고 있다. 뉴욕타임즈나 파이낸셜타임즈와 같이 콘텐츠 경쟁력이 있는 일부 신문사는 디지털뉴스의 유료화를 시도해 어느 정도 성공을 거두고 있다. 그러나 다른 미디어 기업이 쉽게 따라갈 수 있는 모델은 아니다.

전통적 미디어시장의 기반약화는 전 세계적 현상이다. 한국도 예외가 아닐 뿐 아니라, 서구 국가나 일본에 비해 그 속도가 더 빠르게 진행되어왔다. 그뿐만 아니다 한국 뉴스미디어는 몇 개의 더 불리한 조건을 갖고 있다. 한국에서는 저널리즘에서 전문직주의professionalism가 발달하지 못했다. 저널리스트를 위한 언론윤리, 역사, 기능, 기본 도구에 대한 체계적 교육이 부족하다. 한국 언론은 또한 강한 정치 병행적 정파성으로 인해 신뢰의 위기를 겪고 있다. 사회적 분열로 치닫는 갈등상황에서 사실관계를 설득력 있게 전달할 수 있는, 그래서 건설적인 사회적 논의를 가능하게 만드는 이른바 '권위지quality paper'가 부재한다. 높은 광고 의존성과 대기업 지배적 산업구조가 만나 만들어내는 강한 자본종속성도 한국 언론의 부정적 특성의 하나이다. 상업언론이 가진 구조적 문제를 어느 정도 보완해줄 것으로 기대해 볼 수 있는 공영방송마저 한국에서는 정치적 관계성에서 벗어나지 못하고 있다.

사회적 소통위기

미디어의 기능 중 가장 기본적인 것은 '정보 제공과 감시'다. 미디어는 내외의 환경변화를 체계적이고 지속적으로 관찰하고, 의미 있는 정보를 세심하게 골라서 중요성에 따라 배열해서 공급해왔다. 단순 정보 전달뿐만 아니라 역사, 정치, 사회적 맥락에 따라 해설하고 분화된 사회영역을 연결해줄 수 있는 분석을 제공했다. 미디어는 정치적, 경제적,

문화적 권력을 감시하고 견제하며, 대의민주주의체제에서 선출직 후보자와 정당에 대한 정보를 제공한다. 또한 미디어는 '논의의 장'으로 기능한다. 미디어는 공공의 문제에 대해 다양한 의견이 표출되고 주목받을 수 있도록해 준다. 사회적 규범과 갈등 조정을 위해 필요한 가치에 대한 논의도 미디어를 통해 이루어진다. 미디어는 '공동체 유지'에도 필수적이다. 공동체의 유지에 필요한 공동의 경험과 지식을 제공하고, 자신과 세계를 이해하는 데 필요한 정보를 제공하기 때문이다.

특히 뉴스미디어의 비즈니스모델 위기는 미디어의 기본기능을 수행하는 데 악영향을 미치고 있다. 사회적 소통의 위기가 그 결과다. 뉴스의 연성화와 미디어의 오락화로 사회의 주요문제와 갈등에 대한 주목을 만들지 못하고 있다(의제설정의 위기). 사회적 현안이나 갈등문제에 대한 충분하고 전문적인 정보가 제공되지 않는다(정보의 위기). 단기적 미봉책이나 임기응변적 대처가 반복되는 이유이다. 사회갈등을 조정할 수 있는 이성적, 합리적 논의도 힘들다(공론장의 위기).

달라질 미디어 기술

미래 미디어에 영향을 미칠 수 있는 기술적 변화들은 어떨까?

사물인터넷의 확산과 개인 맞춤형 서비스

먼저 사물인터넷이 있다. 워싱턴대학의 필립 하워드Philip Howard 교수는 2020년에 인터넷에 연결된 기구가 260억 개에 이를 것이라고 보았다.[2] 그중 10억 개만이 개인 컴퓨터나 태블릿 혹은 스마트폰과 같은 '컴퓨터'이다. 그에 따르면 사물인터넷이 제2의 정보혁명을 가져오고 있다. 오늘날 우리가 미디어로 부르는 것들이 일상의 도구나 활동 공간에 통합된다. 이렇게 되면 뉴스 등 기본 미디어 콘텐츠 형식이 파괴된다. 정보와 일상의 삶을 연결하는 개인 맞춤형 서비스가 제공된다. 누구에게나 동일한 날씨정보가 아니라 가령 '자전거 취미' '꽃가루 알레르기' 등의 개인적 특성과 생체데이터, 교통, 지리정보가 결합한 개인화된 정보가 제공된다. 게임 등 다른 장르와 뉴스가 혼합되며 광고 역시 단순 노출이 아니라 몰입을 유도하는 '네이티브'형, 행위와 연결되는 '액티브'형으로 전환된다.

네트워크에 연결된 사물들은 데이터를 활용할 뿐만 아니라 지속적으로 새로운 데이터를 생산해서 전송한다. 이렇게 모여진 데이터는 빅데이터가 되어 정보의 개인화와 최적화에 활용된다.

로봇 저널리즘과 데이터 저널리즘

로봇 저널리즘도 먼 미래의 이야기가 아니다. 로봇 저널리즘은 데이터 저널리즘의 한 형태로 기사 작성을 인공지능이 담당하는 것을 말한다. 『포브스』 인터넷 사이트는 이미 인공지능 플랫폼에서 자동으로 작성한 기사를 제공하고 있다. 여기에 사용되는 소프트웨어 '퀼'Quill을 개발한 네러티브 사이언스Narrative Science사의 연구담당 책임자 크리스 해몬드Kris Hammond는 2025년 전체 기사의 90%의 필자가 로봇이 될 것으로 예상했다.[3] AP도 2015년 1월부터 기업의 수익 관련 기사를 로봇이 작성해 송고하고 있다. 그전까지 분기별 300건이던 기사가 3,000건 이상으로 늘어났고, 흥미롭게도, 아니 어쩌면 당연하게도 사람이 작성할 때보다 오보도 훨씬 적다고 한다.[4] 한국에서도 서울대 언론정보학과 이준환 교수팀이 '프로야구 뉴스로봇'이 작성한 기사를 페

이스북으로 전달하고 있다.[5]

　로봇 저널리즘을 개발한 사람들은 로봇이 인간을 대체하는 것이 아니라고 인간 저널리스트를 안심시키고 있다. 로봇은 많은 양의 데이터를 분석해서 속보를 하는 역할을 해 기존 저널리스트에게 분석과 창의적 역량을 펼치고 언어적으로 풍요로운 기사를 쓸 수 있는 여유시간을 준다는 것이다.[6] 과연 그럴까? 선거에서 로봇이 쓴 예측기사와 사람이 쓴 기사가 경쟁하고, 로봇이 판정승을 거두는 사태가 올 수도 있다. 인간은 편견이 있어 자신이 원하는 방향으로 사안을 판단하는 경향이 있다. 이에 비해 로봇은 오직 데이터를 바탕으로 '냉철'하게 분석한다. 누가 더 유리할까?

자동번역

　인공지능으로 언어장벽이 낮아진다. 서로 다른 언어를 사용하는 사람들 사이의 자유로운 의사소통은 창세기의 바벨탑 축조사건에서 볼 수 있듯이 실현 불가능한 인간의 꿈 중 하나였다. 하지만 자동번역 혹은 기계번역machine translation으로 그 꿈이 점차 현실이 되고 있다. 이미 구글 번역Google ranslate과 야후 등이 사용하는 'SYSTRAN'이 시중에 나와 있다.

　물론 아직 초보 단계이며 언어에 따라 번역의 수준도 차이가 많이 난다. 어느 정도 완전한 번역이 가능할지도 아직 미지수다. 그러나 미래에 일상적으로 세계 각국의 많은 미디어콘텐츠를 언어 장벽 없이 이용하는 것은 틀림이 없을 것이다. 이 경우 문화적 다양성이 높아질까? 그 반대의 결과도 생각해볼 수 있다. 언어장벽은 다른 문화의 전파를 막기도 하지만, 자국의 문화적 정체성과 미디어산업을 지킬 수 있는 중요한 도구이기도 하다.

고품질의 미디어콘텐츠와 '가상경험'

미래에는 일상의 모든 기구가 미디어콘텐츠를 전달하지만, 그렇다고 텔레비전 수상기나 종이와 같은 전통적 미디어수단이 사라지는 것은 아니다. 이들이 오히려 각각의 장점을 극대화한 고품질이 될 가능성이 높다. 텔레비전은 이미 등장한 UHD에서 보듯 고화질과 입체 음향의 대형 텔레비전으로 더욱 실감나는 영상을 제공하는 채널로 특화된다. 인쇄 역시 종이가 표현할 수 있는 질감과 색채, 형태를 최대한 살린 고품질이 된다. 인쇄기술의 발전으로 효율성을 위해 대량 부수를 고집할 필요가 없게 되면서 이용자의 수요에 맞춘 개인화된 인쇄물을 제공할 수 있게 된다.

미디어를 통한 경험의 심도와 현장감도 훨씬 확대된다. 현재 우리가 경험하는 3D와 4D를 뛰어넘는 '가상경험' 서비스가 가능하나. 안방에서 사파리를 탐험하거나 '드론 저널리즘'의 도움으로 전쟁터나 재난현장을 직접 보는 것과 같은 체험이 가능해진다.

미디어 생산, 유통, 이용의 변화

이러한 기술들을 통해 미래의 미디어콘텐츠 생산, 유통, 이용은 더욱 다양하게 된다. 생산의 경우 과거에는 저널리스트 집단이나 언론사와 같은 전문적 조직이 담당했다. 현재는 인터넷 덕분에 기업이나 공공기관이 그리고 이용자가 참여하고 있다. 미래에는 로봇이 주요 생산자로 추가된다. 유통의 경우 과거에는 생산자 조직이 직접 담당했지만 현재는 검색제공자 등 미디어 큐레이터로 확대되었다. SNS를 통해 개인도 미디어 내용의 '유통'에 가담하고 있다. 미래에는 일반 상품서비스 제공자도 가세할 것이다. 미디어기기도 종이, 라디오, 텔레비전 수상기 등이 사라지지 않지만, 점차 다른 것이 추가되어 다양화된다. 그에 상응하게 이용방법에도 변화가 온다. 과거의 미디어 이용이 선택적, 의도적, 집중적이었다면 현재는 그와 함께 우연적, 비의도적, 복합적인 요소가 더해졌다. 미래에는 일상의 대부분의 기기가 네트워크에 연결되어 있다는 점에서 미디어 이용이 상시적이 된다. 이러한 변화를 〈표 3-1〉과 같이 요약할 수 있다.

〈표 3-1〉 미디어 생산, 유통, 이용의 변화

	과거	현재	미래
생산	전문직 집단 기업적 조직	이해당사자(기업, 기관) 이용자(전문가, 일반 이용자)	로봇
유통	생산자 조직	포털(검색제공자) 큐레이터 이해 당사자 일반 이용자	일반 상품 제공자 로봇(검색 알고리즘)
기기	종이 라디오 TV 수상기	PC 모바일	일상의 사물 (자동차, 냉장고, 거울, 도마 등)
이용	선택적 의도적 집중적	우연적 비의도적 복합적 (다중적)	상시적(모바일, 영상의 중요성 증가)

미래 미디어 전망

사물인터넷, 데이터 저널리즘, 로봇 저널리즘, 스마트미디어, 자동번역기 등 미래 기술들을 활용해 우리는 미래에 보다 풍요롭고 다양한 고품질의 미디어를 향유할 수 있다. 그 반대가 될 수도 있다. 진지한 저널리즘이 생산 기반을 상실해 흥미 위주의 저품질 저널리즘이 양산되는 미디어환경이 도래할 수도 있다. 미래 미디어를 두 개의 다소 극단적인 상황으로 구분해서 아래와 같이 상상해볼 수 있다.

장밋빛 미래 미디어

번역과 데이터 분석기능을 갖춘 로봇 저널리즘의 도움으로 품질 높은 뉴스 등 양질의 미디어 콘텐츠를 풍부하게 이용할 수 있게 된다. 저널리스트들은 단순작업에서 해방되어 사건의 사회적 맥락과 의미를 심층적으로 분석하는 고도의 지적 작업에 집중할 수 있다.

인터넷에 연결된 자동차나 냉장고 등 일상의 도구들은 한편으로 미디어 내용을 전달하는 디스플레이 역할을 하면서 동시에 이용자의 선호와 수요에 대한 데이터를 수집하는 센서 역할을 하게 된다. 물건이나 서비스 구매도 지금과 같은 장보기shopping가 아니라 일상 속에 통합된 '전자상거래' 방식으로 진행된다.

개인의 관심과 상황에 최적화되어 실생활과 직업활동, 정치 등 사회활동에 직접적이고 즉각적으로 이용할 수 있는 유용한 정보와 콘텐츠가 제공되고, 사람들은 그에 대해 기꺼이 비용을 지불한다.

개인의 관심, 취미, 정서를 공유할 수 있는 소셜네트워크를 통해 '삶의 세계'가 확장되고 풍요로워진다. 자동번역기의 도움으로 소셜네트워크의 범위는 전 지구적으로 확산되며 이를 통해 다양한 문화를 접하고 경험할 수 있는 기회가 늘어난다.

미디어 기능 수행에 필요한 주체들이 적절한 균형을 이루는 미디어 생태계가 조성된다. 몇 개의 종합 미디어콘텐츠 생산자가 비즈니스 기반을 확보해서 경쟁한다. 이들은 사회적 의제 설정과 사회부분들을 연결시켜주는 기능을 담당한다. 크고 작은 큐레이터들이 차별되는 서비스전략을 채용해 개인의 수요와 관심에 최적화된 정보를 수집·가공해서 제공해준다. 전문적인 영역에 특화된 작은 규모의 콘텐츠 생산자들도 시장에서 활발하게 활동한다. 일반 이용자들이 생산한 콘텐츠도 무시할 수 없는 수준의 질과 양으로 유통되며 그 수요자를 만난다.

잿빛 미래 미디어

번역과 데이터 분석기능을 갖춘 로봇 저널리즘이 뉴스를 비롯한 미디어콘텐츠 생산의 지배적 도구가 된다. 과거 자료와 생산되는 데이터에 대한 소유권을 과점, 독점한 소수 기업의 알고리즘과 비즈니스 전략이 세계인의 현실인식을 좌우한다. 저널리스트들의 숫자는 급격하게 줄어든다. 사회적으로 중요한 영역에 대한 진지한 저널리즘을 로봇에게 빼앗긴 저널리스트들은 주로 흥미 위주의 오락적 내용의 콘텐츠를 생산한다. 개인은 감시와 조작에 무방비로 노출된다. 이를 벗어나는 유일한 방법이 '디지털 노숙자'가 되어 네트워크에서 배제된 삶을 살아가는 것이다.

문화적 다양성이 약화되고 대량 주목받을 수 있는 세계적인 미디어콘텐츠가 미디어를 지배한다. 자동번역기의 보급으로 언어장벽이 낮아진 결과다. 사람들은 미디어콘텐츠를 대부분 무료로 사용하며, 미디어 기업의 수익모델은 콘텐츠에 연결된 제품에 국한된다. 공공문제에 대한 관심이 낮아져 탈정치현상이 심화된다.

진지한 저널리즘과 고품격 콘텐츠 생산기반이 붕괴되어 콘텐츠 생산자는 대부분 사라지거나, 특화된 영역에서 소규모기업으로 생존한다. 큐레이션서비스와 검색을 제공하는 세계적 기업이 국내 미디어 시장을 지배한다. 미디어상품은 유통업자가 제공하는 최소 품질의 콘텐츠가 주를 이룬다. 고가의 고품질 콘텐츠도 여전히 제공되지만, 일부만 이를 향유할 수 있다.

미래 미디어전략

미래 미디어의 현실은 두 시나리오의 중간 어느 곳이 될 것이다. 그러나 잿빛 시나리오보다 더 나쁜 상황이 올 수도 있다. 실제 미래 미디어가 어떤 방향으로 발전할 것인가는 우리가 계획하고 실천하는 전략에 달려 있다. 보다 나은 미디어 미래를 위한 전략에는 언론사 등 미디어기업 차원의 대응과 국가 등 공공 차원의 대응, 시민 차원의 대응 등이 있다. 이를 포괄하여 미래 미디어전략으로 4개의 목표를 제시한다.

미디어기업 내부 자원의 재분배와 협력 강화

언론사를 비롯한 미디어 기업은 내부 인적역량과 자원을 재분배해야 한다. 2014년 뉴욕타임즈는 혁신 보고서에서 '지금은 좋은 기사를 만드는 것으로는 부족하다'고 진단했다. 이용자가 기사를 찾아오지 않고, 기사가 이용자를 찾아가는 시대라는 것이다. 보고서는 이용자를 발견하고 연결시켜 확대해나가야 한다고 주문하면서, 그 실천방안으로 뉴스룸의 작업방식과 뉴스룸과 다른 영역의 협력방식을 혁신하라고 제안했다. 세부적 상황은 다르지만 혁신은 한국 미디어기업에도 필요하다. 뉴욕타임즈와 다른 점은 '좋은 콘텐츠'가 이미 주어진 조건이 아니라는 점이다. 한국 미디어는 '좋은 콘텐츠' 생산이라는 미루어놓은 숙제를 하면서 동시에 현재의 도전을 극복하는 이중고를 겪을 수밖에 없다. 주제, 관점, 접근방식, 표출방식에서 독창적이며 차별화된, 동시에 정확성, 독립성, 포괄성과 같은 저널리즘의 품질기준을 더욱 강화한 콘텐츠를 생산해야 한다. 현재와 같은 방식으로는 힘들다. 대부분의 언론사가 비슷한 기사를 생산하고 모든 주요 영역의 콘텐츠를 직접 생산하는 방식으로는 공급과잉시장에서 버티기 힘들기 때문이다.

한정된 자원을 효율적으로 활용하기 위해서는 기자나 PD 등 제작 인력의 역량을 재조정하고 작업방식을 재구성해야 한다. 내부의 자체적인 전문성을 키울 영역과 외부 자원을 네크워크화해서 커버할 영역을 구분하고 그에 상응하게 조직구조를 개편해야 한다. 외부 자원은 전문가, '파워블로거', 데이터베이스, 독자들이다. 다른 조직과도 협력 체제를 구축해나갈 필요가 있다. 기사 교류나 공유, 섹션 공동 제작이나 교류, 공동사업 등 다양한 형태의 '공격적' 협력과 제휴가 가능하며 필요하다.

이용자의 특성과 상황을 반영하고, 이용자를 참여시키는 개인화된 서비스를 준비해야 한다. 이를 위해서는 소셜미디어를 적극 활용해야 하며, 소셜네트워크 관리를 전담할 직원이 필요하다. 기사 등 생산되는 데이터는 2차, 3차 등 추가적인 활용을 위해 태그 등을 통해 구조화되어야 한다. 이를 위해서는 이용자의 특성과 수요를 지속적이고 체계적으로 분석해야 한다.

고품질 컨텐츠 생산기반 복원을 위한 공공지원

국가는 지금까지 주로 미디어 집중을 막아 다양성을 유지하는 소극적·방어적 미디어정책에 치중해왔다. 미디어가 가진 사회적 기능을 유지하고, 민주주의에 필요한 수준의 품질을 복원하기 위해서는 질서 정책을 넘어서는, 보다 적극적인 개입과 지원이 필요하다. 미래에도 종합적 뉴스에 대한 수요가 존재한다. 넘쳐나는 정보 속에서 탐사보도, 분석, 해설과 같은 고품질 뉴스콘텐츠의 필요성과 중요성은 오히려 커진다. 그러나 미디어시장구조는 이러한 콘텐츠가 생산되기 힘든 쪽으로 변하고 있다.

저널리즘에 대한 보다 강력한 공적 지원이 필요하다. 오스트리아와 프랑스에서 국가가 신문을 비롯한 인쇄 미디어에 현금을 지원하고 있고, 북구 국가들에서도 신문에 대한 지원이 있어왔다. 한국에서도 언론인 교육, 기획취재 지원 등 저널리즘에 대한 지원이 있지만 대폭 확대할 필요가 있다. 권력이나 돈으로부터 자유로운 공영언론을 확립하기 위한 적극적인 방안이 논의되어야 한다.

뉴스 등 미디어콘텐츠의 유통질서를 정비해야 한다. 미디어콘텐츠의 저작권에 대한 인식이 아직 부족하다. 좋은 콘텐츠에 대해 정당한 가격을 지불하는 사회적 환경과 기술적 조건이 마련되어야 한다. 가령 콘텐츠를 이용하고 소액으로 결제할 수 있는 시스템을 개발할 필요가 있다. 현재 갈등을 겪고 있는 뉴스생산자, 포털, 뉴스통신사 등 시장행위자들 간의 거래질서가 확립되어야 하며, 이를 위해서 공공이 나서야 한다.

비영리 저널리즘 등 대안적 미디어에 대한 사회적 지원과 지지가 필요하다. 돈이 많이 드는 탐사보도가 줄어들었다. 한국에서는 거대 광고주에 대한 종속성이 더 높아졌다. 그 대안의 하나가 비영리 저널리즘, 즉 이윤을 목표로 하지 않고 시민들의 기부로 운영되는 저널리즘 조직이다. 미국의 '프로퍼브리카ProPublica'가 대표적 사례다. 한국에서도 '뉴스타파' '프레시안' 등의 비영리 저널리즘 조직이 활동하고 있다.

이러한 대안적 미디어에 대한 사회적 관심과 지지가 진지한 저널리즘
의 생존을 위해 필요하다.

정보처리 보안기술 개발과 사회적 관리체제 구축

발전된 미래 기술이 미디어영역에서 활용되기 위해서는 개인정보
보안과 알고리즘의 사회적 관리 등 기술적, 법적, 문화적으로 선결되어
야 할 과제들이 있다. 사물인터넷을 이용해서 개인의 관심, 취향, 상황
을 반영하고 빅데이터 분석으로 이전에는 상상할 수 없었던 유용한
정보를 제공할 수 있다. 안전하고 편리한 소액 지불시스템이 개별 콘텐
츠(뉴스 포함) 단위로 유통·소비되는 환경에서 유료화가 가능하고, 콘
텐츠 생산자의 재투자가 가능하다. 이에 대한 국가의 체계적인 정책과
지원이 필요하다.

소액 지불과 맞춤형 서비스에서 제기되는 개인정보 보호와 보안문
제가 해결되어야 한다. 이것은 개인정보를 다루는 기업, 개별 국가 및
국제적 협력을 통해 달성될 수 있다. 또한 기술, 법체계, 사회적 인식이
모두 조화를 이루는 가운데 실현될 수 있다.

검색, 데이터 분석, 로봇 저널리즘 등에 사용되는 알고리즘의 투명
성과 윤리성이 확보되어야 한다. 2015년 5월 28일 네이버와 다음카카
오가 뉴스의 검색 제휴를 위해 공동으로 '공개형 뉴스제휴 평가위원
회' 설립을 발표한 바 있다. 어떤 언론사의 뉴스를 검색에 노출시킬 것
인가를 포털 스스로가 결정하는 것이 아니라 공개된 위원회에게 맡기
겠다는 것이다. 이 모델이 실현될 수 있을지는 지켜봐야 하겠지만, 기
업이 자발적으로 공공관리모델을 선택했다는 점에서 주목할 만한 결
정이다. 알고리즘도 마찬가지다. 우리가 어떤 정보에 접근하게 되는가

를 검색 서비스를 제공하는 회사의 알고리즘이 결정하기 때문에 그에 대한 사회적 관리가 요구된다.

미디어교육 강화

일반 시민은 이제 더이상 단순한 미디어 이용자가 아니다. 이미 미디어의 생산과 유통자가 되었고, 그 역할은 미래에 더욱 커진다. 그에 상응하는 역량이 필요하다. '미디어 역량'은 미디어를 비판적으로 이용하고 미디어를 활용해 사회적 의사결정과정에 참여할 수 있는 능력을 말한다. 게임중독 등 유해한 미디어콘텐츠로부터 자신을 보호하는 능력도 길러야 한다. 이러한 능력을 기르는 체계적인 활동이 '미디어 교육'이다.

어린이나 청소년 때부터 사회공동체 문제에 관심을 갖고 뉴스를 읽고 이해할 수 있는 능력(뉴스 리터러시), 자신의 의견을 설득력 있고 효과적으로 표현할 수 있는 쓰기 능력을 길러야 한다. 읽기와 쓰기는 영상과 이미지가 넘쳐나는 미디어환경에서 가장 핵심적인 도구이다. 변화된 미디어환경에 적응해서 원하는 정보를 찾고 활용할 수 있는 능력도 길러야 한다.

'잊혀질 권리'에 대한 논의에서 볼 수 있듯이 개인정보에 대한 예민성이 점차 더 중요해지고 있다. 자신의 정보를 보호할 수 있는 역량과 다른 사람의 사생활을 존중하는 윤리성이 미디어 교육의 중요한 과제 중 하나이다.

대부분의 교육이 그렇듯이 미디어 교육도 조기교육이 효과적이다. 그렇다고 어린이와 청소년만이 미디어 교육의 대상인 것은 아니다. 일반 시민들도 미디어를 이용하고 활용할 수 있는 능력이 필요하다. 미디어 능력이 자연스럽게 획득되는 것이 아니라 의도적이고 체계적인 과정을 통해 길러진다는 인식의 확산이 필요하다.

'디지털 디바이드digital divide'에 대한 대책이 강구되어야 한다. 디지털환경은 많은 사람들에게 편익을 주지만, 그로부터 소외된 사람들은 이전에는 존재하지 않았던 불편함과 장애를 겪게 된다. '디지털 문맹'들을 디지털 네트워크에 접속할 수 있는 역량을 길러주는 다양한 프로그램들과 함께, 디지털 세상의 바깥에서도 일상에 필요한 정보와 행정적 서비스를 받을 수 있는 오프라인 체제의 보완이 필요하다.

미디어의 미래를 발명하자

인터넷으로 변화된 미디어환경은 정보 이용의 편의성을 가져왔고, 다양성을 확대했다. 인터넷은 또한 과거에는 발언할 통로가 없었던 많은 사람들에게 자신의 의견을 표명할 수 있는 길을 열어놓았다. 인터넷으로 시작된 혁명적 변화는 아직도 그 끝이 보이지 않는다. 사물인터넷, 데이터 저널리즘, 로봇 저널리즘, 자동 번역기, 가상경험 서비스 등 새로운 기술이 가져올 미디어 변화가 축복이 될지 아니면 그 반대일지 아직 미지수다.

중요한 것은 기존 미디어가 수행해왔던 역할을 미래 미디어가 어떻게 담당 혹은 감당할 것인가이다. 미디어는 사회적 의사결정구조의 핵심적 요소의 하나다. 공동체가 공동으로 주목해야 할 의제를 설정하고 문제해결을 위해 필요한 종합적이고 다양하며 전문적인 정보를 제공한다. 미디어는 서로 다른 의견을 가진 사람들과 사회세력이 논의하는 공론장이며, 갈등을 조정하는 소통의 통로이다. 이 기능이 미래 미디어에서 어떻게 혹은 얼마나 잘 수행될 것인가?

이 장에서는 사회가 기대하는 미디어의 기능이 잘 수행되는 장밋빛 시나리오와 그렇지 못한 잿빛 시나리오를 제시했다. 그리고 미래 미디어의 현실을 전자에 가까운 것으로 만들기 위한 4개의 전략을 제시했다. 첫째로 제시한 전략은 미디어기업이 추진해야 하는 것으로 '미디어 기업 내부 자원의 재분배와 협력 강화'이다. 나머지 3개는 국가와 공공이 추진하거나 사회 전체가 함께 노력해야 하는 전략이다. '고품질 콘텐츠 생산기반 복원을 위한 국가 및 공공의 지원' '정보처리영역의 보안기술 개발과 사회적 관리체제 구축' '미디어교육 강화'가 그것이다.

'미래에 대한 가장 좋은 예측은 미래를 창조하는 것이다'는 말은 너무 자주 인용되어 이제 식상할 정도이다. 그러나 식상하다고 진실하지 않지는 않다. 그렇다. 미디어의 미래도 지금 우리가 그것을 어떻게 발명해나가는 가에 달려 있다.

2 문화전략

문화적으로 대한민국은 오랫동안 아시아의 '작지만 화려한 미국'이었다. 제2차 세계대전과 광복 이후 대한민국은 개인주의, 물질주의, 경쟁주의 같은 미국의 사회문화적 가치를 발빠르게 받아들였다. 패션에서부터 여가시간의 활용 같은 일상, 대중문화와 고급문화 등 문화예술 전 분야에 걸쳐, 미국의 문화를 신속하게 재현해왔다.

그 결과 기술적으로나 형식적으로 그 외형은 미국에 못지않은 만듦새craftsmanship를 갖게 됐다. 특히 최근 쏟아져나오는 한국영화들은 서구영화라 해도 믿을 만큼 그들의 문법과 형식을 충실히 따르고 있다. 한국의 어린 연주자들은 세계 음악 콩쿠르를 휩쓸고 있으며, 미국 팝문화의 영향을 지배적으로 받은 한국 대중음악은 여러 아이돌그룹을 선두로 한류문화를 조성해 오히려 미국과 서구에 수출하고 있다. 한국 드라마는 만들어짐과 동시에 아시아 전역에 방영되어 인기를 끌고, 뉴욕이나 파리의 오뜨꾸뛰르haute couture에서 선보인 패션은 얼마 지나지 않아 서울의 거리에서 볼 수 있다.

하지만 새로운 가치와 철학, 정신을 담은 작품을 통해 세계에 존재감을 드러낸 작품은 많지 않다. 할리우드 장르영화를 만드는 데는 어려움이 없지만, 한국영화만의 장르를 구축해 세계 영화인들을 놀라게 한 적은 거의 없다. 서양음악계에서 훌륭한 기교를 가진 연주자는 여럿 탄생했지만, 훌륭한 작곡가는 아직 탄생하지 않았다. 유행을 선도하는 디자이너, 독창적인 시도로 박수받는 예술가, 새로운 철학과 스타일로 세계가 주목하는 건축가는 아직 나오지 않았다. 여전히 우리는 한국적인 대중음악, 한국적인 드라마가 과연 무엇인지 아직 잘 모른다.

21세기가 15년이나 지난 오늘, 우리사회는 이제 이 훌륭한 문화그릇 안에 무엇을 담을지에 대해 다시 진지하게 성찰해야 한다. 성장주의가 국민의 행복을 담보하지 않는다는 사실을 서서히 깨닫게 되면서 무한경쟁으로 인해 뒷전으로 밀린 '삶의 질'에 대해 고민하게 됐다. 한국적인 가치, 아시아적인 전통을 어떻게 서구의 그릇 안에 담을 것인가에 대해 수많은 시행착오가 진행되고 있다. 유행을 따라가는 문화수입국이 아닌, 이제 세계문화 속에서 자신의 존재감을 드러내는 문화자립국으로서의 정체성이 무엇인지 스스로에게 되물어야 한다.

2045년 해방 100주년을 내다보는 향후 30년의 우리나라 미래문화는 서구화된 형식 안에 아시아적 콘텐츠를 담기 위한 실험으로 풍성한 시기가 될 것이다. 한국은 조만간 유례를 찾아보기 힘든 고령화사회로 접어들게 될 텐데 그것은 10~20대 중심의 문화를 '세대를 아우르는 문화'로 재편하는 압력이 될 것이다. 다문화가정이 보편화되면서 아시아를 포함한 '문화다양성'의 가치와 의미를 비로소 체험하는 30년이 될 것이다. 경쟁을 통한 수월성superiority을 넘어 개성을 통한 창조성을 문화라는 형태로 꽃피우는 경험을 하게 될 것이다.

그 안에는 한국의 지난 30년이 만들어낸 좋은 가치들 또는 나쁜 가치들이 고스란히 담길 것이다. 태어나자마자 무한경쟁 속에서 자란 세대의 고뇌와 양극화사회를 물려준 기성세대의 자기반성, 오랫동안 멀리 떨어진 서구사회를 해바라기처럼 바라보느라 이제야 눈을 돌리게 된 베트남, 중국, 태국 같은 아시아문화의 재발견, IT가 세계 최고로 발달했으면서도 그것이 개인을 고립시키지 않고 축제와 광장문화로 승화시킨 사회적 유대 등 다른 나라에선 찾아보기 힘든 이런 한국적 현상들이 드라마로, 영화로, 음악으로 세계에 선보이게 될 것이다.

그들이 곧 겪게 될 또하나의 미래이기에 많은 아시아 국가들이 이런 우리문화에 열광할 것이다. 그리고 시들해진 문화적 창조성의 동력을 여기에서 발견하기 위해 서구의 많은 국가들 또한 주목할 것이나.

왜 문화전략인가

향후 30년을 관통하는 미래문화에 영향을 미칠 새로운 환경들은 어떤 것들이 있을까? 전통적으로 보면 경제발전과 소득수준의 변화, 과학기술발전에 따른 사회적 가치관의 변화가 문화에 영향을 미치는 주요동인이었다. 이를 좀더 세분화해보면 글로벌화의 심화와 세계경제의 통합, 저출산, 고령화사회, 국민경제성장 및 불균형 심화, 디지털기술 등 고도기술사회 진입, 다인종/다문화의 사회화, 여가사회화, 지방화시대의 도래와 정부의 역할 변화, 환경중시 사회로의 전환 등이 주목할 요인들이다. 이를 바탕으로 문화의 장기적 변화 트렌드를 예측해야 한다.

21세기는 '문화의 세기'다

모든 문명권에서 문화가 존재하지 않았던 시기는 없지만, 최근 수년간 대한민국은 사회발전의 동인으로 문화의 역할을 주목하고 강조해왔다. 미국이나 유럽 국가들도 문화가 '미래사회를 이끌어갈 원동력'으로 인식하고 순수예술과 함께 대중예술, 스포츠, 민속문화 등을 지원해왔다. 정부 역시 문화의 미래에 대한 비전을 갖고 '사회문화비전 2030'을 제시한 바 있으며 각 부처별로 2020 혹은 2030 문화전략을 수립하고 있다. 정부의 문화전략은 21세기 문화의 세기에 문화가 어떻게 국가의 핵심경쟁력이 되도록 할 것인가에 초점이 맞춰져 있다.

문화트렌드의 발전동력은 창의성이다

우리 정부는 문화정책 기조로 문화비전계획인 '창의한국'을 선언한 바 있다. 2045년 대한민국은 국민행복을 가장 중요한 가치로 내세우고, 문화의 다양성을 존중하고 개인의 행복을 위해 사회적 관용이 널리 확대되는 사회로의 이행이 주목된다.

창의성이란 '새로운 것을 생각해내거나 현 상황을 새롭게 의미화하는 경향'을 뜻한다. 창의성은 인간의 사유능력에서 중요한 구성요소로 인간이 공동체를 구성하고 공동체문화를 발전시키는 데 핵심적인 동력으로 기능해왔다. 무엇보다도 창의성은 우리사회의 문화를 생성, 발전시키는 전 과정에 내재적으로 연계되어 있다. 문화는 미학, 예술의 영역은 물론이고 일상문화, 소비문화에 이르기까지 사회적, 공동체적 창의성을 기반으로 태생되고 확산되어왔다.

이런 측면에서 창의성은 문화정책의 중요한 개념으로 언급되어왔다. 국민의 정부 출범 직후 개최된 '21세기 문화국가 실현을 위한 토론회'

에서는 '창의적 문화국가'를 국가발전모델로 제시했다. 2004년 문화관광부가 발표한 '창의한국'은 한국의 미래상으로서 창의적 사회의 중요성과 이를 달성하기 위한 정책과제를 제시하고 있다.

이제 대한민국은 신자유주의, 물질주의 중심의 근대적 산업화에서 새로운 사회구성체의 지향(삶의 질, 지속가능한 발전 등)을 중심으로 탈근대적 노동(비물질 노동)의 패러다임으로 전환하고 있다. 이런 과정에서 창의성은 전문 산업영역의 생산성 측면에서만이 아니라 변화된 노동의 패러다임 속에서 삶의 전반에 걸쳐 사회적 생산력, 사회구성체 발전을 위한 더욱 중요한 요소로 작동하게 된다. 특히 지식 기반사회에서 창의성은 지식, 정보, 문화창조력 등 경제의 핵심이 되는 시대로의 전환에서 필수불가결한 요소다.

이 책에서는 그동안 정부의 문화육성 전략과 정책이 '문화를 성장동력이라는 산업적인 측면에 치우쳐, 문화의 부가가치 창출에 지나치게 초점을 맞추었다'고 판단하고, 이를 국민행복 혹은 삶의 질을 위한 인프라, 그리고 창의한국으로 가기 위한 토대로 파악하고자 한다. 따라서 문화정책의 기본방향 또한 창의성을 존중하는 방향으로 진행할 것을 제안하며, 창의성이 대한민국 문화발전의 가장 중요한 동력임을 강조할 것이다. 그러나 아직 창의성 증진을 뒷받침할 만한 교육, 제도, 문화가 마련되어 있지 않은 상황에서 이를 위한 문화전략이 필수다.

문화도 국제경쟁력을 요구하는 시대다

2045년의 세계는 글로벌화의 심화로 정치적, 경제적으로는 국가주권이나 영향력이 꾸준히 감소될 전망이다. 반면 문화는 국가 간 경계가 약화되고 순수문화와 대중문화 모두 누구나 이용할 수 있는 방향으로 세계시장에서 거래되고 공유될 것이다. 다시 말해 문화는 앞으로 국제사회에서 더욱 중요한 의제가 될 것이며 국가 간 문화교류는 지금보다 더욱 활성화될 것이다.

문화산업은 세계 GDP의 7% 이상을 차지하며, 매년 10% 이상 꾸준히 성장할 것으로 예측된다. OECD국가에서 문화산업은 이미 경제의 선도산업을 대표하며, 연간 성장률이 5~20%로 추정된다. 이런 상황에서 우리나라도 국제사회 기여도에 상응하는 문화국가로서의 위상 확보가 요구된다. 특히 동아시아는 15억이 넘는 인구와 다양한 자원을 가진 중국과 여전히 세계경제의 중심에 있는 일본, 각 분야에서 성장을 지속하고 있는 싱가포르, 대만 등이 한국과 다양한 전통문화 상품을 중심으로 경쟁할 것이다.

세계 문화산업 시장의 42.6%를 차지하고 있는 미국의 경우, 영화, 음악, TV프로그램, 출판, 게임 등의 수출이 자동차, 농업, 항공우주산업, 방위산업 같은 전통산업을 이미 앞질렀으며, 핵심 저작권사업은 연평균 경제성장률보다 3배나 빠르게 성장하고 있다.

다행히 한국 문화콘텐츠산업의 연평균 성장률도 2000년대에 들어 매출규모(24.7% 증가), 수출규모(17.4% 증가), 종사자규모(5.9% 증가) 측면에서 지속적인 성장세를 보이고 있으며, 장기적인 관점에서도 유사할 것으로 전망된다.

문화산업은 자체 매출 뿐만 아니라 생산유발효과, 부가가치유발효과, 고용유발효과, 전후방연쇄효과 등 다른 산업에 미치는 경제적 파급효과가 크고, 문화 관련 산업은 문화의 생산과 소비주체로 더욱 중요한 역할을 할 것으로 예측된다. 지금까지는 주로 영화, 음악 등 여가 부문에서 문화산업이 중시되었으나, 미래에는 게임을 포함한 문화예술 전반에 걸쳐 문화의 산업화가 가속화될 것으로 보인다.

〈표 3-2〉 한국 문화콘텐츠산업의 성장률 비교

구분	2000년	2004년	연평균 성장률 (2000~2004년)
매출 규모	20조 7천억원	50조 600억원	약 25%
수출 규모	4억 9천만 달러	9억 4천만 달러	약 17%
종사자 규모	36만 명	46만 명	약 6%

자료: 문화관광부(2005), 2004 문화산업통계, 한국문화관광정책연구원 용역보고서,
미래문화전략2030 (2006)에서 재인용

더불어 관광 또한 가장 중요한 문화상품 중 하나가 될 것이다. 중국, 태국, 인도네시아, 베트남 등 다양한 동아시아지역 관광객들이 한국을 즐기고 한국문화를 체험하기 위해 관광할 것으로 전망된다.

한국문화는 세계문화의 중요한 축이다

이른바 '한류'의 시대다. 한국의 문화가 세계인들에게 매력적으로 향유되는 '한류'는 1990년대 말 중국에서 드라마를 중심으로 시작되어 대만, 일본 등으로 확산되었다. 최근에는 그 범위를 넓혀 음악, 드라마, 영화, 게임 등 여러 분야에 걸쳐 세계시장으로 진출하고 있다. 한류의 성공요인은 세련된 서양문화의 발빠른 도입과 개성적인 동양문화적 특성이 적절히 혼합된 한국 고유의 문화콘텐츠가 세계인들에게 긍정적으로 받아들여지고 있는 것으로 보인다. 한류는 본궤도에 오른 것으로 판단되지만 아직 전성기라고는 할 수 없다. 앞으로의 가능성이 더 기대된다.

산업연구원이 조사한 2020년 한류의 예상영향지역을 보면, 현재 동아시아에서 영향력을 보이고 있는 한류는 주변국들을 중심으로 확대가 예상되며, 앞으로도 일정 기간 동안 영향력을 가질 것으로 전망된다. 문화에 대한 정부와 민간투자가 기하급수적으로 늘 것으로 예상되며, 이와 같은 추세를 감안한다면 2020년에는 지금의 문화소비와는 비교가 안 될 정도로 비율이 증가할 것으로 전망된다. 세계문화의 중심으로 기여하기 위해서는 지금부터 장기적인 문화전략이 필요하다.

2045년 미래문화를 예측하다

그렇다면 2045년의 미래는 어떤 문화를 향유하고 있을 것인가. 몇 가지 예측이 가능하다.

'삶의 질' 향상을 위해 문화활동이 삶의 중심에 서다

2045년의 미래사회, 삶의 질을 바라보는 시민들의 의식은 생활의 양적인 측면보다 질적인 측면을 강조하게 될 것이다. 문화예술에 대한 중요성을 인식하면서 문화예술부문의 지출비율이 늘어날 것으로 예상된다. 현재 가계에서 문화여가비 지출비율은 4.0%로 낮은 수준이다. 하지만 2020년 1인당 국민소득이 3만 달러 이상이 되고, 2040년 그 이상의 경제성장을 이루면 더이상 경제성장은 국가의 가장 중요한 목표가 되지 않을 것이다. 행복한 삶의 질에 초점에 맞추어짐에 따라 문화생활의 비중이 더욱 커질 전망이다. 프랑스, 영국, 일본, 캐나다 수준의 5.2%~6% 정도의 문화여가비 지출비율로 늘어날 것으로 전망된다.

문화기반시설 확충, 문화플랫폼 확산

문화예술시설에 대한 수요변화는 저출산, 고령화에 따른 인구변화, 디지털화 및 지식정보화에 따른 변화 등의 영향을 받을 것이다. 그러나 우리나라의 경제수준과 인구변화 추이를 감안하더라도 아직까지 문화기반시설이 전체적으로 부족한 상태다. 향후 문화기반시설은 크게 증가할 것이며 지식기반 서비스산업 가운데 영상, 애니메이션, 출판, 예술행정, 장르별 전문이론 등 지식집약적 고부가가치분야의 인력수요도 크게 늘어날 것이다. 이로 인해 2030년 국내 문화산업 규모는 약 150조원에 이를 것으로 예상되며, 이는 2030년의 국내 GDP 규모를 2,825조원이라고 추정했을 때 5.3%에 해당하는 큰 비중이다.

문화는 정보/지식기반 서비스산업과 동반성장할 것이다

정보와 지식기반 서비스산업의 성장에 따라 문화 관련 인력수요가 크게 증가할 것으로 예측된다. 영상, 애니메이션, 게임, 출판, 광고와 함께 디자인, 공연산업, 전문경영, 기획, 예술행정, 장르별 전문이론 등 지식집약적 고부가가치 분야의 인력수요가 빠르게 증가할 것이다. 특히 인터넷, 소셜네트워크서비스, 스마트디바이스의 등장은 모바일게임을 포함하여 문화예술 및 문화산업 콘텐츠의 다양화를 가속화할 것이다. 이를 통해 고용효과 또한 증대될 것이다. 이를 뒷받침할 문화전략을 수립해야 한다.

문화소비에서 양극화가 존재할 것이다

경제계급의 양극화는 문화를 향유하는 방식에 있어서도 양극화를 만들어낼 것이다. 가속화되고 있는 소비의 양극화는 결과적으로 예술,

문화 및 관광에 있어서도 그 주된 소비층에 따라 양극화가 확산될 것으로 전망된다. 이는 각별한 노력이 없는 한 더욱 심해질 것으로 예상된다. 따라서 이를 극복하고자 하는 각별한 문화소비 양극화 완화전략이 필요하다.

상대적으로 영화나 게임처럼 저렴하고 대중적인 문화활동은 소득수준별 계층 간의 향유기회의 차이가 크게 나타나지 않는 데 비해, 순수예술, 뮤지컬 등 고급문화, 여행(관광) 등은 소득에 따라 큰 차이가 나타날 것이다. 이를 해소할 문화전략이 필요하다.

디지털 컨버전스가 문화산업을 풍성하게 할 것이다

문화발전에 있어 가장 주목할 기술변화 중 하나는 제품의 멀티미디어화, 간편화, 소셜화, 개인화이다. 2045년의 기술변화는 최소한 인터넷환경의 변화와 모바일환경의 등장, 디지털플랫폼의 다변화로 여가시간 증대, 여성의 사회참여 증가 등 사회구조와 맞물려 새로운 라이프스타일을 만들어낼 것이다.

소비자는 자신이 편리하게 사용하는 단말기를 통해 시간, 장소에 구애받지 않고 편리하게 네트워크서비스를 활용하고자 할 것이다. 대용량 멀티미디어 데이터에 대한 소비자들의 요구, 동영상, 사운드 위주의 서비스 선호 등이 소비자의 요구수요와 맞물려 크게 증대될 것이다. 따라서 디지털기술 기반 문화콘텐츠 상품화의 다매체, 다채널화, 미디어의 보편화는 멀티미디어 문화의 소비를 증가시키고, 문화콘텐츠가 표현될 수 있는 수단이 확대될 것이다.

디지털네트워크 기술발전은 대한민국을 정보화사회에서 유비쿼터스ubiquitous사회로 변모시킬 것이다. 사물인터넷Internet of Things은 이러한 유비쿼터스시대를 가속화할 것이다. 사물인터넷 기술은 '휴대용기기나 가전제품 등 여러 종류의 기기를 네트워크로 연결시켜 언제 어디서나 이용이 가능하도록 하는 제반기술 또는 환경'이다. 유비쿼터스 사회는 이러한 기술을 바탕으로 사물이 지능화, 네트워크화됨으로써 개인의 삶의 질이 크게 향상된다. 디지털기술 발전으로 유선과 무선, 방송과 통신, 통신과 컴퓨터 등 기존의 기술/산업/서비스/네트워크의 구분이 모호해지고 이들 간에 새로운 형태의 융합상품과 서비스들이 등장할 것이다.

결과적으로 디지털컨버전스의 등장은 기술의 컨버전스를 통한 콘텐츠의 확장, 컨버전스의 진화와 함께 문화콘텐츠의 진화도 함께 이루어질 것이다. 따라서 이를 지원할 전략적, 제도적, 정책적 뒷받침이 필요하다.

국제경기 중심에서 생활체육으로, 스포츠 일상화

국민건강 증진과 삶의 질 개선을 위해 스포츠 활동은 무엇보다 중요하다. 문화의 한 형태로서 스포츠는 국민들의 일상 속으로 깊이 파고들 것이다. 미국은 연간 스포츠산업의 규모가 2,555억 달러로 GDP 대비 3.35%이고, 일본은 19조 3,892억 엔으로 GDP 대비 3.88%이다. 아직 우리나라는 그에 크게 못 미치고 있지만 향후 다양한 스포츠를 즐기는 문화가 일상 속에 자리잡으면서 레저스포츠에 대한 지출이 크게 늘어날 전망이다.

무엇이 미래문화를 바꾸는가

미래문화를 변화시킬 주요요인을 찾고 이에 대한 특성을 파악해야만 미래전략을 제대로 제시할 수 있다. 미래문화를 변화시킬 환경요인으로 아래 요소들을 주목한다.

고령화사회, 싱글족사회는 새로운 문화를 요구한다

2015년 이후 대한민국의 인구는 약 5천만 명 이하로 줄어들기 시작해 2030년 4천 800만 명, 2050년 4천 200만 명 등으로 지속 감소한다. 0~14세 유소년인구는 2005년 현재 총인구 중 19.2%를 차지하고 있으며 지속적인 출산율 감소로 인하여 2030년 11.4%, 2050년 8.9% 수준으로 낮아질 전망이다. 현재 유소년인구 100명당 고령인구는 47명 정도이나 2030년 214명, 2050년에는 429명이 되어 초고령사회가 상당히 진전될 것으로 전망된다.

고령인구의 증가는 다양한 노인문화, 실버산업의 급성장을 가져온다. 인구통계학적 변화에 따라 가족구조가 변화하고 고령인구가 증대하면서 노년층, 여성층과 같은 새로운 소비계층이 출현하는 등의 사회적 변화가 진행된다. 베이비붐 세대의 은퇴는 실버산업 활성화의 기폭제로 작용할 전망이다. 이들은 높은 교육과 소득 및 소비수준, 개인주의적 가치관 및 소자녀화, 높은 사회참여의식, 주택, 자동차, 영화산업의 견인세대로 다양한 소비의 적극적인 주체 역할을 수행할 것이다. 따라서 이들이 노인세대로 진입하는 2020년경에는 높은 사회참여와 주체의식을 가진 최대 여가소비층으로 부상할 전망이다.

결혼에 대한 의식 변화와 독거노인 증가로 인한 독신가구 증가, 자식이 없는 부부empty nester 증가와 이혼가족/한 부모 가족 증가 등 가족구조의 다양한 변화가 증대되고 이는 새로운 문화를 유발할 것이다.

경제성장에서 '삶의 질' 중심으로 생활태도가 바뀐다

지난 세기가 자본주의, 물질주의적 가치관이 팽배한 시기였다면 향후에는 삶의 질을 중시하고 탈물질주의 가치관으로 이동하는 시기가 될 것이다. 경제활동 중심(일의 양 중시, 직장중심의 생활)의 생활에서 삶의 질 중심(행복 추구, 일의 질 중시, 가족 중심 생활)으로 국민생활 및 경제활동 방식이 변화할 것이다. 일례로 2005년 통계청 자료에 따르면 2004년 기준 국민 1인당 레저비용은 1999년에 비해 무려 38%나 증가했으며 일보다 가정, 여가를 더 중시하는 경향이 뚜렷해지고 있다. 따라서 행복증진을 위해 다양한 여가활동을 즐길 것이며, 이는 삶의 질 향상, 건강증진, 스트레스 해소, 자아실현 등에 기여할 것이다.

최근 국민들의 삶의 질과 행복에 대한 논의가 활발해지면서 국민의 '삶의 질'을 평가할 수 있는 새로운 지수인 GNH를 국가발전의 지표로 삼는 변화가 일어나고 있다. UNDP가 측정하는 인간개발지수를 비교한 통계에 따르면 대한민국은 2006년 177개국 중 26위를 차지했다. OECD회원국의 행복지수를 비교하면 34개국 중 32위를 차지했다.

다문화의 확산이 문화다양성을 유도한다

우리사회는 해외이주와 국제결혼, 외국인 노동자의 유입, 해외여행자 비율 등이 크게 증가하면서 다인종/다문화사회로 변모하고 있다. 국내체류 외국인은 2005년에 이미 100만 명이 넘었으며, 외국인과의 결혼비율 또한 크게 늘어나고 있다. 2045년까지 이러한 경향은 더욱 가속화될 전망이다. 세계화 등으로 인력시장은 글로벌화되었고 다양한 인종적, 국가적 교류는 더욱 심화될 것이다. 그러나 2015년 현재, 문화적으로 외국인 노동자에게는 여전히 폐쇄적이고 배타적이며, 인종에 따른 차별도 공공연히 자행되고 있다. 국제교류 측면에서 이미 다민족, 다문화적 사회형태를 띠고 있지만 아직 제도적, 정책적 측면에서 이러한 다문화사회의 여러 부분들을 반영하지 못하고 있다. 이런 현실이 계속 유지된다면, 대한민국은 다문화가정이 살기에 끔찍한 배타적 삶의 터전이 될 것이다. 그것은 전체 국민행복을 위해서도, 문화발전을 위해서도, 문화산업을 위해서도 좋지 않다.

문화다양성이란 다인종 혹은 다민족 국가 내부의 문화들에 대한 관용과 보호, 그리고 이들에 대한 존중과 이해하려는 태도를 바탕으로 한다. 단일민족 강조와 타문화에 대한 배타적인 태도는 궁극적으로 우리문화가 다른 문화와 결합해 새로운 문화로 진화하는 데 걸림돌이 된다. 사회안정 뿐 아니라 문화발전 측면에서도 폐쇄적인 태도는 적절하지 않다. 유럽 국가들을 중심으로 복잡한 사회통합을 위한 방안으로 문화다양성이 정책적 이념 가운데 하나로 수용될 만큼, 문화다양성은 세계적으로는 보편적인 개념이다.

문화다양성은 각각의 다양한 주체들의 정체성이 자유롭게 공존할 때 지켜질 수 있는 것이며 계층 간, 세대 간 문화, 주류와 비주류문화가 공존할 수 있는 다양성이 바탕이 될 때 문화공공성도 확보될 수 있다. 다양한 문화의 존중은 문화발전의 기폭제가 될 것이며 사회안정에도 크게 기여한다. 유네스코의 문화다양성 선언에 우리도 동참함으로써 타문화권에 대한 존중과 이해를 미래사회의 중요한 가치 중 하나로 설정한 바 있다.

〈표 3-3〉 국내 외국인 인구

(단위: 명)

국가	1985	1990	1995	2000	2001	2002	2003	2004
총 계	40,920	49,507	110,028	210,249	229,648	252,457	437,934	468,875
한국계 중국인	-		7,367	32,443	42,827	48,293	108,283	128,287
중국	2	147	11,825	26,541	30,740	36,297	77,202	80,036
필리핀	251	578	9,004	15,961	16,361	17,296	27,562	27,934
인도네시아	19	78	3,434	16,700	15,617	17,140	28,349	26,063
베트남	-	1	5,663	15,624	16,048	16,901	23,315	26,053
타이완	25,008	23,583	23,265	23,026	22,791	22,699	22,585	22,285
타이	48	52	478	3,240	3,616	4,790	19,996	21,890
일본	2,472	5,323	9,365	14,013	14,670	15,350	15,967	16,399
방글라데시	11	11	2,700	7,882	9,097	8,990	13,600	13,078
미국	7,750	14,019	22,214	22,778	22,018	22,849	23,208	22,566
러시아(연방)	-		513	2,581	3,296	4,019	6,140	4,556
영국	784	670	857	1,269	1,565	2,014	2,085	2,049

자료: 사회통계연보, 한국문화관광정책연구원 용역보고서, 미래문화전략2030(2006)에서 재인용

대한민국 문화전략, 어떻게 바뀌어야 하나

여기서는 2045년의 문화전략 방향을 제시하는 데 있어 3가지를 각별히 강조하고자 한다. 즉 행복사회로의 이행에 따른 문화향유 토대마련, 경쟁과 실적 중심에서 창의와 혁신의 문화로 바뀜에 따라 창의성을 강조하는 문화가치 창출과정 재정립, 다문화사회로의 이행에 맞춰 문화다양성 극대화를 그 틀로 한다. 그동안 문화를 산업의 성장동력 관점에서 육성하는 것에 덧붙여, 창의한국을 이끌고 국민행복에 기여하는 토대로서 문화성장전략을 제시하고자 한다. 이런 근본적인

패러다임 변화를 위한 문화전략을 좀더 구체적으로 아래와 같이 강조하고자 한다.

행복사회의 중심에 문화를 놓다

지난 60년간의 대한민국의 발전은 GDP라는 경제지표로 상징되는 경제성장이었다. 그러나 일정 수준 이상의 경제성장을 이룬 시점에서 2045년 대한민국의 발전방안은 국민행복 증진에 좀더 초점이 맞춰져야 한다. 이를 위해 일의 양보다는 효율, 경쟁보다는 협력, 최고에 대한 추구보다는 유일에 대한 추구로 사회적 가치문화가 변화해야 한다. 그리고 이렇게 생긴 여가시간을 문화향유 등 자존감을 높이는 활동으로 채워져야 한다.

가까운 곳에서 언제든지 문화생활을 즐길 수 있는 편리한 환경이 마련돼야 하며 개인이 문화활동을 수동적으로 받아들이기만 하지 않고, 능동적으로 참여할 수 있는 기회가 늘어나야 한다.

창의성을 존중하는 문화선진국으로 나아간다

문화정책 측면에서 개별적 창의성의 자유를 최대한 보장하고, 그 자유로운 창의성들이 문화적 실험성, 다양성, 공공성 등을 통해 사회적으로 소통되고 공유될 수 있도록 기획돼야 한다. 예를 들어 문화 창의성을 고무하고 문화인식을 전환시킬 교육기회가 확대돼야 한다. 그리고 창의적인 사고와 발상이 문화와 예술로 이어질 수 있도록 도와주는 구조와 창의적인 사고와 발상이 간직될 수 있게 해주는 창의발현 정책시스템이 구축돼야 한다. 새롭고 실험적인 것에 대한 예술적 이해와 관용이 필요하고 이를 증진할 정책이 요구된다.

다문화사회에서의 문화다양성, 꽃피는 미래문화

최근 대중문화의 '한류' 흐름 이후 TV프로그램이나 영화, 음악 등의 대중문화 생산물 위주의 한류 흐름을 넘어, 진정한 한국문화를 중심으로 하는 한류가 필요하다는 지적이 제기되고 있다. 아시아문화에 대한 포용이 한류문화를 지속적으로 극대화하는 데 기여할 것이다. 그간 세계화가 문화 간 교류를 촉진시킨 것도 사실이지만, 다른 문화와의 교류는 문화다양성을 불러오기보다는 문화의 동질화경향을 가져오는 역효과도 낳았다. 따라서 세계화가 가속될수록 문화적 정체성을 확립해가는 일이 중요해졌고 세계화에 대응하여 특수화, 차별화, 분절, 탈집중화가 중요해졌다.

문화다양성은 다른 민족 사이에만 벌어지는 것이 아니다. 청년세대와 동성애자들이 인터넷과 대중문화를 통해 일상문화의 변화를 가져오면서 사회적 세력화로 대두되면서 기성문화에 대한 새로운 대안으로 부상하고 있다. 그들은 마니아, 인디, 언더 등 다양한 형태의 하위문화적 집단들로 부상해왔으며 이는 앞으로 더욱 증대될 것이다. 고급문화와 대중문화, 상위문화와 하위문화라는 이분법에서 벗어나 다양한 문화가 공존하는 사회로의 이행이 필요하다.

따라서 새로운 시대의 주체는 동질성을 복제하는 원리가 아니라 다양성을 조직하는 원리에 의해 운영돼야 하며, 다양한 문화주체를 통한 다중심적 질서를 만들어내는 것을 기본전략으로 삼아야 한다. 이를 위해 우선 우리 국민들의 인식전환을 위한 프로그램이 필요하다. 문화다양성에 대한 관용적 태도는 타고나는 것이 아니라 교육을 통해 얻을 수 있는 것이다. 이를 통해 다양한 문화가 공존하고 상호존중될 수 있는 문화적 소양을 증대해야 한다. 다른 문화에 대한 열린 태도를 교육하는 프로그램이 현재 대한민국에는 각별히 필요하다. 다양한 문화에 대한 이해를 높일 수 있도록 정보를 교류하고 문화를 교육하며 우리문화가 함께 시너지를 낼 수 있는 토대를 마련한다.

우리가 다문화가정에 대한 문화적 이해를 하는 것도 중요하지만, 이주민 2, 3세대에서의 상호이해 및 공생을 위한 노력도 게을리해서는 안 된다. 또 그들에게 우리문화를 교육하고, 그들이 우리나라에서도 자국의 문화를 즐길 수 있는 토대를 제공하는 것 또한 간과해서는 안 된다. 이러한 노력이 대한민국을 문화적으로 더욱 풍성하게 만들 것이다. 이 범위가 아시아를 넘어, 아프리카, 남미 등지로 확대돼야 한다.

한국적인 것에 대한 재조명이 필요하다

세계화, 글로벌화 시대일수록 우리의 문화정체성을 다시금 주목하고 이를 통해 문화경쟁력을 강화하는 전략이 필요하다. 우리문화를 객관적으로 들여다보는 전략과 깊이 들여다보는 전략이 둘 다 필요하다. 전통문화 기반의 문화콘텐츠 개발사업도 필요하고, 새로운 디지털 환경과 수요에 부합하는 문화콘텐츠를 우리 스타일로 새롭게 생성하는 것도 필요하다. 문화정체성 확립 프로그램 개발은 문화정체성 연구확대와 함께 우리문화를 세계문화의 중심축에 서게 하는 데 크게 기여할 것이다.

무형의 지식재산을 적극 보호해야 한다

문화콘텐츠는 그 자체로 소중한 지적재산임에도 불구하고 무형의 재산이고 개발자가 명확하지 않으며, 재산의 범위 또한 모호하고 복제유통이 손쉬워 그동안 지적재산으로 제대로 보호받지 못했다. 그러나 그것은 문화산업의 육성을 갉아먹는 해충이다. 문화전략은 저작권 보호문제를 가장 중요한 이슈로 다루어야 한다. 특히 동남아 국가에서 이러한 문제는 한류열풍의 해외유통을 방해하며, 우리 문화콘텐츠에 대한 저작권 침해사례는 실질적인 경제적 손실로 이어진다. 즉 저작권이 경제적 부가가치를 창출하는 하나의 산업이기에, 저작권 정책방향은 문화전략에서 중요한 위치를 차지해야 한다.

이를 위해 무엇보다도 문화예술분야에서 저작권 보호를 위한 권리정보의 표준화 등 지적재산권 보호체계를 구축하고, 저작권의 종합관리 및 이용 활성화를 위한 정책방안을 내놓아야 한다. 더불어 문화산업 유통과 관련해 공정경쟁 강화를 도와야 하며, 해외에서의 저작권침해 방지를 위한 대책도 마련해야 한다.

문화향유의 양극화를 해소해야 한다

문화 소외계층이 생기지 않고 경제양극화가 문화양극화로 이어지지 않도록 각별히 노력하는 문화전략이 필요하다. 특히 문화분야 내부의 양극화 해결과 사회양극화 해소를 위한 문화적 해결정책이 동시에 추진돼야 한다. 문화 소외계층을 위한 문화 활성화정책 추진의 일환으로, 취약계층을 정책의 수혜자로 보지 않고, 그들 스스로 자신의 문화를 창조하고 향유할 수 있는 주체로 인식하는 정책개발이 추진돼야 한다. 고령화시대 노인들의 문화활동을 증진시키기 위한 민간시장 활성화 및 관련 제도 정비 등도 요구된다.

예술진흥의 통로가 재정비돼야 한다

문화진흥, 예술진흥은 현재 문화관광부의 중요한 업무영역에 해당

된다. 그러나 이제 문화의 개념이 확장되어 과학기술, 보건복지 관점에서도 문화를 전략적으로 다루어야 한다. 현재 문화관광부는 국립기관(국립극장, 국립국악원과 산하 예술단체, 국립현대미술관)과 예술의전당, 정동극장, 국립예술단체(국립발레단 등), 한국예술종합학교와 국립국악고등학교 등과 문화예술교육진흥, 예술경영지원센터, 한국문학번역원 등을 관할하는 것을 주업무로 여기고 있다. 또한 위와 같은 기구들의 법률적 위상과 독립성, 자율성이 민간예술계가 인식하는 위상, 역할 등과 상이하여 이를 예술진흥의 정책통로로 활용하는 데에는 여러 가지 문제점을 안고 있다.

앞으로 문화산업의 발전과 문화예술 교육의 확산, 문화복지 수요의 증대, 그리고 문화외교의 필요성 증대 등으로 문화예술의 필요성은 더욱 절실해질 것이다. 따라서 문화진흥을 위해 범부처 간 협업이 전략적으로 필요하며 현재 문화관광부 예술국과 산하기구들의 역할을 과제별로 재조정하고 그 위상을 재정비할 필요가 있다. 좀더 거시적인 틀에서 문화와 예술을 진흥할 수 있는 행정지원 토대가 마련돼야 한다.

사회구조 제도의 선진화가 문화선진화의 기본이다

선진 시민문화는 문화의 주체인 시민의식의 고양 속에 발양된다. 이러한 시민의식은 정치적 민주주의와 선진적 경제구조 등 사회구조적 문제와 불가분의 관계에 있다. 공동체문화의 기본인 윤리, 도덕, 신뢰와 배려, 상호존중과 관용의 정신문화들은 제도교육만을 통해 확보될 수 있는 것들이 아니다. 정신문화의 고양은 해당 사회의 구조적, 제도적 선진화의 결과물로 나타나는 것이다. 그 핵심에 정치제도의 선진화와 경제민주화 등의 제도적 과제들이 자리한다.

국가의 기본인 정치제도, 경제제도, 공동체의 기본인 법과 규범, 윤리와 도덕이 국가체제로부터 존중되어져야 한다. 이러한 국가구조, 정치, 경제제도, 사회문화가 정착되어가는 과정에 창의성 강화를 위한 사회구조, 교육혁신이 따를 수 있고, 문화선진국으로 발전할 수 있을 것이다.

3

복지전략

30년 뒤의 우리나라 복지는 어떤 모습일까? 현재 우리 복지지출 수준이 OECD국가 최하위권인 것을 생각하면, 분명 지금보다는 양적으로나 질적으로 더 나아진 모습을 기대할 것이다. 북유럽 수준을 꿈꾸는 사람들도 있을 것이고, 그보다는 못하더라도 OECD 평균 수준에 이르지는 않을까 기대할 수 있다.

그러나 복지의 크기는 물론이고 복지의 내용도 경제가 성장한다고 저절로 나아지는 것이 아니다. 가령 우리가 북유럽과 같은 수준의 국민소득을 벌게 되더라도 복지수준이 그와 같이 되는 것은 아니라는 뜻이다. 오히려 많은 전문가들은 우리가 일본이나 미국과 비슷한 유형의 복지국가가 되기 쉽다고 한다. 바로 복지국가 유형론에 입각한 미래예측이다. 즉 어떤 복지국가 경로를 따르는가에 따라 그 나라의 복지성격이 규정되는 것이다.

이와 함께 최근 새로운 차원의 복지국가 논쟁도 시작되었다. 2010년 지방선거 무렵 등장했던 이른바 무상복지 논쟁이 대체로 '더 많은 복지'에 대한 합의로 귀결되었다면, 이번의 논쟁은 보다 근본적이다. 일부에서는 이미 지금의 복지도 과잉이며, 재정 면에서도 지속가능하지 않다고 주장한다. 반면 다른 쪽에서는 현재의 재정문제는 지나치게 낮은 조세부담률 때문이며, 복지는 계속 확대되어야 한다는 입장이다. 우리 복지국가의 미래모습을 둘러싼 논쟁이자, 정치적 각축이 본격화되기 시작했다고 봐야 한다.

동아시아 복지국가로서 우리의 미래는?

복지국가로서 우리나라의 발전경로를 생각하기 위해서는 이른바 복지국가 유형에 대해 생각해볼 필요가 있다. 여러 학자들에 따르면 선진 자본주의국가의 복지유형은 대체로 다섯 가지로 나눌 수 있다. 이를 국민부담률과 사회지출비중에 따라 그래프로 나타내보면, 일부 예외적인 국가들이 있기는 하지만 고부담-고복지, 저부담-저복지의 스펙트럼 속에 이들 다섯 개 유형이 나름의 특색을 가지고 분포된다. 그런데 이런 분포는 조세부담과 복지지출만 차이를 보이는 것이 아니라, 정치적 성격, 노동시장의 구조 등에서도 뚜렷한 차이를 나타낸다. 복지국가 유형은 복지뿐만 아니라 노동과 자본의 관계까지도 반영한 유형인 것이다.

〈그림 3-1〉에서 보듯이 우리는 아직 복지국가 유형으로 볼 때 가장 초보적인 단계에 있다. 국가의 역할이 크지도 않고 복지지출 역시 가장 낮은 단계이다. 하지만 복지지출이 늘어나고 재정이 확대되면 저절로 선진국들의 어느 한 유형처럼 변하는 것은 아니다. 여기에는 노동시장 성격을 포함한 다양한 사회, 경제, 정치적 구조가 반영되어 있기

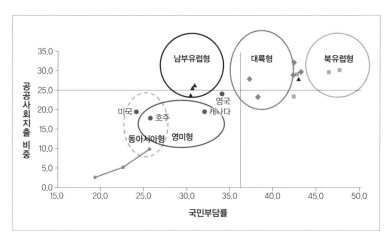

때문이다.

예를 들면, 모두들 북유럽식 복지국가를 부러워하고 또한 우리가 도달해야 될 미래상처럼 생각하지만, 거기에는 특유의 노동시장, 사회 시스템이 뒷받침되고 있다는 것을 잊어서는 안 된다. 이른바 코포라티 즘(corporatism, 일부에서는 조합주의로 번역한다)으로 불리는 국가의 적 극적인 조정 역할과 자본-노동의 관계가 우리와는 큰 차이가 있다. 스웨덴의 노동조합 조직률이 80%에 이른다는 사실을 생각하면 더욱 그렇다. 마찬가지로 독일과 같은 유럽대륙의 복지시스템도 우리와 다 른 경로를 나타내고 있다. 이들은 사회보험을 중심으로 튼튼한 노후안 전망을 구축해두었고, 이는 다당제와 사회적 합의구조에 의해 뒷받침 되고 있다.

반면 우리나라는 그동안 특유의 발전주의 국가체제를 지속해왔다. 국가는 스스로 경제성장의 견인차 역할에만 집중했고, 복지는 개인과 가족의 책임에 맡겨져 있었다 해도 과언이 아니다. 1990년대 후반부터 빠른 속도로 사회안전망을 강화하고 복지를 늘리고 있지만, 우리는 이미 그 이전에 규정된 경로, 즉 높은 가족책임과 불균형적 노사관계, 과다한 자영업자 규모라는 특수한 환경 속에서 복지국가를 지향해왔다. 더구나 선진국들이 고도성장 기간 중에 대대적인 복지확대를 동시에 이루어냈다면, 우리의 경우 복지확대 필요성을 느꼈을 때는 이미 저성장 단계에 진입한 상태였다. 또한 저출산, 고령화현상이 이미 본격화된 상황에서 복지국가 경로를 밟아야 하는 특수성도 가지고 있다.

그러므로 우리나라 복지국가의 미래상은 앞에서 지적한 특수성을 충분히 고려하여 거기에서 드러나는 문제점을 해결하는 방향으로 구상하고 설계할 필요가 있다.

〈표 3-4〉 복지국가 유형별 특징

유형	해당 국가 사례	복지정책 특징	사회경제적 특징
북유럽형	스웨덴, 핀란드, 노르웨이, 덴마크	고부담/고복지 사회서비스 발달	낮은 빈곤율 높은 여성경제 참가 강한 코포라티즘 정치
대륙형	독일, 프랑스, 오스트리아	중부담/중복지 사회보험 중심 발달	낮은 빈곤율 노동시장 경직적 강한 코포라티즘 정치
영미형	미국, 영국, 호주	저부담/(중)저복지 극빈층 중심의 보호	높은 빈곤율 노동시장 유연성 높음 낮은 노동조합조직률
남부유럽형	스페인, 포르투갈, 그리스, 이탈리아	저부담/(중)저복지 복지 포퓰리즘 성향	가족주의 지속 재정위기 심각
동아시아형	일본, 한국, 대만	저부담/저복지 사회안전망 구축 단계로 고령화 등에 따라 복지확장 추세	가족주의 높음 노동시장 양극화 낮은 노동조합 조직률과 경직적 노사관계

한국형 복지국가의 과제

우리는 오랫동안 '성장이 가장 큰 복지'라거나 '경제성장이 어느 단계에 도달한 다음 복지투자를 늘려야 한다'는 식의 이른바 낙수효과 trickle-down effect 혹은 경제발전론에 입각한 복지정책을 시행해왔다. 워낙 빠른 경제성장과 생활향상을 경험했기에 낙수효과론은 수십 년 동안 한국의 사회, 경제정책을 규정하는 틀이었다. 하지만 외환위기 직후부터 사회안전망 위기를 겪은 데다 저출산, 고령화문제가 대두되면서 이제 '복지는 능력이 되면 하는 것'이 아니라 '복지를 하지 않으면 미래를 기약할 수 없는' 그런 상황이 되었다.

또한 우리가 지향하는 복지국가는 현재 직면하고 있는 다양한 문제들을 해결하고 극복해야 하는 과제까지 떠안고 있다. 복지국가를 이루는 길은 노동시장 양극화, 청년실업, 새로운 경제적 활력과 성장의 둔화 등의 문제를 해소하는 과제와 배치되어서는 안 된다. 앞으로의 복지국가는 복지와 경제가 상쇄적인 것이 아니라, 함께 발전하는 그런 것이어야 하기 때문이다. 미래의 복지국가를 이루기 위해 우리가 해결해야 될 과제들은 다음과 같은 것들이다.

고령화문제 극복

인간 수명의 연장은 인류로서는 당연히 반겨야 될 축복이다. 하지만 준비되지 못한 고령화는 개인과 사회에 고통스러운 결과를 초래할 수 있다. 특히 연금과 같은 노후생활 대비책이 없는 상황에서 맞이하는 노후는 곧 빈곤상황을 의미한다. 우리나라는 노인빈곤율이 OECD 국가 중 최고인 49.6%에 이른다. 노인 두 명 중의 한 명은 중위소득의 50%에 못 미치는 수입으로 생활하고 있다는 뜻이다. 따라서 우리 복지시스템은 무엇보다 이 문제를 해결하는 데서 시작해야 한다.

고령화로 인한 노인 의료비 증가는 미래사회의 큰 위험요인이다. 그러나 고령화의 영향을 지나치게 과장하는 것은 오히려 고령화에 대한 적절한 대응을 어렵게 만들 수 있다. 지금까지의 노인 의료비 증가추세는 선발 복지국가들의 궤적에서 벗어나지 않는다. 그리고 노인 의료비가 끝없이 증가하지도 않을 것이다. 의료비 증가에 대한 지나친 우려로 건강보장 혜택을 늘리는 데 소극적으로 임한다면, 이것 자체가 보건의료의 미래에 심각한 위기를 야기할 수 있다.

저출산문제 극복

저출산문제의 심각성은 새삼 재론할 필요조차 없다. 그 이유는 복합적인데 일종의 생활양식 변화부터 양육과 교육비 부담, 여성의 일자리 연속성 부담 등 다양한 분야에 걸쳐 있다.

그 원인이 어떠하든 저출산문제는 향후 필수노동력 확보 차원만이 아니라 적절한 시장규모를 유지하기 위한 인구규모 차원에서도 해결되어야 한다. 특히 소수의 청년이 다수의 노인을 부양하는 부담을 낮추기 위해서는 적절한 인구규모가 필수적이다. 따라서 출산율을 높이고 인구를 늘리기 위한 차원의 복지정책은 국가의 미래를 위한 투자이기도 하다.

성장에 기여하는 복지

이제 더이상 복지가 소모적이거나 낭비적인 지출이 아니라는 점에는 많은 사람들이 동의하고 있다. 저출산, 고령화의 문제점을 해결하기 위해서라도 복지투자와 지출은 불가피한 것이다.

그러나 여기에만 그쳐서는 안 된다. 복지가 성장을 뒷받침한다는 새로운 관점이 필요하다. 우리나라는 잘 알려져 있다시피 대외의존도가 매우 높은 국가이다. 내수는 취약한 반면 수출, 수입의 영향이 크다. 따라서 대외경제 여건의 변화는 국내경제에 큰 영향을 끼치고 있다. 복지선진국인 네덜란드, 핀란드, 덴마크 등 유럽의 강소국가들은 튼튼한 사회안전망 구축을 통해 국민들이 안심하고 모험적인 대외도전을 할 수 있도록 뒷받침하고 있다. 이렇듯 우리나라와 같이 대외의존도가 높은 나라일수록 사회안전망이 튼튼해야 더 진취적이고 모험적인 도전이 가능하다.

이와 함께 내수확대 차원에서도 복지는 중요하다. 우리가 선진국들과 비교하면 고용분야 중에서 가장 취약한 부문이 사회서비스업이다. 보건, 복지, 보육 등 복지확대와 밀접한 관련이 있는 분야가 상대적으로 고용이 저조하고 처우가 열악하다. 특히 보육, 복지분야의 처우개선 필요성은 아무리 강조해도 지나치지 않을 정도로 절실하다. 고용환경만 적절히 개선된다면, 이 분야는 고용이 늘어날 수 있는 잠재력이 충분하다. 복지확대가 곧 일자리확대와 내수증진으로 이어질 수 있는 것이다.

지속가능한 복지재정

복지를 늘려야 하는 당위성이 분명하고, 그것이 국가경제와 고용구조 개선에도 기여할 것이라는 기대도 타당하다. 하지만 복지확대가 국가재정이 감당할 수 있는 범위를 넘어서서도 안 된다. 복지지출의 낭비적인 요소를 줄일 뿐 아니라, 최대한 생산적인 영역, 즉 고용확대와 고용의 질 개선에 기여하는 영역에 집중투자해야 하는 것은 물론이다.

이와 함께 복지재정 중 국민부담률을 점진적으로 높여감으로써 적정부담, 적정혜택의 규범이 지켜져야 한다.

문제는 이 과정에서 복지가 당장 필요한 현세대는 부담을 지지 않고 이를 미래세대에게 떠넘기려는 정치적인 태도이다. 즉 지금 복지를 확대하는 데 소요되는 재정을 다음 세대에 부채로 남기는 방식이다. 이른바 세대전쟁이 발생하는 지점이다.

미래 복지한국의 양적 목표는 '중부담-중복지'

향후 30년을 내다보는 우리 복지국가의 양적인 목표는 '중부담-중복지'라고 요약할 수 있다. 현재의 '저부담-저복지'에서 복지와 함께 부담도 더 늘리는 복지인 것이다. 우리나라의 저출산, 고령화나 양극화 문제에 대응하기 위해서는 선제적이냐 아니냐의 차이는 있겠지만, 복지의 확대는 불가피하다. 중요한 것은 여기에 수반된 재정확대 문제를 회피하거나 전가하지 않는 것이다. 이에 대한 사회적 대화와 합의가 필요하다.

이와 함께 내용적 목표로는 우선 준비되지 않은 고령화에 따라 당장 나타나고 있는 노후빈곤과 의료비 증가문제를 해결해야 하고, 세계에서 가장 낮은 수준의 출산율을 반전시켜야 한다. 또한 후발 복지국가로서 선진국들이 경험한 다양한 부작용들을 피해가는, 말 그대로 '생산적 복지'와 '지속가능한 복지시스템'을 구축해야 한다. 이것은 단순히 복지의 확대속도를 늦추는 것을 정당화시키거나 포장하는 차원이 아니라 실제로 복지확대와 삶의 질 향상을 추구하더라도 보다 튼튼한 복지국가를 이룬다는 차원에서 중요하다.

견고한 복지확대의 기조를 유지하면서도, 특히 우리가 중점을 두어야 할 과제를 생각해보면 다음 세 가지로 집약할 수 있다.

효과적이고 집중적인 사회안전망 구축

우리나라는 2014년 복지 관련 예산만 105조원을 사용했고, 30년 후면 매년 GDP의 20% 이상을 복지부문에 지출할 것으로 예상되고 있다. 그럼에도 불구하고 빈곤과 소외 속에서 극단적인 선택을 강요당하는 복지 사각지대가 존재하고 있다. 높은 복지지출에도 불구하고 '사각지대'가 상존하는가 하면, 그 반대 측면이라고 할 수 있는 '부정 및 중복수혜' 문제도 상존한다. 사각지대와 부정수혜는 동전의 양면이라고 할 수 있는데, 전달체계의 불완전성과 제도미비가 반영된 문제이다.

따라서 무엇보다 전달체계를 집중적으로 강화하고 개선할 필요가 있다. 사회복지 전담공무원의 숫자가 부족하다는 얘기는 어제 오늘의 일이 아니지만, 적어도 10년간 확충계획을 세우고 연차적으로 추진해야 한다. 특히 행정분야 중에서 필요성이 떨어지는 부문을 복지분야로 전환 또는 전직시키는 일도 병행할 필요가 있다.

복지와 고용서비스를 통합하는 문제도 조만간 닥칠 과제이다. 선진국들 대부분이 청년실업과 장기실업자 문제에 골머리를 앓고 있다. 이들에게 최저생활에 필요한 복지는 제공하지만, 어떻게든 노동시장으로 진입할 수 있도록 지원해야 하기 때문에 상당수 국가에서 복지와 고용서비스를 통합하는 방향으로 복지정책을 추진하고 있다.

이와 같은 전달체계의 강화와 개선을 바탕으로, 사회안전망에 대해서는 신속하고 적극적인 확대가 필요하다. 불명예스럽게도 우리나라는 노인빈곤율과 자살률이 세계에서 가장 높다. 가난과 질병, 고독이 가장 큰 원인들이다. 결국 노후를 위한 사회안전망이 부실한 결과인 것이다. 노인빈곤 문제는 어떻게 보면 우리 국민 모두가 역사적으로 책임져야 할 과제라고 할 수 있다. 노인들은 6.25전쟁, 월남전, 중동 일자리 등 역사의 고비마다 국가의 존립과 발전을 위해 헌신하셨던 분들이다. 고도성장기의 주역이기도 하다. 하지만 그들의 전성기에는 노후보장 시스템은 생각지도 못했고, 자신들이 그러했던 것처럼 의당 가족들이 부양해줄 것이라고 믿었을 뿐이다. 결국 사회가 효도를 하는 도리밖에 없다. 그래서 기초연금을 포함한 노후소득 보장과 의료시스템을 보강해서 안전하고 건강한 노후를 보장해야 될 책임이 있다.

아직 노인이 되지 않았지만, 심각한 가난에 빠져 있거나 만성질환이나 가족해체로 어려움을 겪고 있는 가정을 돌보아야 한다. 하지만 우리사회는 사회보험의 사각지대가 넓고, 더구나 중고령 세대는 사회보험의 혜택을 보기 어려운 역사적 한계가 있다. 이미 고용불안정시대에 들어선 상황에서 안정된 직장을 전제로 한 사회보험 시스템만을 고집할 수도 없다. 따라서 기초생활보장제도를 보완해서 활용하는 것이 효과적이다. 현재 기초생활보장제도는 보건복지부 예산의 25% 가까이를 차지하는 핵심제도이다. 사회보험이 그 역할을 분담해야 된다는 주장이 많기는 하지만, 현실적으로는 그렇게 되기 어렵다. 따라서 기초생활보장제도를 욕구와 필요에 따라 다원화하는 방향을 추진하고 있는데, 이를 조기에 정착시키고 내실화하여 사회안전망의 중추 역할을 하도록 해야 한다. 즉 교육, 의료, 주거 등 다양한 복지욕구에 따라 개별적으로 지원하는 방식이다.

일자리 중심의 복지확대

선발 복지국가들이 20여 년 전부터 부심하고 있는 문제는 어떻게 하면 복지의존을 줄이고 취업을 늘릴 것인가 하는 것이다. 'workfare' 'jobfare' 'welfare to work' 등의 표현이 등장한 것도 이 때문이다. 일종의 근로연계형 복지를 주창한 것이다. 실업급여 수혜기간을 축소하고 직업훈련이나 구직활동과 연계한다거나 근로능력이 있는 사람들의 생활보호 수급기간을 제한한다거나 하는 시도가 있어왔다. 영국의 근로연계형 뉴딜정책, 독일의 하르츠 개혁, 슈뢰더 개혁, 미국 클린턴정부의 빈곤가족 임시지원제도TANF 도입 등이 대표적이다.

아울러 연금재정이 지속적으로 부담이 되자, 수급액을 낮추거나 시기를 늦추는 방안도 여러 나라에서 시행되고 있다. 물론 이 같은 시도들이 일종의 신자유주의적 복지축소정책이었다는 비판도 있지만, 중요한 것은 복지국가도 그 상황변화에 따라 끊임없이 변해야 한다는 사실이다. 후발국가인 우리로서는 어떻게든 선진국들이 겪은 문제를 미리 예방할 뿐 아니라 지속가능한 복지체제를 구축하는 것이 중요하다. 그런 점에서 고용구조를 개선하고 일자리를 늘리는 차원의 복지확대에 특히 주안점을 둘 필요가 있다.

우리 노동시장은 잘 알려져 있는 것처럼 자영자 비율이 30%에 이르는 등 전근대적 속성을 강하게 가지고 있다. 또한 낮은 고용률에도 불구하고 고령자 취업률은 전 세계에서 가장 높다. 연금 등 노후소득 안전망이 구축되어 있지 않기 때문에 나이가 들어서도 어떻게든 수입원을 가지려 하기 때문이다.

따라서 앞으로 우리 노동시장은 자영자 비율을 줄이는 대신 선진국들에 비해 상대적으로 훨씬 부족한 분야라고 할 수 있는 사회서비스 부문의 고용을 늘리는 전략으로 가야 한다. 이는 곧 복지정책에서도 보건, 보육, 간병, 교육 등 대인서비스 확대에 주안점을 두어야 한다는 뜻이기도 하다. 이를 통해 여성의 양육 및 간병 부담을 줄여서 고용참가를 늘리고, 장기적으로는 저출산에 따른 노동력 부족에도 대처할 수 있다.

사회서비스 부문의 고용을 늘리는 전략도 다양화할 필요가 있다. 이 부문의 고용을 늘리기 위해서는 공적재정 투입확대가 불가피하다. 그러나 전적으로 공적재정 투입에만 의존한다면 지속가능성의 문제가 야기된다. 따라서 기존의 사회보장체계를 고용친화적으로 개편하는 전략을 강구해야 한다. 즉 재정 투입형 전략과 체계 개편형 전략을 병행하는 방안을 적극 모색해야 한다.

이와 함께 현재 정규직/비정규직, 대기업/중소기업으로 분절화된 노동시장 구조도 개선해야 한다. 양극화된 노동시장은 과열교육을 포함해서 다양한 사회, 경제적 문제를 야기하고 있다. 이를 해결하는 방법은 공감대를 이루고 있는 직무급 중심의 성과보상과 임금피크제 확대, 정규직/비정규직의 차별 없는 사회보험 적용 등이다. 이미 정부나 정당들이 입법을 추진하거나 입법이 완료된 내용이 대부분이지만, 문제는 기존의 이해관계가 얽혀 있어서 제대로 성과를 거두지 못하고 있다. 특히 기존 노동시장의 기득권 구조가 굳어진 상황에서는 그 해결을 위해 보다 큰 사회적 논의와 합의가 필요하다.

결국 우리 경제의 활력과 도약을 위해서는 노-사-정-시민사회가 일정한 사회적 합의를 통해 기존 노동시장의 한계를 극복할 수 있는 방안을 마련해야 한다. 정쟁이나 기득권을 지키려는 이유 때문에 이 문제가 10여 년 이상 표류하고 있는 것 자체가 우리의 미래를 어둡게 하는 징후다.

한편 위에서 제시하고 있는 고용창출, 일자리창출, 사회서비스 분야 일자리 확대 등을 실효성 있게 추진할 수 있는 대안적 경제제도로 부각되고 있는 것이 '사회적 경제'다. 그런 측면에서 '사회적 경제 육성, 활성화전략'이 필요하다. 협동조합, 사회적기업, 마을기업, 자활기업, 공정무역 등으로 대변되는 사회적 경제는 기존의 이윤, 자본 효율 중심의 획일화 된 자본주의 경제질서가 양산해온 비인간적 물질 중심의 경제, 양극화, 일자리 고갈 등의 여러 문제들을 많은 부분 풀어갈 수 있는 보완제적, 대안적 경제의 영역이다. 이러한 사회적 경제는 일자리 창출이라는 복지와 노동, 경제 전반, 나아가 공동체 복원이라는 사회의 문제까지 아우를 수 있는 대안적 경제제도로 확장될 수 있다.

부담과 혜택의 균형

마지막으로 지속가능한 재정을 준비해야 한다. 앞에서도 강조했지만, 복지확대는 '되면 좋은 것'이 아니라, 한국의 미래를 위해서는 필수불가결한 요소이다. 하지만 복지확대에 따라 늘어날 수밖에 없는 복지재정 부담을 어떻게 해결할 것인가는 눈앞의 시급한 과제가 되었다. 현재의 저부담-저복지 체제에서 30년 후에는 중간 수준의 복지와 그에 상응하는 중간 수준의 부담이 될 수밖에 없기 때문이다. 하지만 이 중간 수준의 부담을 누가 하는가는 매우 정치적이면서 계층적인 문제이다. 만약 이 부담은 피하고 혜택만 누리려 할 경우 우리는 익히 보아왔던 선진국들의 재정파탄과 국가부채 위험을 피할 수 없다.

이른바 '부자감세' 논란은 우리나라에서만 있는 현상이 아니다. 대부분의 선진국들도 비슷한 논쟁을 겪은 바 있고, 지금도 중요 정치쟁

점인 나라들이 많다. 물론 나라별로 어느 계층이 어느 정도 부담한다고 일률적으로 말하는 것은 불가능하다. 그것은 각국의 역사적 과정이 다르고 이른바 복지국가 경로에서 차이가 있기 때문이다.

하지만 분명한 것은 우리의 조세부담률이 장기적으로 높아져야 하며 이때 어느 계층, 어느 집단, 나아가 어느 세대에게 얼마를 부담지울 것인가 하는 문제가 첨예한 정치적 쟁점이 된다는 점이다. 이것은 결코 행정적이고 기술적인 문제가 아니며, 그 자체가 정치적으로 풀어야 될 과제이다. 다만 여기서 정치적이라 함은 정치공학적인 의미에서가 아니라 국가의 장래를 걱정하는 차원에서의 '부담과 혜택의 균형'을 이룬다는 의미이다.

부담과 혜택의 균형을 이루기 위해 극복해야 할 핵심적인 장애물은 조세부담과 예산집행에 대한 국민의 뿌리깊은 불신이다. 이 문제를 해결하지 못하면 더 많은 복지를 위해 추가적인 부담을 하도록 국민을 설득할 수 없다. 공정한 부담과 투명한 집행에 대한 국민의 신뢰확보는 미래의 복지를 위한 선결과제이다.

한국형 복지국가는 정쟁의 대상이 아니다

이제 우리에게 복지국가라는 말은 전혀 낯설지 않다. 한때 막연한 기대로서 혹은 우리도 언젠가 도달해야 될 목표로서 복지국가를 생각했었다면 이제는 어떤 복지국가에 어떻게 도달할 것인가가 고민거리가 되었다. 1998년 외환위기와 함께 사회안전망의 위기가 찾아왔고, 이를 극복하는 차원에서 시작된 복지확대는 이후 복지국가라는 목표로 확장되었다. 외환위기 직전에 GDP의 3%에 불과했던 복지예산은

2014년 10%를 넘어섰다.

이와 함께 저출산, 고령화에 따른 지속적 복지수요 문제가 제기되었다. 특히 고령화현상은 노후 소득보장, 의료비 확대가 수반되는데 이는 그 자체로서는 복지확대이지만 다른 차원에서 보면 곧 미래세대의 부담이며 국가재정의 제약요인이다. 이 때문에 고령화문제에 제대로 대처하기 위해서라도 저출산문제를 해결해야 하는 것이 당연하다. 무엇보다 아이를 낳고 기르기 좋은 환경을 만들어야 하며 이를 위해 보육 등 다양한 사회서비스를 확장해야 한다. 이러한 변화가 출산력을 회복시키고 사회의 활력을 높이는 과정이다.

복지확대는 삶의 질을 높이고 수준 높은 문화생활에 이르게 하는 적극적이고 긍정적인 측면과 함께 막대한 재정이나 복지의존에 따른 문제를 해결해야 하는 부정적 측면 역시 고려해야 되는 과제이다. 더구나 우리나라는 선발 복지국가들이 걸었던 길과는 다르게, 저성장-저출산-고령화-양극화 상태에서 복지국가를 이룩해야 하는 과제를 안고 있다. 전 세계적으로 아직 아무도 가보지 않은 길이다. 따라서 복지국가에 이르는 길 자체가 대안적 성장동력을 회복시키며, 양극화를 해소하는 과정이어야 한다. 복지와 경제는 이분법적으로 나누는 것이 아니라, 함께 발전하는 과정이어야 한다. 그야말로 동반성장이 복지국가 구축과정에서 실현될 수 있어야 한다.

그러나 이 길은 사회적 연대와 합의가 뒷받침되지 않으면 불가능하다. 누가 얼마를 부담하고 누가 어떤 혜택을 받을 것인가는 복지국가로의 성공 여부를 결정하는 핵심쟁점이다. 사회가 이에 대해 승복하지 않을 경우, 복지확대는 물론이고 사회통합도 요원해진다. 결국 정치가 중심에 서서 해결해야 된다. 적어도 한국형 복지국가를 이룩하는 과제는 정쟁의 대상이 되어서 안 된다. 이는 안보문제처럼 보수, 진보를 떠나 우리나라의 존립에 해당되는 문제이기 때문이다. 제2차 세계대전 직후 유럽 국가들이 경쟁적으로 복지국가 확대의 길에 나섰을 때, 든든한 사회적 대타협이 그 바탕에 있었음을 기억할 필요가 있다.

사회분야 미래전략
노동전략

어느 제도든 영원한 제도는 없다. 어느 시기에 잘 작동하던 제도도
환경이 바뀌어 다른 시기가 되면 역기능이 나타나기도 하며 제도로서
의 효용을 잃기도 한다. 사회경제적 환경이 바뀜에 따라 우리나라에서
도 산업화시대에 형성된 여러 제도가 제대로 작동하지 않고 있다. 시
대적 변화와 그에 따른 대중들의 요구에 맞도록 경제사회적 제도가
적절한 시기에 개혁되어야 한다. 고용시스템도 이런 제도 가운데 하나
이다.

서유럽과 미국 등 주요 선진국의 사례를 살펴보자. 전후체제post-
war settlements는 제2차 세계대전 후 만들어졌던 케인즈 정책에 기반
을 두고 있다. 특히 완전고용, 고용안정, 단체교섭을 근간으로 하는 고
용시스템인 뉴딜The New Deal체제는 1970년대까지는 잘 작동하였으나
1980년대에 위기에 봉착하였다. 즉 전후의 고용시스템이 새로운 경제
사회환경에 적응하지 못하고 실업률 상승 등 위기를 드러낸 것이다. 이
는 새로운 고용시스템으로 전환되었다.

현재 우리의 고용시스템은 1960~1980년대 산업화시기에 형성되어 1987년 민주화와 1998년 외환위기 때 일정하게 변화했다. 그러나 산업화시대에 형성된 기본 특징과 구조는 유지되고 있어, 2000년대 들어 문제가 발생하고 있다. 1990년대 말부터 드러나기 시작한 노동시장의 이중구조화는 정규직과 비정규직 간의 격차 심화, 그리고 대기업, 공공부문의 근로자들과 민간 중소기업 근로자들 사이의 격차 심화로 나타났다. 1990년대 중반기까지는 대기업에서 이익이 나면 그 아래에 있는 하청 중소기업들에게도 낙수효과가 있었고, 좋은 일자리가 많이 창출되어 그만큼 기회도 생겼다. 그러나 1990년대 말과 2000년대에 들어서면서 낙수효과와 일자리 창출효과가 사라지거나 크게 약화된 것이다.

2014~2015년에 3대 노동현안으로 대두한 통상임금, 노동시간 단축, 정년연장 문제도 어느 날 갑자기 불거진 문제가 아니다. 우리의 고용시스템에서 누적되어온 구조적인 문제가 드러난 것이다. 이들 3대 노동현안은 벌써 해결이 되었어야 할 문제이지만 여전히 남아 있는 숙제다.

경제환경 변화와 현 고용시스템의 유용성 상실

현재의 경제사회환경은 산업화시대와 비교해 근본적으로 달라졌다. 현 고용시스템은 산업화시대에 형성되어 순기능을 발휘하였으나 경제사회환경이 바뀌면서 일자리 창출력 상실, 노동시장 이중구조화, 장시간 노동체제 유지, 낮은 여성고용률 등 역기능을 낳고 있다.

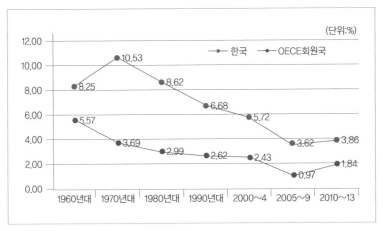

자료: World Bank. 2014. 재가공

우리 경제는 2000년대 하반기(2000년대 후반기 3.62%, 2010년대 전반기 3.86%) 이후 저성장시대로 진입했다. 앞으로 경제성장률은 높아야 3%를 약간 넘는 수준이 될 것이다. 과거 고도성장시대를 전제로 만들어진 현 고용시스템에서 저성장에 따른 여러 충격이나 문제점이 드러나고 있다. 반듯한 일자리 창출력의 감소, 빠른 승진과 가파른 연공주의의 지속불가능, 세대 간 임금격차가 발생하고 있다. 이미 저성장시대가 되었으나 국민들 마음속의 '고성장의 추억'과 높은 '기대감'이 충족되지 못해 불만이 쌓이거나 위기감이 누적되고 있다.

이미 우리 경제는 세계화, 금융자본의 자유로운 이동, 시장의 개방화 등으로 고도의 상호의존적인 국제분업구조로 편입되고 있다. 과거 고도성장기에는 상대적으로 보호된 시장에서 주로 추격전략을 통해 성장을 유지했다. 반면 이제는 개방된 시장에서 상호의존적인 국제분업구조, 노동집약산업의 경쟁력 저하, 장시간 노동, 저임금에 의존한 한계산업의 잔존과 그에 따른 각종 지체현상(장시간 근로, 낮은 임금체계 등) 등 여러 문제들이 노정되고 있다. 게다가 기업들의 장기투자 감소와 단기수익 중심 경영이 비정규직 증가, 아웃소싱과 원-하청관계의 과도한 의존 등의 결과를 빚어 노동시장의 이중화를 낳고 있다.

산업구조의 양극화와 대기업의 시장지배적 지위가 강화되면서 경제성장의 성과가 대기업에 집중될 뿐, 하청 중소기업에는 돌아가지 않았다. 그러면서 노동시장의 이중구조는 점차 심화되었다. 여기에 대기업들이 하청단가를 지속적으로 인하하면서 하청 중소기업들의 수익성은 더욱 악화되어 중소기업 근로자들의 처우개선을 위한 여지가 줄어들게 되었다. 다시 말해 산업구조의 양극화를 극복하지 않고는 노동시장 양극화를 개혁하는 것은 불가능하게 된 것이다.

경제의 서비스화로 일자리는 주로 서비스업에서 늘어나는데,[7] 우리의 경우 부가가치가 높은 산업서비스업의 비중이 낮고 개인서비스업의 비중이 높아, 늘어나는 서비스업 일자리의 질이 떨어지고 있다. 즉 좋은 일자리 창출력이 감소되고 있는 것이다.

고용시스템에 큰 영향을 미친 사회적 환경변화로는 고령화, 여성들의 경제활동 참여와 맞벌이가정 증가, 청년층의 고학력화 등이 있다.

먼저 고령화로 인한 변화는 710만 명에 이르는 베이비붐 세대의 노동시장 퇴직, 초저출산률이 고령화를 가속화하고 있다. 2030년이 되면 65세 이상의 인구가 전체 인구의 1/4 가량이 되어 일본, 독일과 함께 세계에서 가장 늙은 사회가 될 것이다.

현 고용시스템은 젊은 사회를 전제로 만들어져 조기퇴직, 왕성한 세대(24~54세)의 장시간 노동에 의한 노동시간 독점, 인생의 1/3 정도만 고용되어 있는 짧은 고용기간,[8] 노인빈곤층 증가, 노인복지 부족 등 많은 문제를 드러내면서 지속가능성을 잃어가고 있다. 과거 기대수명이 70세 안팎이던 때의 고용기간이 그대로 남아 있는 상태에서 급격한 고령화라는 충격을 현 고용시스템이 소화하지 못하고 있는 것이다.

〈표 3-5〉 남녀 25세~54세 고용률 국제비교

(단위: %)

	여성 25세~54세			남성 25세~54세		25세~54세 남녀 고용률 차이
	1995	2013	상승폭	1995	2013	2013
벨기에	60.6	74.0	13.6	86.5	84.0	10.0
캐나다	69.4	77.9	8.5	83.0	85.1	7.2
덴마크	75.9	79.0	3.1	87.3	85.0	6.0
프랑스	67.5	76.2	8.7	86.8	85.2	9.0
독일	66.4	78.5	12.1	86.8	87.9	9.4
일본	63.2	70.8	7.6	95.3	91.7	20.9
한국	54.9	61.8	6.9	92.7	87.8	26.0
네덜란드	61.3	78.3	17.0	88.2	86.4	8.1
스페인	40.3	61.2	20.9	78.6	70.4	9.2
스웨덴	81.1	82.7	1.6	84.0	87.9	5.7
영국	69.5	75.3	5.8	84.8	86.5	11.2
미국	72.2	69.3	- 2.9	87.6	82.8	13.5
OECD 평균 가중치부여	62.0	66.5	4.5	87.7	84.8	18.3

자료: OECD Employment Outlook 2014. 재가공

다음으로 여성의 활발한 경제활동 참여를 살펴보자. 우리의 가족 단위 고용모델이 그동안 남편 취업, 아내 전업주부라는 외벌이 모델에 서 부부가 함께 일하는 맞벌이 모델로 옮겨가고 있다. 고학력의 젊은

층일수록 여성들도 남성 못지않은 경제활동 의지를 보이고 있다. 그러나 우리의 현 고용시스템은 외벌이 모델을 전제로 설계되어 맞벌이 가정에서, 특히 여성들이 직장을 다니면서 자녀를 낳고 키울 수 있는 고용환경이 되지 못한다. 장시간 노동, 일-생활균형의 미비, 남성 중심의 직장문화, 성차별 등의 문제를 야기하고 있다.

그 결과 우리나라의 여성 고용률은 다른 나라에 비해 낮다. 25세 ~54세의 구간에서 남녀 고용률 차이가 OECD의 다른 어떤 나라보다 커서 여성인력의 활용이 매우 저조하다. 〈표 3-8〉에서 보듯이 남녀 간 임금격차도 매우 커서 남녀 차별적 관행이 상당부문 남아 있음을 알 수 있다.

마지막으로 청년층의 고학력화 문제다. 노동시장의 이중화로 고학력자들이 갈 수 있는 일자리는 적다. 다수의 저임금 일자리에 취업한 청년들의 열패감과 청년빈곤, 나아가 청년층의 늦은 사회 진출 등이 저출산문제 심화의 악순환으로 연결되고 있다.

전체적인 고용률도 매우 저조하다. 20대 초반 남성 고용률은 군대와 높은 대학진학률로 주요 선진국 20대 전반기 고용률보다 20~25%p 가 낮은 수준이고 20대 전반기 여성들의 고용률도 주요 선진국보다 10~20%p 정도 낮은 수준이다. 20대 후반 남성의 고용률도 주요 선진국의 고용률보다 10~15%p 낮고, 20대 후반 여성들의 고용률은 주요 선진국의 고용률보다 5%p 이상 낮은 편이다. 30대 초반에 가서야 남성 고용률이 주요 선진국 수준에 도달하며, 30대 초반 여성들의 고용률은 결혼에 따른 임신, 출산, 육아 때문에 크게 떨어져서 주요 선진국의 고용률보다 10~20%p 정도 낮다.

사회적 환경변화 요인 외에도, 현재의 기업별 고용과 노사관계시스

<표 3-6> 청년층(남/녀)의 고용률과 실업률 국제비교

국가		고용/실업 20~24세	남녀고용률 20~24세	고용/실업 25~29세	남녀고용률 25~29세	고용/실업 30~34세	남녀고용률 30~34세
캐나다	고용률	68.20	남 68.4	78.5	남 81.2	81.8	남 86.5
	실업률	10.47	여 68.0	7.5	여 75.7	6.1	여 77.1
프랑스	고용률	47.02	남 50.7	74.6	남 79.1	79.7	남 85.0
	실업률	21.96	여 43.4	13.7	여 70.3	9.9	여 74.5
독일	고용률	64.25	남 65.6	77.6	남 80.5	82.1	남 88.1
	실업률	7.70	여 62.9	6.7	여 74.5	5.7	여 76.0
일본	고용률	64.15	남 62.4.	81.2	남 87.2	79.4	남 91.3
	실업률	6.99	여 66.0	6.2	여 74.9	4.4	여 67.2
한국	고용률	43.23	남 38.1	68.8	남 69.6	72.9	남 88.4
	실업률	9.17	여 47.5	7.1	여 68.0	3.7	여 56.7
네덜란드	고용률	71.62	남 71.4	81.7	남 82.0	84.0	남 88.1
	실업률	8.84	여 71.9	7.2	여 81.3	5.9	여 79.8
스웨덴	고용률	58.70	남 59.4	77.5	남 80.5	84.1	남 88.2
	실업률	18.66	여 58.0	9.4	여 74.4	6.8	여 79.8
영국	고용률	60.59	남 62.9	77.6	남 83.4	81.4	남 88.9
	실업률	17.39	여 58.2	8.5	여 71.5	5.6	여 73.8
미국	고용률	61.67	남 63.5	74.0	남 80.1	76.4	남 84.8
	실업률	12.80	여 59.8	8.1	여 68.1	6.7	여 68.2
OECD 평균	고용률	55.16	남 59.5	71.7	남 79.5	75.3	남 86.0
	실업률	14.93	여 50.8	10.4	여 63.9	8.0	여 64.7

자료: OECD StatExtracts. OECD Labour Force Statistics. 2015. 5

템도 노동시장 이중화에 기여하고 있다. 〈그림 3-3과〉 같이 노조가 조직된 1차 노동시장(대기업, 공공부문)에서는 높은 노조조직률과 강한 교섭력이 임금, 근로조건, 복지를 높이는데 기여했다. 반면 노조가 거

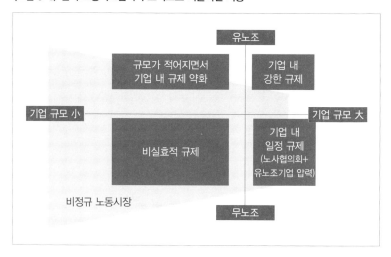

의 없거나 있더라도 매우 약한 2차 노동시장(하청 중소기업, 비정규직)에서는 교섭력에서 우위에 서 있는 사용자가 지불능력이 취약한 상태에서 정하는 대로 낮은 임금과 열악한 근로조건이 유지되어왔다. 기업별로 조직된 노조는 1차, 2차 노동시장 전체를 아우르는 식의 노동시장을 규율하는 전략이나 시스템 구축을 하지 못했다. 정부와 사용자도 과거에는 제3자 개입 금지를 법으로 강제할 만큼 기업별 고용과 기업별 노사관계시스템을 강제하는 데 집착해 왔고 현재도 산업별, 업종별 노동시장 조율은 생각도 하지 않고 있다.

현 고용시스템의 문제

현 고용시스템이 변화한 경제사회환경에 맞지 않아 발생하는 구조적인 문제는 무엇인가?

첫째, 좋은 일자리 창출능력의 현저한 저하를 들 수 있다. 좋은 일자리가 지속적으로 창출되면 청년고용문제 그리고 노동시장 이중문제도 완화될 수 있다. 이미 저성장시대에 들어서 있고 지불능력을 갖춘 대기업 그리고 공공부문 조차도 아웃소싱, 원하청관계를 이용하여 비용을 낮추려는 과정에서 좋은 일자리 창출능력은 크게 감소해왔다.

〈표 3-7〉 정규직 대비 비정규직의 월평균 임금수준

(단위: %)

	2002	2005	2007	2009	2011	2013	2014
정규직	100.0	100.0	100.0	100.0	100.0	100.0	100
비정규직	67.1	62.7	63.5	54.6	56.4	56.1	55.8

주: 정규직 임금을 100으로 했을 경우 비정규직의 상대적 수준
자료: 통계청, 경제활동인구조사 원자료, 각 연도 8월 기준

한국의 저임금(중위임금의 2/3 미만) 비중은 2012년 현재 25.1%로 OECD국가 평균인 16.3%보다 훨씬 높고 임금격차가 심한 미국과 더불어 수위를 달리고 있다. 또한 상위 10%와 하위 10% 사이에 소득배율도 4.71로 미국의 5.22보다는 낮으나 OECD 평균이나 다른 선진국보다 훨씬 높아서 소득의 양극화도 심각하다. 노동시장의 이중화는 1차 노동시장 정규직의 고용안전을 둘러싼 노사대립, 비정규직의 정규직화 요구를 낳고 있다. 산업, 업종별, 직종별 노동시장을 기업 횡단적으로 규율할 수 있는 비교 가능한 기준과 기제가 없는 것도 1차 노동시장과 2차 노동시장의 분단과 이중구조를 구조화시킨 요인이다.

같은 산업, 업종, 직종 등에서 기업 간 비교와 조정을 통한 표준화가 되지 않은 상태에서 기업별로 각개 약진한 결과, '파편화되고 불공정

<표 3-8> OECD 주요국 소득격차와 저임금 비율 비교

	상위10%와 하위 10%간의 소득배율		남녀 간 임금격차(%)		저임금의 비율(%)	
	1999	2012	1999	2012	1999	2012
캐나다	3.63	3.72	24	19	23.1	21.7
프랑스	3.10	2.97	9	14	..	..
독일	3.22	3.26	23	14	20.0	18.3
일본	2.97	2.99	35	27	14.6	14.3
한국	3.83	4.71	41	37	23.4	25.1
네덜란드	2.89	2.90	22	20	14.8	14.6
스웨덴	2.24	2.27	17	15	..	..
영국	3.44	3.55	25	18	20.1	20.5
미국	4.50	5.22	23	19	24.5	25.3
OECD	3.01	3.38	20	15	16.8	16.3

자료: OECD, 2014, OECD Employment Outlook 2013

한 고용시스템'이 나타났고 이것이 바로 노동시장의 이중구조라고 할
수 있다. 문제는 대기업 대 중소기업의 임금격차가 커지는 만큼 대기
업들이 그 격차를 이용하기 위해 아웃소싱과 원-하청관계를 확대해왔
다는 것이다. 대기업들의 프랜차이즈, 영업망, 아웃소싱기업, 하청기업
들이 늘어나면서 대기업들의 수직적 통제력은 늘어나되 책임을 지지
않는 구조를 만들어 수익은 전유하되 비용은 외부로 돌리는 식이 되
고 있다.

셋째, 고령화에 따라 기업 현장에서는 나이가 들어도 일할 의욕
과 능력을 가진 중고령자들의 정년연장 요구는 거센데, 기업에서는 조
기퇴출로 대응하고 있다. 한국의 주된 직장에서 퇴직연령은 53~55세

로 주요 선진국의 실제 퇴직연령인 59~63.7세에 비해 훨씬 낮다. 하지만 고령자 사회보장의 미비로 퇴직한 뒤에 55세 이상 중고령자들의 47.2%(통계청. 2014. 고령자 통계)가 다시 비정규직이나 자영업자로 취업하는 실정이며, 거의 70세가 되어서야 실제 퇴직을 하는 상황이다. 근로자들의 생애주기 요구와 기업의 실제 고용주기 사이에 불일치도 심각한 문제를 낳고 있다. 기업들은 근로자들이 왕성한 활동을 하는 25~54세까지 장시간 노동을 포함한 집중적인 노동을 시킨 뒤에 중고령자들을 퇴출하는 조기퇴직을 관행화해왔다. 여기에 여성들의 결혼에 따른 임신, 출산, 육아를 고려하지 않은 장시간 전일제 고용의 사회적 규범도 여성고용, 맞벌이모델로의 이행에 큰 걸림돌이 되고 있다. 왕성한 세대(25세~54세)가 일자리와 노동시간을 독점함에 따라 세대 간 일자리 나누기도 되지 않고 있다. 2016년부터 시작될 법정 정년연장 60세의 시행도 노사 간에 세대 간 일자리의 시각에서 전혀 접근되지 않고 있다.

넷째, 근로자들의 고용과 소득안정 요구와 법적인 고용안정 보장에는 딜레마가 있다. 매우 빠르게 변화하는 경제환경 아래에서 기업들의 흥망성쇠가 예측하기 어려운 가운데 기업 수준에서 근로자들의 고용안정에 대한 법적 보장만으로 소득안정, 고용안정을 보장하기에는 명확한 한계가 존재한다. 중소기업 근로자들, 비정규직 근로자들의 기업 간 과도한 노동이동성과 대기업, 공공부문의 노동이동성 부재의 공존도 노동시장 이중구조 심화에 기여하고 있다. 이것은 2차 노동시장에서 노동시장의 과도한 유연화, 1차 노동시장에서 기업 내 노동시장의 경직성이 병존하는 것과 연계되어 있다. 대기업이나 공공부문에서는 기업별 고용시스템과 노동시장 이중구조 때문에 다른 기업으로 이동하려고 해도 쉽지 않아 노동시장의 경직성으로 나타나고 있다. 반면 중소기업 근로자들이나 비정규직 근로자들은 직장이나 직업에 대한 불만을 이직형태로 표출하여 지나치게 높은 노동이동성을 보이고 있다.

다섯째, 현 고용시스템은 장시간 노동체제를 기반으로 하고 있어 왕성한 세대의 일자리와 노동시간 독점, 인력사용 최소화로 사회적인 일자리 나누기 부재로 귀결되고 있다. 장시간 노동을 통한 노동투입 위주의 생산시스템도 작업공정, 품질관리, 개선활동 등에서 일터혁신을 지체시키고 있으며 노동의 질 개선이나 일-생활균형도 결정적으로 가로막고 있다.

마지막으로, 현 고용시스템의 전일제 고용과 장시간 노동, 남성 외벌이 모델과 관련된 직장문화는 여성 고용률을 낮추고 저출산을 촉진하고 있다. 여기에 육아비용과 교육비용의 누적적인 증가도 저출산을 부채질하고 있다.

고용시스템 개혁방향

현 고용시스템을 근본적으로 개혁하여 신 고용시스템을 만들고자 할 때 우리는 어떤 방향으로 나아가야 하는가? 현 고용시스템은 공정성, 효율성, 지속가능성을 갖는 고용시스템으로 개혁되어야 할 것이다.

첫째, 좋은 일자리 창출이나 일자리 나누기를 할 수 있어야 한다. 그러기 위해서는 2차 노동시장의 임금과 근로조건을 개선하여 노동시장의 이중구조를 개혁하고 아웃소싱이나 외주하청화의 요인을 줄여야 한다.

둘째, 한계산업의 구조조정, 생산성 향상을 통한 산업구조 고도화, 서비스산업 최저임금의 적정한 인상, 산업-업종-직종별 임금표준화, 직무급 도입 등을 통해 중소기업이나 비정규직의 임금수준을 높이고 일자리 질을 크게 개선해야 한다.

셋째, 근로자들의 생애주기적 요구를 반영하여 '기존의 굵고 짧으며 획일화된 경력경로'를 개혁하여 '가늘고 길며 다양화된 생애 경력경로'를 만들어야 한다. 왕성한 세대가 일자리와 노동시간을 독점하는 것에서 청년, 고령자도 근로시간을 줄여서 일할 수 있는 시스템이 되어야 한다. 이를 위해서는 중고령자들의 고용을 담보할 수 있도록 직제, 임금체계, 정년연장이 가능한 고용시스템이 되어야 한다. 일-생활균형과 근로자 개인의 생애주기 요구에 맞도록 근로시간을 조정함으로써 남성외벌이 모델에서 맞벌이 모델로의 이행을 촉진하고, 여성 고용률을 높여야 한다. 그러기 위해서는 가족과 성별의 시각을 반영한 고용시스템이 되어야 한다.

넷째, 공정하고 지속가능한 직제와 임금체계로의 개혁이 필요하다. 대기업과 공공부문의 연공주의는 합리성이 없지는 않으나, 고성장시대의 1차 노동시장과 내부노동시장에 적합한 모델이다. 이제 저성장시대, 1차, 2차 노동시장을 통합한 공정한 노동시장을 만들어야 하고 고령화에 따른 정년연장을 보장하기 위한 상당한 개혁이 필요하다.

다섯째, 장시간 노동을 단축하여 노동생활의 질을 높이고 일-생활균형 및 세대 간 일자리 나누기를 하되, 노동시간의 유연성과 노동생산성을 높여야 한다. 학습과 훈련을 강화하여 일터혁신을 촉진함으로써 삶의 질을 높이고 노동시간 단축과 저임금을 개선할 수 있는 여지를 만들어야 한다.

마지막으로, 신고용시스템은 기업 간 노동이동성을 촉진할 수 있도록 산업-업종-직종 간 노동시장 내의 비교가능하고 기업횡단적인 노동시장 인프라를 구축해야 한다. 이를 토대로 노동시장 내 임금수준과 근로조건을 표준화함으로써 노동시장의 이중구조를 개혁해야 한다.

고용시스템 개혁전략

현 고용시스템의 개혁이 제대로 이루어지기 위해서는 노사정 당사자들이 개혁의 필요성에 대해 절실히 공감해야 한다. 노-사-정의 절실한 공감대는 1998년 외환위기와 같은 심각한 위기나 1970년대 말과 1980년대 초에 미국, 영국, 네덜란드가 경험한 높은 실업률의 상황에서 형성될 수 있다. 그러나 우리의 고용시스템이 낳고 있는 문제점에서 비롯되는 위기는 '저강도 위기'로 마치 '천천히 데워지는 가마솥 안의 개구리'처럼 위기로 느껴지지 않고 있다. 심각한 위기를 느끼는 것은 2차 노동시장에 속해 있는 중소기업 근로자들 혹은 비정규직 근로자들이다. 그러나 그들은 무노조 상태에 있거나 노조가 있더라도 약하기 때문에 제 목소리를 내기 어렵다.

정부와 전문가들이 현 고용시스템이 유용성을 상실했다는 인식을 갖고 2014년부터 고용시스템의 일부 개혁인 노동시장 구조개혁에 나서고 있다. 경제발전 노사정위원회를 통해 노동시장 구조개선 원칙과 방향에 대해 합의한 뒤 2015년 3월 말까지 3대 노동현안(통상임금, 근로시간 단축, 정년연장), 노동시장 이중구조, 사회안전망 확충이라는 주요과제에 대해서 타협안을 내기로 했다.

2015년 초 노사정위원회 노동시장구조개선 특위와 그 산하 전문가 그룹에서 3대 노동현안인 통상임금, 근로시간 단축, 정년연장과 관련된 논의가 진전되어 상당한 접점들이 형성되기도 했다. 그러나 노사정 간의 노동시장 이중구조 해법을 둘러싼 견해 차이는 심각했다. 사용자 측과 정부는 대기업과 공공기관의 정규직 과보호론을 주장하면서 저성과자의 통상해고에 관한 가이드라인을 대법원 판례를 참조하여 만들고, 사회적 합리성이 있는 경우 취업규칙 불이익변경을 근로자 대표의 동의 없이도 가능하게 할 것을 주장했다. 이에 대해 노동계는 노동시장 이중구조 개선을 2차 노동시장에 속해 있는 중소기업과 비정규직 근로자들의 임금과 처우 개선을 통해서 할 것을 주장했다. 이와 같은 격차는 끝내 좁혀지지 못하고 노사정위원회 노동시장구조개선 특위는 좌초되었다.

현 고용시스템의 개혁은 노사정 어느 한쪽이 결사적으로 반대하는 경우 성사되기 어렵다. 다만 현 고용시스템이 낳고 있는 근본적인 문제점들에 대해 공감하는 가운데 큰 개혁방향에 대해 노사정 사이에 일정한 동의가 있는 경우, 구체적인 제도개선에 대한 의견을 조정해나갈 수 있을 것이다. 그런 점에서 현 고용시스템의 개혁은 10년 이상이 걸리는 장기 프로젝트로 추진할 필요가 있다. 따라서 노사정위원회 노동시장 구조개선 특위가 좌초되었다고 현 고용시스템의 개혁을 포기할 이유도 없다. 오히려 노사정 사이에 의견접근이 되었던 3대 노동현안을 중심으로 개혁방향에 맞도록 타협안을 도출하면서 밀린 개혁의 숙제들을 풀어나가야 할 것이다. 또한 노동시장 구조개선 특위에서 제기되지 않았던 다양한 과제들, 산업-업종-직종별 임금과 근로조건의 표준화 기준 마련을 통한 노동시장 이중구조 완화, 일-생활균형을 통한 여성고용률의 제고, 노동시간 단축을 통한 일자리 나누기 등의 문제들도 해결해나가야 할 것이다.

현 고용시스템을 개혁하기 위한 노력도 그 자체만으로는 노동시장의 이중구조 문제를 근본적으로 해소할 수 없다. 독점대기업들이 지배, 통제하고 있는 원-하청관계, 아웃소싱, 프랜차이즈에서의 불공정거래와 독점력을 이용한 이익 추구 그리고 수익은 전유하고 비용을 외부화하는 관행을 개혁해야 한다. 노동시장의 이중구조 개혁을 핵심으로 하는 고용시스템 개혁은 한계가 있을 수밖에 없다. 또한 하청중소기업들을 포함한 수많은 중소기업들이 현장에서 다양한 혁신(작업공정, 품질, 숙련, 연구개발, 인사제도 등)을 통해서 생산성, 부가가치 창출을 해나가는 작업도 함께 추진해야한다. 그래야만 2차 노동시장에 속해 있는 근로자들의 임금과 근로조건을 개선할 수 있다.

사회분야 미래전략
교육전략

광복 70년, 대한민국은 눈부신 발전을 이루었다. 여기에 교육이 주효했음을 부인하지 않는다. 하지만 앞으로도 지금과 같은 교육을 해야 한다고는 생각하지 않는다. 미래사회가 요구하는 인재를 기르는 것이 교육이기 때문이다. 앨빈 토플러는 2001년 한국정부에 제출한 보고서에 혁신적인 교육시스템의 필요에 대해 언급하였다. 30년 후 우리 사회의 미래를 조망하고 대비하는 교육은 어떠해야 하는지 논의해보도록 하자.

미래사회가 요구하는 인적자원

교육개혁의 방향을 모색하기 위해 필요한 것은 미래사회가 어떻게 변화할지 알아보는 것이다. 미래세대들이 미래에 적응하고 적극적으로 대응할 수 있도록 길러내야 하기 때문이다. 미래사회를 결정하는 7대 요소(사회, 기술, 환경, 인구, 정치, 경제, 자원)를 근간으로 미래사회를 예측해보고, 이를 근거로 미래교육전략을 수립해야 한다.

먼저 인구 문제와 관련하여 우리나라는 급격한 고령화와 인구감소의 문제를 복합적으로 가지고 있다. 이에 따라 학교의 감소, 노동 인력 구조의 변화, 생산성의 저하 등에 대처해야 한다.

한편 로봇기술의 발전에 따라 여러 영역에서 로봇이 인간의 역할을 대신할 것이다. 그렇다고 해서 인간의 역할이 없어지지는 않는다. 오히려 지금보다 더 창의적인 영역에서 인간의 할 일이 늘어날 것이다. KAIST 정재승 교수는 나무가 아닌 숲을 보고 직관적이고 예술적이고 자기감정을 제어하고 상상력이 풍부하고 통합적 사고를 하는 리더가 세상을 이끌어가는 시대가 올 것이라고 말한다.

전 세계적으로 모든 제조업의 기지 역할을 하는 나라는 독일, 일본, 중국, 한국이며 이중 세 나라가 동북아에 자리잡고 있다. 과거 세 나라는 산업구조가 상호보완적이었는데, 향후 분업구조는 생존을 건 치열한 경쟁구조로 바뀔 것이다. 경제발전의 한계에 어려움을 겪은 일본은 'Innovation 25'라는 기치를 앞세워 사회의 기술융합, 사회선도, 세계기여에 대한 목표를 설정하고 다시금 도약의 발판을 만들어가고 있다. 중국은 미국의 위치를 넘보며 세계권력의 축을 이동시키고 있다. 그 사이에 있는 한국은 전통적인 제조업의 경쟁력 약화를 경험하고 있다. 골드만삭스는 중국경제가 2050년 세계 1위로 올라설 것이라고 예측한다. 중국의 발전은 거대한 국가규모, 장구한 역사와 문화, 우수한 인력, 교육열 등을 기반으로 한다. 한국인은 위기를 만나면 그것을 긍정적 요소로 전환시키는 능력이 있다. 우리나라는 역동성이 강하며, 어떤 일을 시도해가다 안 되면 방법을 바꾸는 일에 주저함이 없다. 물론 이것은 장점이면서 단점이기도 하다.

기술분야는 메타기술, 개방혁신, 개방플랫폼의 등장으로 패러다임이 변하고 있다. 창조적인 콘텐츠, 고도의 기술력, 혁신적인 비즈니스 모델, 온라인 유통망 등이 서로 융합하면서 창조성과 혁신을 통해 부가가치를 창출하고 있다. 모바일 기술발전에 따라 시간과 공간의 제약을 받지 않는 시대가 되었으며, 클라우드컴퓨팅, 사물인터넷, 빅데이터 기술의 도입으로 새로운 형태의 산업혁명이 오고 있다.

이와 동시에 기술발전의 이면에 존재하는 프라이버시 침해나 감시, 통제의 문제점들을 제어할 수 있는 인성 확보가 절실해지고 있다. 한편 기후변화, 에너지문제, 식량문제, 질병, 물부족 등의 문제를 해결하고 건강한 인류의 삶을 유지하도록 하는 데는 단순히 과학기술자들만의 노력으로는 부족하며 심리학자, 윤리학자, 사회학자 등과의 융합적 협력체계가 필요하다. 이런 융합을 위해서는 인간의 인성, 지혜, 창의성, 커뮤니케이션 능력, 글로벌의식이 필수적이다.

국립외교원은 『통일한국 2020』 보고서를 통해 한반도의 통일은 정치적 요소를 배제하고 단계적이고 점진적이며 평화적으로 이루어져야 한다는 의견을 제시한 바 있다. 남북관계의 정상화와 남북경제공동체에 따른 경제통일과정을 거친 후 2040~2050년경 통일이 이루질 것이라는 전망이다. 하지만 남북통합이 되더라도 분단문화와 언어의 이질성, 이를 극복하는 과정에서 나올 수 있는 갈등들을 해결할 수 있는 교육문화 프로그램이 제대로 시행되어야한다.

그간의 논의를 종합해보면 미래사회에 필요한 인간상은 창조적 인간, 융합적 인간, 개방적 인간, 혁신적 인간, 통합적 인간, 문화적 인간, 건강한 인간 그리고 남의 문화를 적극적으로 배우려는 수용적 인간형이다. 이러한 융합적 인간을 위해서는 지혜, 창의성, 글로벌의식, 커뮤니케이션 능력이 필수적으로 요구된다. 이를 종합하면 미래인재상을 다음과 같은 5가지 속성으로 정리할 수 있다.

첫째, 창조적 지성이 필요하다.
둘째, 바른 세계관을 가진 사람이 필요하다.
셋째, 전면적 인성이 필요하다.
넷째, 융합적 의식을 필요로 한다.
다섯째, 글로벌 의식을 필요로 한다.

이런 교육을 받아들일 준비가 됐는가

앞에서 정리한 미래인재의 속성은 새로운 것이 아니다. 이미 많은 전문가들이 미래교육의 방향으로 제안한 내용들이다. 하지만 우리 교육현장에서는 이러한 교육이 보편적으로 시행되고 있지 않다. 이러한 교육 내용을 받아들이기 어려운 현실이 존재하는 것이다. 즉 교육의 수용성에 문제가 있다. 수용성이 부족하면 아무리 좋은 교육도 효과를 보지 못한다. 미래교육의 방향에 대해서는 이견이 크지 않다. 실제로 학생들이 받아들이게 하는 수용성에 대한 논의가 필요하다. 아무리 모두에게 좋은 것을 주어도 이를 제대로 받아들일 수 있는 사람에게만 좋은 결과가 나온다. 그러면 왜 인간은 사람에 따라서 다른 수용성을 갖는가?

첫째, 지성의 틀(지력)이다. 인간은 저마다의 가치관과 세계관에 따라 전달되는 지식을 재해석한다. 참과 거짓을 구별하는 지성의 틀이 왜곡되어 있으면 전달되는 지식이 바르게 들어오지 않는다.

둘째, 내면의 심적 상태(심력)가 중요하다. 어떤 일에 부딪쳤을 때 일단 포기하고 부정적으로 보기 시작하면 그것을 수용하는 것이 어려워진다.

셋째, 몸의 상태(체력)다. 건강하지 못한 사람, 체력이 부족한 사람은 교육내용을 제대로 받아들이기 어렵다.

넷째, 자기관리능력이다. 아무리 많은 계획을 세우고 목표를 정해도, 자신을 통제하여 실행에 옮기지 못하면 교육 수용성이 떨어진다.

다섯째, 인간관계능력이다. 자기가 신뢰하고 사랑하는 사람의 말은 쉽게 받아들이지만, 신뢰하지 않는 사람이 말하면 받아들이지 않는다.

지금까지 살펴본 이 5가지 요소(지력, 심력, 체력, 자기관리능력, 인관관계능력)는 인성의 기본적인 요소다. 즉 미래인재의 양성은 수용성에 관한 요소들의 전면교육에 밀접하게 연결되어 있다.

우리교육의 문제와 해결방안

학교는 다양한 학습자들로 구성된 역동적인 집단이다. 학교는 교육체제뿐만 아니라 국가, 사회, 인류가 직면한 문제들과 함께 공생한다. 따라서 교육의 바탕이 되는 교육력의 회복은 단순히 학교와 교육의 문제만을 해결하는 것으로 가능하지 않다. 우리사회, 국가, 인류가 일상생활에서 직면하고 있는 난관들을 극복할 때 가능한 것이다. 우리가 직면한 교육적 문제 몇 가지를 살펴보자.

• **교육의 장을 떠나는 아이들**: 우리교육은 한 줄 세우기식 성적, 석차 경쟁, 획일화된 교육체제를 통해서 공교육을 유지해왔다. 이러한 교육

의 장에서 학업성취를 이룬 소수의 학생들이 성공한 엘리트로 대접받았고 다수의 학생들은 자존감과 자부심을 상실한 채 부진아나 낙오자가 되었다. 획일화된 교육체계에 적응하지 못하는 학생들은 반항하는 부진아처럼 낙인되어 교육의 장을 떠난다. 2012년 한국교육개발원에서 발행한 교육통계연보에 따르면, 전국에 있는 초중등학교에서 매년 6만 명 이상의 학생들이 학교를 떠나 거리를 배회하고 있다.

• **공교육의 무력화:** 우리나라 교육체계는 국가적 차원에서 획일화되어 있다. 예를 들어 교육과정정책과 교과서제도, 평가제도와 선발을 위한 시험제도가 획일적으로 시행된다. 학생들의 다양성과 자율권, 창의성은 고려되지도 보장되지도 못한다. 학생과 학부모 모두 학교교육을 경시하는 공교육 붕괴현상이 나타나고 있다. 학생들의 개별적인 성취와 다양한 잠재능력에 대한 진단으로 보기 어려운 방식으로 학생을 평가하고 있다. 문제는 이와 같은 평가결과가 학생들의 미래를 결정하는 중요한 단서가 되어 이들의 진학, 진로여정에 중대한 영향을 미친다는 점이다. 획일화된 평가방식은 모든 사람을 한 가지 방향으로 내몰고 있다. 경쟁이 치열하게 될 수밖에 없는 상황은 학부모들을 자연스럽게 사교육에 의존하게 만든다.

• **인터넷, 멀티미디어 환경 변화에 대한 부적응:** 인터넷과 멀티미디어 환경은 교육에도 매우 커다란 변화를 가져다주었다. 세상의 모든 지식이 온라인에서 검색 가능하고 가정의 디스플레이 기기를 통하여 고품질의 교육 콘텐츠가 제공되고 있다. 학생들의 정보흡수 능력과 눈높이 역시 이전과는 다른 양상과 수준으로 변화였다. 그러나 교실에서는 과학과 기술의 발달에 따라 첨단기기들이 수업에 사용되

는 것 외에는 여전히 교사 중심의 강의 위주 수업이 주를 이루고 있다. 급변하는 사회와 교육환경, 그 안에서 빠르게 지식과 정보를 흡입하는 학습자들에게 적합한 교육기기, 교육방식, 콘텐츠, 교수법 전략들이 필요하다.

미래교육의 방향

앞서 미래교육의 모습을 현실교육과 비교, 분석해보고 현재 우리가 직면한 여러 교육문제들을 살펴보았다. 이하에서는 다가올 미래교육의 방향에 대해서 기술하고 이를 실현하기 위한 구체적 과제들을 제안한다.

•**교육력의 회복:** 한국사회에 교육의 바탕이 허물어졌다는 비판과 자성이 여기저기에서 들린다. 가정에서는 소위 밥상머리 교육이 사라지고 있고 학교에서는 인성교육이 무너지고 있으며 사회에서는 건전한 시민을 양성하기 위한 교육이 이루어지지 않고 있다. 학생들은 사교육에 지쳐 있고 학교는 공교육 기관으로서 무기력하며 교권은 끊임없이 추락하고 있다. 길거리에서 폭력과 일탈행위를 일삼는 청소년들은 자신들을 훈도할 어른이 없음을 알고 있다. 경쟁력 있는 미래교육을 재건하기 위해서 교육력을 회복하는 것이 시급하다. 학교를 포함한 다양한 형태의 교육시스템의 교육력을 강화해야한다. 교육은 학교에서만 이루어지는 아니며 가정, 지역사회 공동체, 공공/사립기관 등 여러 조직에서 이루어진다.

교육력을 회복하기 위해서는 앞에서 살펴본 교육수용성을 제고해야 한다. 아무리 좋은 내용이라도 받아들일 준비가 되어 있지 않으면 의미없다. 우리 교육의 기본적인 문제는 교육내용의 부재가 아니라, 그 좋은 내용을 학생들이 받아들이지 못하고 있다는 점에 있다. 옳고 그른 것을 구별하는 지력, 어떤 일을 만났을 때 포기하지 않고 긍정적으로 바라보는 심력, 몸을 건강하게 유지하는 체력, 자기 자신을 통제하여 목표에 이르게 하는 자기관리력, 사람들과 좋은 관계를 유지하는 인간관계력이 필요하다.

2013년 OECD가 발표한 학업성취도와 학교행복도 조사에 의하면, 한국 학생들의 학교행복도는 세계 최하 수준이다. 마음이 불행한데 선생님의 말씀이 귀에 들어올 리 없다. 교육의 기본은 행복한 학교를 만드는 데서 출발해야 한다. 우리 학생들이 학교에 가고 싶게 만들어야 한다. 정신적으로 건강하고 행복한 시민을 기르는 것이 첫째라 생각해야 한다. 학생들의 마음에 행복감과 여유가 있어야, 옳고 그름의 판단기준과 가치, 다양성 존중, 상호존중과 배려, 관용과 포용의 정신이 자리잡을 수 있다.

• **창의성 교육을 조장할 수 있는 사회, 문화적 환경 조성:** 미래사회는 남들과는 다른 무언가를 가지고 있어야 생존할 수 있다. 현재 우리교육의 가장 큰 화두 중 하나가 창의성교육이다. 창의성은 독창성과 새로움, 적절성과 유용성의 조합을 통해서 발현된다. 보편적이지 않고 남들과 다를 수 있다. 창의성교육은 개별성에 대한 인정과 수용으로부터 가능하다. 사회적 잣대와 기성세대의 눈높이에서 성장중인 학생들을 평가하고 분류할 것이 아니라 이들의 개별성과 차별성을 발견하고 이를 긍정적으로 발전시킬 수 있도록 독려하는 평가시스템을 고안해야 한다. 그러므로 이와 같은 창의성의 본질과 가치를 이해하고 존중하는 사회, 문화적 환경이 조성되어야 할 것이다.

• **교육환경 변화에 따른 교육방식의 변화:** 과학기술의 발달로 교육환경이 급속하게 변하고 있다. 멀티미디어 기기와 인터넷의 발달로 학생들의 기대치는 더욱 높아지고 있다. 기존의 교육방식과 교육기기로는 만족하기 어렵다. 새로운 멀티미디어 기기를 이용한 콘텐츠 개발과 교육방식을 고안, 개발해야 한다. 뿐만 아니라 온라인 교육과 오프라인 교육의 장단점을 상호보완하는 방식으로 새로운 교육모델을 개발해야 한다. 교육환경 변화에 따라 다양한 형태의 학교와 교육방식이 고안되고 시행될 수 있도록 적극적으로 지원할 필요가 있다. 다른 한편으로, 학교가 아닌 자택에서 학습과 교수활동이 이루어지는 홈스쿨링이 보다 증가할 것이다. 첨단 과학기기와 다양한 교재, 수준 높은 교육인력 등은 학교라는 교육기관이 아닌 또다른 공간에서 학습과 교수가 가능하게 한다. 학생들이 홈스쿨링을 많이 선택할수록 학교는 존립 자체에 위협을 받게 된다. 미래사회에서는 교육이 학교라는 공간에서 이루어지지 않을 수 있다. 학교와 홈스쿨링이 공생할 수 있는 효율적인 교육행정과 정책이 필요하다.

• **다양한 진학 및 진로세계에 대한 인정:** 미래사회에서 오늘날 대학이 어떠한 의미를 가지고 있을까? 초중등학교와 마찬가지로 고등교육기관에 대한 사람들의 생각에도 변화가 있을 것이다. 대학은 특정 영역의 전문성을 키우기 위해 개인이 필요에 의해서 진학하는 고등교육기관으로 변하고, 학제 또한 영역의 특성에 따라 달라질 것이기에 2년제 혹은 4년제 식으로 균일하게 운영되지 않을 것이다. 학생들은 중학교 또는 고등학교 입학 직전에 자신의 진학과 진로에 대해 보다 많은 선택권을 가지게 될 것이다. 이는 다양한 군의 직업학교가 대학 진학시기 이전에 필요하다는 것을 의미한다. 미래사회에서

교육은 개별성과 차별성에 대한 존중과 인정을 바탕으로 하기에 학생들이 진학과 진로에 대한 다양한 선택권과 결정권을 가질 수 있도록 해야 한다.

미래사회는 지금보다 훨씬 빠른 속도로 국경이 허물어지고 언어, 문화 장벽이 없어질 것이다. 글로벌시대의 인재는 개방적인 생각과 태도, 타문화에 대한 존중과 이해, 배려와 포용, 외국어 능력 등을 필요로 한다. 중국, 일본, 러시아와 인접한 한국은 글로벌 인재들의 활동공간으로서 최상의 위치라 할 수 있다.

•**학생, 교사, 부모 간 협업을 통한 맞춤형 교육:** 부모의 자녀교육에 대한 관여 정도가 점차 높아지고 학교 외 기관을 통한 교육기회가 확대된다. 따라서 부모와 가정은 영아기, 유아기뿐만 아니라 아동기, 청소년기, 또는 이후 발달단계에서도 학생들의 교육활동에 지대한 영향을 미치게 될 것이다. 교육의 주체는 더이상 학생과 교사만이 아니다. 학생과 교사, 부모(가정) 간 협업을 통해서 학생들의 적성과 능력, 재능과 창의성을 십분 발휘할 수 있는 맞춤형 교육을 고안하는 것이 필요하다.

•**교육의 사회적 가치 추구와 입시제도:** 오랫동안 교육의 일차적 목표는 개인의 자아실현과 행복에 있었다. 미래사회에서 교육은 교육의 사회적 책무를 강조한다. 교육의 긍정적, 생산적인 결과는 개인적인 목표달성과 자아실현, 삶의 여유와 만족, 행복을 가져다주지만 개인적인 차원에만 국한되어서는 안 된다. 교육은 교육을 받고 수행하는 대상뿐만 아니라 교육적 행위와 활동을 제공하고 가능하게 하는 사회와 환경에도 유익해야 한다.

교육이 대학입시와 깊이 연결되어 있음을 모두 인식하고 있다. 우리의 교육에서 나타나는 많은 부작용이 대학입시에 기인하고 있음을 부인하지 못할 것이다. 교육부와 대학당국은 교육에 대한 국민들의 열망과 염원에 귀를 기울여야 한다. 대학입시는 원하는 학생을 선발하는 기능도 있지만 동시에 중고등학교의 교육방향을 제시하는 기능이 있다. 사회적 가치를 추구하고 공공성을 생각하는 대학이라면 교육 정상화에 도움이 되는 방향으로 입시제도를 개선해야 한다.

미래교육전략

현재까지 교육의 목표는 국민의 평균 교육수준을 높이는 데 있었으며 인지역량 중심의 교육을 해왔다. 성적 중심의 교육은 인간을 변별할 수 있는 가장 쉬운 방법으로 이를 통해 인간이 가진 다른 인성요소를 어느 정도 파악할 수 있다. 그 결과 탁월한 경쟁력으로 경제발전에 많은 기여를 해온 것도 사실이다. 하지만 이런 교육은 전인격성을 길러주는 데 한계가 있으며 인성부족, 시민의식과 창의성 부족 등의 문제가 있고, 수용성 있는 일부 학생들에게만 유리했다는 것도 사실이다.

그런데 미래사회는 고도의 과학기술발전, 정보화, 세계화, 다문화, 삶의 불안정성 등의 난제를 해결해나가야 한다. 이를 위해서는 전인격성 교육을 통해 국민 모두가 세계시민으로서 다가오는 복잡다양한 난제들을 극복해야 한다. 따라서 새로운 교육의 추구가 아니라 그동안 우리가 간과하고 있었던 교육의 본질에 더 다가가려는 노력과 미래사회 변화에 적극적으로 대응할 수 있는 전략이 필요하다.

세계시민교육전략

최근 한국에서 개최된 2015 세계교육포럼에서는 인류 모두를 위한 포용적이고 포괄적인 교육의 중요성이 대두됐다. 인류 보편적 가치를 추구하며 공동체의식과 책임감을 가진 세계시민을 길러야 한다는 것이다. 이를 위해 경쟁보다는 협력을 추구하고 다양성, 인성, 창의성, 자기주도적 능력을 가진 미래형 인재를 기를 수 있는 공교육체계가 필요하다.

사실 세계시민교육이 우리교육의 근간임을 재인식하는 것도 필요하다. 교육기본법 2조에 명기된 '홍익인간弘益人間'이라는 교육이념과 인격 도야陶冶, 자주적 생활능력과 민주시민으로서 필요한 자질 함양을 통한 인간다운 삶 영위, 민주국가의 발전과 인류공영人類共榮의 이상 실현이라는 교육목적은 사실 세계시민교육의 그것과 다르지 않다.

공교육의 정상화를 논할 때 주의해야 할 것이 있다. 많은 문제점들이 있지만 지금까지 우리교육이 가지고 있었던 장점들을 외면해서는 안 된다는 것이다. 한국교육을 세계 최고의 수준으로 이끌어올린 요소 몇 가지를 열거한다면 높은 교육열, 우수한 교원, 상대적으로 낮은 교육불평등 등을 들 수 있다. 이러한 기본적인 제도적 강점으로 우리교육은 소득계층 간 성적 차이가 다른 나라에 비해 상대적으로 작다. 따라서 이러한 기본틀을 부정하는 방향으로 교육혁신을 추진한다면 더 많은 것을 잃게 될 것이다.

수용성교육에 대한 모델을 제시하고 그 실행을 위한 다양한 실험이 계속되어야 한다. 가르치는 방식의 전화도 필요하다. 토론 중심의 학습을 위해 KAIST에서 시행하고 있는 Education 3.0이나 '거꾸로 교실'이라는 방식의 실험도 좋은 방향이다.

평생교육전략

초고령화 시대를 대비하여 인적자원의 가치를 극대화시킬 수 있는 가정, 학교, 직장을 아우르는 교육이 이루어져야 한다. 가정교육과 학교교육이 평생 활동에 영향을 줄 수 있도록 하는 교육 콘텐츠가 개발되어야 한다. 즉 고독한 개인을 공동체의 일원으로 성장시키기 위한 교육, 100세 시대에 대비할 수 있는 경제교육과 건강교육을 실시해야 한다. 아울러 이런 커리큘럼을 운용할 수 있는 교사, 부모, 직장인에 대한 평생교육체계를 구축하여 모든 사람들이 현실적으로 교육의 혜택을 받도록 해야 한다.

통일교육전략

분단한국은 우리의 온전한 미래가 아니다. 평화와 통일이 온전한 미래다. 통일한국은 민족동일성 회복을 위해 폐쇄적인 민족정서를 극복하고 열린 사회로 발전해야만 한다. 따라서 미래사회의 실질적 구성원이 될 청소년들에게 통일교육은 절대적으로 필요하다. 남북의 이질적인 사회에서 살아온 청소년들이 문화의 벽을 넘어설 수 있도록 하는 전인격적 교육을 실시한다. 그리고 이를 통해 남북이 미래의 동반자로 함께 나아갈 수 있도록 해야 한다. 이를 위해 통일 전 단계에서는 남북한 학생들을 위한 통합시범교육을 실시하여 통일교육 기반자료 확보 및 종합적 분석을 해야 할 것이다.

통일한국은 민족동일성 회복과 동시에 이웃 국가와 함께하는 열린 다문화사회로 발전해야 한다. 지역 내 화해통합 분위기를 확산하고, 아울러 지속적인 성장이 가능한 역동적이고 조화로운 사회를 구현할 수 있도록 해야 한다.

소외계층의 교육지원 사업도 동시에 진행해야 한다. 도서벽지 농어촌지역, 저소득층, 다문화가정, 그리고 공교육에 적응하지 못하고 학교를 떠난 학생 등에 대한 사회적 통합을 만들어갈 수 있는 교육이 체계적으로 시도되어야 한다. 이를 위해 시간과 공간의 제약을 넘어설 수 있는 ICT 기반 하이브리드교육을 활용하는 것도 가능하다. 정보통신기술의 발달은 교육의 양적 확대뿐만 아니라 맞춤형 교육까지도 동시에 가능하게 할 것이다. 디지털시대의 교육, 즉 넓은 의미의 스마트시대의 교육혁신은 이러한 기술의 변화를 염두에 두고 적응 및 극복이라는 관점에서 진행되어야 한다.

지금까지 잘했던 것처럼

현재 우리 교육의 문제로 인성의 부족, 시민의식의 부족, 그리고 창의성의 부족 등을 지적하지만 아울러 이런 교육을 통해 국민의 평균교육수준을 높였으며 비약적 경제발전을 이루게 한 것도 사실이다.

문제는 앞으로 직면하게 될 급변하는 미래사회 상황에 적극적으로 대응할 수 있는 방안을 현재의 우리가 만들고 실천할 수 있느냐 하는 것이다. 이를 위해서는 새로운 교육방법론을 탐색하기보다 교육의 본질에 더 충실하게 다가가려는 인식이 필요하다. 인간의 전인격적 인성을 계발하여 수용성을 회복시키고, 이를 바탕으로 교육력을 신장해야 한다. 즉 창조적 지성, 바른 세계관, 전면적 인성, 융합적 의식, 글로벌의식을 가진 미래형 인재를 길러내야 한다.

향후 30년의 미래가 결코 만만치 않은 시대임을 예상하지만, 우리가 바른 미래교육전략을 수립하고 이를 일관되게 추진한다면, 미래에 놓인 많은 심각한 난제들을 잘 해결할 수 있을 것이다. 그리고 우리에게 주어진 국가적 사명을 감당하며, 평화를 근간으로, 고도의 기술 사회에서 창의적으로, 인류의 행복을 지향하는 역사의 바른 길을 가게 될 것이다.

6

보건의료전략

국가의 미래 보건의료전략은 30년 후의 모든 국민에게 건강한 삶을 보장할 수 있어야 한다. 이를 위해서는 보건의료시스템의 지속가능성을 높이는 전략이 필요하다. 오늘날 우리는 저출산과 고령화, 경제적 저성장의 장기화 등에 직면해 있다. 이러한 문제들을 고려하여 보건의료시스템의 지속가능성을 높일 수 있는 정책들을 선정하고 우선순위를 정해야 한다. 세계보건기구WHO와 많은 연구자들도 국가의 지속가능성 측면에서 국민 건강권 실현을 보장하는 보건시스템Health System 구축을 강조하고 미래 환경 변화에 대비한 시스템의 지속가능성을 높이는 전략 수립을 촉구 하고 있다.

일반적으로 'Healthcare System'과 'Health System'은 국문으로 번역되는 과정에서 '보건의료시스템' '의료시스템' '보건시스템'이라는 용어로 혼재되고 있다. 하지만 엄격히 정의하면 전자는 개인에게 의료 서비스가 제공되도록 구성된 시스템에 한정되고 후자는 전자의 의료시스템 외에 사회에서 건강에 직간접적으로 영향을 미치는 구성요소들까지 포함하고 있어 좀더 포괄적인 범위이다. 하지만 현실적으로 두 시스템의 경계를 구분하는 것은 어려우며 의료시스템과 사회시스템간의 역동적 관계를 포괄하는 보건시스템의 범위를 모두 다루기도 어렵다. 국민의 행복은 개인이 경험하는 의료서비스와 밀접한 관련이 있다. 따라서 이 장에서는 개인들이 질병의 예방, 치료, 관리를 위해 경험하는 의료시스템을 중심으로 전략대상의 범위를 제한하고자 한다.

흔히 '미래의료'라고 하면 과학발전과 연계된 첨단의료기술만을 떠올리기 쉽다. 하지만 해마다 발간되는 수많은 미래예측 서적들을 살펴보면 미래의료를 첨단기술의 발전과 산업적 관점에서 다루고 있다. 이는 독립된 영역과 경계가 해체되는 융복합의 시대를 준비하면서 의료역시 미래형 산업의 핵심으로 주목받고 있기 때문이다.

이러한 흐름에는 의료디바이스를 시작으로 관광과 예방 컨설팅까지 광범위한 응용산업의 영역을 만들어낼 수 있는 바이오-생명 산업에 대한 기대가 반영되어 있다. 정보통신, 첨단의료기술, 빅데이터, 인공지능이 결합된 디지털 헬스케어와 개인 맞춤형 의료personalized care 또한 미래의 메가트렌드로 자주 언급되며 이러한 시류를 뒷받침한다.

보건의료산업은 시장의 순기능이 발휘되려면 국가의 개입이 최소화되어야 하는 분야이기도 하다. 하지만 산업의 발전을 위해서는 보편적 건강보장Universal Health Care을 위해 공적영역에서 설정된 법적, 제도적 규제에 대해 완화 또는 예외 적용이 요구되는 경우가 많다. 이에 정부는 공적영역과 민간영역의 관계를 지속적으로 조율하는 과제를 해결해야 한다. 다른 시장과 달리 보건의료분야에서 정부의 개입이 다소 정당화되는 이유는 기타 재화 및 서비스 시장과는 달리 의료서비스에서는 소비자가 공급자와 동일한 정보를 갖지 못하고 공급자의 결정에 의존해야 하는 경우가 많기 때문이다.

우리나라는 전 국민을 대상으로 공적 건강보장시스템인 국민건강보험제도와 의료급여제도[9]를 운영하고 있다. 이렇듯 우리나라 보건의료시스템은 공적제도를 기반으로 운영되지만, 의료시설과 장비의 90% 이상이 민간이 개설하거나 투자한 것으로 공적 개입의 실효성이 높지 않다. 그러므로 보건의료전략 범위를 설정함에 앞서, 국가가 국민의 미래 행복을 위해 정책적으로 개입하고 관리해야 하는 우선 영역이 어디인지 생각해보아야 한다.

결론적으로 그 범위는 국가의 정책적 개입 가능성과 보편적 의료보장 관점을 고려하면서, 국민이 직접 경험하는 의료·보건서비스를 중심으로 해야 한다. 이를 통해 국가 보건의료시스템의 미래 지속가능성을 높이는 전략이 마련되어져야 한다.

보건의료의 부정적 미래

우리나라는 첨단 과학기술과 정보화 기술이 발달했기 때문에 보건의료기술의 발전과 보건의료산업이 성장할 잠재력이 높다. 여기서는 적절한 사전준비가 없을 경우 일어날 수 있는 부정적 미래를 전망하였다.

재원조달 기반 약화, 의료수요 급증

통계청 인구추계(2013~2040)에 의하면, 우리나라의 생산가능인구(15~64세)는 2016년 3,704만 명을 정점으로 감소하기 시작하여 2040년에는 2,887만 명으로 낮아진다. 이는 전체인구 5,109만의 56.5%에 불과한 수준이다. 우리나라는 국민의 2~3%에 해당되는 의료급여 수혜자를 제외하고 전 국민이 건강보험제도에 가입되어 있다. 건강보험제도의 주요재원이 보험료 수입이므로 생산가능인구의 감소는 직접적으로 보험료 수입을 감소시킬 것이다. 반면 노인인구의 증가와 수명 연장은 국가의 보건복지지출을 증가시킬 것이다. 국민들의 의료보장에 대한 요구가 증가하고 고령화, 질병구조의 변화 등 의료비 증가요인이 나타나고 있다. 최근까지 한국의 국민의료비 증가속도는 OECD국가 평균의 2배 수준을 유지하고 있다.

국민건강보험공단에 의하면 2008년 건강보험 적용인구 중 65세 이상 노인인구 비중이 10.5%로 전체 진료비의 29.9%를 지출했던 것이 2014년에는 노인인구비중이 19.4%로 2배가 안 되게 증가했지만 노인 진료비 규모는 35.5조원으로 3배 이상 늘어났다.

이러한 추세가 가속화되면 보험료 수입을 재원으로 하는 공적 건강보장 시스템에서 의료비 지출을 감당하기 어려울 것이다.

의료에 대한 공적 지출 감소

저성장 경제기조가 장기화되고 민간소비의 둔화가 지속되고 있다. 한국개발연구원KDI은 저출산 고령화로 인한 인구구조의 변화가 한국의 경제성장률을 지속적으로 하락시킬 것으로 예측했다. OECD도 생산가능인구 감소로 인해 2031년부터 2060년까지 30년간 한국의 평균 성장률이 1%로 추락해 OECD국가 중 최하위권에 머물 것으로 예측했다. 저성장과 소비위축은 실업을 증가시키고 조세수입을 감소시킴으로써 국가 재정여건을 악화시킬 것이다.

이러한 상황 속에서 국민들의 보건의료에 대한 국가재정 투입요구는 증가할 것이라 예상된다. 건강보험은 급증하는 의료소비를 감당하지 못할 것이며, 저성장으로 인해 빈곤층으로 전락한 인구층에게는 의료급여의 수혜를 확대시켜야 하기 때문이다.

문제는 국가 재정여건의 악화로 공적제도를 지원하는 정부지출이 오히려 감소할 수 있다는 것이다. 공적지원의 감소와 건강보험 재정수지의 악화는 결과적으로 건강보험에서 보장하는 서비스 급여범위를 축소시켜 국민이 직접 부담해야 하는 비용을 늘리게 될 것이다. 이는 국민의 불만을 가중시키고 보험료 부담의사를 더 낮추게 하는 악순환을 되풀이한다.

재정적자의 만성화

의학기술의 발전과 고령화사회의 도래로 만성질환이 크게 증가할 것으로 전망되고 있다. 우리나라 성인의 만성질환 유병률은 50대 68.7%, 60대 83.7%, 70대 이상 91.3%로 고령일수록 증가하고 있다. 아일랜드에서 만성질환은 사망률의 86%, 전체 질병부담의 77%와 관련되며 현재 만성질환자가 보건자원의 약 70%를 사용하는 것으로 평가된다. 만성질환 발생률의 증가는 의료비 지출 급증에 대응하는 미래 전략 수립의 중요한 계기를 제공한다.

한국보건사회연구원의 발표(2014)에 의하면 외래 환자의 45%, 입원환자의 11%가 복합만성질환을 앓고 있다. 복합질환은 발병 이후 전 생애 동안 관리가 필요한 만성질환을 3개 이상 갖고 있는 걸 말한다. 65세 이상 고령자에서 복합만성질환자 그룹은 비복합만성질환자 그룹에 비해 비급여를 제외한 외래이용 의료비가 1.6배 높았다. 이러한 복합만성질환의 증가는 의료비 지출의 급증을 초래할 수 있다. 만성질환의 증가는 앞서 제기한 고령화 속도와 더불어 공적 시스템의 재정난을 더욱 악화시킬 수 있다.

의료의 계층화

빅데이터와 첨단 의료기술의 결합은 질병의 사전예측 및 예방, 개인 질병에 특화된 맞춤치료시대를 열고 있다. 또한 사물인터넷, 웨어러블 컴퓨터의 보편화는 건강관리와 질병치료에 대해 장소와 시간의 제약 없이 개인에게 최적화된 의료서비스를 가능하게 한다. 개인별 유전자 데이터를 활용한 맞춤형 실시간 치료의 보편화는 의료의 개인화를 더욱 조장할 것이다. 하지만 보편적 보장을 원칙으로 운영되는 공적 건강보험제도는 융복합된 최첨단 의료기술의 출현속도에 맞추어 급여범위를 빠르게 확대하기 어려울 것이다. 공적영역과 민간영역 간 서비스 기술의 격차가 확대될수록 민간시장에서 최첨단 의료서비스를 개인부담으로 이용하고자 하는 수요가 증가할 것이다.

환자의 권한 강화 및 소비자주의Patient empowerment and consumerism는 발전된 의료기술의 편익을 누릴 수 있도록 공적 보장시스템의 보장성 강화를 더욱 요구하겠지만, 공적제도 밖에서의 선택적 의료 이용이 더 많이 증가함으로써 결과적으로 고도로 발전된 의료서비스의 편익이 고소득층에게만 집중되는 불평등문제를 악화시킬 것이다. 이는 부담능력에 따라 의료의 접근과 건강결과에서 격차를 확대시킬 것이다.

의료 민영화, 공적 영역의 약화

과학기술과 의료의 결합으로 질병과 장애를 치료하는 의료혁명은 재료공학, 마이크로봇Microbot, 생명공학이 융합됨으로써 급물살을 타고 있다. 또한 가까운 미래에 나노기술은 단 한 번의 진단으로 정확하게 암을 진단하고, 고통스러운 치료과정과 부작용 없이 암환자를 치료하는 방법을 제공할 것이다. 빠른 진단과 정확한 치료효과는 환자의 비용부담도 줄여줄 것으로 기대되고 있어 나노기술을 이용한 의료기기 개발시장은 활황을 이룰 것이다. 아울러 정보통신기술과 스마트기기의 보급은 의료이용에 있어서 시간과 공간의 제약을 없앨 것이다. 개인의 생활경로에서 건강관리정보가 누적되고 그에 따른 적절한 정보 제공과 서비스 처방이 이루어 질 것이다.

첨단장비와 기기에 기반을 둔 의료서비스 수요가 증가하게 되고 보건의료산업의 성장가능성도 지속 증가할 것이다. 초기에는 공적 보장 시스템의 강화를 주장하는 집단과 국가의 성장동력으로써 산업 발전을 주장하는 집단 간에 분쟁이 심화될 수도 있다. 하지만 최첨단기술의 편익을 보여주는 실증적 근거가 누적됨에 따라 수용성이 확대되고 보건의료산업은 전 세계적인 시장으로 확대될 것이다.

그러나 앞에서 언급했던 우려와 같이 산업의 발전은 의료의 계층화를 초래하고 개인 선택에 의한 고급 의료서비스 시장의 형성을 함께 유도할 수 있다. 관련 서비스를 보장하는 민간보험시장도 확대됨으로써 공적 보험제도의 역할이 점차 약화될 수도 있다.

해결해야 할 문제들과 목표

부정적 시나리오를 앞당기는 문제점 중 첫번째는 전체 의료서비스 공급의 90% 이상이 민간 소유라는 것이다. 공적제도를 기반으로 국가가 보건의료시스템을 운영하고 있지만 민간자본이 더 중심이 되고 있다. 이는 자본을 투자한 의료기관의 이익과 공익적 제도 운영이 의료기관의 수익 창출과 보건의료산업 발전과 관련하여 언제든지 충돌할 가능성이 있다는 걸 시사한다. 현재도 거대자본을 바탕으로 최첨단장비와 기술력을 보유한 수도권 초대형 병원에 환자들이 집중되고 있다. 이는 공적 의료시스템의 한계와 과제가 무엇인지 보여주는 단적인 예다.

두번째는 의료시스템의 비효율적인 구조이다. 2000년부터 2011년까지 국민의료비 연평균 증가율은 9.3%로 OECD 평균 4%의 두 배가 넘는다. 장기적 경기침체로 대부분 국가들의 의료비 증가세가 감소세로 전환되었는데도 우리나라의 증가세가 유지되는 이유는 의료시스템의 비효율 때문이다. 건강보험제도는 의료공급자에게 서비스 행위 단위로 가격을 보상받게 하고 이는 의료기관이 수익증대를 위해 환자에게 가능한 많은 서비스를 이용하도록 유도하는 환경을 만들었다. 또 의료의 질과 결과에 대한 객관적 평가정보가 상대적으로 부족한 환자들에겐 중복적 의료비 지출을 줄이는 대안으로 질병의 중증도와 상관없이 무조건 크고 유명한 병원을 찾게 만들었다. 그 결과 외래진료에서 빅5에 속하는 상급종합병원의 점유율은 매년 증가하는 반면, 1차 의료를 담당하는 의원의 점유율은 매년 감소하고 있다.

국민건강보험공단의 자료에 따르면 '성인의 예방 가능한 입원율'이 매년 증가하는 것을 확인할 수 있다. '성인의 예방 가능한 입원율'은 적절한 외래관리를 통해 고비용 입원을 예방하는 효율성 평가지표이다.

마지막으로 보건의료분야 데이터 활용의 경직성을 들 수 있다. 미래의료는 데이터에 기반을 둔 개인 맞춤형 스마트 의료라고 할 수 있다. 의료기술의 발전과 시스템 혁신은 데이터 분석을 통한 통찰을 통해 이루어진다. 개인 수준에서의 맞춤형 의료도 개인의 의료이용과 건강관리 데이터를 기반으로 확장될 수 있다.

하지만 현재 보건의료 데이터는 강력한 개인정보 보호정책으로 인해 시스템 효율화와 산업발전의 동력으로 활용되지 못하고 있다. 공공과 민간영역 간 연계는 물론 공적 시스템 내부에서도 데이터 생산과 데이터 연계가 단절되어 공적 시스템의 혁신에 필요한 데이터 활용을 기대하지 못하고 있다.

가치기반 보건의료시스템을 구축하자

환자, 정부, 의료기관 모두 양volume이 아닌 가치value에 기반을 두고 각자의 환경에서 의사결정을 할 수 있도록 보건의료시스템을 개편해야 한다. 다시 말해 환자들의 의료비 부담은 낮추고, 의료기관은 질quality과 결과outcome가 높아질수록 이익이 증대되도록 하며, 이 모든 과정이 가치에 기반을 두도록 정부의 개혁 노력이 필요하다. 보건의료 시스템의 효율이 좋아진다면 개인의 가치 향상과 국민의 건강증진에 크게 기여할 것이며 보건의료 시스템의 지속가능성 역시 높아질 것이다.

보건의료의 미래전략

국가의 미래 보건의료전략 추진기조는 네 가지로 정리된다. 첫째, 공적 보건의료시스템의 유지를 최우선으로 둔다. 둘째, 이해당사자들이 의사결정에 참여하고 투명하게 과정을 공유한다. 셋째, 모든 전략은 의료서비스의 질과 가치 향상에 목표를 둔다. 마지막으로 의료의 질과 건강의 결과 측면의 격차를 줄여 형평성을 제고함으로써 보다 견고한 시스템 발전을 유도한다.

저출산, 고령화를 일찍 경험하고 있는 북유럽 국가들과 비효율적

시스템의 장기적 실패를 우려하는 많은 국가들이 미래 보건의료전략을 추진하고 있다. 아일랜드는 건강과 복지, 서비스 개혁, 구조 개혁, 재정 개혁 측면에서 전략 틀을 잡고 만성질환 관리 향상, 재가 의료 확대, 질과 안전의 향상, 국민의 비용-부담 적정화, 1차 진료전담의general physician, GP 무료제공과 병원 이용에 대한 적시성과 형평성 제고정책들을 포함하고 있다.

영국의 로디언 주는 미래건강과 의료를 위한 향후 10년간의 보건의료전략에서 재정적으로 건전한 의료시스템 유지를 목표로 하며 핵심요소로 효율성과 혁신을 설정하였다. 아울러 의료혁신을 위해 선택과 통제를 위한 기술활용을 장려하고 있다.[10]

세계경제포럼이 개발한 2040년 네덜란드 보건의료시스템의 비전에는 서비스의 양이 아닌 건강 편익에 대한 보상, 성과 평가의 투명한 절차와 공개, 소비자의 인식과 독립성 권장, 치료와 돌봄의 대안적 모델 제시, 의료의 범주 재설정, 예방 서비스와 활동 강화, 이해관계자들의 조정과 장기비전의 추진력을 포함하고 있다.

이외에도 일본 등 대부분의 국가들에서 지속가능한 보건의료시스템 구축을 위해 의료전달체계를 효율화하여 현재 시스템을 비용 대비 질과 결과를 향상시키려 하고 있다. 이외에도 환자의 이용경로를 효율화하는 서비스를 제공하는 모델을 찾거나 지불방식에 변화를 주려는 노력을 하고 있다.

세계경제포럼은 2040년 미래 보건시스템의 3가지 전략방향을 건강과 의료를 개혁하기 위한 데이터와 정보의 활용, 혁신적 의료전달체계, 미래의 건강도시 및 국가 구축으로 제시한 바 있다.[11]

국내에서도 2011년 보건의료미래위원회가 '2020 한국의료의 비전과 정책방향'을 발표한 바 있다. 여기에서는 지속가능한 의료체계, 질적 소비자 중심 정책 지향, 적정부담/적정급여/적정보상, 이용의 적정화 및 공정한 규정 정립의 4가지 정책방향을 설정하였다. 이러한 방향성 하에 건강보험 보장성 강화, 의료의 질 제고, 의료체계의 효율성 제고를 위한 10대 정책을 제언하였다.

우리나라의 보건의료체계의 미래전망과 주요 국가들의 전략방향을 고려할 때, 국가 미래 보건의료전략은 가치 기반 보건의료시스템 구축을 목표로 시스템 효율성을 높이는 세 가지 전략방향을 설정할 수 있다.

첫째, 통찰과 혁신을 위한 보건의료 데이터의 활용.

둘째, 혁신적 의료전달체계 구축.

셋째, 의료기술과 산업 발전을 제때에 반영하는 보장성 강화 체계 구축.

미래전략의 추진방안

이러한 미래전략을 어떻게 달성할 수 있는지, 구체적인 몇가지 추진방안을 정리해보았다.

보건의료시스템에 대한 측정과 보상

국민의 건강생활 유도와 건강한 고령화는 미래의 의료수요 급증과 지출 증가를 예방할 수 있는 가장 효율적인 방법이다. 이를 위해서 바람직한 변화를 측정하고 이를 바탕으로 금전적 보상을 받는 연계체계의 구축이 필요하다. 다시 말해 환자 입장에서 비용은 절감되고 결과는 향상되는 최적의 의료경로를 의료공급자들이 서로 협력해 유도하고 이에 대한 좋은 평가를 받도록 하는 측정체계를 설계하는 것이다. 또한 이를 바탕으로 의료공급자들에 대한 금전적 보상을 확대해야 한다.

측정체계 설정을 위해서는 먼저 측정 기반을 견고히 하고 지불 보상과 연계하는 단계적 접근이 필요하다. 정확한 측정체계를 구축하려면 행정의 여러 수준(국가, 지역, 지방)과 단위(국가 정책, 의료기관)에서 수시로 의료체계를 측정하고 통합하는 장치가 마련돼야 한다. 외국에서는 건강보험 적정성 평가와 의료기관 인증 등 여러 가지 목적으로 이와 같은 평가를 확대하고 있는 상황이다.

개별적 평가 목적을 초월하여 의료시스템의 비용 대비 질과 결과의 향상을 국가 수준에서 시계열적으로 평가한다면, 보건의료시스템의 균형적 성과를 지속적으로 진단하고 발전을 유도할 수 있을 것이다.

의료의 질과 결과에 대한 격차 측정

저성장기조 장기화와 의료기술의 빠른 발전으로 인해 개인의 부담 능력과 지역에 따라 이용하는 의료서비스의 격차가 클 수 있다. 따라서 지속적으로 이 차이를 측정하고 결과를 공개함으로써 보다 공평한 보건의료시스템의 발전을 유도해야 한다.

환자중심 통합의료체계 구축

저출산, 고령화는 보건과 복지를 연계하는 새로운 서비스모델을 필요로 한다. 특히 공급자 간 칸막이 없이 임상적으로 관련된 의료이용에 대해 환자의 의료경로를 최적화(비용 절감, 결과 향상)시키는 통합의료 제공모델의 개발이 필요하다. 이를 위해서는 시범사업의 운영과 평가를 통해 시스템 전반으로의 확산을 결정할 수 있는 혁신체계가 필요하다. 미국 메디케어는 의료전달체계의 혁신을 주도하기 위하여 보건부 산하에 혁신센터를 설치하여 다양한 시범사업을 운영하고 있다.

의료서비스 혁신을 위한 신의료기술의 도입

보건의료시스템이 첨단 의료기술을 제때에 반영하여 의료서비스 혁신을 유도하도록 평가체계를 다원화해야 한다. 또 혁신체계를 활용한 시범운영 등을 확대해야 한다.

가치에 기반을 둔 보건의료시스템의 혁신은 시스템을 효율화시켜 지속가능성을 높일 것이다. 공적 시스템의 혁신은 보건의료산업분야에도 긍정적 파급효과를 미칠 것이며 무엇보다 이러한 변화과정은 국가 주도의 관리체계 구축에 크게 기여할 것이다.

가치 기반 보건의료시스템을 만들자

미래 보건의료전략은 국가 보건의료시스템의 지속가능성을 제고하기 위해 문제점을 진단하고 이를 해결하기 위한 정책의 우선순위를 설정하는 것이다. 미래 보건의료전략은 가치 기반 보건의료시스템의 구축을 통해 개인의 가치와 국민건강을 모두 향상시키는 방향으로 나아가야 한다. 이를 추진하기 위한 전략 방향은 통찰과 혁신을 위한 보건의료 데이터의 활용, 혁신적 의료전달체계 구축, 의료기술과 산업 발전을 제대로 반영하는 보장성 강화체계의 구축으로 정리할 수 있다.

향후 국가전략은 건강문화, 보건의료정보의 접근가능성, 사회연대성에 대한 국민의 태도, 현재 국가경영의 주체, 보건의료 혁신시스템의 체계성에 대한 불확실성을 고려하여 정책방향의 세부계획을 토대로 추진되어야 할 것이다.

7

사회분야 미래전략
언어전략

말과 글은 그 민족의 정체성을 나타내는 가장 중요한 요소이다. 영국인에게는 영국말이 있고 그 말을 적는 알파벳이 있고, 중국인에게는 중국말과 그 말을 적는 한자가 있다. 마찬가지로 우리에게는 한국말과 한글이 있다. 한국어는 우리민족이 탄생한 이래로 한반도를 비롯하여 그 주변에서 반만 년 동안 사용한 말이며 한글은 15세기 세종대왕이 창제한 우리문자이다.

우리는 말과 글을 통해 의사소통을 하고 문화를 만들고 생각을 하면서 우리의 혼과 얼을 형성해왔다. 우리민족의 정체성이 바로 언어에 있다는 말은 이를 두고 하는 말이다. UN이 2015년 제15회 '국제모국어의 날'을 맞아 "모국어 교육은 여러 언어를 구사하는 능력을 북돋우고 언어적 문화적 다양성에 대한 존중"이라며 모국어 교육의 촉진에 나선 것도 바로 이 때문이다.

21세기 문화융성의 시기, 우리민족의 정체성을 확립하고 문화를 창달하며 세계에 우리문화를 널리 알리기 위해서는 우리말과 글을 보존하고 발전시키는 것이 꼭 필요하다.

그렇다면 세계 속에서 한국어의 위상은 어떤가? 세계에는 약 7,000개의 언어가 존재한다. 그중에서 중국어는 약 12억 명이 사용하고 있어 단연 1위이고, 2위가 스페인어(4억 1,400만 명), 3위가 영어(3억 3,500만 명)다. 한국어는 13위로 약 8천만 명이 사용하고 있다.[12]

교육부 통계자료에 따르면 전 세계에서 한국어를 가르치는 교육기관은 2014년 기준으로 4,000개이며, 한국어 교육 수강생은 30만 명에 이른다. 한국어 교원자격 취득자 수도 1만 6,484명에 이를 정도로 꾸준한 증가세를 보이고 있다. 외국인의 한국어능력을 평가하는 한국어능력시험TOPIK은 2013년 기준으로 세계 61개국 194개 지역에서 시행되었으며, 응시자 수는 1997년 2,692명에서 2013년 16만 7,853명으로 60배나 증가했다. 미국의 대학입학 자격시험SAT II에도 한국어 과목이 개설되어 있으며 2013년에는 약 3,000명이 한국어 과목에 응시하였다.[13]

디지털시대에 한국어의 위상 또한 중요한 위치를 차지하고 있다. 전 세계에서 약 4천만 명이 인터넷에서 한글로 정보를 나누고 있으며, 언어별 인터넷 사용자 수로는 세계 10위에 해당한다.[14]

그렇다면 한국어와 한글의 미래는 어떨까? 과연 한국어는 21세기 세계사에서 어떤 의미 있는 역할을 할 것인가? 영어와 중국어 등 강대국 언어에 밀려 소수민족의 언어로 전락할 것인가? 한국어와 한글이 제 역할을 하기 위해서는 어떠한 전략이 필요한가? 이런 질문을 던지는 이유는 언어의 운명이 그 민족과 국가의 운명과 밀접한 관련이 있기 때문이다.

언어환경이 달라지고 있다

세계 13위의 한국어는 과연 30년 후에는 어떤 모습일까? 한국어를 둘러싼 환경은 그리 낙관적이지 않다. 자의든 타의든 영어와 중국어 등 세계질서와 문화를 주도하는 언어들이 공용어라는 이름으로 지금보다 더 거세게 확산될 것이다. 그 속에서 우리는 우리민족, 국가 고유의 말과 글을 제대로 지키고 발전시킬 방안을 찾아야 한다. 한 나라의 언어가 그 국가와 국민들의 정신적 정체성을 규정하는 주요한 기제이기에 언어를 잃으면 국가와 국민의 정체성을 잃게 된다. 급변하는 시대변화에 부응하는 언어전략이 필요한 이유다.

내부적으로 우리는 인구감소 문제에 직면하고 있다. 30년 후에는 한국어 사용자 수도 현격히 감소할지 모른다. 또한 결혼이민자, 외국인 노동자 등이 대거 유입되면서 한국사회는 다민족/다문화사회로 크게 변모하고 있다. 언어도 단일언어의 전통적 측면이 쇠퇴하면서 다양한 외국어가 혼합된 형태로 변형될 가능성이 높다. 이런 상황에서 언어의 다양성과 동질성을 확보하기 위한 노력도 필요하다.

남과 북의 통일시대를 대비해 남북한 언어의 동질성을 확보하는 것도 시급한 과제이다. 30년 이내에 실질적 통일상황이 올 것으로 예측하는 사람들이 많다. 언어규범, 언어생활, 국어사전, 전문용어 등 언어문제에 대해 남북이 머리를 맞대고 동질성 회복을 위해 노력해야 한다.

한류의 전파와 더불어 한국문화의 대외적 위상이 높아지면서 한국어 교육에 대한 수요도 계속 증가할 것이다. 그러나 단편적인 한류 콘텐츠만으로는 세계적 차원의 한류를 확산하는 데 한계가 있다. 다양한 한류 콘텐츠 개발과 더불어 한국어를 세계에 보급하고 우리의 언어문화를 널리 알리는 방안도 체계적이고 적극적으로 추진해야 한다.

21세기의 물리적 변화는 역시 과학기술이 주도하게 될 것이다. 디지털기술은 더욱 발전할 것이며, 새로운 미디어가 끊임없이 등장하고 모든 사물은 네트워크로 연결된다. 사람과 사물이, 사람과 로봇이 한 데어울려 소통하고 삶을 영위하는 시대가 올 것이다. 이러한 미래기술에한국어와 한글은 어떤 언어보다도 매우 효율적인 역할을 할 것이다.한국어와 한글의 글로벌화전략, 산업화전략이 필요한 이유가 바로 여기에 있다.

무엇이 문제인가

글로벌시대를 살아가기 위해서는 영어와 중국어 등 세계문화와 질서를 주도하는 공용어도 배워야 하지만 무엇보다도 기본은 먼저 모국어 능력을 신장해야 한다. 수천 년간 이어져 온 우리민족, 국가 고유의정체성과 얼, 사회성들이 온전히 제대로 표현되는 것은 우리말과 글덕분이다. 이러한 정체성과 사회성, 얼에 대한 제대로 된 이해 없이 외국어를 배우게 되면 언어는 기계적일 수밖에 없다. 이 부분에 대한 국민들의 관심과 국가전략은 많이 부족하다. 국제 공용어에 대한 관심은 높아가고 모국어에 대한 관심은 줄어든다면 미래의 어느 시점에서는 한국어가 박물관언어로 전락할지도 모른다. 지난 50년간 전 세계적으로 3천여 개의 소수언어들이 사라졌다는 통계가 있다. 한글이 단기간에 사라지는 일은 없겠으나 그 위상과 파급력, 쓸모가 위축되고변형될 가능성은 늘 존재한다. 언어전략, 한글전략이 절실히 필요한 이유다.

449년, 영어라는 언어가 브리튼 섬에 도착하기 전에는 그곳에 살던

주민들이 켈트어라는 언어를 사용했다. 그러나 지금 그런 사실을 아는 사람은 거의 없다. 청일전쟁 직후부터 51년간 일본의 식민지를 겪었던 대만은 1945년 해방이 되었을 때 85% 국민이 일본어를 모국어처럼 사용하게 되었다는 점을 명심해야 한다.

국립국어원이 2013년 우리 국민의 국어능력 수준을 평가한 결과, 우리 국민의 국어능력은 보통 수준에 조금 못 미치는 것으로 평가되었다. 특히 말하기와 쓰기 능력은 60%가 넘는 사람이 기초 수준 이하로, 많이 부족한 것으로 나타났다. 따라서 우리말에 대한 지속적인 관심을 이끌어낼 수 있는 국가전략과 정책이 필요하다.

다문화사회 진입 등 구조적 문제

1990년 4만 9,000명에 불과하던 국내 외국인의 수가 2007년에 1백만 명을 돌파하였고 2014년에는 160만 명으로 늘어났다. 우리사회가 빠르게 다문화사회로 진입하고 있다. 외국인노동자와 결혼 이주여성의 급증으로 다문화 배경의 학생 수도 함께 증가하고 있다.

2014년 다문화가정 학생은 약 6만 8,000명으로, 전체 학생 대비 1.07%에 달한다. 한국교육과정평가원에 따르면 다문화가정 학생들은 국어 교과를 가장 어려워하는 것으로 조사되었다. 국어교과에서도 쓰기(23%), 문장 이해(16%), 읽기(14%), 어휘(12%) 순으로 어려움을 느낀다고 답했다. 따라서 심화되고 있는 다문화사회에 대비하여 이들의 언어문제를 체계적으로 해결할 수 있는 방안을 마련하는 것이 시급하다.

언어전략에 대한 인식과 투자 부족

선진국들이 모국어에 대해 관심을 갖고 투자하는 것에 비해 한국어 보존 및 발전전략은 아직도 걸음마 수준이다. 글로벌화가 심화되는 상황에서 언어문제에 대한 국가적 차원의 문제의식 자체가 낮다. 언어전략의 필요성에 대한 기본인식, 문제의식을 높이는 것은 물론, 장기적이고 지속적인 전략수립과 투자가 절실히 요구된다. 유네스코에서 각국의 언어문화의 다양성을 유지하기 위해 여러 정책을 수립하여 추진하는 것도 참조할 필요가 있다.

그나마 다행스러운 것은 2005년에 '국어기본법'이 제정되었다는 점이다. 이 법으로 모국어의 보존과 발전에 기여할 제도적 장치가 마련된 셈이다. 이 법에 의해 정부는 5년마다 국어발전 기본계획을 수립하여 시행해야 한다. 현재 2차 5개년 발전계획이 수립되어 시행 중에 있는데, 아쉬운 점은 기본계획이 5년마다 수립되다보니 중단기 전략은 수립이 가능하지만 장기 전략을 수립하기가 어렵다는 것이다.

정책 부족

한류의 확산에 따른 한국어 수요에 대한 적극적인 공급전략도 부족하다. 타이포그래피 전문가, 시각디자인 및 언어/국어 관련 교수, 한글 관련 단체 및 학회, 정책기관 등 한국어 관련 산업종사자를 대상으로 한 설문조사에서 한글 산업화정책의 필요성을 물었더니 80%가 필요하다고 답한 바 있다.

한글 산업화정책 필요성의 배경으로는, 한글산업 관련 분야들은 발전하고 있으나 이를 체계적으로 관리, 지원하는 기관의 부재(29.2%)를 지적했다. 이외에도 한국어의 체계화(20.8%), 한글을 소재로 하는 콘텐츠나 디자인 개발에 대한 수요 증가(16.7%)의 순서로 응답했다. 한류가 문화적 붐을 일으키는 과정에서 K-POP 수출과 더불어 한글이나 한국문화 등의 다양한 콘텐츠 보급 및 수출이 동반되어야 함에도, 기대에 미치지 못하고 있다는 평가들이 일반적이다.

시급히 해결해야 할 문제나 과제로는 한글산업의 체계적 관리, 지원기관 설립(29.2%), 한글 소재 콘텐츠, 디자인 개발(16.7%), IT기술의 발전에 비해 미비한 한글입력기술(4.2%), 영어 공용화에 비해 미비한 한글의 역할(4.2%), IT/디지털 기술과 한글 융합을 통한 신성장사업의 확장 가능성(16.7%), 한류열풍에 비해 체계적이지 못한 한글산업(20.8%)[15] 등을 꼽았다. 한국어 산업화는 매우 유리한 측면이 있고 가능성도 높지만 체계적인 투자와 전략이 전반적으로 부족한 실정이다.

한글의 미래전략

한국어와 한글의 보존 및 발전을 위한 한국어와 한글의 미래전략 목표는 다음과 같이 설정할 수 있다.

남북통일시대 한국어 전략

언어는 남북의 통일, 통합과정에서 서로를 묶어주는 가장 큰 민족적 동질성의 영역이다. 통일시대를 예비하는 남북 간의 언어 동질성 회복을 위한 체계적인 전략과 정책이 필요하다.

남북통일시대 대비 언어 동질성 확보를 위한 정책으로는 남북 언어교류사업 확대 및 국제교류 협력망 구축, 한글사전과 맞춤법을 비롯한 남북한 단일 언어규범 준비, ISO를 비롯한 국제기구에 단일한국어 규범 등재 등이 있다. 또한 전문 분야별 용어를 통일하고 통일된 한국어 정보화사업을 공동으로 추진하여 통일시대를 준비해야 한다.

다문화시대 한국어 전략

2045년의 인구구조는 전체 인구의 약 10% 이상이 해외 외국인들로 구성될 것이라고 전망된다. 이 외국인들의 의사소통 문제는 심각한 사회문제. 이질적이고 혼성적인 존재들이 공생하는 다문화사회로 바뀌고 있는 한국사회에서 원활한 의사소통을 유지하고 언어적 동질성을 확보하는 방안을 체계적으로 수립해야 한다.

선진국의 다문화 언어교육정책을 참조할 필요가 있다. 호주는 연방정부를 중심으로 국가 언어정책을 수립했다. 일본은 시민단체를 중심으로 아래로부터 사업을 추진했다. 핀란드의 경우는 모국어를 강조하는 다문화 언어교육을 실시하여 동질적인 교육 대신 개인적인 특성에 따른 다문화 교육을 제공한 사례다. 이주민에게 자신의 모국어를 학습할 수 있는 기회를 제공해 모국어도 지켜주려는 것이다. 핀란드는 모국어를 유지, 발전시킬 권리가 아예 헌법에 명시돼 있을 정도로 모국어를 중시하며, 모국어 교육에 대한 지원도 중앙정부에서 직접 한다.

어느 방향이 됐건 다문화시대 언어의 다양성과 동질성을 확보하기 위해서는 다문화계층을 위한 언어복지정책을 수립하고 이에 필요한 조사가 실시되어야 한다.

한국어 세계화 전략

한국어는 우리의 삶과 얼이 담긴 문화유산으로 우리문화가 융성하는 데 크게 기여하고 있다. 유네스코 통계에 따르면 2008년 기준 우리나라 문해율은 98.3%으로 세계 평균 84%를 크게 앞서고 있다. 전 세계의 성인 7억 7천만 명이 아직 글을 읽고 쓰지 못하는 실정을 고려할 때 문자가 없는 나라에 한글을 전파하는 일도 충분히 가능하다.

또한 세계인에게 한국어와 한글을 체계적으로 교육하고 보급하는 전략도 수립되어야 한다. 국어발전 기본계획에서는 2016년까지 세계 200곳에 현지 밀착형 한국어 문화학교인 '세종학당'을 만들 예정이다.

이외에는 한국어의 세계적 위상 강화를 위해서는 국제교류 협력망 구축, 다국어 지원 한국어 포털서비스 구축, 한국어 교육 전문인력 양성, 온라인 한국어 교육체계 구축 등 교육 및 홍보활동을 강화하는 정책을 추진해야 한다.

정보화시대 한국어 전략

정보통신의 발달로 전통적 의미의 언어소통에도 큰 변화가 일어나고 있다. 기존의 편지는 거의 사라졌으며 신문도 사라지고 있다. 폭발적으로 증가했던 인터넷 메일도 그 양이 줄고 있다. 그 자리에 스마트폰의 대중화를 바탕으로 SNS 기반의 문자, 음성, 캐릭터, 기호 등이 소통의 대명사로 부각되고 있다.

이처럼 급변하는 정보화시대에 적극 부응하는 한글전략이 필요하다. 한국어 기반의 음성인식 체계 고도화, 간편하고 통일성 있는 한글 문자인식 기술 개발, 한글을 영어, 중국어, 스페인어 등으로 쉽게 변환할 수 있는 번역프로그램의 개발 등이 필요하다.

글로벌시대 한국어 보존전략

20세기에 미국을 중심으로 한 영어 패권주의가 득세했다면 21세기에는 영어와 함께 중국어 패권주의도 예상해볼 수 있다. 이미 우리나라의 최대 무역국은 미국에서 중국으로 변했고, 한국 유학생이 가장 많은 나라도 중국이다.

이러한 시대적 흐름에 맞춰 영어와 중국어의 중요성은 더욱 부각될 것이고 일부 국가들은 모국어를 수호하기가 더욱 어려운 상황에 빠질 것이다. 향후 50년 안에 수천 개의 언어가 사라질지 모른다는 전망이 나오고 있는 가운데 한국어를 지키고 계승 발전, 확대시킬 수 있는 전략이 필요하다.

유네스코는 창립 이래 '문화의 풍요로운 다양성 증진'을 주요임무로 정하고 문화다양성을 진흥하기 위한 활동들을 펼쳐 왔다. 2001년 채택한 '세계 문화다양성 선언'과 '문화적 표현의 다양성 보호와 증진협약(문화다양성협약)'은 문화다양성을 '인류의 공동유산'으로 인식하고 있다.

프랑스도 자국어를 보존하기 위해 노력하는 대표적인 나라이다. 프랑스는 모국어 보존을 위해 1975년 법을 제정하였는데 주요정책은 첫째, 세계적 차원에서 프랑스어의 지위를 향상시킬 것, 둘째, 프랑스 내에서 프랑스어와 다른 언어들 간의 만족할 만한 관계를 수립할 것, 셋째, 유럽 내에서 프랑스어의 지위를 적극 방어할 것 등이다. 프랑스는 정부 산하에 공식적인 여러 언어단체를 설립하고 이를 통해 이러한 입법과 정책을 체계적으로 수행하고 하고 있다.

구체적으로 언어정책 연구사업을 수립하고, 문자체계 개발사업을 지원하며, 한국어로 된 문화유산 지식기반사업 등을 추진할 필요가 있다. 또한 국어 사용환경 개선과 국민의 의사소통 증진을 위한 정책도 추진해야 한다. 이외에 국어정보망 구축과 통합 정보시스템 구축으로 정보화시대에 한국어의 사용을 극대화하고 민족의 문화유산으로서 한국어와 한글을 보존하고 발전시킬 수 있는 정책 수립도 필요하다.

한글의 산업화 전략

한글은 창제원리와 구성 자체가 가장 체계적인 질서를 가진 글자라고 인정받고 있다. 세계 언어학자들은 소리와 글이 체계적으로 연결된 완벽한 문자로 한글의 우수성과 독창성, 과학성을 인정하고 있고, 유네스코 세계기록유산으로도 등재되어 있다. 한글의 창제원리를 설명한 훈민정음 해례본을 보면 한글이 얼마나 과학적인 원리로 만들어졌는지 알 수 있다.

한글은 디자인적 측면과 디자인의 산업화 측면에서 매우 큰 가능성이 있다. 한글의 자음과 모음의 형태는 창제할 때 발성기관의 모양을 참조했다. 발음할 때 목구멍의 모습을 본뜨는 등 발성기관이나 그 소리가 나는 모습이 글자의 기본이 된 것이다. 이러한 창제원리로 인해 문자의 구성과 체계가 디자인화되는데 상당히 과학적으로 활용될 수 있는 것이다.

이것은 디자인 산업적 측면에서 '바이오미미크리biomimicry 디자인'에 해당된다고 볼 수 있다. 바이오미미크리는 생물의 기본구조와 원리, 메커니즘 등 생물체의 특성을 산업 전반에 응용하는 것을 의미한다. 예를 들어 물총새를 모방한 신칸센 기차나 노랑거북복을 모티브로한 벤츠의 자동차처럼 한글도 바이오미미크리 산업의 일종으로 발전시켜 갈 수 있는 상당한 가능성을 내포하고 있는 것이다.

또한 한글의 산업화 전망과 관련하여 국제적으로 통용될 수 있는 한글폰트를 개발한다든가 패션 등 디자인적 요소가 강한 산업분야에 한글 디자인을 활용한 산업화에도 상당한 가능성이 있다. 패션전문가 이상봉씨의 '한글 패턴' 등도 유사한 예가 될 수 있다. 향후 10년간 한글산업의 핵심분야를 묻는 조사에서는 1위가 디자인(26.7%), 2위가 콘텐츠(27.8%), 3위가 문자음성 입력장치(20%)로 조사되었다. 이외에도 IT기술(13.3%), 패션(8.3%), 관광(6.7%) 순으로 나타났다.

컴퓨터와 인터넷으로 대변되는 정보화시대는 21세기에도 여전히 대세로 자리잡을 것이다. 네트워크사회가 더욱 촘촘해질 것이고 모든 사물이 인터넷화되는 사물인터넷시대도 곧 도래할 것이다. 앞으로 컴퓨터를 비롯한 우리 생활의 모든 기계들은 음성으로 통제될 것이므로 소리와 문자가 일대일로 대응되는 문자인 한글이 더욱 각광을 받을 것이다. 한글의 산업화 전략도 더욱 탄력받을 것이다. 따라서 한글의 과학화와 이를 바탕으로 한 산업화 전략을 체계적으로 수립하는 것이 필요하다.

한국어 산업화 전략을 위해서는 한글의 브랜드화 전략 강화, 한글을 응용한 IT기술 개발 지원 및 전문인력 양성, 미래 신성장 한글 산업분야 발굴, 한글산업 전문기관 출원, 한글의 원리 및 기능에 대한 체계적 연구지원, 한글의 산업적 활용을 위한 한글의 원천 소스 지원, 국내 한글산업 환경 조성 등의 정책이 요구된다.

시대변화에 맞는 한국어 및 한글 연구

우리 국민들의 경우 한글 독해능력은 좋지만 문장이해력이나 글쓰기능력은 떨어진다. 이를 보완할 수 있는 한국어 능력 신장방안을 수립하고 이를 체계적으로 교육할 필요가 있다. 또한 체계적인 글쓰기 프로그램이 개발되고 효율적인 교육방안도 연구되어야 한다.

더불어 한글의 특징을 적극 활용하는 방안 연구가 필요하다. 세계 모든 언어학자들이 한글을 세계 최고의 '과학적인 문자체계'라고 인정하고 있다. 과학적이며 체계적인 한글의 특성을 어떻게 적용할 것인지에 대해 학자들이나 정부당국자들의 인식이 약하다.

훈민정음 해례본을 보면 '소리가 있으면 반드시 문자가 있다'고 했다. 한글을 창제원리대로 사용하면 무슨 소리든지 글로 표현할 수 있다는 엄청난 선언이다. 그럼에도 불구하고 요즘처럼 다양한 외국어가 몰려오는 시대에 '한글로 쓰지 못하는 외국어가 있다'고 일찍 포기해버리는 것은 한글의 무한한 잠재력을 고려하지 않은 행위다.

훈민정음에 나타난 대로 합자병서合字並書 원리를 되살리고 순경음 'ㅸ'과 같은 기능을 사용하면, 훈민정음에 나타난 대로 바람소리, 동물소리 등 천지자연의 모든 소리를 한글로 쓸 수 있다는 주장에 대해 진지하게 귀를 기울여야 한다.

이런 기능을 되살리려면 국어기본법이나 한글맞춤법에서 잘못된 부분을 찾아서 수정하는 과감한 노력이 뒷받침되어야 한다. 이것이야말로 한글의 우수성과 과학성을 되찾는 핵심적인 작업이 될 것이다.

상생의 한국어(한글) 언어전략을 위하여

언어는 그 민족의 중심이며 그 민족의 정체성을 형성하는 핵심적인 요소이다. 때문에 안으로는 민족어인 한국어를 보존하고 발전시키면서 다문화/다민족사회에서 언어문제를 슬기롭게 해결하는 한편, 밖으로는 세계어로서 한국어의 위상을 더욱 키우고 공고히 해나가야 한다.

그러나 자칫 이러한 내외적 발전을 위한 논리가 상호모순을 일으킬 수도 있다는 점을 간과해서는 안 된다. 강대국 언어로부터 우리 언어를 지키기 위해 문화적 다양성 논리를 앞세우다가, 세계어로서 한국어의 위상을 강화하자는 측면에서는 언어의 패권주의 논리를 다시 내세우지는 않는지 돌아보아야 한다. 중요한 것은 다수와 소수, 주류와 비주류의 역관계를 떠나 모든 것은 존재하는 그대로 존중받고 시대 변화에 능동적으로 조응할 수 있어야 한다는 것이다.

이제까지 강대국들은 패권주의 사고방식으로 약소국을 정치적, 경제적으로 지배해왔고, 나아가 문화적 식민주의를 강요해 왔다. 세계 곳곳에서 크고 작은 분쟁이 일어나고 민족, 국가, 종교, 지역 간의 분열과 갈등이 끊이지 않는 것도 패권주의에 기인한다.

한국어의 미래전략을 수립할 때도 이러한 패권적 발상을 경계해야 한다. 미래는 인류공영의 시대요, 평화의 시대인 만큼 한국어의 미래전략도 언어문화적으로 상호공존할 수 있는 세계화 전략을 수립해야 한다. 그것이 본격적인 다문화시대를 앞두고 있는 우리에게도 합리적이고 타당한 논리와 명분으로 작용할 것이기 때문이다.

미래세대전략

오늘날 대한민국은 가까운 장래와 현세대에 대해서는 많은 관심과 투자를 아끼지 않고 있다. 그러나 중장기 미래에 대한 준비와 미래세대를 위한 관심과 투자는 매우 미흡한 실정이다. 미래세대란 현세대의 결정과 행동에 직접적인 영향을 받지만, 아직 미성년이거나 태어나지 않은 관계로 그들의 목소리를 현실 정치에 반영할 수 없는 사람들을 일컫는다. 먼 미래와 미래세대에 대한 무관심은 현재 우리가 유지하고 있는 정치적, 제도적, 구조적 한계에 기인한다. 오늘날 대한민국을 포함한 '모든 국가의 공식적인 제도들은 현세대의 요구에 우선 반응하도록 구조화되어 있고, 이를 기초로 통치행위의 정당성을 부여받도록 제도화'되어 있기 때문이다.

이러한 구조적 한계 속에서 최근 우리사회에 미미하나마 미래세대에 대한 관심이 조금씩 늘고 있다. 그 배경에는 여러 요인들이 복합적으로 작용하고 있다. 먼저 현세대의 대량 생산과 소비에 기인한 기후변화, 환경오염, 생태계 파괴, 자원고갈 등의 피해는 결국 미래세대에게 돌아갈 수밖에 없다는 이유이다. 이러한 요인들 가운데 한국사회에 가장 직접적으로 작용하는 부분이 저출산, 고령화와 복지수요의 확대로 인한 재정건전성 문제이다. 한국사회는 OECD국가 중 가장 낮은 출산율을 보이고 있으며, 세계에서도 그 유례를 찾아볼 수 없을 정도로 빠른 속도로 고령화되고 있다. 더불어 2012년 대선을 기점으로 사회복지 확대에 대한 요구가 급증하고 있다.

저출산, 고령화의 인구구조하에서 세대 간 부양의 원리를 기반으로 하는 현행 연금, 보험, 의료제도 등은 미래세대에게 막대한 재정부담으로 돌아갈 수밖에 없다. 2015년 공무원연금 개혁 논란에서 목도하는 바와 같이 저부담, 고급여 방식으로 설계된 현행 연금제도는 미래세대에 과중한 부담을 강요한다. 대통령도 2014년 국회 시정연설을 통해 공무원연금 개혁에 대한 시급성을 거듭 강조했다. 대통령은 "이번에도 제대로 된 개혁을 하지 못하면 다음 정부와 후손들에게 엄청난 빚을 넘겨주고 큰 짐을 지우게 된다"고 언급했다. 또한 "연금 재정수지 부족액이 현 정부에서만 15조원, 다음 정부에서는 33조원, 그다음 정부에서는 53조원 이상이 돼 미래세대의 부담은 눈덩이처럼 커질 전망"이라고 덧붙였다. 이렇듯 가시적이고 명확한 미래의 양상은 미래세대와 세대 간 형평성 문제에 대한 관심을 유발하는 계기가 되고 있다. 그러나 문제의 심각성에도 불구하고, 미래세대에 대한 권익보호와 세대 간 형평성에 대한 문제는 아직까지 원론적 수준을 벗어나지 못하고 있다.

이러한 배경을 토대로 이 장에서는 미래세대를 배려하고 세대 간 형평성을 제고하기 위한 전략과 추진방안들을 살펴보고자 한다. 보다 구체적으로 미래세대의 권익을 현실 정치·정책에 반영함으로써 세대 간 형평성 제고를 실현할 수 있는 제도적 해법을 제시하고자 한다.

미래세대와 세대 간 형평성

현세대와 미래세대 간의 형평성과 관련된 논의는 크게 '환경 및 자원보존'과 '재정건전성' 분야가 주류를 이루고 있다. 먼저 '환경 및 자원보존'과 관련한 논의는 미래세대의 '환경권'과 연계된다. 지구의 환경과 자원은 현세대만의 소유물이 아니며, 미래세대도 좋은 환경과 자원의 혜택을 누리고 살 자격과 권리를 갖고 있다는데서 출발한다. 현세대의 지금과 같은 자원소비가 지속된다면 유한한 자원은 조만간 고갈될 수밖에 없으며, 환경오염이나 생태계파괴 등의 문제 또한 피할 수 없다. 두번째는 세대 간 자원분배의 불균형문제를 야기하는 현행 연금시스템이다. 세대 간 부양의 원리를 기반으로 하는 현행 공적연금제도는 저출산, 고령화가 가져올 인구구조 변화에 극히 민감하다. 고령화의 진전으로 연금 지출은 늘어나지만, 출산율 저하와 경제활동인구의 감소로 연금재원이 부족해지고 있다. 이는 곧 미래세대에게 커다란 부담으로 돌아갈 수밖에 없다.

현세대와 미래세대간의 격차는 현행 정치, 경제, 사회 시스템이 유지되는 한 더욱 확대될 전망이다. 특히 미래세대의 환경권과 연금문제에 있어서 자원, 환경, 인구구조의 변화 등 직접적인 영향을 미치는 미래의 추세들은 그리 낙관적이지 못하다. 기후는 지속적으로 불안정해지고 있으며 자연재난, 재해도 증가하고 있다. 또한 소득수준에 비해 과다한 에너지 사용도 문제다. 이런 추세가 지속된다면 미래세대에게 커다란 경제적, 환경적 부담을 지우게 된다.

급격한 저출산과 고령화 추세도 미래세대에게 커다란 부담이다. 인구가 감소하고 고령자가 증가하는 미래 상황에서 현행 연금제도는 '세대 간 착취' 문제로까지 이어질 수 있다. 공무원, 사학, 군인, 국민 등의 연금제도가 현재와 같은 양상으로 미래에도 지속된다면, 연금재정이 고갈되어 재정위기가 발생한다. 이로 인해 미래세대에게 막대한 재정적 부담이 이전될 것으로 전망된다. 특히 인구구성상 엄청난 영향력을 발휘하는 한국의 베이비붐 세대가 2018년부터 본격적으로 은퇴를 시작하면 연금과 건강보험 등 재정수요가 폭증할 것으로 예상된다.

복지수요는 고령화의 진전과 양극화 심화로 인해 미래에도 지속 증가할 전망이다. 그러나 복지문제 또한 세대 간 형평성 차원에서 긴 안목으로 바라볼 필요가 있다. 현행 복지제도를 늘리지 않고 유지만 하더라도 2050년에는 복지지출이 GDP의 15%를 넘어설 전망이다. 현세대를 위해 복지를 확대할 경우 이는 곧 미래세대의 복지를 잠식하게 된다. 늘어나는 복지수요에 비해 현저히 부족한 복지재원 마련을 위해 증세와 국채발행 등이 거론되고 있으며, 조세저항 등을 감안할 때 국채발행이 현실적인 대안이라는 주장이 나오고 있다. 이는 현세대의 복지는 확대하면서 그 책임은 지지 않겠다는 논리로, 미래세대에게 비용부담을 전가하겠다는 의미이다. 현세대의 경제적 이익을 위해 미래세대의 권익과 복지를 잠식한다면, 이는 세대 간 형평성에 어긋날 뿐만 아니라 미래의 지속가능한 발전도 담보할 수 없다.

문제해결을 위한 미래전략

매년 증가하는 국가 재정적자 규모가 2014년에는 29조 5천억원이고, 누적 적자는 530조원에 이르렀다. 이는 전부 미래세대에 부담으로 작용한다. 이 문제를 해결하기 위한 여러 전략에 대해 알아보도록 하자.

선행연구 및 해외사례

미래세대와 세대 간 형평성 문제를 다루는 문헌들을 검토해보면, 이를 해결하기 위한 개혁적인 제안들이 놀랄 만큼 다양하다는 것을 알 수 있다.[16] 제안들은 상당한 정책적 대안들을 담고 있으며, 헌법의 개정, 입법부 내 위원회, 독립적 행정기관, 정책 아젠다의 설정부터 평가에 이르기까지 정책 사이클의 모든 단계를 취급하고 있다. 또한 국외와 국내, 지방의 개혁사항까지 포함한 공공정책의 모든 단계를 포함하고 있으며, 민간영역 및 비영리부문을 포함한 인간 행동의 다양한 부분도 포괄한다. 이러한 제안들의 많은 부분이 최근 수십 년간 국제기구 및 개별 민주주의국가에서 제도화되었거나 정책적으로 고려된 바 있다.

〈표 3-9〉에서 보는 바와 같이 미래세대의 권익보호와 관련한 여러 해결책들을 분석해보면, 열 개 이상의 광범위한 분야에서 다양한 형태의 해결책과 제안들이 있다. 각 제안들의 조합방식이나 혼합방식을 포함하면 그 수는 더욱 늘어난다.

위의 제안들 중 상당수가 복합적인 목표를 갖고 있으며 단순히 미래세대를 위한 것만은 아니다. 또한 제안의 중요도나 복합성의 스펙트럼이 매우 다양하다. 이러한 다양성에 영향을 주는 상황적 요인에는 개별 국가들의 헌법규정, 정부조직, 정당 간 경쟁구조, 이념적인 양극화 수준, 사회적 신뢰와 호혜성 수준, 정책 프로그램의 특성, 정책 해결책과 연관된 보상구조 등이 해당된다.

따라서 특정한 정치적, 제도적 개혁이 한 국가의 특수한 상황에서는 긍정적인 결과를 가져올 수도 있지만, 다른 국가에서는 그렇지 않을 수도 있다는 점을 상기할 필요가 있다. 예를 들어 사회가 이념적으

〈표 3-9〉 미래세대의 권익보호를 위한 해결책

미래세대를 위한 글로벌 거버넌스 조직 개혁
미래세대의 권익보호를 위한 법 조항 마련 또는 강화
미래의 중요한 의사결정을 선출직이 아닌 독립적인 기관에 양도
선거제도 및 투표권 개혁
행정 및 입법기관의 설계 변경
미래예측 메커니즘과 계획 프로세스 강화
장기적인 사안에 초점을 둔 새로운 전략과 계획 수립을 위한 연구 및 자문기관 설치
미래세대의 후견 또는 보호와 책임을 담당하는 기구 창설
절차 및 실질적인 부문에서 의사결정자들을 제한하기 위한 새로운 규칙 도입
예산 및 성과관리 기구 책임성 강화
새로운 정책 프레임워크에 기반한 회계, 복지 측정을 위한 미래준비 및 영향지수 개발
시민사회 역량 강화

로 분열되어 있거나 정부에 대한 신뢰도가 낮을 경우, 재정이나 환경
의 지속가능성 등과 같은 미래세대와 직접적으로 관련 있는 문제들에
대한 합의를 도출하기는 쉽지 않다. 적어도 장기적 정책목표와 이를
성취하기 위한 방법에 대한 온전한 합의 없이는 미래세대에 대한 올바
른 제도와 정책을 구사하는 것이 어렵다.

뉴질랜드의 정책학자 조나단 보스톤Jonathan Boston은 미래세대 정책
을 포함한 중장기 미래를 다루는 정책수립이 어려움을 겪을 수밖에
없는 상황적 특징을 다음과 같이 정리하고 있다.

- 문제가 고도로 복잡할 때
- 예측이 어렵고 인과관계가 불확실할 때

- 정책 효과가 시공간적으로 분산되어 있을 때
- 미래에 직면하게 될 손실들이 비가시적이거나 무형적이어서 대응해야 할 긴박성이 줄어들 때
- 정치적 약자나 소외된 집단에만 지배적으로 주어지는 효과일 때

대부분의 중장기 미래정책은 위와 같은 하나 이상의 상황적 특징에 직면한다. 이러한 상황적 특징들은 중장기 정책수립과 이해당사자 간 합의 도출을 어렵게 한다. 기후변화의 문제는 위와 같은 상황적 특징들을 모두 포함하고 있어 적절한 정책대응을 어렵게 하는 대표적 사례이다. 특히 중장기 정책문제는 투자 형태의 성과 구조를 가지고 있으며, 종종 세대 간 책임전가의 유혹을 낳는다. 세대 간 책임전가의 유혹은 정책투자의 비용이 직접적이고 세부적이고 확실하고 가시적인 반면, 장기적 효용이 불확실하며 무형적일 때 더 크게 나타난다. 이러한 비대칭적 성격의 구조적 문제는 미래세대를 고려한 정책을 지향하는데 큰 걸림돌이자 많은 노력을 기울여야 할 부분이기도 하다. 이를 위해 미래세대에 대한 정치적 지원범위를 확대하거나, 세대 간 성과를 조절하는 등의 방식으로 해결책을 찾을 수 있다. 중요한 점은 그것이 실행가능해야 하며 세부적인 법적, 정치적, 정책적 상황요건에 부합하도록 조절되어야 한다는 것이다.

추진 방향 : 실행가능성, 효과성, 한국적 적실성

앞서 살펴본 바와 같이 미래세대의 권익보호와 세대 간 형평성 제고를 위한 제도와 정책 설계를 위해서는 복합적인 사고가 필요하다. 또한 많은 정치적, 제도적인 장애물들을 극복해야 한다. 이는 단기간

내에 이루어질 일들이 아니며, 장기적인 계획과 지속적인 실천이 필수적이다. 중요한 점은 미래세대를 위한 정책들과 제도들이 실행가능해야 하며, 효과가 있어야 하고, 한국적인 상황요건에 부합되어야 한다는 것이다. 따라서 미래세대의 권익보호와 세대 간 형평성 제고를 위한 제도 및 정책 설계의 기준으로 실행가능성, 정책적 효과성, 한국적 적실성이라는 3가지 방향성을 염두에 둘 필요가 있다.

먼저, 실행가능성이란 제도나 정책이 실질적으로 실행가능한지 여부를 판단하는 것이다. 예를 들어 헌법개정을 포함한 제안들은 본질적인 법규변경을 요구하기 때문에 실행하기가 쉽지 않다.

다음으로 설계될 제도나 정책이 실질적으로 미래세대의 권익보호와 세대 간 형평성 제고에 기여할 수 있는지 여부를 판단하는 것이 효과성이다. 이는 정책과 제도의 지속가능성과도 연관되며, 법적으로 구속력 있는 의무적 기제 또는 인센티브의 활용을 고려하는 것이다. 예를 들어 핀란드의 미래상임위원회는 소속 의원들의 의회 내 요직이나 정당의 리더가 되기 위한 주요통로로 작용하고 있어 정책입안자들에게 강한 동기부여를 제공하고 있다.

마지막으로 설계될 제도나 정책이 한국적 상황에 얼마나 부합하는지를 검토하는 것이 한국적 적실성이다. 우리나라의 헌법체계, 정부조직, 정당구조, 이념적인 양극화 수준, 사회적 신뢰와 호혜성 수준 등을 고려해 정책 및 제도 설계의 방향성을 설정하는 것이다.

실행가능성, 효과성(지속가능성), 한국적 적실성이라는 측면에서 기존에 이미 제도화되었거나, 정책적 고려대상이 되었던 〈표 3-9〉 미래세대의 권익보호를 위한 해결책을 평가해보면 〈표 3-10〉과 같다.

정책의 공급과 수요 측면을 고려한 추진전략

미래세대의 권익보호와 세대 간 형평성 제고를 위한 제도 및 정책 설계의 방향성으로 실행가능성, 효과성, 한국적 적실성이라는 3가지 요인을 제시했다. 이와 같은 방향성에 입각해 정책과 제도 설계가 이루어지기 위해서는 정책의 수요와 공급 측면을 고려한 전략적 접근이 요구된다. 수요는 정책의 결정, 입안을 담당하고 있는 정책결정자들의 인센티브에 대한 고려이며, 공급은 정책결정자들이 보다 나은 의사결정을 할 수 있도록 제공되는 정보, 데이터, 분석, 방법론, 절차 등을 의미한다. 정책 공급부분의 질적, 양적 향상은 새로운 기구 설립이나, 기존 기구의 역량 강화를 통해 일정부분 가능하나, 정책의 수요부분은 많은 노력과 고민이 요구된다. 특히 정책결정자들은 장기적인 고려보다는 단기적인 이해에 우선순위를 둘 수밖에 없는 강력한 선거압력을 받는다. 정부는 선거의 압력에서 자유롭지 못하며, 압력의 규모나 형태 및 강도가 정책 결정에 영향을 줄 수밖에 없다. 유권자들 또한 장기적인 혜택보다는 단기적인 이익을 더 선호하는 경향이 있다.

따라서 정책결정자들이 중장기 미래와 미래세대의 권익에 관심을 가질 수 있도록 인센티브를 제공할 필요가 있다. 이와 같은 전략은 미래의 이익을 얻기 위해 현재의 희생을 요구하거나, 이러한 고통의 일부를 현세대의 힘 있는 집단이 부담해야 할 경우에 필요하다.

사회심리학이나 행동경제학과 같은 선행연구가 제시한 해결책 중 하나는 다양한 종류의 '의무적 기제'를 고안하여 인간 행동의 강력한 동인으로 삼아야 한다는 것이다. 이러한 기제의 목적은 의사결정자들이 특정 행위에 구속되도록 하며, 일관성 없는 행동이나 약한 의지 및 외부의 압력에서 발생하는 문제를 줄여주는 데 있다. 이는 특히 정책

〈표 3-10〉 실행가능성, 효과성, 한국적 적실성 측면에서 평가한 기존 대안들

해결 대안	실행가능성	효과성	한국적 적실성
글로벌 거버넌스 개혁	◎	○	N/A
법 조항 마련 또는 강화	○	◎	○
미래의 중요 의사결정을 선출직이 아닌 독립적인 기관에 양도	△	◎	△
선거제도 및 투표권 개혁	△	◎	△
행정 및 입법기관의 설계 변경	○	○	○
미래예측 프로세스 강화	◎	○	◎
중장기 전략과 계획수립을 위한 연구 및 자문기관 설치	◎	△	◎
미래세대의 보호와 후견을 담당하는 새로운 기구 창설	○	◎	○
의사결정자들을 제한하기 위한 새로운 규칙 도입	△	◎	△
예산 및 성과 관리기구의 책임성 강화	◎	○	◎
회계, 복지 측정을 위한 미래준비 및 영향지수 개발	◎	○	◎
시민사회 역량 강화	◎	○	○

※ ◎: 높음 ○:보통 △:낮음
※ 위 평가는 연구자의 주관적인 판단으로, 추후 전문가 델파이 조사를 통해 보다 면밀하고 신뢰성 있는 검토가 요구된다.

의 성과가 점진적이고 장기적으로 나타나는 사안이 단기적인 이익에 의해 좌우되는 경우에 적용할 만하다.

만약 인센티브를 제공할 수 있는 정치적 수요구조를 변경하는 데 제약이 있다면 다른 전략을 고민해야 할 것이다. 정책입안자들이 입법 발의를 하는데 있어서 입법상 제한을 둔다거나, 단기적인 정치적 압력으로부터 이들을 보호할 수 있는 추가조치들을 마련하는 것도 방법이다. 분명한 것은 미래세대를 고려하는 입법이나 정책 수립은 사회적으로, 이념적으로, 정치적으로 양분되어 있는 국가에서는 어렵다는 점이

다. 정책적 가치나 목적에 대한 합의가 존재하지 않고, 정책에 대한 의견이 첨예할 경우 유용한 결과를 창출하는 것은 더욱 어려울 것이다.

정책수요와 공급을 고려한 추진방안

도덕적, 윤리적 의무만으로 정책결정자들이나 입안자들에게 미래세대에 관심을 갖고 이들을 배려할 수 있는 정책을 수립하도록 강요하기는 어렵다. 이를 보완하기 위해서는 정책입안자들에게 적절한 정치적 보상구조가 마련되어야 한다. 행정부의 정책입안자들이나 정책결정자들에게는 중장기 정책과 미래세대를 배려하는 정책입안시에 가산점을 부여하고, 인사혜택을 줄 필요가 있다. 이를 위해서는 단기적이고 가시적인 성과 중심의 공무원 평가제도에 대한 개편이 요구된다. 입법부의 입법권자들에게도 비슷한 유형의 보상구조가 필요하다. 그러나 입법권자들은 선거의 압력에서 자유로울 수 없기 때문에 국회나 정당 차원에서의 배려가 필요하다. 미래세대를 위한 의정활동을 수행한 의원들에게 적절한 보상제도가 마련되어야 한다.

정책입안자들이 단기적인 선거의 압력으로부터 벗어나 미래세대의 권익을 대변할 수 있도록 국회의원 중에서 미래세대 대리인을 선출하는 것도 고려할 수 있다. 예를 들어 현재 시행되고 있는 정당명부식 비례대표제를 기본으로 그 기능과 역할을 재구성 혹은 변경하여 미래세대를 대표하는 역할을 수행하도록 하는 것이다. 현재 1인 2표에 의한 정당명부식 비례대표제를 통해 300석의 의석 중 56개의 의석을 비례대표에게 할당하고 있다. 이러한 비례대표제를 미래세대를 대표하는 제도로 보완하는 것이다. 미래세대를 대표하는 의원들은 현재의 법안이나 정책들이 미래세대의 권익을 침해하거나, 세대 간 형평성을 저해하는 부분에 대해 적절히 대처할 수 있을 것이다.

미래세대의 배려를 포함해 중장기 정책수립이 대중의 지지를 얻기 위해서는 다음과 같은 요인들이 뒷받침되어야 한다. 먼저 기본적인 사실이나 증거가 명백하고, 논쟁의 여지가 없어야 하며, 확실한 조기 경고 징후가 있어야 한다. 둘째, 대안으로 내세운 정책의 결과가 누구나 파악하기 용이해야 한다. 셋째, 정책으로 인한 비용과 혜택이 주어지는 주체가 분명해야 하며, 정책 투자의 일부 혜택을 가까운 장래에 얻을 수 있어야 한다. 반대로 이러한 조건이 충족되지 않을 경우 신뢰할 만한 정책을 만들어내거나 대중의 지지를 얻어내는 것은 어렵다.

이러한 요인들을 충족시키기 위해서는 먼저 중장기 정책결정자들이 다양하고 풍부한 정보를 받아볼 수 있도록 바람직한 정보 습득환경을 조성해야 한다. 즉 필요한 정보의 범위를 늘리고 품질을 향상시켜 미래세대와 미래의 잠재적 위협에 대해 잘 이해할 수 있도록 해야 한다. 또한 현명한 준비를 하지 않을 경우 겪을 수 있는 직간접적인 결과도 잘 설명되어야 한다.

둘째, 제안된 정책투자에 대해 권위 있는 지원을 보장하는 것도 중요하다. 추진될 정책이 장기적인 사회적 혜택을 명확하게 규정하지 못한다면 정치적으로 지속되기 어렵다. 명확하고 충분한 증거를 제시할 수 있는 독립위원회나 초당적 위원회를 설치하는 것은 잠재적으로 미래세대의 이익에 회의적인 유권자들을 설득하는 데도 도움이 될 수 있다.

셋째, 정책에 대한 프레임을 재구성하는 것이다. 대부분의 정책들은 여러 가지 목표와 목적을 가진다. 이들 중 일부는 다른 것에 비해 유권자들로부터 광범위하게 지지를 받을 수 있다. 이러한 수용성의 차이는 각국이 처한 정책적 이념, 철학, 윤리적 고려를 통해 형성된 정책환경과 무관하지 않다.

넷째, 정책적 지지를 획득하는 한 방편으로 장기적 이익을 추구함으로써 단기적으로 가장 크게 손해볼 집단에 대해 보상해주는 방법이 있다. 그러나 이러한 보상은 추진할 정책의 논리를 약화시킬 수 있기 때문에 바람직한 방법이라고 보기 어렵다.

마지막으로, 협력적인 거버넌스를 통해 특정 정책에 대한 초당적인 지지와 사회적 합의를 만들어낼 필요가 있다. 이러한 접근으로 광범위한 합의에 성공할 수 있다면 정책 프레임을 지속할 수 있는 기반 마련이 가능하다.

미래세대에 대한 관심이 필요하다

미래세대를 위한 정책적 목표나 방향성에 동의하지 않는 사람들을 설득하는 데 전술적인 보상을 하고, 장기적인 이익에 대해 이해관계자들과 논의하는 것만으로는 충분하지 않다. 결국 미래세대를 배려하고 지속가능한 가치에 기반한 합의의 정치문화를 발전시켜야 한다. 이를 위해서는 시민들의 미래세대에 대한 이해와 인식 제고가 선행되어야 한다. 사회구성원들이 지속적으로 미래세대에 대한 관심을 갖고 세대 간 형평성 문제를 제기해나간다면 우리사회의 세대 간 형평성은 제고될 수 있다. 미래세대에 대한 우리의 배려나 정책적 개혁이 늦으면 늦을수록 세대 간 불균형의 골은 깊어질 것이다.

기술분야
미래전략

1

산업전략

이번 장에서는 우리나라가 새롭게 육성해야 할 산업분야와 산업별 육성전략을 제시하고자 한다. 이를 위해 지난 50년간 우리나라 산업이 발전해온 자취를 살펴보고, 전 세계적인 시장변화와 기술, 사회, 환경 등의 변화추세를 조망할 예정이다. 우리가 육성해야 할 산업을 현재 성장을 주도하고 있는 산업과 향후 성장가능성이 큰 산업으로 대별하고, 각각 1등전략(선도자전략)과 2등전략(추격자전략)을 적용해야 한다는 점을 제시할 것이다. 그리고 새롭게 육성해야 할 5대 전략산업 분야로 MESIA를 제시하고자 한다. 우리나라가 1인당 국민소득 2만 달러의 덫에서 탈출할 수 있는 방법은 무엇인가를 고민하고, 한국산업이 가야 할 방향을 성찰하는 것이 이 장의 목표다.

미래산업에는 어떤 변화가 불어닥칠 것인가

우리나라의 산업전략을 설계하는 데 필요한 주요 미래변화요소는 특허(산업적 가치가 있는 대표적 지식재산), 논문, 연구인력, 연구개발능력 등이다.

특허의 경우 우리나라는 미국, 일본, 중국, 독일과 더불어 5대 특허 강국이며, 특허의 성장률에 있어서는 중국 다음으로 높다. 지난 5년간의 변화추세가 그대로 유지된다면 2017년경에는 중국, 일본, 미국 다음으로 한국이 될 수 있다. 특허 관점에서는 우리의 경쟁상대가 일본이 아니라 독일이라는 점이 주목할 만하다.

논문 수를 보면 현재 유럽, 미국, 아시아가 거의 대등한 가운데, 조만간 아시아가 가장 많은 논문을 배출하는 대륙이 된다. 특히 이미 7년 전에 일본을 앞지른 중국이 새로운 지식생산의 창구인 논문 수에서 향후 10년을 전후해 미국을 앞지를 수도 있을 것으로 전망된다.

연구인력의 경우, 중국이 현재 전 세계 기술인력의 34%를 배출하고 있어 4%인 미국의 8배 이상이고 연구인력의 증가율에 있어서도 가장 높다. 향후 중국이 산업경쟁력 확보는 물론 경제, 안보를 주도할 첨단 과학기술 인력 면에서도 양적으로는 주도해나갈 것임을 예측할 수 있다. 우리나라가 중국 다음으로 연구개발인력 증가율을 보이고 있어, 과학기술강국의 가능성은 열려 있다.

연구비 규모는 미국과 중국, 일본, 독일이 가장 크고 우리나라는 프랑스, 영국, 인도와 유사한 수준을 유지하고 있다. 그리고 '혁신역량'이라고 할 수 있는, GDP 대비 연구개발비 비중과 인구 100만 명당 과학기술인의 수에 있어서는 우리나라가 일본, 미국과 유사한 수준이고 독일, 프랑스, 영국, 중국, 인도보다는 앞서는 수준이다. 현재의 국력은 GDP지만 미래의 국력은 연구개발R&D이라고 볼 때, 우리나라의 미래는 어둡지 않다.

엘빈 토플러 이후 주목받고 있는 미래학자 중 한 명인 레이 커즈와일은 미래를 주도할 기술로 GNR, 즉 유전자공학Genetics, 나노Nano, 로봇Robot기술을 들고 있다. 그동안의 발전추세를 보면 이중에서 나노기술은 상대적으로 세상변화에 영향을 미치는 시기가 늦어질 것으로 예상된다.

한 해 각각 20만 건 이상 쏟아지는 과학기술 논문이나 특허를 모두 읽고 기술변화를 알아내기는 어렵다. 체계화된 각 기술의 핵심특징을 이해하고 이를 바탕으로 미래를 예측하기는 '기술사상技術思想'을 활용하는 것이 유용하다. 기술사상은 '동양사상' '서양사상'처럼 세상을 바꾼 사상체계를 의미한다. 특허법상 발명의 개념을 '자연법칙을 이용한 기술적 사상의 창작으로서 고도한 것'이라고 정의하는데, 여기서 말하는 '기술적 사상'에서 연유한 것이 기술사상이다. 이런 차원에서 볼 때 미래를 바꿀 두 가지 기술사상으로는 로봇사상과 바이오사상을 들 수 있다.

먼저 로봇사상은 '인간의 연장선에 로봇이 있으며, 이러한 로봇이 인간을 대신하여 세상을 바꾼다'는 사상이다. 이러한 로봇사상은 인간이 도구를 사용하기 시작한 수백만 년 전으로 연원을 찾을 수 있다. 이에 의하면 '지능화된 도구'가 로봇이기 때문에, 이를 미래의 존재로 볼 필요가 없다. 중요한 것은 이미 20세기 후반에 진행된 자동화와 로봇화에 의해 산업현장은 대부분 로봇화되었다는 점이다. 앞으로 더욱 확대될 로봇시대에 대비해 로봇과 인간이 공존하게 될 미래사회를 연구하고 준비하는 것이 필요하다.

정보통신기술Information Technology에 이어 새로운 산업을 일으킬 것으로 전망되는 것이 생명기술이다. 생명기술Bio Technology에 기초한 바이오사상은 인간과 생명에 대한 본질의 탐구에서 연원을 찾을 수 있다. 더이상 인간과 동물의 근본적 차별을 주장할 수 없게 된 20세기 후반부터 생명사상이 대두되었다. 그러나 생명과 비생명 간에도 근본적인 차이가 없고 그 경계가 불확실하다는 것이 현대과학에 의해 확인되면서 이조차도 도전받고 있다. 이에 따라 생명과 비생명을 구분하지 않고 인간과 지구, 자연을 하나의 유기체로 보려는 것이 바이오사상이다.

나아가 로봇사상과 바이오사상을 결합하여 '인간과 로봇, 인공지능, 동식물, 자연이 하나의 유기체'라고 보는 바이오로봇사상이 미래사회를 주도할 것으로 전망할 때 우리가 육성해야 할 산업방향은 이러한 변화에 부응하는 형태가 돼야 할 것이다.

우리 산업의 문제점과 해결과제

우리 산업이 안고 있는 문제는 무엇인가? 이에 답하기 위해 우리나라 산업을 분석해보면, 우리나라는 미국, 영국, 프랑스와는 달리 제조업 비중이 유난히 높다. 산업은 한 국가의 역사와 경제구조를 반영하는 것이다. 세계적인 경쟁력을 가졌을 경우에만 글로벌산업구조의 일부로 참여할 수 있으므로, 쉽게 바뀔 수 있는 것이 아니다.

우리나라는 지난 50년간 일본 등으로부터 기술이나 장비를 이전받아 노동집약형 산업을 시작해 지금은 철강, 조선, 자동차, 화학, 전자 등 현대문명을 뒷받침하고 있는 5대 기간산업에서 경쟁력을 갖게 되었다. 하지만 2000년대에 들어선 후에는 이렇다 할 새로운 주력산업을 개척하지 못하고 있다. 그사이 우리를 추격해오고 있는 중국, 인도 등

〈그림 4-1〉 세계 각국의 제조업 비율(OECD STAN Database)

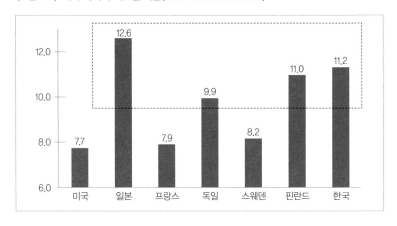

〈표 4-1〉 한국산업 발전의 역사

1960년대	경공업	섬유, 합판, 가발 등
1970년대	중화학공업	철강, 기계, 화학 등
1980년대	중공업	조선, 자동차 등
1990년대	IT산업	반도체, 휴대폰 등
2000년대	?	?

자료: 신성장동력사업단

이 5대 기간산업에서 점차 우리를 앞서가고 있다. 확실한 대안이 필요한 시점이다.

이와 관련하여 과거 산업전략에서 얻을 수 있는 교훈은 무엇일까? 최근에 '우리가 살 길은 1등이 되는 것뿐이다' 같은 슬로건이 유행하고 있다. 디스플레이, 메모리반도체, 스마트폰, 가전 등에서 세계 1등을 차지함으로써 2등 이하일 때 써오던 추격자전략을 사용할 수 없게 되었으니 그럴 만도 하다. 하지만 모든 경쟁에는 2등이 있고 모든 2등이 도태되지는 않듯이 1등전략(개척자전략)이 반드시 모든 산업분야에 적용돼야 하는 것도 아니고, 2등전략(추격자전략)이 반드시 나쁜 것도 아니다.

우리 산업은 그동안 추격자전략으로 성장해왔다. 자동차는 현대자동차가 일본으로부터 기술을 이전받아 포니승용차를 만들기 시작해 현재는 세계 5대 자동차생산국이 되었다. 통신기술도 처음에는 해외기술을 도입해 생산했으나 지금은 CDMA를 SK가 세계 최초로 상용화하고 무선인터넷인 와이브로를 한국전자통신연구원ETRI이 개발하여 상용화시킬 정도로 무선통신분야는 세계를 선도하고 있다. 인공위성도 초창기에는 영국 서레이 대학에 가서 배워 우리별위성 시리즈를 만들었으나 지금은 아리랑위성이나 과학위성 시리즈를 우리 주도로 만들 수 있는 수준이 되었다. 원자력발전도 캐나다의 CANDU원자로와 미국으로부터 이전받은 기술로 시작했지만 APR-1400을 수출함으로써 세계 원자력강국의 반열에 올랐다. 국방기술도 초창기에는 소총이나 박격포 정도를 생산하거나 NIKE미사일을 미국으로부터 기술도입하여 생산하는 수준이었으나 이제는 사거리 2,000km급의 장거리 순항미사일을 독자개발할 수 있는 수준이 되었다. 실로 추격자전략의 성공국가라고 할만하다.

비록 많지는 않지만 개척자전략을 펴서 성공한 사례들도 있다. 산림녹화사업은 1962년 이후 108억 그루를 심어 국토의 64%를 녹화하는 데 성공함으로써 개발도상국 중에서는 유일하게 성공한 사례로 기록되었다. 새만금사업은 34km에 달하는 세계 최대 길이의 방조제를 쌓아 국토를 넓힌 사업이다. 인천공항은 8년 연속 세계 공항 서비스평가 ASQ에서 1위를 차지해 공공서비스는 민간서비스보다 경쟁력이 낮다는 통념을 깬 사례로도 기록되었다.

앞으로 다가올 기회를 잘 활용해 '희망 미래'를 만들어갈 수도 있다. 지구온난화로 새롭게 열리고 있는 북극항로를 허브항구로 발전시키면 '부산항을 동아시아의 싱가포르'로 만들 수 있다. 또 한국의 지식재산 강국 특성을 살려 '한국을 특허소송의 메카'로 만들면 세계 특허허브 국가가 될 수 있다.

과거의 전략 실패에서 교훈을 얻을 수 있을 뿐만 아니라 이를 미래의 자산으로 바꿀 수도 있다. 예컨대 실패했던 동북아 금융허브국가도 첨단 벤처기업 육성정책과 모바일금융이 만난다면 해볼 만하다. 실패했다던 제1벤처 육성정책은 미국발 IT버블 붕괴를 한국발 벤처버블로 착각한 데서 비롯된 것임에 착안해 제2벤처 육성정책을 펼친다면 크게 성공할 것임에 틀림없다. 우리나라가 육성에 실패했던 항공산업은 중형항공기 실패를 교훈으로 삼고, 변화하는 국방/민수시장 환경변화를 반영해 무인비행기와 항공전자를 집중육성하면 신산업으로 성장시킬 수 있다. 그외에도 실패했다던 청계 고가도로, 화폐개혁, 태양광산업 등도 과거의 교훈을 바탕으로 새로운 환경변화에 맞게 미래전략을 잘 수립한다면 성공의 기회로 바꿀 수 있다.

육성해야 할 산업

앞으로 우리나라가 육성해야 할 산업분야와 관련하여, 2008년 신성장동력사업단이 분석한 자료가 시사하는 바가 크다. 다음 그림에서와 같이 한국의 점유율이 큰 산업분야는 새로운 IT기술과 융합하여 경쟁력을 지속적으로 확보해나가고, 지금은 시장규모가 작지만 향후 성장가능성이 큰 바이오, 에너지/환경, 지식서비스 등은 적극투자를 해야 한다. 즉 우리 산업의 특성을 고려하여 2개의 큰 범주로 나누고 서로 다른 전략을 적용했다는 데 주목할 필요가 있다.

〈그림 4-2〉 신성장동력사업단의 한국 산업전략

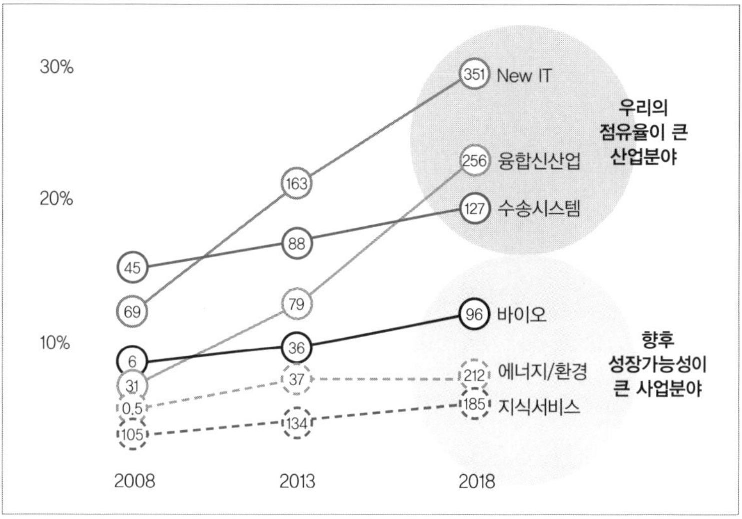

자료: 신성장동력사업단

앨빈 토플러는 2001년 6월에 한국정부에 제출한 『21세기의 한국 비전』 보고서에서 한국은 선택의 기로에 서 있으며 한국이 IMF 경제위기를 겪은 것은 산업화시대 경제발전모델의 한계이기 때문에 혁신적인 지식기반 경제를 만들어야 한다고 주문했다. 그러면서 생명공학BT과 정보통신IT의 집중육성을 제안했다. 그 결과 IT는 세계적인 경쟁력을 갖추게 되었다. 이제 남은 것은 BT다.

MESIA 육성 중심의 쌍두마차전략

우리나라 산업의 미래전략은 한마디로 'MESIA 육성 중심의 쌍두마차전략'으로 요약할 수 있다. 현재의 창조경제는 지나치게 유행에 따라 단기필마單騎匹馬형의 개척자전략에만 치우치는 것을 경계해야 한다. 즉 한국의 모든 산업을 창조경제의 패러다임에 맞춰 1등을 추구하는 개척자전략을 적용할 필요는 없다. 그렇게 할 여건이 안 되는 분야도 많다. 2009년에 신성장동력사업단이 했던 것처럼, 현재 이미 세계적인 경쟁력을 갖고 있는 산업과 아직은 미미하지만 미래에 한국경제의 효자노릇을 할 미래산업 육성을 병행하는 쌍두마차형 전략이 돼야 한다.

구체적으로 한국이 일본, 독일과 더불어 세계적 경쟁력을 가지고 있는 5대 기간산업(전자, 기계, 조선/해양, 석유/화학, 철강)은 IT융합에 의한 기술창조전략, 즉 개척자전략을 적용해야 한다. 반면 현재 미국, 일본, 프랑스 등 선진국들이 높은 기술과 규제장벽을 형성하고 있는 5대 전략산업(의료/바이오, 에너지환경, 안전, 지적서비스, 항공우주)은 IT, BT, ET, RT, NT에서 신기술로 인해 지배적인 기술패권이 변화되고 새로운 기술사상이 출현할 때 1등이 될 수 있도록 2등전략인 추격자전략을 적용할 필요가 있다.

그런데 과연 이를 우리가 해낼 수 있을 것인가? 결론적으로 말하면, 지금 중국, 인도와 기간산업을 놓고 경쟁하는 것보다 미국, 일본과 전략산업을 놓고 경쟁하는 것이 훨씬 쉽기 때문에 가능하다. 우리는 지난 50여 년의 산업발전 과정을 통해 선진국들을 추격자전략을 통해 따라잡은 경험이 있다.

지난 100년간 미국의 전자산업은 GE, 자동차산업은 포드, GM, 석유화학은 록펠러, 철강산업은 카네기 등이 각각 리더십을 갖고 이끌어

〈표 4-2〉 쌍두마차전략

현재 한국이 세계적 경쟁력을 갖고 있는 5대 기간산업: 개척자전략
- 전자(반도체, 통신, 가전), 기계(자동차, 정밀부품), 조선/해양, 석유/화학, 철강
* 현재 독일, 일본과 한국만이 5대 기간산업 모두 세계적 경쟁력을 보유
* 과거 미국 주도: 전자(GE), 자동차(포드, GM), 석유화학(록펠러), 철강(카네기)
→ IT융합으로 기술사상(발명, 디자인)을 창조해 중국과 인도 추격 차단

현재 선진국들이 주도하고 있는 세계적 5대 전략산업: 추격자전략
- 의료/바이오, 에너지, 안전(사회안전, 소방방재, 교통, 국방), 지적서비스(지식, SW, 금융,
  교육, 문화), 항공우주
* 현재 미국을 중심으로 독일, 일본, 프랑스 등이 높은 기술, 규제장벽 형성
→ 기술사상의 변화(IT, BT, ET, RT)에 편승해 민관협동으로 선진국 추월

왔다. 하지만 5대 기간산업에 대한 세계적 경쟁력을 모두 보유하고 있
는 국가는 이제 더이상 미국이 아니고 전 세계적으로 일본, 독일, 한국
뿐이다. 다만 중국과 인도가 부분적으로 세계시장에서 두각을 나타내
고 있다. 따라서 이 분야에서는 우리나라가 현재 선도적 경쟁력을 갖
고 있는 IT기술을 바탕으로 기술융합을 하여 중국, 인도 등 신흥국들
의 추격을 차단하는 개척자전략이 필요하다.

현재 5대 기간산업은 삼성, 현대, 포스코, LG 등을 중심으로 기술개
발과 시장개척 등을 하고 있어서 정부가 직접 나서서 할 역할이 거의
없다. 반면 5대 전략산업은 정부의 공공서비스와 밀접하게 결합되어
있고, 정부가 육성하지 않으면 자생적으로 성장하거나 민간기업이 감
당하기 어렵기 때문에 정부 주도로 육성해야 한다. 예컨대 방위산업이
나 항공우주산업을 기업논리나 글로벌시장에 맡겨서 육성될 리 없다.
의료나 안전서비스, 지적서비스도 정부의 복지정책이나 사회정책, 행
정규제 등에 민감하기 때문에 민간기업 주도에는 한계가 있다. 그래서
이러한 전략산업은 선진국들도 정부 주도로 육성한 것이며, 오로지 선

진국들만이 할 수 있는 산업이고, 이러한 산업을 할 수 있을 때 진정한 선진국이 될 수 있기도 한 것이다.

MESIA는 5대 전략산업인 의료/바이오Medical-Bio, 에너지/환경 Energy-Environment, 안전Safety, 지식서비스Intellectual Service, 항공우주 Aerospace의 영문자 앞 글자를 딴 것으로, 세부적으로는 다음 표와 같이 구분할 수 있다. 여기서 중요한 것은 그동안 정부가 육성에 실패했다고 봐야 하는 BT산업을 의료산업과 결합해서 추진하는 것이다. 즉 거대한 의료서비스와 의료장비시장을 별도로 놓고 첨단기술 중심의 BT 육성만으로는 전략산업 육성이 어렵다는 것이다. 특히 한 해 예산이 100조원을 넘는 보건복지부에 의료정책을 맡긴다고 해도, 복지와 성격이 크게 달라 보건산업 육성이 어렵다는 것을 주목해야 한다. 따라서 보건복지부를 분리하여 복지서비스 분야는 실버산업 육성의 임무를 맡기고, 생명의료부와 같은 새로운 부처를 만들어서 의료바이오산업 육성의 임무를 맡길 필요가 있다.

한편 〈표 4-4〉와 같이 MESIA를 STEPPER 관점으로 분석해본 결과, 지식서비스, 사회안전, 의료/바이오의 종합점수가 더 높게 산출되었다. 따라서 MESIA 중에서도 특히 세 분야에 집중할 필요가 있으며 각 분야의 유망한 미래전략을 기술하면 다음과 같다.

먼저, 안전산업(국방)은 향후 연간 9조원의 시장규모가 형성될 수 있다. 첫째, 무인/로봇산업은 경계자동화, 무인감시, 통신/정찰/작전UAV, 작업/감시/작전로봇 분야가, 둘째, 사이버정보산업은 암호/보안, 전자전/정보전항공/위성정보 분야가, 셋째, 비살상/대테러산업은 음향/마비/EMP탄 분야 등이 중점 육성대상이다.

또한 의료/바이오산업은 연간 300조원의 시장규모가 창출될 수 있

〈표 4-3〉 정부가 중점 육성해야 할 5대 전략산업인 MESIA의 세부 산업분야

5대 전략산업	세부 산업분야
Medical-Bio 의료/바이오산업	수출의료: 스마트헬스(U헬스), 디지털병원/연구중심병원, 의료관광, 의료기기 내수의료: 의료서비스(병원/의원/실버), 의료정보, 소모품 생명기술: 제약/신약, 유전자치료, 농업(종묘), 식품(가공, 저장, 유통) 융합기술: 바이오칩, 바이오정보, 바이오화학, 수술/재활로봇
Energy-Environment 에너지/환경산업	에너지: 대체/재생 에너지(태양력/풍력/조력, 바이오매스), 미래형 원전(피동형, 고속증식로), 핵융합, 수소/암모니아/메탄하이드레이트, 스마트 에너지그리드 환경: 물(식수/관개/상하수도/재처리), CO2 저감/저장, 폐기물(처리/관리), 생물다양성 관리, 바이오환경기술, 오염감지/관리, 환경호르몬
Safety 안전산업	사회보호: 사이버/건물보안, 방법/경호 장비/서비스, 호신용품, 구호체계 소방방재: 소방(로봇, 장비), 산업재해/자연재해 예방, 구조/구난체계 감시경계: 출입국/해안선 감시, 무인감시/경계로봇/자동화 사회기술: 법의학/범죄수사기술, 교통안전, SNS 기반 복지 국방: 무인/로봇(경계, 정보, 작전), 사이버/정보, 비살상/대테러
Intellectual Service 지식서비스산업	지식산업: 지재권 생산/유통, 특허소송, 엔젤투자, 벤처 M&A, 고객관리(CR) 소프트산업: 콘텐츠(3D), 모바일SW, 모바일앱, 빅데이터, 클라우드 금융/보험: 모바일금융, 창조금융, 온라인/모바일 보험 교육산업: 웹/모바일교육, 인강/사이버강의, Education 3.0 문화산업: 영화/음악, 게임/애니/오락, 관광/레포츠, SF산업(스토리, CG)
Aerospace 항공우주산업	항공: 민항기/개인항공, 군용기, 무인기(감시/관제/통신/성층권), 항공전자/정보 우주: 위성(탑재장비), 발사체, 위성정보, 위성측지, 우주감시

〈표 4-4〉 MESIA에 대한 STEPPER 분석

구분	S 사회	T 기술	E 환경	P 인구	P 정치	E 경제	R 자원	종합 점수
M 의료/바이오	○	X	○	○	○	○	○	5
E 에너지/환경	△	△	○	○	△	○	△	3
S 안전	○	△	○	○	○	○	○	6
I 지식서비스	○	△	○	○	○	○	○	6
A 항공우주	○	△	△	△	△	○	○	3

다. 의료산업은 스마트헬스, 제약, 의료기기, 소모품, 의료서비스, 의료관광, 디지털병원 분야가 유망하며, 바이오산업은 바이오의약 및 유전자치료 등의 의/약학분야, 고기능작물, 기능성식품 등의 농식품분야, 바이오매스Biomass 등의 에너지환경분야, 바이오 매커닉스 등의 기계분야, 바이오 일렉트로닉스Electronics 등의 전자분야, 생물정보학 등의 정보분야가 유망하다.

마지막으로 한국전자통신연구원ETRI이 발표한 '공공정보 민간활용 시장 및 파급효과'에 따르면, 지식정보서비스시장 규모는 2012년 5천억원에서 2017년 7천 400억원으로 시장규모가 확대될 전망이다. 지식서비스산업은 콘텐츠, 모바일 SW/앱, 인공지능, 모바일금융, 웹교육, 게임 등 문화사업과 SF분야가 유망할 것으로 전망된다.

기술전략의 정책추진방안과 그 효과

먼저 MESIA 육성 관련 부처별 역할분담 방안은 다음과 같다.

정부가 5대 전략산업인 MESIA를 적극 육성하기 위해서는 미래창조과학부가 종합기획하고 제도마련 등을 통해 공통으로 지원하되, 각 부처별로 주력산업을 담당토록 하는 것이 필요하다. 예를 들어 의료바이오는 생명의료부(창설), 농림부, 해양수산부, 식약처 등이 담당하고, 안전산업은 국방부/방위사업청, 경찰청, 안전행정부, 미래창조과학부(ICT 차관), 국정원 등이 담당하며, 지적서비스는 문화관광부, 지식경제부, 법무부, 교육부 등이 담당할 수 있다.

분야별로 육성해야 할 구체적인 정책은 다음과 같이 표로 정리할 수 있다.

〈표 4-5〉지속가능한 발전을 위한 융복합형 신성장동력 발굴

정책분야	고려사항
스마트 도로	도로 IT, 스마트 그리드, 전기자동차용 등
실용형 로봇산업	소방/방재/원전/경비/국방 등 공안로봇 및 장애인/노약자용 복지로봇
플랜트/체계기술산업	석유화학 및 조선해양산업의 위축에 따른 대안으로 추진
안전/보안/경호/치안산업	기술발전으로 인한 공공 안녕질서 분야의 기업화/개인화 추세 반영
한국형 신재생 에너지원	대형 조력발전, 고공 풍력발전, 해상 태양광발전, 바이오매스 등
나노재료, 신물질/화학	기술 파급효과가 큰 재료/화학분야에서 원천기술 발굴
국방 연구개발	선진국들처럼 20%를 기초과학연구와 혁신형 기술개발에 투자

〈표 4-6〉IT 기술혁신과 미디어/문화산업 발전

정책분야	고려사항
차세대 모바일 혁명을 위한 기반기술	5세대 무선통신, 3D 무안경 TV, 변신형 모바일기기, 사물인터넷, 웨어러블 디바이스 등
전통산업의 IT화	항공우주, 원자력/에너지, 국방과학, 조선해양/물류 등 기계전통이 강한 분야의 IT화로 무인기, 항공전자, 위성정보, 원전IT, 국방IT 육성
소셜미디어 및 콘텐츠산업	SNS 기반 서비스 및 다양한 디지털콘텐츠 육성
미디어/문화산업	과학문화, 과학저널, SF영화산업, 문화기술 등
디지털 민주주의 및 디지털 문화예술	모바일 선거, 모바일 투표 등의 시행 인터넷 검열, 실명제 등 웹 활동 제약요소 제거

한편 세계 최고 수준의 산업재해율을 선진국 수준으로 낮추기 위해, 안전사고가 없고 공해가 없는 친환경/안전산업, 즉 명품산업을 육성하는 것도 경쟁력 있는 산업의 내실을 도모하는 측면에서 강구될 필요가 있다. MESIA 중에서 바이오의료 분야에서만 2018년에 300조 원의 GDP 창출이 가능할 것으로 전망된다. 향후 30년 정도 꾸준히

〈표 4-7〉 BT 기술혁신과 생명의료산업 발전

정책분야	고려사항
차세대 생명공학 기술혁명을 위한 제도	바이오사상에 기반하여 보다 보편적이고도 새로운 생명윤리에 입각한 기술혁명 추진
기초 의학연구 및 첨단의료기술 개발	독자적인 의학 지식과 의료기술의 개발로 세계적인 바이오의료분야 리더십 확보
차세대 식품, 의약품 연구 지원	식품과 의약품분야에서 미래시장을 선점할 수 있는 새로운 제품 연구
동아시아 의료서비스 메카 성장	디지털 병원, 원격 진료, 의료관광 등을 통해 전 세계적으로 가장 앞선 의료서비스 제공
연구중심 병원 설립	100세 시대 도래에 따른 노인성질환, 불치병 연구
의료전문인력 대폭 증원	의과학, 의공학, 수의과학 연구인력, 글로벌 의료서비스산업 육성
의과학대학 설립	과학기술과 법, 의학/의료/약학분야 등을 융복합한 의료교육

5대 전략산업을 육성할 경우, 현재의 5대 기간산업의 경쟁력이 쇠퇴하더라도 2045년경에는 현재의 선진국들의 위치를 차지할 수 있을 것으로 전망된다. 이렇게 되면 1인당 국민소득 10만 달러 달성도 불가능하지만은 않을 것이다.

과학기술을 핵심동력으로

향후 30년간 우리나라가 5대 기간산업에 대한 개척자전략(1등전략), 5대 전략산업에 대한 추격자전략(2등전략)을 병행추진한다면, 2045년까지 꾸준히 성장하여 선진국 중에서도 최상위권에 드는 국가가 될 것이다. 이를 위해 IT부처 중심의 5대 기간산업의 대대적인 혁신과 BT부처 창설에 의한 5대 전략산업의 육성을 적극 추진해야 한다. 이를 위해 청와대 미래전략수석을 과학기술이나 연구개발 육성 중심으로 활용하지 말고, 전략산업의 육성과 과학국정 구현을 위한 컨트롤타워로 활용하는 것이 필요하다. 과학기술이 산업의 하부구조가 아니라 경제와 안보 및 사회변화를 이끄는 핵심동력으로 자리해야 우리나라에 미래가 있다.

기술분야 미래전략
정보통신전략

2045년의 미래에는 정보와 통신이 밀접하게 결합되어 어디에서든 사람과 사물 및 컴퓨터 상호간의 멀티미디어 입체통신 및 정보서비스가 보편화되고 우주통신과 정보서비스를 이용할 수 있게 될 것이다. 미래 정보통신서비스는 모든 사람과 사물 및 컴퓨팅자원이 상호연결되는 초연결망을 통해서 홀로그램 같은 3차원 실감서비스를 제공할 것이며 다음과 같은 특징을 갖게 될 것이다.

미래정보통신 세상은 어떻게 펼쳐질 것인가

정보통신 분야의 미래는 크게 세 가지 분야에서 전망이 가능하다.

통신 발전

첫째, 거의 모든 지역에서 항상 사물통신 및 정보처리가 가능해질 것이다. 서비스 제공지역이 육상에서 사람이 활동하는 지역뿐만 아니라 오지奧地를 포함한 온 지구로 확장될 것이며, 해저자원 발굴과 해저도시 건설을 위해서 필요하다면 극지를 포함한 해상과 해저에서도 입체통신 및 정보서비스가 가능하게 될 것이다. 또한 드론과 같은 비행기를 포함한 공중 및 우주 어느 곳에서도 홀로그램서비스를 제공할 수 있을 것이다. 즉 2차원 통신시대에서 3차원 통신시대로 전환될 것이다.

둘째, 우주상에 있는 거의 모든 사람들과 사물들이 상호연결되어 통신 및 정보교환이 가능해질 것이다. 사람의 수보다 사물의 수가 훨씬 방대하므로 사람과 사람, 사람과 컴퓨터 간의 데이터트래픽Data Traffic양보다 사물과 사물, 사물과 컴퓨터, 컴퓨터와 컴퓨터 사이의 데이터트래픽이 폭증할 것이다.

셋째, 정보 전송속도가 획기적으로 개선되어 지구의 육해공과 우주 어디서나 3차원 입체영상 서비스를 사용할 수 있게 될 것이다. 이를 위해서 종파 변조, 패턴, 편파, 빔, 다중안테나기술을 활용하여 스펙트럼 효율을 높이고, 밀리미터파를 사용하여 넓은 주파수 대역폭을 확보할 뿐 만 아니라 다양한 내장형 소형셀Cell기술을 사용하게 될 것이다.[1]

넷째, 무선통신기술이 무선전력 전송에 본격적으로 활용되어 각종 통신장비와 모바일기기에 무선으로 전력을 공급하게 될 것이다. 아울러 무선통신기술은 전력공급이 블랙아웃될 경우에도 특수한 용도의 통신망을 가용하게 할 것이며, 이를 통해 사회안전과 국가기간 시설에 대한 유지가 가능해질 것이다.

정보시스템 발전

첫째, 지능형 초저전력 센서가 개발되어 다양한 사물에 내재되고 초저전력으로 통신 및 정보처리가 이루어질 것이다. 센서 간의 협력통신 및 정보처리가 수행되고 센서의 에너지 하베스팅Envergy Harvesting[2]이 이루어지며 필요시 자기유도, 전자기파RF 및 레이저 무선 충전기술이 접목되어 지능형 센서가 배터리 교환 없이도 지속적으로 동작하게 된다. 사물인터넷이 무선전력의 광범위한 사용으로 비로소 활성화되는 것이다.

둘째, 컴퓨팅시스템이 모든 사물에 내재되고 분산 클라우드컴퓨팅[3] 시스템이 3차원 정보통신 서비스를 제공할 것이다. 컴퓨팅시스템이 의복을 포함한 많은 사물에 내재되고 분산 클라우드컴퓨팅시스템이 상호협력하여 수집된 빅데이터를 분석하며, 여러 다양한 분야에서 부가가치가 있는 3차원 멀티미디어 정보통신서비스를 제공할 것이다.

셋째, 사물인터넷, 빅데이터, 클라우드컴퓨팅, 사이버 물리시스템을 활용하여 안전문제를 해결할 수 있을 것이다. 사물인터넷을 통해 수집된 정보를 기반으로 분산 클라우드컴퓨팅시스템에서 육해공 교통시스템 혹은 시설물의 안전에 문제가 있다고 판단되면 실시간으로 사이버 물리시스템이 작동하여 신속하고 정확하게 안전문제를 해결할 것이다.

신산업 창출

첫째, 미래융합서비스 산업에서는 콘텐츠, 플랫폼, 네트워크, 디바이스사업이 밀접하게 결합되어, 서비스를 제공하는 사업자가 플랫폼 기반으로 영향력을 극대화할 것이다. 콘텐츠 제공사업자, 유무선 통신사업자, 시스템 제조업체 및 단말 제조업체가 공동협력하며 가정, 교육,

도시, 교통, 물류, 제조 등의 분야에 사물지능통신기술, 클라우드컴퓨팅 기반의 빅데이터 처리기술, 사이버 물리시스템기술이 활용될 것이다.

이때 종전의 각 산업별 맹주가 관련 산업이 발전하면서 공급자 관점에서 상향식bottom up 방식으로 내놓는 진화적인 혁신서비스 해결책과, 새로운 정보통신기술 맹주가 하향식top down 방식으로 고객 관점에서 내놓는 혁명적인 혁신서비스 해결책이 경쟁하면서 여러 분야가 융합된 신산업이 나타날 것이다.

둘째, 미래 자동차산업에서는 지금의 아날로그 자동차 시스템이 ICT를 활용하여 디지털 전자자동차 시스템으로 바뀌면서 사고 없는 무인자율운행이 보편화되고, 혁신적인 디지털전자자동차가 신호등이 없는 교통체계에서 무인자율운행되어 물류체계와 교통체계 및 유통체계를 개혁할 것이다.

셋째, 미래 사회안전시스템에서는 현재 아날로그 방식의 공공, 산업, 생활안전시스템이 ICT를 활용하여 디지털 사회안전시스템으로 전환된다. 이렇게 되면 각종 센싱 정보를 컴퓨팅시스템이 분석, 처리함으로써 무인화, 자동화되어 시설물과 수송시스템의 안전이 보장될 것이다.

종합하면, 미래에는 우주와 지구의 삼라만상과 사람에게 지능형 센서와 컴퓨팅시스템이 내재되고 상호협력 통신과 빅데이터 정보처리를 통해서 다양한 개인 맞춤형 3차원 실시간 입체서비스가 제공된다. 수집된 정보를 바탕으로 사이버 물리시스템이 사전에 위험을 인지하여 예방하거나 실시간으로 처리하여 다양한 위험피해를 최소화할 것이다. 아울러 홈, 교육, 도시, 교통, 물류, 제조산업에 첨단 ICT가 접목되어 아날로그 형태의 기존산업이 디지털 형태의 산업으로 혁신되면서 다양한 융합 신산업이 창출될 것이다.

미래변화 대비를 위한 분야별 해결과제

이러한 거시적 전망에 따라 미래변화에 대비하기 위해 세부적으로 해결해야 할 과제들을 통신분야, 정보시스템분야, 신산업 창출분야로 나누어보면 다음과 같다.

통신분야 해결과제

첫째, 지구의 육지, 해양, 공중 전체를 서비스 대상으로 통신 커버리지를 확장해야 한다. 우주통신까지 가능하려면 지금의 육상에 설치된 기지국만으로는 해결이 불가능하다. 공중과 해상 해저에 기지국을 설치하고 관련 통신기술을 개발하는 것이 필요하다.

둘째, 사물, 컴퓨터, 사람 상호 간에 폭증하는 데이터트래픽을 능동적으로 수용해야 한다. 현재 유무선통신망으로는 불가능한 상황이므로 새로운 3차원 대용량 확장가능 망 구조 및 전송기술 개발이 필요하다. 특히 사물, 컴퓨터, 사람 상호 간의 원활한 통신을 위해서는 대용량 데이터트래픽을 저전력으로 처리하는 것이 필요하며 호환성을 위해서 국제표준을 제정하는 것이 필요하다. 아울러 사물, 컴퓨터, 사람 상호 간에 오가는 데이터트래픽에 대한 정보누출이 심각한 사회문제를 초래할 수 있으므로 정보보안에 대한 각별한 대책이 필요하다. 이외에 다양한 전파를 통해서 실시간 입체 멀티미디어 데이터 트래픽 서비스가 인간 주변에서 제공되면 전자파가 인체에 미치는 영향이 문제로 대두될 수 있으므로 규격을 재정비하는 등의 노력이 필요하다.

셋째, 육해공에 설치되어 있는 통신장치에 무선으로 전력을 공급해야 한다. 모든 통신장치는 전력을 필요로 하고 있어서 육해공 통신서비스를 지원하기 위해서는 오지, 공중, 해저에 설치된 통신장치에 전력을 효율적으로 공급하는 것이 필요하다. 각 통신장치에서 에너지 하베스팅 기법을 이용하여 자체적으로 전력을 확보하는 방안과 전자기파 또는 레이저를 이용하여 무선으로 원거리에 있는 통신장치에 전력을 공급하는 것이 필요하다.

정보시스템분야 해결과제

첫째, 에너지 하베스팅 혹은 무선전력전송 기능을 갖는 초소형 지능형 저비용 센서가 개발되어야 한다. 현재의 센서는 크기도 크고 상당한 전력을 소모하고 지능도 없을 뿐만 아니라 가격도 비싸다. 인간과 삼라만상에 내재되는 초소형 저전력 다기능 지능형 센서가 개발되어야 사람, 컴퓨터, 사물 사이의 정보교환이 가능할 것이다. 이를 위해서는 나노기술nano technology[4]을 이용하여 하드웨어적인 혁신을 도모하고 저전력 지능형 소프트웨어를 개발하면서 하드웨어와 소프트웨어의 협력설계가 추진돼야 할 것이다. 이때 센서는 어느 곳에 설치되어도 에너지 하베스팅 기술을 사용하거나 자기유도, 전자기파 및 레이저를 이용한 무선전력기술을 사용하여 배터리 교환문제를 해결해야 한다.

둘째, 초소형 저전력 지능형 분산 플랫폼이 지구 곳곳에 내재되거나 분산 설치되어야 한다. 이런 환경이 구축되어야 여러 다양한 센서로부터 취득한 정보를 실시간으로 처리하여 유익한 부가서비스를 제공할 수 있다. 이를 위해서는 크고 전력소모량이 많으며 정보처리능력이 부족한 현존 플랫폼과는 달리 모듈module화되고 확장 가능하며 재구성이 편하고 전력소모가 적으며 고도의 지능을 갖는 분산 플랫폼을 개발하는 것이 필요하다. 또한 초소형 저전력 지능형 멀티코어multi core 분산 플랫폼은 빅데이터의 실시간 정보수집 분석을 통해 시설물,

육해공 교통시스템의 안전을 도모하고 모든 산업의 무인자동화, 무인
자율화를 통한 스마트화를 달성할 필요가 있다. 이때 미래의 분산 플
랫폼은 에너지 하베스팅 혹은 다양한 무선전력 기술을 활용하여 전원
공급문제를 해결해야 한다.

셋째, 사용자 입장에서는 저전력 저비용 확장가능 오감五感 입출력
디바이스가 개발되어야 한다. 전력소모가 크고 디스플레이 화면이 작
으며 시각 및 청각처리만 가능한 지금의 스마트폰보다는 대형 프로세
서가 없어서 전력소모가 작고 화면이 확장 가능하며 오감처리가 가능
할 뿐만 아니라 쉽게 접을 수 있으며 입출력기능을 갖고 있는 디바이
스를 필요로 할 것이다. 이때 입출력 디바이스는 분산된 플랫폼으로
부터 전력을 공급받거나 자체적으로 에너지 하베스팅을 통해서 전력
을 확보해야 할 것이다.

신산업 창출 관련 해결과제

첫째, ICT를 비롯한 첨단 과학기술이 타산업과 결합되어 진화 혁신
이 아니라 혁명적 혁신이 일어나 신산업이 창출되어야 한다. 이때 이
해관계가 상충되는 집단 간에 이견이 발생하여 국가문제로 비화될 수
있다. 사전에 법제도 개선과 과도기에서의 이행전략을 수립하는 것이
필요하다. 특히 미래 융합서비스, 디지털 전자자동차, 디지털 사회안전
시스템에 걸맞도록 정부부처의 조직을 혁신하는 것도 중요하다.

둘째, 신산업을 체계적으로 지원하여 선도연구개발의 모형을 제시
하고 이를 통해서 부품, 소프트웨어, 단말, 시스템, 인프라, 서비스의 동
반성장을 도모하는 것이 필요하다. 즉 신산업을 통해서 관련 모든 산
업이 국제적 경쟁력을 확보하고 상생하는 것이 중요하다. 특히 세계 최

초의 융합 연구개발품일 경우에는 안전 관련 다양한 분야의 인증 없이는 사업화가 불가능하므로 정부부처 상호 간의 긴밀한 협력체제가 필요하다. 즉 우리나라가 세계 최초로 사업화 관련 인증규격을 제정하고 시범사업을 통해서 인증을 완벽하게 검증할 뿐만 아니라 국제인증 규격을 주도해야 한다.

셋째, 미래사회에서 필요로 하는 미래 융합서비스산업을 발굴한다. 먼저 융합서비스산업 모델을 구상한 후에 융합서비스기술 개발의 완성도를 높이고, 법제도 개선을 통해 사업모델과 경쟁력을 검증한 후에 세계시장에 선진입하여 경쟁우위를 유지해야 한다.

넷째, 미래의 교통물류 유통체계를 혁신할 세계최초의 디지털 전자 자동차사업을 전개한다. 세계최초 연구개발, 상용화 및 사업화를 추진하면서 교통/물류/유통/마케팅의 융합혁신을 추진하고, 무인자율 교통체계를 구축하며 사업모델을 구상한 후에 법제도 지원방안을 강구한다.

다섯째, 현재의 사회안전 문제점을 정확하게 도출하고, 혁신적인 사회안전 해결방안을 강구한다. 첨단 ICT를 비롯한 과학기술을 활용, 연구개발을 통해 디지털 사회안전시스템을 구축한다. 아울러 사회안전 관련 혁신대상 법제도를 개혁한다.

다섯 가지 미래전략

첫째, 주기적인 미래정보통신 예측을 통해 문제점을 도출하여 정책 자료로 활용한다. 소비자 행동, 사회적 트렌드, 기술적 트렌드, 기후변화 등을 고려하여 미래사회를 예측한 후에 미래의 정보통신 세계에서 예상되는 문제점을 도출하는 것이 중요하다. 이때 여러 분야의 전문가들이 참여하여 2045년 미래정보통신상을 결정짓는 중요한 요인들을 선정, 시나리오별로 다양한 미래정보통신 모습을 제시하고 문제점을 도출한다. 또한 기술, 사회, 환경이 계속 변화하므로 일정 주기별로 미래사회를 예측하면서 미래정보통신분야의 문제점을 수정, 보완해야 한다.

둘째, 미래정보통신 서비스와 제품의 세계시장 진출을 체계적으로 지원한다. 산·학·연·관이 협력하여 시장 관점, 소비자 관점, 서비스 관점에서 문제를 해결해야 한다. 즉 세계시장을 향한 사업화 관점에서 법제도 개선, 인증 및 표준규격 제정, 시범사업을 통한 시장창출 등을 고려하면서 상용제품의 규격을 고려한 핵심원천기술 연구개발과 상용 연구개발이 추진돼야 한다.

현존 서비스, 콘텐츠, 플랫폼, 네트워크, 단말의 개별 독립적인 기술 개발보다는 앞으로 고객이 필요로 할 미래정보통신 융합서비스에 적합하도록 나노소자기술, 무선 전력전송기술, 통신기술, 컴퓨팅기술, 보안기술 등을 융합하여 최적의 융합정보통신서비스를 개발해야 한다.

셋째, 미래유망 융합서비스산업을 도출하고 지원한다. ICT와 타산업의 융합을 통해서 타산업의 경쟁력을 높이고 부가가치를 창출하는 전략뿐만 아니라 신산업을 창출하는 전략도 구사해야 한다. 미래세계에서 필요로 하는 디지털 물류, 유통, 제조, 교통, 가정, 교육, 도시 등의 신산업분야에서 관련 부품, 소프트웨어, 단말, 시스템 및 인프라 산업이 동반성장할 수 있는 창조적 생태계를 구축해야 한다.

넷째, 수송시스템을 혁신하는 디지털 전자자동차산업을 도출하고 지원한다. 세계 최초, 세계 최고 디지털 전자자동차시스템을 개발하고 사업화하여 좋은 일자리를 창출하는 창조적 생태계를 구축해야 한다. 디지털 전자자동차 부품, 소프트웨어, 단말, 시스템, 네트워크, 서비스, 인프라의 경쟁력을 높여 미래세계 디지털 전자자동차시장을 석권한다.

다섯째, 아날로그 사회안전문제를 개혁하는 디지털사회 안전시스템 산업을 도출하고 지원한다. 센싱, 이동통신, 빅데이터 분석, 클라우드 컴퓨팅, 사이버 물리시스템, 엑츄에이터actuator 제어기술을 생활, 산업, 공공 분야의 안전문제에 적용, 개선함으로써 안전분야에서 세계를 선도하는 진정한 의미의 선진국에 진입한다.

정보통신전략의 정책추진방안과 그 효과

첫째, 기획예산 반영을 통해 미래사회, 미래생활 예측보고서를 발간하고 공유한다. 미래정보통신 세상에서 개인 및 기업 고객이 필요로 하는 서비스를 발굴하여 단계별 서비스 제공계획을 세우고 관련 인프라 구축계획과 시장 창출계획을 준비한다. 아울러 기술 및 시장 분석을 통하여 국가가 개발해야 할 기술과 아웃소싱할 기술을 선별한다. 특히 신규 융합서비스 제공시 발생할 수 있는 보안 등 모든 문제를 사전에 시뮬레이션하여 문제발생시 즉각 대처할 수 있도록 준비한다.

둘째, 세계시장을 선도할 수 있도록 기획, 연구개발, 평가, 상용화, 인증, 사업화 관련 법제도를 혁신한다. 기존의 기술 개발 및 사업화 조직의 추종형 R&D 기획, 평가, 관리, 사업화 체계를 선도형 체계로 전환한다. 창의적인 혁신형 R&D가 이루어지도록 창의 아이디어 기반 혁신연구를 적극 지원한다. 특히 재료, 무선전력, 보안, 통신, 컴퓨팅, 지식서비스가 융합된 미래서비스 및 제품의 문제점을 정확하게 도출하고 여러 분야의 융합 전문가들이 유기적으로 협력하여 핵심 한계문제를 해결하도록 유도한다. 아울러 산업분야별 국제표준도 적극적으로 지원한다.

셋째, 디지털 신산업구조에 적합하도록 정부부처 조직과 기능을 재정립한다. 또한 융합 신산업에 적합하도록 규제정책을 완화하고 신규 융합서비스 제공시 문제가 될 수 있는 관련 법제도를 사전에 개선한다. 아울러 세계 최초 서비스 및 제품에 대한 인증규정 및 시험절차를 연구개발과 병행하여 준비한다.

앞으로 다가올 미래 정보통신시대에서 개인, 기업, 사회, 국가, 인류가 원하는 서비스 변화를 예측하고 문제점을 파악한 후에 해결방안을 강구하는 것은 중요하다. 우리가 먼저 정보통신 융합연구를 통하여 이러한 문제에 대한 해결책을 확보하면 미래 통신시스템과 정보시스템 영역에서 세계를 선도하고 원천기술 기반으로 지속적 경쟁 우위를 유지할 수 있다. 물류, 유통, 제조, 교통, 가정, 교육, 도시 등의 분야에서 미래 디지털 융합서비스 신산업을 육성하면 좋은 일자리를 많이 만들 수 있고, 창조적 생태계를 구축할 수 있다. 또한 창의적인 디지털 전자자동차 개발을 통해 세계시장을 선도하는 창조적 생태계를 구축하고 교통, 에너지, 환경문제를 해결하는 신산업 경쟁력을 키워야 한다. 혁신적인 디지털사회 안전시스템 구축을 통해 국민들이 안심하고 가정, 직장, 여가생활을 영위할 수 있도록 해야 한다.

산학연이 미래 정보통신서비스, 미래 융합서비스, 디지털 전자자동차, 디지털 사회안전시스템을 개발하고 관련 제품을 상용화하자. 정부는 선도적으로 관련 인프라를 구축하고 법제도 개선을 통하여 시장창출을 지원하는 협업체계 구축이 필요하다. 이렇게 하면 미래 정보통신

기반의 다양한 디지털 신산업인 미래유망 융합 서비스산업, 디지털 전자자동차산업, 디지털 사회안전시스템 산업의 부품, 소프트웨어, 단말, 시스템, 인프라, 서비스가 활성화되어 세계시장을 선점하고 우리 기업들이 지속적인 경쟁력을 확보할 수 있을 것이다.

3

연구개발전략

OECD는 연구개발을 '사물에 대한 새로운 지식을 얻거나, 이미 얻은 지식을 이용해 응용하는 체계적이고 창조적인 활동'이라고 정의한다. 좀더 확장해서 생각해보면 연구개발은 인간의 지적 호기심에 기초한 새로운 지식을 탐구하는 활동에서부터 경제, 사회, 문화 등 모든 영역에 대한 창조활동이라고 할 수 있다. 미래사회에 대한 전략을 구상하고 설계하는 데 있어서 연구개발은 가장 기본적이고 핵심적인 분야다.

연구개발은 인간의 축적된 지식을 바탕으로 현재의 기술적 난제들을 풀어가는 과정의 연속이며, 곧 미래를 만들어가는 과정이다. 농경사회, 산업사회, 그리고 정보사회로 이어진 인류의 발전은 기술진보에 의한 것이었으며, 미래 또한 기술의 진보에 의해 이루어질 것이다. "연구개발은 과일을 심고 따먹는 것으로 지난 300년간은 좋았으나 최근 40년간에 과일이 소진되어 혁신은 고갈되어간다"는 타일러 코웬Tylor Cowen과 밥 고돈Bob Gordon의 주장이 있다. 하지만 브라이언 아서Brian

Arthur, 폴 로마Paul Romer 등 대부분의 기술경제학자들은 "혁신은 기존 요소building block들의 결합이므로 무한히 계속될 것"이라고 주장한다. 경제사학자 마틴 와이츠만Martin Weitzman은 "52개의 아이디어가 있다고 하면 가능한 조합 수는 태양계의 원자 수보다 많다"며 혁신은 고갈될 수 없다고 했다. 연구개발은 인류가 존재하는 한 무한정 계속될 것으로 보인다.

한편 MIT의 에릭 브라이언졸프슨Erik Brynjolfsson, 앤드류 맥카피Andrew McAfee 교수 등은 디지털화로 인한 일자리 상실, 임금감소 등의 부작용이 올 것이라는 비관론을 반박하면서 3가지 과제를 제시한다. 첫째, 교육, 인프라, 기업가정신, 무역, 이민, 연구분야에 기본적인 정책변화가 필요하다. 둘째, 기업가들에게 생산성 향상, 부의 창출은 물론 광범위한 기회창출을 위한 새로운 조직모델과 접근방법 개발을 촉구한다. 셋째, 디지털혁명의 경제사회적 함의를 연구하고 현재의 사고를 뛰어넘는 장기적인 해법 개발에 박차를 가해야 한다.

2045년에 다가올 미래의 모습으로 예상되는 인구통계학적, 자원/환경적, 사회구조적 문제의 대부분은 과학기술을 통해 해결할 수밖에 없는 것들이다. 인구감소에 따른 생산력 저하, 고령화에 따른 보건의료 수요증가, 기후변화와 환경문제의 심화, 에너지, 물, 식량 등의 자원부족, 정보통신기술 발달에 기인한 사회구조의 변화 등은 연구개발의 산물인 기술의 진보에 의해 촉발되고 해결될 것이며 가속화될 것이다.

2045년 미래 대한민국의 모습을 주요 미래예측기관이 발표한 메가트렌드를 중심으로 예측하고, 이를 준비하고 해결하기 위해 과학기술 과제를 중심으로 연구개발의 미래전략을 구상하고자 한다.

미래의 연구개발은 어떻게 펼쳐질 것인가

1953년 1인당 소득 50달러에 불과했던 대한민국이 2007년 2만 달러를 돌파하고, 2014년에는 세계 7대 무역국가로 성장했다. 이러한 압축성장이 가능했던 이유는 다양한 경제사회적 측면에서 찾을 수 있겠지만, 그 중심에는 수출 중심, 중화학공업 우선, 과학기술 우대, 추격자 전략 등의 정책과 전략이 있었다.

연구개발분야에서도 이러한 전략은 유효했다. 1962년 제1차 과학기술진흥 5개년 계획이 발표될 당시, 1963년 우리나라 총 연구개발투자(정부+민간)는 12억원에 불과했다. 이는 GDP 대비 0.25% 규모이며, 이 중에서 약 96%를 정부가 부담했다. 2013년 기준 총 연구개발투자는 59조 3천억원이며, 정부 부담은 24.0%로 줄었지만 GDP 대비 4.15%로 15배 이상 증가했다.

우리나라의 2013년 GDP 대비 연구개발투자 규모는 세계 1위다. 우리나라가 경제규모에 비해 연구개발에 얼마나 열심이었는가를 확인할 수 있는 수치다. 연구개발에 대한 집중적인 투자는 현재 우리나라의 위상을 만드는 데 매우 긍정적이고 중요한 영향을 끼쳤다. 연구개발에 대한 정부와 민간의 투자는 앞으로도 확대돼야 한다. 하지만 복지수요나 경제여건 등을 고려할 때 지금까지와 같은 증가는 쉽지 않을 것이다. 실제로 2016년 정부 연구개발 예산(안) 중 주요 R&D 투자는 전년 대비 2.3% 감소한 12조 6,380억원으로, 매년 6% 이상 성장해온 추세를 벗어나고 있다. 따라서 그간의 투자를 통해 축적한 기술을 바탕으로 보다 혁신적이고 창의적인 방식으로 기술혁신을 이루어내는 지혜가 필요하다.

세계 유수기관들이 미래사회에 대한 다양한 전망을 발표하고 있는 데, 이를 종합해보면 글로벌화의 가속, 갈등의 심화, 인구구조의 변화, 문화적 다양성 증가, 에너지·자원의 고갈, 기후변화 및 환경문제 심화, 과학기술의 발달과 융복합화, 중국의 부상 등으로 요약할 수 있다. 우리나라의 경우도 마찬가지다.

추가로 우리나라의 미래에서는 남북한의 통합, 통일을 고려해야 한다. 시기를 정확히 예측할 수는 없으나 2045년 '아시아 평화중심국가'인 대한민국은 분단을 전제하고는 성립되기 어렵기 때문이다. 남북한의 통합이나 통일은 정치, 사회, 문화 측면에서 뿐만 아니라 과학기술 측면에서도 뒷받침돼야 가능하다.

우리나라는 저출산, 고령화, 에너지 부족, 중국의 부상, 분단 등으로 인해 미래문제를 다른 국가보다 먼저 맞이하게 될 가능성이 높다. 이는 위기임에는 분명하나 기회이기도 하다. 문제해결 과정에서의 경험과 기술혁신의 결과물인 글로벌표준이 새로운 성장동력이 될 수 있을 것이다. 이를 실현하기 위해서는 위기를 기회로 삼는 지혜가 발휘돼야 하고, 그 핵심에는 IT기술과 융합기술을 기반으로 한 혁신이 자리해야 한다.

우리가 도달해야 할 연구개발의 목표

미래 메가트렌드 중 연구개발과 직접 관련이 있는 것을 뽑으면 인구구조 변화, 에너지·자원 고갈, 기후변화 및 환경문제, 과학기술의 발달과 융복합화, 통일 등이다. 연구개발을 통한 기술혁신으로 미래 메가트렌드를 얼마나 잘 준비하고 대처하느냐에 우리의 미래가 달려 있다.

2050년 우리나라의 인구는 통일이 되지 않은 상태에서 4,200만

명으로 5,120만 명인 2014년 현재보다 약 920만 명 감소할 것이다. 2026년에는 만 65세 이상 노인인구가 전체의 20%를 넘은 초고령사회가 될 것이며, 2045년에는 약 35%에 달할 것으로 예측된다. 인구감소는 구매력 감소, 시장 감소, 일자리 감소, 경쟁력 저하로 이어질 것이다. 고령화사회에서는 생산성의 저하, 복지 및 의료비용 증가 등이 예상된다. 이를 해결하기 위해서는 로봇기술, 첨단제조기술, 정보통신기술, 바이오융합기술, 맞춤형 의료기술 등의 기술혁신이 필요하다.

에너지 부족문제도 심각하다. 전력수요 증가, 화석에너지 고갈, 중국의 급격한 산업화는 자원이 부족한 우리에게는 에너지안보 위협으로까지 발전할 수 있다. 사회적 수용문제를 극복하기 위해 경제성을 훼손하지 않으면서도 원자력발전의 안전성을 획기적으로 향상시킬 수 있는 연구개발이 필요하다. 대체에너지, 재생에너지 등 신에너지원이 우리나라 지리환경에는 한계가 있지만 수출산업의 신성장동력 차원에서 연구개발을 활발히 해야 한다.

통일은 남북한 사회구조의 통합이므로 경제, 문화, 정보, 기술 등의 불균형과 이로 인한 갈등을 해소하는 것이 중요한 이슈다. 한편으로 통일은 중국을 중심으로 한 대륙과 미국, 일본을 통해 해양을 연결하는 허브국가로서의 위상을 갖게 하는 계기가 될 것이다. 남북의 기술혁신체계를 통합하는 과정은 시간이 걸리겠으나 기술력의 통합을 통한 시너지효과는 클 것이다. 또한 통일은 인구의 증가, 일자리 창출, 건설산업의 부활, IT인프라 수요 확대 등 새로운 기회를 제공할 것이다. 그리고 과학기술분야의 남북협력은 통일을 앞당기는 효과를 가져올 것이다.

우리가 기술혁신을 통해 만들어야 할 2045년 대한민국의 모습은 안정적인 경제번영의 토대 위에 정치적 선진화, 평화의 제도화(통일), 과학기술과 사회문화의 균형적 발전 등을 망라한다. 과학기술의 연구개발 과제로서 지속가능한 장수사회, 신에너지 수급체계 확보를 통한 에너지 독립국가, 정보·기술의 글로벌 네트워크 중심국가 등도 제시될 수 있다.

'지속가능한 장수사회'는 저출산, 고령화, 인구감소로 수반되는 생산력 감소를 해소하고 지속가능한 지능형 제조·생산시스템을 갖춘 사회로 전체 인구의 40%에 육박하는 고령인구가 건강하고 행복한 생활을 영위할 수 있는 사회시스템을 구축하는 것이다.

'에너지 독립국가'가 되기 위해서는 신에너지원을 확보하고 이를 안정적이고 효율적으로 공급할 수 있는 에너지네트워크를 구축해야 한다. 차세대 원자력발전을 기반으로 핵융합 발전의 실용화를 도모하고, 조력발전이나 해양, 풍력, 태양광 발전 및 스마트그리드smart grid[5]와 같이 친환경적이고 지속가능한 에너지비중을 확대해나가야 한다.

지속가능한 지능형 제조생산시스템, 건강하고 행복한 장수사회, 신에너지원 및 에너지네트워크는 '정보'와 '네트워크'의 도움으로 구현될 수 있다. 빅데이터 등 정보의 수집, 분석, 활용기술, 사물인터넷 등 사람, 사물, 정보를 연결하는 네트워크기술의 혁신과 이를 실현할 수 있는 인프라도 구축해야 한다. 이 인프라는 글로벌네트워크와 연결되며, 연결된 세계connected world의 중심이 될 것이다. 이러한 '정보, 기술의 글로벌 중심국가'의 모습이 2045년 대한민국을 위한 연구개발의 목표 중 하나다.

미래를 위한 연구개발전략의 제시

향후 기술혁신의 중심은 정부보다는 민간과 개인이 될 것이다. 민간과 개인의 혁신역량을 강화하고 이를 체계화하는 시스템을 갖추는 것이 중요하다. 정부는 이러한 시스템이 조기에 정착될 수 있도록 공공분야와 기초연구분야 및 전략산업분야의 연구개발에 지속적으로 투자를 확대해야 한다. 연구개발은 미래의 사회상을 실현하기 위한 기술분야, 즉 ICT를 중심으로 한 융합분야를 강조할 필요가 있다. 정보화기술의 발달에 따라 미래사회에서는 '개방성'이 핵심가치가 될 것이기 때문이다. '초연결사회hyper connection society' '공유의 시대'에 대비하는 것도 필요하다.

국가과학기술위원회는 2012년에 제4회 과학기술예측조사에서 2035년까지 필요로 하는 652개 미래기술을 도출하고 기술별로 실현시기와 기술수준을 분석했다. 향후 10년 이내에 기술적으로 실현이 가능한 기술이 479개이고, 이중 344개 기술에서 우리나라 수준이 선도그룹 혹은 추격그룹에 속해 있는 것으로 발표했다.

연구개발에 대한 적절한 투자와 지원이 있어야 미래기술을 선도하거나 추격이 가능하다. 고령화 등으로 인해 복지수요가 증가하는 상황에서 정부의 투자여력은 녹록지 않다. 따라서 연구개발투자의 중심은 민간으로 넘어가야 한다. 기술혁신은 민간을 중심으로 이루어질 수밖에 없을 것이다. 민간에는 기업체와 네트워크로 연결되어 글로벌정보를 쉽게 활용할 수 있는 개인도 포함된다. 정보화, 소셜네트워크 활성화 등으로 개인의 힘은 지속적으로 확대될 것이며, 연구개발분야에서도 예외는 아니다. 따라서 정부와 공공은 이를 촉진하고 유인할 수 있도록 시스템을 효율화하는 데 집중해야 한다.

ICT 중심의 기술융합에 '선택과 집중'

'선택과 집중'은 자원이 부족한 우리나라에서는 불가결한 전략이다. 과거에도 그랬으며 앞으로도 그럴 것이다. 때문에 그간의 연구개발투자도 전체의 60% 이상을 '산업생산 및 기술분야'에 투자할 수밖에 없었던 것이다. 물론 기초, 원천기술의 토대가 취약하게 되었다는 비판은 있으나, 한정된 자원을 효율적으로 활용해야 하는 한국적 상황에서는 최선의 선택이었을 것이다. '선택과 집중'은 어느 분야를 선택하고 어떻게 집중하느냐의 문제다. 현실과 여건에 대한 냉철한 분석, 미래에 대한 정확한 예측, 과감한 이행이 필요하다.

2045년 대한민국은 지속가능한 장수사회, 에너지 독립국가, 정보기술의 글로벌네트워크의 중심이 돼야 한다. ICT를 중심에 놓고 대한민국의 미래상 구현에 필요한 융합기술, 인프라 구축에 집중해야 한다. 또한 개인과 민간의 요구 및 수요가 중심이 되며, 정부의 역할은 이를 촉진하기 위한 규제완화, 지원체계 구축 등에 초점을 둬야 한다.

모든 것에 연결되기 위한 '개방성'

미래사회는 초연결사회다. ICT의 발달은 인간과 인간, 인간과 사물, 사물과 사물 등이 모두 연결되는 사회를 만들 것이다. 초연결사회에서 가장 중요한 것은 '개방성'이다. 국가, 국경, 민족의 개념은 미래사회에서 가치를 잃게 될 가능성이 많다. 정보화시대, 초연결사회에서는 모든 것을 개방해야 모든 것에 연결되고, 연결돼야만 생존할 수 있다. 월드와이드웹www, 오픈소스 소프트웨어oss 등에서 알 수 있듯이 공개하면 새로운 혁신이 생기고 그것이 또 새로운 기회가 된다.

연구개발도 특정한 연구집단과 실험실에 한정해서는 성공하기 쉽지 않으며, 기술개발에 성공해도 시장에서의 생존은 쉽지 않다. 네트워크에 가상연구실을 두고 전 세계 연구자가 시공간 개념을 초월해 연구하고 그 성과를 세계가 공유하는 시대를 준비해야 한다. 물론 지식재산제도 등의 변화가 수반될 것이다.

연구개발전략의 정책추진방안과 그 효과

연구개발전략이 효과적으로 추진되기 위해서는 어떤 정책들이 필요할지 정리해보면 다음과 같다.

지능형 제조업 혁신정책 추진

현재 세계적으로 제조업 혁신을 위한 다양한 정책들이 추진중이다. 3D프린팅의 등장으로 제조업에서 혁명적 변화가 일어나고 있다. 독일의 인더스트리 4.0, 중국의 제조업 2025, 한국의 제조업 3.0 등의 정책은 좋은 사례라 할 수 있다. 미래의 공장에서는 오직 사람과 개만 근무할 것이라는 얘기도 있다. 사람의 역할은 개에게 먹이를 주는 일이고 개의 역할은 자동화된 시스템에 사람이 접근하지 못하도록 막는 일이라고 한다. 정보화사회에서도 제조업은 사회의 지속가능성을 담보하는 산업일 수밖에 없다. 하지만 그 양상은 현재와는 많이 다를 것이다. 개인이 네트워크에 연결되어 분산적으로 물건을 만들어 사용하는 '사회적 제조social fabrication'의 시대가 될 것이라는 예상도 있다.

제조업 자체의 변화와 함께 우리나라는 생산인구 감소라는 도전에도 직면하고 있다. 생산인구 감소는 생산공장의 해외유출을 가속화하고 인구의 이동을 촉진하는 악순환이 될 것이다. 바로 옆에는 세계 최

대의 인구를 보유하고 첨단제조역량과 소비시장을 갖춘 중국이 존재
한다. 이러한 측면에서 네트워크화, 지능화, 자동화, 분산화 등 제조업
혁신은 매우 중요하다. 한국형 제조업 혁신을 위해 필요한 IT, 로봇, 엔
지니어링, 융복합 등 관련 기술을 개발하고 실증하기 위한 대규모 정
부 프로그램이 기획, 추진돼야 한다. 또한 이를 뒷받침해줄 사회문화
적 안목과 식견을 가진 공학전문가 등을 양성할 수 있도록 고등교육,
직업교육 시스템도 개선돼야 한다.

건강한 장수사회로의 전환정책

건강한 장수사회는 고령자가 건강하고 행복한 삶을 살 수 있는 시
스템을 갖춘 사회다. 이는 단순히 복지정책만을 의미하는 것이 아니
며, 생명공학과 의료기술의 융합, 수명연장과 장수과학의 혁신을 통해
만들어지는 시스템사회다. 원격 질병관리 및 치료, 휴먼 오그멘테이션
human augmentation,[6] 모바일 헬스어플리케이션, 개인맞춤형 치료제 등
의 기술개발이 요구된다.

건강한 장수사회를 위한 시스템은 미래의 새로운 성장동력이 될 것
이다. 일본은 이미 실버산업을 전략시장을 창조하는 제1의 테마로 선
정했다. 고령화는 세계적인 문제이므로 이는 새로운 시장을 의미한다.
우리나라도 초고령사회를 새로운 성장동력으로 삼기 위한 적극적인
정책 추진이 필요하다.

에너지 자립을 넘어 에너지 허브로

세계는 대체에너지, 신재생에너지 등 신에너지원 개발을 위해 치열
한 경쟁을 진행중이다. 우리나라의 제2차 에너지기본계획에 의하면

2035년 석유, 석탄 등 화석연료의 비중은 52%다. 장기적으로 화석연료는 부족해질 것이며 중국, 인도의 산업화 및 인구증가로 불안정성이 높다. 안정적인 에너지원 확보와 함께 세계 에너지시장에 진출하기 위한 전략이 필요하다.

원자력은 후쿠시마사고 이후 국제적으로 높은 안전성을 요구하거나 사회적으로 수용을 거부하는 사례가 발생하고 있다. 높은 경제성과 적은 부지활용, 매우 낮은 사망률 등은 장점이지만, 어떠한 재해나 재난에도 방사능 누출을 허용하지 않도록 '절대 안전'을 추구해야 한다. 이렇게 해서 세계적인 경쟁력을 갖춰 국내 원전의 안전과 해외 원전 수출을 동시에 추진해야 할 것이다. 2045년경에는 핵융합 발전이 실용화될 수 있도록 과학적 연구수준에서 벗어나 공학적 개발수준으로 연구개발의 목적을 진일보해야 한다.

대체에너지 중에서 서해를 중심으로 우리나라에 매우 적합한 대형 조력발전을 늘리고 해양풍력과 해양태양광 발전을 늘려가갈 필요가 있다. 수출을 위해서는 초대형 풍력발전과 초고효율, 장수명의 태양광 관련 기술개발에 앞장설 필요가 있다. 전력저장Energy Storage System, ESS 기술도 신재생에너지의 확대를 위해서는 필수적이므로 저가, 고효율의 배터리와 컨버터의 개발이 필수적이다.

에너지원의 확보와 함께 중요한 것은 지속가능한 에너지네트워크의 구축이다. 다양한 에너지원으로부터 효율적으로 에너지를 공급받고 사용할 수 있는 스마트그리드 구축이 우선돼야 한다. 에너지네트워크는 국내만이 아니라 장기적으로는 중국, 러시아, 일본, 북한 등과도 망을 구축해야 한다. 좁은 국토, 수도권 등 도시집중화는 국내 에너지네트워크 체계의 효율화에 유리한 측면이 있다. 또한 남북관계 개선 여

부에 따라 중국, 러시아 등과의 연결을 통한 에너지 허브로서의 역할
도 지정학적 장점을 적극 활용할 수 있는 정책이다.

창의적 과학기술 시스템 구축

과학기술의 융복합화, 제품과 서비스의 복잡/다기능화 등으로 인해
선형적 연구개발 모형은 적용상 한계가 드러나고 있다. 선진 연구개발
시스템을 도입해야 하며, 선진국의 역사성과 제도의 속성을 고려하여
우리 실정에 맞도록 창의적이면서도 유연한 시스템을 구축해야 한다.

영국의 산업혁명과 프랑스 시민혁명으로 해외시장 진출 외에는 대
안이 없었던 독일은 정권 교체와 무관한 연구개발 거버넌스를 만드는
데 중점을 두었다. 연구개발전략과 기획평가는 정부에서 주도하되, 연
구활동은 자율성을 보장해주는 대학 등에서 진행하도록 한 것이다.
이를 참고한 우리의 연구개발 정책방향을 제시하면 다음과 같다.

첫째, 창의적 지식창출 기반 강화를 위해서는 창의적 지식생태계
구축과 국가지식 융합연구거점 역할을 할 수 있는 유연한 정부출연
연구기관이 필요하다.

둘째, 창의적 기술인력 육성을 위해 핵심 기술인력의 수급 불균형
에 대한 선제적 대응체계 구축, 이공계 인력의 경력개발 지원이 요구
된다.

셋째, 창의지향적 지식재산Intellectual Property, IP 인프라 강화를 위해
Hard IP와 Soft IP의 조화가 요구된다. 즉 기존의 pro-적 관점의 지
식재산보호를 강화하는 Hard IP환경 조성과 아울러 anti-적 관점에
서 지식재산의 독점적 권리보다는 유연한 접근을 허용함으로써 기존
지식재산 활용을 활발히 하는 Soft IP환경 조성으로 지식재산의 공유

기반을 구축해야 한다.

넷째, R&D 정책구조 전환이 필요하다. 공공성과 안전, 행복한 삶에 걸맞은 경제사회 수요 중심의 정부 R&D예산 배분과 창조산업 육성을 위한 R&D정책 재설계가 요구된다. 기존의 'R&D→상용화→제조/생산→마케팅' 등의 선형Linear 방식의 지원정책 대신 R&D, 인력, 상용화, 기업지원, 금융, 세제 등 패키지형 정책구조Policy Mix를 반영하도록 전환이 필요하다.

다섯째, 사회문제 해결형 과학기술의 역할 확대를 위해 기술획득 중심형 연구개발체계에서 빠져 있던 고리인 '사회기술기획' 활동과 사용자 참여 및 사회적 성과지표 도입 등 사회문제 해결형 R&D사업 추진이 필요하다. 국제사회 기여를 위해 기존의 하드웨어적 원조에 인적역량, 제도 등 소프트웨어 요소와 정책지원을 포함하는 패키지형 대외원조정책이 요구된다.

특히 통일을 앞두고 이루어진 서독과 동독의 과학기술 협력에 대하여 주목할 필요가 있다. 기초과학은 비정치적이기 때문에 비교적 쉽게 협력체계를 구축할 수 있다. 남북 평화통일을 준비하기 위한 과정으로 사회기술과 기초과학분야의 교류를 적극 검토하는 것이 필요하다.

기대효과

'한국형 지능형 제조시스템'은 2045년까지 대한민국이 안정적으로 성장할 수 있는 새로운 기반이 될 것이다. 제조업 혁명을 위한 기술의 개발은 제조업뿐 아니라 새로운 산업과 서비스를 창출할 것이다. 이로써 민간의 기술혁신 역량을 강화하고 수익을 개선하며, 연구개발에 재투자되는 선순환구조를 갖게 될 것이다.

생명공학과 의학, 그리고 기술과 복지시스템의 융합을 통한 '건강한 장수사회' 시스템은 초고령사회의 불안을 극복하고 사회를 안정화시킬 것이다. 성장동력화는 대한민국이 지속적으로 성장할 수 있는 대표적이고 새로운 먹거리로 성장할 가능성이 충분하다.

'신에너지원의 확보'는 화석연료, 원자력발전에 대한 의존을 줄여서 미래사회의 안보 및 안전에 기여할 것이다. 지속가능한 에너지네트워크를 구축하는 것은 에너지 기반의 초연결사회를 의미하며 글로벌네트워크 중심국가의 위상을 유지할 수 있는 기반이 될 것이다.

'창의적 과학기술 시스템 구축'은 과학기술 정책의 실효성을 확보하여 어제의 꿈이 오늘의 희망이 되고 내일의 현실이 되도록 할 것이다.

융복합을 통한 기술혁신이 미래다

인간은 내일을 정확히 알 수 없다. 그렇기 때문에 항상 내일을 계획하고 준비해야 한다. 준비된 내일은 그렇지 않은 경우보다 많은 기회를 제공한다. 2045년 대한민국의 미래도 마찬가지다. 그간 축적된 경험과 기술, 미래에 대한 정책과 전략이 있다면 우리에게 기회로 다가올 것이다.

융복합을 통한 기술혁신은 대한민국의 미래를 밝혀주는 등불이다. 기술이 이러한 역할을 제대로 수행하기 위해서는 연구개발을 위해 정부, 기업, 개인 모두의 역량이 결집돼야 한다. 미래는 기술혁신을 통해 수정, 보완되면서 현실화될 것이다.

기술, 정보의 글로벌 중심국가로서 지속가능한 장수사회, 에너지 독립국가라는 대한민국의 미래상도 기술혁신을 통해 현실화될 것이다.

김진현 전 과학기술부장관의 단군적인 현상론, 이용태 박사의 가상현실의 신대륙론, 윤덕용 전 KAIST 총장의 벤처국부론, 김훈철 박사의 스타계획론 등은 모두가 한국의 미래를 낙관하고 있다. 그러나 낙관만으로는 충분하지 않다. 이를 위해 개인과 민간의 역량을 최대한 강화하고 ICT를 기반으로 한 기술융합에 집중하여 적극적인 개방을 전제로 한, 모든 것의 연결로 미래 대한민국을 만들어야 한다.

지식재산전략

여기서는 현재 국내 지식재산제도와 정책, 세계 경제환경, 기술발전의 양상을 종합하여 향후 예상되는 지식재산 분야의 논점들을 도출하고, 각 논점에 대한 국가정책과제와 미래전략을 제시한다. 먼저 주요 용어의 개념을 다음과 같이 정의한다.

- **지식재산**Intellectual Property, IP: 인간의 창조적 지적 활동 또는 경험의 산물로서 그 재산적 가치가 법적 보호를 받는 특허, 상표, 디자인, 저작권, 영업비밀과 생물의 품종이나 유전자원 등 무형적인 것으로서 재산적 가치가 실현가능한 것을 총칭하는 개념이다.
- **지식재산권**Intellectual Property Right, IPR: 지식재산이 법적으로 보호되는 권리임을 강조하는 용어로 학술, 실무에서 지식재산과 혼용되고 있다. 마찬가지로 특허와 특허권, 상표와 상표권, 디자인과 디자인권도 각각 혼용되고 있다.
- **무형자산**intangible asset: 기업의 경제적 가치자산이지만 전통 회계상

포착이 어려운 지식과 비결(노하우)을 총칭하는 개념이다. 문헌에 따라 이를 지식자본, 지식자산 등 다양한 용어로 부르고 있다.

•IP5: 지식재산 국제 행정에 있어서 기존에는 특허 3극trilateral patent offices으로 불리는 미국, EU, 일본 특허청 주도의 국제협력이 지속됐는데, 최근 그 비중이 크게 증가한 한국과 중국이 추가되어 별도의 협력체인 IP5가 2007년 출범하였다. IP5는 전 세계 특허출원의 80%, PCT 출원의 95% 정도를 담당하고 있으며, 세계 특허제도와 정책을 주도하고 있다.[7]

•**특허괴물**patent troll: 인텔 사내 변호사였던 피터 뎃킨Peter Detkin이 최초로 사용했던 표현으로 '특허를 실시한 적도 없고, 현재 실시하고 있지도 않으며, 앞으로 실시할 의도도 없이 다만 관련 특허로 돈을 벌기 원하는 회사'를 의미하는 것이었다. 그러나 뎃킨이 세계 최대의 특허괴물로 알려진 인텔렉추얼 벤처스Intellectual Ventures 설립에 참여하고 이 회사의 운영이사가 된 후 그의 특허괴물에 대한 개념정의는 '실효성이 의심스러운 소수의 특허만 가지고 있으면서 특허와 관계없는 비즈니스에 종사하는 회사'로 바뀌었다.

•**비실시기업**Non-practicing Entity, NPE: '특허괴물'에 대한 완곡한 표현으로, 가장 일반적인 용어이다. 특허관리회사, 창의자본, 특허지주회사 등도 대동소이한 의미로 사용되고 있다.

•**특허심사 하이웨이**Patent Prosecution Highway, PPH: 출원인이 자신의 발명을 2개국 이상에 출원하는 경우, 특허등록이 가능하다고 판단한 국가의 심사서류를 나중에 심사가 진행되는 다른 국가에 제출하면 기존의 등록사실을 참고하여 해당 출원을 일반 출원보다 빨리 심사해주는 제도.

• **핀테크**FinTech: 금융Financial과 기술Technology의 합성어로 정보기술에 기반한 새로운 형태의 금융을 말한다. 대표적 지식재산인 IT기술이 금융 비즈니스모델의 핵심으로 자리잡음으로써 금융서비스의 혁신을 주도하고 있다. 특히 2015년에는 금융서비스 제공의 새로운 방편으로 주목받고 있다.

지식재산의 미래는 어떻게 펼쳐질 것인가

첫째, 현행 특허제도의 수정 논의가 활발해질 것이다. 특허제도가 오히려 기술혁신의 장애가 된다는 특허 무용론無用論은 주기적으로 등장했다가 사라지곤 했다. 최근 특허덤불[8]이 혁신의 장애가 된다는 비판도 반특허 정서의 연장선상에서 이해할 수 있다. 그러나 미국, EU, 일본 등 지식재산 선진국들은 오히려 친특허정책을 강화하는 추세이다. 다만 저개발국들은 여전히 특허제도의 수정을 요구할 것이다. 결과적으로 선진국은 지식재산을 통해 저개발국가에 대한 시장지배력을 강화하려 할 것이고, 저개발국가는 개량기술의 이용대가로 자국이 보유한 유전자원과 전통지식 등을 특허라는 선진국형 제도와 맞바꾸어야 하는 선택을 강요받게 되는 경우가 발생할 것이다. 저개발국가는 혁신기술의 개발을 통한 시장 진입을 원하지만, 현실은 그렇지 않다는 의미다.

둘째, 특허제도에 대한 논의양상이 산업분야별로 다양해지고 세분화될 것이다. 제약산업의 경우 하나의 신약 개발에 통상 10년 정도의 기간이 소요되고 1조원 이상의 비용이 투입되나 결과적으로는 소수의 특허가 창출된다. 반면 정보통신기술 분야에서 스마트폰 하나에

25만 개 이상의 특허가 덤불을 형성하고 있다. 하지만 최근 우리나라를 강타했던 메르스 코로나바이러스MERS-CoV처럼 사회위기가 오고, 백신개발 등에 대한 요구가 급증하는 상황이 되면, 허가특허연계제도나 의약품 특허에 대한 제도개선 요구가 강해질 것이다. 따라서 전통적 산업재산권 또는 IT기술 중심의 특허제도가 제약분야와 같이 산업별 특수성이 있는 분야에도 똑같이 적용될 수 있을지를 깊이 논의할 가능성이 많다. 특허 존속기간 및 심사절차와 관련하여 명백히 다른 특색을 갖는 양 분야에 동일한 심사절차와 동일한 특허권 존속기간을 적용하는 것이 합당한지, 분쟁 발생 시 금지청구권이 필요한지, 손해배상액수는 어떻게 산정할 것인지 등 기본적인 논점들에 대하여 양 분야가 다른 법리로 갈 가능성이 있다.

셋째, 공정거래법과 특허제도의 조화에 대한 논의가 지속될 것이다. 독과점을 규제하기 위한 공정거래법의 정신과 혁신기술에 대한 독과점을 인정하는 특허제도를, 현재 경제시스템 내에서 충돌되지 않도록 해석하고 적용하는 방안에 대한 논의가 꾸준히 지속될 것이다.

넷째, 디자인권과 트레이드 드레스 등 특허 이외의 지식재산과 관련한 논의가 더욱 중요해질 것이다. 삼성과 애플 간의 세기적인 분쟁에서 디자인, 트레이드 드레스의 가치를 확인한 만큼 관련 산업의 중요성이 더욱 강조되어 해당 지식재산분야의 제도 및 법리에 관한 논의가 활발해질 것으로 예상된다. 특허나 상표권 등에 비해 상대적으로 덜 중요하게 인식되고 있는 우리나라 디자인 제도에 대한 변화요구가 거세질 것이며, 디자인권에 대한 보호범위가 점차 확대되면서 저작권과 중첩되는 경향 또한 나타나고 있다. 따라서 향후 양 권리에 대한 법리논쟁이 발생할 가능성도 커 보인다. 역설적이게도 삼성과 애플 사이의 소송에서는 오히려 너무 광범위한 디자인권을 인정해 논란이 일고 있기도 하다.

주요국 지식재산 동향

IP5 국가들이 공통으로 추진하는 핵심정책은 특허심사에 걸리는 기간을 단축하면서 특허심사의 품질을 확보하는 것, 국가마다 다른 특허제도를 국제적으로 조화하려는 것이다. 특허제도의 국제적인 조화는 단기적으로는 특허심사 기간을 단축하고 특허의 품질을 높이는 방안을 모색하기 위한 것이지만, 장기적으로는 미래에 요구될 특허제도의 변화에 대비하려는 것이다. 따라서 특허심사 하이웨이 같은 느슨한 결합 수준의 공조를 넘어 특허 공동심사, 공동출원 등과 같은 직접적이고 구체적인 수준에서의 국제공조가 강화될 전망이다. 예를 들어 IP5 특허청장회의에서는 세계특허심사정보시스템Global Dossier 추진을 적극 진행중이다. IP5 특허청의 특허심사진행 정보를 일괄조회할수 있을 뿐 아니라 출원관리는 물론 인터넷으로 외국에 직접 출원하는 것까지 한번에 가능하도록 한다는 취지다.

이같이 지식재산분야의 국제공조가 더욱 강조되는 이유는 지식재산정책이 국내의 산업발전을 도모하는 것을 뛰어넘어 국가 간 경쟁 속에서 국제적 지도력을 확보하는 수단이 되고 있기 때문이다. 예를 들어, 양질의 특허심사관을 육성하여야 한다는 과제는 자국 특허심사의 품질을 높인다는 측면에서만 논의되었으나, 이제는 심사품질의 고도화를 통해 국제사회에서 경쟁력을 갖고 지도력을 발휘할 수 있다는 측면에서 논의된다.

특허제도 미래전망

특허제도의 미래는 크게 네 가지로 전망할 수 있다.

첫째, 심사품질 개선 및 인재양성, 지식재산의 국제적 지도력 논의가 활발해질 것이다. 미국 특허청US Patent and Trademark Office, USPTO은 '2014~2018 전략계획'에서 특허심사 품질 개선 및 국제적인 지식재산 지도력 향상을 강조했다. 일본과 유럽 특허청도 특허심사 품질 향상 및 국제적 인재 육성이라는 두 가지 정책을 추진하고 있다. 중국은 2000년 WTO 가입 이후 지속적으로 지식재산의 중요성을 강조하고 있고, 국가 주도로 지식재산 분야의 경쟁력을 높이기 위한 다양한 정책을 적극적으로 펼치고 있다.

세계는 지금 특허의 양이 아니라 질로 승부를 펼치고 있다. 양질의 특허를 생산하고 산업발전에의 기여를 목표로 한다면 제일 먼저 선행되어야 할 두 가지가 특허심사의 품질 강화와 심사기간의 적정화이다. 이 두 가지 조건을 만족하기 위해 가장 필요한 요소는 '사람(인재)'이다. 특히 미국이 중점적으로 추진하고 있는 국제적 인재 육성 정책은 국제공조 강화를 위해 인재가 가장 중요한 자산이라는 사실을 대변하고 있다.

우리나라도 IP5의 일원으로서 국제사회에서 지식재산 선진국의 위상을 갖추어나가고 있지만, 세계 지식재산 허브로 도약하기 위해서는 정책과 제도의 과감한 개혁이 필요하다. 풍부한 이공계 전문인력이 지식재산 정책에 이바지할 수 있는 환경을 조성하고, 지식재산권 분야에 실력을 갖춘 민간 전문인력을 적극 활용할 수 있는 방안을 찾고, 민관이 조화롭게 정책을 견인하며 서로 상승작용을 할 수 있도록 노력해야 한다. 중국과 일본 사이의 지정학적 위치를 미래 기회로 활용하기 위한 외교 노력과 함께, 과감하게 제도를 개선하여 지식재산 관련 법 제도를 신속하게 선진화하겠다는 정부의 노력과 의지도 필수이다.

둘째, 지식재산 집약산업의 중요성이 강조될 것이다. 2012년 미국 상무부는 미국 특허청 데이터를 기준으로 전체 313개 산업 중에서 특허와 상표 등 지식재산을 가장 집중적으로 활용하고 있는 산업 75개를 선별하고 이를 지식재산 집약산업IP-Intensive Industries이라 명명했다. 상무부 보고서에 따르면 2010년을 기준으로 지식재산 집약산업이 2,710만 개의 일자리를 창출하여 전체 미국 내 고용의 18.8%를 담당했고, 5.06조 달러의 부가가치를 창출하여 전체 GDP의 34.8%를 차지했다. 또 지식재산 집약산업의 수출액이 7,750억 달러로 전체 공산품 수출의 60.7%에 달한다. EU 특허청European Patent Office, EPO과 상표디자인청Office for Harmonization in the Internal Market, OHIM의 2013년 보고서도 EU 총 GDP의 39%(4조 7000억 유로)가 지식재산 집약산업에서 창출되며, 5,600만 개 일자리(전체의 26%)가 지식재산 집약산업에 의해 제공된다고 밝혔다. 특히 미국 상무부 보고서에 따르면 지식재산 집약산업에 종사하는 근로자의 평균 급여가 타 산업군 대비 42% 이상 높았으며, 특허권 집약산업과 저작권 집약산업에서 그 차이가 더욱 두드러지게 나타났다고 한다. 지식재산 집약산업에 종사하는 근로자의 평균 교육수준 또한 타 산업군에 비해 높게 나타나고 있어 지식재산 집약산업이 양질의 고임금 일자리를 창출할 수 있다는 가정을 지표로 뒷받침하고 있다.

결론적으로 이 지표들의 의미는 특허, 상표, 저작권 등 지식재산을 많이 창출하는 산업에 국가적 역량을 집중하는 것이 그렇지 않은 경우에 비해 일자리 창출과 거시경제 성장에 훨씬 효율적이라는 점이다.

미국과 EU는 이러한 조사결과에 근거하여 향후 지식재산 집약산업에 집중투자할 예정이며, 이는 중국, 일본을 비롯하여 지식재산에 국가경제의 사활을 걸고 있는 여러 나라의 공통 정책방향이 될 것이다.

셋째, 지식재산의 국가별 조화노력이 가속화될 것이다. 미국의 전 특허청장 데이비드 카포스David Kappos는 특허제도의 국제적 조화harmonization 운동에 열성적이었다. 그는 미국의 개정특허법America Invents Act, AIA이 특허출원 규범의 조화를 통한 세계적인 특허제도 개혁을 수용하기 위한 것이었다고 평가했다. 미국이 1790년 특허제도를 실시한 이후 200년 이상 유지하던 선발명주의First-to-invent Rule를 포기하고 선출원주의First-to-File Rule를 채택한 것은 이러한 노력을 상징적으로 보여주는 개혁이었다. 미국과 EU, 일본 등 지식재산 선진국들은 특허제도의 실체적, 절차적 규범을 조화시킴으로써 자국 기업들이 국제시장에서 특허기술의 독점가치를 최대한 보장받을 수 있도록 지원하는데, 앞으로도 이러한 노력이 계속될 것이다. 최근 주목할 움직임은 EU에서 이른바 단일특허제도Unitary Patent System, UPS 도입을 논의하고 2015년 수수료를 확정하는 등 제도의 발효를 준비하고 있다는 점이다. 이 새로운 특허는 기존의 개별국 특허와 유럽특허청에 의한 유럽 특허를 대체하지는 않지만, 유럽 내 어디서든 통용될 수 있는 특허라는 점에서 중요한 의미를 가진다. 이와 더불어 유럽의 통합 특허법원인 유럽통합특허법원Unified Patent Court, UPC도 2016년 하반기 시행을 목표로 국가별 비준 및 세부시행규칙 준비 등을 진행하고 있다. 유럽단일특허제도도 유럽특허법원이 활동을 개시되는 시점부터 효력이 발생하도록 규정되어 있다.

이제 세계 지식재산 시장은 3대륙으로 크게 재편되고 있다. 미국을 중심으로 하는 북미대륙과 단일특허제도, 단일특허를 지향하는 유럽, 그리고 한국, 중국, 일본을 중심으로 하는 동북아시아다. IP5 중 3국이 아시아 국가다. 우리가 세계 지식재산시장을 주도하기 위해서는 중국과 일본 등 아시아지역과의 조화를 이루어야 한다. 우리나라가 아시아 지식재산 허브, 더 나아가 세계 지식재산 허브가 되기 위한 노력이 필요하다.

마지막으로 금융의 변화다. 2015년도 대한민국 금융의 화두는 단연 핀테크이다. 그동안 금융서비스의 수단에 지나지 않았던 IT 기술이 금융서비스 자체의 패러다임을 변화시키고 있다. 여기에 지식금융, 특허 등 기술자산에 대한 융자, 투자 활성화 촉진방안이 정부와 금융권에서 가시적인 금융상품으로 등장하면서, 핀테크 열풍에 더해 무형자산intangible asset에 대한 관심 또한 증폭되고 있다. 각 금융권에서는 저마다 특허기술 등에 대한 가치평가 기준을 정하는 한편, 정부지원에 힘입어 제2의 기술금융 시스템 구축에 매진하고 있다.

앞으로의 시대는 특허기술의 권리성, 시장에서의 안정성, 특허기술의 수명, 특허기술의 활용성 등 특허권에 대한 평가요소가 금융투자(지원)의 주요항목으로 자리매김할 것이며, 이를 위해 각 분야 전문가(변리사, 변호사, 회계사, 금융인, 기술전문가 등)들의 협업이 필수적이다.

미래전망에 따른 목표

앞에서 언급한 미래전망별로 목표를 정한다면, 지식재산을 통한 국제적 지도력의 획득이 향후 주요화두가 될 것이다. 지식재산에 대한 국제적 담론을 우리나라가 주도하고, 지식재산을 통하여 대한민국의 발전 및 국제적 지도력을 획득하기 위해서는 장기적, 중기적, 단기적으로 할 일을 논의하여야 한다.

우리나라 GDP 대비 지식재산 집약산업의 비중목표도 설정해야 한다. 10년 안에 적어도 미국이나 EU 수준은 되어야 하고, 그후에는 두 국가 수준을 넘어서야 할 것이다. 이를 위해서는 지식재산 집약산업의 중요성이 더욱 강조되고 국가적 차원에서 국정핵심과제가 되어야 한다.

지식재산 통합의 시대에 발휘할 수 있는 국제적 지도력을 확보하고 준비된 인재를 육성하는 것도 중요하다. 아시아 특허청, 아시아 특허법원 시대가 올 가능성이 있는데, 이를 주도할 국제적 역량을 갖춘 인력양성을 지금부터 해나가야 한다.

금융시장은 대외환경에 더욱더 유연해져야 한다. 이미 세계적 기업의 M&A시장에서 기업자산에 대한 평가는 유형자산에서 무형자산에 대한 가치평가로 전환했다. 아직 초기단계에 머물러 있는 금융상품, 금융기법이 과거 유형자산(부동산) 중심의 평가에서 벗어나 기술금융, 지식금융으로의 전환을 게을리하지 않아야 한다.

마지막으로 한반도의 지리적 이점과 동북아시아의 역사, 문화, 정치적 여건을 적극 활용하여 아시아 지식재산 소송, 분쟁조정 역할을 맡을 수 있어야 한다. 한국에서의 지식재산 관련 소송이 주변국 소송에서 인용reference되고, 우리나라 지식재산 법률시장이 아시아 지식재산 관련 법률시장의 플랫폼이 되길 기대해본다. 대전이나 인천, 송도 등에 가칭 '국제 지식재산 업무단지'를 구성하고 특허법원, 지식재산분쟁중재조정센터 등 일련의 통합적 지식재산 업무를 국제적인 수준에서 운영할 수 있다면, 그래서 각종 관련 산업(지식재산 집약산업단지, 집약직업군)이 주변에 형성되고 호황으로 이어진다면 좋겠다.

지식재산 패러다임의 전환이 필요하다

　지식재산기본법의 제정과 국가지식재산위원회의 설치, 창조경제 활성화를 위한 다양한 정책의 시행으로 국내에서 지식재산의 중요성에 대한 인식은 점차 퍼지고 있다. 그러나 정부와 기업의 지식재산분야에 대한 정확한 이해와 전문적인 접근은 여전히 미흡하다. 우리나라는 연간 특허출원 규모로는 세계 5위의 위상을 가지고 있지만, 지식재산의 질적 경쟁력을 키울 수 있도록 범국가적인 관심과 지원은 여전히 모자라다. 지식재산은 특허청, 그리고 일부 관련부처 담당 공무원 직렬에서의 '업무상' 관심에 불과한 것이 현실이다. 하지만 세계 주요 선진국들은 지식재산의 미래를 예측하면서 발빠르게 움직이고 있다. 특히 요구되는 것은 지식재산을 바라보는 시각의 변화다.

　지식재산은 '국내용'이 아니고 '국제용' 자원이다. 비유적으로 말하자면 '우리나라 군대가 우리나라 영토만 지키는 역할에 그칠 것인가 아니면 해외파병을 통해 세계평화에 기여하고 국제적 지도력을 유지할 것인가' 하는 폭넓은 시각으로 지식재산분야를 바라보아야 한다. 하지만 안타깝게도 우리나라의 행정, 입법, 사법, 각 분야 지도자들이 지식재산을 바라보는 시각은 대부분 과거 우리나라가 저개발국 시절에 가졌던 인식에 머물러 있다. 미국의 압력으로 마지못해 지식재산 입법을 하던 시절에 가졌던 시각이 지도자들의 사고에 아직도 남아 있다. 이것을 신속하게 교정해야 지식재산을 기반으로 한 우리의 미래를 기약할 수 있다.

　현재 우리나라 지식재산 법제도의 수준도 그동안 이룩해온 경제발전의 수준에 비해 턱없이 낮은 실정이다. 지식재산 중심국가로 가기위한 많은 제도의 수정과 선진국 수준으로의 법의식 향상이 요망되는 시점이다. 또한 국내 지식재산제도를 보완해가면서 국제적 상황도 계속 주시하지 않을 수 없다. 급박한 변화가 나타나고 있는 이 시기에 지식재산의 제도적 보완을 제대로 이뤄내지 못한다면 변화된 미래 국제환경 속에서 지식재산 선진국과의 격차는 단기간에 회복하기 어려울 만큼 벌어질 것이다.

지식재산정책의 국정과제화가 필요하다

국가 지식재산정책의 근본은 국내 각 기업들의 지식재산 역량을 강화하고, 지식재산이 존중되는 기업생태계를 조성하여 국가경쟁력을 강화하는 것이다. 경제정책, 외교정책, 통일정책 등과 병렬적으로 지식재산정책을 논하기보다는 지식재산정책을 중심에 놓고 이와 유기적으로 결합한 각 분야의 정책이 마련되고 실행될 수 있는 제도적 환경을 조성해야 한다. 이를 위해 지식재산정책을 통하여 해결할 수 있는 과제와 달성할 수 있는 목표에 대한 검토 및 정책적 시야의 확대가 필요하다. 지식재산정책이 다른 정책의 목표달성을 위한 단순한 수단이나 별개의 정책에 머물러서는 안 된다. 이를 위해서는 다음과 같은 기본전략이 필요하다.

첫째, 우리나라를 지식재산분야 위상을 세계적인 특허출원 및 분쟁해결의 '지식재산 허브국가'로 발전시킨다.

둘째, 지식재산 전문인력을 집중양성하고 지식재산 전문가의 효율적 활용을 위한 전문인력관리 일원화정책을 통해 국제적 지도력을 확보한다.

셋째, 특허소송의 전문성과 신속성 담보를 위해 지식재산권 관련 소송들에 대한 관할을 집중한다.

넷째, 정책목표를 달성하기 위해 지식재산정책을 총괄하는 지식재산위원회의를 대통령 직속 독립위원회로 위상을 강화하고, 국가 지식재산정책을 집행, 조정할 수 있는 지식재산처(지식재산 컨트롤타워)를 설치한다.

지식재산전략의 정책추진방안과 그 효과

네 가지 기본전략에 대한 정책목표를 달성하기 위해서는 정부 차원의 정책역량과 세계적 수준으로 성장한 우리 기업들의 경영역량, 실무와 학계 전문가 집단의 경험과 지식역량을 집중하고 강화할 수 있는 세부정책들을 구상하고 실행해야 한다.

특허심사 품질 향상과 부실특허에 대한 책임

우리나라가 특허허브가 되려면 먼저 특허품질이 세계 최고가 되어야 한다. 등록된 특허에 대해 무효를 주장하여 특허심판원에 청구하는 무효심판 총건수 대비 무효라고 심결된 건(무효 인용)의 비율을 말하는 '특허무효심판 인용률'을 보자. 각국별로 제도와 통계 산출방식에 차이가 있어 정확한 비교는 어려우나, 우리나라는 비교적 높은 수준이다. 등록된 특허가 무효로 결정되는 비율이 높아지면 그 궁극적 피해자는 우리 국민이 된다. 특허등록의 효력을 신뢰하여 특허청에 유지료를 내고, 라이선스 계약도 체결하고 사업을 수행하지만, 그 과정에서 등록특허가 무효가 되므로 특허제도에 대한 불신이 조장되고, 경제적 피해도 극심하다. 이러한 상황을 극복하기 위해서는 등록된 특허가 이후에 무효가 되는 비율에 직접적 영향을 미치는 특허품질을 획기적으로 높여야 한다.

현재 각국 특허청은 특허심사 속도와 품질의 두 마리 토끼를 잡기 위해 경쟁하고 있다. 그런데 속도와 품질은 상충관계로 자원의 추가 투입이 없다면 동시에 향상될 수 없다. 우리나라 특허심사 속도는 2012년 기준 14.8개월로 세계 1위인데, 2위인 일본(20.1개월)을 큰 격차로 앞서고 있다. 그러나 품질을 희생한 '심사속도 세계 1위'의 함정에 빠지는 것은 경계해야 한다. 2013년 국정감사 자료에 따르면 우리나라 심사관 1인당 심사처리건수는 2008년 187건에서 2012년 254건으로 점차 증가하고 있다. EU 47건, 미국 72건, 중국 54건과 비교할 때 우리 심사관의 업무부담은 지나치게 높으며, 일본 239건보다도 높다. 심사관 수를 획기적으로 늘리되, 세계 어느 특허청도 시도하지 못했던 수준으로 도전적인 목표를 잡아보면 어떨까? 가령 심사기간을 12개월로 단축하고 특허무효심판 인용율도 10% 아래로 떨어뜨릴 수 있는 획기적인 특허심사 역량을 확보하는 것이다.

우리나라 심사관 인력구성은 IP5 특허청과 비교할 때 전문분야별 박사급 비중이 어느 특허청보다 높고, 특히 IT 등 주요산업분야에서의 선행문헌 이해와 분석능력은 가히 최고 수준이다. 또한 영어 외에도 중국어나 일본어 문헌을 이해하고 분석할 수 있는 심사관이 다수 있다. 이는 최근 MS 등 글로벌 IT기업들이 주요 PCT 출원국을 한국으로 삼는 중요한 이유가 되고 있다. 산업 측면에서 강점이 있는 IT분야에서 한국어 특허문헌도 중시되는 현실 또한 PCT 출원 유치에 일조하고 있다. 그러나 큰 장애물은 특허청 스스로 심사관을 확충할 권한이 없다는 점이다. 특허청 자체 재원은 충분하지만, 안전행정부의 승인 없이는 인력확충이 불가능하고, 기획재정부의 승인 없이는 예산사용도 불가능하다. 특허심사능력 제고를 위한 적극적인 지원이 필요하다.

짧은 기간에 고품질의 심사결과를 보이고, 아울러 심사단계에서 검토한 문헌은 뒤에 무효증거로 할 수 없도록 법으로 보완하는 것도 고려해볼 만하다. 이를 통해 우리 특허청이 특허출원의 시험대로 유용하다는 것을 세계에 인식시킬 수 있다면 세계 특허출원 허브를 구축할 수 있다.

한편 정부기관인 특허청이 발행한 특허등록증을 믿고 사업을 시작한 국민이 훗날 특허가 무효가 되어 당하는 손실도 생각해봐야 한다. 이것은 부실한 특허권을 등록한 특허청의 책임도 있다. 하지만 부실특허의 피해는 부실특허를 믿었던 국민의 몫이고, 부실특허를 등록해준 특허청은 책임의식이 없다. 이러한 모순 때문에 등록된 특허가 이후 무효가 되는 비율이 개선되지 않는 면도 있다고 생각한다. 만일 자신이 등록한 특허가 무효판정을 받으면 어느 정도 책임을 지는 후속조치가 있다면, 특허청은 특허를 등록할 때 더욱 심사숙고할 것이고 한 번 등록한 특허는 보호해주려 노력할 것이다.

지식재산 전문인력 양성 고도화

지식재산 전문인력 양성에 힘을 기울여야 한다. 국가지식재산위원회의 지식재산인력양성 종합계획에 의하면 2012년의 지식재산 서비스 인력 3만 명(변리사 2,700명, 변호사 800명 포함)을 2017년에는 5만 명으로 늘릴 계획인데, 이런 계획과정에서는 지식재산 관련 산업군 분류를 더욱 정밀히 해야 할 것이다. 먼저 우리나라 지식재산시장의 규모를 정확히 파악하고, 지식재산분야에 종사하는 사람들, 특히 변리사나 변호사 등 직접적인 법무대리 인력 이외에 연관 산업분야 인력의 현황, 지식재산서비스 제공수준 및 분야에 따른 명확한 업무파악이 선행되어야만 제대로 예측할 수 있다.

지식재산 전문교수요원의 양성도 보다 확대해야 한다. 국내 대학의 지식재산 교수의 수는 70~80명 수준이며, 이중 특허분야 강의를 맡은 교수는 20명 내외에 불과하다. 현재 로스쿨에서는 지식재산 과목을 중시하지 않고 있고, 이공계 출신 로스쿨 학생도 오히려 줄어들고 있다. 당초 로스쿨 도입취지와 달리 현재 우리 로스쿨은 재학생 대부분이 변호사시험에 목적을 두고 있어 여러 분야 출신 로스쿨생의 다양성을 살릴 기회가 점차 줄어들고 있다. 더욱이 로스쿨 출범 이후 우수 연구인력 부족이 가속화되고 있다. 우수 법조연구인력(지식재산분야 포함)의 변호사시험 쏠림현상이 가속화되고 학문연구가 상대적으로 등한시되는 현상이 나타나고 있다. 이러한 문제해결을 위해 일본 동경 대학교와 교토 대학교의 '조수제도'를 참고할 필요가 있다. 대학생 중 우수인력을 조수로 임명하고, 졸업 후 3~4년 안에 작성한 논문을 근거로 조교수로 임명하는 제도인데, 교수 선발을 위해 석박사학위를 요구하지 않는다는 점이 특징이다.

지식재산 교육플랫폼 설치로 국제적 지도력 확보

우리나라의 지식재산 제도가 세계적 수준으로 정비되어야 함은 물론, 체계적인 교육플랫폼을 제공하여 국제적 지도력을 확보해야 한다. 미국, 일본, 중국은 최근 국제적인 지도력 확보를 위한 정책경쟁을 하고 있다. 우리 특허청도 최근 아랍에미레이트연방의 특허심사 업무지원을 위해 심사관들과 국장급 직원을 파견한 바 있다.

크게 두 가지 관점에서 생각해볼 수 있다. 먼저 지식재산 선도그룹 (변리사, 변호사, 교수 등 지식재산 전문가집단)을 위한 플랫폼을 생각해볼 수 있다. 현재 우리나라 지식재산 선도그룹에 대한 교육은 변리사를 중심으로 진행되는 대한변리사회 연수교육과 지식재산관련 학회, 협회 등에서 주관하는 학술세미나(전문가토론회 등), 그리고 특허청에서 주관하는 정책설명회, 공청회 등을 들 수 있다. 그리고 실무자(지식재산 중간관리자, 실무자, 일반인 포함)를 위한 단기 교육연수 등을 다양한 기관에서 운영하고 있다. 이들 교육프로그램이 효율적으로 운영되고, 나아가 체계적인 지식재산 교육운영 시스템으로 구축되기 위해서는 양 그룹에 최적화된 교육플랫폼이 필요하다. 단기과정이 아니라 단계별 교육프로그램을 운영할 수 있는 시스템, 그리고 이를 담아낼 수 있는 플랫폼 설치가 요구된다.

또하나 우리나라가 세계 지식재산 지도자가 되는 장기포석은 국내 유수 대학에 중국, 일본, 동남아, 중동, 중남미 등의 젊은 우수인력들을 지식재산 전문가로 양성하는 교육플랫폼을 만드는 것이다. WIPO와 특허청, 한국발명진흥회가 KAIST와 MOU를 맺고 2010년부터 진행해온 단기 지식재산 교육프로그램에는 해마다 약 40명의 외국 학생들이 방한하여 3일간 집중교육을 받고 있다. 이 프로그램은 참여 학생들과의 국제적인 연대 형성 및 우리나라 지식재산제도와 문화의 전파에 큰 기여를 하고 있다. 특히 우리나라와 중국, 일본 학생들이 모여서 석사과정 수준의 지식재산 전문교육을 받을 수 있는 국제지식재산대학원이 생긴다면 세계적 지식재산 지도력 확립에 결정적인 도구가 될 수 있을 것이다.

IP5와 WIPO를 통한 지식재산외교 주도

지식재산 분야 국제관계는 다른 분야와 매우 다른 점이 있다. IP5라는 선진국 특허청장들의 회의가 지속적으로 개최된다는 점이다. 이를 고려할 때 특허청장은 지식재산분야 최고 전문가 중에서 선발하고, 그 임기를 4년 이상으로 보장할 필요가 있다. 지식재산 대외정책의 연속성과 국제적 유대 강화에 필수적이기 때문이다. 특허청장은 우리나라 지식재산 정책의 최고 전문가로서 IP5의 논의를 주도해나갈 수 있는 국제적인 역량과 혜안을 가진 인사여야 한다.

지식재산 전문인력 일원화

지식재산 분야 국제관계의 또다른 특징은 각국 사법부 간에도 활발하게 교류하고 협력할 수 있다는 점이다. 그 실례로 2013년 10월, 서울에서 한미 지식재산 회의가 개최되었다. 두 나라의 특허청은 물론 지식재산 전문법원의 수장들과 판사, 지식재산 전문 변호사들이 한자리에 모여 다양한 주제로 토론하고 모의소송을 통해 양국의 실무를 비교하기도 하였다. 지식재산 재판 경험이 풍부하고 국제적 역량을 가진 전문판사들을 양성하기 위해서는, 사법부 내에서도 순환보직제의 예외를 인정하고 장기간 지식재산 재판을 풍부하게 경험하게 하는 등 전문판사에 대한 특별한 배려가 필요하다.

지식재산 행정체제 개편

국가지식재산위원회는 지식재산정책을 현실적으로 총괄하는 권한과 기능을 가져야 한다. 그리고 국가지식재산위원회의 정책을 실현하고 이를 통합 집행, 관리하는 별도의 조직(부처)을 설치해야 한다.

2011년 지식재산기본법이 제정되고 대통령 소속으로 국가지식재산위원회가 설치되었으며 국무총리와 총리급의 민간위원장이 공동위원장으로 선임되었으나, 현 정부에서 위원회 사무국을 미래창조과학부로 옮기면서 그 위상이 낮아졌다는 지적을 받고 있다.

우선은 청와대에 지식재산정책비서관을 신설하여 대통령의 지식재산정책을 보좌하고 국가지식재산정책에 대한 집행조정의 임무를 수행할 수 있게 해야 한다. 이는 오바마 행정부가 백악관에 지식재산 집행조정관IP Enforcement Coordinator, IPEC을 설치하고, 이를 통해 국무부, 상무부, 법무부, 무역대표부와 직접 지식재산정책을 기획 및 집행하게 한 이유와 같다.

현재의 특허청 조직을 확대, 개편하여 정책기능과 심사기능이 분리된 '지식재산처'를 설치해야 한다. 지식재산처 승격은 기존에 부처별로 분산되어 추진되던 각종 지식재산 관련 정책의 충돌과 갈등을 최소화하고, 국가지식재산위원회의 집행기구 성격에 더해, 청와대 지식재산정책비서관을 통해 국가 과학기술정책과 지식재산정책의 유기적 연계가 가능하게 되어 명실상부한 지식재산 관제탑(컨트롤 타워) 체계가 구성된다는 데 의미가 있다.

셋째, 심판원 조직을 특허청에서 완전히 독립시켜야 한다. 형식적 독립이 아닌 실체적 독립이 필요하다.

지식재산제도 정비

지식재산분야의 제도 정비는 국내의 창조경제 생태계 조성만을 목표로 하는 것이어서는 안 된다. 세계 여러 나라에 우리의 지식재산제도를 수출하여 해당 국가에 우리와 친화적인 지식재산규범이 형성되도록 유도하는 것도 중요한 정책목표가 되어야 한다. 세계적으로 통용될 수 있는 지식재산법과 제도, 정책시스템과 행정 실무체계가 빨리 정착되어야 하고, 이에 맞지 않는 것들은 과감히 수정해야 한다. 그동안 손해배상액 현실화, 특허전문법원 설립, 증거절차 개선, 전문가 참여제도 개선, 지식재산 전문판사 양성, 진보성 판단기준 정립 등 중요한 이슈에 대한 논의가 다수 진행됐으나, 아직까지 구체적인 정책에 반영되지 못하고 표류하고 있다.

다음으로 지식재산권의 고의침해에 대한 손해배상제도를 대폭 개선하고 재판 외 분쟁해결제도 도입을 진취적으로 검토해야 한다. 특허권자는 특허기술의 사업화를 통해 수익을 창출하지만, 경쟁업체들

〈그림 4-3〉 특허 침해소송 절차

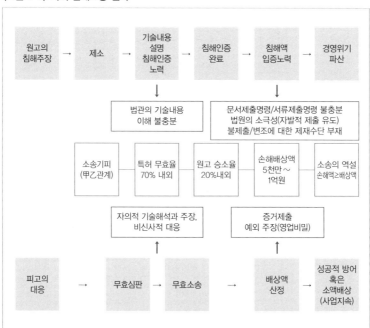

의 침해가 시작되면 소송을 통한 손해배상액 획득 또는 소송 외 합의를 통한 실시료를 획득할 수 있어야 투자자금 회수가 가능하고, 추가적인 혁신을 위해 투자할 수 있다. 그러나 우리나라 기업생태계에서는 침해소송을 제기하면 대부분 피고가 무효심판과 소송을 제기하는데, 이로 인한 소송지연과 높은 특허무효율로 특허권자의 입지는 매우 위축된다.

원고가 특허내용을 기술적으로 다시 입증하여 법원을 이해시키려 노력해도, 법관의 기술이해도 부족으로 실패하는 경우가 흔하다. 만일 특허가 유효판정을 받아도 침해 입증에 어려움이 많다. 피해내용을 입증하기 위한 증거수집 절차가 원고에게 불리하게 되어 있기 때문이다. 결국 몇 년을 다투어 이긴다 해도 손해배상액이 1억원 이하가 되는 상황이 비일비재하다.

현재 민사소송법상 문서제출명령과 특허법상 서류제출명령이 내려지더라도, 피고측에서 영업비밀이라 주장할 경우, 대부분 법원에 의해 이 주장이 인용되어 제출명령의 집행이 이루어지고 있지 않다. 그나마 문서제출이 이루어지는 경우에도, 피고가 자발적으로 제출하는 형식이 대부분이다. 나아가 증거의 제출을 거부하거나 허위증거를 제출하는 경우에도, 이를 마땅히 확인하고 제재할 방안이 마련되어 있지 않아 원고의 권리구제상 근본적인 결함이 존재한다.

따라서 소송에서는 미국과 같은 징벌적 손해배상제도 도입을 적극 검토해야 하며, 재판 외 분쟁해결제도인 중재, 분쟁조정제도 등을 통해 특허기술 강소기업이 과도한 소송비용을 감당하지 못해서 무너지는 상황이 발생하지 않도록 해야 할 것이다.

부처 사이 유기적 협력체계 구축

특허제도와 반독점anti-trust제도는 그 방법론에서 있어서는 근본적
으로 상반된다. 특허제도는 발명에 일정 기간 독점권을 부여하여 권리
자를 보호, 혁신의 동기를 제공하는 반면, 반독점제도는 자유시장경
제 체제의 근간을 무너뜨리는 독과점을 통제한다. 그러나 특허제도도
기술내용 공개를 통한 사회 전체의 이익과 기술발전을 강조한다는 점,
반독점제도 역시 독과점을 제한하되 시장에 미치는 영향을 충분히 고
려하도록 각종 장치를 마련하고 있는 점에 비추어 두 제도 사이의 조
화로운 해석 또한 가능하다. 공정거래위원회가 지식재산 보호와 독과
점 방지의 균형에 대해 관심을 가지기 시작한 것은 최근의 일이지만,
국가지식재산위원회를 중심으로 특허청, 공정거래위원회 및 기타 관
련 부처 간 소통을 지속해나가야 한다. 다만 이의 실현을 위해서는 고
질적인 부처 간 이기주의를 극복해야 한다.

지식재산 세계적 기업 육성

지식재산정책의 실효성은 국내 기업들이 세계시장에서 지식재산 경
영으로 성과를 냄으로써 검증받게 된다. 정부는 우리 기업들, 특히 중
소기업들이 세계적인 경쟁업체들의 고도화된 지식재산 경영역량을 뛰
어넘을 수 있도록 하는 최소한의 기반을 마련해주어야 한다.

우리나라 기업들은 대부분 '방어목적 권리화'와 '비용절감' 단계에
머물러 있으며, 심지어 중소/벤처기업 중에는 방어단계에도 못 미치
는 경우도 많다. 다만 일부 선도적 대기업이 대규모의 지식재산 전담
부서를 통해 '가치창출profit center'과 '통합적 지식재산경영integrative IP
management' 수준까지 활동하는 것으로 파악된다.

우리 기업들의 지식재산 경영역량을 다른 선진기업들 수준으로 강화하기 위해서는 다음과 같은 정책을 집중시행해야 한다.

첫째, 정책수립 및 집행에서 '지식재산=특허'라는 고정관념에서 벗어나야 한다. '지식재산=특허+저작권'도 잘못된 개념이다. 디자인, 영업비밀, 상표 등 모든 유형의 지식재산과 더불어 기업의 가치 있는 모든 무형자산의 창출, 활용, 보호정책이 필요하다.

최근 전통적인 상표 유형 이외에 소리, 냄새, 입체형상 등 신종 상표들이 대거 등장하고 있다. 그러나 자유무역협정의 결과 속속 입법화되는 이러한 신종 지식재산을 우리 기업들이 전략적으로 활용하지 못하고 있다. 정부가 특히 중소기업을 중심으로 각 기업의 디자인, 브랜드 전략을 강화할 교육컨설팅, 실무연수를 지원하고, 이들 분야의 법해석을 위한 다양한 법리 개발과 국제회의에 파견할 수 있는 전문가 집단을 양성하여 세계적 논의를 주도해야 할 것이다.

둘째, 기업의 지식재산 전담부서 설치를 확산시켜야 한다. 우리나라에 특허전담최고책임자Chief Patent Officer, CPO 혹은 지식재산최고책임자Chief IP Office, CIPO 제도가 도입된 것은 매우 최근의 일이다. 삼성전자가 부사장급의 CPO를 임명한 것이 불과 2006년 초반의 일이었다. 그나마 대기업들의 경우 공학적 지식과 법률전문성을 갖춘 임원이 지식재산업무를 총괄하는 경우가 조금씩 늘고 있지만, 아직 전문가를 두지 않거나 지식재산 전담부서가 없는 기업이 더 많다. 지식재산 전담부서 설치, 전담인력 고용에 대한 촉진, 해당 인력 교육연수 기회 제공 등 기업들의 지식재산 경영역량 강화를 위해 정부가 지원해야 할 것이다.

셋째, 지식재산 경영활동이 여러 기업활동 중의 하나가 아니라 다

른 모든 경영활동의 방향과 강도, 기간 등을 결정하는 핵심지표가 될
수 있도록 유도해야 한다.

특허 허브국가의 꿈

지식재산이 국제적인 지도력 획득의 수단으로 급격히 변화하고 있
다. 우리나라도 시급히 지식재산정책을 국정핵심과제로 승격시키고,
지식재산 전문인력의 양성과 관리에 힘써야 한다. 미국이 1790년 특허
법 제정 이래 유지하던 선발명주의를 2011년 미국특허개혁법을 통해
포기하고 선출원주의를 채택한 이유는 미국 내 출원인의 편의나 이익
을 도모하기 위한 것이라기보다는 미국 자신만 고집하였던 제도를 포
기하고 국제적인 조화노력에 동참해, 다시 한번 세계 지식재산 시장을
이끌려는 포석이었음을 분명히 알아야 한다.

이제 지식재산 및 그 제도는 자국 산업을 일으키는 단순한 역할에
서 벗어나 국제에서 지도자 지위를 확보하고 자국 제도를 국제규범화
하기 위한 치열한 경쟁목표가 되고 있다. 이는 지식재산 관련 통합 움
직임(유럽단일특허 제도 도입, 유럽통합특허법원 설립 등)과 맞물려 있다.

'지식재산강국, 대한민국'이 국정핵심과제가 되는 날이 빨리 와야 한
다. 우리 두뇌에서 생산되는 무형의 지식이 가장 큰 자원인 우리나라
에서 지식재산은 '선택'이 아니라 '필수'다. 박근혜 정부의 '창조경제'
역시 그 뿌리는 지식재산이다. 이제 국제적 명성이 있는 지식재산 인
사들이 성장할 수 있도록 국가적인 노력을 집중해야 할 때다. 제도를
바꾸고 법률을 정비해야 한다. '특허 허브국가'의 꿈은 멀지 않다.

국토전략

　고령화, 저성장, 기후변화 등 장기적이고 구조적인 요인에 의해 국가의 지속성장이 도전을 받고 있다. 이러한 여건변화는 국토를 비롯한 우리사회 전반에 위기 혹은 기회요인으로 큰 영향을 미칠 것이다. 이에 미래전략 연구는 학계뿐만 아니라 정책실무 영역에서도 관심이 높다. 특히 공공정책 영역에서 미래연구는 첫째, 현 시점에서 문제점과 정책목적을 명료화하고, 둘째, 정책추진을 위한 자원동원과 이용의 효율성을 높이며, 셋째, 여건변화 속에서 일정한 방향성을 유지하면서 정책을 추진하는 길잡이 역할을 한다는 점에서 의의와 필요성이 크다.

　이번 장에서는 장기적이고 구조적인 미래사회변화가 우리 국토에 미칠 요인과 특성을 살펴보고, 바람직한 미래국토 실현을 위한 전략과 정책을 제시하고자 한다. 국토에 장기적이고 지속적으로 영향을 미치거나 구조적으로 변화를 일으킬 변화요인과 위기과제를 도출하고, 바람직한 미래국토를 구현하기 위한 전략과 정책방향을 설정한다.[9]

국토에 영향을 미치는 메가트렌드

메가트렌드 도출을 위한 합의적 예측방법으로 인구, 정치, 경제, 환경, 기술 등 분야별 전망에 관한 기존 미래연구들을 메타분석했다. 2000년대 중반 이후 산업, 농촌, 국토, 정보통신 등 부문별 미래전망에 관한 국내외 보고서를 분석했으며, 이 메타분석 결과를 토대로 공통적인 미래변화 요소와 이의 국토정책적 의미와 영향을 요약하였다.

국토란 사전적으로 '국민이 거주하는 영토'를 의미한다. 국토정책이란 '인구나 산업의 지리적 분포를 바람직한 상태로 유도하기 위한, 그리고 지역 간 소득수준의 차이를 해소하기 위한 모든 공공적 개입'을 의미한다. 여기서는 미래 트렌드의 국토영향 분석 및 정책이슈 도출이 중요하므로, 국토 트렌드의 범위를 국토공간구조, 국토의 이용 및 관리, 그리고 국토정책 거버넌스로 정의하였다.

먼저, 국토 트렌드 변화를 전망하기 위해 경제, 사회, 환경, 정치, 기술 등 분야별 트렌드 요소를 전망하고, 이들이 가져올 공간적, 비공간적 영향을 전망했다. 그리고 분야별 요소의 변화가 상호연계, 결합하여 국토 트렌드에 영향을 주는 복합적 트렌드를 찾아냈다. 이 복합적 트렌드를 '사회경제시스템 특성'으로 규정하고 전망했다.

메가트렌드로 보는 국토이슈 전망

국토 메가트렌드의 6가지 분야에 대해 전망하고 그에 따른 영향 및 이슈를 살펴보면 다음과 같다.

첫째, 우리나라 인구변화의 특성은 저출산과 노령화, 1인가구와 다문화가구 증가로 요약된다. 이러한 인구구조 변화는 국토공간정책에도 영향을 미친다. 저출산, 고령화는 국토의 신규, 대규모 개발수요 감소로 이어진다. 이것은 경기침체와 지역의 자생력 약화 등으로 이어져 농촌과 중소도시를 쇠퇴하게 할 것이다. 또한 공간정책의 목적과 우선순위에 변화를 가져오게 된다. 공간정책은 경제적 가치 증진이나 거시적이기보다는 미시적이고 삶의 질, 만족감 증진에 치중하는 방향으로 전환될 것이다. 이를테면 개인화 제품과 서비스 수요를 증대시켜 기존의 보통가구 중심의 주택정책에 변화를 가져올 것이다. 가구별 공동의 가사분담과 협력이 가능한 공유주택이나 무장애주택 등 새로운 형태의 주택수요가 증대할 것이다.

둘째, 사회가치관은 인구구조 및 특성 변화와 연관되어 변화추세가 더욱 빨라질 것이다. 향후 국토정책은 개인의 삶의 공간으로서 안전과 편리성, 여가, 문화, 건강에 대한 관심, 여유, 쾌적성 증진과 환경보전 중시, 지역전통과 문화적 가치 증진, 사회구성원 간 신뢰와 공동체의식 형성 등에 우선순위를 부여하게 될 것이다. 그리고 인구감소를 줄이기 위해 영유아 보육환경 개선, 양질의 외국이민 유치, 다문화사회에 대한 포용정책이 확대될 것이다.

셋째, 지속적인 기술혁신으로 정보지식산업이 주도하는 경제가 될 것이다. 과학기술의 융복합화에 따라 개인의 생활과 생산, 사회활동에 필요한 맞춤형 제품과 서비스가 가능해질 것이다. 무인자동차, 무인항공과 무인운송(무인택배)기술 및 자동제어 대중교통기술이 확산될 것이다. 자동제어 대중교통의 발달은 기존의 대용량 운송체계에서 벗어나 다양한 개인적 교통수요를 맞춤형으로 충족함으로써 기존의 자동차 위주 교통체계에 혁신적 변화를 가져올 것이다. 미래기술 변화는 신재생에너지 등 그린기술산업과 지식정보산업, 첨단산업, 문화관광사업 등의 발전을 촉진할 것이다. 이러한 지식산업과 첨단산업은 정보와 지식산업 인력이 집중된 일부 대도시에 한정해 성장할 가능성이 높아 지역 간 격차를 심화시킬 것이다. 동시에 기술혁신은 시공간의 제약을 극복하는 입지와 공간이용 행태를 가져올 것이다.

넷째, 기후변화와 자원고갈 문제해결을 위한 지구적 차원의 관심과 협력활동이 증대하고 있다. 기후변화와 자원부족문제는 경제시스템뿐만 아니라 국토이용 및 개발에도 큰 변화를 초래할 것이다. 자연재해의 증가와 에너지 부족으로 국토이용에서도 경제적 효율성만을 추구하거나 과다한 에너지 이용방식을 지속적으로 허용하기 어려울 전망이다. 따라서 미래에는 자연재해를 예방하여 국민 안전을 강조하고 자원이용의 효율성을 중시하는 지속가능 발전에 대한 노력이 커질 것이다. 이를테면 방재형 도시개발과 국토이용, 환경자원 보전을 위한 기법과 기술개발, 제도개선 노력이 증대될 전망이다. 이밖에 환경산업 성장, 안전과 환경보전에 대한 국민의식이 높아져 물질만능의 소비문화와 생활방식에 변화를 가져올 것이다. 기후변화와 자원고갈문제는 지구적 차원의 공조가 필요한 사안으로 국제적 협력과 공동대응을 활성화하는 한편, 에너지자급마을 등 지역사회공동체 단위의 자율적, 독립적인 활동도 확대될 것으로 전망된다.

다섯째, 미래경제 분야의 큰 특징은 성장률의 둔화다. 성장률 둔화는 국토분야에 큰 영향을 가져올 것이다. 우선 새로운 도시, 국토개발 및 인프라 투자보다는 도시재생, SOC시설 이용의 효율성 증진에 대한 관심과 요구가 높아질 것이다. 이는 정부재정 약화 및 복지재정 부담 등 저성장 경제정책 기조, 삶의 질을 중시하는 생활양식과 가치관 변화 등과 맞물려 정책기조의 전환을 가져올 것이다. 계층 간 불균형과 격차 심화는 경기침체와 양극화의 악순환을 만들 수 있다. 따라서

향후 국토정책 과제는 저소득계층의 일자리 창출에 역점을 둘 가능성
이 높다. 이와 함께 기업소득이 가계소득으로 이어지고, 대기업과 중
소기업이 상생할 수 있는 정책과 제도가 필요하게 될 것이다.

여섯째, 미래정치는 우선 지방화와 시민사회로의 분권화가 강화될
것이다. 그동안 형식적 수준에 그쳤던 분권화가 실질적 단계로 진입할
것이 예상된다. 국제관계의 다극화와 상호의존성 증대로 초국적 협력
체계가 환경문제 등을 넘어 다양한 정책에 걸친 협력과 상생체계로 활
성화될 것이다. 남북관계도 평화정착 이후 실질적 경제공동체 수준에
이를 것으로 전망된다. 이러한 정치환경의 변화는 중앙정부가 유지해
왔던 정책주도성을 약화시키고 중앙, 지방 간 협력적 거버넌스 구축의
필요성을 높일 것이다. 초국경협력 및 남북 간 협력증대를 위한 전문인
력 육성, 확보, 국내 제도 정비를 요구하게 될 것이다. 특히 남북 간 교
류와 협력 증대는 국토이용 구조와 공간전략에 있어서 획기적인 변화
를 초래할 것이다. 대륙지향적, 개방적 발전거점과 글로벌네트워크 구
축 등 새로운 국토발전의 전기를 맞게 될 것이다.

공간구조, 이용 및 관리, 거버넌스

남북한 및 글로벌국가 간의 협력 확대로 개방형 국토공간구조로의
전환이 불가피해지고 있다. 국내의 경우에는 수도권과 지방 간 이원구
조 완화, 지역 간 인구이동률 둔화추세가 지속되면서 대도시권화가 진
행되고, 장기적으로는 대도시권 간 격차와 대도시 내부 쇠퇴문제 등이
미래정책 과제로 대두될 전망이다. 아울러 저출산과 고령화 현상은 농
촌 및 지방중소도시의 침체와 과소화, 무거주화를 초래하여 국토관리
차원의 대응이 필요하게 될 것이다. 2013년 거주지역 중 2040년에 인

〈표 4-8〉 트렌드 변화 요소와 국토영향, 이슈 도출

구분	트렌드 변화와 핵심요소	국토영향, 이슈
인구변화	•저출산 고령화 •1인가구와 다문화가구 등 가족형태 변화	•경제활력 약화, 신규 및 대규모개발 수요 감소 -농촌 및 지방중소도시 침체 심화 •새로운 주거 및 공간환경 수요 증대 -공유주택, 무장애주택 등
사회변화	•개인적 삶의 중시 등 가치관 다원화 -건강, 여가 및 문화에 대한 수요 증대 •사회관계의 단절과 파편화 증대	•삶의질 중시 생활공간 창출수요 증대 -도시서비스 수요, 자연환경 관심 증대 •지역사회공동체 형성 노력 증대
기술변화	•과학기술의 융복합화 확대 •신산업 및 기술경쟁 가속화 -신재생에너지 기술, ICT 및 인터넷, 운송기술 혁신 등	•주거, 교통, 방재 등 첨단화와 자동제어 확산 -공간정보와 ICT 융합, 스마트 국토 실현 •시공간 제약 입지극복 가능 -산업, 주거입지 등 국토이용행태 변화
기후변화	•기후변화와 재해, 질병위험 증가 •자원부족 심화	•압축개발 및 방재형 국토수요 증가 •그린인프라 및 저탄소 국토 이용 •환경보전 및 안전 국민의식, 국제협력 증대
경제변화	•경제 저성장추세 심화와 양극화 •한중일 경제통합 가속화와 글로벌 교류 확대	•신규투자 감소와 도시재생, 기존시설 효율화 •저성장-양극화의 악순환 형성 및 개선 노력 •초국경지역(한중일, 글로벌) 경제협력 확대
정치여건변화	•분권화와 참여, 소통방식 다양화 •남북 간 교류와 경제협력 증대	•수평적 거버넌스와 분권 가속화 •남북 간 경제통합 및 통일 실현

구가 증가하는 지역은 약 30%, 감소하는 지역은 53%로 예상되며, 인구과소지역 비중 또한 현재보다 약 5%p 증가할 전망이다. 향후 국토정책에는 인구과소지역화를 고려한 지역인프라 공급계획이나 관리전략이 필요하다. 경제공간과 생활공간의 분리, 실물국토공간과 정보공간 간의 교류 확대로 지리적 경계의 소멸현상은 급진전하게 될 것이다.

국토이용 및 관리 차원에서는 저성장이 지속되면서 토지이용의 복합화와 인프라 공동이용 및 재생에 대한 수요가 증가할 것이다. 정책

적 차원에서는 재정상황과 국민안전을 고려해 인프라 노후화에 선제적으로 대응할 필요가 있다. 산업단지 노후화 전망에 의하면, 준공 후 20년이 경과된 노후산업단지가 2013년 25.7%에서 2040년에는 39.3%로 증가할 것으로 예상된다. 경제발전에 따라 국토개발방식이 점차 재생, 복합개발방식으로 전환될 것이다.

여가문화와 건강, 삶의 질에 대한 관심이 높아지면서 그동안 주목받지 못했던 산지나 섬, 농촌지역은 생활공간으로서 관심이 높아질 전망이다. 국토관리 차원에서 이들을 여가공간으로 창출함으로써 국토이용의 부가가치를 제고할 필요성이 크다. 또한 방재형 국토개발 및 안전에 대한 관심이 증대되면서 이에 부합하는 적정한 국토개발 및 이용을 통해 홍수, 폭우 등 자연재해로부터 피해를 최소화하기 위한 관리 수요가 높아질 전망이다.

국토 거버넌스 차원에서는 국토관리 거버넌스의 수평적, 융복합적 접근에 대한 요구가 높아질 전망이다. 이는 국토부 조직의 재구조화와 중앙과 지방의 역할관계 재정립을 초래할 것이다. 1인당 네트워크 기기 보유수가 2010년 1.8개에서 2020년에는 6.6개로 늘어나면서 초연결시대가 구현될 것이다. 프로슈머인 국민들의 국토정책 참여요구와 소통방식에서 상당한 변화가 있을 것으로 전망된다. 갈등해결과 사회통합 등을 통해 사회적 가치를 구현하고 사회적 자본화하기 위한 정책역량 구축에 노력할 필요가 있다.

미래 국토비전과 전략

1960년대 이후 우리나라 국토정책은 사회, 경제, 정치적 여건에서

야기되거나 예상되는 문제에 대응하는데 치중해왔다. 이후 핵심가치가 다소 변하기는 했지만 본질적으로 국가경쟁력, 지역균형발전, 국민행복의 세 가지 가치가 공통적이었다. 하지만 이 가치 간의 중요도에 변화가 예상된다. 바람직한 미래국토 실현을 위한 핵심 추구가치에 대해 전문가들은 2014년 현재 경쟁력(18.3%), 안전 및 균형발전(15.1%)에서, 2040년에는 행복(20.4%), 사회통합(16.1%), 통일(11.8%) 등이 핵심가치로 부상할 것으로 전망하였다.

이런 조사를 통해 우리는 '국민 누구나 누릴 수 있는 행복한 삶터, 꿈이 있는 일터, 즐거운 쉼터로서 국토기반 실현'을 목표로 설정하고, '글로벌경제와 함께하는 사람 중심의 스마트 국토공간 실현'을 미래 국토비전으로 설정했다. 그리고 이들 미래 국토발전비전과 목표를 실현하기 위해 국토공간구조, 국토이용 및 관리, 국토 거버넌스 차원에서 6대 추진전략을 제시한다.

〈표 4-9〉 미래 국토발전비전, 목표와 추진전략

비전	글로벌경제와 함께하는 「사람 중심의 스마트 국토공간 실현」		
목표	쾌적한 삶터	꿈이 있는 일터	즐거운 쉼터

국토발전전략	국토공간구조	① 네트워크형 창조적 국토 실현
		  - 초국경 협력적 국토경영 기반 구축
		  - 글로벌 한반도 통일국토 구현
		  - 연계협력 기반 네트워크형 국토공간 형성		

	국토이용·관리	② 융복합 스마트 국토 기반 구축 ③ 안전하고 회복력 있는 국토공간 조성 ④ 국토, 인프라 재생과 현명한 이용체계 구축 ⑤ 쾌적하고 포용력 있는 국토환경 구현		
	국토 거버넌스	⑥ 분권, 소통형 국토정책 추진		

국토교통전략의 정책추진방안과 그 효과

6대 추진전략은 다음과 같다.

네트워크형 창조적 국토 실현

국경을 넘어선 협력 증대와 경제통합권 형성, 경제공간과 생활공간 등 중첩적 공간수요의 증대, 실물공간과 ICT 정보공간 간의 교류와 융합 등으로 인해, 미래의 국토공간구조는 다양한 측면에서 지리적 경계를 넘어서게 될 것이다. 따라서 현행 수도권과 지방의 이원구조 완화, 행정구역 단위의 폐쇄적, 단절적 국토정책에서 탈피하여 국토의 '흐름'을 통해 생산, 생활의 부가가치를 높일 수 있는 국토공간구조 기반 형성이 필요하다. 이에 네트워크형 국토공간구조 실현을 추진전략으로 제안한다.

세부추진전략으로는 첫째, 초국경 협력적 국토경영 기반 구축이다. 유라시아 이니셔티브의 실현을 통해 대륙연결, 개방적 국토공간 기반을 구축하여 세계 속의 글로벌 대한민국의 위상을 목표로 한다. 이를 실현하기 위한 정책으로는 유라시아 경제공동체 추진, 한중일 동북아 경제협력 및 연계교통체계 구축, 글로벌 국토프론티어 개척과 시장 확대 등이 있다.

둘째, 남북 간의 평화정착 이후 추진될 국토분야 이슈에 대해 선제적으로 대응하는 한편, 통일한반도의 균형발전과 경쟁력 강화를 위한 글로벌 한반도 통일국토전략이 필요하다. 이를 실현하기 위한 정책과제로 남북협력 증대와 통일국토 관리기반 구축, 한반도 그랜드디자인 공동 수립 및 실행, 한반도 메타경제권 형성과 경쟁력 강화 등이다.

셋째, 지역 간 연계협력을 통한 생산과 생활의 부가가치를 창출하는 네트워크형 국토공간구조 실현을 목표로, 연계협력기반 네트워크형 국토공간 형성을 추진하는 것이다. 이를 실현하기 위해 대도시권의 전략적 강화와 글로벌 메타시티 육성, 지방중소도시의 경제기반 및 정주 거점화, 농어촌 등 과소지역의 유휴화 대비 및 스마트 축소smart decline 등이 있다.

융복합 스마트 국토기반 구축

그동안 국토정책은 경제적 효율성 중시와 국가 및 광역단위의 획일적 인프라 공급 패러다임을 취해왔으나, 미래에는 국민의 안전과 건강, 여가, 문화 등 사회적 가치social value가 중시될 것으로 전망된다. 또한 기술발전으로 기후변화 극복 및 생활공간의 스마트화가 전개되어, 국민의 일상이 편리하고 자유로운 국토공간으로 탈바꿈하게 될 것이다. 긴장, 경계, 재난이 없는Stress-free, barrier-free, disaster-free 국토기반 조성에 정책적 노력이 필요하다.

이를 위해 우선 교통물류시스템 및 각종 SOC의 스마트화를 추진한다. 또 기술의 첨단 융복합화를 바탕으로 생활공간 선진화를 구현하여 스마트 도시를 조성한다. 전국의 도시와 SOC를 ICT 기반 스마트 시스템으로 개편하는 조치가 적극적으로 요구된다. 마지막으로, 고령자 및 장애인 등에게 편리한 포용적이고 사회통합적인 국토정책 추진이 요구된다.

안전하고 회복력 있는 국토공간 조성

국토이용 및 관리의 트렌드 변화로 기후변화 극복과 방재형 국토개발 등 국토의 지속가능한 발전이 중요한 정책과제다. 기후변화 등에 대비하여 국민안전과 생명을 최우선으로 하는 '안전하고 안심할 수 있는 국토'를 실현하고, 에너지, 자원부족 심화에도 대비해야 한다.

이를 위한 정책과제로는 첫째, 자원순환형, 재생에너지 위주의 지속가능 국토기반 조성을 들 수 있다. 스마트 그린도시, 그린인프라 조성 및 에너지자급마을 조성 등 다양한 형태가 있다. 아울러 토지이용의 집약적, 복합적 활용을 통해 계획적인 국토이용 및 관리 기반을 확대해야 한다. 둘째, 기후변화에 강한 안전국토 실현 및 국토회복력 resilience 강화를 위한 방재형 국토개발 및 관리기술 개발이다. 재난재해 사전감지 모니터링시스템 구축 및 협력적 운영이 그 사례다. 범죄와 각종 사고로부터 안전한 국토 및 도시설계 기법과 관련 기술 개발도 필요하다.

국토, 인프라 재생과 현명한 이용체계 구축

1960년대 중반 이후 산업화와 경제발전 차원에서 산업단지 조성 등 국토개발사업이 본격적으로 추진되었다. 당시 조성되었던 산업시설들의 경우 약 40~50년이 지나 노후화됨에 따라 이제 정책방향을 재검토할 필요가 있다. SOC와 생활인프라의 노후화에 대비한 국토, 도시, 지역재생전략을 세워 스마트축소를 추진하는 한편, 현명한 이용과 관리체계 구축을 추진해야 한다.

이를 위해서는 산업인프라, 건축물, SOC시설 지원의 전략화와 노후인프라 재생을 추진하되, 개별시설 접근보다는 도시나 지역 등 공간통합적 접근으로 효과성과 효율성을 높여야 한다. 단기적으로는 도시재생 성공모델을 만들어야 한다. 국토인프라의 현명한 이용을 위해 개별적으로 구축, 운영되는 각종 국토정보관리시스템을 공간단위 기반으로 연계, 통합해야 한다. 또 공유경제와 재생수요 증대에 부응하기 위해 도시, 지역 등 공간단위별 재생뿐 아니라 각종시설의 재생 촉진, 그리고 생활인프라의 공동이용 지원을 추진해야 한다. 이는 시민 주도의 생활인프라 생산과 소비체계 활용, 협동조합 활성화 등과도 맥을 같이 한다. 빈집, 빈 점포 등 공간 공유사업 촉진, 유휴 토지나 시설의 용도 전환, 리모델링 지원, 현명한 이용 유도 등을 위한 제도 마련이 필요하다.

쾌적하고 포용력 있는 국토환경 구현

그동안 산지나 섬 등은 국토자원으로서의 활용이 저조했다. 앞으로는 사회적 가치 변화를 감안해 잠재적 활용가치을 높이고, 여유로운 삶의 확대, 사회적 약자를 포용할 수 있는 방향으로 국토 이용이 요구된다. 이를 위한 정책과제로 산지, 섬 등 그동안 저활용, 미활용됐던 국토자원을 개성 있는 여유공간으로 만들어 국민적 활용성을 높여야 한다. 또한 친숙한 장소 만들기Aging in place, AIP와 주거복지 개념의 확대 등 포용적 국토정책을 추진해야 한다.

분권, 소통형 국토정책 추진

정책환경 및 정책수요자의 행태와 욕구가 급변하고 있다. 초연결시대에는 소통과 참여가 더욱 활성화될 것이므로, 이에 맞는 정책추진 방식이 필요하다. 국토정책은 그동안 경제성장을 지원하는 부수 정책으로 인식되는 경향이 강했는데, 앞으로는 국토에 대한 국민인식, 정책인식의 변화가 필요하다.

무엇보다 분권화에 대비하여 국토정책 추진조직 및 계획체계를 개편해야 한다. 공간 주관부서로서 국토부의 정책적 위상을 새롭게 하고 지방국토관리청 등 국토관리 지방조직의 역할과 지역협력체계 개편을 추진할 필요가 있다. 그리고 국토계획체계의 분권화 촉진 및 실효적 개편작업도 추진해야 한다.

소통, 체감, 수요맞춤형 국토정책 기반을 조성하기 위해 국토체감지수, 국토정책지도 등 국민 눈높이에 맞는 국토정책을 추진해야 한다. 그리고 그동안 규범성이 강조되었던 데서 벗어나 데이터에 기반을 둔 실증적, 과학적 국토정책으로 전환되어야 한다. 국토개발과 관련해 빈발하는 갈등은 신규, 대규모 개발수요가 감소하면서 줄어들겠지만 재생 및 국토관리 등이 새로운 갈등양상을 띠면서 정책현안으로 제기될 것이 예상된다. 다양한 형태의 갈등에 대응할 수 있는 데이터 기반형 정책이 필요하다. 마지막으로 국토의 가치에 대한 국민적 인식과 진취성을 키울 수 있도록 적극적인 국토교육이 이루어져야 한다.

인구/기후/환경/자원/
에너지분야 미래전략

인구/기후/환경/자원/에너지분야 미래전략
인구전략

저출산과 고령화로 대표되는 인구구조변화는 미래 한국의 정치, 경제, 사회, 문화 등 거의 모든 분야에서 중대한 영향을 미칠 것이다. 저출산과 고령화는 선진국에서 공통적으로 나타나는 피할 수 없는 현상이라는 견해도 있으나, 우리나라의 인구구조변화는 세계에서 그 유례를 찾아볼 수 없을 정도로 빠른 속도로 진행되고 있다는 데 문제가 있다. 인구구조변화의 또하나의 중요한 요인으로 지적되는 외국인 유입도 저출산, 고령화의 진전과 맞물리면서 빠른 속도로 증가하고 있다.

급격한 인구구조변화는 미래 한국사회의 지속가능성 기반을 흔들수 있는 매우 중대한 도전이다. 지금까지 인구구조변화에 따른 많은 미래의 위협요인들이 지적되었고, 이에 대한 여러 대응방안들이 검토되었으며, 관련 정책들이 실행되었다. 그럼에도 불구하고 출산율은 회복되지 않고 있으며, 인구는 더욱 빠른 속도로 고령화되고 있다. 이는 저출산, 고령화가 단순한 인구구조변화의 문제가 아니라 경제, 산업, 고용, 노동, 교육, 복지 등 우리사회의 거의 모든 분야와 상호밀접한 관계로 얽혀 있기 때문이다. 따라서 저출산, 고령화에 국한된 분절적인 전략과 정책으로 인구구조변화에 대응하는 데에는 한계가 있다. 이 장에서는 인구문제를 국가 전반의 문제와 포괄적으로 연계한 미래전략을 제시하고자 한다. 즉 국가 전체의 미래전략을 인구구조변화와 연계해 탄력적으로 구상하는 것이다.

한국의 인구문제

본격적인 산업화와 도시화로 접어들기 시작하던 1970년대부터 지난 45년간 출산율은 지속적으로 감소하고 있다. 1970년 4.53이었던 합계출산율은 1980년 2.82까지 떨어졌으며, 급기야 1985년에는 인구대체율[1] 이하인 1.66까지 하락하였다. 그럼에도 불구하고 정부는 1980년대 후반까지 '둘만 낳아 잘 기르자'로 대표되는 산아제한정책

〈표 5-1〉 우리나라의 합계출산율 추이(1970-2014)

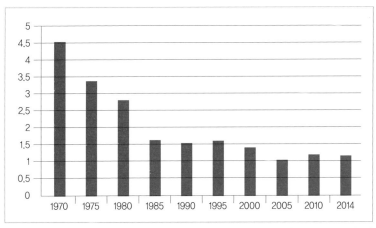

자료: 통계청(2014), 인구동향조사 재구성

을 고수했다. 그 결과 2000년대 들어서면서 대한민국은 OECD회원 국들 가운데 가장 낮은 출산율을 보이고 있으며, 정부의 많은 노력에 도 불구하고 회복 기미가 보이지 않는다. 서구의 경험에서 목격한 바 와 같이 한국사회도 이상적인 가족 크기의 감소, 인구의 고령화, 노동 시장의 영향 등으로 계속해서 아이를 낳기가 어려워지는 소위 '저출 산의 덫'에 발목을 잡힌 것이다.

현재 우리사회에서 진행되고 있는 급격한 저출산의 배경에는 핵가 족화와 도시화에 의한 가정, 지역사회의 양육능력 저하, 육아 및 교육 부담 증가, 결혼과 가족에 대한 인식 변화, 청년실업 등이 있다.

이러한 저출산의 추세가 지속된다면 미래의 인구감소는 피할 수 없 을 전망이다. 2011년도 통계청 장래인구추계에 따르면, 우리나라의 총 인구는 중위가정으로 상정했을 경우 2030년부터 인구가 감소하기 시 작하여 2060년에는 4,396만 명까지 줄어들 것으로 추정하고 있다. 인

〈그림 5-1〉 인구성장 가정별 총인구(1960-2060)

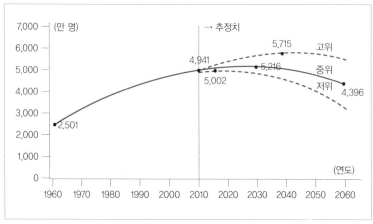

자료: 통계청(2011), 장래인구추계 2010-2060, 보도자료

348

구증감을 저위가정으로 상정할 경우 우리나라의 총인구는 2060년에는 3,447만 명까지 축소될 것으로 전망된다.

급격한 출산율 저하는 고령화문제와 필연적으로 직결된다. 평균 기대수명은 지속적으로 증가하고 있는 반면, 출산율 저하로 인해 아동 및 청장년층의 인구가 감소할 경우 그 사회의 인구구성은 자연적으로 고령화될 수밖에 없다. 1975년 우리나라의 65세 이상 노인인구 비율은 3.5%였으나, 2000년엔 그 비율이 7.2%로 2배 이상 증가했으며, 2045년에는 노인인구 비중이 35.1%까지 증가할 것으로 추계되고 있다. 현행 추세가 지속될 경우, 머지않은 미래에 생산가능인구 감소, 고령사회 진입, 총인구 감소 등 본격적인 인구구조변화가 나타날 것으로 전망된다.

저출산, 고령화와 더불어 외국인구의 국내 유입 증가는 한국사회의

〈그림 5-2〉 65세 이상 고령인구 비중 추이(%)(1975-2045)

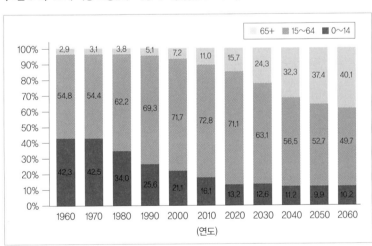

자료: 통계청(2011), 장래인구추계 2010~2060, 보도자료 재수정

인구구조변화에 또하나의 중요한 원인이다. 이는 국내 인건비 상승과 국제적 인구이동 증가에 따른 외국인 근로자 유입이 가장 큰 원인이 겠으나, 국제결혼 증가, 외국유학생 증가, 해외동포에 대한 입국문호 확대도 주요원인으로 작용하고 있다. 법무부의 체류외국인 통계에 따르면 2003년 67만 9천 명 수준이었던 국내 체류외국인은 2013년 157만 6천여 명으로 거의 2배 이상 증가한 것으로 나타났다. 한국사회의 저출산, 고령화 추세와 맞물려 외국인 유입은 더욱 가속화 될 전망이다. 법무부 추계에 따르면 국내 체류외국인은 2020년 254만 명으로 증가한 후, 2050년에는 409만 명을 기록하여 전체 인구의 9.2%를 차지할 전망이다.

〈표 5-2〉 우리나라의 외국인 등록 인구(2004~2013)

(단위: 천 명)

	2003	2004	2005	2006	2007	2008	2009	2010	2011	2012	2013
체류 외국인	679	751	747	910	1,066	1,159	1,168	1,261	1,395	1,445	1,576
불법 체류자	154	210	204	212	223	200	178	168	168	178	183

* 천 명 이하 숫자는 반올림 처리
자료: 법무부(2014). 출입국관리소 외국인정책 통계연보. www.index.go.kr

인구구조변화에 따른 미래전망

현재 인구구조변화는 우리사회의 심각한 사회문제로 인식되고 있으며, 대한민국의 미래를 불안하게 만드는 심각한 도전과 위기로 인식되고 있다. 저출산, 고령화, 외국인구 유입 등 인구구조변화가 미래

한국사회의 위기로 작용할 것이라고 지적되는 사항을 정리하면 다음과 같다.

첫째, 인구감소, 고령화로 인한 경제성장의 정체 및 하락이다. 저출산, 고령화가 경제에 미치는 영향은 경제 그 자체의 정체 및 축소로, 이는 생산가능인구의 저하가 최대요인이라고 할 수 있다. 생산가능인구의 감소는 생산활동을 위축시킬 뿐만 아니라, 시장의 총수요도 함께 저하시켜 세수 감소와 자본시장의 위축 등 경제성장의 정체 또는 하락으로 이어질 수 있다. 결국 저출산, 고령화의 심화는 성장의 정체 또는 하락으로 이어지면서 일시적 경기불황이 아닌, 장기간에 걸친 경제의 축소를 가져오는 것이다.

둘째, 고령자의 증가는 연금이나 의료비 지출 등 노인부양비의 증가를 필연적으로 수반한다. 문제는 출산율 저하로 인해 소수의 청장년층이 다수의 노년층을 부양해야 한다는 것이다. OECD에 따르면 한국의 노인 1명당 부양 생산인구는 2014년 5.26명에서 2022년 3.81명으로 줄어들 것이며, 2036년에는 1.96명까지 하락할 것으로 보인다. 이에 따른 노년부양비도 2011년 15.6%에서 2017년 19.2%, 2020년 22.1%, 2040년 57.2% 등으로 계속 증가할 전망이다. 그만큼 미래의 현역세대가 져야 할 부담이 늘어나는 것이다. 결국 세수는 감소하는데 반해, 연금, 보험, 의료 및 기타 사회보장비용의 지출 증가로 인해 국가재정의 부담은 가중될 수밖에 없다.[2]

셋째, 고령인구의 증가에 따른 사회활력의 저하, 청년층과 노년층 간 세대갈등의 심화이다. '다수의 노령인구와 소수의 청장년인구'라는 전대미답의 인구구조 역逆피라미드 상황을 초래하면서 사회는 보수화되고, 덜 혁신적으로 변할 것이라는 우려이다. 특히 복지, 연금, 일자리를 둘러싼 세대갈등의 문제가 전면으로 부상할 수 있다. 세대갈등의 조짐들은 이미 우리사회 곳곳에서 나타나고 있다. 2012년 대선 직후 '지하철 노인 무임승차 폐지' '기초노령연금 폐지' '경로석 폐지' 등과 관련한 글들이 인터넷에 무차별적으로 게시된 것은 세대갈등이 사회적, 경제적 문제로 진화되고 있는 양상을 보여준다. 또한 초고령화 사회로의 진전에 따른 노인집단의 과도한 정치세력화 및 사회 전반의 보수화도 예견된다. 아울러 노인빈곤, 노인자살, 노인범죄 등에 대한 사회문제도 크게 대두될 수 있다.

마지막으로 생산가능인구의 부족을 해소하고 일정 수준의 생산활동과 경제규모를 유지하기 위해 해외인력의 국내 유입이 불가피할 것으로 전망된다. 삼성경제연구소에 따르면 우리나라의 생산가능인구는 2016년 3,700만 명으로 정점에 이른 후, 2050년에는 1,300만 명 수준까지 감소할 전망이라고 한다. 이를 해결하기 위해서 삼성경제연구소는 2050년까지 1,159만 명의 이민자를 받아들여야 한다고 제안한다. 출산율 제고, 여성, 노인 등 유휴인력 활용 등이 이루어진다 하더라도 내국인만으로는 인력수급 불일치를 완전히 해소하기 어려울 전망이기 때문이다. 그러나 외국인구의 증가는 우리사회에 인종, 민족, 문화 간 갈등이라는 새로운 차원의 갈등원인을 제공할 수 있다. 저숙련, 저임금 인력이 대부분인 현재의 외국인력 유입구조는 새로운 하층계급을 우리사회에 형성할 수 있으며, 도시의 슬럼화, 게토화, 치안문제 등의 사회문제를 가져올 수 있다. 내국인과 외국인과의 일자리 경쟁, 다문화사회로의 이동으로 인한 민족 간, 문화 간 이질감 확대는 사회갈등의 새로운 증폭요소로 작용할 수 있다.[3]

미래의 위기를 기회로 바꾸기 위한 전략

저출산, 고령화를 향한 흐름이 꾸준히 진행되고 경제성장이 둔화되고 있는 상황을 반전시키기 위해서는 인구문제를 경제, 산업, 고용, 노동, 복지, 교육 등의 문제와 포괄적으로 연계한 전략을 강구할 필요가 있다. 즉 국가 전체의 미래전략을 인구구조변화와 연계해 탄력적으로 구상하는 것이다. 이들 각 분야의 전략이나 정책이 바람직한 미래상을 공유하고 같은 방향성을 지향한다면 시너지효과를 기대해볼 수 있기 때문이다. 여기서 염두에 두어야 할 것은 현세대는 물론 미래세대도 함께 살아갈 수 있는 미래를 구상해야 한다는 점이다. 미래세대의 행복을 극대화하고, 미래세대가 현세대보다 더 높은 삶의 질을 구가할 수 있는 사회를 만들어가는 것을 합리적인 투자로 인식할 필요가 있다. 이와 같은 기조에 의한 개혁, 변혁을 향한 노력이 시너지효과를 창출할 수 있다면, 인구구조변화가 가져올 미래의 '위기'를 '기회'로 바꿀 수 있는 가능성은 충분하다.

이 장에서는 인구구조변화에 탄력적으로 적응하기 위한 포괄적 연계전략으로 다음의 3개 전략방향을 제시하고자 한다.

먼저 인구감소, 고령사회라는 시대적 변화에 탄력적으로 적응하기 위해서는 자율적이며 순환적인 고부가가치의 경제구조로의 전환이 필요하다. 정부뿐만 아니라 기업과 개인도 발상의 전환과 함께 시스템 전반에 걸친 대폭적인 변혁이 필요하다. 먼저 정부 차원에서는 행정의 효율성과 생산성 향상을 위해 슬림하면서도 효과적인 정부조직으로의 변환이 필요하며, 중앙과 지방정부 간의 상호협력을 통해 정부예산의 중복 및 낭비 등을 최소화해야 할 것이다. 기업들도 다양한 분야에서의 혁신을 도모해야 한다. 혁신은 새로운 기술에 의한 제품 개발에만 국한되는 것이 아니라, 새로운 비즈니스모델의 구축도 포함하는 광범위한 의미를 지닌다. 이러한 혁신을 통해 기존의 외연 확대의 '양적 경영'에서 수익 극대화의 '고부가가치 경영'으로의 체질적 전환을 시도해야 한다. 개인들도 보다 적극적이고 과감하게 새로운 영역에 도전할 수 있는 '헝그리 정신'을 되찾는 것이 중요하다. 자율적이고 순환적인 경제로의 전환을 위해서는 정부, 민간, 시민 간의 적극적인 협력이 필요하다. 자율적이고 순환적인 저비용, 고효율사회의 구축은 정부, 민간기업, 시민사회의 적극적인 역할 분담과 책임성 강화로 구현될 수 있을 것이다.

두번째로 저출산, 초고령화의 완화가 일정 부분 실현된다 하더라도 사회보장지출은 지속적으로 증가할 것이며, 복지재정의 지속가능성 문제는 여전히 숙제로 남을 것이다. 따라서 미래세대에게 현세대의 부담을 전가하지 않도록 꾸준히 재정건전화를 추진할 필요가 있으며, 복지의 수익과 부담의 균형 재검토 등 세대 간 형평성 제고를 위한 일련의 개혁이 필요하다. 이 개혁이 추진되기 위해서는 국민적 공감대 형성과 사회적 합의를 이루기 위한 노력이 병행되어야 한다. 이러한 관점에서 인구, 고용, 노동, 연금, 복지 등을 둘러싼 여러 문제에 대한 포괄적이고 일괄적인 전략과 정책추진이 필요하다.

마지막으로 우리사회에는 다양한 특성을 가진 인재들이 존재한다. 인구구조변화에 대응한 탄력적이고 역동적인 사회를 도모하기 위해서는 이들 다양한 인재들의 새로운 관점을 도입하면서 연계해나가는 것이 필요하다. 개개인의 개성과 능력이 느긋하게 발휘될 수 있는 다양성이 용인되는 사회는 국가 전체의 활력으로 이어진다. 결국 개인들의 개성을 어떻게 연계하고 잘 조화시키느냐에 따라 국가경쟁력이 결정된다는 것이다. 개별 인재들의 새롭고 다양한 관점을 연계한다는 측면에서 '개방'도 매우 중요하다. 생산성 향상의 수단이 되는 혁신은 개인의 발상뿐만 아니라 다양한 아이디어를 가진 사람들의 교류 속에서 실현될 수 있다. 세계 속의 다양한 인재, 기술, 자원을 연계하기 위해서는 개방적 자세가 필요하며, 이때 '정보'는 중요한 매개가 될 수 있다. 정보에 대한 기술혁신을 더욱 촉진시켜 경제사회 구석구석에 이를 침투시킬 수 있다면 개방과 연계의 힘은 훨씬 더 강화될 것이다.

고부가가치 경제로의 전환을 위한 방안

우선 자율적이며 순환적인 고부가가치의 경제구조로의 전환을 어떻게 이루어낼 것인가에 대한 대안이 필요하다. 그 대안을 모색해보면 다음과 같다.

정부, 기업, 시민 간의 협력을 통한 풍부한 공공영역의 창출

지금까지 '공공public'이란 정부가 담당하는 영역을 의미하며, 공공서비스는 행정을 통해 정부가 제공하는 것이 일반적인 현상이었다. 그러나 인구구조변화를 포함하여 저성장기조의 고착화, 복지수요의 증가, 국가채무 증가 등 급변하는 행정환경에 적응하고, 보다 다양화되고 고도화되어가는 시민들의 행정수요를 충족시키기에는 정부가 제공하는 공공서비스만으로는 한계가 있다. 따라서 정부가 단독으로 담당해온 공공서비스를 기업, 비영리단체, 시민들과 분담하고 정부가 이를 지원하는 형태로 전환해나갈 필요가 있다. 이는 정부가 독점하고 있는 공공서비스 분야에 민간과 시민사회가 참여하여 자율적이고 순환적인 경제사회구조로의 전환을 도모하는 것이다. 예를 들어 치안, 보육/돌봄, 환경보호 등 지금까지 공공행정의 영역이라고 생각되었던 분야에 민간의 적극적인 참여를 독려해 협력적 거버넌스를 구상해볼 수 있다. 시민들은 자발적인 참여를 통해 마을 또는 커뮤니티 차원에서의 역할 분담이 가능하다. 이윤을 추구하는 민간기업의 경우는 정부의 아웃소싱과 사회적 기업의 형태로 공공서비스의 역할 분담에 참여할 수 있을 것이다. 이를 통해 보다 풍부한 공공영역을 창출할 수 있으며, 경제, 사회 전반에 활력을 불어넣을 수 있다.

스마트기계와의 협업을 통한 생산성 향상

기술의 발전, 특히 ICT와 타 기술과의 융복합적 발전은 지금까지 인간들이 해왔던 일들을 급속히 대체해나가고 있다. 지금도 빠르고 저렴해진 다양한 유형의 '스마트기기들'과 똑똑해지는 '소프트웨어들'이 인간의 영역으로만 여겨졌던 여러 능력들을 제공하고 있다. 따라서 미래에는 스마트한 기계와의 효율적인 협업 여부가 기업의 생산성과 경쟁력을 좌우할 것이다. 문제는 기술의 발전속도에 비해 관련 기술을 이해하고 습득하는 숙련도와 이를 뒷받침할 수 있는 교육시스템이 뒤처져 있다는 것이다. 지금도 기술발전에 상응하는 기술습득에 실패한 많은 인력들이 낙오되고 있으며, 소득이 뒤처지고 있다. 실제로 인터넷, 모바일, 클라우드컴퓨팅 등의 새로운 도구를 완벽히 사용할 줄 아는 사람은 그리 많지 않다. 이러한 이유로 기업들은 원하는 충분한 인재를 확보하지 못하고 있으며, 정부는 만성적인 실업문제에 허덕이고 있다. 따라서 새로운 시대에 맞는 벤처기업 육성과 새로운 기술을 효율적으로 사람들에게 습득시키는 교육개혁이 이루어져야 한다. 특히,

새롭게 부상하고 있는 스마트기계와 협업할 수 있는 역량을 배양하는 것이 중요하다. 스마트기계와의 협업은 저출산, 고령화로 인한 노동력 부족을 해결해줄 수 있을 뿐만 아니라, 생산성 향상에도 크게 이바지 할 수 있을 것이다.

기업의 부가가치 창조역량 강화

고부가가치 경제로의 전환을 위해서는 무엇보다도 기업의 부가가치 창조력을 한층 강화할 필요가 있다. 기업들은 연구개발을 포함하여 브랜딩 및 마케팅역량의 강화, 다양한 인재 확보, 개방적 혁신과 외부와의 관계 확대 등을 통해 혁신역량을 강화해야 한다. 또한 혁신을 촉진할 수 있는 사회 전반의 환경 정비도 중요하며, 다양한 인재의 육성과 대학의 역할 강화, 시대의 변화에 부응한 규제개혁 등이 요구된다. 아울러, 생산성이 낮은 기업은 도태되고 생산성이 높은 기업이 살아남을 수 있도록 기업생태계 전반에 역동성을 제고할 필요가 있다. 더불어, 건전한 자본시장의 형성, 행정절차의 간소화, 신속화와 함께 비즈니스에 실패한 사람이 다시 재기할 수 있는 패자부활의 환경 조성도 매우 중요하다. 또한 적절한 시기에 비효율적인 사업 철수와 수익성 사업의 양도 등에 의한 사업 재편도 고려되어야 한다.

세대 간 형평성 도모와 사회적 합의 형성

사회보장지출이 늘어나는 상황에서 복지재정의 지속가능성 문제는 여전히 숙제로 남아 있다. 지속가능한 복지체계를 만들기 위해서는 제도적 장치를 마련하고 이에 대한 사회적 합의를 이루어내야 한다. 또한 교육과 외국인력의 유입에 대한 고민이 필요한 상황이다.

세대 간 형평성 확보를 위한 제도적 장치 마련

최근의 공무원연금 개혁 논란에서 볼 수 있듯이 연금, 보험, 의료, 복지 등 사회보장비용 지출 확대로 인한 재정적자는 특정 세대에 과중한 부담을 강요할 가능성이 높다. 따라서 세대 간의 형평성을 보장하기 위해서는 재정건전성을 유지하고, 공공부채를 확대하지 않는 것이 중요하다. 하지만 정권의 획득, 유지를 주된 목적으로 하는 각 정당과 현재의 정치구조는 투표권을 가진 현세대에 유리한 정책을 제시하는 유인을 가질 수밖에 없다. 민주주의라는 현재의 정치체제 안에서 선거권이 없는 미래세대는 재정적자에 따른 재정부담의 세대 전가로 인해 선거권을 갖고 정치력이 강한 세대에게 착취당할 가능성을 가진다.

보스턴 대학 로런스 코틀리코프 교수는 현재 많은 선진국에서 세대 간 격차가 무시할 수 없는 정도로 커지고 있다고 말한다. 우리나라도 재정수지 불균형과 세대 간 격차가 매우 심각한 수준인 것으로 나타나고 있다. 특히 고령화로 인해 무상의료 수급자가 급격히 증가하여 이로 인한 세대 간 격차는 더욱 확대될 전망이다. 물론 이러한 문제를 해결하기 위해 현재의 정치시스템 안에서도 다양한 검토와 논의가 진행되고 있으나, 이해당사자들 간의 집단적 이기주의로 문제해결을 위한 정치적 합의는 매우 어려운 상황이다. 근본적 개혁은 좀처럼 진전되지 못하고 있으며, 선거권을 갖고 정치력이 강한 현세대는 재정적자에 의해 발생하는 부담을 미래세대에게 미루는 상황이 지속되고 있다.

이러한 구조적 결함을 보완하고 미래세대의 권익보호와 세대 간 형평성을 확보하기 위해 '미래세대기본법(가칭)'을 제정할 필요가 있다. 미래세대기본법은 현재의 체제에서 충분히 대표되지 못하고 있는 미래세대의 관점을 현재의 정책결정과정에 반영할 수 있는 조직과 절차를 마련하는 것을 목적으로 한다. 여기서 기본법은 '정책입법의 기능과 성격을 가지는 독특한 입법형식으로 정책의 이념이나 기본이 되는 사항을 정하고 그에 의거하여 시책을 추진하거나 제도의 정비를 도모하는 입법유형'을 말한다.

미래세대기본법과 더불어 세대 간 형평성을 확보하는 관점에서 정치적으로 독립된 행정위원회(미래세대 옴부즈맨 또는 미래세대위원회)의 설치도 고려해볼 필요가 있다. 위원회의 주요역할과 기능은 사회보장(연금/보험/의료)의 세대별 수혜와 부담의 전문적인 조정이다. 물가안정과 금융정책의 전문성을 감안하여 각국이 정치적으로 독립된 중앙은행을 설치해서 운영하고 있는 것과 같은 맥락이다. 금융정책과 마찬가지로 사회보장의 세대별 수혜와 부담의 조정 또한 고도의 전문성을 필요로 한다. 따라서 이를 정치에서 분리해 세대 간 형평성 실현을 도모해볼 수 있다. 위원회에서 사회보장의 수혜수준을 결정하면 자동적으로 세대 간 공평성 확보에 필요한 부담수준이 결정된다. 그리고 정부는 이에 따라 중장기 재정 및 사회보장에 관한 거시적인 예산정책의 틀을 수립하는 것이다.

세대 간 절차적 합의모델 개발을 통한 사회적 합의 형성

인구구조변화는 세대 간 불균형을 초래하여 미래 한국사회의 세대갈등을 증폭하는 핵심기재로 작용할 수 있다. 이 세대갈등 해소를 위한 주요현안에 대한 세대 간 소통, 이해, 공감, 상호부조 등을 근간으로 한 세대 간 '합의형성과정consensus building process'에 대한 모델을 개발할 필요가 있다. 이를 위해서는 미래세대에 대한 배려와 세대 간 형평성에 대한 국민적 이해와 여론의 지지가 있어야 한다. 따라서 정부는 국민들에게 정확하고 알기 쉬운 정보를 제공할 필요가 있다.

예를 들어 세대 간 회계를 활용해 현세대와 미래세대간의 격차상황, 주요정책에 따른 각 세대별 수익과 부담이 미치는 영향 등을 매년 정부가 정기적으로 발표하는 것이다. 아울러, 세대 간 회계결과로 도출된 미래세대 간의 수익과 부담비율 및 세대 간 격차의 상황을 시각화해서 보여주는 것도 효과적일 것이다. 특히, 세대 간 형평성 제고가 미래세대뿐만 아니라 현세대에게도 중요한, 미래에 대한 투자라는 점을 국민들에게 이해시키려는 노력을 게을리해서는 안 된다. 정부뿐만 아니라 기업과 시민사회의 차원에서도 자발적이고 자생적인 노력을 통해 미래세대의 행복과 세대 간 형평성 제고를 위한 국민적 관심을 고취할 필요가 있다.

다양성의 연계와 개방을 통한 생산성 향상과 경제적 역동성 제고

개성 있고 창의성 있는 인재는 획일적인 교육과 인사시스템 안에서는 자라나기 어렵다. 아쉽게도 우리나라의 교육제도는 물론 기업의 인사시스템에서도 창의적 인재를 양성하기 어려운 구조이다. 우리나라의 교육제도, 특히 입시제도는 지난 반세기 동안 가장 많은 부침을 겪었던 분야이기도 하다. 창의적 교육과 인재 양성을 위해 교과과정이 개편되고, 많은 교육프로그램이 만들어지고, 특성화학교 등이 설립되었으나 기대한 만큼의 효과는 나타나지 않고 있다. 그만큼 교육제도와 과정의 혁신을 통한 교육의 다양화, 개성화를 이룬다는 것은 쉽지 않다. 따라서 교육제도와 과정에 대한 변혁보다는 교육 커리큘럼 내용의 수정과 보완을 통해 창의적 인재를 길러내는 방법이 현실적일 수 있다.

한 가지 대안으로 제시할 수 있는 것이 초중고 교육 커리큘럼 내용에 '미래학'분야를 추가하는 것이다. 미래학은 그 자체가 다양한 상상력과 창의성에 기반을 둔 학문이다. 아울러, 다양한 분야와의 연계를 강조하는 학제간 성격이 매우 강한 분야이기도 하다. 따라서 미래학 분야를 역사나 사회 과목의 일부로 편입시키고, 장기적으로는 정규 교과목으로 전환하는 방안을 고려해볼 필요가 있다. 학생들은 미래학을 통해 다양한 분야와 연계하는 방법을 배우고 창의적인 역량을 키울 수 있을 것이다.

외국인구의 유입은 부족한 노동력을 채우고, 지속적인 경제성장을 가능하게 할 수 있다. 특히 20~30대의 젊은 연령으로 구성된 외국인구의 국내 유입은 급속히 진행되고 있는 고령화추세를 완화시킬 수 있을 뿐만 아니라, 인구감소로 인한 조세 기반과 내수시장 축소를 방지하는 순기능을 발휘할 수 있다. 아울러 다른 문화 간의 융합으로 인한 창발력과 시너지효과 향상을 기대해볼 수 있다. 그러나 단순히 양적인 인력 부족에 대한 대응으로 안이하게 외국인 노동자의 수용을 생각하는 것은 바람직하지 않다. 또한 외국인 노동자들이 국내 노동시장에 미치는 영향과 사회적 비용 등을 감안할 때 보다 신중한 대처가 필요하다.

따라서 전문직, 기술직 분야를 중심으로 선별적으로 외국인력의 수용을 추진해나갈 필요가 있다. 특히 한국에 유학하여 이공계 박사학위를 받은 고급인재에게 영주권이나 국적을 부여하는 방법을 적극 고려해야 한다. 이는 전문인력 확보뿐만 아니라 산업현장의 인력난을 해소하는 데 도움이 되고, 이공계 기피로 위축되고 있는 대학연구를 활성화할 수 있는 장점이 있다. 과학기술분야는 국제적인 인재획득경쟁이 격화되고 있으며, 우수한 인재들은 국적을 불문하고 전 세계적으로 활약하고 있다. 따라서 고급인재의 유치를 위해 특정 지역에 인적교류를 위한 전략적 거점, 즉 '글로벌 인재 허브' 육성을 전략적으로 추진할 필요가 있다. 이를 위해서는 세계의 수많은 인재들이 국내의 인재 허브에 모여 활약할 수 있도록 연구환경이나 수용 체제의 정비와 마련이 선행되어야 한다.

미래의 위기를 기회로

현재 급격히 진행중인 인구구조변화는 우리사회가 정면으로 미주하지 않으면 안 될 중요한 도전과제이다. 저출산, 고령화정책에 국한된 분절적 전략과 정책으로는 인구구조변화라는 거대한 변화에 대응할 수 없다. 경제, 고용, 노동, 교육, 복지 등 국가 전반의 문제와 포괄적으로 연계한 전략기조가 필요하다.

이에 자율적이고 순환적인 고부가가치 경제로의 전환, 지속가능한 복지체계를 위한 세대 간 형평성 도모와 사회적 합의 형성, 다양성의 연계와 개방을 통한 생산성 향상과 경제적 역동성 제고라는 세 가지 전략을 제시했다.

앞서 제안한 미래전략과 관련 정책들이 원활히 실행되고, 또 시너지효과를 창출하기 위해서는 정부뿐만 아니라, 기업과 시민사회도 자발적이고 자생적인 노력을 통한 상호협력이 필수적이다. 무엇보다도, 미래세대의 입장에서 미래를 구상하는 관점이 요구된다. 이를 위해서는 미래세대에 대한 배려와 세대 간 형평성 제고에 대한 국민적 관심과 환기가 중요하다. 이러한 기조에 의한 개혁과 변혁을 향한 노력이 시너지효과를 창출할 수 있다면, 인구구조변화가 가져올 미래의 '위기'를 '기회'로 바꿀 수 있는 가능성은 충분하다.

2 기후전략

'기후변화'가 국제사회의 화두가 된 지 수십 년, 그러나 해결기미는 보이지 않고 온난화는 더욱 빠른 속도로 진행되고 있다. 2015년 3월에는 대기 중 이산화탄소 농도가 관측사상 처음으로 400ppm을 넘었다. 미국 국립해양대기국은 심리적 저지선이 무너졌다는 표현을 사용하기도 했다. '2030년이면 식량 부족, 물 부족, 석유값 폭등이라는 최악의 폭풍perfect storm에 직면하고, 기후변화와 대량 난민이주가 복합돼 대규모 격변이 일어날 것'이란 경고가 나오기도 했다.[4]

아시아지역은 더 취약하다. 한국의 평균기온과 해수면 상승은 지구 평균치의 두 배다. 생태용량bio-capacity이 열악한 조건에서 생태적으로 비효율적인 급격한 산업화, 도시화를 거쳐왔기 때문이다.[5]

이 장에서는 기후변화의 실체, 온실가스 감축 등 국제사회의 대응과 전망, 우리나라의 기후변화 대응정책과 거버넌스 등을 다루고자 한다.[6]

기후변화가 가져올 위험

세계경제포럼World Economic Forum의 『2015 글로벌리스크』 보고서 Global Risks 2015 Report는 경제/환경/지정학/사회/기술 5개 부문의 10대 리스크요인을 선정하며 기후변화 관련 요소를 최대 리스크로 꼽았다. 또 리스크 요인 사이의 연계성과 최근 변화추이를 분석한 결과에서도 기후변화 적응 실패가 가장 연계성이 높고 위험한 것으로 나타났다. 극단기후변화를 경고하고 있는 것이다. 동아시아만 놓고 보더라도 자연재해 피해규모는 과거 연간 100억 달러 미만이었으나 최근 10년 사이에는 200~500억 달러로 급증했다.

IPCCIntergovernmental Panel on Climate Change의 평가보고서도 기후변화를 말한다. 1990년 제1차 보고서를 낼 때만 해도 기후변화의 인과관계를 설명하는 것은 시기상조라 했다. 그러나 2014년 제5차 보고서는 화석연료 사용 등 인간 활동이 주된 원인일 가능성이 95% 이상이라 밝혔다. 이 보고서의 주요내용은 다음과 같다.[7]

- 지구 평균기온 상승, 해양 산성화, 해수면 상승 등이 빠르게 진행 중이다. 평균기온은 지난 133년간(1880~2012년) 0.85℃, 해수면은 110년간(1901~2010년) 19cm 상승했다.
- 기후변화의 원인은 인위적 온실가스 배출이다. 산업화 이후 (1750년~) 온실가스 농도는 40% 증가, 지난 80만 년 동안 유례없이 증가했다. 최근 10년간(2000~2010년)은 매년 2.2% 증가, 과거 (1970~2000년 매년 1.3% 증가)보다 가속화됐다.
- 기후변화가 모든 대륙과 해양에서 자연시스템(해수면 상승, 홍수, 가뭄, 생태계 훼손)과 인간시스템(식량 생산, 생계, 건강, 경제)에 지대한

영향을 미치고 있다. 폭염, 가뭄, 산불, 홍수, 사이클론 등의 극한현상extreme events을 유발하고 있다.

- 온실가스 배출 증가로 비가역적인 충격irreversible impact 가능성이 커지고 있다.

- 이산화탄소 누적배출량은 21세기 후반 이후까지 계속 온난화를 일으킬 것이다. 기온 상승을 2℃ 이하로 억제하려면 산업화 (1861~1880년) 이후의 누적배출량이 2,900GtCO2 이하가 돼야 한다. 그러나 2011년까지 그 2/3에 해당하는 1,900GtCO2가 이미 배출됐다.

- 강력한 온실가스 감축이 실현된다면 21세기 말 기준 현재 (1986~2005년)보다 기온은 1.0℃ 상승, 해수면은 40cm 상승할 것이다. 그러나 현 추세대로 배출된다면 기온 3.7℃ 상승, 해수면 63cm 상승이 예상된다.

- 이대로 간다면 생물종 멸종, 식량생산 악화, 질병 증가, 사회적 갈등이 심각해질 것이다. 인위적 온실가스 배출을 멈춰도, 이미 배출된 온실가스로 인해 기후변화는 지속될 것이다.

- 온실가스 감축 등 완화정책은 기후변화 적응의 효과성을 높이는 데 필수다. 적응Adaptation은 현재의 위험과 단기 위험을 줄이고, 완화는 장기적 영향을 줄일 수 있다. 따라서 적응과 감축은 상호보완적 전략이다.

- 기후변화 완화를 미루는 것은 현재의 부담을 미래로 미루는 것이다. 일부 지역에서는 적응을 잘못해 이미 지속가능 개발의 기반이 무너지고 있다.

- 기후변화 대응정책에 따른 부담과 공통편익co-benefit을 함께 고려

하여 적응과 완화의 정책수단을 모색해야 한다. 효과적인 적응과 완화를 위해서는 국제적 협조가 필수다.

- 2030년까지 추가적인 완화 노력이 없다면 2100년까지 2℃ 이내로 기온 상승의 제어는 불가능하다. 향후 수십 년 동안의 감축이 기후변화 충격정도를 좌우할 것이므로 배출량 대폭감축으로 금세기 말 순배출량을 0으로 줄여야 한다.

환경부와 기상청이 발간한 2015년 평가보고서에 의하면, 현 추세대로 가는 경우[8] 2100년까지 기온은 5.9℃, 해수면은 63cm 상승할 것으로 예측된다.[9] 이는 전 세계 평균기온 상승(0.85℃)과 해수면 상승(1.4mm/년)보다 훨씬 높은 수치다. 한반도를 포함한 동북아지역에서는 아열대화 진행으로 홍수, 폭염, 가뭄, 수자원, 식량부족 등 피해가 심해질 것이다.[10]

〈표 5-3〉 RCP 시나리오별 기후변화전망(21세기 말 기준)

RCP	CO2 (ppm)	온도(℃)		해수면(cm)		강수량(%)	
		(ppm)전지구	우리나라	전지구	우리나라	동아시아	우리나라
RCP 8.5	936	3.7	5.9	63	65(남/서해안) 99(동해안)	–	18
RCP 6.0	670	2.2	–	48	–	–	–
RCP 4.5	538	1.8	3.0	47	53(남/서해안) 74(동해안)	7	16
RCP 2.6	421	1.0	–	40	–	–	–

자료: IPCC, 제5차 평가보고서

기후변화의 경제적 파급효과와 손실에 대한 분석결과는 미래상황의 심각성을 여실히 보여준다. 한국환경정책평가연구원은 한국의 기후변화 취약성을 감안할 때 21세기 말까지 2,800조원의 경제적 손실이 누적될 것이라 전망했다.

기후변화에 대응하기 위한 세계 각국의 노력

국제사회는 기후변화 대응을 위해 오랫동안 협상을 벌여왔다. 1992년 UN기후변화협약United Nation Framework Convention on Climate Change, UNFCCC이 채택된 이후, 2005년에는 교토의정서 발효로 선진국에 감축의무가 부여됐다. 1기(2008~2012년) 동안 1990년 배출량 대비 5.2% 감축목표를 세우고 추진한 것은 그나마 성과다. 우리나라는 교토의정서 채택 당시 선진국 그룹으로의 편입을 요구받았으나, 개발도상국 지위를 유지하는 조건으로 OECD에 가입하는 등 기후변화에서 개도국 지위를 유지해왔다.[11]

최근 들어 중국 등 신흥경제국의 온실가스 배출이 급증하면서, 선진국은 개발도상국의 참여 없이는 무의미하다는 점을 강조하며 신기후변화체제 구축에 나섰다. 그러나 2009년 코펜하겐 총회에서 타결되리란 기대를 모았던 합의문은 선진국과 개발도상국의 의견차이로 무산됐다. 이후 한국이 사무국을 유치한 녹색기후기금GCF 설립 등에 이어 2014년 리마 20차 총회에서는 2020년 이후부터 선진국과 개발도상국이 동참하는 신기후체제New Climate Regime를 출범시키기로 의결했다. 그 시한은 2015년 말 파리 COP21이다.

기후변화 협상은 3개 국가군을 축으로 한다. 기후변화 대응강화를 주장해온 유럽국가(EU 등), 교토의정서를 채택하지 않은 미국 등의 선진국 그룹, 중국을 중심으로 하는 개발도상국 그룹이다. EU는 '2030년 기후 에너지 패키지triple 2030'에서 1990년 대비 40% 감축 계획을 발표하며 선도적 위상을 지키고 있으며, 다른 두 그룹도 2014년부터 적극적인 입장으로 선회하고 있다.

미국은 기후행동계획(Climate Action Plan, 2013. 6월), 청정발전계획(Clean Power Plan, 2014. 6월) 등의 발표로 전향적으로 나서고 있다. 중국은 대기오염 등으로 매일 200건 이상 시위가 벌어지는 터라 다급하다. 2013년부터 선전지역에서 온실가스 배출권거래제 시범사업을 시작해 7개 성시에서 시행, 전국으로 확대하고 있다. 지금까지 기후협상에서는 줄곧 선진국 책임을 역설해왔으나 2015, 2016년 자국의 누적 배출량이 미국을 앞지를 것으로 전망되자 태도를 바꾼 것이다. 2014년 11월 APEC 정상회의를 계기로 미중 정상이 기후변화 감축목표를 발표한 것도 그런 배경에서다.

기후변화에 대한 한국의 대응

한국은 GDP 세계 13위, OECD 회원국, G-20회원국이다. 1990년부터 2012년까지 온실가스 배출증가율(33%)은 OECD국가 중 1위, 세계 최고 수준이며, 이산화탄소 배출량은 세계 7위다. 짧은 산업화에도 불구하고 누적배출량 세계 16위(1880~2012)다. 경제선진국에 들면서 기후변화 대응에서만 개발도상국 지위를 주장하기도 궁색하다.[12]

이명박 정부는 2008년 녹색성장을 국정 아젠다로 선정하면서 국제사회의 주목을 받았다. 기후변화 대응정책도 중시해 2009년 코펜하겐 총회에서 2020년 BAU 대비 30% 감축목표를 선언했다. 선진국과 개발도상국의 가교 역할을 하면서 녹색기후기금Green Climate Fund 사무국 유치에도 성공했다.[13] 법적 기반과 정책 수단을 갖추는 제도화에도 적극적이었다. 그 결과 2010년 저탄소녹색성장기본법 제정, 온실가스 종합정보센터 설립, 2012년 온실가스 목표관리제 도입, 2014년 국가 온실가스 감축 로드맵 수립, 2015년 아시아지역 최초의 국가단위 온실가스 배출권거래제를 시행하게 되었다.

그러나 실적은 기대와 거리가 있다. 1인당 온실가스 배출량은 OECD 평균치를 상회하고, 총배출량도 2010년 증가율이 전년 대비 9.8%를 기록했다. 법 제정에 의한 제도화 시행에서도 차질을 빚고 있다. 저탄소차 협력금제도는 도입되지 못했고, 배출권거래제도 할당량을 일괄적으로 10% 완화했다. 앞으로도 온실가스 배출권 거래제가 시장기능을 활용해 효과적인 감축 실적을 거둘 수 있을지는 불확실하다.

2015년 6월, 네 가지 온실가스 감축 시나리오[14]를 검토한 결과 정부는 2030년 국가 온실가스 감축목표를 배출전망치BAU 대비 37% 감축하는 것으로 최종 결정했다. 이로써 당사국 가운데 40번째로 온실가스 감축공약Intended Nationally Determined Contribution, INDC을 제출한 국가가 됐다.

정부는 BAU방식의 산정에서 경제성장률, 유가, 산업구조, 에너지 수요공급 전망 등을 반영했고, 감축여력, GDP 등 거시경제에의 영향과 국제적 요구수준 등을 고려했다는 설명이다. 감축수단은 석탄화력 축소와 원전 확대 등이다. 이들 시나리오를 놓고 산업계와 환경단체 전문가는 현격한 시각차이를 드러냈다.

감축 시나리오의 목표를 보면, 2030년 온실가스 배출량은 BAU 8억 5,060만 톤CO_2-e 대비 37% 감축한 5억 3,587만 톤CO_2-e이 된다. 목표치 37% 중 국내에서의 온실가스 실제 감축률은 25.7%이고 나머지 11.3%는 이미 INDC를 제출한 스위스, 캐나다, 멕시코(조건부) 등과 같이 국제탄소시장 메커니즘International Market Mechanism, IMM을 활용할 계획이다.

국내 감축률을 달성하기 위해 산업부문 감축률(산업공정 포함)은 해당 부문 BAU의 12% 수준으로 하고, 온실가스 배출권거래제 등의 법과 제도를 개선한다는 방침이다. 탄소 배출을 줄이면서 일자리를 창출하는 신에너지산업을 진흥하고, 2017년에는 세계 에너지 신산업 시장(4.6조 달러)을 선점하겠다는 계획도 마련했으며, 이를 위해 에너지 신산업 육성 특별법 제정 등을 추진할 예정이다.

기업에 대한 직접 규제보다 시장, 기술을 통해 산업계가 자발적으로 감축할 수 있도록 지원제도를 개선하고, 과도한 규제는 정비할 예정이며, 발전(원전 추가 고려), 수송, 건물 등 부문에서 추가적 감축 여력을 확보하고 온실가스 감축기술 개발 등을 중점지원한다는 계획이다.

경제성장과 온실가스 배출 감축은 양립할 수 있는가

한국의 산업화는 70년대 중화학공업 진흥을 근간으로 했다. 수출 주도의 경제구조 속에서 에너지부문 수입은 세계 4위(97%)다. 그 규모는 자동차, 철강, 조선을 합친 수출규모를 훨씬 초과한다. 그러니 경제성장과 온실가스 배출 감축을 동시에 만족시키는 탈동조화decoupling는 쉽지 않다. 한국은 2008년부터 시행된 녹색성장정책에도 불구하고 2007~2011년 사이 온실가스 배출증가율이 GDP 성장률을 상회하고 있다. 정책 수단의 도입과 실적에 차질을 빚으며, 글로벌 금융위기 회복기인 2010년에도 배출량이 10% 증가하는 등 한계를 드러냈다.

국가 배출량의 61%를 차지하는 온실가스 다량 배출업체를 대상으로 2012년에 만든 목표관리제는 일시적으로 탈동조화의 가능성을 보이기도 했다. 2007년 이래 최초로 대상업체 배출량증가율(1.13%)이 GDP성장률(2.00%)보다 낮아졌기 때문이다. 2014년 경제성장률에 비해 온실가스 배출이 줄어들었다는 보도도 있었으나 탈동조화인지는 확실하지 않다. 감축수단으로 제시된 이산화탄소포집기술CCS, 신재생 에너지원 확대 등이 앞으로 어떻게 진전될지도 변수이다.

이대로 간다면 국가 온실가스 감축목표의 실현이나 감축수단 추진 이행과 관리가 어찌 될지 불확실하다. 조기에 온실가스 배출 정점에 도달하고 이후 절대 배출량이 감소할 수 있도록 추진됐어야 하는데 이미 늦은 감이 있다. 산업계는 신재생에너지, 친환경차, CCS기술 등에 대한 실효성 있는 국가전략과 에너지효율 향상, 친환경 설비 투자 활성화 컨설팅과 세제지원 확대를 요구하고 있다. 이런 지적대로 현장 중심의 장애요인을 파악하고 치밀한 보완책을 마련해야 경제발전과 기후변화 사이의 탈동조화 경로를 만들 수 있을 것이다.

에너지 공급보다 수요관리에 중심을 둬야

지속가능한 경제성장을 위해서는 국가 에너지효율을 높여야 한다. 제2차 에너지 기본계획에 따르면 에너지 소비는 연평균 0.9% 증가해 이전(연평균 1.4%)에 비해 둔화하는 것으로 돼 있다. 그러나 전력수요는 연평균 2.5%의 빠른 증가세로 예측 된다.

기존의 에너지정책은 공급 중심이었다. 전력가격이 낮아 전력수요가 늘고 에너지수요가 증가한 측면이 있다. 기후변화 대응에서는 수요관리 정책이 불가피하다. 글로벌 차원의 온실가스 규제, 원전에 대한 사회적 수용성, 밀양 송전탑 사례 등 국내외 압박요인이 심각하다. 이런 상황에서 에너지효율이 OECD국가 평균치의 절반, 일본의 1/3 수준인 상황을 타개할 수 있을지가 고비다.

제2차 에너지 기본계획은 석유와 석탄의 비중은 줄이고 전력의 비중을 늘려, 최종에너지를 2035년까지 13% 감축하는 것이다. 에너지 가격체계 개편과 함께 스마트그리드 등 ICT 기반의 수요관리시장을 활성화하고 에너지저장시스템ESS, 에너지관리시스템EMS 등을 확대 보급한다는 계획을 가지고 있다. 입지와 환경문제 등으로 벽에 부딪치는 대규모 발전설비에서 탈피, 자가용 발전기, 집단에너지 등 분산형 전원 공급을 5%에서 15%로 늘린다는 계획도 포함되어 있다. 이를 통한 신산업 육성과 고용 창출도 예상된다.

도시가스와 신재생에너지 비중도 늘리는 것으로 돼 있다. 그러나 재생에너지를 2030년까지 11%로 늘린다는 제1차 에너지 기본계획 목표치는 제2차 에너지 기본계획의 마감연도인 2035년으로 늦춰졌다. 정책 추진에 있어 모니터링에 의한 피드백이 제대로 작동하고 있는지, 한국의 재생에너지 자원 보유에 대한 정확한 평가와 기술혁신에 대해 치밀히 검토했는지 의문이다.[15]

미래부를 중심으로 추진중인 X프로젝트 위원회는 연구개발 패러다임을 바꾸어 지금까지와는 달리 성공률이 낮은 과학기술 연구개발에도 과감하게 도전할 수 있도록 200억원의 예산을 별도로 책정했다. 이는 세계를 선도할 수 있는 혁신기술의 개발 가능성에 대한 범국민적인 공감과 기대가 커지고 있음을 시사한다.

제2차 에너지 기본계획은 우리 에너지정책 사상 최초로 수요관리에 초점을 두었다는 점에서 의미가 있다. 이들 수요관리정책이 실질적인 성과를 거두기 위해서는 전력수급기본계획, 신재생에너지기본계획 등 에너지기본계획의 하위계획을 정책방향에 맞게 짜고 추진해야 한다.

온실가스 배출이 야기하는 이상기후 적응문제도 시급하다. 특히 노약자와 저소득자 등 취약계층에 대한 안전도 소홀히 할 수 없다. 저탄소녹색성장기본법에 따르면 2015년까지 향후 5년간의 적응정책을 총괄하는 제2차 대책이 수립돼야 하고, 2016년까지 기초, 광역지자체 단위에서 적응대책이 수립돼야 한다. 그러나 이들 정책은 보건, 재해방지, 생태계보호 등과 겹치면서 우선순위가 뒤로 밀리고, 자료 축적에 대한 노력 부족으로 체계화되어 있지 않다. 기후변화 적응이 정책의 주요 판단기준이 되려면 좀더 많은 관심이 필요하다.

기후변화 대응 미래전략이 필요하다

최근 배출권 거래제와 Post2020 온실가스 감축목표 등 주요정책이 수립되는 과정에서 이해관계 그룹 사이의 갈등이 컸다. 기후변화 대응 정책이 별로 국민적 관심사가 되지 못하는 상황에서 산업계와 환경단체의 주장이 충돌했다. 정부는 경제계 주장에 기울기 쉽다. 하지만 기후변화 이슈는 국제협상이므로 국제적 평가를 고려해야 한다. 선진국과 개발도상국이 함께하는 신기후체제하에, 경제선진국에 들어섰지만 온실가스 배출 7위인 한국의 위상도 재고해보아야 할 것이다. 장기 비전을 적절히 설정하고 정책방향을 분명히 해야 한다. 그에 못지않게 감축 추진체계 구축이 중요하며, 이들 제도화에는 실행 의지가 따라야 한다.

기후변화에 효과적으로 대응하기 위해서는 기후변화정책과 에너지

정책을 통합적 관점에서 다루어야 한다. 체제를 통합형으로 갖추지 못했다면 둘 사이를 총괄조정하는 기능이 작동돼야 한다. 현 체제에서는 기후변화 대응과 온실가스 감축정책의 관계가 명확하지 않으며, 에너지기본계획, 전력수급기본계획, 국가온실가스감축로드맵 등의 기조와 내용이 서로 긴밀하게 연관되지 못하고 있다. 기후변화정책과 에너지정책의 통합적 접근을 할 수 있는 거버넌스 체제가 중요하다.

그동안 기후변화 대응은 주로 온실가스 감축 위주였다. 그러나 IPCC 제5차 보고서는 감축과 적응의 공통편익을 고려하고 통합적으로 접근해야 한다고 강조한다. 우리나라의 경우 기후변화 적응정책은 환경부 내 '기후변화 협력과'가 담당하고, 감축정책은 '기후변화 대응과'가 담당하고 있는데, 이것도 통합적으로 다룰 필요가 있다. 온실가스가 배출되면 대기 중에서 계속 온실효과를 일으키므로 조속한 감축이 필요하다. 우선 에너지비용 절감 등 직접적인 이익이 발생하는 정책부터 추진하고는 것이 효과적일 것이다. 온실가스 감축의 또다른 효과는 재난과 건강의 피해 감소 등 직간접적인 편익으로 돌아온다.

기후전략의 정책추진방안과 그 효과

가장 중요한 것은 정책기조를 확립하는 것이다. 그리고 이를 관리할 수 있는 체계를 만들고, 지역사회를 비롯하여 사회구성원의 의식변화를 이끌어내야 한다.

기후와 에너지전략의 상생을 위한 경제정책 기조 확립

기후변화의 경제적 영향은 실로 크다. 외부효과를 내부화하는 신기후경제학New Climate Economics이 등장한 것도 이런 문제의식에 기인한다. 최근에는 경제성장을 이루면서 온실가스 배출 저감기회를 창출하는 경제경로economic pathway 설정이 기후변화 대응의 핵심이라는 주장이 주목받고 있다.[16] 기후변화에 대한 경제계의 관심이 부쩍 높아지는 이유에서다. UNFCCC 주관의 기후협상에는 이전과는 달리 재정, 에너지, 산업 담당 부처의 참여가 크게 늘었다. 기후변화 대응이 경제정책의 속성을 지녔음을 보여주는 변화다.[17]

경제성장 정책기조에서 온실가스 감축과 기후변화 적응 등의 대응조치를 정립하기 위해서는 성장과 고용, 주요 거시경제지표에 미치는 영향에 대한 연구가 선행돼야 한다. 화석연료 의존도를 줄이고 21세기형 지속가능 에너지체계를 확충하려면 비용 분석과 금융조달 방안도 나와야 한다. 기후변화 대응정책에서 단순히 기술과 산업, 일자리 등을 신성장동력으로 만들 수 있다고 역설하는 것만으로는 구체적이지도 않고 실현 가능성도 떨어진다. 기후변화 대응과 경제성장을 원원관계로 만드는 일은 단순한 작업이 아니기 때문이다. 민관 협력의 시너지를 의한 역량 제고도 필요하다. 녹색기술과 신산업 진흥에 대한 정부의 확고한 의지와 지원, 지속적인 투자는 기본이다.[18]

기후, 에너지 산업기술의 인프라 구축은 단기간에 순조롭게 진행되기가 어렵다. 지속적인 모니터링에 의해 피드백하고 보완해야 한다. 세계적 경쟁력을 갖춘 ICT를 기반으로 스마트그리드 발전전략도 한때 활발한 듯했다. 그러나 시장에서의 실질적 성과는 미흡하다. 에너지저장시스템ESS과 전기자동차, 재생에너지를 연계하는 시너지전략이 구사돼야 하는 데 통합적 접근이 미흡했기 때문이다.[19] 일관성 있는 정책으로 시장에 정확한 시그널을 주어 정부정책의 신뢰를 쌓아야 한다.[20]

궁극적으로는 경제, 사회, 정치, 기술, 문화, 생활 전반의 재설계가 이루어져야 한다.

기후변화 거버넌스

기후변화 미래전략을 구현하기 위해서는 체계적, 통합적, 안정적인 접근이 가능한 거버넌스 체제가 필요하다. 이런 맥락에서 기후변화와 에너지정책을 통합적으로 다루는 부처(가칭 기후에너지환경부) 신설을 검토해야 할 것이다. 현재처럼 기후는 환경부, 에너지는 산업부로 나뉘어 통합조정이 이루어지지 못하면 앞으로 국제적인 INDC 후속조치에도 한계가 있을 것이다.[21]

최근 기후변화 대응 때문에 독일, 영국, 프랑스 등 주요 선진국은 관련 조직을 통합하는 경향이다. 우리 역시 기후, 에너지, 환경을 통합적으로 다루는 체제를 만들어 에너지 세제 개편, 전력가격 합리화, 전력부문의 시장원리 도입, 취약계층 에너지 복지정책 등 시대적 요구에 부응하는 정책을 추진하고 산업경쟁력 강화를 지원할 수 있도록 해야 한다.

온실가스 감축과 적응을 통합적으로 운영하고 시민의 동참을 이끌어내기 위해서는 지방자치단체도 나서야 한다. 지자체는 교통, 에너지, 폐기물분야에서 온실가스를 감축하는 시행주체이자 정책수단을 갖고 있으며, 기후변화 취약계층에 대한 접근성도 높다. 2013년 11월 바르샤바 총회 이후 국제적 논의에서도 지자체의 역할이 강조되고 있다. 2015년 파리 총회에서도 지자체의 온실가스 감축 노력에 대한 구체적 결과물이 도출될 것이다. 중앙정부가 지자체의 기후변화 대응기반을 제공하고 지자체가 시민의 참여를 활성화하는 것이 중요하다. 현재도 서울, 인천, 수원, 광주 등 지자체는 국제기후변화지자체협의회ICLEI 등을 통해 국제적 논의에 참여하고 있다.

기후변화에 대한 사회적 공론화와 의식 전환

기후변화에 제대로 대응하기 위해서는 모든 경제주체의 적극적인 참여가 필요하다. 현재 온실가스 총 감축량에서 산업부문의 비중은 34%, 전환부문 28%, 건물 20%, 수송 15%로, 산업계의 감축비용 부담이 가장 크지만 산업계에게 모든 책임을 떠넘기는 논의구조는 바람직하지 않다. 공통의 책임에 바탕한 감축이 필요하다는 말이다. 경제와 기후 사이의 탈동조화는 전력, 수송, 건물, 상업, 공공, 가정 등 모든 부문에서 국민이 동참할 때 달성될 수 있다.

기후변화 아젠다를 대중이 체감할 수 있는 세심한 추진전략이 있어야 한다. 오바마 행정부는 조지타운 대학에서 기후행동계획Climate Action Plan을 발표하면서 기후변화가 미래세대의 핵심 아젠다임을 언급했다. 아동천식센터에서 클린파워계획Clean Power Plan을 발표하면서 어린이 건강과 연관시킨 것도 좋은 사례이다. 이를 통해 기후변화라는 거시적 아젠다를 당장 오늘의 나와 내 아이의 관심사로 부각시켰다.[22]

장기비전 구현을 위한 지속가능발전과 기후전략

기후변화로 대표되는 글로벌리스크를 줄이려면 지속가능발전 Sustainable Development 패러다임으로의 전환이 불가피하다. 국가정책 기조에서 경제, 사회, 환경의 균형과 조화를 찾고, 지속성, 형평성, 효율성을 살려야 한다. 2015년 INDC 국내 공론화에서 나타난 것 같은 경제와 환경 충돌의 갈등을 극복하고 균형 있는 통합을 이룰 수 있어야 한다.

그러나 국정운영에서 지속가능발전이라는 문명사적 비전을 구현하는 일은 결코 쉽지 않다. 공공정책 추진에서 아직 오지 않은 미래에 대비해 경제성장을 볼모로 잡을지도 모르는 정책에 일반대중이 호응하기가 쉽지 않기 때문이다. 때문에 관련 지수indicator와 정량적인 시스템 등 법적, 제도적, 기술적 실행 기반의 구축이 더욱 중요하다.

기본적으로 기후변화정책과 에너지정책의 융합을 이룰 있는 거버넌스가 작동돼야 한다.[23] 범부처 차원의 통합적 조율을 통해 제도와 규제의 합리화가 이루어져야 한다. 온실가스 감축목표 못지않게 중요한 것은 감축정책과 기술수단이다. 산업여건을 고려하면서도 국제적인 동향에 부응하는 감축목표와 정책수단을 설계해야 한다. 산업과 생활현장 중심으로 기후변화 대응의 장애요인을 파악하고 치밀한 보완책을 마련해야 한다. 특히 부담을 많이 지게 될 산업계에 대해서는 그것을 상쇄할 만한 인센티브 발굴이 필요하다.

기후변화 미래전략을 성공적으로 추진하기 위해서는 국제사회에서의 위상도 중요하다. 2015년 말 제21차 파리 기후변화당사국 총회에서 Post2020 신기후체제가 출범한다. UN기후변화협약의 '공통의 그러나 차별화된 책임'을 다 할 수 있도록 세계 속의 한국, 세계시민으로서의 한국인이라는 생각이 필요하다. 개발도상국의 선도국가로서 합리적이고 모범적인 국가 이미지를 갖출 수 있어야 한다.

기후변화 대응에는 정부의 리더십이 가장 중요하다. '모든 경제주체의 참여'라는 프레임에서 국민 모두가 일상생활에서 자원 이용 효율화를 극대화하는 것을 기본전략으로 프로그램을 개발해야 한다. 이런 뜻에서 기후변화 대응 미래전략의 성공적 추진은 모든 경제주체가 참여하는 민관 합동의 거버넌스 리더십에 달려 있다 할 것이다.

3

환경전략

　지구가 생성된 46억 년 이래, 공룡의 멸종까지 5번의 멸종이 있었다. 이제 인류는 제6의 멸종위기에 놓여 있다. 다만 이전의 멸종이 자연현상으로 인한 것이었다면, 지금은 인간이 스스로 삶의 터전을 파괴하는 것이 제일 큰 원인이라는 점에서 차이를 보인다. 세계 인구는 1970년 40억 명에서, 2015년 72억 명, 2050년에는 96억 명에 달할 것으로 전망된다. 인구의 증가는 도시화로 인한 환경오염, 식량확보를 위한 산림훼손, 자원고갈 등 다양한 문제를 양산한다. 이미 지구는 자정할 수 있는 임계점을 넘어서고 있다. 점차 빈번해지고 있는 자연재해, 급속도로 빨라지는 생물종의 감소가 이를 증명한다.

　지구환경 파괴에 대한 국제사회의 경고수준 역시 점점 높아지고 있다. 유엔환경계획UNEP의 지구환경전망에 따르면 지구환경이 생물학적으로 견딜 수 있는 한계에 이르렀으며, 이 한계점을 넘어서면 돌이킬 수 없는 재앙이 발생할 것으로 예측한다. 이미 1972년 로마클럽은 『성장의 한계The Limits To Growth』 보고서를 통해 이러한 상황을 경고한 바 있다.

세계 각국은 20세기 후반에 들어 현재 지구가 처한 상황에 대해 직시하고 협력을 통해 해결하기 위해 적극적인 움직임을 시작했다. 1992년 브라질 리우Rio Summit 회의에서는 세계 175개국 정상들이 모여 환경과 개발의 조화를 모색하기 위해 지속가능한 개발이라는 공동의 합의를 바탕으로 기후변화협약과 생물다양성협약Convention on Biological Diversity, CBD, 사막화방지협약을 체결했다. 이는 단편적으로 진행되던 온난화 등 환경문제에 대한 대응이 전 지구적 차원에서 통합적으로 이루어질 때 성과를 거둘 수 있다는 인식에 기초한 것이었다. 여기서 주목할 것은 '생물다양성'이 지속가능발전과 인간생존의 필수조건으로 부각되었다는 사실이다.

생물다양성은 생태계 내의 생물종 및 생물체의 다양성을 의미하며 종 내 혹은 종 간 생물서식지와 생태계 다양성 정보를 포함한다. 생물자원은 인류를 위해 실질적 또는 잠재적으로 활용되거나 사용될 수 있는 생물체를 의미하며, 유전자원은 실질적 또는 잠재적 가치를 지닌 식물, 동물, 미생물 혹은 그 유전물질(유전의 기능적 단위 포함)을 의미한다.

해마다 지구상에서 살아가는 생물종이 2만 종 이상 없어지고 있는데 사실 지구라는 큰 가족을 구성하려면 사람만 있어서는 안 되고 다양한 생물이 필요하다. 그런데 이 생물들이 하나씩 사라진다면 지구에 큰 위험이 닥치게 된다. 지구에 있는 각각의 생물들은 우리 인체의 각 부분과 마찬가지로 모두 다 필요하기 때문에 존재하는 것이다. 있어야 할 것이 사라지게 되면 그만큼의 부작용이 생기고 그 부작용이 축적되면 결국 인간과 지구는 멸망하게 된다. 생물의 다양성은 이처럼 중요한 문제다.

최근 과학기술계는 바이오분야의 활성화에 주목하고 있다. 예를 들어 OECD는 2030년경 바이오기술이 다른 분야와 융합하여 세계경제를 선도하게 되는 '바이오경제시대Bio-economy'가 열릴 것이라 전망하고 있다. 바이오경제에서는 생물자원의 확보가 더욱 중요하다. 세계적으로 생물자원의 가치는 약 700조원으로 추정되고 있다. 2002~2003년 사이에 새로 발견된 의약물질의 80%는 생물자원에서 유래한 것이다. 대표적 사례로서 주목朱木에서 항암제인 탁솔Bristol-Myers Squib사, 92년 FDA 승인'을 개발하여 연간 1조 4천억원 이상의 매출을 올리고 있으며, 미생물에서 추출한 물질로 고지혈증을 치료하는 크레스토AstraZeneca사, 03년 미국 FDA 승인도 연간 2조 2천억원 이상의 매출을 실현하고 있다. 최근 심각한 우려를 일으켰던 신종플루를 치료할 수 있는 타미플루Roche사, 99년 미국FDA 승인도 중국의 팔각열매에서 추출한 성분으로 만든 약품으로 연간 3조원 이상의 매출을 달성하였다. 생물다양성을 기반으로 하는 바이오기술산업Biotechnology의 세계 시장규모는 2013년 330조원에서, 2020년에는 635조원이 될 것으로 전망된다. 이는 연평균 성장률 9.8%를 뜻한다. 우리나라의 바이오시장 규모는 2013년 7.9조원에서 연평균 11%씩 성장하여 2020년 16조원 규모로 성장할 것으로 전망된다.

환경생태의 미래

생물다양성이 중요한 이유는 생태계가 에너지와 자원을 공급해주는 것은 물론 환경을 정화하고 조절해주고 과학적 연구와 산업의 근간이 되기 때문이다. 인간은 생물종 다양성을 이용하여 생산품을 만들고 생태계서비스를 받고 있다. 인간이 받고 있는 생태계서비스는 유지, 조정, 공급, 문화의 4가지 서비스가 있다.

유지서비스는 생태계서비스 중에서 모든 것의 기반이 되는 것으로 예를 들어 광합성에 의한 산소의 생산, 토양형성, 영양순환, 물순환 등 모든 생물종이 존재하기 위한 환경을 형성하고 유지시키는 것을 말한다. 조정서비스는 오염과 기후변화, 해충의 급격한 발생 등 변화를 완화하거나, 홍수가 발생하기 어렵게 만드는 것, 물이 정화되는 것 등으로 인간사회에 대한 환경의 영향을 완화시키는 효과를 말한다. 공급서비스는 식량, 목재, 연료, 의복 및 의약품 등 인간이 일상생활을 살아가기 위해서 생태계에서 얻는 다양한 서비스를 의미한다. 문화서비스는 정신적인 충족, 미적인 즐거움, 사회제도의 기반, 레크리에이션, 환경학습의 기회 제공 등 생태계가 만들어내는 문화 및 정신적인 면에서의 생활의 윤택함을 의미한다.

우리나라의 경우 우리 땅에 자생하고 있는 5천여 종의 식물 가운데 20% 정도는 식생활에 이용되고 있다. 그리고 산림자원을 나무, 벽지, 탄화보드 등으로 주거환경에 쓰고 있다. 생물자원에서 추출한 유용한 성분은 의약품과 기능성 화장품 등으로 산업에 기여하고 있다. 최근에는 광합성으로 얻는 바이오매스Biomass로 합성생물학 기법을 사용하여 인간에게 필요한 다양한 자원과 대체에너지를 얻는 바이오정유 Biorefinery 연구개발이 활성화되고 있다.

지구상에는 열대에서 북극연안, 해양, 산악까지 다양한 생태계가 존재하고 다양한 생물이 존재하고 있다. 전 세계에 알려진 총 종수는 약 175만 종으로 이중 포유류는 약 6천 종, 조류는 9천 종, 곤충은 95만

종이 있으며, 알려지지 않은 생물을 포함하면 총 3천만 종의 생물이 존재하고 있다. 그런데 1970년부터 2006년까지 지구상에서 살고 있는 생물종의 31%가 사라져버렸다. 이런 추세로 간다면 해마다 2만5천~5만 종의 생물종이 사라지게 된다. 그리고 20~30년 내에 지구 전체 생물종의 25%가 멸종하게 된다.

우리나라의 생물종은 약 10만여 종으로 추산된다. 이중 4만 2,756종 (2014년 12월 기준)을 발굴, 관리하고 있다. 그런데 지난 30년간 1인당 녹지면적이 25.2헥타르에서 17.3헥타르로 급격히 감소하고 있다. 또한 전국 산림의 0.8%(1991~2010년), 갯벌의 22.6%(1987~2008년)가 줄어들고 있다. 생물종의 서식지가 빠르게 사라지고 있는 것이다. 산림면적은 2003~2010년 사이에 여의도 면적의 44배인 375km²가 줄었다. 생물이 살아가면서 이동하는 경로인 생태축이 단절된 곳도 987개소이다. 생물의 이동이 원활하지 못하게 되면 생물종 보존은 어려워진다.

결국 야생생물의 서식지 감소뿐만 아니라 섭식원의 파괴, 이동경로 파괴로 인해 생태계가 위협받고 있다. 멸종위기 야생동식물 지정 수도 2005년 221종에서 2012년 246종으로 늘어났다. 이렇듯 우리나라 생물다양성은 확연히 감소세를 보이고 있다. 개발에 따른 서식지 감소, 야생동식물 남획, 외래종 침입 등의 요인과 환경오염과 기후변화 등으로 인해 생물종 개체 수는 더욱 급격히 감소될 것으로 우려된다. 매년 국내에서만 500종의 생물이 멸종할 것으로 추정되고 있어 생물종의 보호가 시급한 과제로 대두되고 있다.

생물다양성은 보존되어야 한다

OECD는 생물다양성 감소의 주요원인으로 환경오염과 기후변화뿐만 아니라 농업경작을 위한 야생지의 토지이용 변경, 산업적 임업지역의 확장, 사회간접자본의 확대, 인구증가로 인한 자연지역 잠식, 생물의 자연 서식지 파편화 등을 지적하고 있다. 지금까지 육상 생물의 다양성 손실의 원인은 식량, 바이오에너지 작물, 가축 생산을 위해 자연생태계를 바꾸는 토지 이용 변경이었으나, 2050년까지 기후변화가 추가적인 생물다양성 손실의 40%이상을 차지할 것으로 전망된다.

영국의 과학저술가 마크 리나스Mark Lynas는 지구 연평균 기온이 1.5~2.5℃ 상승한다고 가정하는 경우, 그린란드의 얼음층이 녹고 생물종은 최대 30%까지 멸종위기에 처할 것으로 예상했다. 연평균 기온이 3℃ 이상 오르면 전 세계 해안지역 습지대의 30%가 소실될 것으로 추정된다. 만약 5℃가 상승하는 경우에는 해저의 메탄가스가 유출되고 온난화가 더욱 가속되어 남북극의 빙하가 사라지고 지구 도처의 생태계 파괴로 멸종이 심각해질 것이다. 지구 평균기온이 6℃ 상승하는 경우에는 핵폭발에 버금가는 황화수소 가스와 메탄 불덩어리가 지구를 덮쳐 산소 농도가 현재 21%에서 15%로 급감하게 될 것이다. 그렇게 되면 지구 생명체는 거의 다 멸종되고 곰팡이 종류만 살아남아 생물체가 살수 없는 태초의 지구 상태로 돌아가게 된다.

지구온난화로 인한 평균기온 상승은 생물 서식지의 북상을 초래한다. 이때 인간과 달리 생물은 서식지 이동이 어렵기 때문에 해당지역에서 생존하는 토착생물은 사멸하게 된다. 현재 우리나라의 남해지역도 아열대로 바뀌면서 어류와 해조류의 분포가 달라지고 있다. 제주지역에서 잡히던 자리돔은 이미 독도지역에서도 볼 수 있게 됐다. 한편 남해에서는 볼 수 없던 아열대 어종인 청새치, 귀상어, 노랑가오리를 볼 수 있게 된 것은 온도 상승에 의한 서식지 북상의 예로 들 수 있다. 기후변화는 그 속도가 빨라서 생태계가 적응할 시간적 여유가 부족한 것이 문제인데, 이 경우 생물다양성 감소가 더 심하게 나타나게 된다.

반면 생물다양성을 유지하면서 생태계의 복원력을 높이는 경우에는 기후변화의 속도를 완화시킬 수도 있다. 지구온난화의 원인물질로는 이산화탄소가 56%, 메탄이 18%, 프레온가스가 13%, 오존이 7%, 질소산화물이 6%를 기여하는 것으로 분석된다. 만일 산림생태계를 충분히 복원시켜 이산화탄소를 광합성에 많이 쓰이도록 한다면 기후변화 물질을 줄일 수 있는 방안이 된다. 그리고 산업체 등에서 배출하는 이산화탄소의 양을 줄일 수 있도록 녹색기술을 개발, 보급하면 효과적인 대응방안이 될 것이다. 메탄가스는 이산화탄소에 비해 23배 정도 더 강한 온실효과 물질이다. 소가 내뿜는 방귀에서 발생되는 메탄가스도 단백질 생산을 위한 대단위 목장의 운영으로 인해 온난화의 원인이 된다.

생물다양성 감소는 생물종의 하나가 사라지는 것이 아쉽다는 단순한 문제가 아니다. 국가적 측면에서는 생물자원의 손실이자 인류문명으로서는 생존 기반의 약화를 의미한다. 생물다양성이 훼손되는 것은 생태계서비스와 같은 복합적인 기능의 훼손을 뜻한다. 그리고 생물자원을 이용하여 다양한 가치를 창출해내는 경제산업활동이 심각한 지장을 받게 된다. 의약품, 화장품, 식품, 종자산업 등의 주요분야에서 생명자원은 부가가치를 창출하는 핵심자원이기 때문에 생물다양성의 감소로 타격을 받고 기반을 상실하게 되는 것이다.

생물다양성 감소에 대한 국제적 노력으로 생물다양성협약이 있다. 생물다양성협약은 생물다양성의 보전, 생물다양성 구성요소의 지속가능한 이용, 유전자원 이용 이익의 공정하고 공평한 공유를 목표로 하며 194개 당사국이 가입되어 있다.

이에 기반한 '유전자원의 접근 및 이익 공유Access to genetic resources and Benefit-Sharing, ABS에 관한 나고야 의정서'가 2014년 10월 12일에 발효되었다. 이에 따라 생물유전자원 이용을 위해서 자원 제공국으로부터 사전통보승인Prior Informed Consent, PIC을 얻어야 하며 상호합의조건Mutually Agreed Terms, MAT에 따라 이익을 공유해야 한다. 이는 생명자원을 기반으로 이익이 발생하는 경우 개발국과 자원 제공국이 공유하여 경제적 격차를 완화하고 자원 이용의 투명성을 부여하여 생물다양성 보전과 지속가능한 이용을 촉진하는 데 목적을 두고 있다.

현재 나고야 의정서를 비준한 나라는 59개국으로, 향후 국제적으로 생물주권이 강화되고 자원 확보 경쟁이 심화될 것으로 예상된다. 우리나라는 국내 제약, 화장품, 식품업체가 60% 이상의 원천소재를 해외 생물자원에 의존하고 있는 실정이라 산업계에 연간 3,500~5,000억원의 부담이 발생할 것으로 추정된다. 따라서 국내 생물자원 확보와 더불어 ABS 등 국제협약에 대한 적극적인 대비가 필요하다.

환경은 인류의 존속을 위해 꾸준히 지적되어온 문제이고 확실한 미래비전과 해결방안이 필요한 분야다. 환경생태와 관련되는 문제는 오염물질의 배출에 따른 환경오염과 생태자원의 무분별한 사용에 따른 생태파괴, 두 가지 방향에서 작용한다. 지구는 한정된 생활공간이므로 이 안에서 지속가능한 발전을 이루기 위해서는 자원의 사용을 줄이고 사용되는 자원의 효율성을 증대시키는 방향의 정책 추진이 필요하다.

이를 위해 우선 우리나라의 생물다양성을 발굴하고 보호하고 복원하는 정책이 필요하다. 더불어 국제적 공조를 통해 해외 생물자원을 공동으로 연구개발하고 국제적 생물다양성 감소를 극복할 수 있는 국제협력을 강화해야 한다. 이러한 노력을 통해 생태계를 보전하고 생물자원을 균형 있게 이용하여 지속가능성을 담보해야 한다.

또한 모든 일이 그렇듯이 변화 속에는 동시에 기회가 있다. 환경 변화에 따른 생물자원의 변화는 우리가 어떻게 하느냐에 따라서 우리에게 큰 기회로 만들 수 있다. 환경이 변화하면 없어지는 생물도 있지만 새로 생기는 생물도 있다. 이를 통해 생물자원의 다양성이 확대될 수도 있으므로 변화를 긍정적인 자세로 바라볼 필요도 있다.

환경생태분야 정책수립의 원칙

생물다양성 복원문제는 단일한 정책으로 해결되기에는 매우 복합적인 사안이다. 전 지구적 기후변화로 인해 전반적으로 생물다양성이 위협받는 측면이 있고, 생물다양성 감소로 인해 온실가스 배출이 증가하여 기후변화가 가속화되는 측면도 있기 때문이다. 따라서 정책 수립에 있어서도 이들 양방향의 상관관계에 대한 통찰과 정책 반영을 통해 실효성 있는 접근을 해야 한다.

UN 세계환경 개발위원회World Commission on Environment and Development는 1987년 브룬트란트 보고서Brundtland Report 『우리 공통의 미래Our Common Future』를 통해 인류가 재앙을 피하고 책임 있는 생활양식으로 돌아갈 수 있는 길을 모색하는 데 유용한 개념을 제시했다. 그것이 '지속가능발전'이다. 지속가능한 생물자원의 이용은 장기적이고 환경적으로 건전한 생물자원의 이용을 뜻한다. 여기서 지속가능발전이란 '미래세대가 그들의 욕구를 충족시킬 수 있는 능력에 위협을 주지 않으면서 현 세대의 욕구를 충족시키는 발전'을 의미한다. 그리고 지속가능발전의 핵심원칙은 지속성, 형평성, 효율성이다. 생물다양성 보존정책의 추진에서도 유의해야 할 개념이자 원칙이다.

미래세대에 물려주어야 할 생태환경의 훼손을 줄이기 위해서는 보다 통합적이고 장기적인 관점이 필요하다. 사후처리보다는 사전예방에 초점을 맞추어야 하며 생태환경시스템 구축과 지속가능한 사회시스템으로 전환하는 것이 필수적이다. 그것이 비용 대비 성과 측면에서 훨씬 더 효과적이기 때문이다.

나아가 생물다양성의 손실을 막기 위해서는 서식지 교란과 파괴로 이어지는 생산과 소비 패턴 등의 근본적인 원인에 대처할 필요가 있다. 실제로 다양한 환경문제를 추적해보면 원인은 하나로 귀결되는 경우가 종종 나타난다. 예를 들어 인구가 증가되면 식량 증산이 요구된다. 이는 농업생산량 확대를 위한 토지의 이용확대를 조장하게 되는데 이로 인해 생물의 서식지 파괴, 농업 관련 오염, 온실가스 배출 등의 다양한 문제가 발생하고 결국 대기오염, 생물다양성 감소, 해양오염을 초래할 수 있다. 따라서 하나의 문제에 대해 근본적인 원인이 무엇인지에 대해 파악하고 이를 해결한다면 연쇄적으로 관련되는 다른 부분에서의 개선이 나타난다. 환경에 걸리는 부하가 환경 안에서 처리가 가능한 수준인지, 천연자원의 채취와 자연계의 배출을 최소화하고 자원을 순환적으로 이용하고 있는지 등에 대한 종합적인 시각과 함께 건전한 생태계가 유지, 회복되어 자연과 인간이 공생할 수 있도록 노력하는 것이 중요하다.

환경생태분야 정책수립의 원칙은 사전예방, 현상 개선, 통합적 접근, 창조적 자세, 공생적 사고관이 중요하다.

첫째, 사전예방이란 위험을 야기할 수 있는 행동을 사전에 차단하도록 하는 전략적인 계획과 행동을 뜻한다. 이를 위해서는 위험한 결과를 방지하기 위해 행동을 변화시킬 수 있어야 한다. 환경생태분야의 경우 문제가 발생하면 그 영향이 크고 되돌리기가 어려운 비가역성의 특성이 있다. 따라서 예방정책이 더욱 중요하다.

둘째, 생태환경의 위협이 심화되는 상황이므로 현 상태를 진단하고 개선할 수 있는 정책이 추진되어야 한다. 그동안 생물다양성을 비롯한 환경정책이 장기적 비전보다는 단기적 현안 해결에 치중해 부처별로 분산되어 추진되는 과정에서 시너지효과를 거두지 못하고 있는 점은 개선될 필요가 있다.

셋째, 생물다양성 관련 이슈의 근본적 접근에서는 국내와 더불어 국제적 관점과 동향을 고려하는 정책 수립과 추진이 필요하다. 국내의 경우 중앙정부와 지방정부의 협력과 공조가 필요하고, 민간부문과 공공부문의 협력이 중요하다. 국제적으로는 선진국과 기술과 정보를 공유하고 협력하며, 생물자원이 풍부한 개도국과는 자원개발 협력과 이익공유의 윈-윈 관계를 강화하는 것이 필요하다.

넷째, 환경변화는 새로운 기회가 될 수도 있다. 없어지는 생물도 있지만, 새로운 아열대성 생물의 출현 사례도 많이 있다. 새로운 생물을 외래종이라 하여 배척하기만 할 일이 아니다. 생물자원 다양성의 관점에서 보면 긍정적인 측면도 없지 않다. 이를 적극 활용하는 창조적 자세도 필요하다.

마지막으로 인간은 환경을 지배하는 존재가 아니라 생명과 함께 살아가는 생태계의 일원이라는 것을 잊지 말아야 한다. 생물은 인간에게 많은 이익을 제공하지만, 인간이 이용하기 위한 존재는 아니다. 생명체이자 지금 이 순간 지구를 함께 살아가는 공생적 존재로 환경을 바라볼 때 미래적 가능성도 동반될 수 있을 것이다.

각국의 추진전략

세계 각국은 생물다양성에 대한 보호와 생명연구자원의 확보 및 관리를 위해 적극적으로 전략을 추진하고 있다. 미국의 경우 국가 바이오경제 청사진 실현을 위한 생명연구자원 분야별 연구개발을 강화하고 있다. 국가과학기술위원회는 2014년 식물게놈National Plant Genome Initiative, NPGI 5개년 계획을 발표했다. 이 계획은 1998년 이후 5년마다 수립되고 있는 것으로, 식물게놈의 체계와 기능에 대한 기초지식을 배양하고, 이 지식을 잠재적으로 경제적 가치가 있는 중요한 식물 및 식물공정의 광범위한 이해로 전환시키기 위한 것이다. 식물게놈 계획은 기초연구개발과 식물성과를 연계해, 실제 농업을 향상시키고 환경적인 자원의 수요를 감소시키며, 환경변화에 따른 문제를 해결하기 위한 방법을 찾고 있다.[25]

EU는 2011년에 EU 생물다양성전략 2020EU Biodiversity Strategy to 2020 – towards implementation을 수립하여 2050년까지 생태계와 생물다양성이 인간에게 제공하는 생태계서비스를 보존, 평가, 회복한다는 비전을 제시하고 있다. EU의 생물다양성 전략에서는 생물다양성 보호를 위한 EU 자연 관련 법안의 총체적 실현, 생태계 보호 및 녹색 인프라Green Infrastructure의 사용 증대, 지속가능한 농업 및 임업, 어류에 대한 체계적 관리, 외래종에 대한 엄격한 통제, 생물다양성 보전을 위한 국제활동 기여 강화를 추진한다. 더불어 Horizon 2020의 재조정을 통해 생명연구자원 인프라 구축 및 나고야 의정서 대응방안을 마련하고 있다. 영국은 지난 3월 나고야 의정서 이행을 위한 규칙을 국회에 상정하여 조사관에게 출입, 검색, 압류 권한을 부여하고 의정서를 불이행할 경우 벌금, 중단 명령 등 처벌을 가할 수 있도록 하였다. 프랑스는 EU 규정에 따라 생물자원탐사와 유전자원 및 전통지식의 특허에 관한 국가 법안을 구성하기로 결정했다. 이 법안에는 유전자원과 관련된 전통 지식의 접근 및 이용에 관한 규정, 이익 공유, 나고야 의정서 및 관련 법안 이행 등이 담길 예정이다.

일본은 '국가생물자원프로젝트National BioResource Project, NBRP'와 '생물다양성국가전략(2012~2020)'을 추진하고 있다. 국가생물자원프로젝트는 세계적인 생명과학연구기반 정비, 국제 주도권 확보를 위한 생물자원의 수집, 보존, 제공과 기술개발을 위한 핵심거점, 게놈정보, 기반기술, 정보센터 정비프로그램을 마련하여 각 프로그램 간의 연계를 도모하면서 실시하고 있다. 생물다양성국가전략은 2010년 10월 개최된 생물다양성협약CBD 제10차 당사국총회에서 채택된 아이치목표(Aichi Target: 2020년까지 생물다양성 유지를 위해 국제사회가 이행하기로 한 목표) 달성을 위한 일본의 로드맵과 2011년 동일본 대지진이후 자연과 공생하는 사회A world of Living in harmony with nature를 만들어나가기 위해 2012년 9월에 각의에서 결정하였다. 2020년까지 중점적으로 추진해야 할 시책으로 생물다양성의 주류화, 사람과 자연 관계 재검토/재구축, 숲/마을/강/바다의 연계 확보, 지구적 시야를 바탕으로 행동, 과학적 기반 강화하고 정책으로 연계한다는 5가지 방안을 설정하였다.

생물다양성에 경제적인 개념을 접목한 프로그램도 활발하게 운영되고 있는데 대표적인 예로 생물다양성 오프셋Offsets과 생태계 서비스 지불제도Payments for Ecosystem Services를 들 수 있다.

생물다양성 오프셋이란 어쩔 수 없이 생태계 파괴가 발생할 경우 훼손정도를 정량화하여 이를 다른 곳에서 회복, 창출, 개선, 보전하는 방식으로 파괴를 상쇄Offsets시켜 생물다양성(서식지, 종, 생태학적 상태, 서비스 등)의 손실을 제로로 만드는 것이다. 생물다양성 오프셋의 대상은 생물의 서식지와 생태계 기능 뿐 아니라 사람들의 이용에 의한 가치와 문화적인 가치까지 포함되며, 손실 제로와 더불어 긍정적인 효과를 만들어내는 순수익 달성을 목표로 한다. 생물다양성 오프셋은 개발자가 스스로 오프셋을 실시하는 경우, 기금 등 자금을 지불하고 자금을 관리하는 사람이 실시하는 경우, 뱅킹시스템을 이용하는 경우가 있다. 오프셋의 방법은 새로운 생태계를 창출, 이전 생태계의 복원, 기존 생태계의 기능 강화, 이전에 존재한 생태계의 보전이 있다. 이 제도는 습지보전을 위해 1970년대 미국에서 처음 만들어졌으며, 오늘날 약 56개 국가에서 법과 정책이 정비되어 97개 프로그램이 운영되고 있다. 예를 들어 미국의 습지 손실 완화 보상Compensatory Wetlands Mitigation, 보존 은행Conservation Banking, 캐나다의 물고기 서식지 관리 정책Policy for the Management of Fish Habitat 등이 있다. 가장 규모가 큰 미국의 습지 손실 완화 보상프로그램의 경우 연간 11~18억 달러의 금액이 조성되어, 생물다양성 손실을 저감하고 있는 면적이 1만 헥타르에 이른다.

생태계서비스 지불제도는 자발적인 계약에 근거하여 특정 생태계 서비스의 수혜자가 공급자에게 서비스 이용에 대해 일정액의 대가를 지불하는 다양한 형태의 계약을 총칭하는 말이다. 이때의 계약조건은 생태계서비스의 공급유지 및 개선에 영향을 미치는 관리가 주를 이루며, 보이지 않는 자연의 가치를 시장경제에서 시각화시켰다는 점에서 중요한 면을 지닌다. 생태계서비스가 지불되기 위해서는 서비스 수혜자와 공급자의 자발적인 매매, 서비스의 명확한 정의, 서비스 구매자의 존재, 서비스 공급자의 존재, 지속적인 서비스 공급의 보장이 필요하다. 이 제도는 1990년대 중반부터 도입되어 전 세계적으로 300개 이상의 프로그램이 운영되고 있다.

생태계서비스 지불제도를 정착시킨 대표적인 국가로 코스타리카가 있다. 코스타리카는 토지 소유자들에게 그들이 숲을 보호함으로써 제공하는 야생종 보호, 탄소 저장, 홍수 방지 등의 혜택에 대해 대가를 지불하기 시작했다. 1997년 이후 100만 헥타르에 달하는 숲이 코스타리카의 생태계 서비스 지불제도의 일부가 되었으며, 이를 통해 1980년대 국토의 20%에 불과하던 산림이 전체의 50%로 증가했다.

환경생태전략의 정책추진방안과 그 효과

앞서 말했듯 환경전략은 통합적으로 진행되어야 그 효과를 볼 수 있다. 정책 역시 마찬가지다. 연구, 관리, 활동, 국제적인 대응 등 다양한 방면으로 접근해야 할 것이다.

체계적 생물다양성 모니터링, 관리시스템 구축

우리나라에 서식하는 총 10만여 종의 자생종 가운데 생물정보가 확인된 생물종은 4만여 종 정도다. 앞으로 한반도의 자생 생물종을 적극 발굴하여 국가생물종 DB를 구축하고 체계적으로 관리를 강화해야 한다. 생물종에 대한 DB를 제대로 갖추지 못해 자생종이 외국에 반출되고 거꾸로 고가로 역수입[24]되는 경우가 더이상 없어야 할 것이다. 더불어 생물다양성과 국가 생명연구 자원정보에 대한 통합 DB를 구축하고 국내 DB뿐 아니라 해외 생물자원 DB와의 연계를 통해 ABS에 적극적인 대응방안을 만들어나가야 한다. 구체적으로 한국생명공학연구원의 국가생명연구자원통합정보시스템KOBIS과 국가적 차원에서의 생물다양성 정보공유체계를 연계하여 통합시스템으로 확장해야 한다. 체계적인 관리와 모니터링 시스템은 ICT분야와 생물다양성분야를 접목하는 것이다. 이러한 DB의 구축은 환경 자체에 대한 보전기능은 물론 구축된 빅데이터를 활용하여 산업적인 활용도를 높이고 미래의 먹거리를 만들어낼 수 있는 발판이 될 것이다. 세계 각국이 게놈, 생물자원 등 생명연구자원과 관련된 데이터를 구축하는 데 힘을 기울이고 있다는 점에 주목해야 한다. 향후 산업은 얼마나 많은 연구자원의 정보를 확보했느냐와 그것을 얼마나 빠른 시간 안에 처리할 수 있느냐가 국가경쟁력으로 이어질 수 있다.

또한 생태발자국Ecological Footprint 작성으로 생물다양성 훼손을 모니터링해야 한다. 생태발자국은 인간의 생산, 소비, 여가활동이 생태계에 미치는 영향을 구체적인 수치로 환산한 지표이다. 이 지수를 통해 자연자원의 이용강도를 사전에 파악할 수 있다면 무분별한 자원 남용을 방지하고 지속가능한 자원이용계획을 수립할 수 있다. 우리사회의 생태발자국은 계속 증가하고 있는데, 여기에 제일 큰 부분을 차지하는 것이 바로 도시인구이다. 세계 총인구의 절반 정도가 도시에 살고 있으며 이들이 3/4의 자원을 소비하고 있다. 2050년까지 도시인구가 두 배로 늘어날 것이며, 새로운 도시 기반시설을 위한 자원 수요도 막대하게 증가할 전망이다. 따라서 적극적인 모니터링과 관리 강화를 통해 생태계를 훼손시키지 않고 자원이 순환하는 공생형 도시를 만들어가야 한다.

생물자원 보전과 변화가 가져오는 생물자원 다양성 활용

우리나라는 개발 위주의 급속한 발전의 결과 무분별한 자연자원의 남용과 환경오염으로 생물다양성이 심각하게 훼손되었다. 백두대간, 비무장지대와 접경지역, 도서 연안지역 등 자연환경이 우수한 지역은 생태계 보전지역으로 지정되어 별도의 정책으로 보전 관리되고 있긴 하지만, 국토면적 대비 보호지역 비율이 10.3%에 그치고 있어, OECD 평균치인 16.4%에 못 미친다. 국제적인 환경성과지수EPI 평가에서도 우리나라는 132개국 가운데 43위인데 그중 생물군보호 부문은 96위다.

보전정책의 실효성이 부족하다. 인구과밀, 열악한 생태용량의 조건에서 산업화와 개발위주의 불도저식 경제발전을 추진한 결과다. 자연환경 보호지역을 더 확대하고 규정을 강화하는 등 더욱 적극적인 정책을 펴야 한다. 지금까지의 정부 정책은 멸종위기종에 대한 복원사업에 주력해, 생물다양성 증진을 위한 서식처 복원사업은 본격화되지 못했다. 생물종과 생태계를 모두 포함하는 생물다양성 사업을 강화해야 한다.

생물다양성 보전을 위해서는 멸종위기 종에 대한 보호 강화, 외래종 유입에 대한 인식 전환도 필요하다. 기후변화에 따라 유입되는 외래종은 궁극적으로 변화된 한반도환경에 적응하여 주인이 될 것이다. 이를 다양성 측면에서 긍정적인 태도로 접근하여, 새로운 활용방안을 찾는 노력을 해야 한다.

생물자원 이용 관련 과학기술 개발과 안전성 강화

환경생태분야는 바이오산업의 발전과 함께 미래 전략산업 분야이다. 따라서 생물자원 이용에 대한 연구개발과 다양한 생산품 제조, 고부가가치화를 위한 기술 개발과 안전성 강화가 요구된다. 특히 생물자원 관련 연구개발에 의한 재조명으로 부가가치를 높이는 전략이 중요하다.

최근 개발된 의약품 중 60%는 생물연구자원에서 유래한 천연물을 이용하고 있다. 나아가 유전자변형생물체Living Modified Organism, LMO 관련 기술개발은 바이오경제시대의 핵심영역으로 경쟁이 치열해지고 있다. 예를 들어 추운 지방에서 자라는 감자를 온대 지방에서도 자랄 수 있게 유전자변형을 시도하는 연구가 진행되고 있다. 온도가 높은 지역에서 키울 수 있는 감자가 나온다면 생산량의 획기적인 변화가 나타날 것이다. 한국생명공학연구원은 건조한 사막지대에서 경작이 가능한 고구마 개발에 성공하여 내몽골 쿠부치 사막에서 시범재배를 하고 있다. 개량된 고구마는 사막화 방지 및 황사피해 감소는 물론 식량 문제까지 해결할 수 있을 것으로 기대된다. 또 의약품의 기능을 할 수 있는 식품에 대한 연구도 진행되고 있다. 이미 골든라이스Golden rice의 경우 비타민A를 함유시키는 데 성공했다. 다양한 기능성 작물의 개발은 먹거리를 이용한 건강 증진 및 질병 치유효과를 볼 수 있을 것으로 기대된다.

생물다양성은 기술의 원천이 되기도 한다. 생물체의 특정 기능에 집중한 생체모방Biomimics을 통해 새로운 기술을 만들어낼 수 있는데 거미줄의 원리를 이용하여 만든 섬유로 탱크를 들어올릴 정도로 강도가 우수한 방탄복을 만들어내는 것이 그 예이다.

더불어 바이오기술에서 발생할 수 있는 잠재적 위험에 대한 대응 체제도 갖추어야 한다. 우리나라는 LMO생산을 하지 않지만 전세계 적으로 생산이 추진되고 있으며, 특히 미국이 많은 양을 생산하고 있다. 따라서 유전자변형생물체 관련 제품의 생산, 유통, 소비에 대해서는 안전성이 입증되고 이해될 수 있도록 하는 책임이 필요하다.

통합적 정책 추진과 규제의 적절한 활용

사회시스템을 환경, 지속가능성, 생태자원을 고려하는 방향으로 바꾸기 위해서는 지속가능발전을 가능케 하는 사회시스템으로의 전환이 전제돼야 한다. 생태계는 농업생태계, 해양생물계, 산림생태계 등으로 다양해서 여러 부처가 관리하고 있다. 미래창조과학부, 농림축산식품부, 산업통상자원부, 환경부, 해양수산부, 국토부, 식품의약품안전처 등 부처별 역할에 따라 정책을 수립하여 추진하고 있지만 종합적인 조정기능이 부족한 상황이다. 따라서 각 부처의 생물자원 보전 관리와 활용정책을 통합조정하는 제도적 장치가 필요하다. 중앙과 지방정부간의 업무분담 등을 포함한 효율적인 거버넌스 체제도 구축돼야 한다.

국가 생물자원 관리를 위해 생물자원에 대한 탐사와 발굴, 수집과 평가와 등록, 보존과 권리보호, 이용에 이르기까지 일련의 과정은 생물자원 규제의 다양한 법규를 토대로 정리되어 있다. 따라서 국가 차원의 생물자원 확보, 보존, 관리, 이용을 일관성 있게 체계화하고, 통합적인 생물자원 정책과 계획이 수립돼야 한다. 생물다양성 보전과 복원시스템 구축은 부처 간 협력은 물론 중앙과 지방정부를 아우르는 포괄적인 시각에서 이루어져야 한다.

　나아가서 환경과 생태에 대한 문제는 각계각층과 긴밀하게 연결되어 있는 만큼, 이해관계자들의 참여를 촉구해야 한다. 지방정부뿐 아니라 NGO, 민간기업, 대학 등이 협력하여 생물다양성을 발굴하고 지키는 데 관련된 정보를 공유해야 할 것이다. 또한 경제적인 배상이나 인센티브를 지불하게 하는 규제를 적절하게 사용하여 시민참여를 확대하는 것도 좋은 방법이다. 예를 들어 우리나라에는 신용카드의 포인트제도를 이용하여 친환경제품 구매, 에너지 절약, 대중교통 이용 등 친환경생활을 실천하면 정부와 기업에서 포인트를 지급하는 그린카드제도가 있다. 직접적인 포인트 혜택을 주면서 국민들이 실제 생활에서 환경을 생각하게 만드는 좋은 예라 할 수 있다. 다만 대국민 홍보나 포인트 적립 제품 수의 부족으로 확산에 한계가 있어 제도적 보완이 필요하다.

공감대 형성을 통한 인간과 자연의 관계 재정립

　생태계 건전성에 대한 국민인식과 생물다양성 보전을 위한 사회적 공감대 형성도 매우 중요하다. 2013년 환경보전 국민인식조사에 의하면, '자연환경 및 생태계(27.8%)' 분야를 최우선적으로 개선해야 할 문제로 인식하고 있다. 생물다양성에 대한 국민적 관심이 높아지고 있는 것이다. 생물다양성에 대한 주류화는 아이치 목표의 제일 첫번째로 제시되고 있다. 사람들이 생물다양성의 가치를 인식하고 보전과 지속가능한 이용을 위해 취할 수 있는 조치를 인식하는 등 개인, 사회, 정부 차원의 변화가 일어난다면, 생물다양성 감소의 근본적인 원인에 대한 해결이 가능하다. 예를 들어 벨기에의 경우 '나의 지구는 내가 살린다'라는 캠페인을 통해 개인들로 하여금 긍정적인 영향을 미치는 작은 행동을 하도록 촉구하고 있고, 일본에서도 '나의 선언'이라는 프로그램을 통해 자신과 생물다양성의 관계를 인식하고 일상에서 개선할 수 있는 활동을 하도록 추진하고 있다.

인간이 생태계에 미치는 영향력에 대해 인식하고 이를 최소화하기 위해 노력할 때 생물다양성은 자연스럽게 보전될 수 있다.

국제협력 및 협약 대응체제 구축

생물다양성 손실을 줄이고 복원하기 위해서는 생태네트워크의 개념이 중요하다. 이 개념은 유럽에서 시작되어 2001년부터 유럽지역의 생태네트워크 이니셔티브 42개가 활동을 시작했다. 국제생태네트워크는 국가별로 진행되던 개별 서식처와 생물종의 보전, 복원방식에서 탈피하여 인접국가간와의 연결 측면에서 생물종과 서식처를 어떻게 보전할 것인가를 다루고 있다.

국제사회의 과학기술 협력Bio-Bridge Initiative을 위한 대응도 중요하다. 생물다양성협약의 핵심 내용인 국가생물다양성전략National Biodiversity Strategy&Action Plan, NBSAP 수립과 집행에 필요한 과학기술정보를 구축하고 정보 제공과 수요, 공급 간의 연결을 하는 과학적 접근이 필요하다. 개도국의 NBSAP 수립과 집행에 필요한 과학기술 수요조사를 시행하고, 관련 과학기술 정보의 체계적 관리와 생산, 선진국과 개도국 사이의 과학기술 네트워크 구축도 이루어져야 한다. 개도국들은 생명연구자원을 풍부하게 보유하고 있는 만큼 현지 생명연구자원 관리, 보전시설 구축과 인력양성 지원, 기술교류, 노하우 이전 등 공적개발원조ODA사업 추진을 통해 개도국 자원 공동발굴, 확보의 발판을 마련해야 한다.

한반도의 경우 분단이라는 특수 안보상황으로 DMZ라는 천연 생태 자원보존공간을 갖게 됐다. DMZ는 장기간 개발의 손길이 미치지 않아 한반도 특유의 생물다양성이 보전되고 있다. 이러한 미개발의 자연적 공간을 이용하여 생물다양성 증진과 한반도 평화정착을 위한 협력사업을 창출하는 것은 환경적 측면 이외에 여러 가지 의미가 있다. 생태계 보전을 주제로 남북한이 대화하고 협력한다면 새로운 가능성을 열 수 있을 것이다. 예를 들어 DMZ의 생물다양성 정보를 공동수집하고 생물다양성 관련 의제를 발굴하는 등 사업을 전개한다면 환경을 중심으로 하는 남북협력의 장을 열 수 있을 것이다.

앞으로 생물다양성협약에 대한 국제적 압력은 커질 것으로 예상된다. 따라서 이에 대한 경제적 대응체제가 마련되어야 할 것이다. 자원국과의 유기적 협력관계를 통해 신뢰를 쌓고 생물자원을 이용한 산업을 활성화시켜 서로 상생하는 협력모델을 창출하는 지혜가 필요하다.

기대효과

생태계 보전은 경제적 가치를 창출한다. UNEP은 생태계 파괴를 막는 대책을 세우지 않으면 전 세계적으로 2조~4조 5천억 달러의 손실이 발생할 것으로 추산했다. 또한 인류가 자연으로부터 받는 혜택을 돈으로 환산하면 연간 4조 1천억 달러에 달하며, 이중 가장 큰 혜택을 주는 것은 산림으로 연간 4,100조원에 이른다. 국립산림과학원의 우리나라 산림의 생태계서비스 가치평가 결과에 따르면 수자원 함양서비스 18조 5천억원, 정수서비스 6조 2천억원, 토사 유출방지 서비스 13조 5천억원, 토사 붕괴방지서비스 4조 7천억원, 대기정화 서비스 16조 8천억원, 산림휴양 11조 7천억원, 야생동물 보호 1조 8천억원 등 모두 73조 2천억원에 달한다고 한다. 이는 국내총생산액의 7%에 상당하는 금액이다.

환경과 생태는 훼손되게 되면 복원하는 데 큰 비용이 드는 반면 잘 보전하면 막대한 사회적 편익을 불러올 수 있다. 정책적으로 사전에 생태계를 위협하는 요인을 진단하고 미리 막을 수 있다면 추후에 복구하기 위해 드는 거대한 경제적 손실을 막을 수 있다.

우리나라는 생태용량이 특히 열악하기 때문에 환경생태분야 정책이 더욱 중요하다. 또한 ICT와 접목한 생물다양성기술을 통해 아시아 전역의 미래 환경변화를 예측하고 대응체제를 마련해나간다면 환경문제 해결의 국제적 논의에 기여할 수 있을 것이다. 대한민국이라고 하면 떠오르는 것이 기술이고, 국제사회에서 선진국과 개발도상국의 가교역할이라는 이미지 여론조사 결과처럼 환경생태분야에서도 아시아의 중심국가로 성장할 수 있도록 정책과 전략을 재조망할 필요가 있다.

무엇보다 개발과 환경의 공존을 중심으로 하는 인식 전환이 필요하다. 생물자원을 이용하는 것이 불가피하다면 효율적으로 해야 한다. 그것이 한정적인 생태자원의 사용을 효율적으로 하고, 지구 자체의 자정능력을 강화하는 길이다.

인류문명의 지속을 위하여

인류문명의 지속가능성을 위해서는 에너지자원, 생물자원, 생태계의 생활터전이 필수요건이다. 그러나 삶의 현장은 그것과는 거리가 멀다. 급격한 인구 증가와 과도한 물질주의로 인한 자원고갈과 오염 가중으로 생태계는 자정능력과 회복능력의 한계치를 벗어나고 있다. 지속가능한 소비와 생산이라는 새로운 패러다임으로 전환되지 못한다면, 생존의 기반이 되는 생태계의 온전성을 상실하고 인류 자체의 존속에 위협을 맞게 될 상황이다.

환경생태분야가 중요한 이유는 인간이 환경의 일부이며, 생태계의 파괴로 인한 피해가 인류사회에 부메랑이 되어 돌아오기 때문이다. 지구온난화로 인한 생태환경 변화가 심화되고 있다. 재래종에게는 위험이 될 수 있고, 또한 새로운 생물의 유입을 가져온다. 우리가 어떠한 대응을 하느냐에 따라서 생물자원의 다양성으로 활용될 수도 있다.

생물다양성협약이 발효된 지 20년이 지났으나, 환경생태 이슈에 대한 국제적 논의의 실천적 결실은 미흡한 형편이다. 그러나 국제사회의 공동대응이 필수불가결하고, 구체적인 행동계획이 수립돼야 한다는 인식은 점차 강화되고 있다.

현재 우리나라의 환경생태분야 위기에 대한 실상을 정확히 파악하고 지속가능성에 기초한 비전과 대비책을 마련해야 한다. 그리고 중앙정부와 지방정부, 공공부문이 기업과 시민사회의 협력과 동참을 이끌어낼 수 있는 협력 기반과 구체적 프로그램을 만들어 실천해야 한다. 관련 주체가 공동체 의식 아래 함께 나설 때 성과를 거둘 수 있는 사안이기 때문이다.

4

자원전략

정부수립 초기인 1950년대만 하더라도 우리나라 전체 수출에서 광물자원이 차지하는 비율은 70%를 상회하며 국가 외화획득 주력상품이었다. 이후 산업구조가 제조업 중심으로 변하고, 자원을 많이 소비하는 석유화학, 조선, 제련산업, 반도체 산업 등이 발달함에 따라 동광제련 생산 아시아 3위, 아연 생산 2위, 철광석 수입 세계 3위, 원유 순수입량 세계 5위 등 현재는 세계적인 자원 소비국가이자 수입국이 되었다.

그러나 국내에는 석회석, 납석, 고령토 등과 같은 비금속광물들이 생산되고 있을 뿐 금속광물자원 수요의 99%를 해외에 의존하고 있다. 석유와 천연가스도 국내 대륙붕에서 일부 생산되고 있으나 매우 적은 양으로, 거의 전량 수입에 의존하고 있다.

최근에는 자원가격이 하락하면서 자원안보에 대한 경각심이 느슨해진 상황이나, 자원은 산업활동의 필수재로서 국가산업의 뿌리를 지탱해준다. 또한 자원은 당장 사용하고 싶다고 해서 만들 수 있는 재화가 아니라 조사, 탐사, 개발, 생산에 이르는 과정을 거쳐야 하는 것으로 장기적인 접근이 필요하다. 따라서 자원에 대해서는 장기적인 관점에서, 그리고 전주기적 관점에서 전략을 마련해야 한다.

이 장에서는 광물자원과 더불어 석탄, 석유, 천연가스 등 화석연료 자원을 대상으로 미래전략을 다루고자 한다.

자원분야 미래전망

세계 경제성장에서 개도국이 차지하는 비율이 2010년에는 52%, 2030년에는 70%, 2050년은 79%까지 이를 것이다. 특히 아시아 개도국의 비율은 2050년에 49%를 차지할 것으로 전망되고 있다. 자원의 소비는 경제활동과 직결되는데, 경제성장이 커질수록 1인당 자원소비는 증가한다. 현재 구리, 아연 등 비철금속은 세계 수요의 약 40%를 중국이 차지하고 있는데, 향후 중국, 인도 등의 경제성장 속도를 고려한다면 세계의 자원수요는 급속도로 증가할 것으로 전망된다. 그리고 IEA(2014)의 전망에 따르면 세계 에너지수요에서 석유, 석탄, 천연가스가 차지하는 비중이 2012년 80%에서 2035년 76%로 약간 감소할 것으로 전망되지만, 여전히 화석연료시대는 지속될 것으로 전망된다. 셰일가스와 셰일오일 생산으로 화석에너지 공급력은 증대되었으나, 아시아의 에너지 및 자원 소비 집중은 더욱 커질 것으로 전망되어 아시아 지역의 수급 불균형은 더욱 심화될 것으로 전망된다.

한편 자원보유국에 대한 투자여건이 악화되면서 불확실성은 더욱 커지고 있다. 자원보유 개도국들은 자원을 기반으로 자국의 산업화를 견인하려는 시도[25]를 하고 있어 신규사업 진입장벽이 갈수록 공고화될 것이다. 북미, 북해 등을 제외한 중동, 아프리카, 남미 등 자원보유국은 이라크 종파/종족갈등, 이란 핵협상, 시리아 내전, 리비아/이집트 유혈사태 등과 같은 정정불안과 지정학적인 리스크를 안고 있다.

그리고 자원개발에서 핵심사항이 과거에는 매장량, 가격, 인프라 현황, 정치적 불안정성 등과 같은 경제적, 정책적 이슈가 중심이었다면 앞으로는 환경, 사회적 요인까지 확대되어 관리가 점차 복잡해지고 CSR의 중요성이 더 심화될 것이다. 환경 및 지역주민과의 조화에 대한 인식이 높아지면서, 자원개발시 환경문제나 지역주민문제를 고려하지 않고는 원활한 광업활동을 진행하기 어렵게 되었다.

자원개발사업은 환경훼손을 유발하는 대표적인 산업으로 취급되며, 개발 단계마다 다양한 환경 및 사회적 리스크가 발생하고, 이해관계자도 다양하며 글로벌화되고 있다. 최근 미국을 필두로 유럽, OECD 국가들에서는 자원개발 자금이 반군활동 자금으로 연결되는 것을 방지하기 위해 '분쟁광물'을 지정하여 이의 사용을 금지하는 법제도[26]까지 시행되고 있다. 이에 따라 자원을 사용하는 기업에게 자원의 공급망 관리까지 요구하고 있으며, 자금투명성 확보를 요구하는 등 관리구조가 복합화되고 있다. 과거 오염방지 중심이던 환경관리는 생태계 및 사회적 약자에 대한 배려와 노동환경에 대한 배려, 투명한 정보공개 등 환경 및 사회 관리로 확대되고 있다.

안정적인 자원확보는 물론 부가가치도 가져와야

우리나라는 세계적인 자원소비 국가지만, 국내 부존자원이 적어 대부분을 해외에 의존하고 있으며, 그 수입 역시 특정국가에 집중되어 있어 세계 자원시장 여건에 많은 영향을 받는 취약한 구조를 가지고 있다. 게다가 우리나라의 에너지, 자원정책이 수요관리 중심으로 추진되어 공급망 확보구조가 점점 취약해지고 있다. 세계에너지 위원회 WEC의 2015년 국가별 에너지 안보 평가에 따르면 124개국 중 98위로 하위국에 속하는 등 공급 관리가 필요한 실정이다.

2000년대에 들어서기 전까지는 자원가격은 저평가되고 있었고, 수급에 따라 가격이 변동되어 장기 가격전망이 용이하였다. 그러나 최근에는 저금리, 달러/유로 환율하락 등 금속시장에 투기자본이 유입되고, 거듭되는 금융위기로 가격의 급등과 급락이 발생하는 등 가격 변동성이 확대되고 있다. 수요 면에서도 변동성은 커지고 있다. 첨단기술 기능을 구현하는 희유금속은 기술수명주기가 짧아지면서 새로운 용도가 생겨 신규시장을 만들거나, 다른 기술로 대체되면서 시장에서 사라지기도 한다. 한편, 일본 지진과 대만 홍수 등으로 자원 및 관련 소재, 부품 공급 단절 사례가 발생하기도 하는 등 자연재해 및 환경문제가 자원 공급에 주요한 영향을 미치는 요소로 자리매김하고 있다.

자원개발의 여건도 점차 악화되고 있다. 예전에는 접근성이 좋은 지역을 중심으로 자원개발이 진행되었다면, 최근에는 '높은 곳으로 가거나, 깊은 곳으로 가거나'라는 말이 있을 정도로 고산지대나 심부지역 개발이 증가하고 있으며, 자원의 품위도 낮아지고 있다. 이러한 채굴조건 악화는 광산/인프라 건설, 채광, 광석처리, 운송/판매비용 등의 연쇄 상승으로 이어지고 있다.[27] 즉 낮은 생산단가로 쉽게 개발, 생산하던 육상유전Easy oil의 고갈로 대규모 자본과 첨단기술이 필요한 고위험 지역으로 사업영역이 이동하고 있다는 것이다.

자원을 안정적으로 확보하는 것은 국가 경제활동을 원활히 하기 위한 전제조건으로 반드시 해결해야 한다. 하지만 자원개발환경 악화, 자원시장 변동성 심화, 환경 및 사회적 관리요인 강화 등 잠재적 리스크가 다양화되고 있어, 이에 대응하기 위한 다각적 노력이 필요하다.

그리고 자원개발은 그 자체로 고부가가치를 산출하는 사업이며, 광산뿐만 아니라 대규모 플랜트와 전력, 도로 등 인프라 건설이 동반되고, 이후의 소재, 제품화 단계에 이르기까지 추가적인 부가가치를 창출하는 복합사업이다. 따라서 자원수급 안정과 더불어 새로운 미래의 성장동력으로 발전시키겠다는 기조와 전략을 설정해야 할 것이다.

미래를 대비하는 자원전략

1900년 이후 산업화 과정을 거치면서 2000년대 초반까지는 노동과 자본에 비해 자원은 상대적으로 가격이 낮았고 언제든지 낮은 가격에 확보할 수 있었다. 생산관리의 핵심은 당연히 자본생산성과 노동생산성을 제고하는 것이었다.

그러나 자원은 무한한 것이 아니다. 자원의 고갈 가능성과 일부 자원의 과점 심화로 인한 자원소비에 대한 제약은 국가 간 충돌 가능성을 높였다. 센카쿠 분쟁, 신자원민족주의 등 자원전쟁이라고 불릴 만큼 치열한 사건들도 실제로 발생하고 있다.

자원으로 인한 제약에서 벗어나기 위해 유럽을 비롯한 세계 각국에서는 '자원생산성을 제고'하여 경제성장과 자원소비간의 연결고리를 끊자는 기조가 생겼고, '자원순환, 지속가능성, 녹색성장' 등이 새로운 패러다임이 되었다. 이러한 변화 속에서 우리는 자원안보의 실현과 새로운 가치 창출의 기회를 찾아야 할 것이다.

이를 위해서는, 안정적으로 자원을 공급할 수 있는 체계를 마련하고, 자원순환형 사회를 만들어 원천적으로 자원소비를 줄이며, 수익성과 시장확대 가능성이 높은 분야에 투자해 새로운 가치를 창출하는 것이 필요하다.

먼저 자원확보의 핵심인 자원개발 분야는 자원전쟁이라 불릴 만큼 국가 간, 기업 간 경쟁이 격화되고 있다. 중국은 막대한 외환보유고를 무기로, 일본은 기술력과 구매력 등을 내세워 우리보다 한발 앞서 자원보유국들을 공략중이다. 우리나라도 해외자원개발을 활성화해 공급원을 확보하고, 남북 신뢰회복을 위한 자원협력을 추진하며, 기술개발을 통해 자원개발사업의 경쟁력을 높이는 것이 필요하다.

자원순환[28]은 수요와 공급의 양측 측면에서 중요한데, 자원순환을 통해 자원공급원을 다양화하고 경제활동을 위한 자원소비량을 감소시켜 경제와 자원소비간의 탈동조화를 이뤄야 할 것이다. 자연에서 채취되는 원광석(1차 자원)뿐만 아니라 재활용을 통해 회수된 자원(2차 자원) 역시 공급원이 될 수 있다. UNEP의 자료에 따르면 철, 구리 등과 같은 베이스메탈은 50% 이상 회수되어 재활용되고 있으며, 수요대비 2차 자원의 공급비중이 20%대에 이를 정도로 주요 공급원으로서 역할을 하고 있다.

자원을 채굴, 생산, 제조, 사용, 폐기/재활용하는 전주기 동안 발생하는 문제와 그에 대한 해결을 경제적, 사회적, 환경적 요소로 인식하고 통합하여 관리하는 것을 통해 자원으로 인한 제약이나, 갈등요인 없이 지속가능한 성장을 이루고자하는 것을 목적으로 하는 지속가능한 자원관리Sustainable Resource Management, SRM[29] 체계 마련이 필요하다.

자원전략의 정책추진방안과 그 효과

자원으로 인해 우리의 산업 및 생활이 제약을 받지 않도록 하기 위해서 우리가 해야 할 전략은 공급, 수요, 성장의 측면에서 바라봐야 할 것이다. 이에 자원안보 확보, 자원순환 사회 구축, 자원산업의 신성장동력화 등을 미래를 대비하는 자원전략으로 제시하고자 한다. 이를 위해서는 해외자원개발활성화, 기술개발 강화, 남북자원협력, 지속가능한 자원관리 체계 구축 등이 필요하다.

해외자원개발 활성화

안정적 자원 확보의 관점에서 가장 우선적으로 그리고 가장 효과적으로 시행할 수 있는 전략은 해외자원개발일 것이다. 우리나라 해외자원개발사업법에 따른 해외자원개발의 목표는 국가 경제성장을 위해 자원의 안정적 확보이며, 가격 불안정성에 대응할 수 있는 경제적 헤징과 공급중단에 대비할 수 있는 안정적 공급력 확보 등을 목적으로 한다.

해외자원개발사업은 안정적 자원확보 뿐만 아니라 고부가가치를 산출하는 사업이다. 우리나라의 업종별 부가가치율을 산정해보면 다른 산업들은 10% 수준인데 반해, 광업은 70%로 가장 높다. 세계 M&A 시장에서도 OIL&GAS 부문은 4위를 차지하고 있으며 그 규모는 연간 3천억 달러에 달한다. 또한 해외자원개발은 광산개발에 그치는 것이 아니라, 대규모 플랜트, 전력, 도로 등의 인프라 건설 등과 연계될 수 있다.

최근에 자원산업의 특성에 대한 부족한 이해와 정치적 이권에 따라 진행된 일부 사업으로 해외자원개발에 대한 부정적인 시각이 사회 전반에 확산되면서 자원개발산업이 흔들리고 있다. 하지만 자원의 안정적 확보뿐만 아니라 고부가가치 산출, 연계산업 동반 진출 등과 같은 경제적 효과가 높은 해외자원개발의 활성화는 우리나라 자원전략의 핵심이다.

자원개발사업은 초기 자원탐사에서 개발, 생산, 회수까지 10~15년이 소요되는 장기간 투자사업이며, 자금뿐만 아니라 기술, 정보 등의 인프라가 뒷받침되어야 하기 때문에 해외자원개발 활성화를 위한 전략은 종합적인 시각에서 장기적인 계획을 세워야 한다.

세계적인 기준에서 우리나라는 아직 제대로 된 체계를 가지고 있지 않다. 자원개발의 역량을 키우기 위해서는 관련 서비스산업 발전과 산업생태계 조성, 효율적인 민간서비스기업 등 관련 요소들이 유기적으로 연계되어야 한다. 그러나 우리나라는 과거 공기업을 자원전문기업화하겠다는 취지로 공기업 중심의 지원책을 펼쳐왔고, 그에 따라 소수 민간투자기업은 영세한 민간 서비스산업체가 되거나, 단순지분투자 형태로 투자할 수밖에 없었다. 당연히 사업운영 노하우 축적이나 전문인력 양성 등에서는 어려움을 겪고 있다. 투자기업, 서비스산업, 지원기관, 기술 및 인력 등 자원산업 생태계를 구성하는 다양한 주체의 역량을 키울 수 있는 지원정책 및 제도를 마련하는 것이 필요하다.

우리나라의 자원개발 투자규모가 과거에 비해서는 확대되었다고는 하나, 세계 메이저 기업과 비교한다면 여전히 적어,[30] 자금력으로 세계의 자원개발시장에서 경쟁우위를 확보하기는 어렵다. 따라서 우리의 자금력과 기술력에 맞는 자원개발프로젝트를 발굴하는 것이 필요하다. 한 예로 과거에는 자원의 대상범주에 속하지 않았던 선광 후 버려지는 광물찌꺼기나 제련과정에서 발생되는 슬래그 등에서도 지금의 기술로는 자원을 회수할 수 있는데, 이 역시 사업대상이 될 수 있어 투자대상에 대한 시각을 넓힐 필요가 있다.[31]

마지막으로 해외자원개발사업에 대한 전문성 있고 투명한 검토 체계가 필요하다. 해외자원개발사업에 있어서 투자 자체에 대한 의사결정은 매우 중요하다. 의사결정은 사업의 수익성, 투자대상 광종의 시장구조, 파트너사에 대한 신뢰성 등을 비롯해 경제, 사회, 기술, 정치 등 다양한 전문지식이 복합적으로 작용해 이루어진다. 자원가격 변동, 해당국의 정치적 안정성, 재해문제 등과 같이 외생적 요소는 제어하기 힘들지만, 매장량 평가, 광산설계, 대상광종의 시장성 등에 대한 전망, 기술적 요소 등은 충분히 검토와 관리가 가능하다. 최근 해외자원개발사업 부실투자 논란의 중심에 있던 사업들은 대부분 전문가의 충분한 검토가 이루어지지 않았거나, 전문가의 의견이 아닌 다른 논리로 의사결정이 이루어진 경우가 많았다.

자원기술력 강화를 통해 신성장동력 마련

자원개발 여건이 악화되고 생산비용이 늘면서 자원개발기업들은 생산성 제고를 자원개발의 가장 중요한 이슈로 여기고 있다.[32] 단순한 비용절감의 차원에서 벗어나 기술을 보유하고 있느냐가 사업권을 확보하고 사업의 지속성을 결정하는 핵심요인으로 작용하고 있다. 또한 기술개발로 인해 개발가능한 자원의 범주가 확대되고 있다. 불과 몇 년 전만 해도 기술적 제약으로 미래자원의 범주에 속하던 셰일가스 및 셰일오일은 수평시추와 수압파쇄라는 혁신적 기술 개발로 인해 현재는 미국을 세계 최대의 원유 생산국으로 탈바꿈시켰다. 환경이나 경제적 문제로 활용하지 않았던 저품위나 복합광의 개발도 시도되고 있으며, 폐기물로 여겨지던 폐제품, 선광찌꺼기, 슬래그 등도 재처리하여 자원을 회수하고 있어 환경문제도 해결하고 경제적 가치도 산출하고 있다.

자원기술은 자원개발을 위한 기반요소일 뿐만 아니라, 기술 그 자체로 큰 시장을 형성하고 있다. 자원개발에는 수많은 자원서비스기술이 필요로 하며, 이 기술들은 타 분야와의 융합을 통해 높은 수익성을 창출할 수 있는, 창조경제의 대표적인 분야일 것이다.

이렇듯 자원 관련 기술의 중요성이 점점 커지고 있음에도 불구하고 우리나라의 자원기술 R&D는 매우 열악하다. 정부(산업통상자원부)가 지원하는 자원기술개발 R&D예산은 280억에 불과(신재생에너지의 1/9수준)하며, 이 예산으로 화석연료자원 및 광물자원의 조사, 탐사, 개발, 활용의 모든 기술을 개발해야 하는 실정이다.

하지만 다행히 우리나라에겐 세계적인 강점을 가진 ICT, 조선, 플랜트 산업이 있다. 이 기술들과 연계한다면 빠른 기술의 발전이 가능할 것으로 보인다. 그중에서도 '땅속에 있는' 불확실한 자원에 대해 '추정'하는 데 필요한 빅데이터 관리기술이나, 유전의 정보처리 및 관리시스템 등 광범위한 유전통합 관리시스템이 개발이 시급하다. 이들 기술에 대한 수요 또한 점점 확대되고 있다.[33]

환경 및 안전기술에 대한 시장이 확대되고 있는 것도 우리에겐 기회이다. 그 대표적인 기술로는 'CO2-EOR' 기술과 '셰일가스 안전 및 환경관리 기술', '노후화 해상플랜트 해체 기술' 등이 있다.

에너지 자원 메이저 기업들이 리스크로 감지하고 있는 큰 이슈 중 하나가 온실가스인데, 이산화탄소를 주입하여 석유를 회수하는 CO2-EOR은 생산성 증진 기술인 동시에 이산화탄소 저장을 할 수 있는 기술로 온실가스 저감에 효과가 크다. 미국에서는 이미 대표적인 CCS 기술로 각광받고 있다.[34] 우리나라도 CO2-EOR을 통해 자원개발 사업의 수익성을 제고하고, 동시에 외국의 폐유전에 이산화탄소를 저감하여 국가의 온실가스 감축에 기여할 수 있을 것이다.

셰일가스 개발에 대한 안정성 문제와 수압파쇄에 사용한 물의 처리 문제도 논란이 지속되고 있는데, 이에 대비한 셰일가스 환경 및 안전 기술 연구도 필요하다. 여러 가지 이유로 더이상 사용할 수 없는 해상플랜트를 해체하는 기술은 우리의 우수한 플랜트 기술을 기반으로 충분히 선점할 수 있는 영역일 것이다. 아태지역에만 2011년 기준으로 해체가 필요한 해양플랜트가 600여 개나 되며, 최대 320억 달러에 달하는 시장이 형성될 전망이다.

마지막으로 미래세대를 위한 미래자원확보 기술개발도 수반되어야 할 것이다. 우리나라의 유일한 에너지자원인 일명 불타는 얼음덩어리 가스하이드레이트 관련 기술, 수심 1,500m이하에서 석유가스자원을 개발하는 극심해개발, 해수에서 리튬 등 광물자원을 확보하는 기술 등이 대표적이다. 이런 미래에너지자원 개발기술들은 도전적이고 선도적인 기술로 단기적인 성과를 기대하기 어려우며 기술적인 시행착오도 많을 것이다. 현재 상용되어 주요자원으로 자리매김한 셰일오일 및 셰일가스 역시 20여 년간 누적된 기술개발의 성과라 할 수 있다. 미래자원에 대해서는 단기적인 성과에 치중하지 않는 지속적인 R&D 수행이 더 중요할 것이다.

남북지하자원 개발 및 활용

북한에 대한 정보 접근성에 한계가 있어 북한자원에 대한 평가가 평가기관에 따라 큰 편차를 보이고 있으나, 남한에 비해 북한에는 다양한 광종의 광물자원이 부존하고 있다. '자력갱생'을 경제정책의 기초로 삼았던 북한은 풍부한 자원부존 환경을 기초로 자원개발의 활성화를 위한 다양한 정책을 추진하여 왔다.

북한 자원의 남북 공동개발은, 자원 확보 등 경제적 편익 외에, 남북한 간의 정치적 긴장 해소, 경제개방 유도, 경제협력 활성화, 기술 및 인력 교류 확대, 남북 균형발전 등과 같은 통일 정책적 측면에서 공공의 편익 확대 기회로 활용될 수 있다.

이러한 이유로 90년대에는 남북 간의 정치, 사회적 교류 및 경제협력이 시작되었으며, 그중에서도 자원 교역 및 개발투자 확대를 위한 민간 및 공공부문에서의 노력이 컸다. 자원개발시 유발되는 연계 인프라 투자, 연관산업 진출 가능성, 투자규모 및 사업기간의 장대성, 그리고 사업 성공시 발생하는 막대한 경제적 파급효과 등을 생각하면 남북 모두에게 중요한 사업이었으나, 2010년 5.24조치 이후 자원교역 및 공동진출사업은 모두 중단된 상태이다.

5.24조치 이후 중국의 북한 자원개발 투자 진출, 그리고 러시아의 북한 인프라 투자확대에 따른 자원개발 사업 참여 등 최근 북한지역 자원개발 투자 환경은 큰 변화가 있었으며, 세계 경기침체에 따른 국제 자원가격의 하락 등 북한 자원개발에 영향을 미칠 수 있는 여건 변화도 있었다. 당연히 북한 경제 및 자원개발 여건 변화에 맞춘 진출 전략을 수립해야 한다.

북한 광물자원의 공동개발을 위한 최적의 대상 광산 선정과 남북 공동개발에 따른 긍정적 효과가 확인된다 하여도, 자원개발 측면에서는 리스크를 분산하는 것이 필요하다. 열악한 인프라로 인해 자원개발

<표 5-4> 북한 주요 광물자원 부존량 추정자료

광종	한국			북한	내수의 50% 북측 조달시 가용 연한
	보유규모 (억 달러)	내수규모 (억 달러)	자급률 (%)	보유규모 (억 달러)	
금	18	14.1	4	857	122년
아연	3	13.1	0	185	28년
철	7	231.6	1	8,775	76년
동	1	42.5	0	73	3년
몰리브덴	5	4.0	4	11	6년
마그네사이트	–	0.8	0	24,048	60,120년
인상흑연	2	0.2	0	30	300년
인회석	–	1.5	0	270	360년
총계	36	307.8		34,249	

* 주: 보유규모 및 내수규모는 2011년 수입단가 기준
자료: 지식경제부, 한국지질자원연구원, 광산물 수급 현황 2011, 2012. 6

자체보다 인프라 구축비용이 더 많이 소요될 수 있어, 인프라문제 역시 자원개발 의사결정의 주요항목이다. 북한 자원을 개발함에 있어 러시아나 중국과 인프라 구축을 연계하는 전략을 수립할 수도 있을 것이다.

마지막으로 동북아 평화협력구상, 유라시아이니셔티브 등과 한반도 신뢰프로세스를 연계하는 등 한반도 동북아 외교안보 정책과 남북자원협력 전략을 연계하는 것 역시 필요하다.

지속가능한 자원관리체계 구축

다른 재화와 달리 자원은 한정되어 있으며 채굴, 생산, 소비, 폐기에

이르는 전주기 동안에도 다른 자원을 소비하고 환경부담을 발생시킨다. 따라서 어떤 자원을 사용하는 것이 더 에너지 효율적인지, 환경부담이 적은지 알기 위해서는 전주기적 관점에서 접근해야 한다.

지속가능한 자원관리는 경제적으로는 효율성과 경제성장을, 환경적으로는 생태계유지 및 환경영향 저감을, 사회적으로는 세대 간, 지역 간의 공정성과 형평성, 안전성을 유지하는 것으로, 전주기적 사고로 통합적 관점에서 접근한다는 것이 특징이다. 따라서 지속가능한 자원관리는 자원순환뿐만 아니라 폐기물정책 등 환경관리전략, 산업 및 제품정책과 그 이외의 빈곤, 복지문제와 연계되어 있다.

우리나라의 자원순환산업은 폐제품 확보와 순환자원 판매에 있어 모두 불안정한 상태이며, 경제적 및 제도적 한계로 인해 큰 시장이 형성되어 있지 않다. 따라서 규제 정비와 시작확대를 위한 제도 마련이 필요하다.

재활용에 있어서 내구년수를 다한 폐제품은 일명 '도시광석'이라 부르는 원료가 되는데, 환경적 차원에서는 여전히 '폐기물'이다. 환경관리가 자원순환관리보다 더 우선시되어 폐제품을 재활용하는데 보관방법, 보관기한, 재활용의무 등 여러 가지 법적 재제를 받아, 재활용업체들은 제도적 한계에 부딪히기도 한다. 폐제품에서 유가금속을 추출하여 가치를 창출하기 위해서는 환경관리와 자원순환이 충돌하지 않도록 제도적으로 정비해주는 것이 필요하다.

또한 2차자원은 1차자원보다 품질이 낮을 것이라는 인식 때문에 회수된 자원의 판매처를 찾지 못하는 경우가 많다. 국가가 2차자원에 대한 품질을 인증해줄 수 있는 제도를 마련하는 등 안정적 수요처를 마련해주는 것이 필요하다. 자원순환업체에 자금 및 인력을 지원해주는 정책들은 일시적인 것으로 자원순환업체의 자생력을 키워줄 수 없다. 이들에게는 자원순환 시장을 열어주는 제도 및 정책이 필요한 것이다.

지속가능한 자원 소비와 공급을 위해서는 본질적으로 수요행태 변화가 필요하다. 수요행태의 변화는 단기간에 이루어질 수 없다. 그래서 지속가능성, 자원순환 등의 개념을 정립해야 한다. 가장 앞서 실시하고 있는 국가인 독일에서는 어린이들을 대상으로 환경배낭의 개념에서 기초한 교육을 실시하는데, 본인의 제품 선택에 따라서 환경부담이 달라지는 것을 몸소 체험하여 제품소비와 환경부담을 연결하는 것을 체화시키고 있다. 장기적인 관점에서 교육과 홍보를 통해 소비자들이 자원을 절약하고, 자원순환 제품을 선호하도록 하는 것이 중요하다.

마지막으로 현재뿐만 아니라 미래의 기술 및 산업을 대비하기 위한 중요한 자원을 관리할 필요가 있다. 이러한 관점에서 유럽 및 미국 등지에서는 미래기술 전망에 따라 주기적으로 해당 광종을 선정하고 있다. 선정된 광종에 대해서는 매장량조사, 국제협력을 통한 확보전략 수립, 대체 및 재활용 기술 개발 등을 통해 중장기적으로 확보할 전략을 수립하고 있다. 우리나라와 같이 대부분을 해외에서 자원을 충당해야 하는 국가일수록 미래산업구조 및 공급리스크 등을 반영하여 국가적으로 필요한 자원을 선정하여 관리하는 체계를 마련할 필요가 있다.

자원빈국에서 벗어나자

우리나라와 같이 자원안보가 취약한 국가일 수로 자원안보와 해외자원개발 전략은 일관성 있고 중장기적 관점에서 접근해야 한다. 그러나 최근 계속된 자원가격 하락과 정치적 이슈로 변해버린 해외자원개발 등 자원외교에 대한 부정적 시각으로 공기업, 민간기업, 대학, R&D 등 모든 자원개발 주체들이 극도로 위축되어 있다. 이러한 국내외 자원산업 분위기가 국가경제에 필수적인 자원 확보의 당위성과 필요성이 훼손되거나 해외자원 개발사업이 후퇴하는 일로까지 이어져서는 안 될 것이다.

자원빈국인 우리나라의 경우 에너지 수급 차원에서라도 해외자원개발은 필수이다. 또한 자원개발서비스, 엔지니어링, 건설, 정유 등 주변산업에 미치는 파급효과도 감안해야 한다. 자생적인 순환체제를 가진 자원개발산업의 생태계가 조성될 때까지는 정부가 산업 재건과 육성을 도모하겠다는 정책 의지를 시장에 보여주고 10년 혹은 20년 후의 비전이나 방향성을 정부가 제시해 주는 것이 필요할 것이다. 자원개발, 자원안보산업이 국가산업, 국가안보에 얼마나 중요한지 체계적으로 연구해서 사회적 분위기를 확산시켜나가는 것 역시 필요하며, 이를 위한 준비를 지금부터 해나가야 할 것이다.

인구/기후/환경/자원/에너지분야 미래전략
에너지전략

우리나라는 에너지 부존자원 규모에서 최빈국에 해당하지만 에너지 소비는 세계 8위의 고소비국이다. 수출주도형의 국가산업구조에서 에너지 고소비산업이 차지하는 비중도 매우 크다. 동시에 온실가스 배출은 세계 7위권으로 지구온난화 방지책임도 져야 한다.

2013년 우리나라 국가 에너지 수요는 1차 공급에너지 기준, 총 2억 8,030만 TOE (1차 공급에너지)로서 1983년 4,940만 TOE, 1993년 1억 2,690만 TOE, 2003년 2억 1,590만 TOE와 비교할 때 지속적으로 증가하고 있다.

에너지 공급에서 각 에너지원이 차지하는 비율은 2013년 기준으로 석유 38%, 석탄 29%, LNG 19%, 원자력 10%, 수력 0.6%, 신재생 3.2% 이다. 화석연료가 총 에너지 공급의 약 86%를 차지한다.

다음의 표는 1983년부터 2013년까지 10년 단위로 에너지원의 비율을 정리한 것이다. 이 표에서 알 수 있듯이 석유의 비중은 줄고 있고, 석탄은 최근 다소 증가하고 있다. LNG의 경우는 지속적으로 증가

추세인데, 최근 낮은 예비율에 따른 전력공급의 애로로 LNG 발전설비가 급증하고 있기 때문이다. 원자력은 2003년까지 계속 증가하다가 2013년 약간 하락한 것을 볼 수 있다. 신재생에너지는 최근 들어 조금씩 증가하는 추세를 보이고 있다. 수력은 조금씩 감소하는 추세이다.

〈표 5-5〉 에너지원의 비율

(단위: %)

	1983	1993	2003	2013
석유	55.9	61.9	47.6	37.8
석탄	33.4	20.4	23.8	29.2
LNG	0	4.5	11.2	18.7
원자력	4.5	11.5	15.1	10.4
신재생에너지	4.8	0.6	1.5	3.2

부문별 소비비중의 변화를 보면 2013년 기준으로 산업분야 62.3%, 가정 및 상업분야 17.7%, 수송분야 17.8%, 및 공공분야 2.2%가 차지한다. 부분별 소비비중의 변화를 살펴보면 산업분야는 1993년 53.5%, 2003년 55.4%, 2013년 62.3%로 전력수요, 원료용 에너지, 도시가스 등의 수요 증가로 인해 지속 증가추세이고, 가정 및 상업분야는 1993년 24.1%, 2003년 21.3%, 2013년 17.8%로 지속 감소하고 있다. 수송분야는 1993년 20.4%, 2003년 21.1%, 2013년 17.8%로 최근 경기둔화로 소비가 정체되는 상황이다. 공공 및 기타분야는 1993년, 2003년, 2013년 모두 2.2%로 비중은 변화가 없으나 에너지 소비는 약간씩 줄어들고 있다.

한편 2012년의 국가 총 전력생산량은 530.6 TWh로 국가 총에너지

소비의 24.5%에 해당한다. 부문별 전력소비율은 산업 53.4%, 가정 상업 40.0%, 공공 6.1%, 수송 0.5%를 차지하고 있다. 총 발전량에 대한 에너지원별 공급비율은 석탄 39.1%, 천연가스 26.5%, 원자력 27.0%, 석유 2.8%, 수력 1.6%, 신재생 3.0% 이다. 선진국의 경우 전력소비량 증가율이 GDP성장률보다 낮았으나, 우리나라의 경우 2000년부터 2012년 사이 GDP성장률은 3.9%, 전력소비 증가율은 5.7%로 GDP 증가에 비해 높은 증가세를 보이고 있다. 현재 우리나라의 총 에너지 소비량은 세계 8위, 총 전기소비량은 세계 9위, 총 유류 및 석탄소비량 세계 10위, 이산화탄소배출량은 세계 7위에 해당한다.

에너지분야의 미래전망

우리나라의 총 에너지 소비는 과거 80년대에 연평균 8.5% 증가하였고 90년대에는 6.7%, 그리고 2000년대 3.1% 증가하였다. 즉 총 에너지소비의 증가율은 계속 감소하고 있는 상황이다. 현재 제2차 에너지기본계획에 의하면 2011년부터 2035년까지 총 에너지수요는 연평균 1.3% 증가할 것으로 예상한다. 이때 총 에너지 중 전력의 비중은 2011년의 19.0%에서 2035년의 27.6%로 증가될 것으로 예상된다. 또한 인구 일인당소비량은 2011년 5.5TOE에서 2035년 7.3TOE로 증가될 것으로 전망된다. 부문별로 볼 때 상업부문이 에너지수요 증가세를 주도할 것으로 보이는데 서비스업의 빠른 성장세가 예상되어, 35년까지 연평균 2.4%의 수요 증가가 예상된다. 산업부문의 경우 조립금속업의 빠른 성장에도 불구, 에너지다소비업종(1차철강, 석유화학, 비금속광물)의 성장둔화 전망으로 연평균 0.7% 증가가 예상되며 석유화학, 시멘트업의 생산량 감소로 30년 이후에는 산업용 수요가 감소할 것으로 예상된다.

정부는 또한 최근 6월에 7차 전력수급기본계획을 발표한 바 있다. 이 계획에 따르면 2029년 대비 정격용량 기준으로 전원 구성 비율이 석탄(26.7%), 원전(23.7%), LNG(20.5%), 신재생(20.0%)의 순으로 예상되어 있고 피크기여도 반영 기준으로는 석탄(32.2%), 원전(28.5%), LNG(24.7%), 신재생(4.6%)일 것으로 예상된다. 따라서 원전, LNG 등 온실가스 배출량이 적은 전원의 비중이 증가하고, 석탄 발전설비의 비중은 감소할 전망이다. 이 계획에 따르면 2029년 기준 설비 예비율은 22% 수준에 달하게 된다.

현재 우리나라의 온실가스 배출 감축목표는 2030년까지 배출전망치BAU 대비 37% 감축이다. 이중 25.7%는 국내에서 나머지 11.3%는 해외에서 배출권을 사들이거나 개발도상국의 온실가스 감축 지원을 통한 예상 감축량이다.

장기적으로 보면 미래사회는 정보통신기술의 발전으로 에너지인터넷을 구축하여 에너지를 주고받으면서 사회적 이윤을 나눠가지는 공유경제사회가 형성될 것이다. 또 무선기기와 유선기기를 연계하는 통신기술과 사물인터넷 등의 발전으로 인간과 기계, 기계와 기계 등 연결범위가 확대되는 초연결사회로 전기에너지의 사용이 더욱 늘어나게 될 것이다. 따라서 에너지 사용의 효율을 극대화하면서 온실가스를 줄이고 지속가능성을 추구하는 것이 매우 중요하게 될 것이다. 이런 면에서 향후 에너지시스템은 현재의 화석연료 기반 중앙집중형에서 점차 청정에너지 기반의 분산형으로 옮겨갈 것으로 예상된다.

에너지의 위기와 우리의 대응

무엇보다도 우리나라는 매우 취약한 에너지안보 구조를 가지고 있다. 2012년 기준 우리나라의 에너지 해외의존도는 96.4%이다. 에너지 가격의 상승에 따라 최근 에너지 수입액도 큰 폭으로 증가해 2012년의 국가 총 에너지 수입액은 1,853억 달러에 달한다. 이는 전체 국가 수출액 중 선박(394억 달러), 자동차(422억 달러), 반도체(510억 달러) 수출 총액을 합한 것(1,326억 달러) 보다도 527억 달러나 더 많은 액수이다. 특히 원유수입의 중동의존도는 85.1%에 달해 취약한 에너지 안보를 드러낸다. 미상공회의소의 2015년도 보고서에 따르면 2010년대 세계 경제규모 25위권 내의 국가들 중 우리나라의 에너지 안보리스크 지수가 두번째로 취약한 것으로 나타난다.

두번째 문제점은 우리나라의 에너지 고소비다. 우리나라는 산업구조가 에너지 고소비업종의 비중이 매우 크고 에너지 사용대비 효율이 낮다. 과거 우리나라의 에너지정책 주요목적이 경제성장, 국민생활과 산업생산에 필요한 에너지를 안정적으로 저렴하게 공급하는 것이었기 때문에 현재도 다른 나라에 비해 에너지가격이 매우 싸다. 지난 2001년 이후 원유 가격은 5배 가까이 오른 반면 전기요금은 16퍼센트 올랐을 뿐이다. 산업용의 경우 2003~2010년 사이 미국, 이탈리아, 영국, 프랑스 등이 두세 배 올리는 동안 우리는 고작 14퍼센트 인상했다. 2011년 우리나라의 주택용 전기요금은 kWh당 0.083달러로 가장 비싼 독일의 0.325달러에 비해 1/4 수준에 불과하다. 산업용은 0.058달러로 0.169달러인 슬로바키아의 1/3 정도에 그친다. 우리나라의 전기요금은 주요국(미국, 영국, 프랑스, 독일, 이태리, 일본) 평균요금의 61%이고 1인당 전력소비량은 미국 다음으로 높다. 2012년 전력생산

총괄원가는 kWh 당 113.9원인데 평균판매단가는 kWh 당 100.7원으로 전기요금이 생산원가에 못 미치고 원가회수율이 88.4%였다. 이 때문에 전기과소비 문화가 생기고 전력소비 증가를 가져왔다. 이러한 수요관리 미흡 등으로 인해 결국 우리나라는 경제규모에 비해 상대적으로 큰 세계 8위의 에너지 고소비국이 되었다.

세번째는 에너지 과소비에 따른 온실가스 배출문제다. 현재 우리나라의 이산화탄소 배출량은 세계 7위에 달한다.

전력생산에서는 석탄 발전의 비중이 아직도 가장 크다. 최근에는 천연가스 발전 위주로 설비를 확충하고 있지만, 생산단가 비용 경쟁력에서 밀려 실제로는 발전에 투입되지 못하고 있는 상황이다. 에너지원별로 볼 때 온실가스의 배출량(kWh 당 그램)은 석탄의 경우 790~1,182, 석유 ~800, 천연가스 390~510, 바이오매스 15~101, 태양열 13~730, 풍력 7~124, 원자력 2~59, 수력 2~48 등으로 온실가스의 배출 감축을 위해서는 신재생과 원자력의 비중이 높아져야 함을 알 수 있다.

현재 신재생의 경우 전기생산의 간헐성으로 인해 설비용량은 증가했지만 실제 발전용량의 증가에는 크게 기여하지 못하고 있고, 신재생 에너지의 국내 보급 목표에도 미달하고 있다. 제3차 신재생에너지 기술개발 및 이용보급 기본계획에 따르면 당초 신재생에너지의 목표 공급비중은 2008년 2.58%, 2011년 3.24%로 잡혀 있으나 실제로는 2.43%, 2.75%로 나타나 목표와의 차이가 점점 확대되고 있어 향후 목표달성 가능성에 의문이 제기된다. 태양광은 목표를 초과달성하였으나 풍력과 조력은 목표에 크게 미달하고 있다. 2009년 기준 우리나라 신재생발전은 주로 폐기물 소각(74.7%)을 통해 이루어지고 있다. 그뒤를 수력(10%), 바이오(9.6%), 풍력(2.4%), 태양광(2.0%)이 차지하고 있어

풍력과 태양광 비율이 매우 낮음을 알 수 있다.

원자력의 경우에는 원전의 추가 건설이 점점 어려워지고 있다는 것도 문제로 지적된다. 이는 안전성에 대한 국민들의 우려와 더불어 사용후핵연료의 관리 및 처분에 대한 어려움으로 인해 국민 수용성이 낮아지면서 추가 부지 확보가 어렵다는 것에 기인한다.

전반적으로 에너지를 소비하는 건물이나 산업계의 에너지소비효율이 낮은 것도 문제점으로 지적된다. 국민의 개인소득 증가에 따른 자동차 보급의 지속적인 확대와 중대형 차량의 소비가 계속 늘고 있음에 따라 수송부문에서의 에너지효율도 낮은 상태이다.

국민들의 환경문제에 대한 관심과 인체에 미치는 영향에 대한 우려가 증가하고 지역이기주의가 연계되어, 에너지시설 및 발전, 송배전 설비의 설치가 점점 더 어려워지고 있다는 것도 주목할 사안이다. 2000년 이후에 전력수요는 2배, 발전용량은 1.6배가 늘었는데 송전선은 1.2배 증가에 그쳤다. 이는 송전탑 부지를 확보하지 못한데다, 적자누적으로 재원조달에 어려움이 있고, 발전소 건설과 송전설비 확충 간의 연계가 미흡하기 때문인데, 이러한 상황이 지속되면 발전설비가 충분해도 송전제약으로 인해 정전이 발생할 수 있다.

미래를 위해서는 에너지수요가 계속 늘어나는 상황에 대비해 대체에너지, 친환경에너지 사용과 함께 에너지 사용을 최소화하고 온실가스를 줄이면서 지속가능성을 생각해야 한다. 동시에 안정적인 에너지 공급을 위한 에너지 안보 확보가 국가적으로 더욱 중요시될 것이다. 따라서 우리는 에너지분야 미래전략을 만들면서 에너지 절약과 적극적인 수요 관리, 중앙집중식 발전과 다양한 에너지원을 이용한 분산형 발전의 조화 등 에너지안보와 기후변화 대응을 주요목표로 삼아야 한다.

에너지분야 미래전략

국가의 지속적인 발전과 환경에 대한 높아진 국민의식, 그리고 환경파괴적인 대규모 발전설비에 대한 거부감으로 인해 안전하고 지속적인 에너지 공급체계에 대한 관심과 필요성이 증가하고 있다. 이러한 상황에서 에너지 과소비국인 우리나라가 지속적인 에너지 절약을 위해 에너지 수요관리체제를 갖추면서 동시에 지속가능한 에너지안보를 확립해야 한다. 더불어 국가 위상에 걸맞은 온실가스 감축을 통한 기후변화 대응에 적극 참여해 국제사회에 기여해야 한다.

미래 국가 에너지 시스템의 목표를 달성하기 위해 단기적으로는 에너지 소비 절감과 수요관리, 온실가스 배출 저감을 고려한 전력생산과 에너지안보전략을 추구하고 중장기적으로는 에너지시스템의 변화를 통해 미래형 에너지사회를 구축하는 전략이 필요하다.

에너지 소비 절감

과거 우리나라는 GDP 증가에 비해 높은 전력소비 증가율을 유지해 왔는데 2011년 9월 순환단전 이후 강제 수요관리, 전기요금 상승, 날씨 등의 영향으로 전력소비 증가율이 과거에 비해 낮게 나타나고 있다. 이는 장기적으로 에너지절약 문화를 자리잡게 하는 국가적 기회이다. 전기요금을 원가회수를 넘어 이윤을 포함하여 부과하는 것은 절전과 전기소비 효율화로 이어져서 2035년에는 약 7GW 이상의 수요를 줄이는 효과가 있을 것으로 예상된다.

에너지 소비 설비의 에너지 사용효율을 높이는 것도 중요하다. 현재 에너지를 많이 소비하는 대표적인 설비로 조명설비와 냉방기기를 들 수 있는데 조명의 경우 현재 우리나라 전력 사용량의 약 17%를 차지 하는 것으로 나타나며 만일 전체 조명설비의 90%를 에너지 사용효율 이 좋은 LED조명으로 대체하면 2035년에는 약 6GW 정도의 전력수 요 절감효과를 기대할 수 있다. 냉방기기의 경우 향후 열구동 냉방시 스템이 개발되면 2035년에 이르기 전에 2GW 이상의 하절기 피크전 력을 줄일 수 있을 것으로 전망된다.

전동기는 국가전력의 60% 이상을 소비하는 에너지 다소비기기로 향후 전동기기술의 고효율화를 통해 에너지 절감을 추구해야 한다. 국가적 차원에서 보면 산업계의 에너지소비가 가장 크다는 점을 감안 하여 산업군별 공정단위의 에너지 사용량을 줄이기 위한 빅데이터 분 석, 정보통신기술을 활용해 에너지 다소비 설비의 운용 최적화와 효율 향상을 꾀하는 솔루션 개발이 이루어져야 한다.

온실가스배출 감축을 위한 전력생산

우리나라의 에너지 생산에서 화석연료가 차지하는 비중은 85%가 넘는다. 전력생산에서는 68.4%를 차지한다. 전기에너지를 공급하는 면 에서 중요한 것은 그리드의 부하 관리인데 전력망의 안정성 및 생산된 전기의 품질 유지와 전기생산의 경제성을 위해 기저부하, 중간부하, 첨 두부하를 담당하는 별도의 에너지원들이 사용되고 있다. 일반적으로 기저부하는 원자력이나 석탄과 같이 공급원이 안정적이며 경제성이 좋은 에너지원이 사용된다. 신재생에너지는 전기 생산량을 미리 예측 하기 어렵고 생산이 간헐적이기 때문에 주로 중간부하를 담당한다. 기후변화 대응을 위해 화석연료의 사용을 줄여야 한다는 당위성이 존재하지만 현재 당장 화석연료에 대한 의존을 완전히 배제하기는 어렵다. 그러나 대부분의 석탄화력 설비는 오래된 발전소이기에 설비개선 또는 대체가 시급하다. 이를 위해 발전소의 효율증가를 위한 기술이 속히 접목되어야 한다. 이와 함께 CO_2 포집소재 및 공정기술, CO_2 지중저장기술, 포집된 CO_2를 활용하는 기술들을 적극적으로 개발하고 상용화를 추진하여야 할 것이다.

장기적으로는 온실가스 감축목표달성을 위해서 온실가스를 직접적으로 배출하지 않는 전력원의 사용이 늘어나야만 한다. 즉 원자력과 신재생의 비중을 늘려나가야 한다. 원자력은 현재까지 엄청난 국가예산을 투입하여 기술자립을 이룬 분야이며 대체에너지가 상용화되기 까지 온실가스 배출을 줄이면서 에너지안보를 확보할 수 있는 효과적인 방법이다. 신재생은 미래기술로 지속발전할 수 있는 가능성이 매우 크고, 분산형 전원으로 효과적으로 전력을 공급할 수 있는 장점이 있다.

그러나 원자력은 확실한 안전성을 담보로 국민수용성을 개선해야 한다. 신재생은 현재 전력공급의 안정성이 미흡하고 일부 부지 확보의 문제도 존재하며 에너지 생산의 간헐성을 극복하기 위한 에너지 저장기술 또는 백업기술이 필요하다. 이 경우 풍력, 태양광과 같은 신재생에너지는 용량 대비 실제 약 20%를 생산하므로 저장 또는 백업이 약 80%를 생산해야 한다. 결과적으로 현재의 전력시스템 내에서 신재생에너지가 대형발전기를 대체하기는 어렵고 분산형 발전원으로 활용하는 것이 적합하다. 단기적으로 우리나라의 전력생산은 에너지안보, 온실가스 감축, 경제성 간에 균형을 맞춘 화석연료와 원자력, 신재생의 상호보완적 운영에 근거할 전망이다. 향후 원자력과 신재생의 공생에 의한 전력생산 전략을 추구할 수 있을 것이다.

연료전지에 의한 전력생산도 꾸준히 증가하는 추세인데, 현재 경제성 확보의 어려움과 풍력, 태양광, 2차전지 등의 부상에 밀려 아직까지 대규모로 사용되고 있지는 않으나 향후 자동차용과 분산발전용의 수요가 커지면 연료전지 수요가 늘어날 것으로 예상된다. 지금까지의 연료전지 개발이 순수한 수소에너지의 전환에 집중하는 것이었다면, 향후 연료전지 개발은 연료로부터 수소를 추출하는 수소 인프라 구축을 지원하는 것이어야 한다. 이와 관련하여 원자력시스템을 이용한 수소생산 기술, 석탄가스화 연료전지 복합발전Integrated Gasification Fuel Cell Combined Cycle, IGFC이 고려될 수 있다. 특히 IGFC 기술은 열효율이 높을 뿐 아니라 CCSCarbon Capture&Storage기술을 접목할 경우 석탄을 활용한 고효율 청정 복합발전을 실현할 수 있어서 기력발전을 대체할 수 있는 가장 확실한 발전 방식으로 주목받고 있다.

전력의 공급과 수요를 조절하는 에너지시스템

국가 전력사용의 효율을 극대화시키기 위해서는 전력의 공급과 수요를 지능적으로 조절하는 에너지시스템으로의 변화가 필요하다. 이를 위해 스마트그리드가 현실화되어야 한다. 현재의 전력망은 발전소에서 생산된 전기가 공급자에서 소비자로 한 방향으로만 흐르는 시스템이지만 스마트그리드를 사용하게 되면 대규모 발전소 및 여러 작은 규모의 분산된 발전설비들과 전기저장설비들이 연결되고, 공급자와 소비자 간의 정보교환을 통해 전기가 효율적으로 활용될 것이다. 이러한 스마트그리드가 구축되면 전력수요의 분산 및 제어가 가능해지고 전력 절감을 이룰 수 있으며, 첨두전력 부하를 낮출 수 있다. 더 나아가 마이크로그리드의 구축이 가능해지면서 수요자 근접형 발전기술의 적용이 가능해져 미래형 발전시스템의 구축을 통한 전력시스템의 혁신을 이룰 수 있다.

또 정보통신기술을 기반으로 스마트그리드와 연계하는 에너지 관리시스템EMS을 도입하여 에너지효율 증진을 꾀할 수 있다. 에너지 관리시스템은 건물, 공장, 가정에너지 관리시스템을 포함하는데 이러한 시스템은 건물 또는 가정 내의 에너지 사용기기(조명, 냉난방설비, 환기설비, 가스, 급탕 등)에 센서와 계측장비를 설치하고 통신망으로 연계하여 에너지원별 사용량을 실시간으로 모니터링하고 분석하면서 실내 환경의 쾌적도를 유지함과 동시에 에너지를 효율적으로 관리하도록 자동제어하는 것이다. 특히 국가 전력사용량의 52.3%를 차지하는 산업계에 이 기술이 적용되면 공장에서의 에너지 사용에 대한 분석 및 평가가 자동으로 이루어지면서 산업설비와 공정의 에너지효율을 높아지고 개방형 에너지 관리기술을 통한 공장 부하관리가 가능해진다. 또 공장 내 및 공장 간의 에너지 교환으로 산업단지 에너지 관리의 최적화가 이루어 질 수 있고, 전력수요 관리시장에의 참여로 수익도 창출할 수 있다.

신재생에너지 보급의 확산으로 분산형 공급체계가 증가하게 되면 마이크로그리드에 대한 수요도 증가할 것이다. 에너지 자립섬인 가파도에서는 마이크로그리드가 운영되고 있으며, 한전은 여러 도서지역에서의 상업운전 실적을 바탕으로 북미지역 마이크로그리드 시장에 진출하고 있다. 향후 선로 감시 및 상태 추정, 전압 보상 등 선진국 적용형 고급 기능을 추가한 능동 배전망 관리시스템Distribution Management

System, DMS에 빅데이터 분석, AMIAdvanced Metering Infrastructure 등이 연계되면 다양한 부가서비스를 창출할 수 있을 것이다.

스마트그리드와 마이크로 그리드의 활용과 더불어 필요한 것은 전력저장시스템 기술개발이다. 전력저장은 저비용으로 생산된 전력을 시스템에 저장했다가 전력이 부족하거나 전력의 품질이 불안정한 경우 전력 계통에 공급하여 전력사용의 저비용/고효율/안정화를 증진시키는 기술로, 전력사용량의 증가와 신재생에너지 보급에 따른 전력불안정 문제를 해결하기 위해 향후 10년간 관련시장이 세계적으로 연평균 37% 성장할 것으로 예측된다. 이와 관련하여 고효율 에너지 변환 및 저장기술도 개발되고 있는데, 열에너지 저장기술과 이차전지기술이 이에 포함된다. 열에너지 저장은 상업용 건물의 냉각기능을 제고하는데 있어 매우 효과적으로 사용될 수 있는 기술이다.

에너지 네가와트 시스템의 활성화도 적극 추진할 수 있는 중요한 전략이다. 네가와트란 발전량을 늘리지 않고도 절전이나 에너지 효율 향상 등을 통해 얻어지는 잉여에너지를 의미한다. 에너지 네가와트 시스템이란 이러한 잉여에너지를 공급자원과 대등하게 거래하는 것에 기반하여 전력, 열 수요관리시장 구축과 지역 내 열에너지 수요자원의 클러스터링 및 네트워킹을 하는 것이다. 현재 국내에도 2014년 11월 25일부로 네가와트 시장(소비자들이 아낀 전력을 되팔 수 있는 전력거래 시장)이 개설된 바 있다.

수송시스템 혁신

향후 국가 에너지 미래목표를 달성하기 위해서는 수송부문에서 에너지 사용의 변화가 필수적이다. 즉 온실가스 감축 및 대기 환경 보존을 위해 현재의 화석연료를 기반으로 한 내연기관 자동차들을 전기자동차 또는 연료전지 자동차로 대체하는 것이 필요하다. 현재는 연료전지보다 이온전지를 이용한 전기자동차가 대세를 이루고 있는데, 고객요구를 만족시키기 위해서는 내연기관 자동차 수준의 장거리 주행성능을 제공할 수 있는 차세대 고출력밀도, 고에너지밀도, 장기 내구성, 고안전성 전지시스템의 개발을 필요하다. 또한 전기자동차의 충전을 위한 인프라가 구축 되어야 하는데, 향후 신재생에너지 기반 또는 원자력발전에 의한 충전인프라 요소 및 무선전력에 의한 최적 충전기술이 이를 뒷받침할 수 있을 것이다. 향후 경제성과 기술의 혁신이 이루어지면 연료전지 기반의 자동차 상용화도 가능할 것이다

융복합 비즈니스 기반의 기술혁신

향후 미래사회에서는 타산업의 혁신기술을 에너지산업에 접목하여 에너지의 공급과 전달 및 수요를 결합하고, 에너지 사용의 효율을 향상시키면서, 비용을 저감하고, 사용자의 편의성을 만족시키는 시장으로의 변혁 및 신시장 개척이 이루어질 것이다. 따라서 이러한 미래 동향을 따르는 비즈니스모델의 창출이 필요하다.

에너지안보

현재 우리나라는 해외로부터의 에너지 수입의 비중이 매우 높아 자원 민족주의 확산 및 자원보유국의 불확실성이 증대되는 상황이다. 장기적이면서도 안정적인 국가의 에너지원을 확보하기 위한 대책이 필요하고, 국가 에너지안보를 위한 다양한 국제협력도 필요하다. 미래 지향적인 관점에서는 남북한과 러시아를 연결하는 천연가스 도입, 북한

과 중국을 연결하는 동북아 전력그리드 시스템 구축, 북한 에너지 시스템 개발 참여 등이 적극적으로 고려될 수 있을 것이다. 또, 원자력발전의 비중이 큼에도 불구하고 자력으로 우라늄 공급과 농축을 할 수 없기 때문에 핵연료를 장기적, 안정적으로 공급할 수 있기 위한 전략도 세워야 한다.

에너지에 대한 이해가 필요하다

국가적 차원의 미래 에너지전략의 주요골자는 수요추종 방식의 에너지 정책에서 수요관리 중심으로의 전환, 에너지 공급기반 확충, 분산형 발전 시스템 구축, 계통의 안전성 도모, 집중식 발전시설과 분산형 발전의 균형을 통한 에너지 공급, 에너지산업 국제경쟁력 제고, 기후변화 대응 등이다. 그러나 현실적으로 에너지믹스에 대한 국가정책은 부존자원 상태, 국가가 처한 지정학적 상황, 에너지안보 환경, 국민들의 인식수준에 따른 사회적 수용성과 정치적 상황논리에 따라 영향을 받는다. 이 말은 우리 국민들의 정치사회적 인식의 수준과 상황에 따라 에너지전략과 정책에 상당한 변화가 올 수 있다는 것이다. 에너지전략과 정책의 기본은 결국 국민들의 에너지에 대한 이해와 인식의 수준을 높여나가는 것에서 찾을 수 있다.

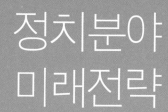

정치분야
미래전략

1

정치|제도

2015년 대학내일 20대연구소가 20~50대를 대상으로 실시한 '대한민국 이미지 인식조사'에 따르면 정치, 경제, 교육, 복지, 안전, 고용, 여섯 분야의 현재 만족도와 미래전망 평가에서 정치분야가 가장 낮은 평가를 받았다고 한다. 2012년 리서치앤드리서치의 '한국사회 갈등구조 조사'에서도 한국의 발전을 저해하는 요인으로 부정부패, 경제양극화, 재벌독점, 불안정한 고용시장, 비효율적인 교육제도, 지역불균형 등 여러 구조적 문제를 제치고 정치권의 무능과 대립이 1순위를 차지했다.

정치야말로 제반 사회의 요구와 갈등을 조정하고 집단적 선택으로 수렴하는 과정임에도 현재 정치의 수준과 전망에 대한 평가가 이렇게 낮은 것은 그만큼 우리사회에서 정치에 대한 제대로 된 미래전략이 절실함을 반증한다. 특히 정치제도가 한 사회 내 다양한 정치주체가 상호작용하는 방식을 규정하고 제한하는 규범과 규칙을 내포한다고 할 때, 정치에 대한 불신과 혐오, 회의주의가 팽배하다는 것은 그 사회의 정치제도가 제대로 디자인되어 있는지 재고할 필요를 제기한다.

주지하다시피 한국정치의 현대 민주화 역사는 4.19혁명으로 거슬러 올라가나, 현재 작금의 정치제도는 1987년 민주화운동 항쟁으로 형성된 정치지형에 기원을 두고 있다. 소위 '87년 체제'라고 하는 지난 30여 년의 한국 민주주의 정치제도는 독재정치를 종식하고 절차적 민주주의를 확립하는 데는 성공하였으나 지역주의 기반 정당체제, 제왕적 대통령제, 행정권력과 입법권력의 비대칭, 이익집단 갈등심화, 정치 소외집단의 주변부화 등 민주정치의 실질적 내용에 있어서 시민들의 기대와 요구에 많이 부족했다.

1987년 6월 민주항쟁의 결과, 제6공화국 헌법체제가 탄생하였다. 대통령 직선제의 쟁취라는 목표를 달성했으나, 30여 년이 다 되어가는 지금 현재는 6공화국 헌법의 한계가 극명하게 드러난 상태다. 특히 헌법을 구성하고 있는 정치시스템과 정당시스템의 근본적인 충돌이 일어나고 있다. 정부형태는 대통령제를 기본으로 하면서도 내각제적 요소를 혼합하고 있다. 국무총리제도, 국회의원 각료임명권, 정부 법률안 제출권 등이 내각제 요소이다. 또한 정당형태는 강력한 중앙당의 존재로 정당과 정당이 충돌하는 내각제 정당의 전형적인 형태를 띠고 있다. 또한 결선투표가 없는 대통령 직선제, 소선거구 단순다수대표제 국회의원 선출제, 정당법의 엄격주의 등으로 사실상 '양당제'가 강제되어 있다. 순수 대통령제가 유지되려고 한다면 제도적으로 미국식 정당시스템을 가져야 한다. 즉 미국처럼 중앙당의 존재가 거의 없는 형태의 '유연하고 느슨한 정당체제'와 중앙당의 간섭이 없는 '오픈 프라이머리'가 공천제도로 정착돼야 하고, 원내정당의 주도로 이루어지는 '교차투표(크로스보팅)'가 일상적이어야 한다. 또한 의회의 상원과 하원이라는 이원적 구성과 연방제 분권도 미국식 대통령을 구성하는 요소라고 할 수 있다. 따라서 현행 한국의 정치제도와 환경은 '순수 대통령제'와는 동떨어져 이를 유지할 수 없다. 정당체제는 유연성이 전혀 없는 '양당제'로 구축되어 있고, '여당과 야당'이라는 내각제에서나 통칭되는 개념으로 국정을 운영하면 대결적 구도를 극복할 수 없다. 지금의 정치는 서로를 '대화와 타협'을 매개로 한 동반자 관계로 보는 것이 아니라, '무한대립'과 '제로섬 게임'을 특징으로 하는 대결과 제압의 극단적 대결정치 구도를 형성하고 있다.

뿐만 아니라 권력구조를 제도화하는 형태에 있어서도 1987년 체제는 대통령제와 내각제가 혼합된 형태로 권력 균형과 견제의 원리에 기반한 대통령제의 취지와 달리, 대통령과 행정부 권력의 비대칭적 우위로 말미암아 사회의 다양한 요구가 정치과정에 제대로 반영되지 못하는 한계를 지니고 있다.

따라서 정치제도의 미래전략에서는 향후 30년을 내다봄에 있어 민주주의의 질적 고양과 더불어 정치제도의 상보성 또는 조응성 제고라는 두 가지 논의를 담아보고자 한다.

한국정치의 해결과제

한국의 정치제도를 비교국가적 관점에서 보면 몇 가지 주목할 점이 있다. 1987년 민주화 이후 한국의 정치제도는 그보다 먼저 민주정치제도를 앞서 구현한 국가들에 비해 헌법 개정의 경직성이 크고, 집행부 권력이 상대적으로 강하며, 의회 내 다수당의 일당내각 지배가 심하며, 특히 소선거구제로 인해 선거의 불비례성이 압도적으로 높다.

대부분의 국가와 마찬가지로 우리나라 역시 헌법 개정이 일반 법률보다 훨씬 복잡하고 까다로운 경성헌법주의를 채택하고 있지만, 우리의 현행헌법은 그중에서도 개헌과정이 극도로 경직되어 있다. 이는 무엇보다 우리 현대사에서 개헌이 집권자의 정권 연장의 도구로 전락한 경험을 갖고 있기 때문에 헌정질서의 안정과 민주주의 수호라는 측면에서 충분히 이해된다. 그러나 21세기 급변하는 사회적 변화와 시민들의 정치적 성숙도를 고려할 때 현행헌법의 과도한 경직성은 다원화된 정치사회 현실과 괴리된 형태이며, 헌법의 규범력 저하로 이어질 염려도 있다.

집행부 권력의 비대칭적인 우위는 현재 한국의 입법부와 행정부 관계에 대한 재고를 요하는 문제이다. 원래 입법과 행정이 융합된 의회제에서는 의회의 신임에 기초한 내각이 책임정치를 실현하는 구조이므로 정부 운영에 있어 집행부의 우위가 전제되어 있다. 반면 대통령제는 의회와 대통령의 이원적 정통성dual legitimacy을 바탕으로 삼권분립 원칙하에 견제와 균형의 원리로 작동하므로 입법부의 제대로 된 행정부 감시와 감독이 성공의 관건이라 할 수 있다.

제6공화국 헌법이 탄생한 이래로 약 28년 동안 대통령제와 내각제라는 시스템이 충돌하고 있다. 해마다 국회에서 법안처리와 예산안 처리로 물리적 충돌을 반복하고 있다. 국민들은 선진국 문턱에 진입한 국가 위상으로 볼 때, 의회에서의 물리적 충돌을 극도로 혐오하고 있다. 이런 여론을 의식해 19대 국회의원 총선거를 앞두고, 대결정치와 물리적 충돌을 줄이기 위해 여야의 타협으로 탄생한 것이 이른바 '국회 선진화법'이다. 지금 대한민국의 국회는 다수제 민주주의와 협의제 민주주의가 공존하고 있다. 의회를 중심으로 다수제의 효율성보다는 여야 합의성을 높이자는 인식이 이루어지고 있다. 대표적으로 국회 선진화법과 국회 원구성 과정에서의 상임위원장의 배분을 들 수 있다. 1988년 헌정 사상 최초로 여소야대가 이루어지면서 국회법 협상으로 야당에게도 상임위원장이 배분되었고, 최근에는 국회 법사위원회 위원장은 야당이 하는 것이 관례화되었다. 국회는 '합의제 민주주의' 시스템으로 옮겨가고 있는데, 대통령은 제왕적 권위주의 체제를 유지하고 있어 제도 간 상호보완성이 떨어질 뿐만 아니라 충돌이 일어나고 있다.

그러나 우리나라는 최근 국회의 입법권 강화 경향에도 불구하고 여전히 행정부 권한이 절대적으로 강한 비대칭 구조다. 이는 지난 30여 년 압축성장의 과정에서 강력한 권위주의 정부 드라이브로 산업부흥과 경제발전을 추동한 발전주의 국가developmental state 패러다임의 역사적 산물로, 1990년대 이후 본격화된 사회적 다원화와 경제적 세계화 속에서 점점 다양해지는 사회경제적 요구를 담아내는 데 심각한 한계로 작용하고 있다. 특히 행정부의 비대칭적 우위는 민주주의 이행이 사반세기가 넘었음에도 대통령 권한이 필요 이상으로 과대하고 국정 운영이 대통령 개인의 의지에 지나치게 의존하는 제왕적 대통령제의 각종 폐단과도 맞물려 있다.

최소승리 일당내각, 선거의 불비례성은 궁극적으로 민주적 대표성의 문제다. 우리처럼 선거구에서 최다득표자 1인을 선출하는 소선거구 단순다수제를 채택하는 경우 최다득표가 아닌 후보 또는 정당이 얻은 표가 사표가 되기 때문에 이들 표에 나타난 국민들의 선호와 의사는 정치과정에 대표되지 못한다. 특히 사회가 양극화되었거나 혹은 매우 다원적일 때 단순다수제와 일당내각은 사회의 다양한 이해와 갈

등을 정치과정에 수렴하고 조정하기에 매우 제한적인 기제일 수밖에 없다. 물론 우리는 전국단위 정당명부 비례대표제를 같이 실시하고 있어서 단순다수제 소선거구제의 승자독식 구조를 보완하는 측면이 없지 않으나 그 규모나 운영방식에 있어서는 표의 등가성 등의 실질적인 효과를 거두기에는 매우 미흡한 것이 사실이다.

정치제도는 궁극적으로 정치를 담아내는 틀로서 정치행위자들의 상호작용을 공식, 비공식적으로 규율하고 제어하는 규범이자 규칙이다. 그렇다면 한국의 현 정치제도가 한국의 민주주의 정치를 제대로 담아낼 수 있는 틀인지 묻는다는 것은, 우리의 민주주의가 제대로 작동되고 있느냐 하는 문제와 직결된다.

올해 초 전세계 정치지도자와 최고경영자들이 전지구적 현안과 미래에 대해 머리를 맞대고 토론하는 세계경제포럼WEF에서는 2015년 10대 트렌드 중 다섯번째로 대의민주주의representative democracy의 약화를 꼽았다. 실제로 1970년 이래 투표율은 전세계적으로 대통령제나 내각제 할 것 없이 지속적으로 하락하고 있다.

대의민주주의의 약화가 의미하는 것은 여러 가지가 있겠지만 무엇보다 민주주의의 '양'은 확대되었지만 '질'이 저하되고 있다는 뜻이다. 1990년대 초 하버드 정치학자 새뮤얼 헌팅턴Samuel Huntington은 『제3의 물결: 20세기의 민주화』라는 저서에서 19세기 후반 서유럽에서 합스부르크 등 제국의 몰락과 민주주의 수립(1차 물결), 제2차 세계대전 직후 제3세계 국가들의 독립에 따른 민주정 수립(2차 물결)에 이어 1970~1980년대 동유럽, 아시아, 남미를 휩쓴 민주주의 이행을 제3의 물결로 지칭하였다. 민주주의 이행에 성공한 수로만 볼 때 제3의 물결은 그중 최대의 변화로 1973년 초 30개에 불과한 민주주의 체제가

1990년 59개로 두 배나 늘었다.

한국 역시 제3의 물결에서 민주화를 이룩한 대표적인 동아시아 국가로서 1987년 6.10 민주화항쟁으로 직선제 개헌을 통해 정치적 민주주의를 확립하였다. 이후 30여 년 소위 '87년 민주주의체제'는 사회 제반의 권위주의를 청산하고 제도적 민주주의가 확립되는 과정이었으나 동시에 지역주의 기반 정당체제, 제왕적 대통령제, 행정권력과 입법권력의 비대칭, 이익집단 갈등심화, 정치 소외집단의 주변부화 등 민주정치의 실질적 내용에 있어서 시민들의 기대와 요구에 미치지 못했다. 즉 좁은 의미의 절차적, 정치적 민주화에는 성공했지만, 정치, 사회, 경제 전반에 실질적 민주주의가 착근하지는 못함으로써 시민들의 정치에 대한 불신과 소외감이 증폭되는 결과를 낳았다.

민주주의 '질'의 저하는 비단 한국에만 국한된 현상은 아니다. 민주주의 비교연구의 대가 로버트 퍼트남Robert Putnam은 2000년대 초『나홀로 볼링』이라는 저서에서 민주주의가 오래전 공고화된 미국에서도 1980년대 이후 자발적 시민 결사조직이 감소하는 등 시민참여문화의 쇠퇴와 사회적 자본의 저하를 지적한 바 있다.[1]

최근『이코노미스트』에서 발표한 민주주의 수준 지수에 따르면 한국 민주주의의 질은 민주주의가 공고화된 국가 중에서도 매우 낮은 것으로 나타난다.[2] 10점 만점에서 8점 이상을 'full democracy'로 분류하는데 한국은 24개 국가 중 21위에 머물러 있기 때문이다.

한국 민주주의의 질 저하는 다양한 형태로 나타나고 있는데 무엇보다 투표율의 지속적 하락추세를 들 수 있다. 1987년 민주화 이후 총선 투표율은 계속 하락하여 2008년 치러진 18대 국회의원 선거는 대선과 지방선거를 포함해 역대 가장 낮은 투표율인 46.1%를 기록했다.

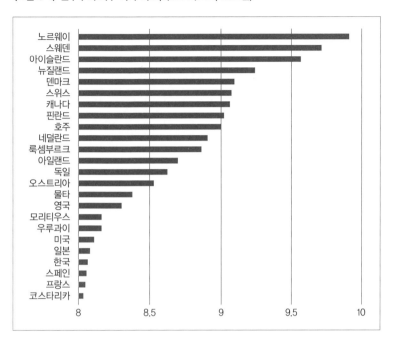

〈그림 6-1〉 민주주의 지수 국가 비교(이코노미스트, 2014년)

투표율의 장기적인 저하는 무엇보다 대의민주주의의 기반을 흔드는 심각한 정치불신과 혐오를 시사한다는 점에서 매우 우려할 만하다.

유권자의 관점에서 볼 때 투표율의 하락은 자신의 투표가 사표가 되는 현상이 일반화되는 것에 따른 반응이라고 볼 수 있다. 유권자 권리를 사표의 관점에서 접근하면 현 소선거구 단순다수대표제는 50% 가까운 사표를 만드는 제도이다. 정치적 의사표시의 결과가 자신의 투표와 연결되지 않는다면 투표의 필요성을 느끼지 못하게 된다. 현 선거법을 중대선거구제도로 바꾼다면 투표의 30% 정도가 사표가 되는 제도로 바꾸는 것이 되고, 독일식 정당명부 비례대표제가 된다면 투표의 5% 내외가 사표가 된다.

유권자의 관점에서, 내가 투표한 표가 '죽은 표'가 되지 않고 '산 표'가 되는 제도는 선관위가 제안한 '정당명부 비례대표제'다. 2015년 초에 중앙선거관리위원회가 제안한 이른바 '독일식 정당명부 비례대표제'를 기본으로 하는 선거법 개정이 이루어진다면 민주주의의 질적 고양이 가능할 것이다. 정상적인 정치체제와 정당체제를 작동시키려고 한다면, 개헌과 정당법, 선거법의 개정을 통해 정치체제 전체의 변화와 혁신을 추구해야 한다. 특히 단기적이면서도 접근 가능한 제도개선은 '선거법'이다. 선거법은 양당제를 다당제로 전화시킨다든지, 연합연립정부 구성 등 포용적인 정치체계를 구축하는 데 바탕이 되는 제도다.

어느 선거든 20대 유권자층의 투표율은 평균보다 월등히 낮은데 이를 단순히 투표하지 않는 젊은 세대의 규범적 문제로 돌릴 것은 아니다. 미래세대의 정치적 수요가 비대칭적으로 과소대표, 심지어 배제된다는 점에서 한국 민주주의의 미래전망이 밝지 않음을 시사한다.

무엇보다 민주주의의 질적 심화는 민주주의라는 가치체계에 시민들이 얼마나 동의하고 지지하는가에 달려 있다. 최근 세계가치조사World Values Survey에 따르면 한국은 선진국과 비교할 때 일반 국민의 민주주의 지지비율이 상당히 낮은 것으로 나타났다.[3]

정치제도의 미래전략

요약컨대 향후 30년 정치제도 발전을 도모함에 있어 커다란 도전은 민주정치제도의 상보성 또는 조응성을 제고시키는 것과 민주주의의 질을 고양하는 것으로 나눠볼 수 있다.

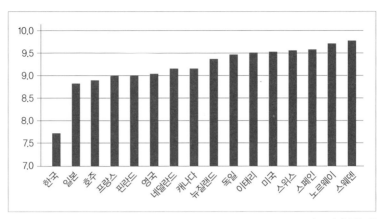

자료: 세계가치조사

정치제도의 상보성 제고는 현재 권력구조를 제도화한 형태가 과연 민주주의 작동에 최적인 시스템인지 재고하는 데서 출발한다. 주지하다시피 우리는 제2공화국 시대를 제외하고는 70여 년을 대통령 중심제로 살아왔지만 우리의 정부형태는 순수대통령제라기보다 의원내각제적 요소가 가미된 혼합형 제도다. 특히 한국에서 대통령제가 제도화된 형태는 입법부와 행정부 간 권력의 견제와 균형이라는 대통령제의 핵심원리와 달리 국정운영이 대통령 개인의 리더십에 과도하게 의존하고 그에게 필요 이상의 권한이 집중되면서 제왕적 대통령제의 폐단을 노출하고 있다. 또한 민주화 이후 장기집권 방지를 위해 도입한 5년 단임제는 임기 말 레임덕 현상과 더불어 정책 추진동력 상실과 책임 정치 실종이라는 고질적인 문제를 노정하고 있어 5년 단임제의 건설적인 재고가 요구된다.

어떻게 하면 헌법적 충돌이 일어나고 있는 정치시스템을 바꿀 것인가 고민해야 할 시점이다. 정치제도의 상보성에서 볼 때, 당연히 개헌을 해야 한다. 현재 한국 정부형태 변화방향에 관해서는 단일한 중론이 존재하는 것은 아니며, 적어도 각 방향의 취지와 예상할 수 있는 문제점에 대한 충분한 논의가 전제되어야 할 것이다. 예컨대 순수내각제로의 개헌 시에는 총리가 실질적인 행정부 수반으로 의회의 신임을 기초로 책임 정치를 구현할 수 있는 장점이 있으나, 현실적으로 타협의 정치문화가 부재하고 비민주적 정당구조의 한계를 두고 볼 때 오히려 내각의 불안정성이 염려될 수 있다.

어느 형태로 개헌이 이루어지든지 한국 민주주의 정치제도가 제대로 작동하기 위해 가장 중요한 선결조건 중 하나는 입법부의 전문성과 대표성을 강화하는 것이다. 순수내각제에 가까운 개헌이라면 내각이 의회에서 구성되므로 더더욱 입법부가 제대로 작동하는 것이 중요하고, 순수대통령제 개헌시에도 국민의 대표기구로서 행정부 감독, 감시기능을 제대로 수행하는 것이 중요하기 때문이다.

입법부의 전문성 강화를 위해서는 인적, 재정적, 물리적 자원 확충

〈그림 6-3〉 개헌방향과 주요 문제점

	순수대통령제 개헌	순수내각제 개헌	준대통령제 개헌
골자	대통령연임/총임 허용, 총리제 폐지, 부통령 신설	실질적 행정부 수반으로서 총리, 의회에서 내각 선출, 불신임제도	이원집정부제 (국가원수-대통령, 내각 수반-총리)
우려	재왕적 대통령제 폐해, 의회와 정부 교착, 이중 정통성 문제	타협의 정치문화 부재, 비민주적 정당구조의 한계, 내각 불안정성	비선진적 정당체제 한계, 실질적인 대통령 독식 제어 한계

과 더불어 입법부의 기본 구성요소인 정당체제의 개혁이 필요하다. 정당체제 개혁은 워낙 각 정당 및 정치인들의 이해관계가 복잡하게 맞물려 있어 단기적 해법을 도출하기는 어렵다. 그러나 앞으로 30년이라는 장기전망을 내다본다면 한국의 정당들은 후보 공천과정의 민주화등 당내 민주주의 확립과 지역할거주의 극복, 사회의 다양성을 반영하고 대표할 수 있는 이념적 스펙트럼의 확대, 원칙에 근거한 대화와 타협을 통한 합의 구축 등 중요한 변화를 이루어내야 한다.

특히 인적자원 확보에 있어 한국의 정치엘리트 충원 메커니즘을 재고할 필요가 있다. 지난 추격성장시기의 한국은 기술관료정치 technocracy라 할 만큼 각 분야에 전문성을 지닌 행정관료가 하향식 정책과정을 통해 정부정책을 주도해왔다. 문제는 행정부의 정책집행을 모니터링하고 견제해야 할 입법부의 경우 그만한 인재 충원 메커니즘을 구축하지 못하고 있다는 것이다. 소위 선거에 지면 백수가 되는 전문성이 결여된 인사들이 여전히 많다는 말이다.

입법부를 정상화하려면 당연히 정당이 제도화되어야 한다. 한국의 정당은 제도화에 실패한 양당제다. 정당형태는 3김의 카리스마 정당에서 미국식 원내정당이 부분 혼합된 형태를 띠고 있는 단계다. 새누리당은 영남과 기득권층을 대표하는 보수정당으로 제도화에 부분적으로 성공했지만, 민주당 계열은 진보정당으로 제도화에 여전히 실패하고 있다. 각 당은 특정지역 지지기반에 의존하는 지역당의 태생적 한계를 가지고 있다. 따라서 정치상황에 대한 시민의 요구民心와 당의 결정黨心 불일치가 당연하다.

미국식 정치체제를 찬성하는 학자와 시민단체 그리고 정치인들은 느슨한 정당체제로 전환하기 위해 2004년 정당법 개정을 통해 '지구당 폐지'를 선택했다. 이러한 정당법 개정은 몇 가지 조건들이 결합되면서 이루어졌는데, 첫째 '미국식 원내정당'을 도입하기 위한 조건을 마련한다는 입장에서 찬성한 학자그룹, 둘째 1997년 외환위기 이후 이데올로기였던 '고비용, 저효율'을 정당에게 적용하면서 청산되어야 할 부패구조로 '지구당'을 지목한 언론, 셋째 당시까지 정당의 자유로운 설립을 가로막고 있었던 지구당 창당의 조건 완화를 요구했던 시민단체의 이해관계가 맞아떨어진 것이다. 소위 '오세훈 법'이라 불리는 정당법 개정의 결과로 당의 기초가 되는 지구당은 폐지되었고, 오히려 강력한 중앙당이 탄생해 극단적 대결정치가 강화되었다. 정치부패 척결이라는 명분으로 지목된 '지구당'이 폐지되자 정당의 당원을 모집하는 주체가 중앙당이 되어버리는 비정상적 작동이 나타났다. 강력한 중앙당체제로 인해 공천권이 곧 당선증이었다. 지역주의에 기반을 둔 거대 중앙당의 공천문제로 각 정당은 당내권력투쟁이 격화되고 있다. 따라서 정당을 정상적으로 제도화하는 길이 정치를 정상화하는 길이다.

입법부의 전문성과 대표성 강화는 민주주의의 질적 고양에도 깊게 관련된다. 작금의 대의민주주의 위기란 결국 경제위기와 급속도의 사회변동 속에서 분출하는 다양한 사회적 수요와 요구가 제대로 정치과정에 반영되지 못하는 데에 기인하므로 민주주의의 질적 고양을 위해서는 입법부의 대표성 강화가 절실히 필요하다. 이를 위해서는 무엇보다 시민사회의 정책수요가 입법과정에 정확하게 반영되고 관련 정책정보가 정부 전체에 신속하게 전달 및 환류될 필요가 있다. 이를 위해서는 입법부와 행정부 각 부처가 효과적인 정책 협업체계를 구축하는 것 외에도 시민사회와의 협치를 통해 정책 생산, 집행, 평가가 유연하게 이루어지는 시스템을 구축해야 할 것이다.

〈그림 6-4〉 개헌 방향

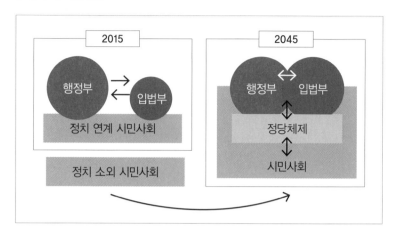

대의민주주의의 위기에서 최근 부상하고 있는 이슈는 대중사회에서 대의기관을 거치지 않고 직접 시민이 정치에 참여할 수 있는 기술적 대안, 즉 일각에서 직접민주주의를 앞당긴다고 예측해온 디지털네트워크 기술의 발전이다.

가만히 상상해본다면 시민들이 선거일에 투표소에 나타나지 않아도 집이나 직장에서 PC혹은 스마트폰으로 정치적, 정책적 사안에 대해 '좋아요'라고 클릭하는 것이다. 공공의 이슈에 대해서 이렇게 실시간으로 시민들이 직접적 의사표현을 할 수 있다면 굳이 정당이나 정치인이 정치라는 장을 독점하지 않게 될 것이다.

인터넷민주주의, 디지털민주주의, e-민주주의 등 다양한 이름으로 불리는 이 직접민주주의의 가능성은 최근 소셜미디어의 확장으로 더욱 힘을 얻고 있다. 즉 시민들이 기존의 제도화된 정치에 정치의 소비자로 참여하는 것이 아니라 적극적인 정치의 생산자로 정치과정을 주도하는 것이다. 정당이나 이익집단, 언론 등이 일방적으로 정보를 제공하고 정치현안을 주도하는 것이 아니라, SNS 등 개인미디어의 도래로 시민 각자가 직접적으로 정치적 정보를 가공하거나 정치적 의제를 형성해나가는 현상을 쉽게 접할 수 있다.

물론 디지털민주주의가 오히려 민주주의 경험을 더 얄팍하게 만든다는 반론도 만만치 않다. 즉 어떤 중요한 정치적 사안이나 정책적 결정에서 진지하게 토의하고 조정하는 과정보다 온라인에서 '좋아요'라고 클릭하는 행동으로 정치적 의사표현을 했다는 '사이비 만족감'을 부추긴다는 것이다.

정보통신기술의 발전속도를 감안할 때 향후 30년은 모종의 직접민주주의를 가능케 할 기술이 충분히 고도화될 수 있는 시간이지만, 대의민주주의의 위기가 직접민주주의적 정치 참여방식의 확산으로 극복될 것인지 오히려 대의민주주의 자체가 역사의 뒤안길로 사라질 것인지를 가늠하기에는 이르다고 본다.

정치생태계의 구조를 바꾸자

정치가 중요한 것은 정치가 우리 삶의 질을 결정하기 때문이다. 정치에 대한 고전적인 정의 중 하나는 '가치의 권위적인 배분'이다. 경제가 물질적 부를 배분하는 메커니즘이라면 정치는 물질적 부를 포함하여 궁극적으로 사회적으로 중요한 가치를 배분하는 메커니즘으로서, 누가 어떤 권위를 가지고 집단적으로 구속력 있는 결정을 내리는가에 관계된다. 한마디로 우리가 어떤 사회에 살 수 있는지는 정치를 통해 결정되는 것이다.

정치제도란 사회의 다양한 구성원들이 그 사회 내 가치의 권위적인 배분을 둘러싸고 벌이는 각종의 행위와 상호작용을 규율, 규제하는 규칙이자 규범이다. 현재 한국의 정치제도는 소위 '87년 체제'에 기반을 둔 제도로서 강력한 대통령 중심제이자 행정부의 비대칭적 우위하에 입법부의 대표성, 전문성이 상대적으로 열악한 구조이다. 여기에는 세계화, 다원화, 지방화 등 국내외 급속한 사회변동으로 인한 사회 각계각층의 요구와 이해를 정치과정에 담아내기에 커다란 한계가 있다. 즉 1987년 민주화 이후 정치적 영역에서 권위주의 청산과 절차적 민주주의 확립에는 성공했으나 교육, 복지, 문화, 안전, 고용 등 다양한 사회분야에서 분출하는 수요와 요구가 시민사회 내에서 이익집단의 건설적 이익집약활동으로 이어지지 못하고 있을 뿐더러, 선거의 불비례성과 일당내각의 독주로 이들 시민사회의 요구가 입법과정에 제대로 반영되지 못하고 있다.

새로운 대한민국의 비전과 국가발전전략을 생각할 때, 정치가 제1순위가 되어야 한다. 정치가 한 나라의 비전을 제시하고 전체 국민을 이끌어가는 리더의 역할을 맡고 있기 때문이다. 정치인들 스스로가 플랫폼을 만들고 실행하며 국민과 함께해야 한다.

정치는 또 전체와 부분의 시각을 뛰어넘는 '정치생태계'의 총체적인 관점에서 미래전략을 디자인해야 한다. 주체와 제도 그리고 환경까지 생각하는 생태계 개념으로 봐야 한다는 말이다. 정치의 주체인 국민과 정치인, 또한 정치인의 육성과 정당의 발전을 생각해야 하며, 정치제도의 측면에서 새로운 국가운영체제와 권력구조, 정치작동시스템을 살펴야 하고, 정치환경이라고 할 수 있는 싱크탱크의 육성 등 두뇌집단의 육성 그리고 자치와 분권, 통일국가 미래를 종합적으로 보는 '정치생태계'의 전면적인 개조가 필요하다.

정치제도의 설계는 궁극적으로 이해관계가 엇갈리는 행위자들에게 정치공동체에 바람직한 방향으로 선택을 유도하는 인센티브를 부여하는 문제이다. 빈부양극화, 저성장, 저출산, 고령화, 기후변화, 기술위험의 증가 등 가속화중인 사회적, 경제적 변동으로 인한 충격을 완화하기 위해서라도 정치제도의 재설계는 매우 중요하다. 향후 30년, 한국사회라는 공동체가 복잡다단한 대내적 환경에서 최적의 집단적 선택과 결정을 내리기 위해서는 다양한 갈등 조정과 합의를 도출하는 메커니즘으로서의 정치제도를 잘 만들어가야 할 것이다.

2

행정전략

미래를 논함에 있어 행정은 미묘한 위상을 지닌다. 다른 분야에서는 미래가 수요의 관점에서 논의되지만, 행정은 수요라기보다 공급자의 역할을 가진다. 즉 미래에는 이러 이러한 수요가 있으니 이에 걸맞은 공급체계를 갖추기 위해 이러 이러한 행정전략과 행정정책을 실행해야 한다는 논리다.

이 책의 여타 분야 미래전망들도 미래의 수요에 초점을 맞추고 있으며, 미래전략과 정책은 그러한 수요에 부응하는 공급에 초점을 두고 있다. 하지만 행정의 미래는 여타 다른 분야에서 발생하는 수요에 부응하기 위한 공급시스템인 것이다. 그렇다면 행정의 미래수요는 전혀 생각할 수 없는 것일까? 그렇지는 않다. 사회의 다른 분야에서 발생하는 수요는 곧 행정에 대한 수요로 이어지기 때문이다. 여기에서 주목할 점은 행정의 미래수요는 행정 자체에 근원을 두는 것이 아니라 사회 여타 분야의 요구에 근원을 두고 있다는 점이다.

작은 정부론의 쇠퇴

그렇다면 한국에서 행정의 역할은 과거 어떠한 변화를 보여왔는가? 6.25전쟁 이후인 1950년대 초에서 1980년까지는 정부주도의 경제개발시대라고 한다면, 이후 1980년대부터 2010년대까지는 민간 주도의 개발연대로 볼 수 있다. 그리고 향후 30년의 시기는 정부와 민간의 협동적인 사회개발시대로 전망할 수 있다. 이러한 인식은 최근 유행하고 있는 정부 3.0의 논의에서도 종종 언급되고 있다.

민간주도의 경제개발로 전환된 1980년대 이후 행정부의 조직과 인사에 대한 기본적인 관점은 이른바 '큰 정부론'에서 '작은 정부론'으로 전환되었다. 즉 정부의 규모가 작으면 작을수록 좋다는 신자유주의 이론으로서, 정부 예산이나 공무원의 정원을 가능한 억제해야 한다는 것이며, 정책에 있어서는 불필요한 규제를 과감하게 철폐해야 한다는 것이다. 1980년대에 등장한 '작은 정부론'은 1990년대에 선진국에서 유행한 신공공관리론New Public Management, NPM과 맞물리면서 시장의

〈표 6-1〉 정부의 역할 변화와 정부 3.0

구분	정부 1.0	정부 2.0	정부 3.0
시대 구분	1950~1980 정부주도 개발	1980~2010 민간주도 성장	2010~ 정부-민간 공조
지배적 행정이론	큰 정부론	작은 정부론	플랫폼 정부론
정부 역할	통치	조정	협치
국가운영주체	정부	정부 (시민 참여)	정부+국민
정부 역할	정부 단독 결정	정부 내부 결정 (소수 시민 참여)	집단지성의 활용
국민 역할	수동적	관심적 참여자	능동적 참여

자료: NIA, 정부 3.0

경쟁원리를 공공부문에도 도입하는 계기가 되었다.

작은 정부론의 영향은 공무원 정원의 변화를 통하여 확인할 수 있다. 1979년 400만에 달하던 공무원은 2014년 622만 명으로 증가하는 데 그쳤다. 수치상으로 공무원의 정원이 감소한 것은 아니지만, 국민 총인구 대비 공무원의 비율로 따진다면 11%에서 12%로 1%p 정도의 증가에 불과한 것이다. 사실 이와 같은 공무원 정원의 증가도 교육공무원과 경찰공무원이 주도한 것으로, 이를 제외하면 일반행정공무원의 숫자는 183만 명에서 158만 명으로 오히려 줄어들었으며, 이는 총인구 대비 공무원 비율이 4.9%에서 3.1%로 1.8%p만큼 감소한 것을 의미한다.

〈표 6-2〉 공무원 정원 추이

(인구: 천 명)

년도	1979년	1985년	1995년	2005년	2014년
총인구	37,534	40,806	45,093	48,138	50,424
공무원 총원	414	462	558	572	622
– 일반행정	183	180	184	143	158
– 교육	181	222	284	328	347
– 경찰	50	60	91	101	117

자료: 통계청, e-나라 지표

이렇듯 공무원의 정원은 급격히 감소하였지만 실제 공무원의 업무가 감소한 것은 아니다. 이를 확인할 수 있는 지표는 GDP 대비 정부지출인데, 1975년 이후 2013년까지 정부예산의 규모는 20% 내외를 유지하면서 꾸준히 증가해왔다.

<표 6-3> 정부예산 및 국내 GDP 대비 비율

(예산: 조원)

년도	1975년	1985년	1995년	2005년	2013년
정부예산	2.2	15.2	71.6	186.6	315.0
GDP 대비 비율	21.1%	18.7%	17.9%	21.3%	23.7%

자료: 기획재정부, 디지털예산회계시스템

　　작은 정부론이 맹위를 떨치던 1980년대와 1990년대에는 GDP 대비 정부예산 비율이 18% 내외로 떨어지기도 했지만, 2000년대를 넘어서면서 다시금 이전의 큰 정부시대를 넘어설 정도로 정부예산이 확대되고 있다. 이는 주지하다시피 정부예산에서 사회복지분야 예산의 대폭적인 증대에 따른 것이다. 2015년도 총예산 376조원 중 116조원이 보건, 복지, 노동 관련 예산이다. 역설적으로 작은 정부의 시대를 거치면서 경제개발을 주도하던 역할은 감소했지만 사회개발 역할은 꾸준히 증가해온 것이다.

　　그렇다면 향후 30년간 정부역할은 어떤 변화를 보일 것인가? 우선 인구규모는 2030년 5,216만 명까지 증가 후 지속감소할 것으로 전망하고 있다. 총인구의 변화와 더불어 고령자가 총인구에서 차지하는 비율인 고령화율은 2013년 현재 12.2%에서 2030년 24.3%, 30년 후인 2045년경에는 35%를 넘어설 것으로 전망된다. 이와 같은 인구구성의 변화로 향후 30년간 공무원 정원은 작은 정부론이 지배하던 지난 30년과 같이 억제되지는 않을 것이다. 고령화는 우리사회의 전반적인 복지수요를 급격히 증가시킬 것이고, 복지국가로서의 역할은 점점 더 커질 것이기 때문이다. 이런 점에서 향후 30년의 공무원 정원은 교육이나 경찰분야 공무원보다는 사회복지분야 공무원에 의해 전체 규모가 증가될 것으로 예상된다. 또한 복지적 측면의 정부 역할이 증대되는 만큼 정부의 재정규모 역시 지속적으로 증가할 것이다. 이처럼 향후 30년에 걸친 행정의 역할은 지금까지의 추세와는 달리 상대적으로 '큰 정부론'에 따른 변화를 경험할 가능성이 높다.

미래정부의 과제

정부주도시대에서 민간주도시대를 지나 정부와 민간의 협치시대에 정부가 해야 할 과제는 무엇일까? 이는 우리사회의 발전단계와 밀접하게 관련된다. 사회의 발전에 따라 정부에 요구되는 행정수요가 변화되기 때문이다.

첫째, 정부 역할의 변화와 관련된 과제이다. 즉 '미래정부'가 요구된다. 건국 이후 지난 60여 년간 우리나라 개발의 핵심전략은 선진국 모방이었다. 전반기 30여 년은 정부주도에 의한 모방이었으며, 그 이후 30년은 민간 주도의 모방이었다. 그 결과 이제 어떤 분야에 따라서는 우리나라가 더이상 모방할 선진국이 존재하지 않는 단계까지 발전했다. 이러한 상황에서 과거의 개발방식은 폐기될 수밖에 없으며, 앞으로의 경제전략으로 창조경제라는 화두가 등장한 것이다. 하지만 보다 근본적인 과제는 우리사회가 스스로 미래를 예측하고 대비하기 위한 전략을 창조적으로 수립해야 한다는 점이다.

둘째, 인구변화에 따른 과제이다. 저출산과 고령화는 사회복지 수요를 증가시키며, 이에 따른 복지서비스를 제공하기 위한 행정수요가 꾸준히 증가할 것이다. 고령인구에 대한 복지서비스의 확대는 향후 미래세대의 재정부담을 크게 야기하게 된다. 또다른 인구구조의 변화로 다문화사회의 등장이 있다. 이미 우리나라에 체류하는 외국인은 200만 명에 달하고 있으며, 그 수는 향후 30여 년에 걸쳐서 꾸준히 증가할 것으로 예상된다. 저출산, 고령화에 따른 노동인력의 부족이 다문화를 촉진시키기도 했지만, 세계적 차원의 글로벌화 심화도 다문화 경향성을 가속화시킬 것이다. 이는 행정의 대상인 인구가 내용적으로나 성격적으로 변한다는 것을 의미한다. 단일민족을 전제했던 행정에서 다문화를 상정하는 행정으로의 전환이 이루어지고 있다. 단일민족에 대해서는 획일적인 행정서비스가 효율성의 차원에서 바람직하였지만, 다문화 환경에서는 다양성을 존중하고 갈등을 조정하기 위한 다문화 행정이 요구되기 때문이다.

셋째, 과학기술의 발전에 따라 국토에 대한 새로운 인프라 구축이 요구될 것이다. 최근 급속히 확산되고 있는 사물인터넷은 국토공간을 전면적으로 지능화시키고 있다. 지능화된 공간을 활용하는 무인자동차와 같은 기술이 점차 현실로 다가오고 있다. 도로와 자동차의 지능화는 국토 및 교통에 대한 행정의 근원적인 변화를 요구한다. 또한 드론이 배송과 오락 등 사회의 일반적인 영역으로 그 용도가 확대되고 있으며, 이는 영공에 대한 새로운 행정관리를 요구하고 있다. 수많은 드론들이 충돌하지 않도록 영공관리시스템을 체계화하는 새로운 행정수요가 발생하는 것이다. 이러한 행정서비스를 제공하기 위해서는 물리적 공간과 디지털 공간의 인프라가 융합된 '디지털 융합공간'에 대한 서비스를 제공할 수 있는 '유비쿼터스 정부ubiquitous government'가 요구된다.

미래의 행정수요를 감당할 수 있을까

그러나 이처럼 다양하게 요구되는 미래사회의 행정수요를 정부가 모두 감당하는 것은 쉽지 않다. 국가의 근간을 이루는 행정부는 본질적으로 그리고 제도적으로 변화에 둔감하기 때문이다.

첫째, 행정부가 미래전략을 수립하는 데 한계가 있다. 지난 정부와 현 정부에 이르기까지 정부의 미래조직을 설립하고 미래전략을 수립하고자 노력해왔지만 성과는 기대에 미치지 못한 것이 사실이다. 그 원인으로 지적되는 것이 대통령 임기가 단임제라는 점이다. 공무원들이 대통령의 임기인 5년 이후에 대해서는 관심을 두지 않고, 5년 이상의 장기정책을 수립하더라도 대통령이 바뀌면 폐기될 가능성이 높다. 즉 장기간의 행정전략은 계획을 수립하는 사람의 입장이나 그것이 활용되는 관점에서 봤을 때, 실현되기 어려운 사건이 되는 것이다. 실제로 노무현정부에서 수립한 '비전 2030 미래전략'은 이명박정부에서 활용되지 못하였으며, 이명박정부에서 수립되었던 녹색성장이라는 미래정책은 박근혜정부에서 그 위상이 약화되었다.

둘째, 행정부에 인구의 다양성을 반영하는 대표정부를 구성하는 데 한계가 있다. 아직 태어나지 않은 미래세대 혹은 성년에 이르지 못한 청소년세대의 이익을 대표할 수 있는 행정공무원을 선발하기가 쉽지 않다. 더군다나 다문화 인구의 이익을 대표하기 위하여 외국인을 공직에 임명하는 것도 제한적일 수밖에 없다.

셋째, '유비쿼터스 정부'의 구현을 위해서는 물리적인 공간과 디지털 공간의 융합을 전제로 한다. 이는 현재의 국토교통부, 행정자치부, 미래창조과학부의 업무영역을 넘나드는 융합서비스를 요구한다. 부처 간의 교류는 물론이고 부처 내에서도 타 부서와의 업무협조가 쉽지 않은 관료제의 특성을 고려한다면 실질적으로 미래국토 서비스를 구축하기란 어려울 것으로 전망된다. 이러한 한계를 극복하기 위해서 정부 3.0과 같은 열린 정부의 협치전략이 요구된다. 다만 현재 추진되고 있는 정부 3.0은 행정부 내부를 중심으로 하는 제한적 협치에 불과하며, 30년 후 미래정부에서는 행정부 밖에 있는 주요 주체들을 대상으로 하는 과감한 협치가 요구된다.

문제해결을 위한 전략

지금까지 미래행정에 요구되는 과제와 이를 실현하는 과정에서 발생할 수 있는 문제점을 살펴보았다. 그렇다면 예상되는 문제점을 해결할 수 있는 바람직한 극복전략은 무엇일까?

첫째, 행정부의 미래전략을 강화하기 위해 입법부의 미래전략을 강화할 필요가 있다. 대통령 단임제로 인해 행정부가 가지는 단기적인 시각의 문제를 보완하기 위한 방안으로 입법부의 미래정책기능을 강화하는 것이다. 즉 정부의 예산심의 및 법안심의에 있어서 입법부가 자체적인 미래예측 및 영향평가를 수행할 수 있다면, 행정부로 하여금 10년 이후의 미래예측을 요구하여 심의에 반영할 수 있을 것이다. 최근 국회에서 논의되고 있는 '국회미래연구원'의 설립은 입법부의 미래화를 지향하는 의미 있는 출발이라고 판단된다. 이처럼 입법부의 미래전략기능을 강화함으로써 행정부의 단기적 관점의 행정을 극복할 수 있을 것이며, 국가 전체적으로 장기적 미래를 고려한 정책을 수립할 수 있을 것이다.

둘째, 행정부의 대표성을 강화하기 위한 방안으로서 시민단체와의 교류를 강화하는 방안을 들 수 있다. 이미 존재하는 시민단체와의 교류만이 아니라, 다양한 인구를 대표할 수 있는 시민단체를 육성하고 이러한 시민단체들로 하여금 다양한 인구의 목소리를 대변할 수 있도록 지원하는 역할까지 포함한다. 예를 들어 다문화 인구를 대표하기 위해 각 지역에 다문화센터 설립을 지원하고 여기에 공무원을 파견하는 것이다. 이러한 시민단체는 준공공기관의 위상을 가지게 된다. 시민단체가 정부에 참여하여 의견을 개진하는 차원이 아니라, 시민단체에 공무원을 파견하여 시민단체가 지정된 행정기능을 수행할 수 있는 차원으로까지 확대되는 것이다. 이는 경영학의 프로슈머prosumer와 유사한 개념으로 기존의 행정학 이론에서 행정부와 시민 간의 '공동생산coproduction'전략을 다양한 분야로 확대하는 것을 의미한다.

셋째, 융합공간을 관리하기 위한 방안으로서 기업체와의 협업을 모색할 필요가 있다. 이미 공간서비스는 구글이나 네이버, 다음과 같은 민간기업이 주도하고 있다. 하지만 사물인터넷 서비스나 드론 고속도로와 같은 서비스는 국가 차원 그리고 국가와 국가 간의 표준화를 요구한다. 그렇다고 행정부가 모든 서비스를 제공하기에는 한계가 있다. 이때 활용될 수 있는 전략이 바로 플랫폼 정부이다. 정부는 가장 기초적인 공간정보의 표준화를 주도하고, 기업체는 표준화된 공간정보 위에 부가가치를 높이는 정보를 제공하는 것이다. 물론 표준화된 공간정보가 고정되어 있을 필요는 없다. 기술의 발전에 따라 보다 고급화된 정보가 표준화의 영역으로 편입될 수도 있다. 이를 위하여 정부와 기업체들 간의 상시적인 소통기구가 정비되어야 할 것이다. 이는 소규모의 단편적인 위원회를 의미하지 않는다. 국토정보의 디지털화 및 지능화를 위한 거대한 규모의 플랫폼 정부로서 민관의 협의체가 되어야 할 것이다. 또한 이러한 협의체에는 외국 정부 및 기업체와 함께 글로벌 표준을 제정하고 협의하기 위한 조직도 포함되어야 할 것이다.

〈표 6-4〉 플랫폼론과 정부 패러다임 변화

	기술론	서비스론	매개론
정부 패러다임	정부 1.0	정부 2.0	정부 3.0
추진행태	행정업무 시스템화	전자정부 서비스	공공정보 플랫폼화
플랫폼 의미	정보화 추진을 위한 공통기반화	정부서비스 체계화	공공정보의 매개와 소통
추진 단계	행정정보화	전자정부	플랫폼 정부

자료: KISDI,2012, '사람중심 소통사회를 위한 신정보화전략 연구 총괄보고서', NIA, 정부 3.0에서 재인용

이상에서 논의한 향후 30년에 걸친 미래 행정의 과제와 한계 및 극복전략을 종합하여 정리하면 〈표 6-5〉와 같다. 미래행정의 과제와 극복전략은 정부의 역할 및 구성, 인구, 국토에 관한 것이다. 이는 각각 대한민국 헌법 1조, 2조, 3조에 해당하는 것으로 대한민국의 정치체제에 관한 미래과제, 인구에 관한 미래과제, 그리고 국토공간에 관한 미래과제이다. 이들은 국가의 가장 중요한 요소이자 미래변화를 창출하는 가장 근원적인 요인이다. 향후 30여 년은 국가의 세 기둥에 근원적인 변화가 일어나는 중요한 시기다. 행정부 입장에서는 전통적인 방식을 버리고 미래전략 기능을 입법부와 공유하고, 다양한 시민들과 서비스를 함께 생산하며, 선진적 기업들과 협업하여 디지털-융합-국토관리를 지향해야 한다.

《표 6-5》 미래 행정의 과제와 문제점 및 극복전략

분야	미래행정의 과제	문제점	극복전략
정부 역할	미래전략 기능 강화	대통령 단임제의 단기적 정책 몰입	입법부의 미래화
인구	미래세대 및 다문화 등 대표 정부	대표정부의 제도적 한계	시민과 공동생산 서비스 정부
국토	디지털 융합공간 인프라 구축 및 서비스	부처 간 협업의 칸막이 및 정부의 기술적 낙후성	플랫폼 정부로서 기업체와 협업

장점의 활용과 단점의 억제

향후 30여 년을 바라보는 미래정부의 추진전략으로 입법부의 미래화, 시민단체와의 공동생산, 선도적 기업과의 협업을 지향하는 플랫폼 정부전략을 제시하였다. 이러한 전략을 성공적으로 추진하기 위해서는 현재 우리가 가지고 있는 장점을 활용하고 단점을 억제해야 한다.

첫째, 이미 추진되고 있는 정부 3.0정책을 보다 확대하고 잘 집행할 필요가 있다. 정부 3.0정책은 개방, 공유, 소통, 협력의 비전을 제시하고 있으며 이를 달성하기 위하여 칸막이 없이 협업하는 유능한 정부, 데이터를 개방하고 공유하는 투명한 정부, 그리고 일반시민들과 적극적으로 소통하는 서비스정부를 지향하고 있다.

정부 3.0의 서비스정부를 보다 적극적으로 실천한다면 다문화 시민들 및 미래세대의 정책적 요구를 수용하고 이들을 위한 행정서비스를 개발하며 이들과 함께 행정서비스를 제공하는 공동생산 정부를 실현할 수 있을 것이다. 또한 정부 3.0의 투명한 정부를 확대하여 국토공간과 도로 및 항공노선에 대한 디지털정보를 표준화하고 기업체들과 상시적인 데이터 공유 및 소통하는 플랫폼 정부를 구축할 수 있을 것이다.

둘째, 우리나라의 미래를 예측하고 전략을 제시할 수 있는 씽크탱크의 활용과 적절한 대우가 중요하다. 우리나라 국책연구소 연구원은 약 2만 2천여 명에 달한다. 2014년 현재 경제인문사회연구회 산하 연구원으로 5,700여 명(비정규직 2,800여 명), 국가과학기술연구회 산하 연구원으로 16,500여 명(비정규직 5,600여 명)이 근무하고 있다. 국가 행정부의 미래예측 및 전략구성은 대부분 실질적으로 이들 연구원들의 두뇌에서 나온다. 이들 연구원들의 현실과 미래를 제대로 보장하는 것이야말로, 우리나라의 미래를 온전히 전망하고 보장하는 것일 수 있다. 여전히 국책연구소나 정부출연연구소 연구원들이 중앙행정부처 공무원들의 지시에 따라 움직이는 갑과 을의 위상에서 벗어나지 못하고 있으며, 그만큼 소신과 비전을 가진 미래연구를 수행하기 어렵다는 지적이다. 지엽적이고 단편적인 문제제기가 아니라 국가의 백년대계를 세워가는 영역이기에 그 기초와 토대가 되는 연구인력들을 결코 소홀히 대해서는 안 될 것이다.

과거 1960년대의 어려운 시절에도 국가의 미래를 위해 한국과학기술연구원KIST을 설립하고 과학기술자들을 우대하는 정책을 시행했다. 지난 수십여 년 작은 정부론의 영향으로 국책연구소의 연구원 정원을 억제한 결과, 비정규직 비율이 경제인문사회연구회의 경우 50%에 육박하고 국가과학기술연구회의 경우 34%를 넘어서고 있다. 이런 상황에서 온전한 국가미래전략을 기대할 수 없다. 정부출연연구소와 국책연구소 연구원 등 고급 연구인력들에 대한 육성, 지원이 필요하다.

셋째, 앞의 두 가지가 우리가 이미 가지고 있는 장점이라고 한다면, 억제해야 할 단점도 있다. 이는 지난 60여 년 선진국을 모방하여 경제

개발을 추진하던 오랜 관행에서 기인한 것으로서, 외국의 유행을 채용하여 국가전략으로 삼는 행태이다. IMF사태 이후 밀어닥친 신자유주의 경제, 사회문화 열풍 속에서 전반적으로 고도의 경쟁적 줄세우기, 맹목적 서열화, 주체적 조건을 무시한 획일화된 평가작업 등이 무분별하게 양산됨으로써 많은 사회비용을 소모했다. 행정에 평가제도를 획일적으로 도입하는 과정에서 행정의 소극성과 책임회피주의 등이 확산되기도 했다.

넷째, 최근 강조되기 시작한 빅데이터가 행정부의 미래예측 능력을 비약적으로 향상시킬 수 있는 만병통치약으로 인식되고 것도 문제다. 빅데이터는 정부 3.0에서도 중요한 비중을 차지한다. 그러나 빅데이터를 통하여 성공적으로 미래를 예측한 사례는 초기에 제시된 몇 가지를 제외하면 찾아보기 어렵다. 그럼에도 불구하고 정교한 모델 없이 빅데이터만 있으면 저절로 미래를 예측할 수 있다는 비과학적인 환상은 날이 갈수록 증폭되고 있다. 비과학적인 환상과 유행에 근거한 미래행정의 설계는 신중을 기해야 하며, 전문가들의 활발한 비판을 통해 억제되어야 한다.

불확실한 미래를 대비하기 위하여

미래학자들은 미래를 두 가지로 나눈다. 확실한 미래와 불확실한 미래다. 앞서 논의한 행정의 미래전략 기능 확대, 다양한 인구갈등과 서비스, 디지털 융합 국토의 관리 등 미래행정의 과제들은 확실한 미래다. 이에 비해 불확실한 미래가 있다. 불확실하지만 상당한 변화를 몰고 올 수 있는 미래이다. 가장 대표적인 것으로 남북통일을 들 수 있다. 남북 간의 활발한 경제사회적 교류 역시 미래의 행정에 있어서 상당한 질적 변화를 요구할 것이다.

무엇보다도 남북 간의 인구이동은 엄청난 행정수요를 창출할 것이다. 이를 위하여 북한 당국과의 긴밀한 협력시스템이 요구된다. 남북한 주민들의 교육과 자격증을 공인할 수 있는 통일된 제도를 정비해야 할 것이며, 기타 남북평화의 제도화과정, 장기적인 남북연합의 과정 등 시대변화에 부응할 수 있는 상당한 행정적 지원체계가 선도적으로 준비되어야 할 것이다. 그야말로 남북 간의 평화의 제도화과정에서 발생할 교류활성화와 국가연합 등의 상황은 행정의 대변혁을 수반하게 될 것이다.

3

통일전략

한반도에서 분단은 비정상적 상황이다. 지난 70여 년의 분단으로 많은 갈등과 긴장이 존재하면서 한반도의 남과 북을 살아가는 국민들 누구나 온전하지 못한 비정상적 삶을 강요받아왔다. 분단을 극복하고 새로운 통일시대를 열어가야 한다. 분단된 한반도에서 통일은 그 자체가 목표이자 전략이다. '통일'은 대한민국의 미래비전인 '아시아 평화중심 창조국가'를 구현하기 위한 핵심전략이자 궁극의 목표이다.

통일 없이는 미래도 없다

통일은 대한민국의 온전한 미래, 밝고 행복한 미래로 나아가기 위해 반드시 이루어야 하는 과업이다. 원래부터 하나였던 국가, 민족의 단위가 국제정치적 이해관계에 의하여 분단되었으므로 통일은 그 자체로서 근본가치이고 국가 미래전략의 목표이다.

무엇보다 우리사회의 많은 적폐들의 근원이 분단에 있다고 해도 과언이 아닐 만큼, 분단은 대한민국 불행의 원인과 배경이다. 분단은 단순히 물리적 분단을 넘어 체제로써 구조가 되었고 제도가 되었다. 분단은 사회적 문화가 되었고 생활양식과 사고방식, 가치관, 이념이 되었다. 분단구조, 분단제도, 분단문화, 분단이념들이 횡행하는, 분단의 자기완결성이 담보되는, 나아가 스스로 분단을 확대재생산하는 상황에까지 이르렀다.

결국 분단은 국가발전과 국민행복을 근본적으로 가로막는 총체적 장애요인으로 작용하고, 국가적 사회병리현상들을 확산시키는 핵심기제로 작동한다. 민족적, 국가적, 국민적 차원의 비극이며 동아시아를 넘어 세계평화에도 심각한 불안요인으로 작동하고 있다.

분단은 국민불행의 근원이다

분단으로 인한 군사적 적대와 긴장, 전쟁의 위험은 국민의 생존권과 안전을 일상적으로 위협하는 치명적 불안요인이다. 국민의 생존권이 일상적으로 위협받는 상황에서 어떻게 온전한 미래를 이야기할 수 있겠는가?

제도적인 평화정착 없이는 국민생존과 행복, 사회정의, 국가발전이 온전할 수 없다. 민주주의의 성숙한 발전도 지속가능한 경제발전도 불가능하다. 온전한 평화정착 없이는 품격 높은 사회문화, 정신문화의 고양도 어렵다. 윤리와 도덕, 공동체, 사회규범과 질서의 준수도, 더 나아가서는 최소한의 사회적 신뢰 형성마저도 힘들어진다. 이 모든 사회병리 현상들의 근원에 분단체제가 양산하는 적대와 대립, 불신과 증오의 가치관과 배타적 생존방식들이 존재한다.

이처럼 분단은 총체적 국가 저발전과 국민불행의 근본원인으로 작동하는 온전하지 못한 비정상의 체제이다. 즉 분단체제가 지속되는 한 국가의 총체적 발전과 국민행복은 구조적으로 제약받을 수밖에 없다. 결국 분단 극복을 통한 평화정착과 통일이야말로 대한민국의 온전한 미래발전을 가능케 하는 전제적 과제, 선결적 과제이다. 2045년 해방 100주년, '아시아 평화중심 창조국가'로 상징되는 세계 일류국가 건설을 위한 핵심전략으로 '통일전략'이 제기되는 이유가 여기에 있다. 남북의 평화정착과 통일을 통해 한반도는 아시아 중심국가로 자리잡으면서 세계로 뻗어나갈 수 있다.

통일 실현은 국가의 근본목표이다

분단의 최대 위협요인은 안보문제이다. 군사안보문제는 생존권 위협과 직결된다. 분단상황에서 적극적인 '안보의 제도화'가 평화다. 그러한 '평화의 제도화'가 곧 통일이다. 결국 적극적 안보의 제도화를 통해 평화가 정착되고 통일로 나아가게 된다.

평화가 정착되고 통일이 완성되면 적대적 남북관계로 인한 안보문

〈표 6-6〉 분단체제에서 행복과 평화, 안보의 상관관계

행복	평화	인권/기본권	생존권, 존엄, 국민기본권, 정치적 민주화	진리, 정의, 자유, 평등, 법치 보장, 억압, 차별 해소
		안보	국방(국가/국토) 치안, 국제적 테러	군사대립 해소, 평화정착 자주적 국제외교-국방, 법질서 규범, 안전한 사회, 국제사회 기여
		안정/번영	기술발전, 경제적 번영 사회문화적 풍요	과학기술 중시, 성장-복지 선순환, 정신문화-교육 고도화, 사회다양성 포용 등

* '행복을 위한 평화' '평화를 위한 안보'가 성립된다. '평화를 위한 행복' '안보를 위한 평화'는 어법상 적절치 않다. 평화는 그 자체로 인권/기본권, 안보와 안정/번영의 물적 토대이다.

제는 해결된다. 결국, 분단국인 우리에게 평화와 통일은 기본적인 생존의 안정성을 보장하는 그 어떠한 가치보다 앞서는 근본 국익이다.

통일, 무엇을 가능하게 하는가

통일의 미래는 분단으로 인한 국가 저발전과 국민불행의 사회병리들이 해소되는 세상이다. 분단으로 인한 국가적 병폐와 사회병리들은 어떤 것들이 있을까? 남북의 평화와 통일은 우리에게 어떤 미래를 가져다줄 것인가?

통일한국은 분단시대 남북한의 위상과는 비교할 수 없을 정도로 커다란 시너지효과를 창출, 국제사회에 큰 영향을 미친다. 통일한국은 정치, 군사안보, 경제, 사회문화적으로 중견강대국의 대열에 들어서면서 국제사회에서의 발언권이 매우 강화된다.

대체로 우리 국민들은 통일이 되면, 현재 분단상태보다 훨씬 삶이 윤택하고 행복해질 것이라는 생각을 갖고 있다. 그러나 우리가 원하는 방향으로 통일이 되지 않는다면, 분단상황보다도 못한 통일이 될 가능성도 존재한다. 과거 통일의 목표와 방향에 대한 준비 없이 통일했다가 갈등만을 초래한 남북예멘 사례에서 보듯이, 준비되지 않은 성급한 통일은 오히려 분단상태보다 못한 결과를 초래한다. 우리가 원하는 통일국가는 7천 5백만 우리민족이 주체가 되어 자유와 정의, 평등, 민주주의, 법치주의, 세계평화주의를 실천하는 국가여야 한다. 통일은 분단 이전 상황으로의 복귀가 아니라, 21세기 한반도의 미래를 대비하고, 변화하는 세계환경에서 한반도의 위상을 강화하는 계기가 되어야 한다. 또한 동아시아 및 세계의 평화와 발전을 위해 기여할 수 있어야 한다.

국민생존권 안정화

통일은 국민생존과 안전이 위협받는 적대상황을 근원적으로 해소한다. 분단은 전쟁의 위험을 지속적으로 안고 있다. 1993~1994년 5~6회에 걸쳐 있었던 심각한 전쟁위기[4]와 같이, 한반도는 우리가 인식하든 인식하지 못하든 심각한 전쟁위기를 수도 없이 겪었다.

한반도에서 전쟁은 완벽하고 철저한 공멸과 파멸이다. 세계 최대의 군사무기 밀집지역이 한반도다. 전쟁의 당사자든 주변인이든 모두 완벽한 파괴의 대상들일뿐이다. 남북의 전쟁은 동북아의 전쟁이며, 세계적 차원의 전쟁이다. 절대로 있어서는 안 되는 상상할 수 없는 인류적 재앙이다. 그 모든 위험을 구조적이고 제도적으로 해소할 수 있는 것이 바로 평화의 제도화, 즉 평화체제 정착을 통한 통일실현이다.

정치적 발전과 민주주의 확대

분단은 또 민주정치 발전을 저해하는 구조적 제약요인이다. 분단은 군사독재, 권위주의 정치의 명분이었다. 권위주의 독재정권의 시기, 왜곡된 안보논리로 과장, 악용된 분단은 국민기본권과 인권을 유린하고 자유, 민주, 평등의 가치들을 박탈, 제약하는 명분이었다. 이러한 정치 저발전의 원인이었던 분단은 평화로 해소될 수 있다. 평화정착을 통한 통일실현으로 통일한국은 대한민국이 쌓아올린 민주주의 토대에 국민의 기본권이 제대로 실현되고 보장되는 새로운 정치체제를 구축할 수 있다.

통일한국에서는 더이상 실질적 민주주의와 국민기본권이 제약받지 않는다. 평화의 바탕 위에서 정치선진화는 경제민주화로 상징되는 경제적 선진화를 고양할 것이고 사회문화 전반의 선진화로 확산될 것이다. 그 속에서 윤리와 도덕, 법과 질서, 가치와 규범이 온전히 자리잡는 품격 높은 사회로 나아가게 되는 것이다.

또 통일한국의 모든 국민은 인간으로서의 존엄과 자유, 인권, 평등 등 기본적 권리를 보장받는 체제를 지향한다. 다원주의적 자유민주주의에 바탕을 둔 정치체제가 작동되어 사회 각계각층의 다양한 목소리가 존재하며 경쟁과 협력, 견제와 타협을 통한 의견교환이 이루어지는 체제를 구현한다.

국제적 위상 강화

분단은 국제정치 무대에서 남북 모두에게 상당한 외교적 손실과 국제적 위상 추락을 초래했다. 때에 따라 정치군사적 자율성, 자주권에도 손상을 입혔고, 이는 모두 온전한 국가주권과 독립성을 훼손하는 부분들이다. 결국 남북이 국제정치의 외교무대에서 서로 헐뜯고 경쟁하는 동안 한반도와 동북아의 외교적 편익들은 주변 국가들이 취해왔다.

군사적 자주권과 외교적 자율성 문제는 국제정치적 위상의 문제이며 국가존엄과 국민존엄의 가치들을 왜곡한다. 한반도에 평화가 정착되고 통일이 실현된다면, 한반도 통일국가의 위상은 주변 4대강국과 실질적으로 어깨를 나란히 하게 된다. 통일한국(7,500만 명)은 아시아 중심국가로 부상할 것이다. 우리보다 많은 인구를 가진 선진국은 미국(3억 1천만 명), 일본(1억 3천만 명), 독일(8,200만 명)밖에 없다. 프랑스(6,400만 명), 영국(6,100만 명), 이탈리아(6,000만 명)보다 더 많은 인구를 가진 국가로 부상하여 국제사회에서의 발언권과 위상이 높아진다.

통일은 그 자체로도 불안정한 동북아의 정치지형을 변화시키고 역내 평화와 안정에 기여한다. 통일을 통해 동북아 안보의 핵심적 위협 요인인 북핵문제가 해결됨으로써, 비핵 평화국가의 위상으로 협력적인 국제질서를 창출한다.

통일한국은 인류의 평화와 보편적 발전에 기여하는 국가가 된다. 국가의 품격이 제고되어 국제사회가 인정하는 세계 일류국가로서 발돋움하는 것이다. 그리고 세계평화와 발전의 모델을 제시하여 분쟁과 갈등지역에 통일한국의 화합모델을 전수하는 역할을 수행할 수 있다.

경제적 번영

분단은 경제적 저발전의 직접적 배경이었다. 분단이 유발하는 직간접적인 분단비용은 수치화할 수 있는 규모와 범주의 수준이 아니다. 상상을 초월하는 규모다. 통일비용론[5]이 그것의 적실성 여부를 떠나 아무리 크다 한들, 분단비용에 비하면 매우 작은 수준이다.

통일은 남과 북 모두에게 상당한 경제적 번영을 보장한다. 대한민국 경제가 구조적 저성장과 불황으로 내몰리는 상황에서 평화를 기반으로 한 남북경제협력은 우리에게 최대의 기회이다. 북한은 우리에게 엄청난 경제적 기회의 땅이며 블루오션이고, 대한민국 경제 대도약의 최대 가능성이다.

2009년 세계 최대 투자금융기관인 골드만삭스는 남과 북이 점진적, 평화적 통일을 이룬 후의 경제규모를 예측한 바 있다. 보고서는 장기적 관점에서 통일한국의 잠재적 규모를 매우 높게 평가했다. 북한의 성장잠재력이 실현된다면, 미 달러화 기준으로 통일 한국의 GDP가 30년에서 40년 후 프랑스, 독일을 추월하고 일본까지도 앞지를 수도 있을 것으로 전망한다. 이러한 예측에서 보면 2050년 통일한국의 규모는 미국을 제외한 대부분의 G-7 국가와 동등하거나 넘어설 것이라는 전망이다. 2050년 통일 한국의 1인당 국민소득은 8만 6,000달러로 전망했다.[6]

〈표 6-7〉 통일 후 세계 GDP 예상순위

명목 GDP 순위	통일시기		
	2030년	2040년	2050년
1	중국(25,652)	중국(45,019)	중국(70,605)
2	미국(22,821)	미국(29,827)	미국(38,520)
3	인도(6,748)	인도(16,715)	인도(38,227)
4	일본(5,812)	브라질(6,631)	브라질(11,366)
5	러시아(4,269)	러시아(6,316)	멕시코(9,343)
6	독일(3,764)	일본(6,040)	러시아(8,564)
7	브라질(3,720)	멕시코(5,455)	통일한국(7,166)
8	통일한국(3,655)	통일한국(5,333)	인도네시아(7,010)
9	영국(3,627)	독일(4,391)	일본(6,675)
10	프랑스(3,306)	영국(4,383)	영국(4,786)

자료: 골드만삭스 "BRICs and Beyond", 2007.
*괄호( ): 명목 GDP, 단위: US$ bn

개성공단과 남북경제협력의 경험적 사례들만 보더라도 통일한국의 경제는 질적, 양적으로 다른 차원의 번영과 발전을 예견하게 한다. 남북이 상호존중의 자세를 바탕으로 평화로 나아갈 때 남북경제협력의 폭발력은 어느 정도일까? 북한 전 지역에, 장기간에 걸쳐 전개될 거대 규모의 국가급 SOC와 대규모 산업인프라 건설시장은 1980년대 우리 경제의 호재였던 중동특수의 수십 배에 달할 것이다. 국내 주요 토목

건설사들이 호황을 누리게 되면 대한민국 경제 자체가 도약한다. 이미 오래전에 경쟁력을 잃은 섬유, 전자 등의 노동집약산업만 하더라도 남과 북이 만나면 세계최고의 경쟁력을 가진다.[7]

남북경제협력은 단순히 기술과 노동의 결합만으로도 세계 최고의 경쟁력을 가진다. 조선, 전자, 섬유 등 전통 제조업은 삽시간에 다시 경쟁력을 가진다. 더 나아가 우리의 고급기술과 자본이 북한의 고급노동력, 싼 임금, 무궁무진한 국가소유의 토지와 결합하면 어떻게 될까? 그것은 지금까지 어느 나라도 경험하지 못한 경제 대도약의 폭발력을 가진다.

북한지역에 매장되어 있는 상당한 지하자원의 가치는 어떤가? 우리의 자본과 기술이 북한의 지하자원을 활용하면 남과 북은 공히 괄목할 만한 원원의 발전을 하게 된다. 통일은 그 모든 기회를 현실화한다. 통일이 가져다줄 경제적 실익은 폭발적이다.

이외에도 한반도 평화정착의 과정은 '코리아 리스크' 해소로 국가브랜드 가치 상승과 한반도에 대한 해외투자를 증대시킨다. 더불어 남과 북을 연계한 관광자원 개발, 비무장지대의 생태, 평화공원 조성 등으로 한반도는 세계적 관광명소로 발돋움하게 된다. 또한 남북평화경제, 통일경제의 과정은 현재 우리 대한민국이 직면한 다양한 경제문제들을 해소하는 기회가 될 수 있다. 경제민주화의 과제, 양극화, 비정규직, 청년실업 등의 일자리문제 등은 폭발하는 평화경제 활성화과정에서 대부분 해소될 수 있는 과제들이다.

사회문화 발전과 신뢰사회 구현

분단은 우리의 정신문화를 피폐화시킨다. 분단문화가 우리 국민들의 가치규범, 정서, 사고, 인식에 미치는 영향 또한 매우 부정적이다. 분단은 화해협력과 상생, 관용과 포용, 나눔과 배려, 신뢰 등의 이타적 가치가 아닌 적대와 대립, 반목과 질시, 불신과 비난 등의 배타적 이기를 가르친다. 사회문화적 가치, 정신문화를 그렇게 왜곡하고 있다.

또한 엄혹한 이분법과 흑백논리, 확일주의, 폭력적 군사문화를 가르친다. 적대와 대립의 극단적 체제경쟁 속에서 진리와 정의, 자유와 양심도 훼손시킬 수 있다. 분단은 매우 비극적인 비정상적 체제이며, 그런 비정상의 정상화를 구조화한다. 반면에 통일은 윤리와 도덕, 법치와 규범의 원칙과 상식을 바로 세우고 진리와 자유, 정의와 양심, 관용과 포용, 나눔과 배려의 품격 높은 이타적 정신문화들을 고양시킬 수 있다.

분단 속에서 교육이 제대로 설수 있는가? 분단 속에서 가르치는 교육은 분단의 이념교육이 된다. 적대가 일상화되면 그 속을 살아가는 모든 사람들과 사회구조 자체가 이분법적으로 대립화, 구조화 된다. 그것이 문화가 되고 교육이 되고, 윤리가 되고, 규범이 되는 것이다.

더불어 분단은 사회문화적으로 적대와 불신을 구조화한다. 원칙과 상식의 파괴, 윤리와 도덕의 추락, 절차와 규범 무시, 탈법과 부정의 만연은 극단적 불신사회를 만들어간다. 사회적 공동체 속에서 정부조차도 신뢰하지 않는 극단적 불신사회로 가고 있다.[8] 하지만 이런 불신의 사회는 평화정착으로 개선해갈 수 있으며, 통일을 통해 품격 높은 신뢰사회와 삶의 질을 고양할 수 있다.

통일한국은 다원화되고 자율적인 사회로 진입하게 된다. 분단은 권위주의, 집단 간 편견과 차별의식, 사고의 확일화 등을 초래했으나 통일한국에서는 다양한 문화가 조화를 이룬 가운데 개인의 자율성과 창의성이 확대, 재생산되는 다원주의사회가 형성된다. 통일과정에서 갈등과 분열을 해소하고 화합의 정치력을 발휘하여, 다른 나라에 대해 개방적인 자세를 견지하는 개방적 역동사회가 확립되는 것이다.

통일한국의 사회는 분단고통 해소로 삶의 안정감이 증대된다. 이산가족 등 분단시대 겪었던 인간적 고통 및 분단문제로 인한 이념갈등이 해소되어 삶의 질이 향상된다. 남북한 주민 모두가 자유, 복지, 인권의 향유를 통해 삶의 만족도가 향상될 것이다.

통일, 어떻게 이룰 것인가?

통일로 가기 위해서는 먼저 상호존중의 정신을 바탕으로 화해협력하는 평화를 구축해야 한다. 미래사회 변화의 주요동인인 과학기술, 자원, 인구, 환경협력 측면에서도 한반도의 평화는 남과 북에게 상당한 기회와 발전가능성들을 담보한다. 미래전략의 능동적 활용가능성들이 넓어지는 것이다.

과학기술 측면에서의 남북협력은 상호보완과 발전의 시너지효과를 발생시킨다. 북한의 과학기술은 기초과학분야, 줄기세포[9] 등의 생명과학분야, 군사분야,[10] 위성분야에서 상당한 역량을 보유하고 있는 것으로 평가된다. 남북이 과학기술협력을 통해 이 기술력을 산업기술로 바꿔나간다면 그 효과는 상당할 것이다.

자원분야의 남북협력은 국가미래전략적 관점에서 남북경제의 대도약을 위해 가장 기대되는 분야다. 우리의 자본과 기술이 북한의 지하자원과 만났을 때의 시너지효과는 엄청날 것으로 전망된다.

북한은 나라 전체가 '금광'으로 불릴 만큼 지하자원 매장량이 상당하다. 석유,[11] 희토류,[12] 우라늄, 마그네사이트, 텅스텐, 흑연 등 희귀 광물자원이 매우 풍부한 것으로 알려져 있다.[13] 특히 석유문제와 희토류 문제는 미국의 대북정책 등 국제정치적으로 북한문제가 새로운 성격으로 변화될 수 있는 게임체인저game-changer[14]로 작용할 수도 있다. 남북의 자원, 에너지협력은 국가미래전략 관점에서 우리의 고질적 문제였던 자원문제, 에너지문제를 적극적으로 해결할 수 있는, 오히려 능동적 기회로 활용할 수 있는 계기가 될 것으로 전망된다.

한편 저출산고령화로 상징되는 인구문제도 남과 북의 평화협력 속에서 새로운 해법을 모색할 수 있는 가능성들이 있다. 인구문제의 핵심은 생산인구의 상대적 감소다. 북한 인구는 약 2,500만으로 인구규모와 구성에 있어 우리 사회가 안고 있는 저출산, 고령화의 비정상 구조가 아니다. 오히려 향후 경제적 성장이 가시화[15]되면서 보편적으로 나타나는 인구성장이 두드러질 가능성이 높다.

이렇듯 평화를 기반으로 한 남북경협은 실질적인 남북 경제공동체를 가능하게 하여 기존의 경제번영과는 비교할 수 없는 경제번영으로 우리에게는 제2의 한강의 기적을, 북한에게는 대동강의 기적을 가능케 할 것이다. 나아가 남북의 경제공동체는 당면한 우리사회의 인구문제, 에너지, 자원문제를 직접적이고 구체적으로 상당한 수준에서 해소해줄 수 있는 가능성을 열어줄 것이다.

통일전략에 체계를 세워야 한다

통일은 질적으로 다른 품격 높은 신뢰사회를 가능케 한다. 남북한 국민들의 행복과 번영의 토대가 되는 통일을 이루기 위해서는 다양한 전략이 필요하다. 먼저 통일에 대한 개념정의부터 시작해서 어떤 통일을 이루는가에 대한 합의가 있어야 한다. 이를 위해서는 통일에 대한 전 국민적인 공감대가 형성되어야 하고, 이를 추진하고 뒷받침할 수 있는 물질적, 제도적 준비가 필요하다.

통일 개념 : 평화를 토대로 한 통일이어야 한다

통일의 개념은 먼저 평화를 바탕으로 한다. 평화는 남과 북의 적대관계와 군사적 긴장이 구조적, 제도적으로 사라진 상황을 의미한다.

대다수 국민들이 통일의 개념에 대해 잘못 알고 있다.[16] 국민들이 통일문제를 부담스러워하는 이유는 가능하지도, 가능할 수도, 가능해서도 안 되는 통일의 개념을 그리고 있기 때문이다. 대한민국의 무궁번영하는 밝은 미래와 발전, 국민행복을 상정하는 미래전략을 고민한다면 최소한 '평화가 곧 통일'임을 인식할 수 있어야 한다.

북한의 급격한 붕괴로 휴전선이 허물어지고 단일한 경제체제와 법제도 속에서 한 사람의 대통령을 뽑고 그야말로 완벽한 하나가 되는 그런 통일은 현실적으로 가능하지 않다. 나아가 미래에 가능할 수도 없고, 통일의 목적과 가치 측면에서 가능해서도 안 된다.[17]

평화의 과정과 절차 없이 갑작스럽게 찾아오는 통일은 지양해야 한다. 그것은 남북 모두에게 감당할 수 없는 재앙이다. 그것은 우리가 통일하고자 하는 목적인 국가발전과 국민행복의 가치에도 크게 반하는 모습이다.

그것은 첫째, 현재의 남한과 북한이 처한 상황과 구조상 어느 일방이 일방을 극복할 수도, 해서도 안 된다는 것이고, 둘째, 북한이 자연스럽게 스스로 붕괴될 수 있는 상황도 아니며, 셋째, 분단체제 70여 년의 남북관계 구조상, 그리고 현재의 남북이 처한 상황상, 급격한 통일 상황은 남북 모두에게 상호감당할 수 없는 정치, 경제, 사회문화적 문제들을 야기한다. 결국 그 상황은 통일하지 않는 상황보다 못한, 남북 공멸의 대재앙으로 발전할 수도 있다. 요약해보면 통일의 실체적, 현실적 개념은 '평화의 오랜 제도화과정'인 것이다.

통일방법 : 평화통일은 합의통일이다

통일의 목적은 행복이다. 자명한 진리다. 그런데 남과 북이 현재 처한 구조상 상호합의에 의한 통일 말고 가능한 통일은 없다. 합의에 의하지 않은 통일은 결국 전쟁밖에 없다. 남과 북의 전쟁은 철저한 공멸이므로 전쟁에 의한 통일은 통일전략이 될 수 없다. 결국 '북한 극복, 흡수'라는 전쟁상황을 통한 통일은 있을 수 없는, 있어서도 안 되는 민족공멸의 길이다.

독일 통일을 흡수통일로 설명하지만, 흡수통일 이전에 독일 통일은 상호합의에 의한 통일이었다. 동독의 몰락으로 서독이 흡수한 통일이 아니라 동독 의회가 통일을 합의, 승인하고 이후 동서독 양 국가가 동등한 자격으로 상호합의하여 이룩한 평화적 합의통일이라는 것이다.

통일원칙 : 상호존중

남과 북이 상호체제와 제도를 있는 그대로 존중하는 순간 평화가 정착되고, 그 평화가 구조화되면 통일이 되기 때문에 별도로 통일비용이 들지 않는다. 상호존중에 입각한 평화와 통일의 길에서 남과 북은 공히 원원의 경제적 번영을 구가하지만 경제발전의 궤적은 남측과 북측의 사회체제와 경제제도적 메카니즘을 따라간다. 결국 '다름'이 공존하는 발전인 것이다.

이렇듯 평화와 통일은 상호존중으로 시작해서 상호존중으로 완성된다. 상호존중의 정신과 태도만 있으면 된다. 역사적으로 남북 간의 통일과 관련한 가장 중요한 4개의 합의는 박정희 대통령의 1972년 7.4남북공동성명, 노태우 대통령의 1991년 남북기본합의서, 김대중 대통령의 2000년 6.15공동선언, 노무현 대통령의 2007년 10.4선언이 있다. 남북통일과 평화의 대장전인 이 네 번의 합의에서 핵심적인 공통점 하나만 꼽으라면 그것은 '상호존중'이다. 남북의 평화와 통일은 상호존중으로 시작해서 상호존중으로 완성된다.

이후 발생하는 비용은 통일비용이 아니라 경제번영의 투자비용들이다. 남북의 평화가 수립된 이후 남북경제협력과 전 국토의 평화적 이용에 관한 합의를 통해 북한에 도로, 건설, 교통 등의 SOC 건설을 한다고 가정하자. 그 모든 거대 토목건설공사의 비용들은 북한의 지하자원이나 노동력, 혹은 다른 것으로 보상되어질 것이다. 유무상통有無相通하면 된다. 엄청난 원원인 것이다.

오히려 북한 전 지역에 걸쳐 국가적 차원의 대규모 건설, 토목공사들이 진행되면, 그것은 규모와 범위, 파급효과에 있어서 과거 중동특수와는 비교할 수 없을 정도의 엄청난 경제적 효과와 내수진작의 경기부양을 가져다줄 것이다. 기간도 짧게는 10~20여 년 길게는 20~30여 년까지 지속될 것이다. 대한민국 경제와 한반도가 무궁부강해지는 것이다.

평화와 통일의 과정

우리나라의 공식통일방안은 '민족공동체 통일방안'이다. 1989년

9월 노태우 정부에 의해 '한민족공동체통일방안'으로 처음 제시되었다가 이후 1994년 8월 김영삼 정부가 '한민족공동체 건설을 위한 3단계 통일방안(민족공동체 통일방안)'으로 보완, 발전시켰다. 민족공동체 통일방안은 통일의 3원칙으로 '자주, 평화, 민주'(민족대단결)[18]로 설정하고 통일과정을 '화해협력→남북연합→통일국가' 3단계로 상정한다.

여기에서 핵심은 남과 북이 상호체제와 제도를 인정하고, 적대·대립관계를 공존·공영의 관계로 발전시키기 위해 다각적인 교류협력을 전개해가면서 남북연합의 실질적인 단계로 나아가자는 것이다. 3단계 통일과정에서 '화해협력'에서 '남북연합'으로 가는 사이에 정치군사적 신뢰구축을 거쳐 정전협정을 평화협정으로 대체하는 등의 과정을 통칭하여 '평화체제'로 상정할 수 있다. 북한의 통일방안인 '연방제' 방안은 단계를 달리할 뿐, 우리의 국가연합제와 유사하다. 그래서 '낮은 단계 연방' 개념과 '국가연합제'가 유사하게 수렴한다고 보고 그 방향에서 통일을 지향해가기로 한 것이다.[19]

어떠한 조건과 상황이든 남과 북의 평화에 대한민국의 미래가 있음을 인식한다면 결국 평화정착의 길을 모색해야 한다. 어렵지 않다. '상호존중'의 태도 하나면 된다.

구체적 통일 준비

통일에 대해서는 현실주의적 접근이 필요하다. 통일은 장기적 차원의 문제이므로 통일지상주의에서 탈피, 화해와 협력의 구도하에 여러 가지 단계와 조정을 거쳐 통일의 여건 조성이라는 접근태도가 필요하다. 통일은 결단의 산물로서 주변국가를 설득하는 외교적 능력과 국내적으로 국민을 통합하는 능력이 있을 때 가능하다. 국민통합을 위해

〈표 6-8〉 평화와 통일의 과정

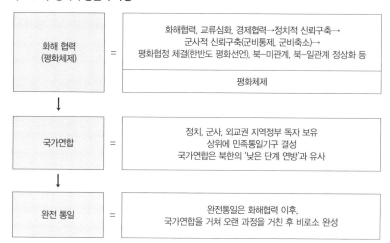

화해 협력 (평화체제)	=	화해협력, 교류심화, 경제협력→정치적 신뢰구축→ 군사적 신뢰구축(군비통제, 군비축소)→ 평화협정 체결(한반도 평화선언), 북−미관계, 북−일관계 정상화 등
		평화체제

↓

국가연합	=	정치, 군사, 외교권 지역정부 독자 보유 상위에 민족통일기구 결성 국가연합은 북한의 '낮은 단계 연방'과 유사

↓

완전 통일	=	완전통일은 화해협력 이후, 국가연합을 거쳐 오랜 과정을 거친 후 비로소 완성

* 민족공동체 통일방안: 화해협력→남북연합(남북정상회의, 각료회의)→완전통일
  자유, 복지, 인간존엄이 구현되는 자유민주주의국가

* 고려민주연방공화국: 자주, 평화, 민족대단결 원칙으로 연방정부 수립, 낮은 단계 연방은 국가연합, 모
  든 권한 지역정부 보유, 자주/중립/평화민주국가

서는 국민 모두가 통일과정에 참여하는 새로운 통일 패러다임도 필요
하다.

과거 통일운동 내지 통일논의가 일부 계층의 전유물로 인식되던 분
위기에서 탈피해, 학생, 시민단체 등을 비롯한 각계각층이 참가할 수
있는 분위기가 조성되어야 한다. 이를 위해서는 정부와 민간 차원의
통일운동 역할분담 및 협조 등이 필요하다. 초당적 협력을 바탕으로
대북문제와 관련한 국민들의 다양한 욕구를 구체적으로 파악할 수 있
는 여론조사, 공청회 개최 등을 통해 의견을 수렴하고 이를 정책에 반
영해야 한다.

동서독 통일 사례에서 보듯이 통일은 국제사회의 지지와 협력이 절

대적으로 필요하다. 특히 한반도는 북한의 도발로 언제든지 긴장국면이 조성될 수 있는 지역이므로 한반도에서의 안보저해요인을 제거하고 통일대비 국제역량을 강화해야 한다. 안보저해요인 제거를 위해서는 한미동맹 강화 및 대중외교 강화가 필수이다.

한국은 국제사회에서의 역할증대와 함께 다른 국가들과 보편타당한 가치를 공유하는 단계로 나아가야 한다. 특히 급성장하는 동아시아의 평화와 협력안보를 정착하는 데 우리의 역할을 확대해야 한다. 동아시아의 평화와 협력은 우리의 경제번영을 위해서도 필요하지만, 우리의 평화통일을 위한 국제적 환경의 조성을 위해서도 필요한 부분이다. 과거 냉전시기에 유럽의 유럽안보협력기구OSCE가 독일통일에 유리한 터전을 제공했던 사실을 유념해서 우리의 통일외교는 동아시아에서 신뢰와 협력을 촉진하는 데 기여해야 한다.

통일은 정부조직과 구조의 변화를 초래하는 큰 사건이다. 통일을 체계적으로 추진할 역량강화를 위해서는 조직체계를 새로 마련해야 한다. 그리고 통일에 대한 국민적 관심확대와 공감대 형성을 위한 홍보의 중요성을 인식해야 한다. 각 지역단체, 봉사단체, 종교단체, 공익단체, 사회단체와 법인들과 연계해서 통일의 편익과 혜택에 관한 공감대를 확산시켜야 할 것이다.

통일재원 조달도 중요하다. 통일을 위한 세금은 찬반논쟁이 많고 국민들의 비용부담이 많아 향후 통일대비 재정을 지금부터 준비해서 확보해야 한다. 현재 남북협력기금이 1조원에 이르고 있으나, 통일대비를 위해 더 많은 재원이 필요한 것이다. 통일재원 조성방안으로는 통일세 등 세금분야에서의 재원조성, 남북협력기금과 연계한 통일재원 조성, 채권발행을 통한 방법, 해외자본의 차입, 공공기금 중 대북지원 관련

기금의 활용을 들 수 있다. 통일복권을 발행하거나 통일마일리지를 채택하는 방안도 있다.

국민통합이란 관점에서 탈북자와 해외동포 전략을 새로 정립해야 한다. 국내정착 탈북자에 대한 관리 및 한국사회 적응 여부는 향후 남북통합의 시금석이 될 것이다. 이들이 우리사회에 온전히 적응할 수 있도록 적극 지원하고 문제점을 해결함으로써 장기적으로 남북통합시 초래될 혼란을 최소화할 수 있어야 한다.

올바른 통일교육은 꼭 필요하다. 통일교육은 북한경제사회에 대한 정확한 지식을 축적하는 데서 시작한다. 특히 자라나는 통일미래세대인 청소년, 학생 들은 통일에 대한 관심이 매우 저조하므로 이들에 대한 통일교육의 강화가 필요하다.

아시아, 세계평화의 비전 : 한반도평화

해방 100주년이 되는 2045년, 향후 30년 후의 아시아지역은 세계경제, 정치, 과학기술, 문화질서의 중심축으로 성장할 것이라는 전망이 일반적이다. 『메가트렌드Megatrends』의 저자 존 나이스빗John Naisbitt은 1982년에 아시아의 부활을 전망했고 그것은 이미 현실이 되고 있다. 향후 20~30년 이내에 전 세계 GDP와 인구의 50% 이상을 아시아가 점유한다. 첨단과학기술과 군사력에서도 아시아는 2030년 이후 북미와 유럽을 능가하게 된다.

아시아 태평양권이 결국 세계질서의 명실상부한 중심이 된다. 이러한 아시아지역의 미래가치 속에서 대한민국의 위상, 남북평화를 토대로 남북통일로 달라진 품격 높은 한반도의 세계적 위상이 존재하게 되는 것이다.

〈표 6-9〉 세계경제 비중의 변화전망

(단위: %)

구분	북미(NAFTA)	유럽(EU)	아시아 (ASIA)		기타 지역
			전체	Big4	
1960	43.1	23.2	12.2	10.7	21.5
1970	40.1	26.0	14.5	12.5	19.4
1980	27.7	31.7	19.2	13.8	21.4
1990	29.1	31.2	20.2	17.7	19.5
2008	28.0	30.2	22.9	18.7	18.9
2040(E)	22.5	15.6	41.8	36.5	20.1

* 유럽은 1990년 이전 EU 15개국 2007년 EU 27개국, 아시아는 중동 포함, Big4는 한, 중, 일, 인도임
자료: WDI, Taiwan Statistical Data Book, IMF WEO, International Financial Statistics, 한국은행

미-중-일-러, 세계 최대 열강들이 충돌하는 동북아시아에서 한국의 위상과 역할은 크게 달라져 있을 것이다. 우리가 남북평화의 이니셔티브를 갖고 지역 내에서의 국제적 평화전략을 내세울 때 가능하다. 그렇게 하여 자연스럽게 한반도의 평화와 통일이 주변국가 자신들의 국익에도 도움이 되는 새로운 기회라 생각하게 만들어야 한다. 실지로 동북아지역의 평화는 대한민국과 주변국 모두에게 기회이고 비전이다.

남북이 주도하는 한반도의 평화와 통일은 동북아의 평화를 가능하게 할 것이다. 동북아의 평화는 세계평화를 선도하게 될 것이다. 결국 한반도 통일전략은 대한민국이 향후 아시아평화와 세계평화의 중심국가로 상징화되는 결정적 토대가 될 것이다.

세계 유일의 마지막 남은 냉전고도라는 지난 시기의 오명을 아시아

와 세계평화의 상징적 구심으로 변모시켜야 한다. 세계 평화네트워크의 축, 중심 허브로써 대한민국이 성장, 도약해갈 수 있는 그 모든 비전이 평화와 통일에 있다. 결국 '통일전략' 속에서 대한민국의 미래는 '아시아 평화중심의 창조국가'로 나아가게 되는 것이다.

4

외교전략

미래를 예측하는 가장 쉬운 방법은 '미래를 만드는 것'이라고 한다. 내가 원하는 미래를 그려놓고 그 미래를 만들어가면 미래는 '실현되기' 때문이다. 하지만 이렇게 미래를 만드는 것은 아무나 할 수 있는 일이 아니다. 설사 그런 능력을 갖고 있다 하더라도 비슷한 능력을 가진, 그러나 다른 미래를 상상하는 사람들과의 경쟁과 투쟁, 상호작용 때문에 나의 미래가 꼭 관철된다는 보장은 없다.

한국의 경우에는 우리가 원하는 미래를 그릴 수는 있지만, 사실 객관적으로 볼 때 국제정치의 영역에서 미래를 만들어나갈 독자적인 능력이 없다. 국제정치라는 장은 과거에는 제국들이, 현재에는 강대국들이 미래를 만들어간다. 그리고 선진국에서 만들어진 경제적, 군사적, 기술적, 문화적, 제도적 추세가 국제정치의 흐름을 만들어간다. 비록 한국이 미래를 만들지는 못하지만 강대국들의 상호작용과 세계의 주요한 추세들을 파악하면 어느 정도 한계 내에서 가능한 몇 개의 미래를 추출해낼 수 있고, 또 그 가능한 미래들 가운데에서 가장 현실성이 있는 미래를 다시 뽑아낼 수 있다.

이러한 의미에서 이 글은 2045년경의 한반도와 국제정치의 미래를 예상하여, 우리의 미래를 준비하는 글이다. 이 작업은 비록 지금의 시점에서는 먼 미래를 내다보고 있지만 꼭 해야 할 작업이다. 왜냐하면 다음 세대를 위해서 미리 준비해야 하기 때문이다. 근시안적으로 현재에 매몰되다보면 변화하는 흐름을 못 읽고 국가의 미래에 필요한 자원과 자산을 엉뚱하게 딴 곳에서 낭비하게 된다. 그리고 다음 세대에게 평화롭고 번영된 국가를 물려주지 못한다.

이 장에서는 가장 가능성이 있는 미래에 대한 전망을 중심으로 하여, 우리에게 가장 바람직한 미래비전을 그려보고 이를 실현하는 데 있어서 기회와 도전은 무엇이고, 실현전략은 무엇인지를 밝히고자 한다. 그리고 이러한 문제의식을 토대로 2045년 외교안보분야에서 바람직한 미래비전을 '아시아 평화중심국가'로 설정하고 있다. 이를 실현하기 위해 한반도, 동북아, 세계전략의 방향을 제시하는 동시에, 그에 소요되는 국력의 성격을 살펴본다. 결론에서는 이러한 미래구상이 2015년 오늘의 현실에 주는 정책적 함의를 도출해내고자 한다.

미래전망 : 세 가지 시나리오

2045년의 한반도와 동북아시아 질서와 관련하여 세 가지 정도의 시나리오를 생각해볼 수 있다. 이 시나리오는 우리의 선택에 의해서도 좌우되지만 주변 강대국의 선택이 큰 영향을 미친다.

갈등과 협력의 혼재 : 불안한 현상유지

2045년까지 한반도의 상황은 지금과 같은 갈등과 협력의 혼재상태가 지속될 가능성을 배제할 수 없다. 즉 전면적인 전쟁은 일어나지 않지만 그렇다고 분단의 문제가 완전히 해결되지도 않는 현 상태의 지속이다. 남북분단이 지속되는 가운데 남북관계는 협력과 대립을 반복할 것이며 때에 따라서는 국지적인 간헐적 군사충돌이 발생할 수도 있다. 남북한 간에는 신뢰수준이 미약하여 협력도 신뢰에 기초한 협력이라기보다는 정치적 필요에 의한 협력이 될 것이며, 반면 남북 간에 작동하는 억지력에 의하여 갈등 역시 전면전으로 비화되지 않는 간헐적이고 국지적인 갈등이 될 가능성이 크다. 이런 상태가 지속되면 평화와 위기의 구분은 불분명해지고 '불안정한 평화unstable peace' 또는 상호 의심하는 공존이 영구지속될 수 있다. 이렇게 신뢰가 형성되어 있지 않고, 언제 협력이 갈등으로 전환될지 모르는 상황에서는 한반도에서 평화와 번영을 담보하기 어려우며, 한국 외교가 지향하는 유라시아대륙과 한반도의 연결이라는 목표는 달성하기 어려워진다. 한반도 민족경제공동체 형성은 불투명해지고 대륙이라는 새로운 번영공간을 향한 우리의 염원은 좌절하게 된다. 통일은 고사하고 평화공존과 상생의 가능성도 언제 어떻게 될지 모르는 시나리오다.

한반도의 '불안한 현상유지 시나리오'는 다음 상황에서 가능해진다. 김정은 체제는 '경제발전과 핵 보유'라는 병진정책을 유지하는 가운데 권력기반을 공고히 하고, 선군정치 기조하에 북한 군부 역시 우월적 지위를 강화해나가는 것을 전제로 한다. 북의 군사적 도발과 이에 대한 남한과 국제사회의 응징, 그리고 다시 북한의 군사적 도발이라는 악순환은 계속된다. 그리고 이러한 불안한 분단체제 유지는 한국사회의 양극화와 남남갈등을 심화시키면서 정권이 바뀔 때마다 대북정책이 변하는 파행성을 수반하게 된다. 북한의 핵 야망과 지속적인 군사적 긴장은 한미동맹과 미일동맹의 강화를 가져오고 이는 한중관계에 있어서 지속적인 걸림돌을 만들 것이다. 물론 미중관계와 한중관계, 그리고 일중관계 등 한반도 주변의 강대국 관계는 자신들의 이해관계에 따라 움직이겠지만, 항상 북한이라는 악재로 인하여 관계 개선과 강화의 기회가 생겨나도 이를 빌미로 강경파의 입장이 우선하게 되는 결과를 가져올 수 있다. 결국 고질적 남북갈등이 미중관계와 한중관계를 악화시키면서 한반도와 동북아의 평화와 안보를 구조적으로 어렵게 만들 개연성이 크다. 물론 미국과 중국 간에는 핵 억지력이 걸려 있고, 또 경제적 상호의존관계로 인하여 대화와 협력이 가능하리라 보기 때문에 이 시나리오에서 동북아시아 국제전쟁이 일어날 가능성은 크지 않다. 남북한 간에도 국지적 충돌을 넘어서서 전면전으로 발전할 가능성 역시 크지 않다. 그러나 한반도 분단과 남북대립은 더욱 고착화될 수 있으며 동북아시아 안보상황도 영구적 평화와 번영을 담보하기 힘든 갈등과 협력이 혼재하는 상황이다.

전쟁과 파국의 길 : 악몽의 시나리오

2045년의 안보상황에 있어서 최악의 시나리오는 전쟁과 파국의 시나리오이다. 이 시나리오는 19세기 말의 상황 재현 혹은 제1차 세계대전 발발상황 재현이라고 할 수 있다. 현재의 추세대로 북한이 핵 개발을 추진하고, 미사일 개발의 진전을 이루어내면, 다수의 핵탄두와 다수의 탄도미사일을 보유한 핵무기 보유국가로 부상할 수 있다. 이 경우 북한의 실제적인 핵위협에 대처하기 위하여 한국은 보다 강력한 안보조치를 취하게 되는데 미국의 전술핵 재배치나 적극적인 핵우산 공여 요구, 미국의 미사일 방어망 무기체계 적극 도입, 이로 인한 미중관계 및 한중관계 악화, 독자적 핵무기 개발, 보유가능성 등 다양한 옵션이 고려될 것이다. 이에 상응하여 일본의 핵개발을 촉발하면 동북아는 '핵 도미노의 덫'에 빠질 가능성이 높다. 또한 미일동맹의 글로벌 동맹화 및 이에 따른 자위대 역할 확대로 인하여 한일 간에, 그리고 중일 간에도 긴장의 수준이 높아질 가능성이 충분히 있다.

북한의 핵무기 보유는 남북한 군사적 대결을 보다 첨예하게 만들 것이다. 물론 향후 30년 기간 중 북한의 급변사태 가능성을 배제할 수는 없다. 그러나 급변사태가 남측에 대한 투항과 흡수통일로 이어지지는 않을 것이다. 군부, 군부와 노동당 집단지도체제 또는 그 누가 정권을 잡든 북이 주권을 포기하지는 않을 것이기 때문이다. 또한 북한의 기초적인 시장확대로 인하여 배급체계가 붕괴되어도 주민들은 시장을 통해 생존을 유지하는 생활방식을 택할 것이기 때문에 급변사태가 북한의 전체적인 붕괴로 이어지지는 않을 것이다. 다만 한미 연합전력이 북한의 안정화를 위해 군사개입을 선택하게 되면 한반도 상황은 더욱 위태로워질 수 있다. 중동의 사례에서 보듯이 북한에 대한 통제와 안정화를 단기간에 구축하지 못하면 내전양상이 장기화되면서 한반도 전체가 전쟁터로 변할 수도 있고, 중국과 러시아, 일본 등의 관여로 이어져 국제전 양상으로 발전할 수도 있다.

한편 동북아시아 안보상황과 관련하여 문제시되는 것은 동북아 역내질서의 불확실성이다. 미중관계가 상호 군사적 불신이 쌓이면서 적대적 관계로 변모한 가운데 중국은 한반도를 자신의 세력권으로 편입하려 하고, 미국은 기존 동맹관계를 지키려는 경합을 벌이거나 또는 센카쿠(다오위다오) 등 영토문제를 둘러싼 중일분쟁이 군사적 충돌로 가시화될 경우, 우리는 심각한 선택의 기로에 서게 될 것이다. 북한과의 적대적 관계가 지속되는 한, 우리는 동맹의 틀 안에서 미국과 공조하여 대중견제를 할 수밖에 없고, 그 가운데 분쟁이 일어나면 미국과 일본의 편에서 분쟁에 연루될 것이기 때문이다. 이러한 지역 전체의 지정학적 소용돌이는 강대국의 경합 속에서 한반도가 희생되는 19세기 말을 연상케 하는 '적자생존의 투쟁'이 될 수 있으며, 지정학적 소용돌이에 민족주의적 열기가 가세하게 되면 제1차 세계대전 발발의 상황이 2045년 한반도 미래의 모습이 될 수도 있다. 이는 전쟁과 파국의 공포가 한반도에 긴 그림자를 드리우는 최악의 시나리오라 할 수 있다. 이러한 가능성이 현재로서는 그리 높지는 않지만 전혀 배제할 수 없는 최악의 시나리오이다.

평화와 번영의 새 질서 : 다자주의 시장질서와 아시아 평화중심국가

앞서 논의한 현상유지 시나리오와 파국 시나리오는 안보를 중심으로 한 국가 간의 상호작용 속에서 발생하는 시나리오이다. 반면 이러한 안보의 갈등과 파국 상태를 시장이 극복해나가는, 보다 안정적인 평화와 번영의 시나리오를 생각할 수 있다. 물론 시장이 제대로 작동하기 위해서는 군사적 충돌이 자제되는 억지력의 균형이 있어야 하고, 또 자국만의 이익을 추구하는 보호주의, 중상주의 정책을 취하지 않도록 하는 다자주의 제도가 시장에서 작동하여야 한다. 이러한 상황은 소위 역아시아 패러독스 상황이라고 할 수 있는데, 동북아시아 국가들이 정치, 안보적으로 갈등관계에 있지만 무역과 통상활동, 그리고 그에 따르는 교류협력을 통하여 평화와 번영의 길로 진화하는 질서를 의미한다.

　이러한 질서는 1945년 이후 미국이 중심이 되어 구축한 자유주의 세계질서의 세계적 확산 속에서 공고화되는 과정을 밟게 되는데, 우선 제1차 세계대전 및 제2차 세계대전이라는 대 참화를 가져온 중상주의, 보호주의, 근린궁핍정책beggar thy neighbor policy 등을 원천적으로 봉쇄하는 다자주의 시장질서와 국제협력 제도를 정착시킨 질서이다. 이 질서가 안정적으로 진화되고 있는 증거는 전후 1997년 아시아 금융위기와 2008년 글로벌 금융위기를 포함하여 여러 차례의 경제위기와 금융위기를 겪었지만 단 한 번도 중상주의나 보호무역주의를 통해 다자주의 시장질서가 무너진 적이 없다는 사실이다. 국제협력 체제는 G-7, G-8, 그리고 G-20 등으로 진화, 강화되었고, 개방무역 질서도 WTO체제와 함께 FTA의 확산으로 이어지고 있다. 이러한 추세는 동북아시아를 비껴가지 않았는데, 한중일 간의 무역, 통상의 발전, 금융위기에 대비한 협조체제, 다양한 FTA 등으로 인하여 정치, 안보적 갈등에도 불구하고 지속적인 통상활동과 협력을 이끌어내고 있다.

　한편 동북아시아 질서에 안정을 주는 핵 억지력의 균형은 미중 간에 계속 작동하고 있으며 한국과 일본도 이른바 미국의 확장억지를 제공받아 국지적인 갈등이 전면전으로 발전하지 않는 안보적 안정을 이루어내고 있다. 북한문제만 잘 관리하고, 궁극적으로는 한반도의 평화를 이루어낸다면 동북아시아의 갈등과 파국이라는 시나리오를 피하고, 아시아의 패러독스가 아닌 시장과 안보 협력이 같이 굴러가는 아시아의 미러클을 만들어낼 수 있다. 이러한 동북아시아의 평화와 번영을 이끌어내는 데 있어서 중심국가가 되는 것이 '아시아 평화중심국가'라는 비전이다.

이러한 아시아 평화중심국가라는 비전을 실현하기 위한 선결과제가 바로 남북한 주도의 북핵문제 타결이다. 왜냐하면 앞에서도 언급하였지만 동북아시아의 갈등구조를 악화시키는, 또 갈등구조를 악화시키는 빌미를 제공하는 것이 북핵문제이기 때문이다. 그리고 남북한은 상호존중의 정신을 바탕으로 평화공존, 교류협력 강화, 협력과 통합의 제도화를 통해 남북연합과 같은 사실상의 통일을 달성해야 한다. 남북한 간에 사람과 물자가 자유로이 오갈 수 있으며 정상회담, 각료회담, 국회회담 등이 제도화되면 군사적 대립은 사실상 사라지게 된다. 남과 북이 하나가 되면 '전쟁 위험성'은 소멸할 수밖에 없다. 이는 바로 임마뉴엘 칸트가 말하는 '영구 평화perpetual peace' 상태다. 안정되고 지속적인 평화가 오면 이미 진화된 동북아시아의 다자주의 시장질서 안에서 한반도의 공동번영은 따르게 마련이다. 그리고 그 공동번영이 아시아 패러독스를 아시아 미러클로 바꿀 가능성이 커진다. 2045년의 대한민국은 바로 이런 평화와 번영의 선순환 질서가 한반도와 동북아에 자리잡을 수 있도록 해야 하며 바로 그 비전이 '아시아 평화중심국가'인 것이다.

칸트에 따르면 이런 유형의 '영구 평화'는 세 가지 조건이 만족될 때 가능해진다고 한다. 첫째는 '자본주의 평화'다. 칸트는 무역을 하는 나라끼리는 전쟁을 할 가능성이 적다고 주장한다. 왜냐하면 무역업에 종사하는 기득권 세력들이 손실을 우려하여 모두 전쟁에 반대하기 때문이다. 이미 이러한 자본주의 평화는 중국의 체제전환으로 인하여 동북아시아에서는 다자주의 시장질서로 가시화되고 있고, 그 마지막 불모지가 북한으로 남아 있다. 따라서 한국이 향후 30년 동안 북이 실질적 시장경제로 나아갈 수 있도록 적극적으로 견인하고 도와줘야 한다. 그리고 남북한 간 '민족경제공동체' 구축이야말로 남과 북이 평화에 이르는 가장 확실한 지름길이다.

　두번째는 '민주주의 평화'다. 칸트에 따르면 민주주의국가끼리는 서로 전쟁을 하지 않는다. 민주주의체제는 정치권력에 대한 견제와 균형을 전제로 하기 때문에 민주국가의 정치지도자가 일방적, 자의적으로 전쟁을 선포할 수 없다. 바로 그런 이유 때문에 민주주의국가들 간의 전쟁가능성은 희박하다고 보는 것이다. 물론 이러한 '민주주의 평화' 가설은 단시일 내에 동북아시아에서 이루어지기 쉽지 않다. 중국과 북한의 민주화 없이는 실현되기 어렵다. 그러나 동북아시아에서 시장질서가 확립되어가면 단시일 내의 민주주의는 어렵다 하더라도 시장질서를 규율하는 법치가 발전하게 되고 그에 따른 투명한 거버넌스가 생겨날 것이다. 중국이 그러한 방향으로 가도록 국제사회가 견인하고 있고 북한도 국제적 민주질서에 입각한 개혁정책을 적극적으로 실행에 옮길 경우, 2045년까지는 그곳에도 민주적 거버넌스가 가능하리라 본다.

　마지막으로 시장과 민주주의는 필요조건에 지나지 않는다. 칸트는 이 지구상에 영구 평화를 가져오기 위해서는 공화정으로 구성된 '평화연방Pacific Federation'이 구축되어야 한다고 주장한다. 일종의 '세계정부'라 하겠다. 현실적으로 세계정부 구축은 어렵다. 그러나 시장경제와 민주주의를 하는 남북한과 이 지역 국가들이 안보공동체를 구축하고 다자안보협력체제를 구체화한다면 그 대안이 될 수도 있다. 사실 공동의 위협과 적을 상정하는 집단방위체제collective defense나 동맹개념으로는 안보딜레마를 해소하기 어렵다. 이 지역의 모든 국가들이 하나의 안보공동체 성원으로 '공동안보, 포괄안보, 협력안보'에 기초한 집단안보체제collective security를 추진할 때, 칸트의 영구 평화 비전이 가능해질 수 있다. 이는 미중 간 대립구도가 완화되고 미국 중심의 동맹체제가 다자안보협력체제와 공존하는 것을 전제로 한다. 아니면 미국이 이 지역에서 철수한 이후, 역내 국가들끼리 그런 안보구상을 만들어나갈 수도 있을 것이다.

2045년의 대한민국은 한반도와 동북아에 이러한 평화의 질서를 만들고 유지하고 확산시키는 데 중추적 역할을 해야 한다. 2045년의 미래비전으로 '아시아 평화중심국가'를 제시한 것도 결국 대한민국이 아시아지역의 평화를 선도해가며 평화의 주역국가로 자리잡아야 한다는 역사적, 당위론적 소명 때문이다. 그러면 어떻게 그런 미래를 만들어 갈 수 있을 것인가? 어떤 전략이 필요한가?

미래전략 : 평화전략, 열린 지역주의, 국제공헌국가

대전략grand strategy이란 원래 대규모 전쟁에서 승리하기 위한 전략, 전술, 군사배치 등을 총괄하는 것을 의미한다. 특히 세계패권이나 지역패권을 꿈꾸는 강대국의 전략을 대전략이라고도 한다. 그러나 최근에는 한 국가의 생존, 번영, 존엄, 가치를 확보하기 위한 지도자의 비전, 이론, 담론을 지칭한다. 따라서 외교정책, 군사전략 그리고 대외경제정책 모두를 포함하는 포괄적 외교안보정책이라 정의해도 무방하다. 비스마르크의 '균형외교,' 히틀러의 '생존공간Lebensraum', 조지 케넌이 제안하고 트루만 대통령이 채택했던 대소련 '봉쇄Containment', 그리고 닉슨과 키신저가 추진했던 '데탕트détente(긴장완화, 화해)' 정책 등이 대전략의 대표적 사례라 할 수 있다.

그러면 2045년 아시아 평화중심국가로서의 대한민국을 구현하기 위해서는 어떠한 대전략이 필요한가? 화해, 협력, 공진화에 기반한 한반도 평화전략, 협력과 통합에 기초한 열린 지역주의전략, 그리고 국제사회에 공헌하고 존경받을 수 있는 세계전략을 모두 아우르는 미래지향적 구상이 필요하다.

한반도전략 : 평화전략(화해, 협력, 공진)

30년 후 '평화와 번영의 한반도'를 위해서는 무엇보다 냉철한 현실인식이 필요하다. 그것은 다름 아니라 한반도의 평화는 '세력균형론'에 의거한, 주변 4강이 일방적으로 결정하는 것이 아니라 남과 북이 주도적으로 만들어나가야 한다는 현실인식이다. 남북이 평화공존으로 들어가면 한미동맹의 중요성은 그만큼 줄어들게 마련이다. 한국의 대미 군사의존도가 감소하면 자연히 한중관계는 개선되고 북중관계도 보다 건설적으로 전환될 수 있다. 엄격히 말해 남북관계 개선과 그에 따른 평화공존은 한반도와 동북아에 평화와 상생의 선순환구조를 가져올 수 있다.

그러면 어떻게 남북한 평화공존체제가 가능한가? 가장 바람직한 것은 7.4공동성명, 남북기본합의서, 6.15공동선언, 10.4정상선언과 같은 기존의 남북한 합의에 기초하여 화해와 협력을 심화시켜나가면 된다. 그러기 위해서는 대북압박과 봉쇄, 또는 대립과 적대의 관점에서 북의 붕괴를 촉진하고 궁극적으로 흡수통일하겠다는 환상에서 벗어나야 한다. 우리가 북에 대한 적대적 의도와 정책을 가지는 한 북의 내적 단결은 더욱 공고해지고 북체제의 존속가능성은 더 높아진다. 남과 북이 최고위급에서 합의한 7.4남북공동성명과 1991년 남북기본합의서,

6.15선언, 10.4선언이 명시적으로 밝히고 있듯이 서로의 체제와 제도의 차이를 인정하고 상호존중의 바탕 위에서 화해협력을 강화해나가면 된다. 그렇게 되면 두 개의 주권을 가진 남과 북이 유럽연합과 같은 하나의 공동체를 만들 수 있고, 이는 사람과 물자가 자유로이 오갈 수 있는 사실상의 통일로 이어질 수 있는 것이다. 결국 남과 북이 서로의 정체성을 인정하고 화해협력의 기조하에 공동진화co-evolution, 공동번영의 길을 갈 때 통일과 평화의 새로운 지평이 열리는 것이다.

이 과정에서 북미관계가 해결되어야 한다. 그러나 이는 북핵문제 선결 없이는 어렵다. 또한 북핵문제는 한반도 평화체제 구축과 분리시켜 생각할 수 없다. 이렇게 얽혀져 있는 안보 딜레마의 실타래를 풀기 위해서는 우리 정부가 적극적으로 나서야 한다. 6자회담을 재개하고 9.19공동성명의 이행을 통해 '북의 핵포기＝미국의 대북적대정책 포기 및 관계정상화' 등식이 성립될 수 있도록 외교적 노력을 전개해야 한다. 북미관계가 정상화되면 휴전협정을 대체할 별도의 평화협정은 불필요할 것이다. 휴전협정의 법적, 실질적 당사국들인 남북한과 미중 4개국 정상이 자리를 같이해 종전선언을 하면 그것으로 휴전협정의 수명은 다하게 된다. 평화는 문서로 보장되는 것이 아니다. 행동으로 입증되어야 한다. 엄격히 말해 남북기본합의서와 북미 간의 평화적 관계정상화가 담보되는 북미수교에 관한 기본조약, 이 두 가지만으로도 한반도 평화의 법적 보장은 가능하다. 문제는 행동으로 이러한 합의가 실천에 옮겨져야 한다는 점이다.

동북아전략 : 열린 지역주의

한반도의 미래는 동북아 정치, 경제지형과 불가분의 고리로 연결되어 있다. 주변정세가 한반도의 미래 그 자체를 결정하지는 않지만 심대한 영향을 끼칠 수 있는 것이다. 예를 들어 미중, 중일 간 관계가 악화되면 2045년 한반도의 평화는 쉽게 담보할 수 없다. 특히 미중, 중일 양자 대립구도에서 어느 한 쪽에 줄을 서거나, 핵무기를 가진 중간세력국가가 된다고 해서 평화가 오는 것은 아니다.

가장 바람직한 것은 이미 진행되고 있는 동북아시아의 다자주의 시장질서를 확대, 강화하는 것이다. 이는 동북아지역에서는 이른바 열린 지역주의로 한국이 지역협력과 통합에 주도적으로 나서는 일이다. 경제부분에서는 한중일 3국 FTA를 시발로 하여 북한, 러시아, 몽골까지 참여하는 동북아경제공동체를 만들어나가야 한다. 그리고 이러한 공동체 노력은 외교안보분야에도 긍정적 파급효과를 가져올 수 있다. 특히 6자회담이 성공적으로 가동되어 9.19공동성명의 합의가 구체적으로 이행되면 동북아안보평화 메커니즘, 즉 동북아 다자안보협력체의 출범도 가능할 것이다. 미국을 포함하여 남북한, 중, 러, 일이 참여하는 지역안보협의체는 배타적 지역주의를 전제로 한 동맹체제에 대한 새로운 대안이 될 수 있다.

한국 또는 평화(통일) 한반도는 대륙과 해양을 연계하는 시장, 문화, 안보, 인적 교류의 네트워크 국가로서의 위상을 굳건히 할 수 있으며, 동북아 평화와 번영을 위한 네트워크형 거점국가로서 자리매김 할 수도 있다. 이미 역대 정부가 제주도를 동북아 평화거점으로 구축하고 이를 중심으로 하나의 지식공동체가 생길 수 있도록 하는 방안을 고려했던 선례 속에서 방도를 찾을 수 있을 것이다.

세계전략 : 글로벌 공공재 제공에 기여하는 국제공헌국가

한반도와 동북아시아 수준의 전략뿐만 아니라 세계전략이 필요한 이유는 오일쇼크나 글로벌 금융위기, 9.11 테러 등과 같은 세계적 위험과 분쟁이 한반도와 동북아시아로 파급될 수 있기 때문이고, 또 아시아 평화중심국가로서의 대한민국의 위상을 국제사회가 인정해주어야 우리가 한반도와 동북아전략을 효과적으로 추진할 수 있기 때문이다. 이는 글로벌 거버넌스에 적극적으로 참여하여야 가능한 것인데, 이러한 글로벌 거버넌스와 관련하여 우리의 입장은 분명해야 한다. 미국 혹은 중국 등 일국 중심의 일방주의적unilateral 글로벌 거버넌스 질서는 바람직하지 않으며, UN과 다자주의 제도 중심의 다자질서Pax Universalitas 구축에 선도적 역할을 해야 할 것이다. 그것만이 미국과 중국 간에 편승의 오류를 막으면서 지구적 차원의 평화와 안정을 확고히 할 수 있기 때문이다.

그러기 위해서는 '국제공헌국가'로서의 위상을 명확히 해야 한다. 미국과의 전략적 동맹에 따른 제한적, 도구적 국제공헌이 아니라 세계의 안정과 평화유지, 공적개발원조ODA를 통한 개도국의 안정적 발전 도모, 빈곤퇴치, 기후변화 해결, 국제 금융시스템의 개선, 해양안보 확보 등 글로벌 공공재global public goods 제공에 기여함으로서 국제공헌을 하는 것을 의미한다. 이를 위해서는 UN을 포함한 국제기구에서 중추적, 주도적 역할도 해야 한다. 그리고 국력의 한계가 있지만 국제사회의 주요 핵심영역에서 새로운 규범과 원칙, 규칙을 만드는 데 적극적으로 참여해야 한다. 남이 만들어놓은 '규칙의 추종자rule follower'가 아니라 새로운 '규칙을 만드는 국가rule maker'로서의 역할을 모색해야 한다는 뜻이다. UN의 권능을 고양하고 다자주의 질서 복원에 앞장서야 하는 동시에 국제사회로부터 존경받을 수 있도록 우리 국민들에게 세계시민의식을 교육, 확산시켜 나가는 것도 국제공헌국가로 발돋움하기 위한 내적 준비가 될 수 있을 것이다.

다원적 국력을 갖추자

한반도 평화전략, 동북아 열린 지역주의전략, 그리고 국제공헌전략을 가능케 하기 위해서는 그에 맞는 국력을 가져야 한다. 국력이라는 기본적인 수단 없이는 이러한 전략들은 공허한 이야기에 불과하다. 따라서 최소한 다섯 가지의 국력강화를 위한 노력이 선행되어야 한다.

경성권력hard power

전통적 의미의 국력은 영토, 인구, 경제력, 군사력, 과학기술력의 합으로서의 국력, 즉 경성국력을 뜻한다. 영토는 제한되어 있고 저출산, 고령화 사회를 피해갈 수 없는 현실을 감안하면 경제력, 과학기술력, 그리고 군사력의 증강이 필요하다. 특히 군사력은 주요변수다. 2045년에 이르는 과정에서 전쟁재발을 억제하고 평화통일을 뒷받침하며, 나아가 동북아 평화와 안정에 기여하기 위해 이는 필수적이다. 여기서 한미동맹은 과도기적이긴 하지만 지속적 유지가 필요하다. 다만 동맹에 대한 의존도를 축소해가면서 자주적 군사력 건설에 역점을 두어야 한다. 특히 전쟁 억제능력을 조기 확충하고 머지않은 미래에 환수되는 전시작전통제권을 감안하여 전력구조의 균형발전과 지휘통제체계의 효율화가 선행되어야 한다.

연성권력soft power

　연성권력은 국제사회 또는 다른 나라들로부터 받는 존경과 사랑을 외교적 영향력으로 전환할 수 있는 능력으로 정의할 수 있다. 어떤 조건하에서 존경과 사랑을 받을 수 있는가? 가장 중요한 것은 국제관계에서의 신뢰성이다. 국제사회의 규범과 원칙을 잘 지키고 약속을 제대로 이행할 때 신뢰성이 생긴다. 두번째 요소는 정통성을 들 수 있다. 국제사회에 공공재를 제공하고 많이 베풀 뿐만 아니라 지도력을 발휘함으로써 그 국가를 신뢰하고 추종하는 협력국가의 수가 많을수록 정통성의 정도는 높아진다. 세번째로는 매력국가가 되는 것이다. 문화적인 호소력, 지적인 우월성, 그리고 국민 전체가 가지는 세계시민으로서의 품격과 자질 등이 있을 때 매력국가가 가능해진다. 마지막으로 설득력이다. 한국 내부의 지적자산을 조직적으로 배양하고 활용하여 한국이 추진하고자 하는 비전을 국민과 국제사회에 효과적으로 설득하는 힘이 필요하다. 신뢰성과 정통성, 그리고 매력이라는 기반 위에 설득력 있는 논리와 담론을 만들어 적극적인 공공외교를 펼쳐야 한다. 오늘날 노르웨이, 스웨덴, 핀란드와 같은 북유럽의 국가들이 국제사회에서 신뢰와 존경을 받는 것처럼 대한민국도 2045년 아시아 평화중심 국가로 나아가기 위해서는 이러한 연성권력을 적극 배양해야 한다.

네트워크 파워network power

　국제사회는 주권국가들로 이루어진 '당구공billiard ball' 모형의 시스템이 아니다. 오히려 존 버튼 교수가 주장하듯이 무수한 연계망으로 이루어진 '거미줄cobweb' 모형이 오늘날 국제사회의 성격을 잘 묘사해 준다. 정부만이 그런 거미줄을 치는 것이 아니다. 기업, NGO, 심지어 개인에 이르기까지 다양한 행위자들이 연계망을 구축하고 있다. 그러한 그물망의 외연과 강도가 클수록 그 나라의 국력은 기하급수적으로 증가하게 된다. 한국이 인적연계망, 지적연계망, 아이디어 연계망의 거점국가가 될 경우, 우리는 더 큰 영향력을 행사할 수 있다. 최근에 와서 싱가포르가 동남아의 네트워크 거점국가가 되고 있고 유럽에서는 벨기에, 네덜란드가 그런 역할을 하고 있는 바, 대한민국도 2045년 아시아 평화중심국가가 되기 위해서는 국가적, 사회적 차원에서 고도화 된 IT역량을 바탕으로 네트워크 역량을 증대해야 한다.

사안별 연합issue-based coalition

냉전 종전을 통해 이제, 과거와 같이 우적관계가 분명하게 구별되는 시대는 끝났다. 사회주의 진영 대 자본주의 진영의 대결이 다시 부활할 가능성도 거의 없고, 제국주의 국가 간에 전쟁을 할 가능성도 거의 없다. 이제는 우적관계가 아니라 각국의 국가 이익이 사안별로 차별화되는 시대로 진입하고 있는데, 어떤 의미에서는 이러한 사안별 국가 이익의 차별화가 미중 간의 대립이라는 단순한 구도를 넘어서고 있다는 점에서 한국외교에 기회의 창을 넓히는 계기가 되고 있다. 국가이익이 사안별로 차별화된다는 의미는, 예를 들어 기후변화라는 사안에서는 한국과 같이 화석연료 의존적인 경제구조를 가진 국가들끼리 이익이 일치하고, 대체에너지나 에너지효율이 좋은 독일이나 일본 등의 이익이 일치하는 반면, 일본의 과거사 문제에 있어서는 한국, 중국, 북한이 이익이 일치하고, 일본과 미국이 일치하는 사안별 차별화가 일어난다. 마찬가지로 북한 핵문제는 과거 6자회담 당시 중국, 한국, 러시아가 입장이 비슷했던 적이 있고, 또 정권에 따라서 한국, 미국, 일본

국, 미국, 일본이 입장이 비슷했던 적이 있다. 따라서 이러한 경우에는 사안별 연합전략도 중요하지만, 한국이 선도하여 5개국의 선호도를 수렴시키는 외교를 해야 한다. 여하튼 앞으로의 외교는 미중 간에 선택하여 모든 사안을 한쪽에만 편승하는 외교가 아니라 이렇게 사안별로 국익을 계산하여 국가 간 연합을 결정하는 전략을 취해야 한다.

내적 단결력internal cohesiveness

과거 이승만 대통령이 즐겨 인용하던 서양의 고사가 있다. "뭉치면 살고, 흩어지면 죽는다." 이처럼 내적 응집력은 무형의 국력을 규정하는 매우 중요한 지표라 할 수 있다. 정치, 사회적 통합의 정도가 높을수록 국가의지는 강고해지고 대외정책에 있어서의 안정성과 예측가능성도 높아지는 반면, 그 역도 성립한다. 다섯 개의 종파로 나뉘어져 내분에 내분을 거듭하고 있는 레바논의 현실이나 시아, 수니, 쿠르드로 분열되어 있는 이라크를 보자. 안정적이고도 지속가능한 정책을 수행하기가 여간 어렵지 않다. 한국도 크게 다를 바 없다. 북한문제를 둘러싼 보수, 진보 간의 남남갈등이 그 대표적 사례. 마찬가지로 2045년 한국이 '아시아 평화중심국가'로 자리잡으려면 과거 어느 때보다 평화와 통일에 대한 정치, 사회적 합의를 구하고 수준 높은 통합을 보이는 것이 필요하다.

스마트파워와 정책능력

스마트파워smart power라는 개념을 창안한 하버드대학의 조지프 나이 교수는 스마트파워를 '외교, 국방, 개발원조 등 소위 하드파워와 소프트파워의 모든 수단들을 현명하게 통합하고 연계시키는 능력'으로 정의한다. 바꾸어 말하면 국가의 목표를 달성하기 위해 판세를 정확히 분석, 판단하고 가용한 자원들을 효과적으로 동원하여 유연성 있고 시의성 있는 정책을 만들어내는 능력으로 해석할 수 있다. 쉽게 말해 정책수립과 집행능력을 뜻한다.

국가안보 관리에 핵심적인 것은 지도자의 비전과 통찰력, 그리고 정책 우선순위에 대한 명확한 인식이다. 또한 판세를 정확히 읽기 위해서는 상당한 수준의 국가정보능력이 요구된다. 또한 국가정보능력과 더불어 정치적인 시류에서 독립되어 정보를 정확하고 객관적으로 분석하고, 정책에 우선순위를 정하는 뛰어난 정책분석력 역시 필요하다. 이는 대한민국의 지적자산을 어떻게 체계적으로 활용하는가의 문제인데, 이를 위해 중장기적인 국가 및 민간의 싱크탱크 육성과 활용시스템을 구축하여야 한다. 한편 능률적이면서도 유연한 정책을 수립하고 이를 효과적으로 수행하기 위해서는 체계적인 국가안보 시스템과 지도자의 탁월한 정치적 조정과 설득력을 필요로 한다. 아마 2045년 아시아 평화중심국가를 구현하는 데 가장 중요한 전제조건이 '스마트 파워'라 해도 과언이 아닐 것이다.

우리의 선택에 달려 있다

2045년 미래한국의 모습은 2015년 오늘의 우리가 어떤 선택을 하느냐에 달려 있다. 현재의 추세대로라면 다자주의 시장질서가 세계적으로 확산, 발전하고 있기 때문에 우리가 현명한 선택을 한다면 동북아시아에서도 아시아 패러독스가 아시아 미러클로 변화할 수 있는 좋은 환경을 맞게 될 것이다. 반대로 우리가 소극적인 자세를 보이면 불안정한 한반도의 현상유지가 지속될 것이고, 또한 대북 적대정책에 계속 의존하고 미국이나 중국 등에 경사된 부적절한 편승전략을 택하게 되면 지역 내 긴장고조와 전쟁과 파국의 위험성도 배제할 수 없다. 이 두 경로는 어떤 일이 있어도 피해야 한다.

결국 화해, 협력, 공진정책으로 북한과 평화체제를 공고히 하고, 동북아 열린 지역주의로 협력과 통합의 지역질서를 만들어나가는 동시에 국제공헌국가로서의 위상을 분명히 할 때, 우리의 미래비전인 '아시아 평화중심국가'의 확고한 기반을 다져나갈 수 있을 것이다.

국방전략

국방력의 사전적 의미는 '특정 국가가 외부의 침략으로부터 국가의 독립을 유지하고, 영토와 주권을 보전하며, 국민들의 생명과 재산을 보호할 수 있는 능력'이다. 이는 군사력을 포함한 포괄적인 국가방위능력이다.

미래 국방환경 변화와 국방 발전방향

앞으로 30년 후인 2045년은 광복 100주년을 맞는 해이다. 이때 대한민국은 동북아에서 또는 세계무대에서 어떤 위치의 국가일까? 30년 후 미래 국방환경의 변화폭은 그동안 경험했던 것보다 훨씬 클 수 있다. 우리는 다양한 안보환경 변화에 대해 여러 형태의 미래 시나리오와 가능성을 갖고 대비해야 할 것이다. 현재도 표면화되고 있는 영해와 영공, 국경선을 둘러싼 영토분쟁이 한반도 주변의 동북아 정세에서 주목해야 할 변화다. 그리고 일본의 '보통 국가화'와 군사 대국화,

중국의 우주, 핵, 해양 군사력의 확대, 러시아의 자원무기화전략, 그리고 미국의 아시아 강조전략 등이 맞물려 동북아 안보지형은 급변해갈 것이다. 한미동맹에 기반을 둔 지상군 중심의 대북억제에만 치중해온 그동안의 군사전략에 변화가 필요한 이유다. 또한 미래전은 무인화, 로봇화, 정보화 추세가 강화되고 군사와 비군사, 정부와 민간, 전투와 치안의 구분과 경계가 사라지는 방향으로 전장환경이 변하고 있다. 이에 따라 대테러전과 비살상무기의 중요성이 강조되고, 정보통신기술 등으로 스마트하게 변화된 미래 군의 모습이 갈수록 요구되고 있다.

이 장에서는 2045년까지 국방력 강화와 국방선진화를 위해 필요한 것이 무엇인지, 불특정 위협과 테러, 지구환경 변화에 따른 재난재해의 확대 등 변화하는 미래 안보환경에 필요한 군사력 건설방향과 대북억제 이외에 국제사회의 안정을 위해 어떤 실질적인 기여가 가능한지 등에 대해 논의하고자 한다.

군구조 개편

미국은 2001년 9.11테러 이후로 국토안보부를 만들어 비군사적 위협에 적극 대비하고 있다. 군도 상부 지휘계선을 단순화한 신속대응군을 늘리고 이라크전, 아프간전 등을 통해 무인기와 로봇, 해공군력을 증가하는 등 미래전에 대한 대비를 강화해가고 있다. 중국도 2004년부터 '새로운 역사적 임무'라는 '전쟁 이외의 군사작전Military operations other than war, MOOTW' 참여를 확대하기 위한 지침을 마련하여 시행해오고 있다.

반면 우리는 북한의 재래전 위협에 대비하는 전략을 변함없이 유지하고 있으며, 지상군을 모든 휴전선에 걸쳐 촘촘히 유지하는 데 국방력의 상당 부분을 사용하고 있다. 이는 현대전에 매우 취약하며, 많은 전방사단과 예비사단을 필요로 하게 된다. 우리 군은 이러한 문제점을 충분히 인식하면서도 북한의 과도한 전방배치 병력과 화력 때문에 GOP 경계 작전위주의 고답적인 방식에서 벗어나지 못하고 있는 것이 현실이다. 이 과정에서 육군 중심의 비대한 군구조가 고착화되고 현대전에 맞는 해공군의 육성과 미래전에 대한 대비가 지체되고 있다. 6.25전쟁 이후 60년간 지속된 지상군 중심의 후진적인 군구조를 2045년을 내다보는 미래군으로 지속할 수는 없다. 더불어 2017년부터 급속히 진행될 가용 입대자원 부족 등의 현실을 고려하여 광범위한 국방개혁을 적극 추진해야 한다.

상부 군구조는 군정권과 군령권의 문제로 지나치게 국한되어 논의되는 측면이 있는데, 현대전의 특성에 맞게 육해공군의 합동성을 강화하기 위한 다각도의 노력이 필요하다. 예컨대 합동참모본부(합참)의 장성은 반드시 육해공군의 합동교리와 무기체계를 잘 알고 합참이나 타군 근무경력이 있는 경우에만 선발하고 합참의장도 이런 장성 중에서 임명되도록 해야 한다. 나아가 각 군사관학교와 일반장교 양성과정에서도 합동교리교육을 강화하고 합동근무특기를 지정하여 우대하는 인사제도도 필요하다. 또한 재래전에서 중요했던 병과 중심으로 각 군이 운영되고 있는 점도 현대전에서 중요해진 기술병과의 발전에 장애요소다. 경계자동화의 전면도입으로 보병과 포병, 그리고 경계병력 중심으로 운영되고 있는 지상군을 스마트화된 신속대응군 형태로 재편하여 일반 사병은 대폭 감축하는 형태로 전문화해가야 한다.

영국군이나 독일군의 경우 30만 명 내외의 적은 병력이다. 그렇지만 군구조는 미국과 연합작전을 하는 나토군에 배속된 군과 군통수권자의 지시를 받아 독자작전을 하는 자국군, 그리고 상황에 따라 배치와 배속이 자유로운 군으로 나눠 운영하는 구조를 갖추고 있다. 우리도 상시 한미연합작전을 하는 소수의 군과 우리 대통령의 지시만을 받는 독자적인 군, 그리고 필요시 연합작전이나 평화유지군PKO 등의 임무전환이 용이한 군 등으로 군 구조를 개편하고, 이러한 군의 일부는 미군처럼 통합군사령부 형태로 운영할 필요가 있다.

국방의 문민통제

국민의 대표인 대통령과 국회가 전문공무원집단인 관료, 군인, 경찰 등을 통제하는 것은 민주주의 국가체제 유지를 위해 필수불가결하다. 특히 국방의 문민통제는 군의 정체성과 민주주의 수호를 위해 역사적으로도 중요한 문제였다. 일본이 군국주의로 제2차 세계대전에 앞장서게 된 배경은 군집단이 일왕을 앞세워 문민통치를 거부하면서 발단이 되었다. 우리나라도 두 번에 걸쳐 쿠데타에 의한 군사정권 수립의 역사를 갖고 있고, 지금도 전 세계적으로 수십 개의 국가에서 군부가 민주주의를 위협하는 경우를 발견할 수 있다.

미국의 경우 군인은 전역 후 10년이 경과하지 않으면 국방장관에 임명하지 않는 전통을 갖고 있으며, 대부분의 경우 국방장관은 군인 출신이 아닌 민간인을 임명하고 있다. 이는 구조화된 상명하복 문화에 젖어 있고, 자기 군에 대한 소속의식이 강한 군인의 특성 때문에 전체 군에 대한 균형적 시각과 변화하는 대외환경에 능동적으로 대응하기가 힘들다는 판단 때문이다. 또한 소장급 이상으로 진급하려면 의회에 출석하여 청문회를 통해 인사검증을 받아야 하며, 전역시에는 계급의 적절성에 대해 재심사를 받도록 규정하고 있다. 이는 고위 장성이 되더라도 무소불위로 처신하거나 정치군인이 되는 부작용을 예방하기 위함이며, 군에 대한 문민통제 장치를 부여한 단적인 예다. 또 합참의장은 대통령 참모로서의 역할 수행에 머물며 군 전체를 지휘하지 않는 것도 문민대통령에 대한 보좌를 위한 장치다. 국방성은 물론 각 군본부에도 각 군 장관과 민간인 출신의 국방공무원으로 채우는 것도 문민통제를 위한 제도적 장치다.

하지만 그동안 우리나라에서는 단 한 번도 군인 출신이 아닌 민간인을 국방장관으로 임명한 적이 없다. 그것도 두 번을 제외하고는 모두 육군출신 국방장관이었다. 국방부의 차관과 차관보급 실장도 대부분 예비역 육군 출신을 임면하는 것이 두드러진 경향이었다. 국방부를 군 출신, 특히 육군 출신 장성들 위주로 운영해온 데 따른 부작용이 도를 넘었다는 비판에 대해 귀기울일 필요가 있다. 보다 다양한 출신과 배경의 전문성을 가진 참모진으로 국방부를 구성할 필요가 있다.

우리나라의 각 군 본부에 일부 군무원은 있지만 민간인 출신의 국방공무원은 거의 없으며, 대부분 현역 장교들로 채워져 있다. 정부부처인 국방부와 군의 구분이 없으며 동일시되는 후진적인 구조인 것이다. 이는 마치 경찰과 행정안전부가, 검찰과 법무부가 동일시되는 것처럼 부자연스러운 일이다.

병영문화 개선과 국방개혁

국민개병제를 채택하는 국가로서 '군복 입은 시민'을 어떻게 관리할 것인가는 중요한 국방과제다. 장기적으로는 모병제로 가면서 전문화된 직업군인 중심으로 군이 재편되어야 하겠지만, 개병제가 '국민에 의한 군대'라는 헌법상의 국방의무를 실현하는 제도로서 가치가 있고 현실적으로 상당기간 유지될 것인 만큼 이를 전제로 한 병영문화 개선이 필요하다.

현안 과제로 대두된 군과 경찰 등의 구타와 가혹행위 근절은 지휘관들의 관심이나 군 자체의 노력만으로는 한계가 있다. 예컨대 병영 내에서 지휘관의 통제를 받지 않고 국방부나 국가인권위원회에 소속한 국방공무원인 군옴부즈맨이 상주하는 것이 효과적이다. 또 피해자들이 신고를 기피하게 되는 주된 사유인 보복의 우려를 원천적으로 해소하기 위해 신고자를 즉시 국방부가 관리하는 별도 시설에 보호하고 피해가 사실로 확인되면 전역조치하는 제도도 도입할 필요가 있다. 미군이나 이스라엘처럼 일과 후 병영생활의 자유를 보장하고 스마트폰이나 인터넷 등을 사용할 수 있게 허용하는 것도 폐쇄된 병영을 제한적으로나마 개방하는 효과가 있다.

그리고 일선 지휘관에게 과다한 재량권을 주고 있는 군 사법체계도 개선해야 한다. 원천적으로 군의 사법은 행정부의 통제를 받고 있는 군이 아니라 사법부의 일부로서 기능해야 한다. 이를 위해 일반 부대가 아닌 국방부에 1심을 두고 2심 이상은 사법부에 귀속하여 헌법이 보장하는 3심제도의 공정한 적용을 받도록 해야 한다. 그리고 1심의 군 판사나 군 검사를 군부대로부터 독립시켜 국방부 장관의 감독하에 둘 필요가 있다.

후진성을 면치 못하고 있는 군 의료체계도 개선해야 한다. 만성적으로 부족한 군의관과 열악한 병영 내 의료시설, 전방과 격오지로부터 멀리 떨어진 군 병원, 의료서비스 지연 등의 문제를 해결하기 위해서는 군인들이 민간의료를 받을 수 있고 군부대 주변의 민간인도 군 병원 진료를 받을 수 있도록 민군 통합의료체제로 전환할 필요가 있다. 나아가 전방지역이나 오지에 민간인도 이용할 수 있는 3군 통합병원을 건립하고, 대학병원 급의 최고의 야전군병원과 군의관 양성기관을 국내 최고수준의 대학과 공동으로 설립, 운영할 필요가 있다. 프랑스나 미국의 야전군 병원을 대통령이 이용하듯이 우리 군도 그런 방향으로 나아가야 한다.

또한 병영 내 각종 차별도 군사력 저하의 원인으로 사라져야 한다. 그중 하나는 출신과 종교 차별이다. 모든 군인의 계급은 '동일계급 동일권위'의 원칙이 지켜져야 강한 군대이며 출신에 따라 실질적 가치가 달라져서는 안 된다. 그리고 병영 내 특정 종교시설의 건립과 특정 종교 강요행위, 일과 중 종교적 의식이나 행사를 하는 행위 등은 금지해야 한다. 그리고 인사에까지 영향을 주는 상관의 종교적 편향성을 시정할 수 있는 제도적 장치도 필요하다. 미국의 경우 모든 계급과 종교, 지역, 인종 등을 대표하는 인사위원회 제도를 부대마다 두어 각종 차별행위를 예방하고 지휘권의 남용을 견제할 수 있도록 하고 있는데 우리도 도입을 검토할 필요가 있다.

병역의무가 반드시 군복무일 필요는 없다. 사회복지시설이나 공공시설의 유지관리 등의 형태로 사회적 복무가 가능하므로, 여성과 일부 종교적 신념에 의한 군복무 거부자들을 포함하여 중증장애인을 제외한 모든 국민이 공평하게 병역의무를 분담하게 하는 것이 '국민에 의한 안보' 차원에서 필요하다.

한편 미국의 경우, 사관학교 출신 장교와 일반대학 출신 장교ROTC의 장성 진출 비율을 4 대 6으로 하여 특정 학교 출신이 과반수를 넘지 못하도록 제도로 정하고 있다. 하지만 우리 군의 경우 육해공군 모두 80% 이상 사관학교 출신으로 장성이 채워져, 획일화된 군서열의식으로 인한 다양성 부족과 장교의 절대다수를 점하고 있는 일반 장교들의 불만으로 군의 단결과 통합이 저해되고 있다. 고위장성들이 참석하는 회의가 마치 동창회모임처럼 기수별 선후배를 확인하고, 인사나 예산에 있어서 자군 이기주의가 팽배해 있다. 국민들이 군을 '국민의 군대'가 아니라 '특정 학교 출신들에 의해 운영되는 군대'로 인식한다면 문민통제는 물론 선진국방은 요원하다.

우리나라의 국방개혁이 지지부진하고 3군 균형발전이 잘 안 되는 이유도 국방개혁을 추진할 주체인 국방관료가 특정 군, 특정 병과 출신에 의해 지배되고 있기 때문이라는 주장들이 나오고 있다. 국방개혁이 군 스스로의 합의에 의해 진행이 어렵다면 군 출신이 아닌 국방공무원에게 맡기는 것이 대안이 될 수 있다. 이것이 헌법적 가치인 '국민에 의한 정부' 원칙에도 부합하고, 국방력을 튼튼히 하여 민주주의와 국가안보를 지키는 길이다.

전시작전통제권 전환

전작권 문제는 우리의 국방력이 대북억제를 할 수 있는 수준인가와 직결되어 있다. 이와 관련한 논의가 활발했던 1990년대 초기에 미국이 한국군의 국방력을 대북억제를 할 수 있는 수준으로 보고, 1990년대 중반에 작전권을 한국에 이양하려 했다는 점을 주목할 필요가 있다. 2000년대 초반에도 미국의 럼스펠드 국방장관이 한국군의 자주적 방위역량을 높이 평가하고 한국군을 세계 최고 수준으로 치켜세운 바 있다. 의외로 전작권 전환에 대한 반대는 미국이 아니라 국내의 일부 예비역 장성들로부터 나온 바 있다. 이미 2차례에 걸쳐 전작권 전환시기를 늦춰 지금은 2020년대 이후에나 하는 것으로 결론이 났지만, 군사전략적 필요나 타당성보다는 정치적 상황에 따라 결정된 경향이 있다.

전작권 전환 불가사유로 일부에서는 우리 스스로 전쟁에 대한 대비를 기획하고, 작전을 주도할 역량이 없고 북한의 위협이 지속되고 있다는 점을 든다. 그러나 박정희 대통령이 30년 전 자주국방의 기반을 마련했다고 평가한 사실이나 지난 20년간 북한보다 10배 이상 많은 국방비를 투자한 것을 볼 때, 북한보다 군사력이 부족하다는 것은 국민들의 공감을 얻기 어렵다. 전작권을 가져오면 전시에 미군 증원병력이 제대로 오지 않을 것이라거나 한미동맹이 약화될 것이라는 주장도 설득력이 없다. 한미동맹의 근거가 전작권의 소재 여부가 될 수는 없다. 그런 동맹은 동맹이 아니다.

한미 군사협력은 1953년에 체결된 한미상호방위조약에 근거하여 지난 60년 이상 공고히 유지되어왔다. 전작권 전환은 한미협력에 의해 오래전부터 준비되고 추진돼왔던 사안으로 더이상의 연기는 바람직하지 않다.

특히 우리 군을 한미 연합작전의 범주에 들지 않고 우리 대통령의 독자적 지휘를 받는 군과 그렇지 않은 군으로 구분하는 군 구조개편이 이루어지면 전작권 전환과 관계없이 상당수 한국군은 우리 작통권 지휘를 받게 되어 이 논의를 쉽게 풀어갈 수 있다. 전작권 전환 이후에도 한미연합 작전능력의 확보는 중요하며, 오히려 더 잘 발휘될 수 있도록 만반의 준비를 갖춰나가야 한다. 이를 위해 한미연합 지휘구조를 유지하되 한반도 작전에 있어서는 한국이 주도하고 미국이 지원을 하도록 발전시키는 노력이 필요하다.

미사일 방어체계MD

박근혜정부 들어 국민의 정부에서 시작하여 참여정부를 통해 일관되게 유지해온 미국 주도의 '미사일 방어체계Missile Defense 불참' 원칙이 사실상 크게 후퇴할 가능성이 제기되고 있다. 이른바 한국형 미사일방어체계인 KAMDKorea Air and Missile Defense의 확대와 MD와의 연계, 그리고 한반도에 장거리 탄도탄레이다X-band Radar나 고고도 지역방어체계Theater High Altitude Area Defense, THAAD 등 MD 관련 무기체계를 배치하는 문제가 그것이다. 외교와 통일, 정보와 국방이 균형을 유지하며 국가안보정책의 컨트롤타워가 소신을 가지고 우리의 안보주권을 지켜나가야 함에도 불구하고 THAAD 배치문제가 미국과 중국 간의 한반도에 대한 영향력 행사의 경합과정처럼 비춰진 것은 매우 아쉽다.

MD는 100조원대 이상의 막대한 예산 소요도 문제지만, 기술적으로도 충분히 완성되지 않았으며, 전술적 효과도 미흡하여 미국 내에서도 반대여론이 높다. '화살missile'보다 '궁수source'를 맞추는 게 훨씬 기술적으로 쉽고 전술적으로 더 효과적이라는 '원천타격전술'로 MD의 비효율성을 압축설명할 수 있다. 전략미사일의 운용특성을 고려할 때 한반도에서는 탐지 및 요격 가능시간Time from detection to kill이 너무 짧아, 효과가 매우 제한적일 수밖에 없다. 그렇다고 해서 우리의 영공방어를 위해 가장 효율적인 대안을 확보하는 것은 결코 늦춰질 수 없으며, 이는 또 제3국의 간섭대상이 될 수 없다. 제한된 예산과 효과를 고려한다면 한반도 현실에서는 미사일방어체계 보다도 중장거리 감시 및 타격체계를 구비해나가는 데 우선순위를 둬야 한다는 주장도 있다. 이렇게 된다면 이는 장차 통일 이후에도 한반도 방어를 위해 필요한 전력이 될 것이다.

중국에 대한 높은 경제의존이나 한중 교류와 협력, 한반도의 안정 등을 위해 중국과의 우호적 관계를 유지해야 하는 우리로서는 '대중국 포위전략'의 일부로 평가받는 MD에 참여하는 것이 정치적으로 민감한 사안일 수밖에 없다. 이러한 우방국의 입장을 고려하여 미국이 그동안 한국의 'MD 불참'을 이해해왔던 점을 고려하여 MD정책에 대해서는 신중한 접근이 필요하다 하겠다. 다만, 한국형 미사일방어체계인 KAMD에 대한 기술적인 능력 확보에는 꾸준한 노력과 투자가 필요하다.

국방 연구개발과 무기체계 획득

박정희정부에서부터 시작된 국방 연구개발은 자주국방 구현을 위한 핵심동인으로 인식된다. 지난 50여 년의 국방 연구개발 역사를 통해 이제는 정밀 장거리 순항 미사일과 인공위성, 무인항공기, 군사용 로봇 등을 자체 개발할 수 있는 수준으로 발전을 거듭해왔다. 한편 무기도입과 개발을 통해 군의 전력화를 추진하는 무기체계 획득분야에서는 방위사업청의 신설을 계기로 보다 체계화되고 전문화된 모습으로 변모하고 있다.

하지만 일반적인 군사용 기술은 물론 핵심 군사기술은 기술이전이 극히 어렵기 때문에 자체 연구개발이 불가피하므로, 국방 연구개발 중심으로 무기체계 획득이 이뤄지는 것은 앞으로도 필요하다. 국방 연구개발은 전차나 항공기, 함정 등 기계식 플랫폼 중심에서 고가, 정밀의 전자식 탑재체payload 중심으로 전환될 필요가 있다. 국방과학연구소ADD와 대형 방산업체 중심에서 국방벤처와 연구중심 대학 및 정부출연 연구기관 등으로 연구개발 주체를 다양화할 필요도 있다. 과도하고 불필요한 국방 연구개발 관련 군사보안체계도 대폭 정비하여 민군겸용기술의 도입과 확산을 확대해야 한다. 미국처럼 국방 연구개발분야가 국가과학기술 발전을 견인하고 기초과학을 육성하는 전초기지가 되어야 하며 군사혁신을 주도해야 한다.

내수만으로는 방산업체의 채산성이 취약하다. 이를 극복하기 위해 방산수출을 지속 확대해야 한다. 다만 무기수출국이라는 국제정치적 부담 완화를 위해서 전쟁억제와 평화유지에 필요한 정보감시정찰장비와 비살상 무기체계 위주의 수출을 추진할 필요가 있다.

무기 도입선은 한미 연합작전과 무기운용체계, 미국산 무기의 성능 때문에 미국산이 90% 이상을 차지하고 있는데, 무기 도입시 협상력의 강화와 열악하고 차별적인 무기 도입 관련 지위 개선을 위해서라도 무기 도입의 다변화를 적극 추진할 필요가 있다. 또 무기 도입을 국내 연구개발과 연계시켜, 10배 가까이 과다하게 무기 도입가격이 오르거나, 성능이 현저하게 떨어지는 구세대 무기를 사야 할 경우에는 시간이 걸리고 비용이 많이 들더라도 이를 무릅쓰고 국내 개발을 추진하는 전략이 필요하다.

한편 변화하는 미래 전장환경의 특성과 인명손실을 극복하려는 인도주의적 전투추세에 부합하도록 무인화, 로봇화, 정보화된 무기체계의 개발과 양산을 적극 고려해야 한다. 예컨대 무인화, 로봇화된 경항공모함은 기존 대형항공모함의 승선 인원이 5천여 명에 달했던 데 비해 1천여 명 수준으로도 그 이상의 전력발휘와 높은 기동성을 가질 수 있다. 성층권 무인기나 초장시간 정점체공 무인기, 전자기 펄스탄 EMP 등과 같이 고위험, 고수익high risk-high return의 군사혁신형military innovation 무기체계의 자주적 개발도 적극 추진해야 한다. 전체 국방 연구개발비의 30%는 기존의 군 소요 중심의 획득체계가 아닌, 성과가 불확실하더라도 성공시 군사혁신을 달성할 수 있는 연구개발에 사용하도록 체제를 개편해야 한다.

북한 핵문제와 통일문제

2045년을 기준으로 볼 때, 북한지역 내 주요무기의 안전한 수거와 비핵화 유지를 위한 우리 정부의 의지가 중요하다. 통일을 가정한다면, 그동안 선군사상을 기반으로 유지해온 북한의 과도한 군부대 및 병력의 축소와 통일 한국군으로의 전환, 각종 재래식 무기의 수거와 폐기 등의 과제가 2045년 통일 한반도의 중요한 국방과제가 될 것이다.

통일 이후에는 한반도 위기관리가 가능한 수준의 군사력으로 재편할 필요가 있다. 군 병력 숫자는 여타국의 수준인 총인구의 0.5%를 기준으로 볼 때, 약 35만 명 정도의 상비군 병력을 유지해야 할 것이다. 병력 감축을 통해 전문성을 갖춘 모병제로의 전환이 가능해질 것이며, 상비전력 이외에 예비전력을 강화하는 방안도 마련해야 할 것이다. 방위비 규모도 GDP 대비 최소 2.5% 수준을 유지할 필요가 있다.

주한미군의 역할과 한미동맹 조정

2045년까지 당면할 또다른 중요한 도전과제는 주한미군의 역할이 될 것이다. 중국 등 주변국의 입장에서는 미국이 균형자stabilizer 역할을 하는 것은 일부 인정할 것이나, 현 주둔지에서 벗어나지 않도록 관리해 줄 것을 요구할 가능성이 크다. 우리 입장에서는 평택을 중심으로, 현행대로 DMZ 이남에 주둔지를 유지하도록 관리할 필요가 있다.

한국군이 주한미군과의 연합지휘구조를 계속 유지시킬 것인가에 대해서는 고민이 필요하다. 장차 북한의 위협이 사라지거나 통일한국이 성립될 경우, 미국과의 동맹관계와 '확장된 억제extended deterrence'의 유지는 변화의 파고를 맞게 될 것이다. 우선 공동의 군사적 목표인 북한의 위협이 사라질 경우, 주한미군의 주둔 필요성 및 일본과의 안보협력, 일본 내 UN 후방사의 활용방안 등에 대해서 중국 측으로부터 문제제기가 있을 가능성이 크다. 또한 주한미군의 전략적 유연성에 따른 방위비 분담 축소에 대한 국내 여론도 고려해야 할 것이다. 다만 국민의 정부에서 통일 후에도 주한미군의 한반도 주둔이 필요하다는 입장을 밝혔고, 참여정부와 이명박정부에서도 평택을 중심으로 한 주한미군 주둔여건 개선사업을 추진해왔던 점을 고려할 때, 주한미군의 주둔여건을 보장하되 동북아의 평화와 안정에 기여하는 방향으로 지속 협력해나가는 것이 바람직할 것이다.

평화체제 구축과 군사외교 확대

남북통일 과정에서는 상호 군사적 신뢰를 증진하고 한반도 평화를 구축해나가는 데 있어서 군사력의 상호감시와 군비통제를 원활히 해나가는 것이 중요하다. 무엇보다 60년 이상 지속되고 있는 정전체제를 평화체제로 전환하는 일이 급선무다. 이를 위해 정전체제 당사국인 미국, 중국, 북한과 당사자인 대한민국을 포함, 4자회담을 개최할 필요가 있다. 동시에 고위급 군 인사교류와 군사훈련 참관 등 군사적 신뢰구축을 위한 노력을 더욱 확대해나가야 한다.

더 나아가 동북아 주변국에 대한 군사외교를 확대하는 것도 필요하다. 지역안보를 확대한다는 차원에서 신뢰구축을 위한 합동군사훈련은 물론 한중, 한일, 남북 국방장관회담의 정례화도 필요하다. 이는 평화적인 남북통일을 뒷받침할 뿐만 아니라, 동북아의 평화와 번영을 보장하는 데에도 필수적이다.

다양한 도전 속에서 창의적인 대안을 찾자

2045년 대한민국은 다양한 도전 속에서 창의적인 대안을 찾아나설 수 있는 확고한 리더십을 갖춘 인물이 국방을 담당해야 한다. 변화하는 국제안보 환경을 정확히 분석하고 미래지향적인 전략적 선택을 내릴 수 있는 유능한 민간 정책전문가들이 대거 필요하다. 국방부도 기업의 경영원리를 과감하게 도입하고, 다른 유관부처들과의 협력을 확대하며, 투명성과 경쟁원리를 통해 군과 민이 더 융합, 발전할 수 있도록 해야 한다.

정보전략

6

정보는 국방, 외교, 통일과 더불어 국가안보의 4대 요소 중 하나다. 여기에 대테러, 치안, 식량, 에너지 안보 등 전통적인 국가안보와 뚜렷이 구분되지 않는 영역들이 늘고 있어, 포괄안보 차원에서 정보도 다뤄져야 한다. 특히 안보영역 면에서 민과 군의 구분이 갈수록 엷어지고 있다. 정보의 사전적 의미는 '특정 목적을 위하여 광光 또는 전자적 방식으로 처리되어 부호, 문자, 음성, 음향 및 영상 등으로 표현된 모든 종류의 자료 또는 지식(국가정보화 기본법 제3조)'을 말한다. 국가기관이나 군사적으로는 첩보intelligence와 보안security이 중요시되는데, 이 장에서는 이 내용도 '정보'에 포함시키는 것은 물론 이를 중심으로 문제점과 발전방안을 검토하고자 한다.

국가정보원과 국방정보 분야를 중심으로 한국의 정보능력을 점검해보고 향후 30년간 어떤 방향을 지향해야 선진국과 같은 수준의 정보능력을 갖출 수 있을지 진단하고자 한다. 국정원이 정치적으로 독립되어 국가정보기관으로 국민들의 신뢰를 얻고, 이를 위해 국민을 대표하는 국회의 감시가 효과적으로 이뤄질 수 있는 방안도 제시할 것이다. 한정된 예산과 시간, 인력으로 어떻게 효율적으로 정보능력을 갖춰나갈 수 있을지에 대한 추진방안과 이를 위해 신호정보, 영상정보 등 기술정보기관의 통합 및 전문화 방안을 제시하여 선진국형 정보능력을 갖춰나갈 수 있도록 하고자 한다.

한 국가가 주권을 제대로 행사하기 위해서는 정치적 독립과 경제적 자유, 그리고 자주국방과 정보자주화가 필수적이다. 이런 관점에서 볼 때 우리나라는 상당한 수준의 경제적 발전과 민주주의 정치 발전을 이루었지만, 국방과 정보의 자주화는 미흡한 실정이다. 국방과 정보는 전통적으로 전문성을 가진 특수집단인 군인과 국방공무원, 군무원, 그리고 정보요원, 연구개발자, 방산업체와 정보산업체 인원 등에 의해 관리되고 발전되어왔다. 게다가 대부분의 업무가 비밀로 분류되어 일반인은 물론 정치, 언론의 접근이 극히 제한되어왔다. 이로 인해 국방, 정보와 관련하여 우리의 현재 능력이 어느 정도인지, 문제는 무엇인지가 거의 베일에 싸여 있다. 뿐만 아니라 구체적인 사용처를 알지도 못하는 가운데 수십조 원의 예산이 매년 사용되고 있다.

이에 정보예산의 효율적 사용은 물론 본질적으로 2045년까지 내다봤을 때 우리나라 정보기관이 어떤 방향으로 가야할 것인가를 논하고자 한다.

정보분야의 미래

2010년 G2의 출현으로 미국이 주도하던 팍스아메리카나 시대가 퇴조하고 향후 세계질서는 중국과 미국이 주도하는 속에서 다양한 힘들이 공존하면서 다변화 할 가능성이 높다. 이에 따라 우리의 외교는 물론 국방과 정보도 대북문제에만 주력해서는 안 되는 상황변화를 맞고 있다. 우리가 투사해야 할 국제정치와 주변국 외교영역, 그리고 군사적인 잠재적 갈등관계를 고려할 때 향후 우리의 관심영역은 한반도뿐 아니라 서울 중심으로 반경 2,000km 정도로 확대되어야 할 것이다. 이 영역에 동북아 6개국 주요도시와 산업시설이 밀집해 있기 때문이다. 한미 정보협력을 고려하더라도, 정치외교적으로 국익을 보호하고 군사적으로 최소한의 방위역량을 갖추기 위해서는 자주적 정보, 감시 및 정찰Intelligence, Surveillance, and Reconnaissance 능력을 확보해야 한다.

미국은 지속적인 무역적자와 재정적자로 인한 군사비와 정보비의 감축으로 동북아에서 과거와 같은 군사력과 정보력을 투사하기 어렵다. 경제력과 정치력, 군사력을 지속 강화하고 있는 중국의 태평양 진출을 억제하는 데 한계를 느끼고 있어서 일본, 한국 등 우방국의 참여를 희망하고 있다. 그런 차원에서 미일동맹이 강화되고 있고, 한미동맹의 강화요구도 갈수록 커질 것이다. 특히 미사일방어체계의 한반도 배치나 도입, 참여, 그리고 정보협력, 주한미군에 대한 한국의 지원 등의 요구가 커질 것이다.

하지만 지난 150여 년의 동북아에서의 역사적 교훈은 한반도가 동북아 강대국들의 세력 각축장이나 화약고가 되어서는 안 되며 오히려 한반도가 평화의 중심지 역할을 해야 한다는 점이다. 이를 위해서는 독자적인 국제정치적 외교역량 확보가 필요하며, 이를 뒷받침할 군사력과 강력한 정보역량이 필요하다. 또한 미국의 한미동맹 강화에 효과적으로 대응하는 길은 우리의 정보역량을 강화하여 동북아와 동아시아에서 일정한 역할을 하는 것이다. 정보는 군사력과 마찬가지로 전쟁의 수단이기도 하지만 전쟁을 예방하고 평화를 지키는 역할도 하므로, 자주적 정보역량 확보는 필수불가결하다.

21세기 국가안보는 국방과 민간의 구분, 정치와 경제, 사회영역 등에 걸쳐 포괄안보의 성격이 강화될 것이므로, 이에 걸맞게 정보기관을 전문화시켜야 한다. 그렇지 않으면 정보기관 간 임무중복과 이로 인한 장비와 인력, 기술의 중복투자가 발생한다. 현재 우리나라의 국가정보원과 국방정보, 치안분야 등이 이런 문제에 봉착해 있다.

해결해야 할 과제들

그렇다면 2045년을 준비하면서, 정보분야에서 해결해야 할 과제들은 무엇이 있을까.

정보자주화 관련 실태 진단

정보분야의 발전을 위해서는 먼저 현상 진단을 정확히 해야 하는데 이를 가로 막는 요소들이 많다. 먼저 정보의 자주화와 관련하여 사실관계에 기초하지 않은 문제제기나 주장을 걸러내는 것이 필요하다. 대미 정보의존율이 90~100%에 달한다는 주장이 대표적이다. 우리의 정보능력은 세부내용이 비밀로 분류되어 있고, 판단에 임의성과 자의성이 개입될 소지가 큰 영역이기 때문에, 그동안 이 문제가 부정확하게 인용되거나 주장되는 경우가 종종 있었다. 위 주장에 대해 2006년 6월 정부에서 공식입장을 정리하여 발표한 바 있는데, 우리가 대부분의 전략/전술정보를 자체생산한다는 것이다. 한국군은 최신예 금강(고해상도 영상정보)/백두(신호정보) 정찰기, P-3C 대잠 초계기, 군단 무인정찰기(전술 영상정보), 지상신호 정보기지를 통해 대부분의 전략/전술 신호정보와 전술 영상정보를 자체생산하고 있다. 일부 전략정보를 미국으로부터 제공받고 있으나 우리도 양적으로 대등한 수준의 정보를 제공하고 있으며, '대미 정보의존율 90~100%'는 전혀 사실이 아니다.

현대 정보의 주류인 기술정보분야에서 우리가 미국에 의존하고 있는 정보 부분도 있지만 미국이 우리에게 의존하고 있는 부분도 적지 않다는 점에 유의할 필요가 있다. 현재도 상당한 수준으로 정보교류가 이뤄지고 있다. 한국은 금강/백두 정보항공기, 고해상도 전자광학Electro-Optical 위성, 전천후 영상레이다Synthetic Aperture Radar 위성인 아리랑 5호, 공중조기경보통제기E-X, 이지스 구축함 등을 통해 상당한 수준의 정보를 자체 확보하고 있다. 여기에 현재 도입을 추진중인 고고도 무인정찰기(글로벌호크) 등이 추가되면 대북억제에 필요한 정보능력을 대부분 확보한 것으로 평가할 수 있다. 이러한 한국의 정보능력 향상은 그동안의 선례에 비춰볼 때 한미 정보교류와 협력을 더욱 촉진할 것이다. 한국이 금강/백두를 도입한 후 미국에 관련 정보를 제공하면서 미국의 U-2기 운행부담을 줄여주었고 이는 한미 상호이익에 부합하는 것이다. 정보자주화를 한미동맹 약화로 보는 것은 사실에 근거하지 않은 것일 뿐만 아니라 오히려 한미동맹을 강화시키는 요인이 된다. 영국, 일본, 호주의 사례를 볼 때도 각국의 정보능력이 확충될수록 미국과의 정보교류 수준도 향상되는 것을 알 수 있다.

국가정보원의 정치적 독립성

국가정보원법이 국가정보원(이하 '국정원')의 정치적 독립을 규정하고 있지만, 종종 국정원의 국내정치 개입이 논란의 중심에 서 있다.

이와 같은 문제발생 원인을 근원적으로 제거하고 국정원이 본연의 국가정보 임무에 전념하게 만들기 위해서는 보다 정교한 대책이 필요하다. 예컨대 미국 중앙정보국CIA의 경우에는 신호정보나 영상정보를 직접 수집할 수 있는 기능이 없으며 이는 별도의 독립 정보기관인 국가안보국NSA과 국가지구공간정보국NGA를 통해 얻을 수밖에 없다. 원하는 정보가 있으면 상호서면으로 요구하게 되어 있고 이는 의회에도 통보되기 때문에 대내정보든 대외정보든 불법이나 부정한 방법으로 정보를 얻는 것은 원천적으로 봉쇄되어 있다. 국정원이 현재처럼 내부에 정보수집 기능을 보유하고 있는 한, 외부의 통제 없이도 임의로 정보를 수집하고 사용할 수 있어 불법과 부정에 대한 감시가 원천적으로 불가능하다. 비록 국정원 직원들에게 부당명령 거부권이 부여되어 있긴 하지만, 이것만으로 불법행위를 완전히 차단할 수는 없다.

나아가 정치적으로 악용된다고 오해받을 수 있기 때문에 국정원을 대통령 직속기관으로 두지 말고 일반 정부부처로 두는 것도 검토할 필요가 있다. 대통령이 필요할 경우에 헌법에 규정된 대로 서면으로 국정원에 정보를 요구하거나 임무를 주고, 이를 국회(정보위원회)에도 자동 통보되도록 한다면 더이상 대통령의 소유물로 인식되는 후진적인 모습은 사라질 것이다.

수천억원에 달하는 국정원의 특별예산도 상당 부분 군사비밀로 구분되는 국방예산과 마찬가지로 국회상임위의 세부통제를 받도록 해야 한다. 현재 국회정보위원회는 겸임, 특별상임위로 되어 있어 의회의 전문성이 다른 상임위와 달리 떨어지고, 국정원 보고사항의 기밀유지도 잘 지켜지지 않고 있다. 따라서 국정원 및 군경 정보기관을 소관하는 국회 정보위원회의 독임, 상임위화를 추진할 필요가 있다. 이렇게 독임, 상임위원회화되는 정보위원회는 정보기관에 대한 예산 및 운영에 대한 세밀하고 정확한 자료를 요구하고, 국정원은 이를 성실히 보고해 과거의 정치적 오명으로부터 자유로워져야 한다. 그런 투명한 과정을 통해 더이상 국가정보가 정치적, 정략적 도구로 악용되지 않고, 본연의 임무와 역할에 전념할 수 있도록 해야 한다.

기술정보기관의 전문화 필요성

미국의 경우 가장 큰 정보 수요기관은 CIA와 국방성, 그리고 국무부, FBI 등이다. 그런데 이들 정보기관이나 정부부처보다 몇 배의 전문인력과 예산을 사용하는 곳이 기술정보기관인 NSA, NGA, NRO(국가정찰국) 등이다. 통상 기술정보 생산에는 비기술정보 생산시보다 10배 이상의 고비용이 소요된다. NSA도 CIA보다 5~10배 규모의 인력과 예산을 사용한다. 미국의 기술정보기관에는 수만 명의 수학, 전자, 소프트웨어, 정보, 보안 관련 전문요원과 초고가의 슈퍼 컴퓨터, 신호분석/암호분석/교신분석/영상분석 장비, 방대한 통신/네트워크 장비 등이 있다. 이를 각 정보 수요기관이나 정부부처별로 갖고 있다면 중복투자와 예산남용, 임무충돌과 비협조가 만연할 수밖에 없다. 제2차 세계대전을 거치면서 이러한 비효율과 낭비를 경험한 미국에서는 관련법을 제정하여 수차례 개선을 거친 끝에 오늘날과 같이 전문화된 기술정보기관을 두는 형태로 발전해왔다.

여기서 한 가지 참고할 점은 NSA나 NGA의 인력과 예산은 국방성이 통제하고, CIA는 정보정책을 각각 통제한다는 것이다. 전통적으로 가장 큰 정보 수요부처인 CIA와 국방성이 기술정보기관을 적절히 분권해 통제하도록 함으로써, 국방성이 원하는 적시적절한 정보제공과

CIA가 원하는 수준 높은 정보제공 목적을 각기 달성할 수 있도록 보장해주고 있다.

전략정보는 정보의 수집범위가 공간적으로 넓고 정보의 수준이 높아서 세계적으로도 국가가 통합관리하는 추세다. 이의 수집에는 많은 인원과 최첨단기술이 소요되므로 군사, 비군사를 구분하지 않고 통합관리하는 것이다. 이러한 차원에서 우리나라의 경우를 볼 때, 우리는 국정원과 국방부가 각각 신호정보와 영상정보를 운영하고 산하기관을 두고 있어서 중복투자와 비효율이 발생할 가능성이 높으므로 긴밀한 통제와 협력이 필요하다.

정보와 보안의 통합운영 필요성

기존의 정보/보안기관을 기술 정보/보안Science&Technical Intelligence&Security기관과 일반 정보/보안General Intelligence&Security기관으로 재편하여 각각 전문화할 필요가 있다. 정보/보안기관의 업무성격은 크게 이공학적으로 정보출처원Intelligence source으로부터 직접 정보를 수집하고 보안업무를 수행하는 경우와, 이를 분석/융합하고 운용하는 경우로 구분할 수 있다. 기술 정보/보안기관은 미국의 NSA, NGA, NRO와 같이 컴퓨터 및 전자장비 등을 사용하여 감청, 암호해독/생산, 교신분석, 신호분석, 영상수집/분석, 첩보위성 획득/운용을 하는 이공계 중심의 과학기술집단으로 구성된다. 한편, 미 CIA, DIA(국방정보국), FBI와 같은 일반 정보/보안기관은 NSA, NGA, NRO 등에서 제공한 기술정보를 토대로 정세판단, 정보공작, 정책가공, 범죄수사 등을 하는 인문사회계 중심의 비기술집단으로 구성된다. 우리도 미국의 경우와 같이 기술 정보/보안기관은 단일화하고, 일반 정보/보안기관은 다양하게 운영할 필요가 있다. 우리의 경우 현대 정보/보안의 중추를 담당해야 할 과학기술 정보전문가들이 그동안 각 정보기관에 소수로 분산되어 있어서, 제 역할과 기능을 할 수 없었다.

신호정보, 영상정보 등의 정보기능과 통신보안, 컴퓨터보안 등의 보안기능을 통합운영하면 정보융합, 기술교류 등 통합운영에 따른 전력 승수효과가 상당하다. 예컨대 미국도 NSA의 경우 신호정보와 기술보안INFOSEC 기능을 통합하여 운영하고 있다.

정보능력 확대 필요성

정보자주화의 필요성 증대, 한반도 주변 안보상황의 변화, 포괄안보의 대두와 전쟁개념의 변화 등으로 인해 우리의 정보능력은 지속적으로 확대, 발전될 필요가 있다. 이는 정보기관 구조조정과 기술정보기관의 발족 등과 함께 적극 추진되어야 한다. 정보 전문인력의 확충, 정보능력 확대를 위한 예산의 증액, 요구되는 정보장비와 기술의 획득, 그리고 연구개발 노력 등이 필요하다. 정보분야는 우방국이라고 해도 장비나 기술, 인력교류나 판매를 극히 제한하며 특히 보안과 관련된 분야는 사실상 전혀 공유가 이뤄지지 않는다. 따라서 정보/보안분야의 장비나 기술, 인력은 독자적인 노력으로 확보해야 하며, 이 능력이 곧 그 국가의 정보 관련 국가안보를 좌우한다. 예컨대 어느 한 국가의 디지털암호 해독능력은 그보다 못한 수준의 국가에 대한 감청이 가능함은 물론, 그보다 앞선 국가에 의한 정치외교, 군사영역에서의 무장 해제나 침해를 뜻한다.

한편 국내 정보기관의 문제는 정보습득, 활용을 위한 기술영역의 발전도 매우 중요하지만, 이것을 판단, 종합하는 통합적 기구(기관, 제도)이 없는 것이 큰 문제이다. 예를 들어 여러 정보기관들이 습득한 중요정보가 그 기관 내에서만 환류되어 국가 전체적인 종합적인 정보분석이나 대응, 예측자료로 활용되지 못하는 경우가 허다하다. 다양한 정보에 대한 종합적이고 체계적인 분석을 위한 기구(장치, 제도)가 필요한 것이다.

정보능력 발전을 위한 목표

우리나라의 정보능력 발전을 위해서는 다음과 같은 목표가 달성되어야 할 것이다.

- 국정원의 정치적 독립을 위한 법, 제도 개선
- 정보기관 구조조정과 기술정보기관의 발족
- 정보 자주화를 위한 적정 수준의 정보능력 확보

정보분야 미래전략

'정보선진국'인 미국의 사례를 참고하되, 우리나라의 지정학적 특수성과 우리의 한계와 제약사항을 고려하여 정보분야 미래전략을 수립하는 것이 중요하다.

첫째, 기술정보기관을 새롭게 발족시켜서 전문화한다. 특히 기술적 속성이 매우 다른 신호정보기관Korea Intelligence&Security Agency, 영상정보기관Korea Imaging&Mapping Agency을 독립적으로 발족시키되 국정원과 국방부에 분산되어 있는 기능을 통합해야 한다. 또한 정보가 창이라면 방패인 보안기능을 전문화하는 것도 중요한데, 이는 기술보안과 일반보안을 구분하여 미국의 NSA 경우처럼 신호정보기관에 이 기능을 부여해야 한다. 정보와 보안은 동전의 양면과 같기 때문에 한 기관이 창과 방패를 공유하는 것이 적절하다.

둘째, 국정원과 국방부가 위 신호정보 및 영상정보기관(가칭 KISA 및 KIMA)을 기능적으로 분할하여 통제하면서 통합운영한다. 국정원이 정보목표 설정과 분석업무를 맡고 국방부가 세부 인사/예산을 통제하는 것이 신속하고 긴밀한 군사정보 지원이 필요한 한반도 상황에 적합하다. 인사와 예산이 기관의 운영에 보다 강한 영향력을 갖기 때문에 국방부가 그 권한을 갖는 것이 적절하다는 것이다. 다만 미국의 경우처럼 현역 장성(통상 중장급)을 기술정보기관장에 보임할 수는 있지만, 반드시 해당 분야의 기술전문성을 가진 인사를 선임하여 정보기관이 '행정기관화'되거나 '관료화'되는 것을 막아야 한다.

셋째, 정보기관 구조조정과 기술정보기관의 발족, 국정원의 정치개입 금지를 실질적으로 보장할 수 있도록 국가정보 관련법과 제도를 정비해야 한다. 여기에는 기술정보기관장에 대한 국회 차원의 청문회도 포함될 수 있다. 이는 국가정보를 수집하는 기관장에 대해 국민의 대표인 국회가 문민통제하는 상징적 의미가 있다.

넷째, 변화된 동북아 정치환경과 우리의 국력 신장에 걸맞게 부족한 정보능력을 확충해나가야 한다. 특히 신호정보 관련 전문인력과 연구개발, 장비의 확충이 필요하고 영상정보 관련 고성능 첨단 영상기술의 확보가 필요하다. 또한 기술보안 관련 전문인력과 연구개발 확대가 중요하다. 차제에 정보전, 전자전 능력 확충도 국방부를 중심으로 강화되어야 한다. 정보능력 확충은 한국적 실정에 맞게 민간의 앞선 IT 기술력을 도입spin on하는 것과 함께 정부가 확보한 기술을 민간이 활용할 수 있게 제공Spin off하고, 민간표준을 최대한 정부가 채택하는 등의 형태로 경제적인 정보능력 확충을 추진한다.

정보기관 구조조정 및 기술정보기관 발족

현재 상대국 정보수집에 있어 군과 민간으로 나뉘어 있는 국방부와 국정원의 정보수집기능은 실질적으로 구분이 어렵고 기술적으로 유사하기 때문에 통합해야 한다. 현재 국방부와 국정원이 각각 보유하고 있는 신호정보와 영상정보 관련 정보수집기능도 통합하여 독립된 기술정보기관으로 발족시킨다. 방첩기능과 보안기능도 기술 중심으로 전문화하여 구조조정한다.

국정원, 국방부 기술정보기관 통합

대통령 직속의 국가안보회의를 지도부로 두고 그 산하에 국방부, 국정원, 통일부, 외교부, 경찰청 등 정보 수요기관에 기술정보기관이 정보를 제공하는 구조로 한다. 그리고 앞서 언급한 대로 국방부와 국정원이 각각 기술정보기관을 통제하되, 조정이 필요한 것은 양 부처 간에 실무협의체를 통해 하고 이것이 여의치 않을 경우에는 국가안보회의에 상정하여 조정한다.

기술정보 중심 정보능력 확충

양대 정보 수요부처인 국방부와 국정원이 필요로 하는 미래 기술정보 중에서도 위성정보의 경우 전략정보이기 때문에 국방부는 물론 국정원의 수요가 잘 반영되어야 한다. 다른 정보의 경우에도 대북위주

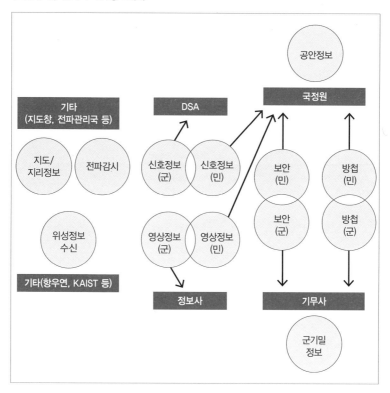

〈그림 6-5〉현재의 국가정보체계

공안정보

국정원

기타
(지도창, 전파관리국 등)

DSA

지도/
지리정보

전파감시

신호정보
(군)

신호정보
(민)

보안
(민)

방첩
(민)

위성정보
수신

영상정보
(군)

영상정보
(민)

보안
(군)

방첩
(군)

기타(항우연, KAIST 등)

정보사

기무사

군기밀
정보

의 정보수집보다는 동북아 주요 관심지역 전체를 대상으로 정보수집
이 가능하도록 정보장비와 기술이 뒷받침되어야 한다.

전략급 정보능력에 있어서는 대외국 신호정보체계, 지상과 우주에
서의 우주감시체계, 고해상도 영상정보체계, 사이버 보안, 그리고 이를
뒷받침할 고급정보 전문인력과 기술력 확보가 필요하다. 전술급 정보
능력에 있어서는 정보전과 전자전 수행능력, 휴전선과 해안선에 대한
경계자동화와 무인감시, 정찰체계 등을 보강해야 할 것으로 판단된다.

보다 구체적으로 분야별 육성전략은 다음과 같다.

〈그림 6-6〉 미래의 국가정보체계

동북아 다자안보체제 출범과 우리 군의 평화유지군PKO 역할 확대에 대비하여, 대외국에 대한 신호정보와 원정 정보작전능력을 보강해야 한다. 이를 위해 불특정위협에 대한 신호정보능력(지상/해상 신호장비 및 언어분석요원)과 대형상륙함(LPX)이나 무인기와 로봇 등을 탑재할 경항공모함용 중형 조기경보기(E-2C 등) 확충이 필요하다.

우주공간에 대한 위협감시를 위해서는 지상우주감시센터의 설치가 필요하다. 중국의 위성요격실험으로 필요성이 높아진 우주감시능력은 북한도 이미 보유하고 있는 능력으로, 한반도 주변에서의 우주실험과 분쟁에 효과적으로 대응하기 위해 우리도 지상우주감시센터를 보유해야 한다.

한편 휴전선/해안선에 대한 경계능력 보강과 실질적인 병력감축을 위해 지상 자동화 경계장비와 저고도 성층권 공중감시장비 설치를 확대해야 한다. 예컨대 함정용 무인정찰헬기(무소음 전기식)나 지상작전 및 함정용 유선무인헬기, 성층권 감시정찰무인기와 정찰로봇 등 군사혁신형 장비를 개발, 배치하는 것을 추진해야 한다.

고해상도 영상정보와 암호화 신호정보 관련 기술개발에도 박차를 가해야 한다. 2025년 이전에 1,000억원 이상이 소요될 것으로 예상되는 금강/백두체계의 성능개량에 대비하고 정보기술 자주화를 위해 세계적 수준인 3~10cm급 해상도의 영상레이다Synthetic Aperture Radar 기술개발이 필요하다. 또한 데이터통신 암호화 추세에 따른 독자적인 신호정보 분석기술 개발도 지속적으로 필요하다.

마지막으로 정보전자기술과 특수지역 언어, 신호분석기술 관련 정보 전문인력을 육성해야 한다. 전체 장교양성 교육과정에 정보전, 전자전을 필수로 포함하고 정보 전문인력을 정책적으로 우대하고 육성할 제도를 마련해야 한다.

정보전략의 정책추진방안과 그 효과

정보기관 구조조정과 정보능력 확충을 위해서는 행정부와 입법부의 공동노력이 필요하다. 우선 청와대 국가안보실이 전략기획하여 국가안보전략지침을 개정하고, 국가안보장관회의를 중심으로 실행계획을 마련할 필요가 있다. 법 개정과 예산 조정 및 지원이 필요한 부분은 국회와 기획재정부 등 타 관련 부처의 협조가 필요하다. 한편 이 과정에서 미국과의 정책 협의도 필요한데, 국방, 정보, 외교 채널 등 다각도의 협조가 있을 수 있으나 국가안보실의 기획조정 하에 체계적으로 추진되어야 할 것이다. 이 추진을 경제적으로 하면서 전반적인 국내의 정보관련 연구개발 역량을 강화할 필요가 있으므로, 관련 연구기관 (ADD, ETRI, KAIST 등 연구중심대학)과 기업의 적극적인 참여를 끌어 내야 한다.

정보는 국방과 더불어 국가안보의 양대 기반이라고 할 수 있다. 외교와 통일, 국제정치는 이 기반 위에서 주도권을 가질 수 있다. 정보능력 확충을 통해 동북아 국제정치 상황이 아무리 급변하더라도 능동적으로 대처할 수 있으며, 자주국방과 평화통일, 한미동맹의 발전 등 우리가 추구해야 할 국익을 달성할 수 있다.

경제적인 효과도 기대할 수 있다. 정보능력 강화 과정에서 무인감시와 대테러 안전산업을 육성한다면 연간 10조원대 규모의 시장을 확보할 수 있을 것으로 전망된다. 이는 연간 700조원을 상회하는 세계 국방/항공우주산업에서 정보/전자전의 비중이 160조원에 달하는 사례를 보더라도 가능성을 확인할 수 있다.

현대사회에 있어서 한 국가의 정보능력은 그 국가의 과학기술력과 경제력에 좌우된다. 우리는 세계적 수준의 IT능력을 가지고 있으며 수출규모 면에서도 중국의 1/4, 미국과 독일의 1/3, 일본의 2/3에 달하는 무역대국이다. 이러한 산업능력을 정보분야에 접목하여 부족한 정보능력 확충은 물론, 세계 방산, 정보시장에도 적극 진출해야 한다.

국정원과 국방부의 정보능력은 일부 미국의 정보지원을 감안하면 현재로도 대북억제가 가능하며, 2025년경이면 불특정 위협에 대해서도 최소한 방위충분성 확보가 가능할 것으로 판단된다. 이 과정에서 미국과의 정보협력은 한미동맹의 강화, 발전이라는 측면에서 중요하며 앞으로도 협력수준이 고도화될 것으로 전망된다.

선진국 수준의 정보능력 확충을 바탕으로 동북아의 평화중심국으로서 남북의 평화통일과 자주국방, 한미동맹의 발전, 그리고 자주외교를 실현할 수 있을 것으로 기대한다.

정치분야 미래전략
사회안전전략

최근 몇 년간 우리나라는 대형사고가 끊이지 않아 국민들의 불안감이 커지고 불만과 불신이 높아질 대로 높아졌다. 왜 사고가 늘어나고 있을까? 실제로 사고가 늘어난 것일까, 아니면 단순히 늘어난 것처럼 보이는 것일까. 늘어났다면 왜 늘어났고, 단지 늘어난 것처럼 보이는 것에 불과하다면 왜 그렇게 보이는 것일까?

우선 객관적인 지표부터 살펴보자. 한 나라의 대표적인 안전지표로 외인사망률을 들 수 있다. 외인사망이란 사고, 자살, 타살과 같이 외부 요인으로 사망하는 것을 말한다. 외인사망률은 인구 10만 명당 인원을 나타낸다. 외인사망에서 자살과 타살을 제외하면 사고에 의한 사망을 추정할 수 있다. 사실, 지난 30년간 자살과 타살을 제외한 우리나라 외인사망률, 즉 사고사망률의 변화추이를 보면, 사고사망률은 1991년까지 증가하다가 그 이후 지속적으로 감소하고 있다.

그렇다면 지금 국민들이 느끼고 있는 불안은 과잉반응이며, 사고가 늘어난 것처럼 보이는 것은 착각에 불과한 것일까? 결론부터 말하자면 그렇지는 않다. 옛날보다 먹을 것이 풍부해졌다고 해서 삶의 질이나 행복지수가 올라가는 것이 아니듯이, 사고건수나 사망률이 줄어들었다고 해서 사회가 더 안전하다고 느끼거나 안전지수가 향상되는 것은 아니다. 과거보다 사고사망률이 줄어들었음에도 안전에 대한 불안감이 더 커지고 사고가 더 늘어난 것처럼 보이는 것은 다음과 같은 이유가 있다.

첫째, 사고감소폭보다 안전에 대한 기대수준의 증가폭이 더 크기 때문이다. 사람들이 판단하는 기준은 과거의 사고발생률이 아니라 현재의 생활수준에 상응하는 기대수준이다. 현재의 기대수준보다 더 많은 사고가 발생하면 사고가 증가한 것처럼 보인다. 지금 사람들이 요구하는 수준은 우리 사회의 실제 안전수준보다 훨씬 더 높다.

둘째, 국민들이 분노하는 것은 사고 건수가 많다거나 사망률이 증가했기 때문이 아니다. 충분히 막을 수 있는 사고를 막지 못했거나, 반드시 막아야 하는 사고를 막으려는 노력을 하지 않았다고 생각하기 때문이다. 막을 수 있는 사고를 막지 못하고, 막아야 하는 사고를 막지 않았을 때 사람들은 분하고 억울하며 화가 나게 되는 것이다.

셋째, 국민들이 불안해하는 것은 더이상 위험을 개인이 통제할 수가 없기 때문이다. 사람들은 자기가 통제할 수 있다고 믿는 위험은 덜 위험하다고 느끼지만 자신이 통제할 수 없다고 생각하는 위험은 실제보다 훨씬 더 위험하다고 느낀다. 과거의 위험은 개인이 어느 정도 통제할 수 있거나 개인이 조심하면 나름대로 안전을 확보할 수 있었지만 현대사회의 위험은 대부분 개인의 통제범위 밖에 있다. 이제는 개인이 조심한다고 해결될 문제가 아닌 것이다. 더구나 이제는 어디에 어떤 위험이 있는지조차 알기 힘들다. 이런 상황이 국민들의 불안을 증폭시키고 있다.

더 큰 문제는 이러한 현상이 일시적인 것이 아니라 이제 겨우 시작에 불과하다는 점이다. 앞으로 다가올 미래사회는 위험이 더욱 증폭된 초위험사회가 될 것이다. 안전은 하루아침에 확보되지 않는다. 안전문제는 모든 이해당사자가 쉽게 동의하고 협력할 것처럼 보이지만 실제로는 거의 모든 이해관계자가 서로 대립하고 갈등하는 요소이기 때문이다. 안전을 확보하기 위해서는 필연적으로 갈등을 조정하고 대립을 협력으로 바꾸어야 한다. 오랜 시간이 걸릴 수밖에 없다. 그래서 안전사회는 어느 날 갑자기 이루어지지 않는다. 미래의 안전을 확보하기 위해서는 지금부터 서둘러 안전전략을 수립하고 실천해나가야 한다.

현대사회의 위험과 안전

사회안전전략을 수립하기 위해서는 먼저 현대사회의 위험과 안전에 대한 구조적 이해가 필요하다. 현대사회에서 대형재난은 기본적으로 사회시스템의 대형화에서 출발한다. 시설의 대형화, 에너지시스템의 대형화, 사이버시스템의 대형화, 질병관리시스템의 대형화가 그렇다. 자연재해도 도시화에 의하여 더욱 증폭된다.

안전은 크게 자연재해 영역과 인적사고로 구분할 수 있다. 최근 기상이변 등으로 자연재해에 대한 우려를 많이 하지만 우리나라에서 발생하는 대형참사의 대부분은 인적사고다. 자연재해로 인한 인명손실도 따지고보면 인적사고인 경우가 많다. 그리고 이렇게 사고가 일어나도록 시스템을 설계한 것도 인적사고라 할 수 있다.

위험사회

현대사회를 위험사회라고 한다. 위험사회에 대한 정의나 개념은 다양하지만 그중 하나가 '위험을 배척하는 것이 아니라 위험을 취하는 사회risk-taking society' 또는 '위험을 취하도록 장려하는 사회'라고 할 수 있다. 위험을 취한다는 의미는 우리의 주변을 둘러보면 금방 이해할 수 있다. 교통수단은 점점 더 빨라지고, 건물도 점점 더 높아지고 있다. 땅 밑을 지나는 가스관이나 송전선은 점점 더 크고 복잡해지고 있다. 공단의 산업시설도 마찬가지다. 경제가 발달할수록 이러한 경향은 더욱 심해지며, 위험은 갈수록 커진다. 위험을 감수하지 않고는 경제를 발전시킬 수 없으며, 경제를 발전시키기 위해서는 위험을 감수해야한다. 국민소득이 2만 달러를 넘어가는 사회에서 거의 모든 부문의 위험은 대형화, 고도화, 집적화, 복합화되는 현상이 나타난다.

경제발전을 위해서는 위험을 취하거나 취하도록 해야 하고, 위험을 취해야만 경제발전을 이룰 수 있다. 즉 경제발전과 위험은 불가분의 관계에 있다. 따라서 현대사회에서 위험은 더이상 특수한 대상, 제거의 대상이 아니라 우리의 생활주변에 항상 존재할 수밖에 없는 공존의 대상이다.

다만 위험은 위험 그 자체가 문제가 아니라 관리하지 않았을 때가 문제다. 위험을 관리하지 않으면 사고로 이어지기 때문이다. 작은 위험은 작은 사고를 유발하지만 대형화된 고도의 위험은 대형참사를 유발한다. 위험이 대형화, 고도화, 집적화, 복합화된 현대사회는 늘 대형참사의 위험을 안고 있다. 위험을 관리해야 하는 이유다.

'1만·2만·3만'과 '환경·안전·보건'

세계적 추세를 보면 환경·안전·보건에 대한 국민들의 요구수준은 대개 국민소득 수준과 비례하며, 1만 달러, 2만 달러, 3만 달러 수준에서 크게 변화하는 특징이 있다. 대체로 1인당 국민소득이 약 1만 달러 정도 되는 시점에서 환경이 '일반화'되기 시작한다. 일반화된다는 것은 대부분의 사람들이 환경의 중요성이나 의의를 알기 시작하며, 각자 주어진 여건에서 환경을 보호하기 위해 기꺼이 투자하거나, 투자할 용의가 생기는 것을 의미한다. 환경이 일반화된 사회에서는 남녀노소를 불문하고 환경이 중요하다는 것을 당연시하기 때문에 환경보호의 당위성은 이미 확보되어 있다.

이 단계에서는 일반시민들도 환경보호에 기꺼이 투자하기 시작한다. 예를 들어, 쓰레기 분리수거를 한다든지 친환경세제를 구입하는 등 환경보호에 스스로 동참한다. 동시에 자기가 투자와 노력을 하는 만큼 환경에 대한 권리의식도 싹트게 된다. 환경에 대한 시민의 의무와 권리가 동시에 신장되며 이 시기부터는 거리도 깨끗해지고 강물도 맑아진다.

환경관련법도 사후 대처에서 사전예방 중심으로 이동한다. 법령의 명칭도 대기오염방지법이나 수질오염방지법과 같은 사후대처 중심에서 대기보전법이나 수질보전법과 같은 전향적이고 능동적인 사전대처 형태로 전환된다.

국민소득 2만 달러 정도가 되면 안전이 일반화된다. 일반시민들이 개인적으로 안전에 대해 투자하기 시작하며, 안전에 대한 의무와 권리의식이 신장된다. 예를 들어 자동차 구입시 에어백이나 ABS브레이크, 사륜구동과 같은 안전장치에 관심이 커지고 그에 대한 비용도 기꺼이 지불할 용의가 생기기 시작한다. 사고에 대한 생각도 바뀌기 시작한다. 그전까지는 사고가 나면 대게 '왜 하필이면 나일까, 왜 우리 가족에게 이런 불행이 닥쳤을까?'라는 식으로 사고를 개인의 불운이나 불행이라고 생각했다. 그러나 2만 달러가 넘어서면 내가 왜 사고를 당해야 하는지, 그 원인은 무엇이고 누구에게 사고의 책임이 있는지 따지기 시작한다. 개인적인 안전사고뿐만 아니라 대형참사가 발생해도 비슷하다. 2만 달러 이전에는 대형참사가 발생하면 희생자의 불행을 안타까워하는 분위기가 사회를 압도한다. 사회구성원 모두 슬픔에 젖고 추모분위기에 젖으며, 희생자를 돕기 위한 성금모금 등이 사회운동의 주류를 이룬다. 그러나 2만 달러가 넘어가고 대형참사가 발생하면 희생자 추모분위기도 나타나지만 책임소재 규명을 요구하는 목소리가 높아진다. 피해자나 가족들도 국민성금을 거부하고 보상이나 배상을 요구한다. 피해자가 그저 불쌍한 희생자가 아니라 누군가의 잘못으로 인해 피해를 당한 '피해자'임을 인정받고 싶은 것이다.

국민소득 3만 달러 정도가 되면 보건이 일반화된다. 보건이 일반화된다는 것도 안전과 같이 건강문제가 더이상 개인차원의 문제가 아니라 국가와 사회차원의 문제로 인식하게 된다는 것이다. 예를 들어 지금 암에 걸리면 대부분 이런 반응을 보인다. "나에게 왜 이런 불행이 닥쳤을까?" 하지만 3만 달러를 넘어가는 사회에서는 암의 발병원인과 책임소재를 따지기 시작하며 암 관련 소송이 급격히 증가한다. 또한 암을 예방하기 위한 사회적, 제도적 장치의 도입을 강력히 요구한다. 암이 개인의 문제가 아니라 사회의 문제라는 방식으로 인식이 변화하는 것이다. 즉 이전에는 시민들이 개인적으로 건강에 투자하던 것을, 사회적 차원에서 건강에 투자하도록 국가와 사회에 요구하기 시작하는 등 보건에 대한 의무와 권리의식이 높아진다.

우리나라는 어디쯤 와 있을까? 2014년 우리나라 1인당 국민총소득은 2만 8천 달러였다. 국민소득 수준으로 볼 때 우리나라는 이미 위험사회에 접어든지 오래다. 그러나 우리나라는 경제발전에 비해 상대적으로 안전이 경시되어 온 측면이 강하다. 우리 사회의 안전 인프라, 즉 안전과 관련된 법, 제도, 인력, 기술, 재원, 문화는 1만 5천 달러 정도의 수준에 불과한 것으로 보인다. 반면 국민들의 안전에 대한 요구는 이미 3만 달러 수준을 넘어서고 있다. 한마디로 우리는 1만 5천 달러의 안전인프라에 2만 5천 달러의 위험을 가지고 3만 달러의 안전을 요구하는 사회에 살고 있다. 우리는 위험수준과 안전인프라의 격차가 1만 달러 이상인 위험사회에 살고 있는 셈이다.

재난

어느 사회나 사건과 사고는 끊임없이 발생한다. 대부분의 사고는 개인이나 가족 단위에서 감당이 가능한 가벼운 사고이며, 별다른 손실 없이 정상으로 회복된다. 이 범위를 넘어가는 사고가 발생하면 119구조나 소방시스템과 같은 사회의 응급 또는 비상체계가 작동한다. 규모가 큰 대형사고가 발생하면 그 지역의 응급비상체계가 최대로 가동되고 필요한 경우 인근지역의 도움을 받는다.

일반적으로 그 사회가 가지고 있는 대응시스템의 능력이나 범주를 초과하는 사건이나 사고를 재난이라고 한다.[20] 2015년 발생한 메르스와 같이 우리사회가 미처 경험하지 못했거나 기존의 정상적인 대응시스템으로는 대처하기 어려운 사건도 대규모 피해로 확산될 가능성이 있으면 재난이라고 봐야 한다. 따라서 재난은 상대적인 개념이다. 사회의 대응시스템이나 대응역량이 커지면 재난은 줄어든다.

전통적으로 재난은 주로 단기간에 대규모 피해를 일으키는 자연재난을 의미했다. 우리나라에서 발생하는 자연재난은 주로 태풍이나 호우, 폭설이다. 이러한 자연재난은 어느 정도 예측이 가능하며, 그에 따라 대비와 대응이 가능하다. 사회가 발달할수록 자연재해로 인한 피해규모는 줄어든다. 그러나 인적재난의 위험은 그 반대다. 사회가 발달할수록 위험은 점점 대형화, 고도화, 집적화, 복합화되는 현상을 보인다. 고도의 위험사회에서는 사소한 사고도 엄청난 재산손실과 인명피해를 초래하는 대형참사로 이어지기 쉽다. 미래사회는 인적재난의 시대가 될 것이다. 인적재난을 어떻게 관리할 것인가가 미래 안전전략의 핵심과제다.

사회안전을 위한 기본

미래 안전전략의 키워드는 '위험생산자'와 '위험관리의 내재화'이다. 위험생산자는 돈을 벌려고 위험을 창출하는 자이며, 위험관리 내재화란 위험을 창출하는 자에게 위험을 관리하도록 하는 것이다. 현대사회에서 위험생산자는 위험물을 제조하거나 설치하는 자, 유통시키는 자, 그리고 위험물에 다른 사람을 노출시키는 자 등 3가지 유형이 있다.

위험생산자가 위험을 일부러 생산하는 경우는 많지 않다. 위험은 대부분 경제활동을 하는 과정에서 부가적으로 발생한다. 그렇지만 어쨌든 위험생산자가 위험을 생산하는 이유는 경제적 이득을 얻기 위해서다. 따라서 위험생산자에게 위험 관리를 내재화시키는 가장 효과적인 방법은 그들이 얻는 경제적 이득과 연관시키는 것이다.

산업화로 환경오염문제가 심각한 사회문제가 되자 서구에서 이 문제를 해결한 핵심원리는 '깨끗하게 하라, 그러면 돈을 벌 수 있게 해주겠다make it clean then profitable'였다. 사후에 벌금을 물리거나 사전에 아무리 기술적 규제를 강화해도 기업의 환경오염을 근절하기 어려웠다. 그러나 환경오염을 일으킨 기업에 대해 영업을 정지시키자 이야기가 완전히 달라졌다.[21] 영업정지란 기업에게 사형과 같은 것이다. 현실적으로 기업의 영업을 정지시키기는 어렵다. 기업의 영업을 정지시키면 국가경제에도 타격을 받으며, 근로자 등 제3자가 피해를 볼 수 있다. 따라서 급박한 환경오염 문제가 해결된 경우 영업을 재개할 수 있도록 하되, 영업정지에 상응하는 기간 동안의 영업이익을 몰수하는 과징금을 부과한다. 영업이득을 몰수하면 기업활동의 목적이 사라지기때문에 기업은 어떻게든 이를 피하려고 한다. 기업이 환경규제를 두려워하고 환경문제에 최선을 다해 신경을 쓰는 이유가 여기에 있다.

안전문제를 해결하는 원리도 마찬가지다. '안전하게 하라, 그러면 돈을 벌 수 있게 해주겠다make it safe then profitable'가 핵심원리인 것이다. 심각한 안전조치를 위반한 경우 기업은 더이상 영업을 하지 못하게 해야 한다. 안전분야에서 기업의 영업을 정지시키는 수단은 '작업중지'다. 사고가 발생했거나 중대한 안전조치 위반이 적발된 공정이나 시설에 대해서는 일단 작업을 중지시키는 것이다. 경우에 따라서는 동종의 공정과 시설도 같은 위험이 있을지 모르므로 모두 작업을 중지시킬 수도 있다. 작업중지로 인해 근로자 등 제3자가 피해를 볼 수 있는 경우, 위험이 해결된 이후 작업을 재개하도록 하되, 작업중지에 상응하는 기간 동안의 영업이익을 몰수하는 과징금을 부과하면 된다.

이와 같이 안전문제를 해결할 방법이 없는 것이 아니다. 몰라서 못하는 것도 아니다. 그런데도 안전문제가 해결되지 않는 것은 이와 같은 전략과 정책을 개발하고 집행할 체계가 없기 때문이다. 안전은 그 속성상 시장에 맡겨서는 확보될 수 없다. 문제는 정부다. 따라서 안전 관련 정부조직체계를 정비하는 것이 주요한 과제이자 전략이다.

국가의 안전체계와 정부조직

대형사고는 시설물, 교통시스템, 에너지, 질병관리, 사이버보안 등의 영역에서 일어난다. 국가의 안전관리체계는 크게 시장진입 전 단계pre-market, 시장단계on-market 그리고 사고발생 이후단계post-accident의 3단계로 구분해 볼 수 있다.

시장진입 전 단계의 안전관리는 전기제품이나 자동차와 같은 제품안전, 건물/설비/교량/도로와 같은 건축물 및 시설물안전 등을 말한다. 자동차는 안전기준에 맞게 만들고, 건물도 안전기준에 맞게 지어야 한다. 이 단계에서는 각 제품이나 건물 또는 시설물을 관리하는 소관부처에서 안전기준을 제정하고 안전검사를 시행하는 등 안전관리를 맡는다. 안전을 확보하기 위한 수단으로는 안전기준 설정, 검사, 인증, 등록, 표시, 정보제공 등이 있다.

아무리 자동차가 안전하게 만들어졌다고 해도 실제 교통안전은 이 자동차를 어떻게 운전하느냐에 따라 안전수준이 달라진다. 건물도 마찬가지다. 아무리 건물이 튼튼하고 안전하게 만들어졌어도 어떻게 사용하느냐에 따라 건물의 안전은 달라진다. 이와 같이 사용소비단계에서의 안전이 시장단계에서의 안전이다.

국민들이 생활하면서 겪게 되는 모든 안전이 여기에 해당된다. 사용소비단계에서의 안전은 환경안전, 교통안전, 식품안전, 산업안전 그리고 생활안전의 5개 영역으로 나뉜다. 제품이나 시설안전단계(시장 전단계)에서는 안전 또는 불안전의 둘 중 하나로 명확하게 판가름할 수 있다. 그러나 사용소비단계에서는 어느 한 시점에서 안전하다 불안전하다고 판정을 내리기도 어렵거니와 그렇게 판단을 해도 무의미한 경우가 많다. 오늘과 내일의 상황이 수시로 바뀌므로 상시적인 감시체계가 필요하다. 따라서 사용소비단계에서 안전 관련 정부조직은 대부분의 나라에서 청과 같은 상시적인 집행체계로 구성된다. 대부분의 국가는 5대 안전영역을 상시적으로 관리, 감독하는 정부조직으로 이름은 조금씩 다르지만 환경청EPA, 교통안전청TSA, 식약청FDA, 산업안전보건청OSHA 및 소비자제품안전위원회CPSC 같은 책임행정기관을 두고 있다.

사고발생 이후단계는 1차 대응과 2차 대응으로 구분되는데, 1차 대응은 사고의 종류를 불문하고 육상에서는 소방이, 해상에서는 해양안전경찰이 맡는다. 작은 사고는 해당지역의 119안전센터나 지역 해양경찰이 맡으며, 그보다 큰 사고는 소방서나 해양경찰서가 대응한다. 일개 소방서나 해양경찰서의 대응범위를 넘어서는 사고가 발생하면 광역이 발령되는 등 대응단위가 확장되며 최종적으로는 국가 최고지도자가 책임을 진다. 1차 대응으로 인명구조가 완료되고 현장의 급박한 위험이 해소되면 피해복구 및 피해자 구제 등 2차 대응으로 이어진다. 2차 대응은 기본적으로 지방자치단체의 임무이며, 중앙정부의 해당부처가 지원하게 된다.

사고든 재난이든 사고가 발생하면 초기대응이 얼마나 신속, 정확하게 이루어지느냐가 중요하다. 초기대응에 따라 사건이 경미한 단계에 머무를 수도 있고 걷잡을 수 없는 재난으로 번질 수도 있다. 특히 인적사고는 초기대응을 얼마나 신속하게 잘 하느냐에 따라 재난 여부와

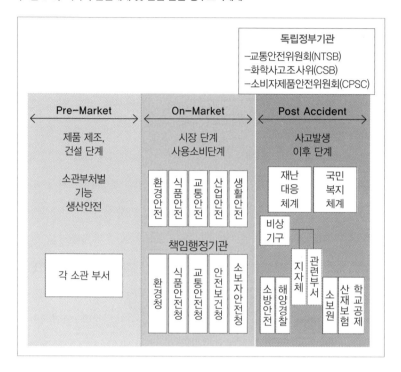

재난규모가 판가름 난다. 초기대응은 초기대응시스템을 얼마나 잘 갖추어 놓느냐에 달려 있다. 미래의 재난대응전략은 초기대응시스템에 있다고 해도 과언이 아니다.

마지막으로 독립적인 사고조사 전문기관이 필요하다. 모든 사고는 사고의 원인이 있게 마련이다. 이미 발생한 사고는 되돌릴 수 없지만 사고원인을 철저히 조사하여 다시는 유사사고가 재발하지 않도록 하는 것이 국가사회적 과제다. 문제는 사고의 원인이 한두 가지가 아니며, 서로 복잡하게 얽혀 있다는 점이다. 수많은 사고원인이 복잡하게 얽혀 있는 것을 사고의 원인망web of causation이라고 한다. 복잡한 사고

원인망을 분석하고 그로부터 핵심요인과 근본적인 요인을 찾아내어 재발방지책과 개선방안을 만들어내기 위해서는 고도의 전문적인 사고조사기관이 필요하다.

사고조사기관은 전문성과 함께 반드시 독립성이 보장되어야 한다. 어떤 사고든 사고에는 수많은 이해당사자가 첨예하게 얽혀 있기 때문이다. 또한 모든 사고는 정부의 관리감독과 불가분의 관계를 맺고 있으므로 사고조사 대상에는 관련 정부부처가 포함되게 마련이다. 이해관계가 상충되는 사고조사에는 유무형의 압력이 작용하기 쉽다. 사고조사기관은 엄격하고 강력한 조사권을 가져야 하지만 사고책임자를 밝혀내고 처벌하기 위한 수사기관과는 달라야 한다. 사고조사기관에게 처벌을 위한 수사권을 부여하면 사고조사대상에게는 방어권인 묵비권을 부여해야 한다. 진실을 이야기할수록 자신에게 불리하다면 누구도 진실을 이야기 하지 않을 것이다. 그래서 수사권보다는 면책권을 부여해야 할지도 모른다.[22] 우리도 기존의 수사기관과는 다른 구조와 제도적 장치를 갖춘 사고조사기관을 설립할 필요가 있다.

안전을 위한 실행전략

집행을 전제로 하지 않은 전략은 무용지물이다. 지난 몇 십년 동안 우리나라에서 비슷한 안전사고가 반복된 것은 전략이나 계획이 없었기 때문이 아니라 이를 실천하고 집행할 추진체계가 없었기 때문이다.

미래에 어떤 바람직한 일이 일어나도록 하기 위해서는 전략과 계획을 수립하는 것만으로도 충분할 수 있다. 대개 이러한 일을 실현하는 것은 정부가 아니라 민간의 경제주체들이며 전략과 계획이 적절하기만 하면 이를 실현하고자 하는 많은 경제주체가 있다. 그러나 어떤 바람직하지 않은 일이 일어나지 않도록 하기 위해서는 전략과 계획을 수립하는 것만으로는 불가능하다. 민간의 경제주체들은 본질적으로 어떤 일이 일어나지 않도록 하는 주체가 아니기 때문이다.

어떤 바람직한 일이 일어나도록 하고자 하는 부문에서는 미래전략이 독립변수가 될 수 있지만[23] 안전사고와 같이 좋지 않은 일이 일어나지 않도록 하는 전략과 정책은 집행주체의 종속변수가 된다. 따라서 사회안전전략의 최우선 과제는 안전관련 정부조직을 바로 세우는 것부터 시작되어야 한다.

미래 안전을 위한 실행전략

미래사회의 안전전략도 전술한 기본전략의 틀을 크게 벗어나지는 않는다. 안전을 확보하기 위해서는 기발한 발상이나 혁신적인 아이디어보다는 기본적으로 원칙과 기준에 충실해야 한다.[24] 그러나 원칙과 기본만 가지고 미래사회의 위험에 제대로 대응할 수는 없다. 미래사회는 지금까지와는 다른 위험들이 등장하기 때문이다. 위험과 재난에 제대로 대응하려면 국가의 위험관리 및 재난대응 역량이 뒷받침되어야 한다.

현대사회의 대형재난은 사회시스템의 대형화에서 출발하는 것들이다. 시설의 대형화, 에너지시스템의 대형화, 사이버시스템의 대형화, 질병관리시스템의 대형화가 그렇다. 자연재해도 도시화로 인해 더욱 증폭된다. 미래사회에서는 모든 사회시스템이 초대형화될 것이다. 시스템이 초대형화 되면 사소한 사고도 초대형 재난이나 참사로 이어질 가능성이 커진다. 초대형참사는 사회시스템은 물론, 국가마저 붕괴시킬 수 있다. 따라서 미래사회의 안전을 확보하기 위해서는 앞에서 언급한 기본전략 이외에 초대형 재난에 대비한 국가적 차원의 추가적 안전전략과 대응역량 개발이 필요하다.

안전산업 육성전략

국가안보를 다른 나라에 맡길 수 없듯이 안전 및 재난관리도 다른 나라에 맡길 수 없다. 지금까지 국가안보나 국력을 지배하는 요소는 주로 군사력과 경제력이었다. 하지만 시스템이 초대형화되는 미래사회에서는 안전 및 재난관리기술과 산업도 국가안보 차원에서 군사력이나 경제력 못지않게 중요한 요소가 될 것이다. 시스템이 초대형화된 사회에서는 사소한 결함이나 사고도 사회나 국가를 마비시키는, 그야말로 국가재앙에 이르는 사태를 초래할 수도 있다.

그러므로 안전관리나 재난관리 시스템도 초대형화될 것이다. 초대형 시스템은 첨단산업과 밀접하게 연관되어 안전관리나 재난관리도 첨단기술이나 산업의 뒷받침 없이는 불가능하다. 문제는 안전이나 재난관리시스템이 산업발전이나 사회시스템에 반드시 필요하지만 기업이 개별적으로 투자하지 않는 속성이 있다는 점이다. 안전은 사회의 기반시스템인 인프라에 해당하기 때문이다. 산업화나 경제개발을 위해 도로나 산업단지가 필수적이지만 개별기업이 도로나 산업단지를 개발하지 않는 것과 비슷한 이치다. 산업육성을 위해 기반시설과 인프라는 국가가 나서서 전략을 수립하고 투자하듯이 국가차원에서 정부가 큰 그림을 가지고 안전산업 육성전략을 수립하고 추진해야 한다.

만물인터넷IoE 사회의 대비전략

사물인터넷 세상이 현실화되고 있다. 사물인터넷이란 사물에 센서를 부착해 실시간으로 데이터를 인터넷으로 연결해주는 기술로, 사람과 사람간의 소통을 넘어 사람과 사물 간의 소통을 가능하게 함으로써 사람들의 일하는 방식이나 일상생활을 보다 편리하게 해준다. 고속도로의 하이패스, 자동차 스마트키, 성범죄자의 전자발찌 등은 사물인터넷의 초기버전이다. 사물인터넷 기술은 상용화를 목표로 개발되고 있는 무인자동차와 같이 앞으로 무궁무진한 발전가능성을 내포하고 있다.

더 나아가 미래사회에는 사물인터넷 세상을 넘어 만물인터넷Internet of Everything, IoE 시대가 열릴 것이라고 한다. 만물인터넷이란 사물뿐만 아니라 세상에 존재하는 모든 만물이 연결되는 네트워크기술을 말한다. 2020년에는 20억 명 이상의 사람과 370억 개 이상의 사물이 인터넷으로 연결되는 세상이 될 것이라고 한다. 사물인터넷은 주로 일대일 통신수준에 불과하지만 만물인터넷시대에는 모든 만물끼리 연결되어 있는 상태로 늘 통신이 이루어지며, 무엇보다도 사물인터넷은 원하는 데이터를 얻기 위해서 사람의 손길이 필요하지만 만물인터넷시대에는 상황에 따라 모든 데이터를 자동으로 알아서 분석하고 처리하는 시대가 될 것이라고 한다.

그만큼 세상이 편리해지겠지만 문제가 생기면 그에 따르는 위험이나 손실은 예측은 물론 상상하기조차 어려운 초대형재난으로 확장될 가능성이 있다. 민간부문은 사물인터넷이나 만물인터넷의 기술개발과 상품화전략에만 집중할 것이다. 관련 사회의 상정가능한 재난들을 막기 위해서는 해당 미래사회에 맞는 국가차원의 사회안전전략과 사회안전 인프라 구축이 필요하다. 미래의 사회안전은 국가의 전략산업이라는 관점에서 바라보아야 한다.

초대형 국가재난 대비전략

미래사회의 위험은 대형화, 고도화, 집적화, 복합화됨과 더불어 광역화와 장기화가 더해질 가능성이 높다. 경우에 따라 초대형 재난은 막대한 인명과 재산손실뿐 아니라 국가 존립을 위태롭게 하는 국가적 재앙이 될 수도 있다. 대규모 원전사고가 발생했다고 가정해보자. 메르스보다 더 강력하고 큰 규모의 전염병이 발생했다고 가정해보자. 그것은 국가의 기본질서를 무너뜨리게 되는 위험한 상황이다. 이러한 국가적 재난의 유형과 범주들은 국가 차원에서 별도로 재난대책을 수립하고 관리하여야 한다.

초대형 재난대책도 예방과 사후대응 및 복구에서 다를 바가 없지만, 일반적으로는 상상할 수 없는 상황이 전개되기 때문에 통상적인 안전관리나 재난관리 시스템과는 다른 특별대책이 수립되어야 한다. 재난은 막을 수만 있다면 당연히 최선을 다해 막아야 한다. 예방이 가능한 원전사고나 감염병 같은 경우는 이를 예방관리할 특별 조직과 법제도를 갖추어놓아야 한다.

아무리 노력해도 재난은 발생할 수 있다. 일단 재난이 발생하면 중요한 것은 사회의 회복력resilience이다. 재난이 발생했을 때 회복력을 좌우하는 것은 크게 두 가지이다. 하나는 현장의 초기대응 능력이고 다른 하나는 복구능력이다. 사고나 재해의 현장대응능력은 주로 인력이나 장비 등의 양적 확대문제이다. 그러나 초대형 재난은 단지 양적인 문제만이 아니다. 대개의 초대형 재난은 소방과 같은 대응기관도 지금까지 경험하지 못한 상황들이 대부분이다. 앞으로도 실제 상황이 벌어질 가능성은 매우 낮기 때문에 초대형 재난에 대해서는 실전경험이 거의 없다. 따라서 초대형 재난에 대해서는 주기적으로 가상상황을 만들어 특별 훈련기회를 제공해야 한다.

초대형 재난으로부터 국가와 사회가 정상적으로 회복될 수 있는가의 여부는 복구능력에 달려 있다. 초대형 재난이란 가용할 수 있는 국가자원을 총동원해도 복구가 불가능한 상황 또는 국가경제를 위기에 빠뜨릴 수 있는 상황을 말한다. 초대형 재난이 발생하면 천문학적 비용이 불가피하며, 복구능력은 복구재원이 확보되어 있는가의 문제로 귀결된다. 따라서 미래사회의 초대형 재난을 대비하기 위해서는 현재의 안전 및 재난관리기본법상 운용되는 재난관리기금과는 다른 별도의 초대형재난기금을 적립해가는 것도 고려해볼 내용이다. 여기에서 말하는 초대형재난기금이란 현재의 재난관리기금과 별도로, 미래사회에 닥칠지도 모를, 국가의 존립을 위태롭게 할 정도의 초대형 재난에 대비하여 적립하는 재난기금을 말한다.

경제분야
미래전략

경제전략

　한국 등 동아시아 국가들의 경제성장은 주로 요소투입 중심의 기술혁신을 통한 경제성장이었다. 특히 한국은 요소투입 중심의 추격형 catch-up 경제성장전략으로 성공한 대표적인 국가로, 많은 개발도상국에서 벤치마킹 대상으로 삼을 정도다. 이 요소투입형 경제성장은 선택과 집중을 통해 미래전략산업을 육성하는 것이 핵심인데, 한국의 경우 그 대표적 산업이 자동차, 철강, 석유화학, 조선산업 등이었다. 이 전략을 바탕으로 한국은 1960년대 이후 1990년대까지 적극적인 산업정책으로 세계적 경쟁력을 갖는 주요산업을 성공적으로 육성했다. 여기서 적극적 산업정책이란 조세, 금융, 관세 등의 자원을 특정 산업에 유리하게 배분하고, 나아가 국가연구기관 및 KAIST와 같은 특수 대학의 연구개발활동을 직접적으로 산업의 기술혁신에 지원하는 것을 말한다.

　이러한 산업정책은 민간기업의 적극적인 호응과 근면한 국민들의 참여를 바탕으로 매우 효과적인 성장을 이루었다. 글로벌경제라는 환경에 힘입어 성장속도도 빨랐다. 산업정책의 지원에 힘입어 안정적으로 생산기반을 구축하고, 수직계열화를 통해 기술노하우를 습득했으며, 자본조달에도 도움을 얻어 여러 기업이 글로벌기업으로 성장하였다. 단순히 아웃소싱만 하는 생산기지가 아니라, 자본과 조직, 기술역량을 축적해 해당 산업분야에서 세계적 기업으로 성장한 것이다.

그러나 지난 20년간 중국, 인도, 러시아 등 저임금 국가들의 경제적 개방이 확대되면서, 제조공장의 해외 이전과 이로 인한 전통산업 지역의 공동화 등 한국의 주요산업은 저성장과 구조적 실업문제를 겪고 있다. 또 급속한 성장의 결과 대기업과 중소기업 간, 전통산업과 혁신제조업 간의 불균형이 확대되고, 경제 전반에 걸친 양극화 등 불균형적인 산업구조가 심화되었다. 이와 같은 변화는 앞으로 다가올 미래 산업환경의 변화와 함께 한국경제에 새로운 과제로 대두되고 있다.

그렇다면 미래 글로벌 경제환경의 변화와 한국의 과제는 무엇인가?

경제 미래전망

첫째, '글로벌 경제통합' 현상이 가속화될 것이다. 환태평양경제동반자협정TPP 등과 같은 자유무역협정이 확산되면서 세계적 차원의 시장 단일화가 가속되고, 기업의 시장경쟁은 그만큼 심화될 것이다. 이러한 변화는 우선 산업구조의 양극화를 가져온다. 즉 2045년의 미래경제는 글로벌경쟁력이 있는 대기업과 중견기업이 더욱 확대되는 반면에 경쟁력이 약한 중소기업, 영세기업부문은 축소되는 산업구조의 양분화현상이 더욱 심화될 것이다.[1]

글로벌시장 단일화는 한국의 대기업에게도 중요한 도전이다. 글로벌

기업 간의 경쟁도 확대되고, 선두그룹 내에서도 차별화, 양극화가 확대될 것이다. 승자독식 현상이 더욱 가속화되고, 혁신에 앞장선 기업의 시장점유율이 확대될 것이다. 한국의 대기업도 혁신을 가속화하여 경쟁력 확보에 집중해야 한다. 글로벌 거시환경 변화에 보다 유연하게 대응하기 위한 경영혁신 또한 중요한 과제이다. 이러한 경쟁의 심화는 개방혁 혁신을 더욱 가속화하고, 대학의 연구개발에 더 큰 역할분담을 요구할 것이다.

둘째, '저성장'시대가 계속될 것이다. 글로벌 금융위기 이후 구조적인 저성장 확대는 전 세계적으로 진행되고 있다. 유럽의 재정위기 장기화, 중국의 성장둔화, 미국경제의 저성장 등 주요국가들의 경기가 침체되면서 저성장기조를 이어가고 있다. 한국의 경우, 잠재성장률이 1980년대까지만 해도 9%대였으나 2012년에는 2%로 급감했으며, 2020~2040년에는 1~2%대에 머무를 것으로 전망된다.[2] 특별한 구조적 계기가 없는 한 이 기조는 계속될 것이며, 이미 각국에 소득양극화, 가계 및 국가부채의 확대, 높은 실업률, 부동산시장 침체와 같은 문제를 일으키고 있다.

저성장은 국가재정에 큰 부담을 초래한다. 소득하락에 따른 세수감소, 실업률 증가에 따른 복지지출 추가부담은 물론이고, 고용소득 감소로 인해 사회보장제도 관련 각종 기금의 국민 기여도가 낮아지기 때문이다. 한국도 높은 청년실업과 전반적인 고용사정 악화, 소득양극화, 가계부채 증대와 하우스푸어, 저소득층의 생계곤란, 자영업자의 생계형 창업증대와 높은 부도율, 부동산시장의 침체 등 많은 문제가 일어나고 있다. 이러한 문제는 경제성장률, 수출증가율, 물가상승률과 같은 전통적인 경제지표만으로는 잘 드러나지 않아 그 심각성이 체감되지 않는 것이 더 큰 문제다.

저성장의 구조적인 문제는 한국경제로 하여금 과거의 틀에서 벗어나 전혀 새로운 정책적 인식과 기조, 새로운 미래전략을 요구하고 있다. 지난 30~40년 동안 한국은 세계경제의 안정화시대moderate economy와 함께 추격자전략을 통해서 빠르게 성장했다. 그러나 이러한 전략의 기반이 되었던 고출산, 고성장, 고물가의 경제기반이 완전히 바뀌었고, 반대로 고령화, 저성장, 저물가의 새로운 패러다임이 이미 시작되었다. 내수기반, 서비스 제조융합, 혁신기반 전략 등 새로운 미래경제 전략을 수립할 필요가 있다.

셋째, 저성장과 자동화 영향으로 '일자리' 부족현상이 계속될 것이다. 자동화와 기술혁신으로 생산성이 향상되면서 노동력수요가 줄어들고 있다. 인간의 가장 기본적인 경제활동인 '일자리'의 부족은 심각한 사회경제적 문제들을 야기한다. 실업자가 많아진다는 것은 소비인구가 그만큼 줄어든다는 것이다. 소비인구 감소는 경제인구 감소를 가져오고 그만큼 경제활력이 저하된다. 사회불평등과 사회불안에 대한 상당한 배려가 필요하고, 실업자에 대한 사회보장이 마련되어야 한다. 경제활동인구의 감소가 경제침체와 저성장을 심화시키고, 사회보장비용의 증대는 또다시 저성장을 심화시키는 악순환을 구조화할 위험이 높다.

이와 같이 '저성장-자동화-실업-경제침체-저성장'의 악순환을 극복하기 위해 가장 확실한 정책은 일자리 창출이다. 모든 경제전략과 정책에 일자리 창출과 일자리 보전이라는 기조와 태도를 반영해야 한다.

넷째, 기술혁신과 신산업 창출이 가속화될 것이다. 1980년대 이후 중국, 러시아, 인도의 경제적 개방으로 지난 20~30년 동안 약 30억 명에 가까운 유례없는 대규모 저임금 노동인력이 글로벌경제에 투입되어 노동력의 '공급과잉oversupply' 현상을 가져왔다. 게다가 IT기술의 급격한 혁신으로 이들 저임금 노동인력들이 선진국의 노동인력과 직접적인 경쟁을 하게 됐다. 대규모 저임금 노동인력의 글로벌경제 참여는 대규모 투자자본의 확대를 가져왔고, 이로 인한 자본가치 하락으로 저가자본이 대규모로 글로벌경제에 투입되었다.

선진국 일부 기업들은 신흥국의 저임금 노동을 바탕으로 다국적기업으로 빠르게 성장함과 동시에 대규모 자본축적에 성공했다. 덕분에 기술에 대한 자본투자를 늘려 기술혁신의 패러다임 변화를 가속화하고 있다. 전화가 미국 가정의 50%까지 확산되는 데 약 50년이 걸렸으나, 휴대전화는 전 세계 인구의 67%가 사용하는 데 겨우 20년이 걸렸고, 2006년 600만 명이던 페이스북 사용자는 2015년 14억 명에 이른다.

무선인터넷과 스마트기기는 벤처창업 기업들에게 기존 기업들과 경쟁할 수 있는 새로운 비즈니스플랫폼을 제공함으로써 산업생태계 환경을 근본적으로 변화시키고 있다. 국경을 넘나드는 물자, 자본, 사람, 정보가 급격하게 확대되면서 세계의 상호연결성interconnectedness은 더욱 커져 국제적인 생산, 혁신 네트워크가 더욱 촘촘하게 확대되었다. 이로 인해 10년 전과 비교해 신흥국으로 흘러가는 자본의 규모는 2배가 되었다. 2009년에만 10억 명이 넘는 사람이 국경을 이동했는데, 이는 1908년과 비교해 5배 늘어난 수치다.

저임금 노동력과 자본의 '공급과잉'은 기술혁신과 산업의 패러다임을 변화시키고 있다. 이는 결과적으로 산업의 융합과 신산업의 창출을 가속화시킬 것이다.

다섯째, 글로벌 저성장이라는 새로운 경제위기의 패러다임에서 한국경제가 가지는 기회는 바로 남북의 평화경제, '통일경제'에 있다. 남북의 평화와 통일은 한국경제가 글로벌경제환경 기조와 다른 새로운 기회의 경제패러다임을 열 수 있는 중요한 계기가 될 것이다. 이는 북한의 지하자원과 값싼 노동력을 바탕으로 다시금 요소투입에 기반한 글로벌경쟁력을 활용할 수 있기 때문이다. 특히 기계, 전자, 철강, 화학 등 노동과 기술집약산업에 있어서 노동비용감소의 효과는 이들 산업의 글로벌경쟁력을 크게 높여줄 것으로 예상된다. 또한 북한 내 기간산업의 확충에 의한 투자확대는 또다른 경제적 기회를 가져올 것으로 예상된다. 남북평화경제의 결정적 계기가 될 남북통합의 과정(평화의 제도화과정, 즉 통일)은 결과적으로 한국경제가 글로벌 저성장의 구조적 환경을 극복할 수 있는 매우 중요한 기회가 될 것이다.

우리가 해결해야 할 경제과제

앞에서 전망한 바대로 우리 경제환경을 둘러싼 변수들은 다양한 변화를 보이고 있다. 이에 우리가 해결해야 할 과제들을 정리해보았다.

글로벌경쟁력

글로벌경제의 확대로 인한 산업구조의 양극화는 대기업의 규모를 키우는 반면, 중소·중견기업의 분포를 더욱 축소하여 산업구조적 불균형을 가져온다. 대기업의 경우에도 승자독식현상이 확대되면서 기업 분포의 롱테일 현상long-tail이 확대될 것이다. 한국은 여러 가지 사정상 기업하기 힘든 환경으로 국내자본의 해외투자가 국외자본의 국내투자보다 많은 상황이다. 반면 중국은 적극적인 서비스산업 투자유치와 상해경제자유구역 설치 등으로 해외투자를 적극 유치하고 있다. 또한 우리나라의 경우 고부가가치 서비스산업의 투자유치 노력이 부족하고, 외국계 금융회사가 철수하려는 움직임을 보이는 등 동북아 비즈니스센터 및 금융중심에 대한 구상도 어려운 상황이다.

우선 대기업의 글로벌경쟁력을 확보하기 위해 기업혁신 지원정책을 확대할 필요가 있다. 아울러 미래 전략산업에 대해 대기업과 중소기업 간의 협력을 유도하여 혁신을 이끌 수 있도록 상생의 혁신생태계를 구축해야 한다. 또한 기업의 체질을 혁신 중심의 도전적 기업전략을 추구할 수 있는 비즈니스모델로 바꾸고 한국적 혁신패러다임을 제시하는 것도 중요한 목표로 설정할 수 있다.

저성장패러다임

저성장, 저출산, 저물가의 구조적 경제패러다임 변화에도 불구하고 고성장, 고출산, 고물가의 기존 경제패러다임에 기반한 경제정책을 추진한 것도 저성장이 더욱 심화된 원인이라 할 수 있다. 저성장기조의 경제패러다임 변화에 맞는 근본적 경제정책 변화가 필요하다.

내수 중심의 경제전략을 재구성하고, 고품질의 서비스 공급을 통해 농업, 의료, 관광, 교육, 금융 등의 내수를 확대해야 한다. 또 다양한 서비스산업의 해외시장 개척을 목표로 정책전환이 필요하다. FTA를 통해 상대국 서비스 개방을 적극 요구하고, 중국의 서비스산업에 적극 투자, 진입할 필요가 있다. 서비스의 고급화를 허용하여 서비스산업에 대한 내수를 확충하고, 양적인 포화상태를 극복하여야 한다. 이를 위해 서비스산업의 고급화에 대한 정서적 거부감을 완화하도록 대국민

홍보와 교육도 요구되며, 소비자단체가 수요자의 입장을 대변할 수 있도록 해야 한다.

특히 서비스업의 경우 사회적 위화감, 민생안정 등을 이유로 고부가가치화가 봉쇄되거나 그 경쟁력을 상실하여 교육, 의료 등에서 막대한 수요가 해외로 유출되고 있다. 게다가 공급과잉과 과당경쟁이 일어나고 있어 서비스분야의 해외시장 개척이 시급히 요구된다.

고부가가치 서비스산업에서는 적극적인 해외투자를 유치하여 제조업 성장전략에서 구사했던 '모방과 혁신' 전략을 구사하고, 이러한 투자유치가 해외 수요확대로 연결될 수 있도록 해야 한다. 서비스산업의 성장을 위해서는 규제완화가 필요하다. 나아가 서비스와 제조업의 융합을 가속화하여 높은 질의 서비스와 결합된 제조업의 부가가치를 제고하는 것도 중요한 전략이다.

일자리 창출

소득양극화, 실업률 확대, 부동산시장 침체 등 전반적인 저성장은 구조적인 경제문제를 확대하고 있다. 이러한 저성장은 투자부진과 고용부진을 가져온다. 저성장과 산업의 자동화는 일자리 부족현상을 심화시키며, 높은 실업율은 다시 사회불안과 경제침체를 야기한다.

이러한 상황을 극복하기 위해서는 우선 수출 중심의 경제성장전략에서 탈피해 새로운 전략을 수립해야 한다. 개방과 혁신으로 부족한 생산요소를 외부에서 유입하고, 협력을 확대해 '일자리'를 창출하는 방향으로 전개되어야 한다. 필요한 분야에 대해서는 수입과 개방을 적극 확대하여 국내에서부터 경쟁력 제고를 꾀해야 한다.

그리고 서비스업 투자개방으로 자유경쟁의 시장환경을 조성하고 국내 기업의 경쟁력 지원을 통해 글로벌시장에서의 경쟁력을 확보하는 것이 시급하다. 제조업은 끊임없는 혁신을 통해 고부가가치화를 추구할 수 있도록 정책적 지원이 필요하다.

창업 및 기업가정신과 관련된 창업생태계 정책을 확대하여 신산업 창출과 고용확대를 추구하고, 노동시장의 유연성과 안정성 확보를 위한 사회안전망 정책을 지속 확대해야 한다.

일자리 창출문제는 '사회적 경제' 활성화를 통해 구조적이고 제도적으로 풀어갈 수 있는 여지들이 많다. 이미 사회적 경제는 획일화된 자본중심의 시장경제주의에 상당한 보완제적 역할을 할 수 있음을 보여주고 있다. 공익을 추구하는 협동조합, 사회적 기업, 마을기업, 자활기업 등은 노인일자리를 비롯하여 사회적 취약계층의 일자리 창출을 도모함과 동시에 복지의 문제까지 해소할 수 있는 대안경제의 한 축으로 충분히 활용할 수 있다.

기술혁신과 산업생태계

공급과잉으로 인한 저성장과 기술혁신의 가속화는 산업의 융합과 신산업의 창출을 확대하여 미래성장동력의 산업포트폴리오 변화를 가속화하고 있다. 기존 자본투입 중심의 자동차, 철강, 조선 등의 산업들보다 새로운 제조 융합 또는 서비스-비지니스 융합의 새로운 산업들이 보다 높은 부가가치를 가져오고 있다.

요소투입중심의 산업은 중국과 개발도상국들이 매우 빠르게 추격하여 한국의 경쟁력이 지속 하락하고 있다. 그럼에도 한국의 산업 포트폴리오는 큰 변화가 없으며, 새로운 글로벌산업 포트폴리오의 변화에 너무 느리게 반응하고 있다.

글로벌 산업구조 변화에 맞는 미래산업전략이 필요하다. 초기 창업과 중소기업의 성장을 보호하고, 대기업과의 상생적인 산업생태계 조성을 통한 산업구조변화를 지원할 수 있는 제도 혁신도 중요하다. 산업의 혁신기반을 구축하기 위해 STEMScience, Technology, Engineering, Mathematics 교육을 강화하여 새로운 산업의 포트폴리오 변화에 부응하는 신규인력을 확충하는 것도 중요한 목표다.

통일 경제

남북의 평화정착과 실질적 통일상황이 가져올 경제적 가치가 매우 높은 반면, 예상되는 노동인력의 역량문제와 가치관과 삶의 양식의 다름에 따른 갈등 등 사회적 비용도 예상된다. 실질적 통일의 과정에 대비하여 사회적 비용을 최소화하기 위해서 범국가적 차원에서 남북의 평화정착과정에 대한 교육을 체계적으로 꾸려나가야 한다. 준비되지 않은 통일은 재앙이 될 수도 있다. 반면 제대로 준비된 점진적인 평화정착의 과정은 그 자체가 평화대박을 가져다줄 것이 분명하다.

남북평화의 제도화과정, 평화정착과정에서 무엇보다 중요한 것은 남과 북의 상호존중적 태도와 서로에 대한 이해와 인식의 수준을 높이는 것이다. 적대적 분단체제는 상대방을 극복의 대상으로만 가르쳤지 상호존중과 화해협력, 호혜와 평화의 대상으로 가르치지 않았다. 그래서 상대방에 대한 오해가 너무 많다. 우선 남과 북이 상호이해를 높일 수 있는 교육이 필요하다.

성장의 패러다임을 바꾸자

지난 시기 한국은 요소투입 중심의 기술혁신을 통해 추격형 경제성장전략을 추구해 성공하였다. 특히 경제적 글로벌화의 안정적인 거시환경에서 국내 기업들은 성공적으로 다국적 글로벌기업으로 성장하였다. 그러나 지난 20년간 중국, 인도, 러시아 등 저임금 국가들의 개방확대로 인한 '공급과잉'의 문제는 한국을 포함한 글로벌경제에 '저성장'이라는 새로운 패러다임을 제시하고 있다. 이러한 변화는 한국경제로 하여금 구조적인 패러다임의 변화를 요구하고 있다. 핵심은 내수기반의 새로운 경제적 패러다임 혁신이다.

특히 경제제도의 구조적 유연성을 확대하여 산업생태계의 유연성을 제고함으로써 가속화되고 있는 글로벌산업의 부가가치 구조에 대응해야 한다. 저성장에 대응한 신규 기업의 창출과 성장을 도모하는 것도 중요하다. 나아가 기존 산업 간 시너지를 확대할 수 있도록 산업 간 융합을 촉진하여 국가산업의 포트폴리오를 신속하게 재구성하고, 글로벌 거시환경변화에 대응할 수 있어야 한다.

또한 남북의 평화정착 과정, 남북경제협력을 통한 실질적 경제공동체를 추구해가는 과정은 이러한 글로벌 저성장의 문제를 극복할 수 있는 중요한 기회와 계기를 제공할 것이다. 이러한 기회를 최대화하기 위해 남북의 화해협력과 경제협력, 평화정착의 제도화과정이 시급히 진행되어야 한다. 통일이 대박이고 평화가 대박이 되기 위해 그 사전준비를 충실히 진행해야 한다.

다가오는 미래는 지나간 과거의 시간과는 그 경제적 환경과 변화속도가 판이하게 다르다. 지나간 경제전략의 패러다임 효과가 소진된 지금, 다가올 미래를 위한 새로운 미래경제전략을 준비하는 것이 그 어느 때보다 시급하다. '개방과 혁신'을 중심으로 상생적 생태계 조성과 내수경제 확대를 통한 새로운 성장의 패러다임 혁신이 앞으로 다가올 미래에 핵심적인 경제전략으로 요구된다.

다섯 가지 목표

첫째, 기존 경제성장 패러다임에서 내수 중심의 경제전략으로 재구성하고, 서비스업의 고급화와 개방 및 해외진출 확대를 추진해야 한다. 경쟁력 있는 서비스업의 육성은 내수시장 활성화와 해외시장 개척을 위하여 매우 중요하다.

둘째, 융합산업(제조업-서비스업 융합 중심) 전략을 확대해야 한다. 새로운 산업을 적극 포용하고, 주도해갈 수 있는 산업혁신 전략이 요구된다. 기존의 전통적 산업에서 주력으로 하고 있는 산업 외에 다른 신산업의 발굴과 육성에 각별한 노력이 필요하다.

셋째, 일자리가 가장 중요한 복지이고 가장 핵심적인 경제요소이다. 어느 정책이 일자리를 얼마나 창출하는지 보여주는 '일자리지수'를 고안할 필요가 있다. 어느 정책이나 사업을 시행할 때, 환경지수를 적용하여 검토하듯이, 일자리지수를 적용하여 검토하는 것도 필요하다.

넷째, 사회적 경제를 육성, 활성화해야 한다. 사회적 경제는 비인간적 물질중심 경제, 양극화 심화, 일자리 고갈 등의 제반문제들을 많은 부분 풀어갈 수 있는 대안적 경제의 일 영역이다. 복지와 노동, 나아가 공동체 복원이라는 사회의 문제까지 아우를 수 있는 경제제도로서 접근할 필요가 있다.

다섯째, 통일 기반 경제성장 2.0전략을 마련하여 체계적으로 통일경제에 대한 준비를 해야 한다. 남과 북의 평화의 제도화과정과 통일은 피할 수 없는 우리민족의 숙명이다. 분단경제가 엄청난 마이너스 경제였다면, 평화경제는 우리가 제대로 준비만 한다면 엄청난 경제번영의 기회가 될 수 있다.

2 금융전략

최근 우리사회가 겪고 있는 낮은 경제성장률과 급속한 인구고령화는 일시적인 현상이 아니다. 저성장과 고령화 현상은 앞으로도 지속될 구조적인 변화다. 또한 정보기술 발전이 가속화되는 한편, 제조업 기반의 산업구조는 지식기반형 산업구조로 큰 전환을 맞이할 것이다. 이러한 변화는 금융부문에도 심대한 구조적 변화를 가져올 것이다.

우선 자산보유자들의 자금운용이 예금에서 투자로 전환될 것이다. 향후 겪게 될 저성장과 고령화는 산업활동 위축 및 경제활동인구 감소를 가져오고, 이는 경제활동에 필요한 자금수요 감소로 이어져 저금리현상이 고착화된다. 이 구조적 저금리현상은 자금공급자의 자산운용에 상당한 변화를 야기한다. 무엇보다 저금리기조하에서는 원본이 보전되는 안전자산에 대한 매력도가 반감될 수밖에 없으며, 그 결과 자금보유자들은 원본손실 위험은 있지만 기대수익률이 높은 자산을 물색하게 된다.

둘째, 표준화된 대출 등 단순금융이 퇴조하고 맞춤형 금융이 활성화될 것이다. 다가올 30년간 실물경제는 지식기반체제로 변화될 것이다. 인공지능, 사물인터넷 등에 기반을 둔 경제구조 변화는 이미 시작되었으며, 시간이 갈수록 이러한 변화는 더욱 가속화될 것이다. 지식기반사회가 도래할 경우, 자금공급자들은 유형자산이 아닌 무형자산을 기초로 하여 우량기업과 불량기업을 식별screening한 후 자금을 제공해야 한다. 그러나 지식과 같은 무형자산은 유형자산에 비해 식별이 한결 까다로우며, 이로 인해 자금공급자가 부담할 위험이 한층 커질 수밖에 없다. 이 문제를 회피하는 과정에서, 자금수요자와 자금공급자 간에 위험분담을 위한 다양한 구조의 금융이 발전할 것이다.

셋째, 해외주식이나 해외부동산 등 해외투자가 급속도로 팽창한다. 그동안 우리나라에서 축적된 금융자산은 대부분 국내에서 투자되었으나, 다가올 30년 동안에는 지금까지와는 전혀 다른 양태가 벌어질 것이다. 저성장으로 경제활동이 위축된다는 것은 자금수요가 감소한다는 것을 의미한다. 반면 고령화에 대비한 연금자산 등으로 인해 금융자산 축적은 심화될 수밖에 없으며, 그 결과 국내에서 축적된 금융자산은 국내 자금수요를 충당하고도 넘치게 될 것이다. 이처럼 국내수요를 충당하고 남은 대규모 자금은 결국 해외에 투자될 것이다. 이미 이러한 조짐이 나타나고 있으며 앞으로는 해외투자 규모가 더 크게 늘어날 전망이다.

넷째, 기관화현상이 가속화된다. 인구고령화로 인해 노후대비를 위한 은퇴자산 마련이 중요해지는데, 이로 인해 연금기금pension fund의 자산이 급속히 증가할 전망이다. 국민연금, 퇴직연금, 사학연금 등 이들 연금기금은 막대한 운용자산을 보유한 소위 '기관투자자institutional investor'이다. 연금기금 외에 개인투자자들의 자금을 모아 운용하는 펀드 역시 대표적인 기관투자자에 해당한다. 이처럼 금융자산을 개인들이 직접 운용하는 것이 아니라, 기관투자자들이 대부분의 금융자산을 운용하게 되면서 소위 기관화현상institutionalization이 우리나라에서도 심화될 것이다. 연금기금이나 펀드 등 기관투자자의 운용자산 규모가 커지면서, 금융시스템 내에서 전통적 강자로 군림하던 은행 등의 역할은 줄어들고, 주식시장, 채권시장 등에서 대형 기관투자자의 영향력은 확대될 것이다. 그리고 기관투자자들이 많은 기업의 주요주주로 등극하면서, 기업내부 경영에 깊숙이 개입하는 등 기업 지배구조에도 상당한 변화를 가져오게 될 것이다.

다섯째, IT와 융합된 금융이 보편화된다. 최근 IT와 금융이 결합된 핀테크산업에 대한 관심이 뜨겁다. 지금까지 금융업에서 자금을 필요로 하는 기업, 프로젝트, 개인 등을 선별하고 감시하는 작업은 전통적으로 사람에 의존해왔다. 또한 예금을 받고 투자를 유치하거나, 투자자별로 투자 포트폴리오를 구성해주는 작업 역시 금융회사의 담당자가 고객과 직접적으로 접촉하면서 이루어졌다. 그러나 앞으로 핀테크가 보편화되면 금융서비스 제공의 양태가 극적으로 변할 것이다. 현재까지는 핀테크 영역이 단순한 결제, 송금 등에 머물고 있으나, 빅데이터 활용이 보편화되면서 대출심사, 보험인수, 자산관리 등의 핵심 금융업무까지도 핀테크 영역으로 빠르게 편입될 것이다. 그 결과 많은 금융인력은 일자리를 잃게 되고, 특히 금융회사의 방대한 지점망은 폐쇄되는 결과를 맞이하게 될 것이다.

현재 금융의 해결과제

금융산업은 국가경제를 구성하는 한 부분이므로 본업을 통해 국가경제에 기여할 때 존재의의를 찾을 수 있다. 향후 30년간 우리나라는 저성장, 고령화라는 경제, 사회적 문제에 직면하게 되는데, 이를 해결하는데 금융산업이 일정 부분 역할을 담당해야 한다. 더불어 지식기반 사회로의 전환, 정보기술 진전이라는 큰 흐름에 대해서도 스스로를 적응시키고 변모시켜나가야 한다. 그러나 우리 금융산업은 다가올 거대한 환경변화에 효과적으로 대응할 준비를 갖추지 못하고 있다.

무엇보다 우리 금융산업은 저성장문제를 해소할 수 있는 준비가 부족하다. 대부분의 기업이 성숙기에 접어든 우리 경제의 현 상황에서는, 혁신산업과 모험산업에 속하는 기업을 효과적으로 발굴하여 성장동력을 회복해야 한다. 그러나 우리나라 금융산업은 담보 중심의 단순 대출 혹은 중개업무에 치중하고 있어, 지식에 기반을 둔 모험산업, 혁신산업에 자금을 공급할 역량을 갖추고 있지 못하다. 금융산업이

〈그림 7-1〉 금융부문의 미래전망

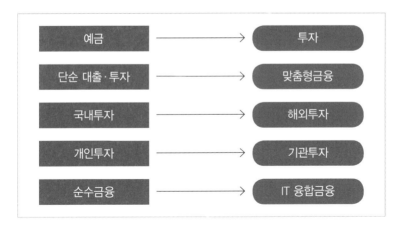

전통산업 중심, 단순 대출, 중개업무에서 탈피하지 않는 한 더이상 부가가치를 창출하지 못하고 우리 경제가 직면한 저성장문제를 해소하는데도 기여하기 어렵다는 것이다.

저성장 국면을 극복하는 데는 금융산업의 기업구조조정 역할 또한 중요하다. 모험산업과 혁신산업은 성공시 보상이 크지만 실패확률 또한 높다. 따라서 전통산업 중심의 경제체제를 모험산업, 혁신산업 중심으로 효과적으로 전환하려면, 실패한 기업의 신속하고도 효율적인 구조조정이 중요하다. 더불어 전통산업이 쇠퇴하는 과정에서 이들 부문에 속한 기업의 구조조정 또한 불가피하다. 그러나 우리나라 금융산업은 기업의 출구전략, 즉 구조조정역량 측면에서 매우 취약하다.

이처럼 우리나라 금융산업은 사전적 자금공급과 사후적 구조조정 양 측면에서 취약하다. 따라서 향후 저성장문제를 해소하는 데 역할하기 어려운 상황이다.

고령화문제 해결 측면에서도 금융산업은 효과적인 변화를 꾀하지 못하고 있다. 효과적인 자산관리 서비스를 제공함으로써 국민의 은퇴자산을 마련하는 것은 금융부문에 맡겨진 중차대한 과제이다. 은퇴자산 마련을 위한 자산운용은 30년에 달하는 장기간에 걸쳐 이루어지기 때문에, 약간의 수익률 차이에도 은퇴시점에서 투자자가 손에 쥐는 금액에 엄청난 차이를 가져온다. 따라서 금융부문은 위험을 적절히 분산시키는 가운데 수익률을 극대화시키는 데 총력을 기울여야 한다. 이를 위해서는 협소한 국내시장에서만 자산을 운영해서는 안 되며, 해외 각지의 다양한 투자자산을 효과적으로 발굴하여 투자자에게 연결해주어야 한다. 그러나 우리 금융산업의 해외네트워크는 매우 취약하며, 이로 인해 효과적인 해외자산 발굴역량이 부족하다.

한편, 은퇴자산을 위한 자산운용은 매우 장기에 걸쳐 이루어지는데, 운용기간의 장점을 활용하려면 유동성은 낮지만 수익률은 높은 자산들까지 적극적으로 편입해야 한다. 그러나 연금기금 등 은퇴자산의 주요 운용주체들은 만기가 짧은 안전자산에 대부분의 자금을 집중하고 있다. 이러한 단기 편향, 안전자산 편향의 운용은 돈을 맡긴 투자자의 이익에 배치되는 것으로서 향후 은퇴자산 증식에 심각한 장애요인으로 작용하게 될 것이다.

끝으로, 우리 금융산업은 기술적인 변화를 적극적으로 수용할 준비가 부족하다. IT 및 빅데이터로 상징되는 최근의 흐름은 전 산업에 걸쳐 엄청난 영향을 가져올 것으로 보이며, 특히 실물이 개입되지 않은 금융산업에 더욱 큰 파장을 불러오게 될 것이다. IT 및 빅데이터 분석에 기반하고 있는 핀테크 혁명은 금융산업의 지형도를 전혀 새로운 것으로 변모시킬 가능성이 크며, 그 결과 수많은 금융인력들이 일자리를 잃게 될 것이다. 이처럼 핀테크 혁명이 진행되는 과정에서 우리가 원치 않는 다양한 문제들이 불거질 것이지만, 금융산업이 핀테크를 수용하는 것은 피할 수 없는 일이다. 기존의 방식을 고수하는 금융회사들은 핀테크를 수용한 해외 금융회사와의 경쟁에서 도태되고 말 것이기 때문이다.

문제는 우리의 경우 핀테크가 활성화되기에 제도적으로 어려운 여건이다. 핀테크가 발전할 수 있는 가장 큰 기반은 빅데이터의 활용 여부이며, 따라서 고객정보를 경제적으로 적절히 활용할 수 없다면 핀테크는 애초에 불가능하다. 그러나 우리나라에서는 상이한 기업 간에는 물론 금융지주회사 계열사 간에도 고객정보 공유가 크게 제약되어 있는 실정이다. 고객정보 보호와 상업적 활용 간의 균형점을 찾지 못하고 있으며, 새로운 기술의 수용가능성까지도 제도적으로 차단하고 있는 것이다.

미래금융의 목표

다가올 30년간 우리나라가 지향해야 할 금융부문의 목표는 전술한 문제점을 해소하는 것이 되어야 한다. 첫째, 금융부문은 향후 우리경제가 직면할 저성장문제를 해결할 수 있어야 한다. 이를 위해서는 단순한 대출이나 표준화된 중개업무에 치중한 비즈니스모델에서 탈피하여, 지식에 기반을 둔 모험산업, 혁신산업이 필요로 하는 자금을 공급할 수 있도록 스스로 혁신을 단행해야 한다. 아울러 사후적으로는 실패한 기업의 효율적인 구조조정을 이끌어낼 수 있는 역량을 확보해야 할 것이다.

둘째, 고령화사회에 대비하여 국민의 은퇴자산 마련을 효과적으로 지원할 수 있는 체제를 갖춰야 한다. 이를 위해서는 협소한 국내시장에서 탈피하여, 적극적인 해외진출을 통해 전 세계의 다양한 투자대상 자산을 발굴하는 역량을 길러야 할 것이다. 또한 기관화가 급속히 진전되는 가운데, 연금기금 등 기관투자자들은 단기, 안전자산 편향에서 벗어나, 운용기간에 부합하는 장기적인 관점에서 저유동성 자산등도 적극적으로 편입함으로써 운용수익률 제고에 힘써야 한다.

셋째, 국내에서도 핀테크 등이 활성화될 수 있는 여건을 마련해야 한다. 무엇보다 고객정보 보호와 상업적 활용 간의 균형점을 찾는 노력을 통해, 우리 금융산업이 새로운 기술흐름의 수용성을 높일 수 있도록 제도적 기반을 갖춰야 할 것이다.

금융산업의 미래전략

미래금융의 목표에 맞추어, 금융산업에 대한 국가전략은 다음의 세 가지로 정리된다.

첫째, 자본시장 중심의 금융구조 구축이다. 우리나라는 전통적으로 은행 중심의 금융시스템bank-based financial system을 갖고 있었으며, 가계의 자금을 기업에게 공급하는 기능 역시 주로 은행의 몫이었다. 그러나 원금보전에 기반하고 있는 은행은 본질적으로 안전, 단기자산에 편향된 자산운용패턴을 지닐 수밖에 없으며, 위험자본risk capital을 공급하기에는 부적합하다. 실제로 지식에 기반한 혁신산업과 모험산업은 은행 중심의 금융구조를 가진 국가에서는 제대로 성장하기 어렵다는 증거가 이미 제시된 바 있다. 이러한 논의는 은행 중심의 금융체제로는 다가올 저성장문제를 해소하기 어렵다는 것을 의미한다. 따라서 모험자본 공급을 통해 저성장문제를 극복하고 지식기반 사회로의 전환을 촉진하려면, 지금의 은행 중심 금융구조를 자본시장 중심으로 변모시켜야 한다.

자본시장으로의 무게중심 이동은 고령화문제 극복과도 긴밀히 관련되어 있다. 고령화사회에 대비한 국민의 은퇴자산 마련은 은행예금에 치우친 자산운용으로는 불가능하다. 다양한 유형의 자산을 포함한 포트폴리오를 구성함으로써 위험을 낮추는 한편, 수익률을 극대화하는 자산운용이 필수적이라는 것이다. 그런데 여기서 말하는 다양한 유형의 자산이란 다름 아닌 자본시장에서 공급된다. 또한 은퇴자산 마련을 위한 자산운용이 갖는 특성, 즉 초장기 운용을 위해서는 만기가 길거나 유동성이 낮은 자산을 적극적으로 편입해야 한다. 그런데 이처럼 만기가 길고 유동성이 낮은 자산이 공급되는 곳 또한 자본시장이다. 결국 자본시장 중심 금융구조로의 대전환을 통해 다가올 저성장, 고령화문제의 해결을 도모할 수 있고, 바로 이 때문에 자본시장 발전이 첫번째 미래전략이 되어야 하는 것이다.

금융부문의 두번째 미래전략은 금융회사의 지배구조 혁신이다. 우리 금융회사들은 다가올 환경변화에 대응하여 근본적인 변신을 이루어나가야 한다. 우선 단순하고 표준화된 자산운용에서 탈피하여 위험자본을 중개하고 인수해나갈 때 혁신산업과 모험산업 성장을 이끌 수 있다. 그러나 금융회사가 위험자본을 공급하는 것은 안정적이고 장기적인 지배구조가 확립될 때에만 비로소 가능하다. 금융회사 CEO 임기가 지금처럼 2년 남짓한 상황에서는 장기적인 안목을 갖기 어렵고, 따라서 위험투자를 단행하는 일은 애초부터 어렵다. 뿐만 아니라 위험투자를 위해서는 효과적인 리스크 관리 체제가 정착되어야 하는데, 여기에는 상당한 시간과 노력이 수반된다는 점에서 이 또한 단명의 CEO에게는 버거운 일이다.

다가올 미래에는 금융자산 축적이 심화되면서 해외투자 수요가 급격히 늘어날 전망인데, 여기에 적절히 대응하기 위해서도 안정적 지배구조는 매우 중요하다. 해외투자수요에 대응하는 데 필요한 해외네트워크 구축의 경우, 투자회임기간이 장기일 뿐 아니라 투자회수 여부에 대한 불확실성도 높다. 이러한 상황에서는 안정적 지배구조 확립 없이는 해외투자수요에 대한 대비 자체가 불가능하다. 핀테크 등 신기술 수용에 수반되는 높은 불확실성과 내부저항 등을 극복하기 위해서도 안정적 지배구조의 중요성은 결코 가볍지 않다.

지배구조와 관련하여 경영진의 전문성 또한 간과할 수 없는 부분이다. 미래의 금융은 고도의 전문성을 바탕으로 극심한 환경변화를 헤치고 나가야 한다. 이를 위해서는 주주에 의한 경영진 임명이 정착되어야 한다. 그러나 우리나라의 경우 은행권은 물론, 혁신이 필수적인 자본시장 영역에서조차 경영진 선임에 정치가 개입하는 현상이 이어지고 있다. 이와 같은 낙후된 지배구조에 혁신적인 변화가 수반되지 않는다면 자본시장 중심의 금융구조 대전환은 요원한 일이다.

금융부문과 관련한 세번째 미래전략은 정책융합이다. 다가올 30년 후 금융이 직면하는 환경은 지금보다 훨씬 더 복잡하고 복합적인 성격을 띠게 될 것이다. 국내시장과 해외시장이 통합되고, 복지와 금융이 결합되며, 금융과 IT가 융합될 것이다. 이러한 환경하에서 금융정책은 더이상 금융부문만의 문제가 아니며, 타 부문의 정책과 함께 통합적으로 검토되어야 한다.

우선 금융자산 축적으로 해외투자가 급격히 늘면서 국내시장과 해외시장 간의 구분이 약해지는 상황에서는, 외환정책에 대한 고려 없는 금융정책은 효과를 내기 어렵다. 또한 고령화 진전으로 공적연금과 퇴직연금의 규모가 급격히 팽창하게 되는데, 연금자산의 효율적인 운용은 금융부문의 이슈임과 동시에, 국민의 노후소득 안정화라는 복지 이슈이기도 하다. 금융정책과 복지정책의 통합적 시각이 필요한 것이다. 이뿐만이 아니다. 다가올 저금리시대에는 금융상품에 대한 세제차이가 상품별 수익률 차이를 결정짓는 핵심요소가 될 가능성이 크다. 급속히 축적되는 금융자산이 어디로 흘러갈지를 사실상 세제가 결정짓게 된다는 것이다. 이런 점에서 금융정책은 조세정책과 불가분의 관계에 놓이게 된다. 끝으로 금융과 IT의 통합은 이미 우리 앞에 성큼 다가와 있다. 금융과 IT의 효과적인 통합은 빅데이터의 활용 여부에 달려 있는데, 이를 위해서는 고객정보 공유가 핵심과제로 떠오른다.

금융부처와 개인정보 보호 관할부처 간에 통합적 시각이 필요한 연유이다. 결국 다가올 시대의 우리나라가 지향해야 할 국가 금융전략은, 금융부문이 환경변화와 기술발전에 대한 수용성을 높일 수 있도록 금융정책을 비금융부문의 정책과 융합하는 것이라 하겠다.

〈그림 7-2〉 금융부문의 미래전략

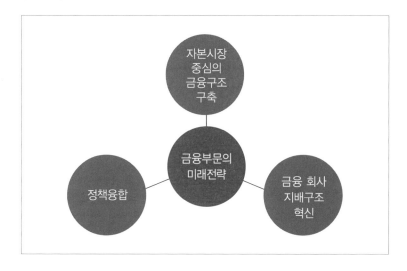

미래전략 달성을 위한 정책방향

자본시장 중심의 금융구조 구축, 금융회사 지배구조 혁신, 정책융합이라는 금융부문의 세 가지 국가미래전략을 달성하기 위해서는 다음과 같은 정책방향이 요구된다.

첫째, 자본시장부문의 규제완화가 필요하다. 자본시장 중심의 금융구조 전환은 지금과 같은 경직된 규제환경하에서는 불가능하다. 자본시장이 지식에 기반을 둔 혁신산업과 모험산업에 대한 자금제공에 적합한 이유는, 자본시장 스스로가 경쟁에 기반을 두고 혁신을 이루는 곳이기 때문이다. 은행의 파산은 시스템리스크를 야기한다. 따라서 은행파산을 방지하기 위한 강력한 사전적 규제가 필수다. 이 때문에 은행에 대해서는 엄격한 진입규제, 건전성 규제, 업무범위 규제가 부과되는 것이다. 그러나 자본시장은 기업과 투자자가 원하는 맞춤형 상품을 제공하는 과정에서 다양한 혁신을 이루는 곳이며, 이러한 혁신에 힘입어 시장의 외연이 끊임없이 확장된다. 자본시장에서 공급되는 금융상품의 종류가 은행을 압도하는 점을 상기하면, 이는 쉽게 이해된다. 문제는 엄격한 규제가 가해질 경우 자본시장 본연의 혁신은 달성되지 못한다는 것이다. 이러한 점을 반영하여 외국에서는 자본시장에 대한 규제를 매우 낮은 수준으로 유지하고 있다. 진입규제와 건전성 규제가 우리나라 대비 극히 완화된 수준이며, 업무범위 규제는 사실상 네거티브 규제를 채택하고 있어 업무확장성이 매우 높다. 따라서 향후 자본시장 중심의 금융구조 대전환을 이루어 국가 간 경쟁에서 뒤지지 않기 위해서는, 우리나라 역시 자본시장 관련 규제에 대한 혁신적인 변화가 따라야 할 것이다.

둘째, 기관투자자 의결권 행사를 적극적으로 유인해야 한다. 향후 축적되는 금융자산의 많은 부분은 개인이 아닌 연금기금, 펀드 등과 같은 기관투자자에 의해 운용될 것이다. 기업 주식의 상당부분이 기관투자자의 손에 들어감을 의미한다. 이러한 상태에서 기관투자자들이 자신들이 보유한 주식의 의결권을 적극적으로 행사하지 않을 경우, 지배구조의 개선을 꾀하기 어렵고 그 결과 보유주식의 수익률 제고도 쉽지 않다. 기관투자자의 의결권 행사가 국민의 노후자산 마련과 직접적으로 관련되어 있는 것이다. 뿐만 아니라 금융회사의 지배구조 혁신 또한 기관투자자의 의결권 행사와 무관하지 않다. 기관투자자의 적극적 의결권 행사는 명실상부한 주주에 의한 경영을 확립하는 것이며, 이는 만연한 금융회사에 대한 암묵적, 명시적 경영 간여를 배제하는 계기가 될 것이다. 우리나라 금융회사의 지배구조 혁신도 이때 비로소 달성가능하다. 기관투자자의 의결권 행사가 촉진되려면, 특히 공적연금기금 등의 지배구조가 정부 혹은 정치권으로부터 독립적이어야 한다. 기관투자자의 의결권 행사에 의한 기업 및 금융회사 지배구조 개선을 위해서는 기관투자자 자체의 지배구조 개선이 선행되어야 한다는 것이다.

셋째, 정책수립 및 집행체계를 혁신해야 한다. 향후 금융부문에서 다루어야 할 주요사안들은 대부분 금융정책 당국만의 노력으로는 해결하기 어려운, 여러 권역에 걸친 것들이 될 가능성이 크다. 이러한 복합적 사안에 대한 효과적인 해결은 당연히 복합적 이슈를 다룰 수 있는 체제하에서만 가능하다. 이를 위해 우선 세제부문과 금융부문을 시급히 통합해야 한다. 과거 특정 부서가 비대해질 것을 염려하여 세제와 금융을 분리하였으나, 이는 명백한 판단오류임이 드러나고 있다. 더불어 국내금융과 국제금융을 반드시 통합해야 한다. 세계 금융시장이 갈수록 통합되고 해외투자가 급속히 늘어나는 상황에서, 국내금융정책과 국제금융정책을 분리하여 논하는 것은 시대착오적이다. 분리된 정책당국을 통합하고, 물리적인 통합이 어려운 이슈에 대해서는 원활한 정책조율을 위한 컨트롤타워의 마련이 필요하다. 이때 정책조율의 목적은 특정 부문의 이해나 목표가 아닌, 국가의 미래비전 달성이 되어야 한다. 예를 들어 국민의 은퇴자산 마련, 성장동력 회복 등의 목적을 염두에 둔 초장기 프로젝트성 컨트롤타워를 구성해야 할 것이다. 그리고 이러한 컨트롤타워는 정권변화와 무관하게 지속될 수 있도록 법제화해야 할 것이다.

넷째, 정책금융의 효율화를 꾀할 필요가 있다. 그동안 재정에 의한 모험자본 공급이 지속적으로 확대되어왔으나, 이에 대한 반작용으로 순수민간에 의한 모험자본 공급이 위축되는 현상이 이어지고 있다. 실제로 벤처캐피털 투자잔액에서 정책금융이 차지하는 비중은 2005년 15%에서 2013년 42%까지 늘어났다. 그러나 정부 주도의 모험자본 공급은 도덕적 해이를 비롯한 다양한 문제를 불러와 자금공급의 효율성을 크게 떨어뜨린다. 향후 민간 주도의 모험자본 공급을 정착시키기 위해서는 민간출자에 대한 인센티브를 강화하고, 정책금융의 역할 또한 재조정해야 한다. 즉 현재 여러 부문에 흩어져 공급되고 있는 공공 모험자본 전체의 출자예산을 협의하고 조정할 필요가 있다. 또한 공공 모험자본 간 출자영역을 다시 정하고, 아울러 개별 모험자본에 대한 통합적이고도 체계적인 사후평가를 해나가야 할 것이다.

금융에 변화가 시급하다

우리나라 금융부문은 1960년대 이래 실물부문의 성장을 견인하는 중대한 역할을 충실히 담당하였다. 그 결과 세계에서 유래를 찾기 어려운 고도성장을 달성할 수 있었으며, 이때 금융의 주역은 은행부문이었다. 정부가 육성할 산업을 지정한 후, 해당 산업에 필요한 막대한 자금을 은행을 통해 공급했던 것이다.

그러나 우리나라가 고도성장을 마감하고 저성장 국면에 진입함에 따라, 은행에 의한 자원배분으로는 실물성장을 이끌어내기 어려운 상황을 맞이하고 있다. 원본보전에 입각한 은행의 대출로는 모험자본을 공급하는 것은 애초에 불가능하기 때문이다. 아울러 다가올 고령화 사회에서는 노후소득 안정이 극히 중요한데, 이와 관련해서도 은행은 효과적으로 대처하기 어렵다. 결국 향후 우리나라가 직면할 저성장, 고령화가 가져올 다양한 문제를 해소하기 위해서는 자본시장 중심의 금융구조로 대전환이 필요한 것이다.

향후 30년간 우리가 맞이하게 될 저성장, 고령화, 지식기반 사회, 정보기술 혁신은 금융부문의 역할에 많은 변화를 요구하고 있다. 우리 금융부문이 다가올 환경에 효과적으로 대처하지 못한다면 금융 스스로의 쇠퇴는 물론, 우리나라가 당면하게 될 많은 구조적 문제 또한 해결되지 못하는 상황을 맞이할 것이다. 특히 실물 대비 금융의 낙후성이 두드러진 우리나라의 경우, 더이상의 시행착오를 위해 허용된 시간은 결코 많지 않다. 금융의 낙후성은 결코 금융만의 문제가 아니라 우리 경제, 사회의 문제와 밀접히 관련되어 있음을 인식하고, 금융부문 혁신에 범국가적인 역량을 결집해야 할 것이다.

3

창업국가전략

　지속적으로 국부를 창출하기 위해서는 인력, 자원, 자본, 기술 등의 생산요소도 필요하지만 효율적이면서도 공정한 시스템과 역동성이 더욱 중요하다. 신기술을 사업화하고 새로운 산업을 일으키려면 새로운 기업이 탄생하고 성장해야 하는데 이를 위해서는 공정한 환경과 공평한 기회가 필수적이기 때문이다. 현재 우리나라는 선진국 수준의 경제발전을 이룩했지만 추격형 성장전략은 이미 한계에 다다랐고 압축성장을 주도했던 대기업과 재벌은 이제 더이상 국부를 창출하기 어려울 뿐 아니라, 오히려 경제력 집중으로 인한 사회적 문제를 일으키고 공정한 경쟁을 저해하고 있다.

　우리나라가 장기적으로 성장하기 위해서는 미국 실리콘밸리와 같이 세계적인 벤처기업이 탄생하고 성장할 수 있는 창업생태계가 구축돼야 한다. 이를 위해서는 국민의식의 변화, 기업가정신 교육, 공정사회와 같은 환경이 필요하고, 고급인력 유치, 국가과학기술정책의 개혁, 자금시장 여건 개선, 법률서비스 인프라 확충 등이 필요하다. 여기서 말하는 창업은 고부가가치를 창출하는 혁신형 창업을 가리킨다.

기업가정신과 벤처기업

우리나라는 모든 면에서 지극히 열악한 조건 속에서 6.25전쟁의 잿더미를 딛고 불과 50년 만에 경이로운 경제발전을 이룩했다. 우수한 민족적 잠재력과 열망의 토대 위에 정부 주도의 경제계획은 성공적이었다. 선진국 산업을 벤치마킹하고 선진기술을 습득하여 모방제품을 저렴하게 생산하고 개량해나가는 전략이 주효했고, KIST 등 정부출연 연구소와 수출산업을 일으킨 대기업의 공로가 컸다. 그러나 이러한 추격형 성장전략은 더이상 우리에게 유효하지 않으며 오히려 중국이 우리나라를 따라잡는 전략이 되고 있다.

아직은 중국과 인도의 경쟁력이 주로 저렴한 노동력이지만 머지않아 창의성, 혁신성이 그들의 경쟁력이 될 것이다. 미국에서 유학한 고급 두뇌들 그리고 미국 첨단산업에서 일하고 있는 수많은 중국인, 인도인 들이 자국 내에서 기회가 생기는 대로 속속 귀국하여 그들의 역량을 십분 발휘하고 있다. 이미 알리바바, 바이두, 텐센트와 같은 신생 거대기업이 출현하고 있으며 이들은 다시 신생기업에 적극적으로 투자하고 있다. 영어 문화권인 인도는 우수한 두뇌를 바탕으로 소프트웨어, IT산업에서 더욱 두각을 나타낼 것이다.

산업화의 선두주자로 풍요를 누리던 미국과 유럽의 선진국들은 아시아의 추격에 덜미를 잡히면서 예전과 같은 여유를 누릴 수 없게 됐다. 그래서 기존 선진국들은 다시 창업, 기업가정신을 강조하며 새로운 기업을 창업하고 새로운 산업을 개척할 것을 독려하고 있다. 자본주의사회가 창업가사회로 전환되고 있는 것이다. 정보와 기술의 확산 속도가 빠르고 국가 간 자본과 자원의 이동이 원활한 세계화시대에는 아무도 선두자리에 안주할 수 없다. 기업의 성패는 얼마나 더 새로운 경지, 더 높은 경지를 더 빨리 개척해나가는가에 달려 있고, 국가의 경쟁력은 어떻게 좋은 환경을 조성하여 창조적 기업이 더 성장하고, 활성화될 수 있을 것인가에 좌우될 것이다.

신기술을 사업화하고 새로운 산업을 일으키는 주역은 벤처기업이다. 잘 알려진 세계적 대기업들도 초기에는 벤처기업이었다가 시장이 커지면서 외형이 커진 사례들이다. 최근 혜성처럼 나타난 애플, 구글, 아마존 등은 물론, 전기전자산업을 일으킨 지멘스, 화학산업을 일으킨 BASF, 자동차산업을 일으킨 포드, 항공기산업을 일으킨 보잉, 복사기산업의 제록스, 정밀세라믹의 교세라 등이 그러한 예이며, 이들 기업은 이름만 들어도 주력업종이 무엇인지, 어떤 경쟁력을 가지고 세계적 대기업이 되었는지 바로 알 수 있다.

반면 우리나라의 대기업은 어느 특정분야에 고유의 경쟁력이 있어서가 아니라 정부의 지원하에 도입된 기술과 보장된 내수시장을 배경으로 다양한 사업을 복합적으로 수행하면서 규모를 키워왔다. 수입된 원자재를 수입된 에너지와 도입된 기술로 가공하여 다시 수출하는 중화학공업 등 중후장대형 장치산업은 세계화시대에 지속적으로 경쟁력을 가지기 어렵다. 특히 이들 산업은 전 세계적 에너지문제, 환경문제에 그대로 노출되어 갈수록 여건이 악화되고 있다. 또한 앞으로 다가오는 고령화사회에 대처하기 위해서는 1인당 생산성이 현격히 높아져야만 한다. 우리나라의 생산가능인구는 지속적으로 증가해왔지만 2016년을 정점으로 급격히 줄어들 것이다.

따라서 대한민국의 미래를 창조하고 성장을 지속하기 위해서는 소수의 대기업, 특히 에너지와 자원을 해외에 의존하는 산업구조에서 탈피하여 저에너지, 자원절약형 강소기업 위주로 고부가가치를 창출하는 산업구조로 전환시켜야 한다. 독일의 히든챔피언Hidden Champion과 같이 글로벌경쟁력을 가진 과학기술집약형 강소기업이 국가경제의 중심이 되어야 한다. 이러한 글로벌 강소기업이 출현하고 성장하면 고부가가치를 창출할 수 있고 고용효과가 높아 경제민주화에도 큰 기여를 할 것이다.

그동안 정부와 대기업이 주도해온 추격형 경제성장 모드에서 기업가정신과 벤처기업이 새로운 산업을 창조하는 선도형 경제성장 모드로 전환이 필요하다.

창업생태계가 필요하다

1996년 코스닥 설립, 1997년 벤처기업특별법 제정 등 우리나라에서도 창업을 장려하는 여러 정책이 시행되었다. 벤처기업 붐이 일면서 대학을 갓 졸업한 사람들, 그리고 대기업에서 근무하던 고급 인재들이 대거 창업대열에 합류했다. NHN, 넥슨, 아이디스 등 성공적인 벤처기업들이 탄생했고 휴맥스, 주성엔지니어링, 안랩 등 초기벤처기업이 코스닥에 상장하며 성장에 탄력을 받았다. 그러나 일부 부도덕한 사이비 벤처기업가들이 횡령, 주가조작 등으로 물의를 일으키자 정부는 2002년 '벤처기업 건전화 방안'을 만들어 부작용을 방지하는 정책을 폈는데, 그것이 결국 벤처기업의 성장을 억누르는 결과를 가져왔다. 코스닥이 거래소와 통합되었고 스톡옵션제도도 그 기능을 상실하게 되었다.

2000년대 초반 벤처거품이 꺼진 이후 한국의 벤처생태계는 어려운 환경을 겪어왔으며, 이후 10여 년간 이렇다 할 벤처기업이 등장하지 못하고 있다. 이는 미국에서 IT버블이 꺼진 후에도 지속적으로 우량 벤처기업이 탄생하고 성장하여 다시 나스닥지수를 끌어올린 것과 크게 대조된다. 한국과 미국의 50대 대기업을 비교해보면 미국의 경우 1970년 이후 등장한 신생기업(애플, 마이크로소프트, 월마트, 구글, 인텔, 오라클, 버라이즌, 아마존, 퀄컴, 시스코, 홈디포, 페이스북 등)이 대거 포진해 있는 반면 한국은 거의 모든 기업이 1960년대 이전에 설립된 기업들이거나 이들로부터 파생된 기업들이다.

지속적으로 글로벌 강소기업이 태어나고 성장하려면 사회적 여건이 조성되고 창업생태계가 개선되어야 한다. 도전적 기업가정신으로 무장한 기업가들이 창업전선에 뛰어들고, 유능한 인재들이 기존 대기업보다 신생 벤처기업에 가담하여 자신의 역량을 마음껏 발휘하고, 투자자들이 앞다투어 이러한 벤처기업에 투자하는 환경이 조성되어야 한다. 그러기 위해서는 여러 가지 제도개선, 교육정책의 개혁과 함께 국민의식이 전환되어야 한다.

무형자산이 기업가치의 90% 이상을 차지할 미래에 선도적 성장전략의 핵심적인 요소는 지식재산이다. 지식재산의 뿌리에 해당하는 기초과학과 원천기술 연구개발의 중요성을 인지하고 강화할 수 있는 과학기술정책의 개혁이 필요하다. 또한 대기업에 비해 혁신역량이 우수한 과학기술 기반 벤처기업의 지식재산 창출은 물론, 보호와 육성에 힘을 쏟아야 한다. 이를 위해 현행 지식재산 관련 법규의 개정이 시급히 요구된다.

우리나라는 지난 50여 년간 국가가 정책적으로 대기업을 육성하면서 압축성장을 이룩하였고, 이로 인해 대기업이 국가경제에서 차지하는 비중도 압도적으로 커지게 되었다. 대기업 중심의 경제성장은 한국의 경제를 빠르게 성장시키는 데 일조한 반면, 대기업의 시장, 정보, 기회의 독점으로 중소기업의 성장을 저해하는 부작용을 초래했다. 따라서 공정한 경쟁환경을 만드는 것이 시급하다. 시장을 감시하고 견제하며, 대기업과 중소기업이 수직적 갑을관계가 아니라 대등한 지위에서 공정한 경쟁을 펼칠 수 있는 '경제민주화'를 추진하여 창업국가의 토대를 마련해야 한다.

창업국가를 만들기 위한 전략

첫째, 우수한 인재들이 창업에 도전하고 합류할 수 있는 사회적 분위기와 여건을 조성해야 한다. 둘째, 신생기업의 성장을 방해하는 불공정행위를 제대로 단속할 수 있도록 관련법규를 개선해야 한다. 셋째, 글로벌경쟁력을 가진 강소기업이 태어날 수 있도록 과학기술정책과 교육정책을 개혁해야 한다. 넷째, 벤처기업인들의 경영역량, 마케팅역량을 선진국 수준으로 끌어올려 독자적인 세계시장 개척이 가능하도록 해야 한다. 다섯째, 정부의 벤처창업 지원정책도 민간의 성공경험, 창의성, 회수자금을 통한 투자를 끌어낼 수 있도록 민관협업구조로 보완되어야 한다.

교육정책 개혁

먼저 대학교육 개혁이 필요하다. 현재 우리나라의 이공계 대학교와 교수들은 논문, 특허 등 연구실적으로 평가받는다. 논문을 위한 논문, 사장되는 장롱 특허가 무수히 생겨나는 원인이다. 사업화가 가능한 새로운 기술, 산업현장에서 필요로 하는 기술 위주의 연구개발을 하도록 평가기준이 바뀌어야 한다. 또 연구뿐 아니라 대학의 교육기능도 강화되어야 한다. 우리나라 대학교육의 사회부합도가 매우 낮다는 것은 주지의 사실이다. 40세 전후에 교수 개개인의 연구개발능력을 가늠하여 연구개발실적이 부진한 교수들은 연구 대신 교육에 치중하도록 교수평가제도를 개선하는 것이 필요하다. 나아가 대학의 커리큘럼, 연구문화를 바꾸어 기업에서 필요로 하는 실무에 강한 인재, 전공지식뿐 아니라 의사소통능력, 리더십 등을 두루 갖춘 인재가 배출되도록 해야 한다.

지식창의시대가 도래하면서 대학은 교육과 연구 이외에도 새로운 지식의 발굴과 함께 이를 기업화하는 과정인 '창업'의 역할을 새롭게 담당해야 한다. 시대를 앞서가는 대학은 교육과 연구를 창업과 분리해서 생각할 수 없게 되었다. 창업을 위한 교육, 창업을 위한 연구, 또는 역으로 교육과 연구에 도움이 되는 창업이 대학의 이념이 되어야 한다. 즉 '교육, 연구, 창업'이 '삼위일체'가 되어야 하는 것이다.

미국의 실리콘밸리는 스탠퍼드 대학과 버클리 대학이 주도하여 만들어진 곳이다. 특히 스탠퍼드 대학의 창업활동은 놀랍다. 스탠퍼드 대학의 졸업생, 학생, 교수가 창업한 회사가 4만 개에 이르고, 이들이 올리는 연매출액은 2조 7천억 달러(약 3천조원)로 세계 경제규모 5위인 프랑스의 GDP와 맞먹는다. 우리나라 GDP인 1조 2천억 달러의 두 배가 넘는 규모다. 국가경제와 창조경제를 위해서 대학의 역할이 얼마나 중요한지 알려주는 좋은 예이다. 대학이 창업을 적극 장려하는 이유는 창업을 통한 인재개발과 고용창출, 새로운 부가가치요소 개발, 기업지원금 확보 등을 고려하기 때문이다. 대학 내 창업은 외부에서 창업하는 방식보다 쉬우며, 다양한 경험을 쌓게 되고, 협업을 통한 사회적 네트워크를 만들 수 있기 때문이다.

창업은 특별한 사람들만 할 수 있는 일이라고 배우면 도전이 어려워진다. 대학이 교육, 연구, 창업이라는 삼위일체 이념으로 창업국가전략의 시발점이 되어야 한다. 우리나라에 창업의 불을 지피는 일은 대학이 아니면 적극적으로 할 수 있는 곳이 없다. 지금 대학창업이 가장 시급하고도 중요한 국가미래전략인 이유다. 우선 연구중심대학 중에서 창업중심대학을 기치로 내거는 대학이 나와야 한다. 성공한 창업이 『네이처』, 『사이언스』에 논문을 게재하는 것보다 높게 평가되고, 우수한 학생들이 대기업에 취업하거나 의사, 변호사, 공무원이 되는 것보다 창업을 더 좋은 일이라 생각하는 대학이 나와야 한다. 다시 말해 미국의 스탠퍼드 대학과 비슷한 이념을 가지는 대학이 한국에서도 나와야 한다. 이를 위해서 정부와 대학에서는 관련 제도를 바꿔줘야 한다.

대학과 교수의 업적은 창업의 개수와 매출액, 창출한 일자리로 평가해야 한다. 창업에 도움이 되는 논문이나 특허, 사회봉사 등을 높이 평가해주고, 학생들은 학교교육을 통해 창업하는 방법과 혁신적이고 도전적인 기업가정신을 배우며, 학교연구를 통해 창업을 예비할 수 있어야 한다. 창업에 필요한 교육내용들을 정규 교과과정에 반영하고, 창업에 실질적으로 도움이 될 수 있도록 적극적인 교육이 이루어져야 한다. 국내 대학별로 자율적으로 시행하는 교원업적 평가항목에서 창업 관련 평가항목은 거의 찾아보기 어렵다. 주로 교육과 논문 위주의 연구결과에 치중해서 평가한다. 교원업적 평가기준에 창업 관련 평가항목을 추가로 포함시키도록 유도해야 한다. 창업활성화에 실질적으로 기여하기 위해서는 관련 법규를 개정하고 정부자금 지원을 대학의 창업 관련 평가와 연계하는 방안도 필요하다.

글로벌교육 역시 중요하다. 아무리 좋은 제품을 만들어도 해외시장을 뚫지 못하면 글로벌 강소기업이 될 수 없다. 이러한 관점에서 한국의 중소기업이 독자브랜드로 해외시장을 개척한다는 것은 여간 어려운 일이 아니다. 우선 언어장벽이 가장 큰 장애고, 외국인들의 문화와 정서를 터득하여 그들과 대등한 입장에서 논쟁하고 협상하고 설득하는 능력이 부족한 것이 문제다. 온오프라인의 회사소개서, 제품소개서 등 모든 마케팅 자료와 사용설명서, 문제해결 매뉴얼, 품질보증서 등 각종 자료를 영어로 작성해야 함은 물론, 해외 거래선과 끊임없이 소통해야 한다. 또한 판매대행자 교육, 사용자 교육, 세미나 등 각종 행사를 주기적으로 운영해야 하고 분쟁이 발생할 경우 치열하게 담판도 하고 공방을 벌이기도 해야 한다. 주문자상표제작OEM 방식으로 위탁판매를 하면 이같은 수고가 줄겠지만 향후 운신의 폭이 제한되고 성장의 기회도 줄어드는 단점이 있다. 외부에서 영어에 능통한 사람을 영입하여 해외영업을 담당하게 할 수는 있겠지만 그들이 기업의 기술과 제품에 대한 전문지식을 가지기 어렵고 창업자만큼 열정을 가지기 어렵다. 따라서 영어를 자유로이 구사할 수 있는 글로벌인재를 양성하여 강소기업의 성장을 지원하는 것이 필요하다.

고급인력 유치 : 스톡옵션제도 개선

우수한 벤처기업이 탄생하고 글로벌경쟁력을 갖기 위해서는 그 분야 최고의 인재가 필요하다. 또 우리사회에서 가장 우수한 인재들이 어느 분야로 진출하는가에 따라 국가의 미래가 좌우된다. 미국 실리콘밸리에서는 최고급 인재들이 벤처기업을 창업하고 벤처기업에 가담한다. 현재 우리나라와 같이 고급인력이 공무원, 공기업, 대기업, 금융업 등 안정적인 조직을 선호하는 환경에서는 밝은 미래를 기대하기가 어렵다. 이들에게 의미 있는 일에 도전하는 기업가정신을 함양시키고 창업에 필요한 소양을 가르쳐야 한다. 주위에서 벤처기업을 창업하거나 벤처기업에 합류하려는 이들을 만류할 것이 아니라 실리콘밸리처럼 이들을 격려하고 박수 쳐주는 문화가 정착되어야 한다. 이를 위해서는 우수사례를 발굴, 홍보하고 이 시대의 진정한 영웅이 아이돌스타나 스포츠스타가 아니라 바로 이들이라는 것을 깨우쳐주어야 한다.

사회적 분위기와 더불어 벤처기업에 합류하는 인재들에게 충분한 금전적 보상이 주어져야 한다. 초기의 벤처기업은 자금력과 이익창출 능력이 부족하기 때문에 우수한 인재들에게 대기업 수준의 연봉을 줄수 없고 주어서도 안 된다. 다른 곳에서 얼마든지 더 많은 연봉을 받을 수 있는 우수한 직원들에게 적은 연봉을 주는 대신 그 차액을 보상해주는 것이 스톡옵션이다. 스톡옵션은 일정한 시점에 그 회사의 주식을 현재의 가격으로 매입할 수 있는 권리를 말한다. 스톡옵션을 부여받은 직원은 회사가 성장하여 주식가치가 올라가면 과거의 저렴한 가격에 주식을 매입할 수 있으므로 큰 차익을 얻을 수 있고, 주식의 가치가 올라가지 않으면 스톡옵션을 포기하면 그만이므로 투자손실을 보지 않게 된다.

그런데 우리나라의 스톡옵션제도에는 몇 가지 중대한 결함이 있다. 10여 년 전 벤처붐이 한창일 때 스톡옵션제도의 일부 부작용을 보완한다고 규제를 가한 것이 지나쳐서 사실상 스톡옵션제도를 유명무실하게 만들어버렸다. 2014년 말 스톡옵션의 과세문제가 약간 개선되었지만 충분하지 않다. 주식을 매입할 때 내던 근로소득세를 주식을 팔 때 양도세만 내도록 세금을 경감시킨 것까지는 좋은데, 스톡옵션을 행사하여 1년 이상 주식을 보유해야 하고 그것도 연간 행사금액이 1억원 이하라야 한다는 조항이 있기 때문에 실질적 효과를 기대하기는 어렵다. 불로소득에 해당하는 자본소득을 갖게 되는 투자자는 가벼운 세금만 부담하는데, 직원들이 스톡옵션을 통해 얻는 소득에 더 많은 세금을 부과하는 것은 매우 비합리적이다.

스톡옵션제도는 우수인력 확보를 돕기 위해 만들어진 제도로, 본래의 목적에 맞게 실행되면 된다. 처음 이 제도를 만든 미국에서는 벤처기업이 비용처리를 하지도 않고, 행사가격도 정부의 규제 없이 자율적으로 정하며, 세금도 투자자와 동일한 수준만 내면 된다. 그래야 회사와 개인에게 인센티브가 될 수 있다. 인센티브가 없다면 우수인력이 중소기업에 가지 않는 현상이 계속될 것이다. 선진국에서와 동일한 효력을 갖도록 스톡옵션제도를 바로잡아야 한다.

우수인재를 영입할 수 있는 또하나의 통로가 병역특례제도이다. 병역특례 채용정원을 기술 벤처기업에 우선 배정하도록 해야 한다. 현재 보충역의 경우 대기업에도 갈 수 있고 중소기업에 병역특례로 입사한 사람이 6개월 후 대기업, 대학교, 연구소 등으로 전직이 가능하도록 되어 있는 것도 병역특례제도가 제대로 작동하지 않는 원인이다.

과학기술정책 개혁

산업화 초기인 1960~1970년대에는 기간산업을 일으키고 국부를 창출하는 데 필요한 기술을 KIST 등 정부출연연구소가 개발하도록 지원하는 것이 국가 과학기술정책의 핵심이었다. 1980~1990년대에는 선진국의 기술을 추격하고 수출 대기업의 경쟁력 강화를 위해 G7 프로젝트 등 대형 국책과제를 대기업이 수행토록 하는 것이 추가되었다. 과거 추격형 성장시대에 적합했던 이러한 정책은 앞으로 선도형 성장시대에 맞도록 바뀌어야 한다.

앞으로는 어떤 분야에서 어떤 기술이 돌파구breakthrough를 가져오고, 새로운 산업을 일으킬지 알기 어렵다. 그러므로 정부 주도형 대규모 과제에서 다수의 소규모 과제를 민간이 자율적으로 수행하도록 지원하는 쪽으로 방향을 전환해야 한다.

또 산업기술 등 제품화 연구활동은 이제 정부가 주도적으로 할 것이 아니라 기업이 자체적으로 수행하도록 해야 한다. 정부출연연구소의 역할은 기초과학분야 또는 응용기술이지만 성공가능성과 사업화시기가 불분명해서 민간기업이 수행하기 어려운 분야에 초점을 두는 것이 필요하다. 예를 들어 생명공학, 나노기술, 핵융합 등은 장기적으로 보면 언젠가는 획기적인 결과를 기대할 수 있으나 언제 얼마만큼의 경제적 보상을 가져올 것인지 가늠하기 어려운 분야이다. 반면 전자통신연구원, 기계연구원, 화학연구원 등이 수행하는 과제들은 민간기업이 수행하는 것이 훨씬 더 효율적이며 이미 해당 업종의 대기업부설연구소가 더 많은 예산과 인력으로 더 많은 과제들을 수행하고 있다. 출연연구소의 역할은 국가적으로 꼭 필요하지만 대학이나 민간기업이 수행하기 어려운 과제로 국한시켜야 한다.

과거에는 국내의 대기업도 글로벌시장에서는 중견기업이나 중소기업 수준이었기 때문에 이들에게 정부가 R&D자금을 지원하는 것에 명분이 있었다. 그러나 이제는 사정이 다르다. 세계 각국의 대기업이 두려워하는 경쟁업체가 바로 한국의 대기업들이다. 아직도 정부 R&D 자금을 대기업에 배정하는 것은 옳지 않다.

가장 효율적이고 열성적으로 기술을 개발하는 조직이 벤처기업이다. 대학교, 연구소, 대기업에 비해 이들은 기술개발의 성패에 따른 보상이 크고 조직에 대한 애착이 강하기 때문에 기술개발에 대한 강렬한 열정을 가지고 있다. 또 기술개발의 목표도 뚜렷하다. 논문이나 특허 등 외형적인 지표를 위한 것이 아니라 바로 제품화를 해야 하므로 실용성이 높은 연구를 하게 된다. 기술 벤처기업에 우선적으로 정부 R&D자금을 배정해야 한다. 다만 정부 R&D자금으로 연명하는 '사이비 벤처기업'은 솎아낼 필요가 있다. 그러기 위해서는 과제의 성공, 실패를 수행기업이 스스로 선언하는 것이 아니라 향후 그 기업이 시장의 기준으로 창업에 성공했는지, 외부로부터 투자를 얼마나 많이 유치했는지, 관련 제품 매출이 얼마나 늘었는지, 고용이 얼마나 늘었는지로 판단해야 한다.

그런데 이러한 평가를 방해하고 여러 가지 부작용을 일으키고 있는 것이 '기술료'제도이다. 여기서 말하는 기술료는 특정한 지식재산, 즉 어떤 기술을 보유한 사람이 타인에게 그 기술을 사용하도록 허락한 대가로 받는 기술료royalty가 아니라, 국가연구개발사업에서 과제가 '성공'했을 경우, 그 과제를 수행한 주관연구기관이 정부출연금의 일부를 정부나 전문기관 등에 반납하는 금액을 말한다. 지식재산을 가지고 있지 않은 정부나 연구관리 전문기관이 기술료를 징수하는 것은 모순이며 기술의 시장가치와 상관없이 정부출연금의 10~40%를 기술료라는 명목으로 정부가 환수해가는 것은 실제로는 '성공부成功附 반납금refund'이나 '환불금rebate'이다. 연구수행기업이 그 결과가 성공이라 선언하고 기술료를 납부하면 그 과제를 관리 감독해야 할 전문기관에도 이득이 되므로 공정한 평가가 이루어질 수 없게 된다. 다른 나라와 달리 운영되고 있는 이 기술료제도는 여러 가지 부작용을 유발하고 있다.

법률인프라 개선

벤처기업을 창업하고 운영해나가려면 무수한 서류를 작성해야 한다. 정관, 사업장임대계약서, 고용계약서, 취업규칙, 이사회의사록, 주주총회의사록, 투자계약서, 비밀유지계약서, 공동개발계약서, 판매대행계약서, 품질보증서, 판매약관 등 헤아릴 수 없이 많은 양식들이 필요하다. 그래서 미국 실리콘밸리에서는 창업자가 제일 먼저 찾아가는 곳이 변호사 사무실이다. 담당 변호사를 선임하고 매달 일정한 비용을 지불하면 일상적인 법률자문, 서류작업, 이사회 참관 등을 하면서 회사운영 전반에 대한 자문도 해준다. 시간당 변호사 수가가 비싸기는 하지만 이들은 매우 효율적으로 시간을 쪼개서 일하기 때문에 큰 비용을 청구하지 않는다. 이에 비해 우리나라는 변호사 문턱이 높을 뿐 아니라 비용이 상당히 비싸다. 가끔은 그들이 정말 고객을 위해 일하는지 자신들의 이익을 위해 일하는지 의구심이 들 정도다. 미국에서는 시장경제원리가 잘 작동하여 불성실하거나 능력이 불충분한 변호사는 도태되는 반면, 우리나라에서는 일종의 독과점체제가 이루어져 불공정거래가 정착된 까닭이다. 변호사 자격증을 가진 것만으로 고소득이 보장된 특권층 행세를 하는 현실에서는 양질의 법률서비스가 이루어질 수 없다. 그래서 우리나라에서는 대부분 중요한 계약서를 비전문가가 작성하거나 거래 상대방이 제시한 계약서를 그대로 받아들이기 일쑤다. 따라서 '을'에 대한 '갑'의 횡포가 방지될 수 없고 기술탈취, 핵심인력 빼가기 등을 방지하기 힘들다.

글로벌 강소기업이 생겨나고 성장하기 위해서는 글로벌 수준의 법률 서비스가 저렴한 비용으로 제공되어야 한다. 해외 거래선과 협상하고 이견을 조율하고 계약서를 작성하려면 영어에 능통함은 물론 변호사의 자질과 능력이 선진국 수준이어야 한다. 법률시장 개방을 통해 전반적으로 국내 변호사의 역량과 수준을 끌어올리는 것이 필요하다.

지적재산권 보호

지적재산권을 보호하는 장치도 강화되어야 한다. 대기업들이 정당한 대가를 지불하지 않고 창업벤처기업들의 기술인력을 빼가고 기술을 탈취하는 문제를 바로잡아야 한다. 대기업들의 기술탈취를 금지하기 위해 중소기업 기술보호에 관한 법률을 제정하는 등 정부도 노력하고 있으나, 보다 엄격한 법집행으로 창업벤처기업의 지적재산이 실질적으로 보호될 수 있도록 해야 한다.

또한, 특허권을 보호받지 못하는 문제도 개선해야 한다. 한국 특허의 60~70% 정도가 무효로 판결되는 현 상황에서는 기술창업이 이루어지기 어렵다. 특허출원을 담당하는 변리사와 특허청의 능력을 더욱 높이고 특허분쟁을 전담하는 법원을 정하여 전문지식 부족 때문에 생기는 오심을 방지해야 한다. 법관 전문성 강화, 특허 침해에 대한 배상금 현실화, 소송대리인 전문성 강화 등이 필요하다.

기술기반의 중소벤처기업은 가지고 있는 자산이 특허를 비롯한 지식재산권, 즉 무형자산인 경우가 많다. 지식재산권이 타 기업에 의해 무단으로 침해를 당하는 경우, 소송을 통해 법정에서 다투게 된다. 손해배상소송 과정에서 지식재산 침해에 따른 손해액을 산정하기 위해 담당 판사는 침해자에게 침해 제품과 관련된 영업자료를 증거로 제출하라고 명령할 수 있다. 그러나 침해자가 영업비밀이라는 이유로 해당 자료를 제출하지 않는 경우, 판사조차도 강제적으로 제출받을 수 없는 것이 현행법의 한계다. 이런 경우 증거 불충분으로 손해액 산정이 제대로 이루어질 수 없고, 손해배상액은 피침해자가 실제로 입은 손해액에 미치지 못하는 것이 보통이다. 한편 침해자는 침해 제품으로 얻은 이익에서 손해배상액을 뺀 차액만큼의 부당이익을 얻게 되는 불합리한 결과를 초래하게 된다. 이러한 문제점은 기술기반 벤처 창업활성화에 걸림돌이 되고 있고 한국 특허무용론까지 나오는 까닭이다.

이 문제를 해결하기 위해 현행 특허법이 개정되어야 한다. 첫째, 침해자가 판사의 증거 제출 명령에도 불구하고 증거를 제출하지 않는 경우, 피침해자가 주장하는 손해액을 그대로 인정해주도록 특허법을 개정하는 것이다. 둘째, 손해액의 3배까지 배상하게 하는 징벌적 손해배상이 가능하도록 함으로써 지식재산권 보호를 강화하는 특허법 개성도 필요하다. 이러한 특허법 개정이 이루어지는 경우 창업활성화에 적지 않은 도움이 될 것으로 예상된다.

또한 2014년 7월부터 개선된 소프트웨어 특허지원도 개선되어야 한다. 신생 벤처기업 중 70%이상이 앱, 소프트웨어 등 지식기반사업 기업이다. 이러한 기업들을 보호하기 위해 특허청은 2014년 7월부터 기존에는 진행되지 않았던 무형의 재산인 소프트웨어 특허를 허가해주기로 결정했다. 하지만 실제로는 특허를 받기가 힘들다. 그 이유는 크게 두 가지다.

우선, 소프트웨어 특허기준이 모호하다. 현재 특허청에 소프트웨어 특허의 기준을 찾아보면, 어디에서도 명확한 기준을 찾을 수 없다. 무형의 재산이다보니 이러한 특허를 내주는 기준점을 정확히 할 필요가 있다. 잘못하면 이러한 특허제도가 오히려 미래의 소프트웨어 개발에 발목을 잡을 수도 있다. 또한 특허로 이윤을 추구하는 회사인 '특허괴물'들의 새로운 수익모델이 될 수 있다는 점도 고려해야 한다.

또, 소프트웨어 특허를 지원해주는 변리사 또는 지원 프로그램이 너무 적다. 신생 벤처기업에서 소프트웨어 특허를 진행하려면 경험이 부족해 전문적인 변리사에 의존할 수밖에 없는데, 이를 진행할 변리사를 찾기가 힘들다. 특허청에서 지원해주는 교육 프로그램이나 변리사 지원 프로그램에서도 소프트웨어 특허부분은 고려되어 있지 않다.

앞으로의 창업은 더욱 무형의 고부가가치 사업의 형태로 진행될 가능성이 높다. 따라서 이러한 문제점을 개선하여 신규 창업자들이 국내외에서 보호받을 수 있도록 해야 한다.

자금시장 개선

우리나라에서는 창업초기에 필요한 자금을 마련하는 것이 가장 어려운 일이다. 엔젤투자자가 극히 적고 이들의 역량도 부족하기 때문이다. 그렇다고 투자가 아닌 융자로 창업자금을 조달하는 것은 매우 위험하다. 현재의 엔젤투자도 투자의 개념이 아닌 융자의 개념으로 진행되는 경우도 많다. 국내 투자제도 속에서는 사업이 실패할 경우 막대한 부채를 떠안고 신용불량자로 전락하여 재기불능이 된다. 미국의 경우 현역에서 물러난 벤처기업가가 엔젤투자자로 변신하곤 하는데 벤처기업의 역사가 일천한 우리나라의 경우 아직은 초창기로 활성화에 시간이 필요하다. 정부가 엔젤투자자에 대한 소득공제 확대와 엔젤투자매칭펀드 등으로 노력중이나, 엔젤투자를 대폭 활성화할 수 있도록 보다 적극적으로 시장을 조성해야 한다. 소규모 R&D자금을 미국의 중소기업 기술혁신 연구Small Business Innovation Research, SBIR처럼 지원해주고 제품화역량, 경영역량, 마케팅역량을 교육시키는 것도 유력한 방안이다.

어느 정도 기반을 갖춘 벤처기업은 다음 단계에서 필요로 하는 자금을 벤처캐피털로부터 조달받는 것이 보통이다. 지난 10여 년 사이 우리나라의 벤처캐피털도 수준이 높아졌고 미국과 일본계 벤처캐피털도 국내에 진출하여 일정 요건을 갖추면 이들로부터 자금을 조달 받는 것은 비교적 용이한 일이다. 하지만 투자의 조건은 아직도 개선의 여지가 많다. 기업이 미래가치를 지나치게 높게 주장해 투자자에게 신뢰감을 주지 못하는 면도 있고 투자자의 안목이 불충분하여 기업의 가치를 평가하지 못하는 면도 있기 때문에 여러 가지 조건을 붙여 사실상 융자에 가까운 투자를 하는 수가 많다. 또한 벤처캐피털의 전문성과 식견, 그리고 인품이 높아져야 한다. 투자자는 기업의 중요한 동반자로서 서로의 신뢰가 무엇보다 중요하다.

벤처캐피털이 투자한 자본금을 부채로 인식하도록 하는 잘못된 현행 회계기준은 하루속히 바로잡아야 한다. 벤처캐피털은 투자의 대가로 보통주가 아니라 상환우선주를 받는다. 기업이 청산할 때 투자자가 우선적으로 원금과 이자를 돌려받도록 하는 제도이다. 그런데 우리나라에서는 비상장 벤처기업에게도 국제회계기준IFRS를 적용하도록 강제하고 있어 상환우선주를 자본이 아닌 부채로 인식하여야만 한다. 국제회계기준은 상장기업이나 이에 준하는 기업을 대상으로 만들어진 제도로, 보통주로는 자본조달이 어려운 상장기업이 상환우선주를 발행하여 자금을 조달하는 것을 부채로 인식하도록 하고 있다. 비상장 벤처기업이 벤처캐피털로부터 투자를 받고 발행한 상환우선주와는 엄연히 성격이 다른 것인데, 유독 우리나라에서 국제회계기준을 비상장 벤처기업에게까지 무리하게 확대 적용하면서 생긴 모순이다. 이렇게 되면 기업의 부채비율이 높아져 신용등급이 떨어지고 매년 부채에 대한 이자를 적립하여야 하기 때문에 순이익도 줄어든다. 결국 기업의 가치가 대폭 하락하게 되며 이 때문에 상장요건을 맞추지 못하는 사례도 종종 발생한다.

기업이 더 성장하면 자금시장에서 필요한 자금을 유치하고 기존의 투자자에게 출구를 제공하기 위해 상장IPO을 하게 된다. 그런데 지금의 코스닥은 여러 문제가 있다. 코스닥 상장심사 위원회의 전문성을 함양하고 독립성을 강화해야 한다. 코스닥은 기술주를 중심으로 하는 만큼 기업의 재무적 지표만 볼 것이 아니라 기업의 경쟁력, 시장잠재력, 성장가능성 등 질적인 면을 중시하여 상장요건을 합리화하고 기업 가치평가를 고도화해야 한다. 더불어 필요시 불량기업을 과감히 퇴출시켜 전체 시장의 신뢰도를 높여야 한다.

미국의 경우 기업의 출구는 상장뿐 아니라 인수합병이 활성화 되어 있다. 대기업들이 자체적인 사업을 신장하여 달성하는 유기적 성장 뿐 아니라 다른 중소규모의 기업들을 인수합병하여 달성하는 비유기적 성장을 일상적으로 모색하기 때문이다. 글로벌경쟁력을 가진 중소기업이 많아지고 기술인력시장에 대한 공정한 제도가 정착되면, 우리나라 대기업이나 중견기업도 우량한 중소기업을 적절한 가격에 인수합병하는 것에 더 많은 관심을 갖게 될 것이다.

기업의 자금조달과 지배구조에 관련된 또하나의 개선사항은 주식의 액면가제도이다. 과거 요소투입주도형 기업에서는 투입된 자본과 기업의 가치가 거의 일치하기 때문에 액면가제도가 나름대로 의미가 있고 편리한 면이 있었다. 하지만 지식재산 등 무형자산이 중요한 혁신주도형 기업인 경우 투입된 자본과 기업의 가치는 거의 상관이 없다. 이 경우 액면가제도를 고수하는 것은 여러 가지 부작용을 낳게 된다. 기업의 내재적 가치와 액면가가 연관돼 있지 않은데 액면가 대비 몇 배의 가격으로 주식을 사고 판다는 것은 별 의미도 없고, 기업가치 평가에 혼란만 가져온다. 상장 후 회사가 자금이 필요하여 유상증자를 할 경우 기업의 실적이 저조하여 주당가치가 액면가 이하라면 그에 맞게 낮은 가격에라도 자금을 조달할 수 있어야 하는데 현행제도에서도 액면가 이하로 주식을 발행하는 것이 금지되어 있다. 또 액면가제도 때문에 기술을 투자한 창업자와 자본을 투자한 투자자 사이의 지분비율을 정하는 것이 매우 곤란해지기도 한다. 1주를 100원, 혹은 10원에 발행할 수 있어야 보통주와 우선주의 지분구조를 적절히 정할 수 있는데 액면가제도하에서는 액면가 이하로 주식을 발행할 수 없기 때문이다. 미국과 같이 액면가를 없애는 것이 여러 가지로 바람직하다. 우리나라에도 무액면가제도가 있기는 하지만 여러 가지 제약이 있어 사실상 활용되지 못하고 있다.

패러다임 시프트

재벌 그룹의 순환출자를 해소하고 금산분리법을 강화하여 기업지배구조를 개선하는 것이 필요하다. 그래야 거대 재벌권력에 의해 공권력이 포획되는 현상을 막을 수 있다. 또한 공정거래법의 전속고발권을 폐지하여 부당한 사례가 있으면 누구나 고발할 수 있도록 해, 공정한 경쟁질서를 확립해야 한다.

벤처기업특별법을 다시 제정하여 벤처기업의 창업, 성장, 회수에 필요한 제도를 정비하는 것도 필요하다. 스톡옵션제도, 기업회계기준, 병역특례제도, 코스닥시장, 엔젤투자, M&A 관련 제도 등이 포함되어야 한다. 정부의 R&D자금 지원은 기술벤처기업에 우선순위를 주고, 기술료제도도 폐지해야 한다.

대학과 교수들의 평가기준도 수정해야 한다. 글로벌교육을 통한 글로벌인 재육성도 매우 중요한 정책이다. 법률시장을 개방하고 자유경쟁체제로 전환하여 선진국 수준의 법률서비스가 저렴하게 제공되도록 한다. 지식재산 보호를 위해 법관 전문성 강화, 특허 침해에 대한 배상금 현실화, 소송대리인 전문성 강화 등이 필요하다.

공정한 경쟁환경이 이루어지고 창업과 기업활동을 저해하는 요소들이 사라지면 성공적인 벤처기업이 많아질 것이다. 벤처기업에 대한 사회적 인식이 좋아지고 성공가능성이 높아지면 우수한 인재들이 벤처기업에 더 많이 참여하여 선순환이 이루어질 것이다. 10년 동안 평균매출액 100억원의 우량벤처기업이 수만 개 생겨나고 이중 10~20개가 50대 대기업으로 성장하면 양질의 일자리가 수백만 개 생겨나고 수백조원의 국부가 창출될 것이다. 대기업 중심의 경제체제에서 혁신기업가정신과 강소기업 중심의 창조경제로 패러다임을 전환하는 것은 한국의 지속성장, 경제민주화, 복지사회, 행복국가를 이룰 수 있는 중요한 계기를 제공할 것이다.

성공적인 창업생태계를 조성하는 것은 간단한 일이 아니다. 몇 개의 단편적인 정책이나 자금지원만으로는 결코 이루어질 수 없다. 우리사회가 전반적으로 선진화되어야 하고 공정한 환경이 만들어져야 한다.

구체적인 창업활성화정책에 앞서 이러한 환경을 근본적으로 개혁해야 한다.

미국에서는 약 100년 전부터 정부가 재벌과의 전쟁을 벌여 스탠다드오일 등 40개의 독점기업을 해체했다. 근래에 AT&T를 분할하고 마이크로소프트의 끼워 팔기를 제재한 것도 경제권력의 집중이 얼마나 해로운지를 확실히 인식했기 때문이다. 또한 그러한 환경이 있기 때문에 실리콘밸리와 같은 벤처생태계가 존재할 수 있었다. 우리나라에서도 불공정거래를 확실히 처벌하고 공정한 시장질서를 확립하고 사회적 신뢰자본이 축적되면, 구체적인 창업활성화정책을 수립하고 추진하는 것이 비교적 수월할 것이며, 글로벌 강소기업의 출현이 자연스럽게 이루어질 것이다.

경제분야 미래전략
농업전략

한국 농업을 둘러싼 대내외 여건이 급변하고 있다. 하지만 이에 대응하여 생산자, 소비자 등 국민 모두가 공감할 수 있는 농업의 비전과 전략을 정부가 제시하지 못하고 있다는 지적이 많다. 농정에 대한 농업인들의 신뢰가 부족한 가운데 농업, 농촌의 가치와 역할에 대한 국민들의 이해도 부족하여 정책적 지원과 투자 확대에 대한 합의 도출도 쉽지 않은 상황이다. 새로운 정부가 출범할 때마다 농정방향과 추진과제들이 새롭게 제시되었으나, 중장기적인 농업의 미래모습을 상정한 발전전략이라기보다는 단기적인 관점에서 농업비전과 전략을 제시한 측면이 많았다.

이에 여기서는 한국 농업을 둘러싼 메가트렌드 변화양상과 농업에 대한 국민들의 요구 등을 바탕으로 2045년 한국 농업의 비전과 목표를 설정하는 동시에 농업의 바람직한 미래모습을 실현하기 위한 추진전략과 과제를 제시하고자 한다.

농업의 변화

글로벌 메가트렌드를 토대로 2045년까지 이어질 농업 관련 주요 변화동향과 그 파급영향을 정리하면 다음과 같다. 글로벌경제는 무한경쟁시대를 예고하고, 고령화사회는 장수시대를, 첨단과학기술의 발전은 융복합기술시대를, 기후변화와 환경중시 경향은 그린바이오산업 시대와 글로벌 식량위기의 시대를 예고하고 있다. 이는 농업에 큰 도전인 동시에 기회요인으로 작용할 것으로 전망된다. 이와 함께 새로운 가치로 등장한 삶의 질 또한 한국 농업에 큰 변화를 예고하고 있다. 따라서 이러한 농업을 둘러싼 메가트렌드 변화에 대비하여 지속가능한 농업발전을 위한 전략과 대응책 마련이 요구된다. 이를 보다 구체적으로 살펴보면 다음과 같다.

첫째, 국가 간 자유무역협정이 늘어나면서 국경장벽이 낮아지거나 없어져 범세계적 시장통합이 가속화될 전망이다. 농업부문도 예외가 아니며 경쟁력 없는 농업으로는 살아남기 어려울 전망이다.

둘째, 인구의 고령화 및 저출산 등 인구구조의 급격한 변화가 예상된다. 특히 다른 부문에 비해 노령화가 심화된 농업부문의 경우 65세 이상 농가인구의 비중은 2013년 38%에서 2045년 68%로 증가하여 고령화문제가 더욱 심화될 전망이다. 이렇게 농업과 농촌지역 고령화는 더욱 급진전되어 노동력 부족 및 지역기반 악화가 예상된다.

셋째, IT, BT, NT, ET(환경기술), ST(우주기술), CT(문화기술) 등 신과학기술의 융복합화가 가속화되고, 농업분야에도 이러한 첨단과학기술을 활용한 융합적 새로운 비즈니스모델이 부상할 전망이다. 특히 현재의 농업기술에 기계화, 자동화 등 첨단기술을 접목한 농업생산시스템의 혁신적 모델이 개발될 전망이다. 식물공장과 같은 새로운 농업생산시스템이 보급되고 확대되면서 전통적인 토지이용 기반의 농업생산방식이 현격히 줄어들 것이다.

넷째, 지구온난화로 인한 기후변화와 물 등 자원의 희소성 문제가 심화되고 있으며, 농산물 작황과 가격의 변동성도 커지고 있어 향후 기후변화에 따른 농업생산구조의 변화가 예상된다. 기후환경변화에 가장 민감한 농업생산체제에서는 현재 온대지역에서 적합한 우리나라의 농업생산작부체계作付體系, Cropping system, Planting system가 아열대지역에 맞는 농업생산체계로 바뀔 전망이다.

다섯째, 세계인구 증가, 중국, 인도 등 신흥경제국의 식량수요 증가, 바이오 연료용 곡물수요 증가로 국제적인 식량부족과 가격폭등의 위협이 한층 심화할 전망이다. 세계 곡물수급은 단지 식량수급뿐 아니라 에너지문제, 환경문제(지구온난화) 등과 얽혀 복잡한 전개양상을 보이겠지만, 공급과 수요 양측의 불안으로 향후 가격의 급등락을 수반하는 변동성이 한층 심화할 전망이다.

여섯째, 국민소득 증가에 따른 새로운 가치 지향으로 삶의 질을 중시하는 웰빙시대가 본격화될 것이다. 농업생산의 공간이자 농민의 삶터로 주요역할을 해온 농촌공간이 자연경관 및 생태계 보전, 휴양 및 체험의 공간, 그린투어리즘Green tourism 등 다양한 형태의 부가가치 창출공간으로 거듭남으로써 농가소득의 주요창출원이 될 것이다.

결론적으로 미래농업은 전통적인 1차 산업적 요소에서 2차, 3차 산업적 요소를 가미한 생명융합산업으로 그 모습을 드러낼 것이다. 현재까지의 농업은 농산물을 생산하는 1차 산업이었지만 앞으로는 식품가공 등을 통한 부가가치를 창출하는 2차 산업요소와 아름다운 농촌공간을 활용한 서비스산업이라는 3차 산업요소가 결합하게 될 것이다.

〈표 7-1〉 농업, 농촌을 둘러싼 메가트렌드 변화와 파급영향

메가트렌드	전망과 특징	농업·농촌의 파급영향
글로벌경제 (무한경쟁시대)	• FTA 진전, 동북아경제 블록화, 아시아연합경제권 등으로 발전 • 2030년경부터 경제적 국경 소멸	• 경쟁력 있는 고부가가치 농업으로 구조조정 • 농산물 수입증가, 수출시장 확대
고령화사회 (장수시대)	• 저출산, 인구증가율 둔화, 수명연장 • 건강, 장수에 대한 니즈	• 농촌사회 활력 저하 및 지역경제 위축 • 고령친화 실버농업의 부상
과학기술 발전 (융복합기술시대)	• 과학기술 융복합화 • 자동화기술의 보편화	• 기계화·자동화의 정밀농업 발전, 우주농업, 원격탐사기술 등 • 정밀농업의 보편화
기후변화와 지구환경문제 (그린바이오 산업시대)	• 지구온난화로 2050년 기온 2℃ 상승, 강수량 8% 가량 증가 • 세계적인 물부족현상	• 한반도 아열대화로 인한 식생 변화, 열대과일 재배 • 지속가능한 환경농업 발전
글로벌 식량위기 (식량부족시대)	• 신흥국가(중국, 인도) 식량 수요증대 • 국제곡물가격 급등, 애그플레이션[3] 우려 상존	• 국내 곡물생산기반 감소추세 • 해외 곡물수입선 안정확보
새로운 가치 지향 (삶의 질 중시 시대)	• 경제성장에서 탈피, 삶의 질 중시 • 여가 및 문화 가치 증대	• 농촌 어메니티 활성화, 농촌관광 산업화 • 휴양공간, 전원생활 수요 증가

취약한 농업기반의 해결과제

그동안 한국 농업은 다른 분야에 비해 상대적으로 큰 발전을 보지 못했다. 한국의 농업은 농업인의 고령화와 젊은 농업인의 유입 부족, 경지 규모의 영세성, 각종 규제와 민간자본 유입 부족에 따른 기업적 경영 미흡, 열악한 기술개발과 보급 및 열악한 교육시스템에 따른 낮은 기술수준 등으로 농업생산성이 정체되어 있는 상황이다. 노동생산성과 토지생산성 또한 크게 향상되지 않은 상태이며, 자본생산성은 지속적으로 하락하고 있다.

이렇게 우리 농업의 기반은 기본적으로 허약한데다 점차 악화되는 추세로, 변화에 대응하는 능력이 매우 취약한 상태에 있다. 경쟁력에 영향을 미치는 기본요소인 토지, 인력, 자본기반이 취약하고, 그것조차 농업으로 유입되기보다 오히려 비농업부문으로 유출되는 경향이 있다. 농가당 경지면적이 1.5ha에 불과한 영세성과 필지의 분산으로 규모의 경제가 발휘되지 못하고, 경자유전耕者有田[1] 원칙에 의한 농지소유 및 임대차 제약으로 농지의 효율적 이용과 규모화가 부진하다. 농업인구는 감소하고 고령화가 진전되는 반면 영농후계인력은 부족하여 인력기반이 허약하다. 한편 비농업부문에서 농업부문으로의 민간자본유입이 원활하지 못해 농업부문의 성장에 필요한 자금이 조달되지 못하고 있다. 농업 R&D의 경우에도 품목 특화를 통한 첨단기술의 수준이 높지 않고 기술 보급체계가 선진화되지 못해, 개발된 기술의 실용화가 부족하며 농업인의 기술수요를 충족시키지 못하고 있다.

혁신적인 경쟁력 강화대책을 추진하지 않으면, 급변하는 환경에 대응할 수 있는 능력이 부족한 한국의 농업은 그 미래가 어둡다 하겠다.

농업성장 정체

농업 GDP는 꾸준히 증가하였으나 성장률은 다른 산업부문에 비해 저조하다. 예를 들어 1990년~2013년 동안 연평균 농업부문 GDP성장률은 3.0% 수준으로 국가전체 GDP성장률(9.2%)의 1/3 수준으로, 같은 기간 동안 광공업 GDP성장률(9.8%)과 서비스업 GDP성장률(9.9%)에 크게 못 미치는 수준이다. 이로 인해 전체 GDP에서 농업이 차지하는 비중은 지속적으로 하락하고 있다. 국가전체 GDP에서 농업이 차지하는 비중은 1990년 6.8% 수준에서 2013년 1.8%로 크게 감소하였다. 따라서 농업의 활력회복과 지속적 성장을 위한 새로운 성장동력원 마련이 필요한 실정이다.

〈표 7-2〉 국민경제에서 차지하는 농업의 비중

구 분	1990년	1995년	2000년	2005년	2010년	2013년
GDP 대비 농림어업 비중	8.7%	6.2%	4.6%	3.3%	2.7%	2.4%
GDP 대비 농업 비중	7.5%	5.4%	4.0%	2.9%	2.4%	2.0%
농업 GDP(2005년 실질기준)	17.0조	20.3조	22.1조	22.8조	24.7조	24.8조

자료: 농림축산식품부, 농림축산식품 주요통계(2013), 한국은행 경제통계시스템

식량자급률 하락

우리나라의 식량자급률은 지속적으로 하락해 OECD국가 중 최하위 수준으로, 국민이 소비하는 식량가운데 75% 이상을 해외에서 조달하고 있다. 전체식량자급률(사료용 포함)은 1970년 80.5% 수준에서 2013년 23.1%로 매년 감소추세에 있다. 세계 8위권의 대규모 식량수입국인 우리나라는 23%에 불과한 낮은 식량자급률과 특정 국가에 대한 높은 수입 의존성 등으로 세계 식량가격 등락의 충격에 고스란히 노출되어 있어 식량안보에 매우 취약한 상황이다. 지속적인 식량자급률 하락추세, 전 세계적 기후변화와 식량자원 민족주의 경향 등을

〈표 7-3〉 우리나라의 식량자급률 변화추이

(단위: %)

구 분	1990년	1995년	2000년	2005년	2010년	2013년
전체 식량자급률	43.1	29.1	29.7	29.3	27.6	23.6
사료용 제외 식량자급률	70.3	55.7	55.6	53.4	54.0	45.3

자료: 농림축산식품부, 농림축산식품 주요통계(2013)

고려할 때, 안전한 식량을 안정적으로 국민에게 공급하는 국내외 기반 확충이 요구된다.

농가인구 및 농업경영주 고령화

농가 및 농업경영주의 고령화로 농업과 농촌의 활력이 저하되고 있다. 농업취업자 중 60세 이상 고령농가 비중이 1970년 6.3% 수준에서 2013년 60.9%까지 증가하여 경쟁력이 취약한 인력구조를 가지고 있다. 따라서 농업 및 농촌의 활력 유지를 위해 젊고 유능한 농업 후계자 육성이 필요하다.

농가 수익성 악화

농산물 시장개방의 가속화와 취약한 경쟁력으로 농가수익성은 급격히 악화되고 있다. 2010년을 기준으로 농업생산을 위해 농가가 구입하는 물품의 값을 뜻하는 농자재 구입가격지수는 1995년 51.4 수준에서 2013년 108.4로 크게 상승한 반면에 농가의 농산물 판매 가격지수는 1995년 75.5에서 2013년 111.3으로 완만히 증가하였다. 이에 따라 농가의 수익성을 나타내는 경제적 지표인 농가교역조건은 1995년 146.9에서 2013년 102.7까지 떨어졌다. 따라서 농가의 수익성을 높여줄 고부가가치 농산물 생산기반 확충과 낮은 가격에 농자재를 공급할 수 있는 기반구축이 필요한 상황이다.

도농 간 소득격차 심화

농가의 연평균소득은 1990년 1,103만원 수준에서 2013년 3,452만원으로 증가했으나 같은 기간 동안 도시근로자 평균소득은 1,132만원에서 5,483만원으로 더 빠르게 증가했다. 도시근로자 소득대비 농가소득 비중은 1990년 97.4% 수준에서 2013년 63.0%로 크게 감소했다. 즉 1990년까지 도농 간 소득 격차는 거의 없었으나 매년 그 격차가 벌어지고 있는 중이다. 농가 소득향상을 위한 새로운 소득원 창출과 함께 정부의 농가소득 안전망장치 마련이 필요하다.

농업경영 불안정성 고조

농업성장의 정체와 교역조건의 악화 등으로 농가의 수익성이 줄어들고 농가소득이 상대적으로 낮아진 반면, 농가당 평균부채는 늘어나 농가의 재무구조가 악화되고 있으며 농업경영의 불확실성도 증대되고 있다. 농가의 평균부채는 1995년 916만원 수준에서 2013년 2,736만원으로 3배가 늘었고, 특히 농가소득 대비 부채비중이 같은 기간 동안 43% 수준에서 79%로 증가하여 재무건전성이 악화되었다. 전 세계적 기후변화의 심화, 가축의 질병이나 풍수해 등 자연재해 빈도 증가 등으로 향후 농업경영의 위험성은 더 커질 전망이므로 농업경영을 안정화시킬 대책 마련이 필요하다.

⟨표 7-4⟩ 농가부채 변화추이

(단위: 천 원, %)

구 분	1990	1995	2000	2005	2010	2013
농가부채(A)	4,734	9,163	20,207	27,210	27,210	27,262
농가소득(B)	11,026	21,803	23,072	30,503	32,121	31,031
농가소득 대비 부채비중(A/B*100)	42.9	42.0	87.6	89.2	84.7	87.9

자료: 국가통계포털, 농가경제조사 각 연도, e-나라지표

농업의 환경부하 심화

화학적 농자재 과용과 축산폐수로 인한 환경부하도 심화되고 있다. 오랫동안 집약적으로 농지를 이용하여 농축산물을 생산한 결과, ha당 질소와 인산수지 초과량은 OECD 평균의 3~4배가 되고, 농약사용량은 14배, 에너지사용량은 37배에 달한다. 축산폐수는 주요 수질오염원의 하나로 발생량은 전체 수질오염원의 0.6%이나 오염부하량은 25%를 차지하며 하천과 호수의 수질오염과 부영양화를 유발하고 있다. 화학비료 과용에 따른 토양오염 심화, 축산폐수 및 과잉 분뇨에 따른 농업용수 수질오염과 환경문제 심화, 메탄가스 저감 재배기술 미흡으로 대기질 오염이 가중되고 있어, 보다 빠른 친환경농업으로의 전환을 위한 대책 마련이 필요하다.

농정 패러다임을 바꾸자

지난 30년간의 농업투자 및 융자에도 불구하고, 농업의 성장정체(경쟁력 저하와 효율성 문제)와 소득부진(도농 간 소득격차 등 형평성 문제)이라는 오래된 과제는 해결되지 않고 있다. 이들 문제의 해결과 동시에 식량안보, 식품안전, 환경/에너지/자원위기 등 새로운 도전과제를 해결해나갈 필요가 있다. 이를 위해서는 무엇보다 농업을 둘러싼 메가트렌드를 반영하여 농업, 농촌, 식품, 환경, 자원, 에너지 등 폭넓은 관점을 포괄하는 농정혁신의 틀을 마련해야 한다.

우선 농정의 대상을 농업생산자로만 한정짓지 말고 생산자, 소비자, 나아가 미래세대를 포괄하는 국민의 관점에서 접근하는 것이 중요하다. 또한 농정의 포괄범위도 종래의 생산 중심의 접근을 넘어 농어업의 전후방 관련 산업, 나아가 생명산업 전반까지 확대하는 관점이 필요하다. 농정의 추진방식도 직접시장개입은 지양하고, 민간과 지방정부의 역할을 강화해나가는데 중점을 둘 필요가 있다. 정부는 시장개입보다 시장혁신을 유도하는 제도 구축에 주력하는 촉진자Facilitator, 시장실패의 보완자로서의 역할에 중점을 둘 필요가 있다. 이를 위해 정부와 민간, 중앙정부와 지방정부 간의 적절한 역할분담 및 협조체계를 구축하는 선진적 거버넌스 확립이 필요하다.

〈표 7-5〉 농업 패러다임의 전환방향

	현재	미래
새로운 가치	단기 효율성, 구조조정	지속가능성(=성장+분배+환경)
통합적 접근	농업 중심	가치사슬value chain 관점의 산업통합 경관/환경 측면의 공간통합
기술혁신	생산성 증대	안전성/품질제고/환경문제 등 도전과제 대응 새로운 가치창출력 제고

이런 측면에서 미래 농업의 비전을 성장, 분배, 환경이 조화된 지속가능한 농업으로 삼도록 한다. 발전목표로 농업 생산자에게는 안정적 소득과 경영 보장, 소비자에게는 안전한 고품질의 농식품 제공, 후계세대에게는 매력 있는 친환경 경관과 어메니티 전달을 설정한다. 특히 이러한 비전과 목표를 달성하고 농업의 활력을 유지하기 위해 전통적인 농업생산에서 탈피하여 농생명 첨단산업으로 영역을 더욱 확대하고, 다양한 첨단과학기술과의 융합, 그리고 문화 및 관광산업과 연계된 고부가가치 6차 산업으로 전환시켜야 할 것이다.

현재 낮은 가치를 부여받고 있는 농업을 기능성 농식품 생산, 천연물 의약품, 천연물 화장품 소재 생산 등을 통해 고부가가치의 경쟁력 있는 신상품 생산산업으로 탈바꿈시켜야 할 것이다. 농업생산에 투입되는 후방 관련 산업인 종자(육종), 농기계/장비, 농자재, 농업정보산업과 연계된 발전이 필요하다. 또한 농업생산 이후 부가가치 창출과 연계되는 전방산업인 포장, 유통, 가공, 외식, 마케팅, 서비스업 등과 연계된 성장이 필요하다. 특히 농업과 밀접히 관련되는 신성장동력산업인 기후/환경산업, 바이오생명산업(의약, 화장품, 식품소재), 바이오에너지산업, 농촌문화/관광산업 등과 연계된 성장산업으로 변모가 필요하다.

한국 농업은 단순 1차 산업 위주에서 2차, 3차 산업과 연계한 고부가 6차 산업화 방향으로 나가야 한다. 농업의 고부가 및 6차 산업화를 달성하기 위해서는 무엇보다 한국 농업의 글로벌화와 네트워크화,

〈그림 7-3〉 전통농업의 산업영역 확장방향

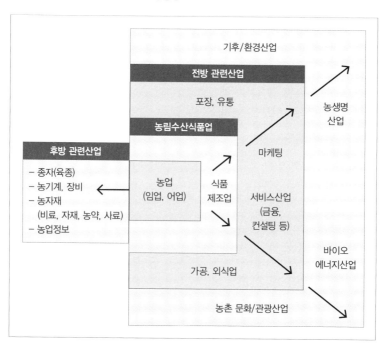

첨단과학기술과 융합된 고부가 생산기술 개발, 기업가적 인재 발굴 및 육성, 농업시장의 영역 확대가 필수적이다.

통합형 농식품 및 농촌발전 전략

농업과 농촌의 다원적 기능을 최대한 발휘하도록 농업의 기본목표를 국민이 안심하고 먹을 수 있는 농식품의 안정적 공급, 지속가능 발전을 위한 농업의 경쟁력과 가치창출력 극대화, 국토환경보전과 농촌사회발전을 위한 농촌공간 개발로 한다.

이러한 농업의 목표를 효율적으로 추진하기 위해 농업의 영역을 농업, 식품, 농촌의 3개의 범주로 구분하고, 각각의 장점과 기회요인이 상호긴밀하게 연계되는 '통합형 농식품 및 농촌발전'의 틀을 구축해야 한다.

농업의 경쟁력 강화와 생명산업과 연계한 신성장 동력화

농업의 지속적 발전을 위해서는 경쟁력이 강화돼야 한다. 그러나 경쟁력의 개념은 비용중심의 가격경쟁력에서 기능 및 비용이 결합된 품질 및 가치경쟁력으로 확대, 전환될 필요가 있다. 품질 및 가치경쟁력은 수요자가 원하는 기능의 제고 및 확대와 생산성 향상을 통한 비용절감의 양면전략이 필요하다.

또한 농업의 지속적 발전은 새로운 수요창출을 통해 가능하며, 이를 위해 마케팅능력을 강화하는 전략이 요구된다. 농식품의 먹거리 안전과 품질을 선호하는 소비자와 시장수요에 부응하는 품질혁신으로 농업소득을 창출하고, '식품, 유통, 환경, 문화'와 결합된 새로운 수요개발로 신시장, 신수요를 창출하는 혁신이 이뤄져야 한다. 한편 비용절감도 '경영조직화와 투입감량화의 결합'이라는 새로운 전략에 따라 추진될 필요가 있다. '개별경영의 규모화'를 넘어서는 지역단위에 기초한 '개별경영의 조직화' 전략으로 효율을 제고할 필요가 있다. 생산과정의 화학농자재 등의 투입 축소와 유통과정의 효율화 및 푸드마일Food miles[5] 축소를 통해 투입요소를 줄여나감으로써 효율성과 환경보전을 추구한다.

전통농업에 IT, BT, NT 등의 첨단기술과 융복합기술을 더해 고부가가치를 창출하는 생명산업으로 육성하는 것을 정책방향으로 삼는다. 미래 고부가가치산업으로 성장할 수 있는 분야인 종자산업, 식품산업, 천연물 화장품과 의약품 분야, 곤충 및 애완·관상용 동식물 활용분야 등을 전략분야로 신정해 집중 육성한다.

식품산업의 글로벌화

고부가가치 식품산업의 글로벌 기반을 구축하여 농업의 성장을 견인하면서 국가경제 차원의 핵심산업으로 육성한다. 식품산업이 고부가가치산업으로 전환될 수 있도록 식품 R&D 및 생산, 수출의 거점 및 기반을 조성한다. 한국 농식품의 신시장, 신수요를 창출하기 위해 건강, 웰빙 등 트렌드에 부합하는 전략품목을 개발할 수 있는 기반을 조성하여 우리 식품이 세계적으로 진출할 수 있도록 한다. 이를 위해 세계 식품소비 트렌드를 면밀히 검토하고 우리가 품질 면에서 강점을 지니고 있는 전통/발효식품, 천일염, 우리 술, 기능성 식품 등을 전략산업으로 육성한다.

농촌공간의 휴양, 관광 및 문화산업화를 통한 신수익 창출

'농촌다움' '생태경관자원' '전통문화자원'을 새로운 경쟁력의 원천으로 삼아, 미래 농촌의 주요한 수익창출 자원으로 활용해야 한다. 국민소득 증가와 삶의 질을 중시하는 미래 수요에 부응하는 자연, 경관, 문화를 보전하여 농촌발전의 잠재력을 증진한다. 산업화과정에서 파괴된 농촌의 환경, 문화, 역사 등을 유지, 보전, 복원해 농촌이 지니는 쾌적함을 유지하고 다원적 가치를 키움으로써, 농촌을 휴양, 관광, 문화중심지로 육성하여 신수익 창출원으로 만든다. 이를 통해 농촌을 오로지 농민들의 생산이나 삶의 공간만이 아닌 국민들의 휴식과 휴양의 공간으로 변모시켜 농촌지역 내 경제활동을 다각화하고 일자리를 창출하여 농촌 지역사회를 활성화한다.

농업전략의 정책추진방안과 그 효과

농업전략의 정책추진방안을 범주별로 정리하면 다음과 같다.

농업 정책 : 지속가능한 농업시스템 구축으로 가치창출력 제고

과거 농업정책이 농업생산자 중심의 1차 산업 위주의 저부가가치 전통농업에 치우쳤다면, 미래의 농업정책은 농식품 소비자와 고부가가치 창출의 성장동력산업과의 연계를 추구하는 방식으로 개편될 필요가 있다. 우선 국내외 소비자들이 요구하는 건강, 안전, 안심을 추구하는 농식품 생산과 환경 및 경관보전을 도모하면서 농업성장과 농업인의 소득제고를 가능케 하는 방식의 고부가 농업시스템을 구축해야 한다. 보다 구체적인 시장의 욕구를 반영한 고품질·안전·안심농업, 친환경농업·순환형 농업, 식품가공 및 농촌관광 연계 등으로 농업시스템을 혁신하고, 이를 바탕으로 다양한 고부가가치 창출기회를 확보함으로써 농업성장, 소득제고, 환경보전의 선순환구조를 정립해나간다. 이런 관점에서 향후 농업정책의 목표는 '지속가능한 농업시스템 구축을 통한 가치창출력 제고'로 설정한다. 이 목표를 달성하기 위한 핵심과제는 농업의 가치경쟁력 제고, 경영주체의 형성과 역량강화, 환경농업과 바이오자원을 토대로 한 환경가치 창출, 농업자원을 활용한 2, 3차 산업과의 연계 강화이다.

식품정책 : 안전한 식품의 안정적 공급

식품정책의 목표는 여타 선진국과 같이 국민이 요구하는 안전한 식품의 안정적 공급으로 설정한다. 식품공급을 위한 식품산업정책은 식품산업 구성요소가 되는 식품제조업, 식품유통업, 외식산업의 건전한 발전을 목표로 하는 정책과 식품산업과 여타 부문, 특히 농업과의 연계강화를 목표로 하는 정책으로 추진한다. 이러한 정책목표 달성을 위한 핵심과제는 식품산업의 R&D 확대, 유통의 합리화 및 효율화, 식품산업과 농업과의 연계강화이다. 식품산업과 농업 간 연계강화는 원칙적으로 산업 클러스터 방식의 연계체계 구축을 통해 지역농산물을 기초로 고부가가치 신상품 개발, 새로운 서비스 제공 등을 바탕으로 신시장 창출, 지역의 고용 및 취업기회 확대 등을 추진한다.

농촌정책 : 지역역량 강화와 다원적 가치의 극대화

농촌정책의 목표는 지역역량 강화와 다원적 가치의 극대화로 설정될 수 있다. 이러한 농촌정책의 목표달성을 위한 핵심과제로는 농촌지역의 역량강화를 통한 지역 성장동력 창출, 농촌주민의 삶의 질 향상, 농촌지역의 자원보전 및 공익적 기능의 극대화이다. 특히 농촌지역별로 자신들의 강점과 약점을 고려하여 스스로 문제를 발견하고 해결할 수 있는 능력개발에 정책의 초점이 맞춰져야 한다. 농촌지역의 환경, 문화, 역사 등을 유지, 보전, 복원해 농촌이 지니는 쾌적함을 유지하고 다원적 가치를 극대화할 필요가 있다. 우선 농촌지역 역량강화 차원에서 농촌사업체의 창업 및 운영 지원, 농촌 일거리 창출기반 조성사업 지원, 농촌형 사회적 기업 육성 및 사업체 지원기능 활성화, 농촌 커뮤니티 활성화, 민간기관 주도의 사업계획 수립 및 집행 등에 정책지원의 초점을 맞출 필요가 있다. 또한 농촌주민의 삶의 질 향상을 위한 정책은 범부처적 협력을 통해 농촌지역의 다양성을 고려한 정책적 수요 파악 및 지원, 농촌주민에 대한 가장 기본적인 사회서비스 수준의 향상, 농촌 복지 및 생활의 중심지로서의 정주권 형성 등에 정책지원의 초점을 맞출 필요가 있다.

첨단과학기술 기반의 정밀농업 보편화

첨단과학기술과 융합한 농업기술 발전으로 정밀농업이 확산되고, 벼, 원예 및 축산분야에서도 고능률, 작업 쾌적화기술이 점진적으로 개발, 보급될 것이다. 또한 환경에 적응하는 지능형 농업smart agriculture이 확산되어 인공지능, 로봇, 인공위성, 나노기술 등에 의한 농업부문의 과학혁명을 실현할 것이다.

농업생산활동에서 특화된 기능을 정밀하게 수행하는 지능형 전용 로봇, 환경제어형 기능성 로봇 등이 실용화되어 노동절감형 농업이 보편화된다. 가뭄을 극복할 수 있는 인공강우기술과 기후변화에 대응한 종자, 품종개발 등 제반기술들이 보편화되어 농업생산의 불확실성을 축소시킬 것이다. 기후변화 시나리오별로 과수, 채소, 식량작물의 재배 최적지를 정확히 예측하고, 모든 작물의 생산기술정보가 휴대컴퓨터를 통해 실시간으로 제공될 것이다. 이러한 과학기술의 발달은 소비자에게 균일한 품질의 친환경농산물을 적기에 공급할 수 있게 만든다.

전문경영체 중심 농업생산구조 확립

앞으로 30년 후에는 현재 농촌에 거주하는 인구가 거의 존재하지 않을 것이다. 현 농촌인구 연령이 대부분 70세 이상이기 때문이다. 자연스럽게 인력개편이 이루어진다. 농업생산은 전문경영체 중심으로 재편되어 전업농의 생산 비중이 2030년경에 70%, 2045년경에는 80% 수준을 점유할 것이다. 청장년 경영주의 전업농 및 농업법인이 지역농업의 중심이 되고, 농업혁신과 농업경쟁력 강화를 주도할 것이다. 농업법인 수는 2030년에 8천 개, 2045년에 1만 개가 설립되어 농업생산의 핵심으로 부상할 것이다.

농업, 식품, 농촌 관련 서비스산업 활성화

농업, 식품, 농촌분야에서도 농업인뿐만 아니라 소비자, 도시민 대상의 다양한 서비스산업이 출현하여 새로운 수익원으로 자리매김할 것이다. 농업 및 농촌체험, 농촌관광 및 레저, 휴양 및 건강, 치유 및 힐링, 농식품 전자상거래, 농산물 계약거래 및 선물거래, 귀농/귀촌(알선, 정보제공, 교육), 사이버교육, 농업금융, 보험, 농업정보화, 농업관측, 외식서비스, 광고 등의 다양한 비즈니스가 1차 농업과 연계되어 이루어질 것이다. 식품산업은 국내 농업성장을 견인하면서 지속적으로 성장할 것이고, 한식은 건강과 웰빙을 지향하는 음식으로 세계인이 함께 즐기는 한국의 대표상품이 될 것이다. 한식문화의 세계화로 국내 농업과 식품제조업, 외식산업의 발전뿐 아니라 문화관광산업 등 관련 산업을 발전시켜 대한민국의 이미지와 국격 향상에 기여할 것이다.

동식물 자원을 이용한 그린바이오(농생명) 산업 발전

우리나라의 동식물자원을 이용한 그린바이오(농생명) 산업은 IT, BT, NT 등 융복합기술개발에 따라 다양한 산업화를 통해 고부가가치시장을 창출할 것이다. 국내 식물자원을 활용한 식물종자(형질전환), 바이오에너지, 기능성제품(천연물 화장품, 향료, 의약품), 동물자원을 활용한 가축개량, 동물제품(이종장기, 줄기세포), 동물의약품, 천적곤충 등 다양한 상품이 출시될 것이다.

식물공장, 수직농장 발전

빛, 공기, 열, 양분 등 농작물의 생육환경을 인공적으로 자동제어하여 공산품처럼 계획생산이 가능하고, 사계절 전천후 농산물 생산이 가능한 식물공장이 운영될 것이다. 식물공장은 공간과 시간을 크게 단축하고 생산성을 획기적으로 향상시킨 작물육종기술, IT기술이 결합된 주문형 맞춤 농산물 생산기술과 연계하여 미래농산물 생산의 중요한 분야로 부각될 것으로 전망된다. 또한 식물공장의 발전한 형태로 도심에 수십 층의 고층빌딩을 지어 각 층을 농경지로 활용하는 수직농장Vertical farm도 도입될 것으로 전망된다.

러바니제이션 현상의 보편화

'러반Rurban'은 '농촌rural'과 '도시urban'의 합성어로 '러바니제이션 Rurbanization'은 도시적 환경과 농촌적 자연환경이 혼재하고, 도시생활인과 농촌생활인이 뒤섞어 사는 상황을 표현하는 말이다. 2045년경 도시와 농촌의 구분은 사실상 무의미해질 가능성이 높다. 특히 토지이용, 경관, 건축 등 물리적 측면에서 도시적인 요소와 농촌적 요소가 혼재될 수밖에 없고 무형의 도시적 문화와 농촌문화의 융합, 도시민과 농촌주민이 어우러진 새로운 커뮤니티 탄생 등이 보편화될 가능성이 매우 크다. 인구증가 둔화, 교통통신 발달, 국민들의 가치관 변화에 따른 거주지 교외화현상 가속화, 귀농/귀촌에 의한 역도시화 등이 촉진됨으로써 도시민이 농촌으로 이전하는 현상이 더욱 증가할 것이다. 젊고 경쟁력 있는 계층의 귀농/귀촌 증가로 농촌 거주인구 비중은 현재보다 증가할 것이다.

농촌지역의 6차 산업화 진전

향후 농촌지역에서는 지역의 농특산물을 활용한 특화산업을 비롯하여 전반적으로 2, 3차 산업부문이 활성화될 것이며, 이를 통해 고용과 소득을 증가시킬 것이다. 국민소득의 지속적인 향상과 웰빙적 삶을 중시하는 가치관 변화로 인해 체험관광에 대한 수요가 대폭증가하고, 기후변화의 영향으로 환경을 중시한 자연친화형 관광형태가 확산될 것으로 전망된다. 초고속 교통수단 등장 및 연계교통 발달로 접근성이 개선되면서 농촌으로의 접근성이 용이해져 여가문화와 체험, 치유의 공간으로 농촌의 위상이 더욱 강화될 것이다. 2045년경 농업의 경우 대체로 기계화, 첨단화, 대규모화되면서 출퇴근하면서 농사짓는 대규모 회사형 농장으로 재편될 것이다. 대부분의 농촌지역에서 농업과 연계된 가공, 마케팅 및 농촌관광 등 전후방 연관 산업이 발달하고, 6차 산업화가 촉진될 것이다. 특히 농촌관광은 글로벌화가 진행되어 내국인과 외국인 모두를 수요자로 삼게 될 것이고, 크고 작은 전원박물관, 전원갤러리, 테마파크 등이 농촌지역을 중심으로 발달하고 문화컨텐츠 산업의 주무대로 농촌이 성장하게 될 것이다.

농업 선진국을 꿈꾸자

우리 농업은 큰 변혁기에 있다. 대외적으로 다자간 무역협상DDA과 양자간 자유무역협정FTA 체결이 확대되어 농업부문에서도 무한경쟁 시대가 다가오고 있다. 또한 대내적으로는 지금까지 우리 농업을 담당해 온 대부분의 고령농업인들이 농사현장에서 은퇴하고 새로운 영농주체가 우리 농업을 책임지는 세대교체시기가 도래하였다. 이렇게 전환기에 선 우리 농업의 구조를 재편하여 세계시장에서 경쟁력을 갖춘 생산, 가공, 유통, 수출체계를 만들기 위해서는 농업의 영세성과 전근대성을 근본적으로 개혁해야 한다. 이런 측면에서 우리 농업의 바람직한 비전과 농정방향을 설정하고 구체적인 농정과제와 추진전략을 수립할 필요가 있다.

한국 농업이 어렵지 않았던 적은 없지만 나름 발전잠재력이 크다. 농업자원은 빈약하지만 사계절이 뚜렷한 천혜의 자연조건을 갖추고 있으며, 노령화현상은 심화되었지만 농업인들 중에는 손재주가 섬세하고 성실하며 기술습득능력이 우수한 인재들이 많이 있다. 또한 경제발전과 소득향상에 따라 농식품의 내수시장이 커지고 있다. 시장개방으로 저렴한 외국농산물이 많이 들어올 수 있다는 위협적인 측면도 있지만 반대로 수출시장을 확장할 수 있는 기회로 활용할 수 있다. 식품의 품질과 안전성에 대한 소비자인식이 높아지면서 품질, 서비스 등 비가격경쟁력이 향상되는 것도 희망적인 요소이다.

우리 농업의 미래비전은 농업을 세계시장에서 경쟁력이 있는 강한 산업으로 만들고, 농촌을 농업인과 비농업인이 어울려 사는 쾌적하고 풍요로운 휴양의 공간으로 만드는 것이다. 이를 위해 혁신적인 농업경영 주체를 기업농으로 육성하고 규모화, 전문화, 조직화를 유도해야 한다. 농업경영의 혁신주체를 통해 농식품산업을 세계적인 수준의 첨단기술농업과 수출농업으로 육성하여 고품질, 고부가가치 농식품산업으로 재탄생하게 해야 한다. 미래 농업은 국내외 소비자들이 신뢰하고 열광하는 농식품을 생산하는 친환경 녹색산업이 되어야 한다.

우리나라 농촌은 환경과 경관이 깨끗하고 아름답게 보전되어 국민들을 매료하는 공간이 되어야 한다. 이렇게 소비자와 국민의 욕구를 충족시키는 과정에서 농업인은 필요한 소득을 얻을 뿐만 아니라 보람과 긍지를 갖게 될 것이다. 우리나라는 지하자원이 거의 나오지 않는 상태에서도 반도체, 휴대폰, 자동차, 조선, 철강, 석유화학산업에서 세계 최고 수준을 이룬 바 있다. 농업부분에는 자원이 풍부하다. 풍부한 햇빛, 물, 토지가 있다. 농업선진국을 이루지 못할 이유가 없다.

경제분야 미래전략
해양수산전략

영국 탐험가 월터 롤리는 '바다를 지배하는 자가 무역을 지배하고, 세계의 부를 지배하며, 결국 세계를 지배한다'라는 말을 남겼다. 논리적으로 과장되어 보이는 이 표현도 세계 역사를 되짚어보면 쉽게 이해할 수 있다. 스페인, 포르투갈, 네덜란드, 영국, 미국 등 바다를 딛고 한 시대를 이끌었거나 이끌고 있는 국가들의 사례에서 보면 해양을 활용한 국부의 창출과 도전은 강대국으로 가기 위한 필수조건이었다. 중국의 경우 청나라까지는 대륙 중심의 강대국이었다. 그러나 19세기 이후 해양을 중시한 유럽 열강들과의 대결에서 굴복했다. 조선의 경우도 일부 기간을 제외하고 해양을 경원시하여 삼국시대와 고려시대를 잇는 동북아 해양왕국의 전통을 이어내지 못했다. 육당 최남선은 조선이 바다를 버림으로써 문약으로 흐르고 말았다고 지적했다.

우리나라 국토면적은 세계 109위 수준이며, 물리적으로 더 확대될 가능성이 없기에, 육지 중심의 성장전략만으로는 미래 국가발전에 한계가 있다. 따라서 유라시아대륙으로의 진출과 한반도 주변해역, 더 나아가 대양진출을 통한 균형적인 국가발전 패러다임의 구축은 우리의 미래성장을 위해 필수적이다. 세계의 바다는 60% 이상이 공해公海이고 세계 각국이 치열하게 경쟁하는 장이어서 우리도 새로운 활동공간으로 활용할 수 있는 가능성이 높다. 또한 거의 개발되지 못하고 있는 해저공간은 무한한 개발가능성을 가진 것으로 평가된다.

지속가능한 지구생태계와 경제활동에 있어서도 해양의 역할은 결정적이다. 해양은 남극과 북극에서 차가워진 해수를 대↑컨베이어벨트Global Ocean Conveyer Belt를 통해 이동시켜 지구의 온도를 일정하게 조절, 유지하는 지구의 생명유지 장치역할을 한다. 해양생태계의 경제적 가치는 연간 총 22조 5,970억 달러로 육상의 2배에 달하며 구리, 망간, 니켈 등 전략금속 매장량도 육상보다 2~5배 수준이다. 해양에너지 자원은 약 150억kW 정도로 추정되고, 북극해에 매장된 광물자원의 가치만 해도 2조 달러로 추정된다. 전세계 생물상품의 25%가 바다에서 생산되며 동물성 단백질의 16%가 어업을 통해 제공되는 등 현재에도, 미래에도 해양이 지구촌 경제활동에 미칠 영향은 막대하다. 더구나 해양공간의 95%가 개발되지 않은 미지의 공간이라는 점이 더욱 매력적이다. 한편 전 세계 교역량의 78%가 해양을 통해 이루어지며, 우리나라의 경우 99%를 해양을 통한 해운이 담당하고 있다.

현재 우리나라 종합해양력Sea Power은 세계 10위권 수준이다. 그중 조선, 항만건설, 수산양식업 등 해양수산 관련 제조업과 해운분야 등은 세계 최고 수준에 근접해 있다. 반면 해양환경관리, 해양과학기술과 R&D, 해양문화관광 등 서비스분야는 여전히 세계 수준과 격차를 나타내고 있다. 안전, 재해대응분야는 앞으로도 개선의 여지가 많은 것으로 보인다. 전 세계 GDP에서 해양수산분야가 차지하는 비중은 약 12% 정도로 추정되고 있다. 우리나라의 경우 해양이 가지는 중요성에도 불구하고 2013년 기준 GDP의 약 6.3% 수준으로 최근 몇 년간 답보상태여서 새로운 발전전략이 요구된다.

이 장에서는 육지면적의 4.5배에 이르는 우리의 해양관할권과 동북아시아-유라시아-태평양-북극해를 잇는 지리적 입지, 국가차원의 해양입국 의지를 바탕으로 하는 한국형 해양국가 발전비전을 모색해보고자 한다.

해양수산분야 동향과 전망

해양수산전략을 수립하는 데 앞서, 해양과 관련된 주요현안들을 살펴보자.

해양영토 갈등 확대

1994년 유엔해양법 협약UNCLOS의 발효로 연안국의 영해가 종전의 3해리에서 12해리로 확대되었다. 또 배타적 경제수역EEZ으로 200해리의 해양관할권이 부여됨으로써 해양공간 확보를 위한 경쟁시대에 돌입하게 되었다. 현재 152개 연안국 중 125개국이 EEZ를 선포(2007년)하였으며, 앞으로 연안국 모두가 EEZ를 선포하면 해양의 36%, 주요어장의 90%, 석유매장량의 90%가 연안국에 귀속되는 결과를 가져올 것이다. 이에 따라, 세계 각국은 21세기 마지막 프론티어로 알려진 해양에 대한 관할권 확보를 위해 치열한 경쟁을 전개하고 있으며, 공해 및 심해저에 대한 영유권 또는 이용권에 대한 경쟁과 갈등도 점차 표면화될 것으로 예상된다. 동북아시아의 경우에도 한·중·일·러는 해양관할권을 한 치라도 더 확보하기 위해 경쟁하고 있다. 한·일의 독도, 중·일의 조어도, 일·러의 쿠릴열도, 한·중의 이어도 문제가 그 예이다.

기후변화의 해양영향 가시화 및 대응

IPCC 제5차 보고서에 따르면, 현재와 같은 추세로 온실가스를 배출할 경우 세계 해수면의 높이는 2100년까지 63cm가 높아질 것으로 전망되고 있다. 한반도 주변해역의 경우도 최근 35년(1968~2002년)간 해표면 수온은 0.85℃ 상승, 해수면은 5.4mm 상승했다. 이는 세계 평균(2.8mm)의 2배에 이른다. 수온 상승은 또 해양생태계 전반의 변화를 야기한다.

한편 기후변화는 지구환경문제에 대응하기 위한 새로운 시장이 형성될 가능성을 열어두고 있다. 예를 들어 100억 달러 규모의 온실가스 감축 관련 시장과 향후 30년 동안 연간 1천억 달러 규모의 청정에너지 발전 플랜트 수요가 예상되고, 선박으로부터 나오는 질소산화물 및 황산화물을 줄이기 위한 설비시장 규모가 연간 38조원 규모로 성장할 것으로 전망되는 등 새로운 비즈니스의 기회도 제공하게 될 것이다.

해운 및 동북아 물류시장 변화

세계 경제의 변화는 선박, 해운시장에도 영향을 주고 있다. 2030년까지 유조선의 선복량은 현재의 1.7~1.8배로 소폭 증가하고, 컨테이너선과 LNG선의 경우는 1.8~3배로 크게 증가할 전망이다. 중국의 상선선대 규모는 2010년 세계 선복량의 15%에서 2030년에는 19~24%에 달할 것으로 예상되며, 현재 세계 선대규모의 12%를 보유한 일본의 경우 2030년에는 5.6~6.7%로 감소할 전망이다. 세계 경제의 중심이 아시아로 이동하면서 아시아 권역의 항만물동량은 크게 증가할 것이다. 아시아는 더욱 세계 항만산업의 중심이 될 것으로 보이며, 불가피하게 권역 내 항만간 경쟁은 더욱 치열해질 것이다.

정보통신기술은 항만 내의 장비와 네트워크, 시스템 간의 정보교환을 확산시키고, 이로 인해 항만은 물류의 거점뿐만 아니라 빅데이터를 생산하는 정보거점으로 변모해갈 것이다. 선박의 대형화도 계속되어 2030년에는 3만 TEU급 선박이 취항할 것으로 예측된다.

세계 물류시장 역시 크게 성장할 것으로 보이며, 경쟁심화 및 동북아지역의 역할 확대가 예상된다. 2010년 기준, 세계 물류시장 규모는 약 9조 달러로 전 세계 GDP의 15%에 달했다. 특히 동북아지역이 세계 3대 교역권의 하나로 부상하고, 상하이, 홍콩, 싱가포르 등 세계 5대 항만이 동아시아에 입지하면서 세계물류시장의 중심으로 자리매김할 것이다. 또한 북극해를 비롯한 북극권의 이용과 개발에서, 수요자이자 공급자인 동북아의 역할이 확대됨과 동시에, 북극권 선점을 위한 국가 간, 지역 간 경쟁이 표면화될 가능성이 높다.

수산업 변화

세계은행에 따르면 2030년의 어업생산량은 1억 8,630만 톤으로 2011년의 1억 5,400만 톤에 비해 20% 이상 증가할 것으로 전망된다. 하지만 2011년 현재 수산물 생산에서 60%를 차지하는 어선어업의 비율은 2030년까지 50% 수준으로 감소하고 총량은 280만 톤 증가에 그칠 전망이다. 이에 비해 양식어업은 6,360만 톤에서 9,360만 톤으로 47%가 늘어날 것이다. 이는 전체 어업생산량의 절반을 뜻한다. 식용의 경우에는 약 62%가 양식에 의해 생산될 것으로 예측된다. 중국은 5,326만 톤, 세계 양식어업의 56.9%를 차지하며 독보적인 어업생산국으로서의 입지를 차지할 전망이다.

세계 1인당 어류 소비량은 2010년의 17.2kg에서 2030년에는 18.2kg으로 20년간 5.8% 증가할 것이며, 중국은 32.6kg에서 41.0kg으로 증가하여 세계 수산물 소비시장에서도 가장 큰 영향력을 보일 것으로 예상된다.

이처럼 미래 수산업의 발전은 양식어업을 통해 실현될 것으로 예상되며, 핵심이슈 또한 양식어류의 질병문제 해결이 될 가능성이 높다. 또한 수산물의 효율적인 물류 및 분배 네트워크 구축이 중요해질 것이다.

해양과학기술 발전

미래 해양환경의 변화는 과학기술의 발달과 더불어 크게 달라질 것이다. 각국은 지구온난화에 따른 자연재해 증가 및 해양생태계 교란에 공동으로 대비하고 있으며, 육상 에너지자원 고갈 및 이산화탄소 배출 규제문제도 해양과학기술을 통해 해결하려 하고 있다.

해양바이오, 해양플랜트 등 최첨단 융복합산업의 급속한 성장과 연안 및 해양의 이용 확대에 따른 해양관광시장의 급성장에도 적극적인 관심을 갖고 있다. 또한 드론, 로보틱스 및 빅데이터, 사물인터넷과 같은 기술분야의 혁신은 해양수산분야와의 융복합을 통해 새로운 부가가치를 창출할 것으로 기대된다. 기후변화 대응, 성장기회 마련을 위해 각국은 해양과학기술 분야에 투자를 확대하고 있다.

또한 해양선진국들은 본격적인 과학기반 해양경쟁시대에 대비하여 체계적인 대응방안과 체제구축에 적극 노력하고 있다.

<표 7-6> 주요국가별 해양과학정책 비교

국가별	주요 해양과학정책 및 전략
미국	2013: 해양과학 연구계획(Science for an Ocean Nation) 발표 목표: 기반 확충, 역량 강화, 협업체계 구축 등을 통한 미국 통합해양정책과의 연계성 강화 해양자원 보호, 해양생태계 복원력 증진 등 20개 중점과제 선정
유럽	2010: 유럽 해양에너지 로드맵 수립 목표: 2050년까지 총 수요전력의 15%를 해양에너지로 대체하여 47만 명의 고용, 연간 1억 3,630만 톤의 이산화탄소 저감 노력 해양에너지, 심해저탐사, 기후변화대응, 연안연구분야 집중육성
일본	2013: 제2차 해양기본계획 수립 목표: 해양 주도권 확보, 신해양산업 육성을 위한 해양과학기술 고도화 추진 해양인프라, 국제연구, 해양공학, 해양관측 및 예보분야 집중육성
중국	2010: 해양과학기술 2050 로드맵 수립 목표: 지속적인 해양자원의 이용, 해양 건강과 안전 확보, 해양력 강화 해양환경, 심해저탐사, 극지연구, 인력양성분야 집중육성

미래비전의 방향

해양수산분야는 1955년 해무청 설치 이후 지난 60년간 많은 기간을 분산된 행정체제하에서 운영되어왔고, 이른바 통합행정체계가 마련된 것은 1996년 해양수산부의 설립 이후다.[6]

정부는 2015년 5월 '2030 해양수산 미래비전'을 제시한 바 있다. '상상을 뛰어넘는 가치의 바다 창조'라는 비전을 제시하고 행복과 풍요의 바다, 도전과 창조의 바다, 평화와 공존의 바다라는 3대 핵심가치를 설정했으며, 이를 실천하기 위해 총 40개의 미래상과 170개의 세부 실천과제를 마련했다. 이 비전을 통해 해양수산업이 GDP에서 차지하는 비중을 10%까지 제고하여 선진국 수준의 해양역량을 갖춰나가겠다는 것이다.

〈표 7-7〉 2030 해양수산 미래비전 목표지표

지표명	현재	미래(2030년)
해양수산업의 GDP 기여율	6.0%('12)	10.0%
컨테이너 처리량	2,473만 TEU('14)	5,000만 TEU
해운선복량	7천9백만 톤('13)	1억5천만 톤
수산물 자급률	75.3%('12)	90%
양식수산물 생산량	151.5만 톤('13)	300만 톤
수산물 수출액	20.7억 달러('14)	50억 달러
수산자원량	860만 톤('13)	1,100만 톤
해양수산 분야 R&D 투자액	5,911억 원('15)	20,000억 원
세계 선도기술	7개('14)	50개
해수리튬 생산량	-	5만 톤
해양심층수 시장규모	110억 원('14)	15,000억원
극지 과학기지	3개소('14)	6개소
e-Navigation 시장점유율	-	20%
크루즈 관광객	105만 명('14)	300만 명
등록 요트수	12,985척('14)	10만 척
연안여객선 이용객	1,427만 명('14)	3,000만 명
해양에너지 공급량	254MW('14)	2,500MW
해양보호구역 면적	431.4㎢('14)	862.7㎢
국가해양관측망	90개소('14)	200개 소

　　정부계획에 덧붙여 새로운 전략을 만들기 위해 고민해야 할 방향들은 다음과 같다.

　　한반도 주변해역은 물론, 전 세계의 해양공간은 해양경계 갈등과 해양환경오염, 생물자원 감소 등으로 어려움이 가중되고 있고, 해운불황과 해양산업의 경쟁 심화 등으로 새로운 국면을 맞이하고 있다. 따라서 해양수산비전은 이러한 미래 여건과 도전과제에 대응할 수 있는 기반을 제공해야 한다. 이를 위한 중장기 해양수산정책이 필요하다. 누구나 공감할 수 있는 해양수산 미래상이 제시되고, 과거 해양수산정책에 대한 평가와 현장의 목소리를 반영하여 실질적인 성과가 도출될 수 있는 새로운 정책이 발굴되어야 한다.

또한 해양수산업의 부가가치를 높일 수 있는 다양한 정책과제 개발이 필요하다. 해운산업의 위기극복, 항만의 경쟁력 제고와 국제물류시장 주도, 수산업의 첨단화 등을 통해 전통산업의 가치를 재발견하고, 첨단과학기술 기반의 해양신산업을 만들고, 해양관광문화 등과 관련된 해양 소프트산업 육성을 통해 해양수산업의 외연을 확대해나가야 한다.

건강한 해양공간 창조, 해양외교안보 및 글로벌역량 강화, 통일한반도시대 대비 등을 통해 국가발전의 토대를 제공해야 할 것이다. 나아가 유라시아, 태평양, 북극해 등을 잇는 지정학적 강점을 바탕으로 해양입국海洋立國을 실현하기 위한 적극적인 정책의지가 담겨야 한다.

더 큰 대한민국으로 도약하기 위한 글로벌 국가비전이 되어야 한다. 즉 해양수산부가 중심이 되더라도 정부 전 부처가 참여하는 종합적인 해양수산비전이 필요하다는 것이다. 해양수산부문은 어느 한 부처가 전담하기에는 어려운 특성이 있다. 또한 인구감소와 고령화시대에 대응할 수 있는 해양수산 인력양성과 고도화된 해양공간 관리기반이 구축되어야 한다.

해양대국을 위한 노력

미래 해양수산은 어느 분야보다 변화가 심하고 경쟁과 협력이 공존한다. 해양수산업의 특성상 연관기술과 산업의 발전속도에 크게 영향을 받기 때문이다. 타 산업분야 기술과 어떠한 융복합체계를 구축해나가느냐에 따라 크게 달라질 수 있다. 사물 간의 네트워크와 데이터, 그리고 극지 및 해저 등 극한여건을 극복할 수 있는 기반기술의 발달은 해양수산업을 새로운 부가가치를 가진 분야로 성장시킬 수 있을 것이다.

예상컨대 앞으로 30년은 육상부문에 비해 상대적으로 국가 간 격차가 크지 않고 전 세계가 새롭게 눈뜨고 있는 해양수산분야를 끌어갈 선도국가와 그렇지 못한 국가를 구분하는 중요한 전환기가 될 것이다. 태평양과 북극해, 그리고 유라시아 대륙을 배후로 하고 있는 우리로서는 해양수산분야를 미래의 중요한 축으로 삼는 것이 당연하다. 2045년 아시아 평화중심 창조국가의 토대를 다져가기 위해 해양수산분야에서는 다음과 같은 추진방향이 고려되어야 할 것이다.

해양수산전략, 정책 추진 기반 구축

미래비전이 실질적인 효과를 가질 수 있도록 이를 뒷받침할 수 있는 후속적인 제도적 기반을 구축해야 한다. 비전을 기반으로 법정계획인 해양수산발전기본계획의 수정계획을 마련하고, 여기에 필요한 추진, 점검, 평가체계를 만들어야 한다. 성과관리와 개선방안이 선순환을 이루도록 해야 할 것이다. 중요한 것은 협업을 통한 시너지효과 극대화다.

해양수산분야에는 외교부, 산업자원부, 국토교통부, 환경부, 미래창조과학부 등 관계부처의 공조가 필수적이다.

해양수산업의 고부가가치화 추진

현재 해양수산업의 국가기여도는 6% 수준으로 세계 평균의 50% 수준에 그치고 있다. 전통 해양수산업의 서비스기능 강화를 통해 부가가치를 높이고 신해양산업 발굴을 통해 외연을 확장해나가야 한다. 또한 해양수산분야와 타 분야의 융복합을 통해 새로운 시장을 적극적으로 발굴해나가는 노력이 필요하다.

과학기술 기반의 글로벌 해양수산업 생태계 조성

미래의 해양수산업은 과학기술 기반의 첨단산업으로 성장시켜나가야 한다. 과학기술 투자를 기반으로 대학과 연구기관, 기업과 정부를 체계적으로 연계하고, 이를 바탕으로 세계 최고수준의 '해양수산업 스타트업Startup' 환경을 조성하여 창업으로 이어지는 해양수산기업 생태계를 구축해야 한다. 글로벌 비즈니스를 위한 해외마케팅 지원체계도 필요하다.

해양수산부문의 과학기술 연구개발능력을 확충하기 위해서는 기본적으로 연구개발예산이 대폭 확충되어야 한다. 일부 국책연구기관이 독점하다시피 하고 있는 연구개발체제도 대학, 나아가 해양수산부문이 아닌 대학과 연구기관에도 문호를 개방하여 융합과 협업을 해나가야 한다.

해양수산업 안전망 구축을 위한 통합지원체계 마련

해양수산업의 구조변화, 신해양산업의 부상과 변동성 확대 등 변화로 인한 위험요인을 예측하고 대응할 수 있는 '해양산업 조기경보체계'를 마련해야 한다. 이를 통해 해양수산업의 안정적인 산업활동을 지원할 필요가 있다. 또한 국민의 안전한 해양활동을 지원할 수 있는 해역별 입체적 안전체계를 구축하여 안전사각지대가 발생되지 않도록 해야 한다.

효율적 공간 활용체계 구축

고도로 밀집된 연안지역에서 증가하고 있는 연안의 이용과 경제활동이 환경과 조화를 이룰 수 있도록 공간관리가 이루어져야 하며, 개발과 보전의 갈등을 조정할 수 있는 과학기반의 체계적인 제도의 틀이 강화되어야 한다. 또한 ICT 기반의 첨단관리시스템 구축을 통해 효율적인 연안공간 활용과 보전이 실현되도록 해야 한다.

해외시장 진출, 인력양성 기반 확대

신해양수산업 분야 발전에 필요한 국내 기반은 여전히 취약하다. 특히 해외시장 개척과 전문인력 양성은 시장에만 기대하기 어려울 것으로 예상되므로, 전담체계를 구축하여 초기에 선점효과를 가져갈 수 있도록 정책적 배려가 필요한 부분이다.

해양국민 DNA 부활

해양수산과 관련한 위축된 국민의식을 회복하고 세계적인 해양문화강국으로 도약하기 위해서는 우리 해양문화에 대한 체계적인 조사와 연구, 홍보가 필요하다. 전통 해양문화와 유산을 찾는 노력은 해양도전의식을 높이는 계기로 작용할 것이다.

연근해와 대양 해양정책의 균형

한반도 주변해역의 이용과 관리를 위한 정책뿐만 아니라, 국제협력을 통한 대양진출방안이 모색되어야 한다. 산업적인 측면과 더불어 기후변화와 해양생태계 변화와 같은 지구적 도전과제에 대해 우리의 역할을 확대해나가야 한다. 해양수산부문은 가장 국제적인 분야이다. 기후변화, 자원보전 등에서는 국제 간 긴밀한 공조가 요망되고 있고, 자원개발 부문등에서는 치열한 경쟁이 이루어지고 있다. 해양강국으로서의 입지를 다지기 위해서는 정책 간 조화가 필요하다.

6

주택전략

2008년 글로벌 금융위기를 지나면서 국내 주택시장은 가격안정기에 진입한 것으로 보인다. 정부가 각종 부동산대책을 시행하고 있지만 과거 활황기로 돌아가는 것은 현실적으로 어려운 일이라는 데 대체로 동감하는 분위기다. 그렇다면 향후 서민 주거문제 양상은 어떤 식으로 드러나고 대응전략은 어떠해야 할 것인가? 이런 배경을 토대로 이 장에서는 주택시장을 중심으로 향후 전망과 예견되는 주거문제를 도출하고 그에 대응한 주택전략과 정책방향을 제시하고자 한다.

주택시장 전망

지난 30여 년간 지속적인 주택공급을 통해 우리나라의 주거수준은 상당 수준 개선되었다. 1990년대 들어 주택의 양적 부족문제에 대응하여 대량공급이 이루어져 2000년대 이후 주택보급률은 100%를 넘어섰다. 주택의 양적 충족뿐만 아니라 질적 수준에서도 향상이 이루어졌다. 양질의 주택공급 확대에 힘입어 1인당 주거면적은 1985년 11.2m²에서 2010년 25m²까지 늘어났고, 최저주거기준 미달가구 비중도 1995년 34.4%에서 2010년 11.8%로 감소했다. 또한 공공임대주택 공급정책의 지속 추진으로 2010년 기준 139.9만 호의 재고를 보유하게 되었다.

〈표 7-8〉 주택 관련 주요지표 추이

구분	1985	1990	1995	2000	2005	2010
주택 인허가물량(만호)	22.7	75.0	61.9	43.3	46.4	38.7
주택보급률(%, 구)	63.8	63.1	86.0	96.2	105.9	112.9
주택보급률(%, 신)	–	–	–	–	98.3	101.9
1,000명당 주택수(호)	150.9	169.5	214.5	248.7	330.4	363.8
1인당 주거면적(m²)	11.2	13.9	17.2	20.2	22.8	25.0
자가점유율(%)	53.6	49.9	53.3	54.2	55.6	54.2
최저주거기준 미달가구 비중(%)	–	–	34.4	23.3	13.0	11.8
공공임대주택 재고(만호)	–	–	–	75.4	124.3	139.9

* 주택보급률(신)은 다가구주택의 구분거처수 및 1인 가구 수를 반영한 수치임
자료: 국가통계포털(www.kosis.kr); 국토교통통계누리(www.stat.molit.go.kr)

이 과정에서 주택시장은 주택의 양적 부족에 따른 수요초과를 배경으로 과열양상을 띠었다. 1990년대 후반의 외환위기시기를 제외하면 거의 대부분의 시기에서 주택가격이 상승했다. 특히 2000년대 초중반에는 1980년대 후반 및 1990년대 초반의 가격급등기에 준하는 주택매매가격의 상승이 이루어졌다. 그러나 2008년 글로벌 금융위기 이후 주택시장은 안정세에 접어든 형국이다. 일례로 2006년 주택매매

가격이 전년 대비 11.6% 상승한 반면, 2012년 -1.43%, 2013년 0.31%, 2014년 1.71%의 상승에 그쳤다.

향후 주택수요 및 주택시장의 상황은 과거와 다른 양상으로 전개될 것으로 예상된다. 무엇보다 경제의 저성장이 소비부진을 야기하여 주택시장의 안정세를 유지시키는 배경이 될 것이다. 통계청의 장래인구추계에 따르면 2030년경 총인구가 줄어들고, 2016~2017년경에는 생산연령인구(14~65세 미만)가 감소할 것으로 예상된다. 최근 산업연구원(2015)은 이와 같은 인구전망을 기초로 한국경제는 2010년대 후반에 2%대, 2020~2040년은 1%대의 경제성장에 그칠 것으로 내다봤다. 이러한 경제성장의 둔화는 내수침체를 가져올 가능성이 높은데, 여기에 최근 문제가 되고 있는 가계부채의 증가추세는 주택시장의 소비부진을 더욱 심화시킬 것이다.

이상의 전망은 정부의 주택종합계획(2013~2022년)에서도 유사하게 드러나고 있다. 국토교통부는 가구수, 소득, 주택멸실[7] 등을 고려한 장래 주택수요에 대한 공급계획으로 2013~2022년간 연평균 39만 호가 필요한 것으로 추정했다. 과거 1990년대에는 52만 호, 2000~2012년에는 49만 호를 공급계획으로 설정했음을 고려하면 많이 줄어든 양이다. 더욱이 최근 민간연구기관인 주택산업연구원(2015)에서는 2015년 34.5만 호에서 2022년 29.5만 호까지 수요가 줄어들 것으로 추산함으로써 정부안보다 수요가 더 위축될 것으로 내다봤다. 인구학적 변화나 경제적 요인과 더불어 주택의 양적 안정세가 지속되고 있는 현 상황에서는 과거와 같은 대량의 신규 주택수요가 형성되기 어렵다는 판단이다.

앞으로의 주택시장 및 주택수요에 대한 전망이 이와 같다면, 과거 공급 위주의 정책은 더이상 의미를 갖기 어려울 것이다. 주택시장의 안정세를 배경으로 나타나고 있는 새로운 문제들을 보다 구체적으로 파악할 필요가 있으며, 이에 근거하여 대량공급 이후의 시대에 부합하는 정책방향과 정책수단을 강구하는 노력이 이루어져야 할 것이다.

예견되는 주거문제

주택시장 및 주택수요의 성격 변화를 바탕으로 현재 나타나고 있거나 향후 예견되는 문제들을 정리하면 다음과 같이 크게 네 가지를 들 수 있다.

첫째, 전세가격의 지속상승 및 전세의 월세 전환 등으로 임차가구의 임대료 부담이 증가할 것이다. 저금리 및 주택시장의 안정화로 인해 임대인들이 전세보다 월세를 선호하는 경향이 점차 강해지고 있으며, 이는 전세주택 공급 부족과 월세 거래량 증가로 이어지고 있다. 그 영향으로 전세가격은 2009년 3월부터 2015년 3월까지 약 38.1% 증가했으며, 월세 거래량이 전월세 거래에서 차지하는 비중도 2011년 5월 33%에서 2014년 12월 40.2%까지 꾸준히 증가하고 있다. 이러한 현상이 지속되면 전세주택은 고액 보증금 위주로만 남고 상당수의 임대주택은 월세로 운영될 것이다. 이로 인해 임대료에 대한 가구부담은 더욱 늘어날 것이다. 특히 임대료 부담증가는 소득이 낮은 가구일수록 소비를 제약하는 요인이 될 것이다.

둘째, 그동안 저소득층의 주거안정을 위해 정부가 주도해왔던 공공임대주택 공급은 위축될 가능성이 있다. 중앙정부는 주로 공기업인 한국토지주택공사를 통해 공공임대주택의 대량공급을 추진해왔다. 소득적인 지자체보다는 공기업을 활용하는 것이 공급목표를 달성하는 데 효과적이라고 판단했기 때문이다. 그 결과 공공임대주택의 대량공급 이 가능해져 공공임대주택 재고는 2013년 기준 112.5만 호(전체 주택 재고의 5.9%)까지 늘었다. 그러나 주택시장 안정세에 따른 토지주택공 사의 재무구조 악화, 복지재정 소요의 증가에 의한 주택예산 확보의 어려움, 수도권 택지개발사업 축소에 따른 대량공급 감소 등으로 공공 임대주택 공급이 과거만큼 활발히 이루어지기는 어려운 상황이다. 이 미 공공임대주택(사회주택) 재고율이 10%를 상회하는 서유럽국가 등 과 비교할 때, 우리나라의 공공임대주택 재고가 충분한 수준이라고 볼 수 없다. 그러나 현재와 같은 저성장 상황에서는 공급주체의 역량 약화와 결부되어 공공임대주택 재고의 비약적인 증가를 기대하는 데 는 한계가 있다.

셋째, 자력으로 주택을 확보하기 어려운 주거취약계층이 늘어날 수 있다. 이는 자칫 청년세대와 부모세대 간의 갈등으로 확산될 수 있다. 무엇보다 가계부채 증가, 소득양극화, 전세의 월세 전환 증가 등은 저 소득층의 소비여력을 약화시키는 원인으로 작용할 것이다. 이런 상황 에서 질병, 사고, 가정해체 등의 요인이 영향을 미치면 주거수준의 급 격한 하향으로 이어지기 쉽다. 한편, 청년층은 저성장에 따른 일자리 감소, 고용불안 등으로 주거에 취약한 집단이 될 것이다. 반면 주로 은 퇴자들이 주축을 이루는 다주택 보유자들은 저금리, 저성장하에서 생활안정을 위해 일정 수준 이상의 월세소득을 필요로 하게 되는데, 이로 인해 안정적인 주거확보를 필요로 하는 청년세대와의 갈등이 발 생할 수 있다. 이처럼 주거를 둘러싼 소득계층 간, 세대 간 갈등구조가 얽히면서 주거문제는 사회통합을 저해하는 요인이 될 것이다.

넷째, 주택수요의 감소, 소비위축 등은 사회 전반적으로 개발수요를 감소시킬 것이다. 재개발 등 주거지 정비사업은 사업성이 높고 리스크가 적은 특정 지역에 국한될 것이며, 그외의 주거지역은 노후화가 지속되어 주거환경이 악화될 가능성이 높다. 주택구매력이 있는 가구들은 쇠퇴하는 주거지역을 떠나고 저소득층들이 다시 빈자리를 채우면서 노후 주거지역은 취약계층 밀집지역으로 변모할 것이다. 이러한 일련의 과정이 현실화되면 주거수준, 주거환경 등의 측면에서 공간적 분리가 발생함으로써 주거양극화를 심화시킬 수 있다.

마지막으로 노후 재고주택의 가치 저하가 나타날 경우, 해당 자산을 이주나 자금조달을 위한 수단으로서 활용하는 데 제약이 발생할 것이다. 주택시장의 안정화가 지속되면, 제한된 주택수요는 주로 신축주택 위주로 집중될 가능성이 높다. 이 경우 재고주택의 거래가 부진하게 되고 그 영향으로 가격 정체 또는 하락이 나타날 수 있다. 재고주택의 가치 저하가 발생하면 은퇴자, 노인 등은 보유주택을 자산으로 활용하기 곤란해질 것이며, 복지제도가 불충분한 상황에서 안정적인 노후생활에 어려움을 겪을 수 있다.

이상의 문제들과 관련하여 지향해야 할 목표를 정리하면 다음과 같다. 우선, 전세의 월세 전환 확대는 민간임대주택 거주자들의 주거비 부담 증가를 의미한다. 따라서 임대료 부담을 적정 수준으로 유지하는 것을 정책목표로 설정해야 한다. 그리고 공공임대주택 공급의 위축을 전제한다면 공공임대주택과 같은 저렴주택affordable housing 재고를 어떻게 확충시킬 것인지에 대한 근본 고민이 필요하다. 공공임대주택의 공급체계를 혁신하고 다양한 사회적 자원을 활용하는 등 저렴주택 재고를 확충하는 정책방안이 나와야 한다.

둘째, 주거문제를 매개로 소득계층, 세대 간 갈등이 발생하지 않도록 해야 한다. 이는 공공임대주택 등 저렴주택의 재고 확충과도 관계가 있다. 나아가 다양한 주거지원수단 체계화 등 종합적인 대응이 필요하다.

셋째, 지역의 쇠퇴를 야기하는 주거지 공간 분리를 방지해야 한다. 이를 통해 다양한 계층이 어울려 거주할 수 있는 지역사회 형성을 유도해야 한다.

넷째, 복지제도가 충분하지 않은 상황에서 주택은 노후생활에 있어서 사적인 복지재원이다. 재고주택의 시장가치를 향상시켜 자산으로서의 활용도를 높여나갈 수 있는 방안이 강구되어야 한다.

주거안정을 위한 미래전략

주택의 미래전망과 문제점, 목표들을 검토해보았다. 저성장으로 주택시장 안정이 예상되는 상황에서 '소득계층-세대-주택-공간(지역)' 등 여러 층위에 걸쳐 새로운 문제들이 등장할 것으로 예견되었다. 이들 문제는 서로 복잡하게 얽히면서 저소득층의 주거불안으로 이어질 가능성이 높았다. 주택정책 차원에서 변화된 상황에 부합하는 새로운 대응전략 마련이 중요하다.

이후 논의하게 될 대응전략의 기조는 '주택(매매)시장 안정기에 적합한 주택정책의 재구조화restructuring를 통해 서민 주거안정을 지원'하는 것으로 설정한다. 주택정책의 재구조화는 단편적인 정책수단 변화를 넘어 주체 및 권한, 정책영역, 정책대상 등과 관련한 종합적인 정책체계의 변화를 의미한다. 서민 주거문제와 관련하여 새롭게 형성되는 국면에 효과적으로 대응하는 데 초점을 맞춰야 할 것이다.

652

주택전략은 크게 네 가지로 구분하여 제시할 수 있다. 첫째, 주택정책의 분권화decentralization 전략이다. 그동안 중앙정부 주도로 수립, 시행해온 주택정책을 지자체 중심의 상향식으로 전환하고, 저렴주택의 공급주체를 다원화하는 것이 분권화 전략의 주요내용이다. 주택재고의 양적 안정세로 인해 택지개발을 통한 대량공급의 필요성이나 가능성이 크게 감소하는 상황에서 지역별 수요에 민감하게 반응할 수 있는 주체는 지자체일 수밖에 없다. 또한 공공임대주택과 같은 저렴주택의 공급을 중앙공기업뿐만 아니라 다양한 민간(비영리)조직도 담당하게 해야 한다. 이를 통해 사회 전체적으로 공급역량을 향상시키는 것이 필요하다. 분권화전략이 적극 고려되어야 한다.

둘째, 소득계층과 세대를 아우르는 통합형 주거지원전략이다. 기존의 주택정책이 주로 소득계층별 정책이었다면, 향후 주택정책은 소득계층과 더불어 세대별 주거소요[8]를 감안해야 할 것이다. 특히 고용불안으로 주거불안상태에 놓일 가능성이 높은 청년층은 그동안 주거지원대상에서 크게 고려되지 못했다. 청년층 대상정책을 체계화하여 세대 간 주거지원의 형평성을 기하려는 노력이 필요하다. 물론 임대사업자인 기성세대의 이해관계와 상충하거나 일반 저소득가구와의 정책수혜 경쟁이 발생하지 않도록 주의해야 한다.

셋째, 지역사회 기반 주거지원전략이다. 그동안의 주거지원은 주거소요가 있는 가구에 주택을 제공하는 '점點'적인 접근이었다. 이제는 공간을 고려한 '면面'적인 접근으로 확장해야 한다. 저성장을 배경으로 개발수요가 제한되면서 쇠퇴 주거지의 고착화가 예상된다. 이러한 상황에서는 지역 전반의 주거환경 수준을 개선하여 다양한 계층이 함께 거주할 수 있는 조건을 만들어야 한다. 이를 위해서는 주거지원을 주축으로 도시재생사업, 고용 및 복지서비스 등이 연계된 복합적 지원이 필요하다.

마지막으로 신규공급 위주의 정책에서 탈피하여 주택재고의 유지·관리를 강화하는 전략을 취할 필요가 있다. 주택시장 안정기에는 주거이동이 활발하지 않을 것으로 예상된다. 이렇게 되면 앞에서 언급한 재고주택의 가치 제고를 포함하여 현재 주민이 거주하고 있는 주택의 품질 수준을 향상시키는 것이 정책적으로 우선될 수밖에 없을 것이다.

이상 네 가지의 주택전략은 상호긴밀히 연계될 수 있는 것들이다. 그럼에도 각 전략이 도출하게 된 맥락이나 배경이 다소 상이하므로 그에 맞춰 각 전략을 구분하여 언급하였다. 주택정책의 네 가지 전략을 기존 정책 및 관련 주거문제와 연관해 정리하면 다음 표와 같다.

〈표 7-9〉 주택전략 개요

구분	과거	미래	
		주거문제	전략
주체 권한	중앙정부 주도 정책수립 및 시행	임대료 부담증가, 공공임대주택의 공급역량 위축	주택정책의 분권화 −지자체 중심의 상향식 −저렴주택 공급주체 다원화
정책 대상	소득계층별 정책	청년층의 주거불안 가중	소득계층과 세대를 아우르는 통합적 주거지원
접근 방법	신규주택공급 중심	재고주택의가치 저하	주택재고의 유지·관리 강화
	방법개별 가구 주택공급(점(點)적 접근)	주거수준의 공간적 불균형	쇠퇴주거지 주거수준 및 주거환경 개선(면(面)적 접근) −주거지원을 축으로 도시재생, 복지지원 등과 연계

주택의 대량공급시기를 지나 주택재고의 안정세에 접어든 국가들의

경험을 볼 때, 위에서 제시한 주택전략은 전혀 새로운 것이 아니다. 일례로 2000년대 이후 주택정책의 변화가 진행된 일본의 사례를 살펴보면 다음과 같다.

일본은 제2차 세계대전 이후, 수차례에 걸쳐 주택 관련 법률[9]을 제정하여 중앙정부에 의한 주택의 대량공급이 추진했다. 그 결과 1973년 모든 지자체의 주택보급률이 100%를 넘어섰다. 그러나 버블경제가 붕괴된 이후 1990년대부터 시작된 저성장의 지속, 저출산고령화의 심화, 주택재고의 양적 안정 등을 배경으로 일본의 주택정책은 구조적인 변화를 겪게 된다. 우선 2000년대 중반 들어서 주택의 대량공급을 뒷받침했던 법률은 공공임대주택 공급과 관련된 〈공영주택법〉만 유지한 채 모두 폐지되거나 전환되었다. 특히 〈주택건설계획법〉은 2006년 〈주생활기본법〉으로 전면 수정되었는데, 이를 통해 주택의 신규공급보다는 주택재고의 성능 및 품질 향상 등 질적 수준을 높이는 방향으로 정책이 전환되었다. 또한 2005년에는 통합보조금의 일종인 지역주택교부금을 도입하여 정책수단 활용에 대한 지자체의 재량을 보장하였고, 1993년부터 특정우량임대주택 제도(2007년 지역우량임대주택으로 변경) 신설을 통해 민간부문의 자원 및 역량을 활용한 저렴주택 공급 방식을 새로이 도입하였다. 더불어 2012년에는 '재고주택 리폼 종합계획' 발표를 통해 재고주택의 관리와 투자 촉진을 유도하기 위한 다양한 대책을 제시하기도 했다. 이러한 일련의 변화를 보면, 대체로 지자체의 역할 강조, 주택재고 중시, 민간부문의 활용으로 수렴한다고 볼 수 있다.

주택전략의 정책추진방안과 그 효과

주택정책 분권화는 향후 가중될 수 있는 임대료 부담, 공공임대주택 공급역량 약화에 대응하는 대안이 될 수 있다. 또한 청년층을 위한 주거지원정책은 청년층 주거문제 해결에 기여할 것이다. 한편 재고주택 유지·관리정책은 재고주택의 가치 하락을 방지하여 은퇴자들의 노후생활 안정에 도움이 될 것이다. 마지막으로 쇠퇴 주거지 개선 노력은 주거수준의 공간적 불균형을 완화하고 다양한 계층이 함께 거주할 수 있는 환경을 마련할 것이다.

주택정책의 분권화

우선, 지자체의 역할이 확대되어야 한다. 과거와 같이 중앙정부가 주택수급계획을 수립하여 지자체에 통보하는 방식을 지양할 필요가 있다. 중앙정부는 국가 전체의 개괄적인 정책방향과 목표를 제시하고 지자체가 지역 내 수요파악을 토대로 수립한 주택공급계획에 의거하여 재원을 배분하는 역할을 담당하는 상향식 정책결정방식이 확립돼야 할 것이다.

또한 저렴주택의 공급주체가 다원화되어야 한다. 공공임대주택 정책을 사회주택 정책으로 확대하는 것을 전제로 민간비영리 임대사업자의 발굴 또는 육성을 추진할 필요가 있다. 더불어 민간임대부문에 대해서는 주택도시기금과 같은 공적자금의 지원을 조건으로 정책대상 계층을 입주시키는 등의 정책적 활용방안이 체계적으로 마련되어야 할 것이다.

소득계층과 세대를 아우르는 통합적 주거지원

기본적으로 공공임대주택, 주거급여, 주택개량, 민간임대부문 활용 등 여러 정책수단들의 지원대상, 지원규모 등을 재점검하여 촘촘한 주거안전망을 구축하는 것이 중요하다. 이를 통해 주거수준 하향이동의 결과로 비주택 또는 거리에서 생활하는 경우가 없도록 해야 한다. 비주택가구에 대해서는 주거안전망을 통해 적절한 주택 확보가 가능하도록 해야 한다.

이와 함께 청년층에 대해서는 별도의 지원정책을 마련해야 한다. 현세대의 주택가치 유지를 위한 정부의 지나친 시장개입은 자제할 필요가 있다. 청년층의 범위는 현재 대학생, 신혼부부, 사회초년생 정도로 정하고 있으나 사각지대가 발생하지 않도록 재검토가 필요하다. 또한 1인 청년가구의 주거소요를 감안하여 기숙사 등 준주택을 공공임대주택의 하위유형에 포함시키는 것도 적극 고려해야한다.

주택재고의 유지·관리 강화

주택재고의 유지·관리에 대한 지원뿐만 아니라 주택시장에서 재고주택의 유통이 활발하게 이루어지도록, 재고주택의 가치 유지를 위한 정책이 필요하다. 이런 점에서 주택개량 및 재고주택 유통 활성화를 위한 기술개발, 자금지원, 인력양성, 분쟁해결 등의 종합대책이 필요하다. 현재 정부가 운용하는 장기주택종합계획에 이 대책들을 추가하거나 별도의 재고주택관리계획(가칭)을 운용하는 방안도 생각해볼 수 있다.

쇠퇴 주거지의 주거수준 개선

지하방, 옥탑방, 최저 주거기준 미달 주택, 비주택 등을 행정적, 재정적으로 지원하는 정책이 필요하다. 빈집 활용, 매입 임대 등 소규모 공공임대주택 공급, 임대료 지원, 주택개량, 복지서비스 및 일자리 연계 등 각종 지원이 해당 대상에 집중되도록 해야 한다. 이들 대상의 주거환경을 개선하고 거주가구의 사회경제적 지위를 향상시킬 수 있도록 해야 할 것이다. 필요하다면 해당 지역을 주거복지지구(가칭) 등으로 지정하여 해당 지구에 대한 지원을 제도화하는 방안도 검토해 볼 수 있다.

집값의 안정이 아니라 주거의 안정

이 장에서는 주택시장의 안정화를 전망하면서, 서민 주거안정에 적합한 주택전략을 모색하는 데 초점을 맞췄다. 주택시장이 안정화된다고 해서 주거문제가 줄어들거나 사라지는 것은 아니며, 오히려 가구, 세대, 주택, 공간 등 여러 층위에 걸쳐 복잡하게 나타날 것으로 전망하였다. 그에 따라 주택정책의 분권화, 소득계층과 세대를 아우르는 통합적 주거지원, 주택재고의 유지·관리 강화, 쇠퇴 주거지의 주거수준 개선을 주요 주택전략으로 제시하였다. 물론 이외에도 다양한 주택전략과 정책이 도출될 수 있을 것이다. 이러한 노력이 더욱 풍부해질수록 주택시장 안정기의 서민 주거안정을 위한 주택전략은 더욱 구체화될 것이다.

다시 길을 나섭니다

'아시아 평화중심 창조국가'를 만들기 위해 또다시 준비하고자 합니다. 완벽하다고 생각하지 않습니다. 국가의 미래전략은 정적인 것이 아니라 동적인 것이라 생각합니다. 시대와 환경 변화에 따라 전략도 변해야 합니다. 현재를 바탕으로 미래를 바라보며 더욱 정제하고 분야를 확대하는 작업을 시작할 것입니다. 오늘의 경험을 바탕으로 내년에는 더욱 완성도 높은 전략보고서를 선보일 수 있을 것이라 믿습니다.

함께한 모든 분들이 우국충정憂國衷情의 마음으로 국가를 바라보고 국민을 향하는 국가미래전략 보고서의 필요성을 인정하고 격려해주셨습니다. 이러한 지지와 성원이 있기에 문술리포트는 해를 거듭해가며 '아시아 평화중심 창조국가'를 향한 나침반으로 발전할 것이라 생각합니다. 문술리포트가 발전해가는 만큼, 대한민국의 미래도 함께 발전해갈 것이라 확신합니다. 국가의 목적은 국민의 행복입니다. 문술리포트의 목적도 국민의 행복입니다. 오늘 시작은 미미하지만 끝은 창대할 것입니다.

함께 해주신 모든 분들께 진심 어린 감사와 고마움의 마음, 고개 숙여 전합니다. 감사합니다.

기획위원 일동

- 2014년 1월 10일: 정문술 전 KAIST 이사장 미래전략대학원 발전기금 215억 원 출연. 미래전략분야 인력 양성, 국가미래전략 연구 요청.
- 2014년 3월 초순: KAIST 미래전략대학원 교수회의, 국가미래전략 보고서(문술리포트) 발행 결정.
- 2014년 4월 1일: 문술리포트 전담인력으로 김진향 연구교수 임용, 기획위원회 구성.
- 2014년 4월 20일: 연구방향 결정 및 분야별 자문위원과 원고 집필자 위촉, 분야별 토론과 원고 집필 시작.
- 2014년 8월 10일: 원고 초안 수집 및 초고 검토 시작. 각 분야별로 전문가 3~5인이 원고 수정에 참여(총 100여 명).
- 2014년 10월 7일: 1차 종합 초안 바탕으로 공청회 개최(서울 프레스센터).
- 2014년 10월 23일: 국회 최고위 미래전략과정 검토의견 수렴.
- 2014년 11월 21일: 『대한민국 국가미래전략 2015』(문술리포트 2015) 출판.
- 2014년 12월 1일: 제1회 한국미래전략 학술대회에서 문술리포트 2015 설명회 개최(서울 코엑스).
- 2014년 12월 11일: 국회 최고위 미래전략과정에서 문술리포트 2015 출판보고회 개최.
- 2015년 1~2월: 기획편집위원회 워크샵, 미래사회 전망 및 국가미래비전 설정을 위한 내부토론회(2회).

- 2015년 1~12월: 국가미래전략 정기토론회(서울 광화문 KT빌딩) 매주 (금) 개최(10월말 현재 총 38회), 12월까지 연중 개최.

- 2015년 4월 24일: 새누리당, KAIST 공동주최 〈대한민국 미래전략 토론회〉 개최(국회의원회관).

- 2015년 9~12월: 광복70년 기념 〈미래세대 열린광장 2045〉 전국투어 6회 개최.

- 2015년 10월 12일: 『대한민국 국가미래전략 2016』(문술리포트 2016) 출판.

- 2015년 10~11월: 광복70년 기념 〈국가미래전략 종합학술대회〉 4주간 개최(10.13~11.3, 매주(화)/프레스센터).

- 2015년 12월 15일: 세계경제포럼, KAIST, 전경련 공동주최 〈WEF 대한민국 국가미래전략 워크숍〉 개최.

1장

1 미래사회 변화의 주요동인으로 평가되는 7대 영역별 분류로 KAIST 미래전략대학원이 독자적으로 개발한 분류다.

2 1989년 노태우정부가 대한민국 공식통일방안으로 발표한 '한민족공동체 통일방안'을 김영삼정부가 일부 수정하여 '민족공동체 통일방안'으로 발표하였다. 남북이 상호존중의 정신에 기반하여 '자주, 평화, 민주'의 원칙에 입각하여 '화해협력-남북연합-완전통일' 3단계로 통일하자는 것이다. 현재 대한민국의 공식통일방안이다.

3 대한민국의 헌법가치에도 국가목표로써 국민주권-민주, 법치, 통일-평화, 인간존엄, 인권-안전보장, 행복추구, 평등, 자유 등을 명시하고 있다.

4 피터 드러커는 『21C 지식경영』(1999)을 통해 "이미 시작된 미래사회에는 준비하고 도전하는 자만이 살아남는다"며 미래를 적극적으로 준비하고, 주도할 것을 주문한다.

5 보고서는 OECD 미래전망보고서 등 국내외 문헌정보와 국가정책연구포털사이트 등 다양한 데이터를 기초로 28개 분석대상 이슈를 선정하고 미래사회에 영향을 미칠 미래핵심기술 15개를 선정하였다. 보고서에는 관련 전문가 및 미래세대 대학생 등 총 1,477명이 참여하였다.

6 김진현 전 과학기술부장관은 이들 사회병리, 국가공동화, 비정상의 극단현상들이 동시다발적으로 급속히 진행되는 것을 퍼펙트 스톰(Perfect Storm)에 비유한다.

7 국가경제, 사회적 부패의 총체적 구조가 세월호사태의 본질이며, 그 과정에 관피아, 정치피아, 법피아의 한국적 병리 그리고 세월호 처리를 둘러싼 정치 실패의 대한민국 현주소를 뱃속에서 민낯까지 속속들이 보여주었다. 김진현 전 과학기술부장관 인터뷰(2014.9.12).

8 박근혜 대통령도 2014년 5.19국민담화를 통해 세월호 이전과 이후로 나누고 새로운 나라를 만들겠다고 했다.

9 김진현 전 장관은 근대화 과정을 거친 다른 여러 선진국들이나 제3세계 후진국에서도 발견할 수 없는 한국만의 독특하고 예외적인 현상과 구조가 진행되고 있다고 주장한다.

10 2013년 흥사단 투명사회운동본부가 전국 초중고생 대상 실시 여론조사에서 고교생 47%, 중학생 33%, 초등생 16%가 '10억원이 생긴다면 1년간 감옥에 들어가도 괜찮다'고 답했고, '이웃의 어려움과 관계없이 나만 잘살면 된다'에 고교생 36%, 중학생 27%, 초등생 19%가 그렇다고 응답했다. 돈이면 무엇이든 다 된다는, 어른들의 부패가 아이들의 의식까지 병들게 하는 무서운 결과를 초래하고 있다.

11 2013년 국제투명성기구 발표 부패지수에서 대한민국은 177개국 중 46위, OECD 34개국 중 27위로 거의 최하위 수준이다. 특히 공직사회에 대한 국민불신이 매우 높게 나타났다. 참고로 부패지수는 계속 심화되는 경향이다. 2010년 39위, 2011년 43위, 2012년 45위, 2013년 46위.

12 김진현 전 장관은 새로운 사회적 패러다임, 신문명 모색의 혼돈 속에서 국가미래 전략을 구성하는 핵심 키워드로 안전(생존), 평화(정의, 통일, 융합), 창조(새문명, 새패러다임, 새질서)를 제기한다.

13 '아시아 평화중심 창조국가'의 미래비전은 여러 많은 전문가들의 토론과 자문을 거쳐 완성되었다. 현재의 국가위기와 미래사회 변화 경향성에 대한 공유를 바탕으로 향후 30년 후를 내다보는 미래적 관점에서 가장 필요한 국가적 가치들을 수렴하는 과정에서 나온 개념이 '아시아' '중심' '평화' '창조'의 개념들이다. '중심'은 네트워크와 허브(Hub)의 개념을 포괄하고 '평화'는 분단극복, 평화의 제도화라는 실질적 통일상황을 함의하며, '창조'는 미래 과학기술, 정치, 경제, 사회문화적으로 가장 중요하게 추구되어지는 가치개념으로 모아졌다. 이외에 많이 제기된 개념은 '신뢰' '행복' '창의' '정신문화' '지속가능' '선진' '번영' 등의 개념들이다.

14 김진현 전 장관은 아시아권과 다르게 중국과 인도를 합쳐 히말라야권(Himalaya Zone)의 부상을 제기한다. 이 지역은 세계 8대강의 발원지며 세계인구의 47% (2045년경엔 50% 초과)가 살고 있다. 이 지역의 미래경제, 생명자원, 환경, 도시와 사회변화, 지정학적 분규들이 21세기 지구촌 생존의 안전과 평화의 핵심이고 인류 문제군의 진앙지가 될 것이라고 주장한다.

15 지난 시기 한반도의 분단이 국제적 수치와 오욕의 역사였다면 한반도평화의 미래는 세계를 향한 한민족의 긍지와 자부심이 될 것이다.

16 주도적 위치에서 지도하고, 리드해갈 수 있는 권리의 의미로써 분단극복과 평화라는 한반도문제에서 대한민국의 주도성을 관철하자는 의미다.

17 미래 국제정치질서는 일국 혹은 양극 중심의 패권주의 질서가 아니다. 글로벌화의 진전에 따라 가치 중심의 다극적 질서가 자리잡을 것이다. 남북평화의 가치가 패권적 질서를 희석시킬 것이다. 나아가 남북평화의 제도화 과정은 지역의 국제정치 무대에서 남과 북의 능동적 역할을 크게 요구할 것이다.

18 이민화, 『KAIST, 미래를 여는 명강의 2014』, 푸른지식, 2013, p92~98.

19 창조경제를 가능케 하는 미래산업의 토대 변화로 '메타기술의 등장' '오픈 이노베

이션 '혁신을 시장으로 전파하는 고속도로의 등장'이 제기된다.

20 긴장과 대립이 유지되는 소극적 평화로부터 전쟁의 위험이 구조적, 제도적으로 사라지는 적극적 평화(실질적 통일상황)까지 개념이 다양하나 적극적 평화를 지향해가는 구조로 이해할 수 있다.

3장

1 뉴욕타임즈 등에서 일한 미국 기자인 A. J. 리블링(1904-1963)이 한 말.

2 Howard, Philip N. (2014), Pax Technica: How the Internet of Things May Set Us Free or Lock Us Up, Yale University Press.

3 http://www.theguardian.com/technology/2014/sep/12/artificial-intelligence-data-journalism-media

4 http://www.huffingtonpost.com/2015/01/30/robot-journalism-ap-automated-insights_n_6579210.html

5 http://www.facebook.com/kbaseballbot

6 Dalen, Arjen van, "The Algorithms behind the Headlines. How machine-written news redefines the core skills of human journalists", Jorunalism Preatice, vol. 6. 2012.

7 통계청의 경제활동인구조사에 의하면 2004년~2014년 사이에 서비스업 고용은 1,472.4만명에서 1,800.9만명으로 328.5만명이 증가했으나 제조업에서는 417.7만명에서 433만명으로 15.3만명 정도가 늘어서 서비스업 중심으로 일자리가 증가함을 알 수 있다.

8 2015년 현재 기대수명 84세인데 태어나서 대학을 졸업할 때까지 부모에 의한 양육과 교육기간, 첫 직장을 구하는 27세~55세까지 28년간의 고용기간, 56세~84세에 이르는 퇴직 후 사망까지 28년의 고령생활로 되어 있어 한 사람의 일생에 1/3 정도만 일을 하는 구조로 되어 있다.

9 건강보험료를 부담하기 어려운 저소득층을 대상으로 하는 공적부조제도.

10 NHS Lothian. "Our Health, Our Care, Our Future", NHS Lothian Strategic Plan 2014~2024. 2014.

11 World Economic Forum: Sustainable Health Systems Visions, Strategies, Critical Uncertainties and Scenarios. 2013

12 '에스놀로그', http://www.ethnologue.com, 2014.

13 '칼리지보드', http://www.collegeboard.com, 2014.

14 '인터넷세계통계', http://www.internetworldstats.com, 2012.

15 최호철, 「2014년 국어정책 통계조사」, 국립국어원

16 예를 들어, Ascher, 2009; Binder, 2006; Boston et al., 2014; Boston and Lempp, 2011; Dewar, 2006; Dobson, 1996; Ekeli, 2005, 2009; Elster and Slagstad, 1988; Fuerth, 2012; Gill et al., 2011; Gonzalez-Ricoy and Gosseries, forthcoming; Goodin, 2007; Helm, 2014; House of Commons

Public Administration Select Committee, 2007; Jackson, 2009; James, 2013; Kay, 2012; Lempert et al., 2003; McLeod, 2013; Natural Capital Committee, 2013, 2014; O'Donnell et al., 2014; Oxford Martin Commission, 2013; Rejeski, 2003; Porritt, 2009; Thompson, 2005, 2010; Van Parijs, 1998; United Nations, 2013; Vestergaard and Wade, 2012; Ward, 2011; Welsh Government, 2014; Whitby et al., 2014; World Future Council, 2012, 2014. 등이 존재.

4장

1   기존의 높은 전송 파워와 넓은 커버리지를 갖는 매크로셀(Macro Cell)과 달리 낮은 전송파워와 좁은 커버리지를 갖는 소형 기지국.
2   일상에서 버려지거나 소모되는 에너지들을 모아 전력으로 재활용하는 기술.
3   인터넷상의 유틸리티 데이터 서버에 프로그램을 두고 필요할 때마다 컴퓨터나 휴대폰 등에 불러와서 사용하는 웹 기반 소프트웨어 및 그 서비스.
4   원자/분자 정도의 작은 크기 단위에서 물질을 합성하고, 조립, 제어하며 혹은 그 성질을 측정, 규명하는 기술.
5   기존의 전력망에 정보기술(IT)을 접목하여 전력 공급자와 소비자가 양방향으로 실시간 정보를 교환함으로써 에너지효율을 최적화하는 차세대 지능형 전력망.
6   인간의 선천적 능력을 증폭하거나, 손상되거나 상실된 기능을 대체하는 기술로 임플란트와 보철에서 전동 제어 외골격에 이르는 광범위한 기술을 포괄함.
7   www.fiveipoffices.org/about.html
8   특허덤불(patent thicket)이란 한 기업이 신기술을 사업화하기 위해 침해문제를 해결해야 하는 수많은 타인 소유의 특허권 더미를 비유적으로 표현하는 용어이다. 특히 이러한 권리들이 다수의 특허권자들에게 흩어져 있는 경우 막대한 시간과 비용이 소모된다.
9   선진국들도 미래국토 연구를 수행하고 있다. 일본의 국토그랜드 디자인 2050(2014, 국토교통성), 유럽연합의 유럽 미래시나리오 2050(2007, ESPON), 미국의 America 2050(2005, 미국2050국가위원회), 프랑스의 Territories 2040(2010, DATAR) 등이 그것이다.

5장

1   합계출산율은 여성 한명이 15~49세의 가임기간 동안 평균 몇 명의 자녀를 낳는 가를 나타내는 지표이다. 인구대체율(Population Replacement Rate)은 한 나라의 인구가 장기간 일정 수준을 유지하는 데 필요한 합계출산율 2.1을 의미한다.
2   국회예산정책처의 2012년도 보고서에 따르면 인구구조변화로 인한 재정위기 증가의 위험이 매우 높은 상태인 것으로 나타나고 있다. 동 보고서는 우리나라의

국가채무는 2012년 GDP 대비 34.2%에서 지속적으로 증가하여 2060년 218.6%로 확대될 것으로 전망하고 있다.

3 국내체류 외국인 증가로 인해 한국사회는 이미 외국인 범죄 증가, 외국인에 대한 제노포비아 등 심각한 문제를 노출하고 있다.

4 Ian Sample, "World Faces 'Perfect Storm' of Problems by 2030, Chief Scientist to Warn," Guardian(London), 18 March 2009; John Beddington, speech to the GovNet Sustainable Development UK Conference.

5 아태지역은 1인당 생태용량(1헥타르)이 세계 평균치(1.8)보다 훨씬 적다. 이산화탄소 배출은 2006년 기준 세계 총 배출량의 30%에서 2030년에는 43%로 증가될 것이다.

6 기후변화의 영향과 전망에 대해서는 WEF(World Economic Forum, 다보스 포럼)의 『글로벌 리스크 보고서 2015』(Global Risks 2015 Report), IPCC 『제5차 기후변화 평가보고서』(IPCC, 2014), 『대한민국 평가보고서 2014』(환경부 기상청, 2015) 등의 자료를 인용했다. 온실가스 배출현황과 대응정책에 대해서는 주로 환경부와 온실가스 통계 총괄기관인 온실가스종합정보센터 자료를 참고했다.

7 The 5th Assessment Report on Climate Change: Climate Change 2014: Impacts, Adaptation and Vulnerability), 이 보고서는 기후변화 과학(WG1), 기후변화 영향·취약성·적응(WG2), 기후변화 완화(WG3), 종합보고서(Synthesis Report)로 구성됐다. : 환경부, '기후변화, 지금부터 30년간의 온실가스 배출량이 결정한다', 정책브리핑, 2014.

8 RCP(Representative Concentration Pathways)는 2100년 이산화탄소 농도가 940ppm인 최악의 경로다.

9 IPCC 제4차 기후변화 평가보고서 발간 이후 한국은 1차 『한국 기후변화 평가보고서』를 발간하고, 2015년 1월 2차 보고서를 냈다.

10 폭염에 의한 서울 지역의 사망자 예측의 경우, 현재 대비(2001~2010년) 향후 (2036~2040년) 인구 10만 명당 0.7명에서 1.5명으로 2배 이상 증가할 것으로 예측된다. 부산 해운대구 지역의 경우 해수면 1m 상승시의 경제적 손실은 3,963억 원으로 추정된다.

11 1999년 본에서 열린 기후변화당사국총회 이후 한국은 'common but differentiated'의 원칙 아래 국제사회의 기후변화 대응 노력에 적극 참여하겠다고 처음으로 밝혔다. 그러나 기후변화 협상에서 한국은 선진국과 개도국 사이에 끼어 어디에도 소속감이 약한 어정쩡한 위치에 머물 수밖에 없었다.

12 외교부는 이에 대해 "한국은 온실가스 논의에서 공식적으로 개도국이다. 온실가스 배출에서 정점을 찍은 선진국은 기준 연도 대비 절대량 감축 방식을 택하지만, 개도국은 BAU를 쓴다"라는 반론을 펴고 있다.

13 2012년 카타르 도하 총회에서 개도국의 기후변화 대응을 지원하는 녹색기후기금(GCF) 사무국의 인천 송도 유치가 인준됐다. 2015년 6월부터 GCF는 97억 달러 기금으로 프로젝트를 시작했다. 선진국은 개도국의 기후변화 대응 지원을 위해 2020년까지 연간 1,000억 달러의 재정 지원을 약속했으나 진척은 느린 실정이다.

14 2030년 BAU(Business As Usual, 8억 5,060만)는 기존 감축기술과 현재 정책

을 계속 유지하는 경우의 배출량 추이다. 4개 시나리오는 BAU 기준, 각각 14.7%, 19.2%, 25.7%, 31.3% 감축하는 안이다.

15 셰일가스 개발이 에너지 판도를 흔들고 있다. 세계적 에너지 전문가인 옐긴은 미래 에너지시장의 패권은 기후변화를 포섭할 능력을 갖춘 국가와 기업이 쥐게 될 것이라 예견했다. : Yergin, Daniel, The Quest: Energy, Security, and the Remaking of the Modern World, The Penguin Press, 2011. 한편 러시아 아무르강의 수력자원, 몽고의 고비사막의 풍력자원 등을 엮는 동북아 전력망의 'Super Grid' 구축 등도 미래전략으로 검토해야 한다는 주장이 설득력을 얻고 있다.

16 The Global Commission on the Economy and Climate, 2014, Aims and Rationale, Accessed by http://newclimateeconomy.net./content/aims-and-rationale

17 UNFCCC 전 사무총장 보어(Yvo de Boer) GGGI 사무총장은 기후회의에 정부 내 서열이 높은 경제부처 수장이 참여가 크게 늘고 있고, 이는 기후변화대응이 현실 게임(real game)으로 진행되고 있음을 뜻한다고 말한 바 있다. 이명박 정부에서 온실가스 배출권 거래제 법안을 제정하면서 핵심내용인 할당위원장을 기재부 장관이 맡은 것도 같은 맥락이다.

18 IPCC 제5차 평가보고서는 기후변화 대응의 공통편익(co-benefit)에 비추어 온실가스 감축 정책의 비용이 크지 않음을 보이는 방식에 대해 논의했다.

19 최근 전기사업법 개정으로 기존의 발전소뿐 아니라 에너지 절약 기업도 발전소의 법적 지위를 확보하게 되어 탄력을 받을 수 있게 됐다.

20 리프킨은 기후에너지 시대를 맞아 재생 에너지, 쌍방형 전력망, 전기자동차와 2차 전지, 건축물 에너지 저장시설의 융합 발전을 선도하는 국가가 새로운 패권을 잡을 것이라 전망한다. Jeremy Rifkin, The Third Industrial Revolution, Palgrave Macmillan, 2011.

21 에너지를 담당했던 동력자원부가 있었으나 1993년 조직 개편으로 산업부로 흡수 됐다.

22 기후변화 네트워크는 기후변화기본법 제정을 위해 벌이는 빅 애스크(Big Ask) 운동을 통해 지자체, 정부, 산업계, 언론 등의 협조를 얻어 온실가스 감축을 구현할 수 있는 상생의 길을 열 수 있으리라 기대하고 있다.

23 토마스 프리드만은 2011년에 중국은 10년 뒤 무엇을 할지 아는 나라가 된 반면 미국은 이해집단과 의회정치의 지나친 득세로 장차 무엇을 할지 알 수 없는 나라가 되었다고 말했다. : Thomas L. Friedman and Michael Mandelbaum, That Used To Be Us: How America Fell Behind In The World It Invented and How We Can Come Back, Macmillan, 2011. 그러나 2014년 미국과 중국의 두 지도자는 정상회담에서 온실가스 감축에 대한 양국의 적극적 감축 노력에 대한 강한 의지를 표명했다.

24 미국인 식물채집가가 북한에서 채취하여 미국 내 라일락 시장의 30%를 장악한 미스킴 라일락과 한라산 특유 품종으로 유럽에 반출되어 크리스마스트리로 대중적으로 사용되는 구상나무가 그 대표적인 예이다.

25 인도네시아의 주요 광산물 원광수출 금지('14.1월)와 DR콩고의 동, 코발트 정광수
   출 금지 및 현지 제련 의무화('15.1월) 등

26 미국은 2012년 미 금융 규제개혁법 제1502조(일명 Dodd-Frank법)제정으로 DR
   콩고 및 주변지역에서 생산되는 분쟁광물(콜탄, 주석, 금, 텅스텐 광물과 파생품
   (단, 금 파생품 제외))사용 여부에 대한 정보를 미국상장기업들에게 보고 및 표
   시할 것을 의무화했다. OECD는 'Due Diligence Guideline for Responsible
   for Supply Chains of Minerals from Conflict-Affected and High-Risk
   Areas(2012)'을 발표하였다. 분쟁지역 및 고위험지역에서 생산되거나 경유하는
   4종(탄탈륨, 주석, 텅스텐, 금)에 대한 공급망관리 방침을 OECD가맹국에게 권장
   하고 있다.

27 구리의 경우, 칠레 주요 동광산의 조업 평균품위는 2005년 1%에서 2013년은
   0.70%로 저하되었으며, 생산비용(조업코스트)은 2013년은 2005년보다 2.24배
   증가하였다. (칠레동위원회, 2014)

28 자원순환이란 자원이 환경으로부터 채굴되어 경제활동으로 소비되고 내구년수
   를 다한 후 폐기되어 환경으로 나가는 open system(환경에서 채굴되어 마지막
   에 다시 환경으로 배출)이 아니라 다시 경제계내로 순환되어 들어가는 closed
   system(환경에서 채굴되어 환경으로 배출되지 않고 다시 활용)으로 만들어가자
   는 개념이다.

29 지속가능한 자원관리는 경제효율성과 사회적 형평성을 고려하면서, 물질의 전주
   기 과정에서 발생하는 환경 부하를 저감하고, 천연자원을 보전하는 것을 목표로
   하는 통합적인 활동으로 지속가능한 자원 이용을 추구하는 접근이다. (OECD,
   2005)

30 우리나라 2011년 해외자원개발 투자는 92억달러로 프랑스의 대표적 자원개발기
   업 'TOTAL사'의 2011년 투자비의 1/3 수준에 불과하다.

31 과거에는 선광기술 및 제련기술이 발달되어 있지 않아, 과거에 발생된 광물자원
   찌꺼기, 제련 슬래그에는 일반 광산에서 채굴되는 광석품위 못지않게 금속량이
   남아 있는 경우가 많음. DR콩고의 경우에는 이러한 폐자원에 대해서 광업권을 부
   여하고 있으며, 대표적인 'Big Hill'프로젝트는 DR콩고 내에서 수익성이 높은 대
   표적인 사업으로 평가되고 있다.

32 시장분석 전문기관인 Enrst&young에서 세계 자원개발투자자를 대상으로 매년
   자원개발시 투자 고려요소의 우선순위를 선정하고 있는데 설문결과 2013년에 이
   어 2014년에도 '생산성제고'가 1위로 선정됐다.

33 Accenture사(2015)의 조사에 따르면 메이저 석유가스개발기업 중에 디지털기
   술을 활용하는 것이 자원개발 상류부문에 더 많은 가치 창출을 할것이라고 응답
   한 비율이 89%이며, 디지털 기술접목을 계획하고 있는 기업이 80%에 달함. 미국
   Chevron사는 'i-field'라는 빅데이터 관리시스템을 기반으로 시추현장과 저류층
   모델간의 실시간 데이터 비교 관리한다.

34 CCS 단독으로는 비용 및 기술적 한계가 큰 반면에 CO_2-EOR 기술은 이미 경제
   성을 확보한 것으로 이산화탄소 저장 기술로서는 비용효율적이며 효과적인 기술
   이다.

6장

1 최근 번역된 크렌슨, 긴스버그의 『다운사이징 데모크라시: 왜 미국 민주주의는 나빠졌는가?』(서복경 역)에서도 미국정치가 시민들의 참여에 의한 의사결정보다는 기업로비스트, 정치엘리트, 몇몇 이익집단이 정치를 독점하면서 정치인이나 정당이 더이상 시민들의 표에 호소하지 않고도 선거에 이길 수 있게 된 현실을 신랄하게 고발하고 있다.

2 민주주의 측정과 관련해 가장 잘 알려진 『프리덤하우스』의 민주주의 지수가 주로 선거민주주의와 정치적 자유라는 절차적 민주주의에 집중했다면 2006년부터 발간되기 시작한 『이코노미스트』의 민주주의 지수는 선거과정 외에도 시민적 자유, 정부 기능, 정치참여, 정치문화 등 보다 실체적인 측면의 지수를 다수 포함하고 있어 민주주의의 '질'을 가늠하는 데 더 효과적인 지수로 평가받고 있다. 특히 선거의 공정성과 공무원의 정책 수행능력 등 실질적 민주정치의 운영에 관한 항목에 가중치를 부여하고 있다.

3 '세계가치조사'는 1981년부터 세계 각국의 가치체계를 조사하는 국제 연구프로젝트로서 가장 최근의 6차 연구(2010~14년)에서는 50개국에서 240여개 문항을 담은 심층 조사를 실시하였다.

4 북핵문제를 중심으로 미국의 북한폭격을 중심으로 진행된 일련의 전쟁위기였다. 당시 우리 정부는 미국의 대북공습계획을 몰랐다. 우리도 모르는 사이에 한반도 전쟁의 위기는 언제든 가시화될 수 있는 것이다.

5 통일비용론은 흡수통일을 전제로 한 산출이다. 그러나 통일의 목적 측면, 가능성 측면, 가치적 측면에서 합의에 의한 평화통일 이외에 가능한 통일은 거의 없으며 불가능하다. 그런 측면에서 합의에 의한 평화통일의 과정에서 보면 통일비용은 순수하게 소모적 비용은 거의 들지 않는다. 상호존중의 원칙적 자세면 된다.

6 골드만삭스, '글로벌 경제보고서'(2009.9). 골드만삭스 보고서는 남북이 평화를 바탕으로 개성공단과 같은 남북경협공단이 지속 확대되는 것을 전제로 하고 있다.

7 개성공단이 그것을 반증한다. 개성공단의 임금수준은 월 15만원 선이다. 중국과 동남아 등 전 세계 어디보다도 노동집약산업의 경쟁력이 높은 곳이 북한이다.

8 사회적 신뢰지수의 첫 출발은 국가, 정부에 대한 신뢰에서 시작된다. 정부와 국가권력이 진실하지 못하면 그 사회의 신뢰지수는 낮을 수밖에 없다.

9 북한은 1960년대부터 줄기세포분야에 대한 연구를 진행해온 것으로 알려지고 있다.

10 핵과 미사일, 위성분야 등 주요무기산업 분야에서 상당한 기술력을 보유하고 있다.

11 중국해양석유총공사는 2004.10월 북한 서한만에 유전을 확인하고 상당한 규모의 경제성 있는 매장가능성을 추정했다. 북한의 유전탐사 지역은 서한만분지 외에도 동한만분지, 남포, 평양분지, 안주분지, 길주분지, 경성만분지 등 총 7개 지역이다. 영국의 석유회사 아미넥스도 북한 원유와 천연가스 개발에 참여하고 있다.

12 북한의 희토류 매장량과 관련하여 영국 외교전문지 『더디플로매트(DP)』는 그 규모가 기존 세계 전체 매장량의 2배에 이르는 2억 1,600만 톤, 금액으로 수 조 달러에 달하는 규모라고 밝혔다(경향신문, 2014. 1.22). 일각에서는 희토류의 품위

와 경제성을 확신할 수 없다는 분석도 없지 않다.

13 북한은 국가운영 특성상 1960년대 이후 국가적 차원의 분야별 자료와 정부통계를 대내외적으로 공표하지 않는다. 대부분의 통계들은 국제기구나 국제사회가 간접자료들을 가지고 추정하는 것들이 대부분이다.

14 북한 문제는 요약하면 미국의 경제봉쇄, 정치군사적 봉쇄로 볼 수 있다. 그런데 석유문제는 미국의 세계전략 측면에서 에너지문제의 핵심이므로 북한의 석유매장량이 간단치 않을 경우, 미국의 대북정책 자체가 변화될 수 있는 결정적 변수가 될 수 있다.

15 코트라(KOTRA), '2013년 북한 대외무역동향'에 의하면 2013년 북한의 무역은 전년 대비 7.8%증가(73억 달러)하여 1990년 북한 대외무역 동향 집계 이래 사상 최고의 신장세를 나타냈다. KOTRA 북한 대외무역 조사는 KOTRA 해외무역관을 통해 해당 주재국과 북한의 무역통계를 종합해서 나온다. 여기에서 KOTRA 해외무역관이 없는 미주재국 통계와 비공식 무역규모, 그리고 개성공단 등의 남북교역은 제외된다. 그러므로 실질적인 전체 무역규모는 73억 달러보다 훨씬 크고 광범위할 것으로 추정된다.

16 국가적 차원에서 통일교육을 하지 않은 결과다. 분단교육이 아닌 평화교육, 통일교육을 해야 한다.

17 통일을 하고자 하는 목적과 국민행복, 총체적 국가발전의 가치적 측면에서 한 쪽의 급격한 붕괴에 의한 흡수통일적 상황은 결국 남북 모두 재앙으로 다가오며 동반 몰락을 야기한다.

18 노태우정부 당시의 한민족공동체 통일방안에는 3원칙으로 자주, 평화, 민족대단결이었으나 김영삼정부의 민족공동체통일방안에는 '민족대단결' 대신에 '민주'의 원칙을 넣는다.

19 2000년 6.15공동선언 2항의 합의사항이다. 2항은 '남과 북은 나라의 통일을 위한 남한의 연합제안과 북한의 낮은 단계의 연방 제안이 서로 공통성이 있다고 인정하고 앞으로 이 방향에서 통일을 지향시켜 나가기로 하였다.'

20 서울에 눈이 10cm 내리면 별일 아니지만 부산에 눈이 10cm 내리면 재난이 된다.

21 환경분야에서는 대기오염배출시설이나 수질오염방지시설 가동중지 명령을 내리면 공장가동을 할 수 없게 된다. 따라서 별도의 영업정지와 같은 행정규제 없이도 공장을 멈추게 하는 효과를 거둘 수 있다.

22 실제로 외국에서는 사고조사대상자가 사고조사기관에서 진술한 내용에 대해서는 법적 면책권을 부여하는 방안을 도입한 경우도 있다.

23 필요하면 정부조직이 만들어질 것이다. 이런 분야에서는 정부조직이 전략과 정책의 종속변수가 된다.

24 그래서 '안전에는 혁신이 없다'는 말이 있다. 안전이 발달한 나라들의 전략이나 정책, 정부조직 등을 살펴보면 겉모습은 다른 것처럼 보이지만 실제 세부내용은 놀라울 정도로 비슷하다. 이것을 '보편성의 원칙'이라고 한다.

7장

1 물론 스마트기기와 소셜네트워크, 3D 프린팅 등에 기반한 '혁신의 개인화'로 인해서 이러한 변화의 반대적인 현상도 확대되겠지만, 이 부분은 추후 논의한다.

2 저성장은 경제 성장률의 하락 추세가 지속되고 심화되는 경제활동 상태를 의미하며, 구조적인 저성장과 경제 순환적인 저성장으로 구분된다. (박원암 외, 2012; 성지은 외, 2013)

3 애그플레이션(Agflation): 농업(Agriculture)과 인플레이션(Inflation)의 합성어. 농산물 가격이 급등함으로 인해 전체 물가가 상승하는 현상을 뜻하는 단어.

4 농사지을 땅은 농사꾼만이 소유해야 한다는 뜻으로 헌법 제 121조, 농지법 제 6조 1항에 명기되어 있다.

5 푸드마일(Food miles)이란 농산물 등 식료품이 생산자 손을 떠나 소비자의 식탁에 오르기까지의 이동거리를 뜻한다.

6 해양수산부의 설립에는 찬반양론이 있었지만, 육상 중심의 정책으로 그 동안 해양수산부문이 소홀히 취급되었으며 기능중심 부처의 사각지대를 해소하기 위해 대상 중심 부처가 필요하다는 인식에 따라 발족하게 되었다. 2008년 해양수산부가 폐지되기도 했지만, 2013년 다시 설립되면서 통합적 관리기반을 회복한 바 있다. 하지만 2014년 세월호 침몰사고 이후 해양안전에 대한 관할 기능이 해양수산부 산하에서 국민안전처로 이관되면서 일부 기능이 재조정되었다.

7 멸실주택이란 건축법상 주택의 용도에 해당하는 건축물이 철거 또는 멸실되어 더 이상 존재하지 않게 된 경우로서 건축물대장 말소가 이루어진 주택을 말한다.

8 주거소요란 일정 공간에 거주하면서 필요한 모든 서비스를 뜻한다.

9 〈주택금융공고법〉(1950), 〈공영주택법〉(1951), 〈일본주택공단법〉(1955), 〈주택건설계획법〉(1966) 등.

강희정 외, 「한국 의료 질 평가와 과제: 한국 의료 질 보고서 개발」, 한국보건사회연구원, 2014.

관계부처합동, 『Post-2020 온실가스 장기감축목표』, 2015

관계부처합동, 『제3차 국가생물다양성전략』, 2014.

국가과학기술자문회의, 『성장과 복지를 위한 바이오 미래전략』, 2014.

국가생물자원프로젝트(NRBP) http://www.nbrp.jp/about/about.jsp

국가통계포털(www.kosis.kr)

국립환경과학원, 『산림의 공익기능 계량화 연구』, 2011.

국민대통합위원회, 『국민대통합 종합계획』, KDI(2010)발표 재인용, 2014.

국토교통부, 「2012년 주거실태조사 통계보고서」, 2012.

국토교통부, 『제2차 장기('13~'22) 주택종합계획』, 2013.

국토교통통계누리(www.stat.molit.go.kr)

국회예산정책처, 『2012~2060년 장기 재정전망 및 분석』, 2012.

김일중, 동국대학교 교수, 「기후변화와 산업 경쟁력」, 『Post-2020 신기후체제와 우리나라의 기후변화 완화와 적응』, 한국환경한림원 제24차 환경리더스포럼, 2015.

김판준, 「다문화사회의 갈등과 기여에 관한 고찰」, 『현대사회와 다문화』, 2013, p207-237.

대한민국정부, 『제2차 저출산·고령사회 기본계획: 2012년도 시행계획』, 2012

로마클럽, 『성장의 한계(The Limits To Growth)』, 1972.

리처드 리키, 『제6의멸종』, 1996.

미래부, 『2015년 생명자원연구 시행계획』

박가열 외, 『미래의 직업연구』, 한국고용정보원, 2013.

박영도, 『입법학입문』, 한국법제연구원, 2008.

법무부,『외국인정책 관련 환경변화 미래예측 보고서』, 2006.

법무부,『세대간 갈등이 유발할 미래위험 관리』, 한국행정연구원, 2013.

법무부,『출입국관리소 외국인정책 통계연보』, http://www.index.go.kr 2014.

보건복지부 보도자료,「저출산·고령사회 본격 대비를 위한 제2차 기본계획 확정」, 2010.

보건의료미래위원회.『2020 한국의료의 비전과 정책방향』, 2011.

산림청,『생물다양성과 산림』, 2011.

산업연구원,「한국경제의 일본형 장기부진 가능성 검토」,『산업경제정보』제610호, 2015.

생명공학정책연구센터,『Bioin 스페셜 생명연구자원』, 2013.

생물다양성협약 제2조.

생물다양성협약사무국,『제4차 지구생물다양성전망』, 2014.

서용석,「지속가능한 사회를 위한 '미래세대기본법'구상 제언」,『미래연구포커스』 22호, 과학기술정책연구원, 2014.

서용석,『세대 간 형평성 확보를 위한 미래세대의 정치적 대표성 제도화 방안 연구』, 한국행정연구원, 2014.

서용석 외,「미래세대의 지속가능발전조건: 성장·환경·복지의 선순환」,『미래사회협동연구 총서』, 10-01-06, 경제·인문사회연구회, 2011.

성지은 외,『저성장시대의 효과적인 기술혁신지원제도』, 정책연구, 2013.

성지은, 박인용,「저성장에 대응하는 주요국의 혁신정책 변화 분석」,『Issues&Policy』, (68), 2013.

안병옥,「장기 온실가스 배출 전망치와 감축 목표에 관한 시민사회 입장」,『Post-2020 마련을 위한 사회적 공론회』, 국회기후변화포럼, 2015.

외교부,『주요국 대상 한국이미지조사 결과 발표회』, 2014.

유승직,「국가 장기 온실가스 감축목표 시나리오, 이대로 좋은가?」,『Post-2020 온실가스 감축목표 시나리오 및 향후 계획』, 국회기후변화포럼, 2015.

유재국,「장기인구 및 가구구조의 변화 전망」,『정책보고서』, 23, 국회입법조사처. 2012.

유환익,「포스트-2020 감축목표에 대한 경제계 의견」, 국회기후변화포럼, 2015.

윤석명,「인구고령화를 반영한 공적연금 제정전망과 정책과제: 국민연금과 기초노령연금을 중심으로」,『보건복지포럼』, 2011.

윤순진,「국가 장기 온실가스 감축목표 시나리오에 관한 민관합동검토반의 입장」, 국회기후변화포럼, 2015.

이경훈,「우리나라 기후변화 대응 어떻게 하나」,『Post-2020 신기후체제와 우리나라의 기후변화 완화와 적응』, 한국환경한림원 제24차 환경리더스포럼, 2015.

일 예거,『우리의 지구 얼마나 더 비틸 수 있는가』, 유네스코한국위원회, 2010.

정영호,「고령자의 복합만성질환 분석: 외래이용을 중심으로」,『Issue&Focus』, 한국보건사회연구원, 2013.

정은해,「기후변화 안전사회 구현을 위한 제2차 국가기후변화 적응대책 수립 방향」,『기후변화와 적응 : 우리의 안전대책 충분한가』, 국회기후변화포럼.

제12차 생물다양성협약 당사국총회 평창 2014 홈페이지(www.cbdcop12.kr).

조세현,『개방적 이민정책의 미래정책영향 분석』, 연구보고서, 한국행정연구원, 2012.
주택산업연구원,『유효한 적정 주택공급량은 연간 33만호 정도』, 2015.
최광,「소득 양극화: 인식 진단 및 처방」,『KIPA 조사포럼』, 04, 2013.
최성철,『베이비붐세대가 국민연금에 미치는 영향에 관한 연구』, 원광대학교 대학원 박사학위논문 2008.
최숙희,「저출산 시대 어떻게 대처할 것인가?」,『CEO Information』, 527, 삼성경제연구소, 2005.
최윤식,『2030 대담한 미래』, 지식노마드, 2013, p324에서 재인용.
최홍,「다문화사회 정착과 이민정책」,『CEO Information』, 삼성경제연구소, 2010.
최홍,「금융위기와 외국인 고용환경의 변화」,『SERI 경제포커스』, 삼성경제연구소, 2010.
통계청 보도자료,「장래인구추계」, 2012.
통계청,『장래인구추계 시도편: 2010-2040』, 2012.
통계청,『인구동향조사』, 2014.
트렌즈지 특별취재팀,「세계경제를 뒤흔드는 28가지 트렌드: 10년 후 시장의 미래」, 일상이상, 2014.
한국감정원(www.kab.co.kr).
한국생명공학연구원,『바이오산업과 나고야의정서』, 2011.
한국생명공학연구원,「아시아와 중동」,『나고야의정서 주요국 현황』, 제1권, 2015.
한국환경산업기술원,『녹색소비생활 확산을 위한 그린카드제도 운영현황 및 추진방안』, 2013.
한화진, 한국환경정책평가연구원,「Post-2020 신기후체제와 우리나라의 기후변화 완화와 적응」,『Post-2020 신기후체제와 우리의 과제』, 한국환경한림원 제24차 환경리더스포럼, 2015.
허찬국,「저성장 시대 기회요소와 위험 요소」,『CHIEF EXECUTIVE』, 2007년 3월호.
홍일선,「세대간 정의와 평등: 고령사회를 대비한 세대간 분배의 불균형문제를 중심으로」,『헌법학연구』, 제16권 제2호, 2007.
홍일선,「세대간 정의와 평등」,『헌법학연구』제 16권 2호, 한국헌법학회, 2010.
환경부 보도자료,「정부, 2030년 온실가스 감축목표안 제시 - 관계부처 합동, 약 15~30% 감축목표 4가지 시나리오 발표」, 2015.
환경부 홈페이지(http://www.me.go.kr).
환경부,『환경보전에 대한 국민인식조사』, 2013.
환경부,『국가 온실가스 감축 2020년 로드맵 마련』, 2014.
환경부,『Post-2020 온실가스 감축목표 설정 추진계획 공청회』, 2015.
환경부,『제5차 환경보전중기종합계획』, 2013.
환경부·기상청,『대한민국 평가 보고서 2014』, 2015.
환경성 생물다양성(http://www.biodic.go.jp/biodiversity/about/initiatives/).

松谷明彦,『人口減少経済の新たな公式』, 日本済新聞社, 2004.

Alpert, Daniel, "The age of oversupply: Overcoming the greatest challenge to the global economy", Penguin, 2013.

Ascher, W., "Bringing in the Future: Strategies for Farsightedness and Substantiality in Developing Countries", Chicago University Press, 2009.

Balter, Michael, "The Baby Deficit", Science, 312(5782): 1894–1897, 2006.

Binder, S. "Can Congress Legislate for the Future?", John Brademas Center for the Study of Congress, New York University, Research Brief No. 3, 2006.

Boston, J. and F. Lempp, "Climate Change: Explaining and Solving the Mismatch Between Scientific Urgency and Political Inertia", Accounting, Auditing and Accountability Journal, 24, 8, pp. 1000–21, 2011.

Boston, J. and R. Prebble, "The Role and Importance of Long-Term Fiscal Planning", Policy Quarterly, 9, 4, pp.3–8, 2013.

Boston, J. and S. Chapple, "Child Poverty in New Zealand" Wellington, Bridget Williams Books, 2014.

Boston, J., J. Wanna, V. Lipski and J. Pritchard (eds), "Future-Proofing the State: Managing Risks, Responding to Crises and Building Resilience", Canberra, ANU Press, 2014.

Brocas, I., J. Carrillo and M. Dewatripont, 'Commitment Devices Under Self-Control Problems: An Overview', 2004.

Bryan, G. et al., "Commitment Devices", Annual Review of Economics, 2, pp.671–698, 2010.

Debrun, X. and M. Kumar, "Fiscal Rules, Fiscal Councils and All That: Commitment Devices, Signaling Tools or Smokescreens", Proceedings of the Banca d'Italia Public Finance Workshop, Banca d'Italia, Rome, 2007.

Dobson, A., "Representative democracy and the environment", in W. Lafferty and J. Meadowcraft (eds), Democracy and the environment Cheltenham, Edward Elgar, 1996.

Ekeli, K.S., "Giving a voice to posterity – deliberative democracy and representation of future people", Journal of Agricultural and Environmental Ethics, 18, 5, pp. 429–450, 2005.

Ekeli, K.S., "Constitutional Experiments: Representing Future Generations Through Submajority Rules", Journal of Political Philosophy, 17, 4, pp.440–461, 2009.

Elster, J. and R. Slagstad (eds), "Constitutionalism and Democracy" Cambridge, Cambridge University Press, 1988.

EU, "Biodiversity Strategy to 2020 – towards implementation", 2011. (http://ec.europa.eu/environment/nature/biodiversity/comm2006/2020.htm).

Fuerth, L. with E. Faber, "Anticipatory Governance: Practical Upgrades – Equipping the Executive Branch to Cope with Increasing Speed and Complexity of Major Challenges", Washington, D.C., Elliott School of

International Affairs, The George Washington University, 2012.

Gill, D. et al., "The Future State Project: Meeting the Challenges of the Twenty-first Century" in B. Ryan and D. Gill (eds) Future State: Directions for Public Management Reform in New Zealand, Wellington, Victoria University Press, 2011.

Gonzalez-Ricoy, I. and A. Gosseries (eds) (forthcoming) Institutions for Future Generations.

Goodin, R., "Enfranchising All Affected Interests, and Its Alternatives", Philosophy and Public Affairs, 35, 1, pp.40-68, 2007.

Gordon, R. J., "Is US economic growth over? Faltering innovation confronts the six headwinds (No. w18315)", National Bureau of Economic Research, 2012.

Hagemann, R., "How Can Fiscal Councils Strengthen Fiscal Performance?" OECD Journal: Economic Studies, 2011, 1, pp.75-98, 2011.

Helm, D., "Taking natural capital seriously?" Oxford Review of Economic Policy, 30, 1, 109-125, 2014.

Helm, D. and C. Hepburn (eds.) The Economics and Politics of Climate Change Oxford, Oxford University Press.

House of Commons Public Administration Select Committee, "Governing the Future", Second Report of Session 2006-07, London, 2007.

http://www.iied.org/payments-for-ecosystem-services-costa-rica-s-recipe iied(International Insititute for Environment and Development)

IPCC, 『IPCC 제 5차 기후변화 평가보고서』, 2014.

IPCC, 『Climate Change 2007: Mitigation of Climate Change』, 2007.

Ireland Department of Health, Future Health: A strategic Framework for Reform of the Health Service 2012-2015, 2012.

Jackson, T., "Prosperity without Growth: Economics for a Finite Planet", London, Earthscan, 2009.

James, C., Making Big Decisions for the Future? Policy Quarterly, 9, 4, pp.21-28, 2013.

Kay, J., "The Kay Review of UK Equity Markets and Long-Term Decision Making", Final Report, London, 2012.

KISTI 미리안, 『글로벌동향브리핑』, 2014.

Kotlikoff, Laurence and Burns Scott, "The Coming Generational Storm: What You Need to Know about America's Economic Future", MIT Press, 2005.

Lempert, R., S. Popper and S. Bankes, "Shaping the Next One Hundred Years: New Methods for Quantitative", Long-Term Policy Analysis, Santa Monica, RAND MR-1626-RPC, 2003.

Mark Lynas, "Six Degrees: Our Future on a Hotter Planet", 2007.

McLeod, T., "Governance and Decision-Making for Future Generations Background" Paper for Oxford Martin Commission on Future Generations,

Oxford, 2013.

Natural Capital Committee, "The State of Natural Capital: Towards a framework for measurement and valuation", London, First Report from the Natural Capital Committee, 2013.

Natural Capital Committee, "The State of Natural Capital: Restoring our Natural Assets", London, Second Report from the Natural Capital Committee, 2014.

NHS Lothian, "Our Health, Our Care, Our Future", NHS Lothian Strategic Plan 2014-2024. 2014.

OECD Economic Policy Papers, "Looking to 2060: long-term global growth prospects", 2012.

OECD, "Biodiversity Offsets", 2014.

OECD, "Environment outlook 2050", 2012.

OECD, "The Bioeconomy to 2030: Designing a Policy Agenda", 2009.

Oxford Martin Commission, "Now for the Long Term", Oxford, Report of the Oxford Martin Commission for Future Generations, 2013.

Porritt, J., "The Standing of Sustainable Development in Government". Cheltenham, 2009.

Rejeski, D. (ed.), "Government Foresight: Myth, Dream or Reality?", Washington, D.C., Woodrow Wilson International Centre for Scholars, 2003.

Rutter, J. and Knighton, W., "Legislated Policy Targets: Commitment Device, Political Gesture or Constitutional Outrage?" London, Institute for Government. Victoria University Press, 2012.

Sunstein, C., "Why Nudge: The Politics of Libertarian Paternalism", New Haven, Yale University Press, 2014.

Sustainable Health Systems Visions, Strategies, Critical Uncertainties and Scenarios. World Economic Forum, 2013.

Thompson, D., "Democracy in time: popular sovereignty and temporal representation?", Constellations, 12, 2, pp. 245-61, 2005.

Thompson, D., "Representing Future Generations: Political Presentism and Democratic Trusteeship?", Critical Review of International Social and Political Philosophy, 13, 1, pp.17-37, 2010.

Tiihonen, P., "Revamping the Work of the Committee for the Future", Helsinki, Eduskunta (Parliament of Finland), Committee for the Future, 2011.

UN, World Population Prospect 2010, http://esa.un.org/wpp/analytical-figures.

UN, "Global Biodiversity Outlook 3", 2010.

UN, "World Population Prospects 2012", 2013.

UN, "Millennium Ecosystem Assessment", 2005.

UNDP, "The Millennium Development Goals Report 2011", United Nations, New York, 2011.

UNEP, "Global Environment Outlook 4", 2007.

UNEP, "Global Environment Outlook 5", 2012.

UNEP, "Payments for Ecosystem Services: Getting Started", 2008.

UNFPA, "State of World Population 2011", 2011.

United Nations, "High Level Representative for Future Generations", The General Assembly, Draft, 2013.

Van Olmen et al., "Health Systems frameworks in their political context: framing divergent agendas", BMC Public Health, 2012.

Van Parijs, P., "The Disenfranchisement of the Elderly, and Other Attempts to Secure Intergenerational Justice?" Philosophy and Public Affairs, 27, 4, pp.292–333, 1998.

Vestergaard, J. and R. Wade, "Establishing a New Global Economic Council: Governance Reform at the G20, the IMF and the World Bank?", Global Policy, 3, 3, pp.256–269, 2012.

Ward, H., "Beyond the Short Term: Legal and Institutional Space for Future Generations in Global Governance?", Yearbook of International Environmental Law, 22, 1, pp.3–36, 2011.

Welsh Government, "Future Generations Bill?", Administrative Impact Appraisal Cardiff, 2014.

Welsh Government, "Well-being of Future Generations", (Wales) Bill Cardiff, 2014.

World Economic Forum, "Sustainable Health Systems"

World Economic Forum, "Global Risks 2015 Report", 2015.

World Economic Forum. "A vision for the Dutch health care system in 2040", 2013.

World Future Council, "The High Commissioner for Future Generations: The Future We Want" Washington, D.C., The Centre for International Environmental Law, 2012.

World Future Council, "Global Policy Action Plan: Incentives for a Sustainable Future", Hamburg, 2014.

대한민국
국가미래전략
2016

1판 1쇄   2015년 10월 12일
1판 2쇄   2015년 11월 30일

지은이   KAIST 미래전략대학원
펴낸이   김승욱
편집   고아라 김승욱
디자인   윤종윤 이보람
마케팅   방미연 이지현 함유지
홍보   김희숙 김상만 한수진 이천희
제작   강신은 김동욱 임현식

펴낸곳   이콘출판(주)
출판등록 2003년 3월 12일 제406-2003-059호

주소   10881 경기도 파주시 회동길 216 2층
전자우편 book@econbook.com
전화   031-955-7979
팩스   031-955-8855

ISBN 978-89-97453-59-7 03300

이 도서의 국립중앙도서관 출판시도서목록(CIP)은 e-CIP 홈페이지(http://www.nl.go.kr/ecip)와
국가자료공동목록시스템(http://www.nl.go.kr/kolisnet)에서 이용하실 수 있습니다.
(CIP제어번호: CIP2015026561)